Langenscheidt

Universal-Wörterbuch Italienisch

Italienisch – Deutsch
Deutsch – Italienisch

Herausgegeben von der
Langenscheidt-Redaktion

W0087007

Langenscheidt

Berlin · München · Wien · Zürich · New Yor

Bearbeitet von:
Sabine Corso

Redaktion:
Rachele Zoli

In neuer deutscher Rechtschreibung

*Ergänzende Hinweise, für die wir jederzeit dankbar sind,
bitten wir zu richten an*:
Langenscheidt Verlag, Postfach 40 11 20, 80711 München

© 2002 Langenscheidt KG, Berlin und München
Druck: Druckhaus Langenscheidt, Berlin-Schöneberg
Printed in Germany · ISBN 3-468-18185-X

Buchstabe	**Seite**

A	9– 31
B	31– 38
C	39– 65
D	65– 76
E	76– 83
F	83– 92
G	93–100
H	100–101
I	101–117
J	117
K	117
L	117–124
M	124–136
N	136–140
O	141–146
P	146–167
Q	168–169
R	169–183
S	183–213
T	213–224
U	225–226
V	227–234
W	234
X	234
Y	234
Z	234–235

Inhaltsverzeichnis – **Indice**

Vorbemerkungen 4

Abkürzungen – *Abbreviazioni* 4

Die Aussprache des Italienischen................. 6

Italienisch-Deutsches Wörterverzeichnis –
Vocabolario italiano-tedesco 9

Deutsch-Italienisches Wörterverzeichnis –
Vocabolario tedesco-italiano 237

Zahlwörter – *Numerali*.......................... 489

Die Uhrzeit – *L'ora* 491

Italienische Regionen und Hauptstädte 492

Italienische Feiertage 493

Mini-Dolmetscher für unterwegs 495

Das Allerwichtigste............................. 497

Verständigung................................... 498

Smalltalk....................................... 499

Unterwegs und über Nacht 500

Shopping.. 502

Im Restaurant 503

Menu – Speisekarte 504

Vorbemerkungen

Die Tilde (~, bei veränderter Groß- / Kleinschreibung: 2) ersetzt
entweder das erste Stichwort innerhalb eines Absatzes oder
den vor dem Strich (|) stehenden Teil davon, z. B. **abbozz|are**
...; **~o** = abbozzo; **abnehm|en** ...; **2er** = Abnehmer.

Das grammatische Geschlecht wurde bei den Übersetzungen
nur dann angegeben, wenn es nicht mit dem des Stichwortes
übereinstimmt, z. B. **Buchstabe** *m* lèttera *f*.

Bei Einwohnernamen und Berufsbezeichnungen wird die weib-
liche Form in Klammern angegeben, z. B. **italiano** (**-a** *f*) *m*.

Geographische Eigennamen, z. B. **Bressanone**, und wichtige
Abkürzungen, z. B. **Sig.ra, TÜV**, sind jeweils an alphabetischer
Stelle im Wörterverzeichnis zu finden.

Abkürzungen – Abbreviazioni

→ *siehe*, vedi
a auch, anche
A Akkusativ, accusativo
Abk Abkürzung, abbrevia-
zione
adj Adjektiv, aggettivo
adv Adverb, avverbio
Agr Landwirtschaft, agricol-
tura
Anat Anatomie, anatomia
Arch Architektur, architettura
art Artikel, articolo
Astr Astronomie, astronomia
Astrol Astrologie, astrologia
Biol Biologie, biologia
Bot Botanik, botanica
bsd besonders, specialmente
Chem Chemie, chimica
cj Konjunktion, congiunzione

cong Konjunktiv, congiuntivo
D Dativ, dativo
EDV Informatik, informatica
El Elektrizität, elettricità
e-e, e-e *eine*, una
e-m, e-m *einem*, a uno
e-n, e-n *einen*, uno
e-s, e-s *eines*, d'uno
Esb Eisenbahn, ferrovia
et, et *etwas*, qualcosa
f weiblich, femminile
F *umgangssprachlich*, familiare
fig figürlich, *bildlich*, (in senso) figurato
Flgw Flugwesen, aviazione
Fot Fotografie, fotografia
f/pl weiblich Mehrzahl, femminile plurale

G Genitiv, genitivo

Geogr Geographie, geografia

Ggs Gegensatz, (in) senso opposto

Gr Grammatik, grammatica

Hdl Handel, commercio

hist ehemaliger Sprachgebrauch, termine fuori uso

Inf Infinitiv, infinito

j, j jemand, qualcuno

j-m, j-m jemandem, a qualcuno

j-n, j-n jemand(en), qualcuno

j-s, j-s jemandes, di qualcuno

jur juristisch, giuridico

Kfz Kraftfahrzeug(wesen), automobilismo

Kochk Kochkunst, arte culinaria

m männlich, maschile

Mal Malerei, pittura

Mar Schifffahrt, marineria

Math Mathematik, matematica

Med Medizin, medicina

Mil Militär, militare

Min Mineralogie, mineralogia

m/pl männlich Mehrzahl, maschile plurale

Mus Musik, musica

n sächlich, neutro

N Nominativ, nominativo

n/pl sächlich Mehrzahl, neutro plurale

od oder, oppure

Opt Optik, ottica

österr österreichisch, austriaco

P derb, Volkssprache, (lingua) popolare

pej pejorativ, abwertend, spregiativo

Phys Physik, fisica

pl Mehrzahl, plurale

Pol Politik, politica

pron Pronomen (Fürwort), pronome

prp Präposition, preposizione

qc qualcosa, etwas

qu qualcuno, jemand(en)

Rdf Rundfunk, radio

Rel Religion, religione

sg Einzahl, singolare

s-n seinen, suo

su Substantiv, sostantivo (*bsd hinter Wörtern beiderlei Geschlechts*, dopo parole di genere comune)

Tech Technik, tecnica

Tel Telefon, telefono

Thea Theater, teatro

TV Fernsehen, televisione

u und, e(d)

usw und so weiter, eccetera

v von, vom, di, da

V vulgär, volgare

v/i intransitives Verb, verbo intransitivo

v/t transitives Verb, verbo transitivo

Wi Wirtschaft, economia

Zo Zoologie, zoologia

Zssgn Zusammensetzungen, parole composte

Die Aussprache des Italienischen

Betonung

In der Regel wir die vorletzte Silbe betont: **fare** *machen, tun;* **appetito** *Appetit.* Fällt die Betonung auf eine andere Silbe, ist ein Betonungsakzent angegeben: **probàbile** *wahrscheinlich,* **sàbato** *Samstag.*

In der italienischen Schriftsprache tragen nur betonte Vokale am Wortende einen Akzent: **città** *Stadt,* **lunedì** *Montag,* **perché** *warum, weil.*

Aussprache

Vokale				wie in
a	[a]	p**a**ne	*Brot*	h**a**ben
		m**a**ttino	*Morgen*	L**a**terne
e	[ɛ]	b**e**llo	*schön*	F**e**nster
	[e]	n**e**ve	*Schnee*	R**e**gen
i	[i]	v**i**no	*Wein*	Sp**i**el
		c**i**rco	*Zirkus*	L**i**belle
o	[ɔ]	p**o**rta	*Tür*	T**o**pf
	[o]	**o**ra	*Stunde*	R**o**se
u	[u]	m**u**sica	*Musik*	Z**u**g

In den Verbindungen **-ei** und **-eu** werden die Vokale getrennt gesprochen:

vorr**ei**	„vorre-i"	*ich möchte*
Europa	„E-uropa"	*Europa*

Konsonanten

c und **g** spricht man vor **a, o, u,** vor **h** und allen anderen Konsonanten wie deutsches **k** bzw. **g** aus: z. B. **chilo** *Kilo,* **spaghetti** *Spag(h)etti.*

Doppelkonsonanten werden betont und wie zwei Konsonanten gesprochen, z. B. **cappuccino** = [kap-put-tschino].

Konsonanten und Konsonantenverbindungen

ci, cci	[tʃ]	aran**ci**a fa**cci**a	vor *a*, *o*, *u* wie **tsch** in **Tsche**che, (das *i* ist jeweils stumm)
g, gg	[dʒ]	**g**elo le**gg**i	vor *e* und *i* wie weiches (stimm- haftes) **dsch** in **Dsch**ungel
gh	[g]	fun**gh**i	wie deutsches **g** in **G**eld
gi	[dʒ]	**gi**usto	vor *a*, *o*, *u* wie stimmhaftes **dsch** in **Dsch**ungel (das *i* ist stumm!)
gli	[ʎ]	me**gli**o	vor Vokal wie **lj** in Fami**li**e
gn	[ɲ]	ba**gn**o	wie deutsches **nj** in Ko**gn**ak
ng	[ŋ]	lu**ng**o	wie deutsches **ng** in la**ng**
qu	[kʉ]	**qu**ando	wie **k** + **u**, doch ohne w-Laut
r	[r]	ritira**r**e	gerolltes Zungenspitzen-**r**
s	[s]	**s**ole **s**trada	am Wortanfang vor Vokalen und stimmlosen Konsonanten stimm- los wie norddeutsch **S**-tein
s	[z]	**s**baglio	vor stimmhaften Konsonanten und zwischen Vokalen in der Re- gel stimmhaft
sc(i)	[ʃ]	pe**sc**e **sci**opero	**sc** vor *e* und *i* sowie in **scia**, **scio**, **sciu** wie deutsches **sch** in **Sch**ule
sch	[sk]	**sch**erzare	vor *e* und *i* wie **sk** in **Sk**onto
v	[w]	**v**enire	wie deutsches **w** in **w**ollen
z	[ts]	zu**cch**ero	teils stimmlos wie in Wal**z**er, teils
	[dz]	**z**ona	stimmhaft wie in Wald**s**aum; hierfür gibt es keine feste Regel

Nur in französischen und englischen **Fremdwörtern** kommen
folgende Laute vor:

[ã]	nasales a in:	coll**an**t, dépli**an**t
[ʌ]	kurzer a-Laut (wie in m**a**tt) in:	p**u**nk
[ɛ̃]	nasales ε in:	gr**a**tin
[ə]	kurzer, dumpfer ö-Laut in:	freez**er**
[õ]	nasales o in:	c**ou**pon
[ø]	geschlossenes ö (wie in m**ö**gen) in:	entr**ai**neuse
[œ]	offenes ö (wie in k**ö**nnen) in:	taill**eu**r
[ʏ]	geschlossenes, helles ü (wie in T**ü**te) in:	par**u**re
[j]	Halbvokal (wie in **J**ahr) in:	tai**ll**eur

A

a in, nach, zu, an, mit; **~ Roma** in (nach) Rom; **~ casa** nach (zu) Hause; **~ domani!** bis morgen!; **~ sei anni** mit sechs Jahren; **alle quattro** um vier (Uhr)

A.A.S.T. *f* (*Azienda Autònoma di Soggiorno e Turismo*) italienischer Fremdenverkehrsverein

abate *m* Abt

abbacchio [-k-] *m* Lamm (-braten *m*) *n*

abbagli|ante [-ʎan-] *m* *Kfz* Fernlicht *n*; **~are** blenden

abbaiare bellen

abbaino *m* Dachfenster *n*

abbandon|are ver-, überlassen; aufgeben; **~ato** verwahrlost; **~o** *m* Verlassen (-heit *f*) *n*; Verwahrlosung *f*

abbass|amento *m* Sinken *n*; Senkung *f*; **~are** senken; *Radio* leiser stellen; *Scheinwerfer* abblenden; **~arsi** sinken; fallen; **~o** unten; hinunter, herunter

abbastanza genug; ziemlich

abbàtt|ere niederwerfen; *Haus* abreißen; *Baum* fällen; *Flgw* abschießen; *fig* niederschlagen; **~ersi** verzagen

abbazia *f* Abtei

abbell|imento *m* Verschönerung *f*; **~ire** verschönern

abbiamo wir haben

abbigliamento [-ʎa-] *m* (Be-)Kleidung *f*

abboccato *Wein* süffig

abbonamento *m* Abonnement *n*; **~ al telèfono** Telefonanschluss; **~ settimanale** Wochenkarte *f*

abbon|arsi: **~ a** abonnieren; **~ato** *m* Abonnent

abbond|ante reichlich; **~anza** *f* Überfluss *m*; **~are** reichlich vorhanden sein (*di* mit)

abbord|àbile zugänglich; **~are**: **~ qu** j-n anreden; an j-n herantreten

abbottonare zuknöpfen

abbozz|are skizzieren; **~o** *m* Entwurf, Skizze *f*

abbracci|are [-tʃa-] umarmen; **~o** [-tʃo] *m* Umarmung *f*

abbrevi|are (ver-, ab-)kürzen; **~azione** *f* Abkürzung

abbronz|ante *m* Bräunungsmittel *n*; **~arsi** braun werden; **~ato** braun gebrannt; **~atura** *f* Bräune

abbuono *m* Preisnachlass

abete m Tanne f; ~ **rosso** m Fichte f

àbile geschickt, gewandt (**in** in); geeignet, fähig (**a** zu)

abilità f Geschicklichkeit

abisso m Abgrund

abitàcolo m Kfz Fahrgastraum

abit|ante su Einwohner(in f) m; ~**are** (be)wohnen; ~**ato** m Ortschaft f; ~**azione** f Wohnung

àbito m Kleid n; Anzug; ~ **estivo** Sommerkleid n; ~ **scuro** dunkler Anzug; ~ **da donna** Damenkleid n; ~ **da sera** Abendgarderobe; ~ **su misura** Maßanzug

abitu|ale gewohnt; ~**are** (**abituarsi** sich) gewöhnen (**a** an)

abitudinario m Stammgast, -kunde

abitùdine f Gewohnheit; **d'~** gewöhnlich

abolire abschaffen

aborrire verabscheuen

abort|ire eine Fehlgeburt haben; abtreiben; ~**o** m Fehlgeburt f; Abtreibung f

abrogazione f Abschaffung

Abruzzo m Abruzzen pl

àbside f Arch Apsis

abus|are: ~ **di qc** et missbrauchen; ~**o** m Missbrauch

acacia [-tʃa] f Akazie

accadèm|ia f Akademie; ~ **di belle arti** Kunstakademie; ~**ico** akademisch

accad|ere geschehen; ~**uto** m Vorfall

accanto daneben; (**lì**) ~ nebenan; **prp** ~ **a** neben

accappatoio m Bademantel

accarezzare streicheln; liebkosen

acceleramento [-tʃ-] m Beschleunigung f

acceler|are [-tʃ-] beschleunigen; Kfz Gas geben; ~**ato** m Personenzug; ~**atore** m Kfz Gaspedal n; ~**azione** f Beschleunigung

accènd|ere [-tʃ-] anzünden; Gerät einschalten; ~**ersi** Feuer fangen; Lämpchen aufleuchten

accend|igas [-tʃ-] m Gasanzünder; ~**ino** [-tʃ-] m Feuerzeug n; ~**isigari** [-tʃ-] m Kfz Zigarettenanzünder

accennare [-tʃe-] hindeuten (**a** auf); ~ **a fare qc** so tun, als ob

accenno [-tʃe-] m Wink; Anspielung f

accensione [-tʃe-] f Zündung; ~ **a vuoto** Fehlzündung

accent|o [-tʃe-] m Akzent; ~**uare** hervorheben, betonen

accert|amento [-tʃe-] m Feststellung f; ~**are** versichern

acceso [-tʃe-] angezündet; El eingeschaltet; F an

access|ibile [-tʃe-] zugänglich; ~**o** m Zugang, Zutritt, Zufahrt f; EDV Zugriff

accessor|io [-tʃe-] nebensächlich; ~**i** m/pl Zubehör

n; Accessoires *n/pl*

accetta [-tʃe-] *f* Axt

accett|àbile [-tʃe-] annehmbar; **~are** annehmen; **~azione** *f*: **~ bagagli** Gepäckannahme

acchiapp|amosche [akkiappa'moske] *m* Fliegenklatsche *f*; **~are** packen, fassen

acciai|eria [-tʃa-] *f* Stahlwerk *n*; **~o** *m* Stahl

acciden|tale [-tʃ-] zufällig; **~te** *m* Zufall; Unglück; *Med* Schlaganfall; **~ti!** F verflixt!

acciocché [-tʃok-ke] (+ *cong*) damit

acciuff|are [-tʃu-] packen; **~arsi** sich in die Haare geraten

acciuga [-tʃu-] *f* Sardelle

acclam|are: **~ qu** j-m zujubeln; **~ato** umjubelt; **~azione** *f* Beifall *m*

acclimatarsi sich akklimatisieren

accl|ùdere beifügen; **~uso** beiliegend, anbei

accoglien|te [-ʎe-] gemütlich; **~za** *f* Empfang *m*

accògliere [-ʎe-] aufnehmen; genehmigen

accomodamento *m* (An-) Ordnung *f*; *jur* Vergleich

accomod|are ausbessern; **~arsi** Platz nehmen; **si accòmodi!** bitte, nehmen Sie Platz!

accompagn|amento [-ɲ-] *m* Begleitung *f*; **~are** begleiten

acconcia|re [-tʃa-] *Haar* frisieren; **~tura** *f* Frisur

acconsentire einwilligen (**a** in)

accontent|are befriedigen, zufrieden stellen; **~arsi** sich zufrieden geben (**di** mit)

acconto [-o-] *m* Anzahlung *f*

accoppi|are vereinen, verbinden; **~arsi** sich paaren

accorciare [-tʃa-] (ver-, ab-) kürzen

accord|are bewilligen; *Mus* stimmen; **~arsi** sich einigen

accordo [-ɔ-] *m* Zustimmung *f*; Vereinbarung *f*; *Pol* Abkommen *n*; **èssere d'~** einverstanden sein; **d'~!** einverstanden!; in Ordnung!

accòrgersi [-dʒe-]: **~ di qc** et bemerken

accórrere herbeieilen

accort|ezza *f* Umsicht; **~o** umsichtig

accostare heranrücken (**a** an); *Tür* anlehnen; *Mar* anlegen

accosto: **gancio** *m* **d'~** Bootshaken

accreditare gutschreiben

accréscere [-ʃ-] vermehren

accudire: **~ a qc** sich kümmern um et; achten auf et

accumul|are anhäufen; **~atore** *m* Akkumulator

accùmulo *m*: **~ di neve** Schneeverwehung *f*

accuratezza *f* Sorgfalt

accurato sorgfältig; genau

accusa *f* Beschuldigung;

~are beschuldigen; **~ ricevuta** den Empfang bestätigen; **~ata** f, **~ato** m Angeklagte(r) f (m)

acerbo [-tʃe-] herb; unreif

àcero [-tʃe-] m Ahorn

aceto [-tʃe-] m Essig; **sott'~** in Essig eingelegt; **~ balsàmico** Balsamessig

acetoso [-tʃe-] säuerlich

A.C.I. m (Automobile Club d'Italia) italienischer Automobilclub

àcido [-tʃ-] sauer; m Säure f; **~ carbònico** Kohlensäure f; **~ muriàtico** Salzsäure f

acqua f Wasser n; **~ calda** Warmwasser n; **~ corrente** fließendes Wasser; **~ distillata** destilliertes Wasser; **~ dolce** Süßwasser n; **~ minerale** Mineralwasser n; **~ potàbile** Trinkwasser n; **~ salata** Salzwasser n; **~ di Colonia** Kölnisch Wasser; **~ di raffreddamento** Kfz Kühlwasser n; **~ di rubinetto** Leitungswasser n; **~forte** m Radierung f

acquario m Aquarium n; ♋ Astrol Wassermann

acqua|santa f Weihwasser n; **~vite** f Branntwein m, Schnaps m

acquazzone m Platzregen

acque f/pl Thermalwasser n; **~dotto** m Aquädukt n

acquerello m Aquarell n

acqui|stare erwerben; **~sto** m (Ein-)Kauf; **fare acquisti**

einkaufen; Einkäufe machen

acre herb, scharf

acùleo m Zo Stachel

acùstic|a f Akustik; **~o** akustisch

acutezza f Schärfe

acuto scharf; spitz; Mus hoch; schrill; Med akut

ad = a (vor Vokalen)

adàgio [-dʒo] langsam

adattamento m Anpassung f

adatt|arsi sich anpassen (a an); passen (a zu od für); **~o** geeignet (a für)

adattatore m Adapter

addebitare zur Last legen (qc a qu j-m et); Hdl belasten mit

ad|densarsi sich zusammenballen; **~destrare** schulen; Tier abrichten; **~detto** bestimmt (a zu), zugeteilt; su Zuständige(r) f (m)

addio (lebe [leben Sie] wohl; m Abschied

addirittura sogar; wirklich

addizi|onare addieren; **~one** f Addition

addobbare ausschmücken

addolcire [-tʃ-] (ver)süßen; mildern, lindern

addolorare betrüben

addom|e m Unterleib, Bauch; **~inale** Unterleibs...

addorment|are einschläfern; **~arsi** einschlafen

addoss|are anlehnen (a an); fig aufbürden; **~o**: avere **~** dabei haben; anhaben; **mét-**

tersi ~ anziehen

adegua|re angleichen; **~rsi** sich anpassen (*a* an); **~to** angemessen

ad|émpiere, **~empire** erfüllen; **~empimento** *m* Erfüllung *f*

ade|rente *su* Anhänger(in *f*) *m*; **~rire** haften (*a* an); *e-m Verein* beitreten; *e-r Ansicht* sich anschließen; **~sione** *f* Zustimmung; Bewilligung *f*

adesivo *m* Aufkleber, Sticker *m*

adesso jetzt

adiacente [-tʃe-] angrenzend

Àdige [-dʒe] *m* Etsch *f*; *Alto ~* Südtirol *n*

adirarsi zornig werden

adolesc|ente [-ʃe-] jugendlich; *su* Jugendliche(r) *f* (*m*); **~enza** *f* Jugend

adombrare beschatten; *Mal* schattieren

adoper|are (ge)brauchen; **~arsi** sich bemühen

ador|are anbeten; **~azione** *f* Anbetung

adorn|are schmücken; **~o** geschmückt

adottare adoptieren; *Theorie* anwenden

adozione *f* Adoption

Adriàtico *m u Mar m ~* Adria *f*, Adriatisches Meer *n*

adulare schmeicheln (*qu* j-m)

adulterare *Wein* panschen

adulterio *m* Ehebruch

adulto erwachsen; *m* Erwachsene(r) *f* (*m*)

adunare versammeln

aerazione *f* Lüftung

aèreo Luft ...; *m* Flugzeug *n*; **~ di línea** Linienmaschine *f*; **~ a reazione** Düsenflugzeug *n*; **prèndere l'~** fliegen

aerodinàmico windschnittig

aeròdromo *m* Flugplatz

aero|nàutica *f* Luftfahrt; **~nave** *f* Luftschiff *n*; **~plano** *m* Flugzeug *n*

aeroport|o *m* Flughafen; **~ di arrivo** Zielflughafen; **~uale:** **tassa ~** Flughafengebühr

aeròstato *m* Heißluftballon

aerostazione *f Flgw* Abfertigungshalle; -schalter *m*

afa *f* Schwüle

aff|àbile liebenswürdig; **~abilità** *f* Liebenswürdigkeit

affaccendato [-tʃ-] viel beschäftigt

affacciarsi [-tʃa-] sich zeigen

affamato hungrig, ausgehungert

affann|are bekümmern; **~ato** atemlos; **~o** *m* Atemnot *f; fig* Sorge *f*

affare *m* Geschäft *n*; Angelegenheit *f*; F Ding *n*; *per affari* geschäftlich

affascin|ante [-ʃ-] bezaubernd, faszinierend; **~are** bezaubern, faszinieren

affaticare (über)anstrengen

affatto völlig; *non ... ~* gar nicht, überhaupt nicht; *niente ~* durchaus nicht

afferm|are behaupten; bestätigen; bejahen; **~ativo** bejahend; **~azione** *f* Bestätigung;

Behauptung

afferr|are ergreifen; **~arsi** klammern (**a** an)

affetta|to in Scheiben geschnitten; *m* Aufschnitt; **~trice** [-tʃe] *f* Schneidemaschine

affett|o *m* Zuneigung *f*; Liebe *f*; **~uoso** herzlich

affezion|ato: ~ a qu j-m zugetan; **~e** *f* Zuneigung

affibbiare zuschnallen

affid|amento *m* Vertrauen *n*; **~are** anvertrauen; **~arsi** sich verlassen (**a** auf)

affiggere [-dʒe-] *Plakat* anschlagen

affilare schärfen

affinché [-ke] (+ *cong*) damit

affiorare auftauchen

affisso *m* Anschlag, Plakat *n*

affittare (ver)mieten; *affittasi* **càmere** Zimmer zu vermieten, Zimmer frei

affitto *m* Miete *f*; **dare in ~** vermieten; **prèndere in ~** mieten

affl|iggere [-dʒ-] betrüben; **~izione** *f* Kummer *m*

afflu|ente *m* Nebenfluss; **~enza** *f* Andrang *m*; Zulauf *m*; **~ire** (zu)strömen

afflusso *m* Zufluss; **~ di sangue** Blutandrang

affoga|re ertrinken; ertränken; **~ato: ~ gelato ~** Eisbecher mit Likör

affoll|amento *m* Gedränge *n*; **~are** (über)füllen; **~arsi** sich drängen; **~ato** überfüllt

affondare versenken; versinken; einsinken

affrancare frankieren

affrancatura *f* Porto *n*

affresco *m* Fresko *n*

affrettar|e beschleunigen; **~si** sich beeilen

affront|are: ~ qu j-m entgegentreten

affronto *m* Beleidigung *f*

affumicato geräuchert

Àfrica *f* Afrika *n*

africa|na *f* Afrikanerin; **~no** afrikanisch; *m* Afrikaner

afta *f*: **~ epizoòtica** Maul- und Klauenseuche

àgave *f* Agave

agenda [-dʒe-] *f* Notizbuch *n*; Terminkalender *m*

agente [-dʒe-] *m/f* Agent(in *f*) *m*; Vertreter(in *f*) *m*; **~ di polizia** Polizeibeamte(r) *f* (*m*); **~ immobiliare** Immobilienmakler(in *f*) *m*

agenzia [-dʒe-] *f* Agentur; Zweigstelle; **~ (di) viaggi** Reisebüro *n*; **~ pubblicitaria** [-tʃ-] Werbeagentur; **~ marittima** Schiffsagentur

agevolare [-dʒe-] erleichtern

agévole [-dʒe-] leicht

aggancia|re [-tʃa-] *m* Kupplung *f*; **~are** ankuppeln, anhängen

aggettivo [-dʒ-] *m* Adjektiv *n*

agghiacciare [-tʃa-] gefrieren; *fig* erstarren

aggiornare [-dʒo-] aktualisieren; vertagen

aggirarsi [-dʒ-]: **~ su** sich drehen um; *Preis* sich bewegen um

aggiùngere [-dʒundʒ] hinzufügen

aggiun|ta [-dʒu-] *f* Zusatz *m*; **~to** zuzüglich

aggiustare [-dʒu-] ausbessern, reparieren

aggrapparsi sich anklammern (*a* an)

aggrav|amento *m* Verschlimmerung *f*; **~are** belasten; verschlimmern; **~arsi** sich verschl:mmern

aggredire überfallen; *mit Worten* anfahren

aggress|ione *f* Überfall *m*; Angriff *m*; **~ivo** aggressiv

agguato *m* Hinterhalt

agguerrito abgehärtet

agiatezza [-dʒa-] *f* Wohlstand *m*

agiato [-dʒa-] wohlhabend

àgile [-dʒ-] flink; wendig; rege

agilità [-dʒ-] *f* Gewandtheit

agio [-dʒo] *m*: **méttersi a suo ~** es sich bequem machen; **sentirsi a suo ~** sich wohl fühlen

agire [-dʒ-] handeln; wirken; funktionieren

agit|are [-dʒ-] bewegen; schütteln; schwenken; **~ prima dell'uso** vor Gebrauch schütteln; **~arsi** sich aufregen; **~ato** unruhig; bewegt (*Meer*); **~azione** *f* Aufregung

aglio [ˈaʎo] *m* Knoblauch

agnello [-ɲ-] *m* Lamm *n*

agnolotti [-ɲ-] *m/pl* rechteckige gefüllte Teigtaschen

ago *m* (Näh-)Nadel *f*

agonia *f* Todeskampf *m*

agopuntura *f* Akupunktur

agosto *m* Monat August

agrario landwirtschaftlich

agricolo landwirtschaftlich, Agrar-

agricolt|ore *m* Landwirt; **~ura** *f* Landwirtschaft

agriturismo [-zm-] *m* Ferien *pl* auf dem Bauernhof

agrodolce [-tʃe] süßsauer

agrumi *m/pl* Zitrusfrüchte *f/pl*

aguzz|are schärfen; *Appetit* anregen; **~o** spitz

Aia *f*: **l'~** Den Haag *m*

aids *od* **AIDS** *m/f* Aids *od* AIDS *n*

airone *m* Reiher

ai(u)ola *f* Beet *n*

aiut|ante *m/f* Helfer(in *f*) *m*; *Mil* Adjutant; **~are** helfen (**qu** j-m)

aiuto *m* Hilfe *f*

aizzare (auf)hetzen

ala *f* Flügel *m*

alabastro *m* Alabaster

alacrità *f* Eifer *m*

alb|a *f* Morgendämmerung; **~eggiare** [-dʒa-] dämmern, tagen

albanese Albaner(in *f*) *m*; *adj* albanisch

Albania *f* Albanien *n*

alberg|are beherbergen; **~atore** *m* Hotelier

albergo *m* Hotel *n*; **~ di lusso**

Luxushotel n; ~ **per la gioventù** Jugendherberge f; ~ **sulla spiaggia** Strandhotel n

àlbero m Baum; *Mar* Mast; *Tech* Welle f; ~ **da frutta** Obstbaum

albicocca f Aprikose

albume m Eiweiß n

àlco(o)l m Alkohol

alcò|lici [-tʃi] m/pl alkoholische Getränke n/pl; **~lico** alkoholisch; **~ltest** m Alcomat®, Alcotest®

alcuno irgendein; jemand; **alcuni** einige

aleita f: ~ **parasole** Kfz Sonnenblende

alga f Alge

Algeria [-dʒ-] f Algerien n

aliante m Segelflugzeug n

alice [-tʃe] f Sardelle

aliment|are ernähren; **~ari** m/pl Lebensmittel n/pl; **~azione** f Ernährung; ~ **dietètica** Schonkost

alimento m Nahrung f

aliscafo m Tragflügelboot n

àlito m Hauch; **avere l'~ cattivo** Mundgeruch haben

allacciamento [-tʃa-] m: ~ **alla rete** Netzanschluss; ~ **dell'acqua (del gas)** Wasser-(Gas-)anschluss

allacciar|e [-tʃa-] zubinden; *Med* abbinden; *Tech* anschließen; ~ **od ~si la cintura di sicurezza** sich anschnallen

allagare überschwemmen

allarg|amento m Erweiterung f; **~are** verbreitern; **Arme** ausbreiten

allarm|are alarmieren; *fig* beunruhigen; erschrecken; **~e** m Alarm; Tech Unruhe f

allattare Säugling stillen

alle|anza f Bündnis n, Bund m; **~arsi** sich verbünden; **~ata** f, **~ato** m verbündet; Verbündete(r) f (m)

allegare beifügen; **qui allegato** in der Anlage

alleggerire [-dʒ-] erleichtern; entlasten

allegr|ia f Fröhlichkeit; **~o** fröhlich, lustig, heiter

allen|amento m Trainieren n, Training f; **~are**, **~arsi** trainieren; **~atore** m, **~atrice** f Trainer(in f) m

allentare lockern; lösen

allergia [-dʒ-] f Allergie (**a** gegen)

allèrgico [-dʒ-] allergisch

allettare (ver)locken

alleva|mento m Zucht f; **~re** züchten; Kind aufziehen

alleva|tore m, **~trice** [-tʃe] f Züchter(in f) m

allietare erfreuen

alliev|a f, **~o** m Schüler(in f) m

alline|are aufreihen; *fig* angleichen; *Mil* formieren; **~arsi** sich aufstellen

allòdola f Lerche

allogg|iare [-dʒa-] unterbringen; wohnen; **~o** [-dʒo] m Wohnung f; Unterkunft f; ~

di fortuna Notquartier *n*; **~ per le vacanze** Ferienwohnung *f*

allontanarsi sich entfernen; *fig* sich abwenden (*da* von)

allora [-o-] dann; damals; also; *d'~ in poi* von da an

alloro [-ɔ-] *ra* Lorbeer

àlluce [-tʃe] *m* große Zehe *f*

allucin|ante [-tʃ-] blendend, eindrucksvoll; **~ato** überspannt; **~azione** *f* Halluzination

allùdere anspielen (*a* auf)

alluminio *m* Aluminium *n*

allung|amento *m* Verlängerung *f*; **~are** verlängern

allusione *f* Anspielung

alluvione *f* Überschwemmung

almeno wenigstens

alògeno Halogen...

alpestre Gebirgs..., Alpen...

Alpi: *le ~ f/pl* die Alpen

alpin|ismo [-zmo] *m* Bergsteigen *n*; **~ista** *su* Bergsteiger(in *f*) *m*; **~o** Alpen...; Berg...

alquanto etwas, ziemlich; *alquanti* einige

alt! halt!

altalena *f* Schaukel; Wippe

altare *m* Altar; **~ maggiore** Hochaltar

alter|àbile veränderlich; *fig* leicht erregbar; **~are** verändern; fälschen; erregen; **~azione** *f* Veränderung; Verfälschung; Erregung

altern|are abwechseln; **~ativo**

alternativ; **~o** (ab-)wechselnd

altero [-ɛ-] stolz

altezza [-e-] *f* Höhe; Größe

altitùdine *f* *Geogr* Höhe

alto hoch; groß; *sprechen* laut; *dall'~* von oben; *in ~* oben; hinauf, nach oben; *più ~* höher; *l'Alta Italia* f Oberitalien *n*

altoatesin|a *f*, **~o** *m* Südtiroler(in *f*) *m*

alto|forno *m* Hochofen; **~parlante** *m* Lautsprecher; **~piano** *m* Hochebene *f*

altrettanto gleichfalls, ebenso

altrimenti sonst

altro anderer; **~?** noch etwas?; *un ~ caffè* noch einen Kaffee; *~ che!* und ob!; *l'~ anno* voriges Jahr; *senz'~* ohne weiteres; *l'un ~* einander; *tra l'~* unter anderem; *tutt'~* ganz im Gegenteil

altrove anderswo

altrui der anderen

altura *f* Anhöhe

alunno *m* Schüler

alveare *m* Bienenstock

alzacristallo *m* *Kfz* Fensterheber

alz|are (er-, auf-, hoch-)heben; *Preis* erhöhen; **~arsi** aufstehen, sich erheben

am|àbile liebenswürdig; *Wein* lieblich; **~abilità** *f* Liebenswürdigkeit

amaca *f* Hängematte

amante *su* Liebhaber(in *f*) *m*; Geliebte(r) *f* (*m*) amare lieben

amar|ena f Sauerkirsche; ~etto m Mandellikör, -makrone f; ~ezza f Bitterkeit

amaro bitter; m Magenbitter

ambasciat|a [-ʃa-] f Botschaft; ~ore m; ~trice [-tʃe] f Botschafter(in f) m

ambedue beide

ambienta|le Umwelt...; danni m/pl ambientali Umweltschäden; ~lista Umweltschutz...; su Umweltschützer(in f); associazione f ~ Umweltschutzorganisation

ambientarsi sich eingewöhnen, sich akklimatisieren

ambiente m Umgebung f, Umwelt f; Milieu n; ~ di lavoro Betriebsklima n

ambiguità f Zweideutigkeit

ambiguo zweideutig

àmbito m Bereich

ambizione f Ehrgeiz m

ambizioso ehrgeizig

ambra f Bernstein m

ambul|anza f Krankenwagen m; ~atorio ambulant; m Arztpraxis f

Amèrica f Amerika n

america|na f Amerikanerin; ~no m Amerikaner; adj amerikanisch

amianto m Min Asbest

amì|ca f Freundin; ~chévole [-ke-] freundschaftlich; ~cizia [-tʃ-] f Freundschaft; ~co m Freund; ~ intimo Busenfreund

àmido m Mehl od Wäschestärke f

ammacca|to verbeult; ~tura f Beule

ammaestrare dressieren

ammal|are, ~arsi krank werden; ~ato krank; m Kranke(r) f (m)

ammass|are ansammeln; ~o m Haufen

ammazzare totschlagen (a fig Zeit); Tier schlachten

ammenda f Geldstrafe

amméttere zulassen; zugeben; annehmen

ammiccare (zu)winken; (zu-) blinzeln

amministr|are verwalten; ~azione f Verwaltung

ammir|are bewundern; ~ato verwundert; ~azione f Bewunderung; ~évole bewunderungswürdig

ammis|sibile zulässig; ~sione f Zulassung; Aufnahme

ammobili|amento m Möblierung f; Möbel n/pl; ~are möblieren; ~ato möbliert

ammollare einweichen

ammon|imento m Ermahnung f; Warnung f; Verweis; ~ire ermahnen; warnen

ammont|are sich belaufen (a auf); m Betrag; ~icchiare [-k-] aufhäufen

ammorbidente m Weichspüler

ammort|amento m Amortisierung f; ~(izz)are amorti-

sieren; **~izzatore** *m* Stoß-
dämpfer

ammucchiare [-k-] aufhäu-
fen

ammuffire schimmeln; **~ito**
schimmelig

ammutinamento *m* Meute-
rei *f*

amnistia *f* Amnestie; **~iare**
begnadigen

amo *m* Angel(haken *m*) *f*

amore *m* Liebe *f* (*per* zu); **fare l'~ con qu** mit j-m schla-
fen; **per ~ mio** mir zuliebe;
~oso liebevoll

amperaggio [-dʒo] *m* Strom-
stärke *f*

ampiezza *f* Weite; **~o** weit;
breit; geräumig; weitläufig

ampliare erweitern; **~ficato-
re** *m* Tech Verstärker

ampolla *f* Fläschchen *n*; **~ie-
ra** *f* Öl- und Essigständer *m*

amputare amputieren;
~azione *f* Amputation

anabbagliante [-ʎan-] blend-
frei; *m Kfz* Abblendlicht *n*

anàgrafe *f* Einwohnermelde-
amt *n*

analcòlico alkoholfrei; *m* al-
koholfreies Getränk *n*

analgèsico [-dʒ-] *m* schmerz-
stillendes Mittel *n*

anàlisi *f* Analyse; **~ del sangue** Blutuntersuchung

ànanas *m* Ananas *f*

anàrchico [-k-] anarchisch; *m*
Anarchist

ànatra *f* Ente

anca *f* Hüfte

anche [-ke] auch; **~ se** selbst
wenn

ancona *f* Altarbild *n*

ancora noch; immer noch; **~
una volta** noch einmal,
nochmals

àncora *f* Anker *m*

andamento *m* Verlauf

andare gehen; fahren; **~ a cavallo** reiten; **~ a passeggio**
spazieren gehen; **~ a male**
schlecht werden; **~ in bicicletta** Rad fahren; **~ in giro**
umherbummeln; **~ in viaggio** verreisen; **~ in aereo**
fliegen; **~ in treno** *od* **in
màcchina** mit dem Zug *od*
Auto fahren; **~ in slitta** ro-
deln; **~ a finire** auf et hinaus-
laufen; **come va?** wie geht
es?

andàrsene weggehen

andata *f* Hinfahrt; *Fahrkarte*
di sola ~ einfache Fahrt; **~
e ritorno** hin und zurück

andate ihr geht

andato F *Waren* verdorben

andiamo wir gehen

androne *m* Hausflur

anèddoto *m* Anekdote *f*

anelare: **~ a qc** et herbeiseh-
nen; sich nach et sehnen

anello *m* Ring

anemia *f* Blutarmut; Anä-
mie; **~èmico** blutarm

anestesia *f Med* Betäubung;
~tizzare [-dz-] betäuben

aneto *m* Dill

anfiteatro *m* Amphitheater *n*

ànfora *f* Amphore

àngelo [-dʒe-] *m* Engel

angina [-dʒ-] *f Med* Angina

angolare wink(e)lig; Eck...

àngolo *m* Winkel; Ecke *f*

angoloso eckig; kantig

ango|scia [-ʃa] *f* Angst;
~sciare [-ʃa-] ängstigen;
~scioso [-ʃo-] beängstigend

anguilla *f* Aal *m*; **~ affumicata** Räucheraal *m*

anguria *f* Wassermelone

angustia *f* Enge; *fig* Angst

ànice -tʃe] *m* Anis

anidride *f:* **~ carbònica** Kohlendioxid *n*

ànima *f* Seele (*a fig*); **non c'era ~ viva** keine Menschenseele war da

animale tierisch; Tier...; *m* Tier *n*

anim|are beleben; **~ato: strada** *f* **~ata** belebte Straße

ànimo *m* Gemüt *n*; Mut; **fare ~** ermutigen (*a qu* j-n)

anim|osità *f* Abneigung; **~oso** mutig; feindselig

anisetta *f* Anislikör *m*

ànitra *f* Ente

annacquare *Wein* verdünnen; *fig* verwässern

annaf|fiare (be)gießen; **~fiatoio** *m* Gießkanne *f*

annata *f* Jahrgang *m*

annegare ertränken; ertrinken

annes|sione *f* Annektierung; **~o** *m Arch* Anbau

annèttere annektieren; anbauen (*a* an)

anniversario *m* Jahrestag

anno *m* Jahr *n*; **buon ~!** Prosit Neujahr!; **quest'...** dieses Jahr; **l'~ pròssimo** nächstes Jahr; **l'~ scorso** voriges Jahr; **anni fa** vor Jahren; **per anni** jahrelang; **quanti anni hai?** wie alt bist du?

annodare zusammenknoten; *fig* knüpfen

annoiare (**annoiarsi** sich) langweilen

annotare notieren

annuale jährlich; *m* Jahrestag

annull|amento *m* Annullierung *f*; **~are** annullieren; für ungültig erklären; **~ l'iscrizione** sich abmelden

annun|ciare [-tʃa-], **~ziare** ankündigen; melden; **~ciatore** [-tʃa-] *m Rdf, TV* Ansager; **~ciatrice** [-tʃatri:tʃe] *f* Ansagerin; **~cio** [-tʃo], **~zio** *m* Ankündigung *f*; Anzeige *f* (*Zeitung*); Ansage *f*

ànnuo jährlich

annusare riechen, *Tier* schnuppern an; *fig* wittern

annuvol|amento *m* Bewölkung *f*; **~ato** bewölkt

anònimo anonym; **società** *f* **anònima** Aktiengesellschaft

anoressia *f* Magersucht

ansa *f* Henkel *m*

ansia *f*, **ansietà** *f* Angst

ansimare keuchen

ansioso besorgt, sehnsüchtig

antàrtico *m* Antarktis *f*

ante... vor...

ante|cedente [-tʃ-] vorhergehend; **fatto** *m* Vorgeschichte *f*; **guerra** Vorkriegs...; *m* Vorkriegszeit *f*; **nato** *m* Vorfahr

antenna *f* Antenne; ~ **parabòlica** Parabolantenne; F Satellitenschüssel *f*

anteriore vordere; *zeitlich* vorig, vorhergehend

anti... gegen...

antialcolista *m/f* Antialkoholiker(in *f*) *m*

antibiòtico *m* Antibiotikum *n*

anticalcare *m* Kalkreiniger

anticamente einst

anti|càmera *f* Vorzimmer *n*; **chità** [-k-] *f* Altertum *n*; *pl* Antiquitäten

anticip|are [-tʃ-] *zeitlich* vorverlegen; *Geld* vorauszahlen; **ato** im Voraus; **azione** *f* Vorschuss *m*

anticipo *m* Vorschuss; **in** ~ im Voraus

antico alt; antik

anticorpo *m* Antikörper

antidoto *m* Gegengift *n*

antifebbrile *m* fiebersenkendes Mittel *n*

antifòrfora: shampoo ~ Antischuppenshampoo

anti|furto *m* Diebstahlsicherung *f*; **gelo** [-dʒe-] *m* Frostschutzmittel *n*

antinfiammatorio *m* entzündungshemmendes Mittel *n*

antimeridiano Vormittags...

antinucleare *su* Kernkraftgegner(in *f*) *m*

anti|pasto *m* Vorspeise *f*; **patia** *f* Abneigung; **pàtico** unsympathisch; **quario** *m* Antiquitätenhändler; **rùgine** [-dʒ-] *m* Rostschutzmittel *n*; **semitismo** *m* Antisemitismus; **sèptico** erdbebensicher; **solare** *m* Sonnenschutzmittel *n*

antro *m* Höhle *f*

anulare *m* Ringfinger

anzi vielmehr; im Gegenteil

anzianità *f* Dienstalter *n*

anziano alt; älter; *m* alter Mensch

anzi|ché [-ke] anstatt zu; **detto** besagt; **tutto** vor allem

apatia *f* Gleichgültigkeit

apàtico gleichgültig

ape *f* Biene

aperitivo *m* Aperitif

aperto offen; geöffnet; *m* Freie *n*; **all'~** im Freien

apertura *f* (Er-)Öffnung

apicoltore *m* Imker

apòlide *su* Staatenlose(r) *f* (*m*)

apoplessia *f* Schlaganfall *m*; ~ **cerebrale** Gehirnschlag *m*

apòstolo *m* Apostel

appannarsi *Blick* sich trüben; *Glas* beschlagen

apparato *m* Apparat

apparecchiare [-k-] vorbereiten; *Tisch* decken

apparecchio [-kio] *m* Gerät *n*; Apparat *m*; *Flgw* Maschine *f*; ~ **elèttrico** Elektrogerät *n*; ~ **a reazione** Düsenflugzeug n

appar|ente scheinbar; **~enza** f Schein m; Äußere(s) n

appari|re erscheinen; **~scente** [-ʃ-] auffällig; **~zione** f Erscheinung

appart|amento m Wohnung f, Appartement n; **~arsi** sich absondern; **~enenza** f Zugehörigkeit (**a** zu); **~enere** ~ **a** (an-, zu-)gehören (+ D)

appassionato leidenschaftlich; begeistert (**a**, **di** von)

appassire verwelken

appell|arsi sich berufen (**a** auf); **~o** m Aufruf; jur Berufung f

appena kaum; cj sobald

appèndere (auf)hängen

appen|dice [-tʃe] f Blinddarm m; **~dicite** [-tʃ-] f Blinddarmentzündung

Appennino m Apennin

appesantire et beschweren; fig lähmen

appetito m Appetit; **buon ~!** guten Appetit!; **~so** appetitlich

appiccare aufhängen; Feuer legen (**a** an)

appiccic|are [-tʃ-] (an)kleben; **~arsi** fig sich hängen (**a** an); **~oso** klebrig

appigli|arsi [-ʎa-] sich festhalten (**a** an); **~glio** [-ʎo] m Halt; Vorwand

appiombo senkrecht

applau|dire Beifall klatschen; **~so** m Beifall

applic|àbile anwendbar; **~are**

(auf)legen; (auf)kleben; anwenden; **~arsi** fleißig sein; **~azione** f Anwendung; fig Fleiß m, Eifer m

appoggi|are [-dʒa-] (an)lehnen; fig unterstützen; **~arsi** sich lehnen (**a** an), sich stützen (**a** auf); **~atesta** m Kfz Kopfstütze f; **~o** [-dʒo] m Stütze f; fig Rückhalt f

apportare m (mit-, über-)bringen

appòsito dafür bestimmt

apposta absichtlich; gerade

appost|amento m Hinterhalt; **~are** (qu j-m) auflauern

apprèndere lernen; erfahren

apprendi|sta m/f Lehrling m, Azubi; **~stato** m Lehre f

apprensione f Besorgnis

apprensivo ängstlich

appresso daneben; prp ~ **a** neben, bei

apprezz|àbile wertvoll; **~amento** m Schätzung f; **~are** schätzen

appr|odare Mar anlegen; Hafen anlaufen; **~odo** m Anlegen n; Anlegeplatz

approfittare Nutzen ziehen (**di** aus); (aus)nutzen (**di qc** et)

approfondire vertiefen

approntare bereitstellen

appropri|arsi ~ **di qc** sich et aneignen; **~ato** geeignet

approssimativo annähernd

approv|are billigen; **~azione** f Billigung

approvvigionare [-dʒo-] versorgen

appunt|amento *m* Verabredung *f*; Termin (*beim Arzt*); **~are** aufschreiben; anspitzen; **~ito** spitz

appunto *m* Notiz *f*; *adv* gerade, eben; **~! (a per l'~!)** gewiss!, genau!

appurare nachprüfen

apribottiglie [-ʎe] *m* Flaschenöffner

aprile *m* April

aprire (er)öffnen; *Wasser* anstellen

apriscàtole *m* Dosenöffner

àquila *f* Adler *m*

aquilone *m* Drachen

Aquisgrana *f* Aachen *n*

Arabia: **~ Saudita** *f* Saudi-Arabien *n*

àrabo *m* (**~a** *f*) Araber *m* (-in *f*); *adj* arabisch

aràchidi [-k-] *f/pl* Erdnüsse

aragosta *f* Languste

aran|cia [-tʃa] *f* Orange, Apfelsine; **~ciata** [-tʃa-] *f* Orangenlimonade; **~cino** [-tʃ-] *m* Reiskrokette *f*; **~cio** [-tʃo] *m* Orangenbaum;   **~cione** [-tʃo-] *adj* (dunkel)orange

arazzo *m* Gobelin

arbitr|aggio   [-dʒo]   *m* Schiedsspruch; **~ario** willkürlich; **~io** *m* Willkür *f*

àrbitro *m* Schiedsrichter

arbusto *m* Strauch

arca *f* Truhe; Sarkophag *m*

arcàngelo [-dʒ-] *m* Erzengel

arcata *f* Arkade

arche|ologia [-keolodʒ-] *f* Archäologie; **~ològico** [-keolɔːdʒ-] archäologisch; **~òlogo** *m* Archäologe; **~òloga** *f* Archäologin

archi|tetto [-k-] *m/f* Architekt(in *f*) *m*; **~tettura** *f* Architektur

archivio [-k-] *m* Archiv *n*; **~ di dati** *EDV* Datei *f*

arci|vescovado [-t∫-] *m* Erzbistum *n*; **~véscovo** *m* Erzbischof

arco *m* Bogen; **~baleno** *m* Regenbogen; **~ di trionfo** *m* Triumphbogen

arcuato krumm; gebogen

ardente brennend; *fig* feurig

àrdere (ver)brennen

ardesia *f* Schiefer *m*

ard|ire wagen; **~ito** kühn

ardore *m* Glut *f*, Hitze *f*

àrea *f* Fläche; Gebiet *n*; **~ di servizio** Autobahnraststätte

aren|a *f* Sand *m*; Arena; **~oso** sandig

argentato [-dʒ-] versilbert

argènteo [-dʒ-] silbern

Argen|tina [-dʒ-] *f* Argentinien *n*; **~tino** [-dʒ-] argentinisch

argento [-dʒe-] *m* Silber *n*; **~ vivo** Quecksilber *n*

argil|la [-dʒ-] *f* *Min* Ton *m*; **~loso** lehmig

àrgine [-dʒ-] *m* Damm

argo|mentare argumentieren; **~mento** *m* Argument *n*; Thema *n*

arguzia *f* Scharfsinn *m*

aria f Luft; Miene; *Mus* Arie; *all'~ aperta* ins (im) Freie(n); *~ condizionata* Klimaanlage; *avere l'~ di* aussehen wie; *darsi delle arie* wichtig tun

àrido dürr; trocken (*a fig*)

arieggiare [-dʒa-] lüften

ariete *m Zo* Widder; ♎ *Astrol* Widder

aringa f Hering *m*

arioso luftig

àrista f Schweinskarre *n*

aristocràtico aristokratisch; *m* Aristokrat; *~azìa* f Aristokratie

arma f Waffe

armadio *m* Schrank

armamento *m* Rüstung f; *~are* bewaffnet; *~ata* f Armee; *~atura* f Rüstung

armeria f Zeughaus *n*; *~istizio* *m* Waffenstillstand

armonia f Harmonie; *~ònica* f: *~* **a bocca** Mundharmonika; *~onioso* harmonisch

arnese *m* Werkzeug *n*

aroma *a* Aroma *n*; Duft; Blume *f* (*des Weins*); *Kochk* Gewürze; *~àtico* aromatisch; würzig; *~atizzare* [-dz-] würzen

arpa f Harfe

arrabbiarsi wütend, zornig werden; *~ato* wütend; *all'~a* *Kochk* mit scharfer Tomatensauce

arraffare raffen, entreißen

arrampicarsi klettern

arrangiarsi [-dʒ-] sich behelfen; sich einigen

arredamento *m* Einrichtung f; *~are* ausstatten; einrichten; *~o* *m* Ausstattung f; *arredi pl sacri* Kirchengerät *n*

arrèndersi nachgeben

arrendévole nachgiebig

arrestare anhalten; verhaften; *~arsi* stehen bleiben; *~o* *m* Verhaftung f; *~ cardiaco* Herzstillstand

arretrato rückständig; *Zahlung* nachträglich; *m* Rückstand

arricchire [-k-] bereichern

arringa f Ansprache; *jur* Plädoyer *n*

arrischiare [-k-] wagen, riskieren

arrivare ankommen

arrivederci! [-1ʃi], **arrivederLa!** auf Wiedersehen!

arrivo *m* Ankunft f; *Sport* Ziel *n*; *arrivi Esb* Ankunft(*zeit der Züge*) f

arrogante anmaßend; *~anza* f Anmaßung

arrossire erröten

arrostire rösten; braten

arrosto geröstet; gebraten; *m* Braten

arrotolare zusammenrollen

arrotondare abrunden

arruffare verwirren; zerzausen; *~arsi* sich die Haare raufen; *~ato* wirr; zerzaust

arrugginirsi [-dʒ-] rosten

arselle *fl pl* Teigmuscheln

arsenale *m* Werft f

arte f Kunst; Handwerk *n*; *~*

della **ceràmica** Töpferei; *~**fatto** gekünstelt; verfälscht

artemisia f *Bot* Beifuß *m*

arteria f Schlagader; *fig* Verkehrsader

àrtico arktisch, nördlich

articol|are Gelenk...; *~**azione** f Gelenk *n*

articolo *m* Artikel; *~ di prima necessità* Bedarfsartikel; *~ di sport* Sportartikel; *~ di valore* Wertgegenstand

artificiale [-tʃa-] künstlich

artificio [-tʃo]: *fuochi d'~* Feuerwerk

artigian|ale [-dʒa-] handwerklich; *~**ato** *m* Handwerk *n*; *~**a** f, *~**o** *m* Handwerker(in *f*) *m*

artiglio [-ʎo] *m* Kralle *f*; Klaue *f*

artista *su* Künstler(in *f*) *m*

artistico künstlerisch

artrite f *Med* Arthritis

artrosi f *Med* Arthrose

ascella [aʃe-] f Achselhöhle

ascensione [aʃe-] f Aufstieg *m*; (Berg-)Besteigung; ♀ Christi Himmelfahrt

ascensore [aʃ-] *m* Fahrstuhl, Lift

ascesso [aʃ-] *m* Abszess

ascia [ˈaʃa] f Axt; Beil *n*

asciugacapelli [aʃu-] *m* Föhn

asciugamano [aʃu-] *m* Handtuch *n*; *~ da bagno* Badetuch *m*; *~ di spugna* Frotteehandtuch *n*

asciug|are [aʃu-] (ab)trocknen, abwischen; *~**atrice** [-tʃe] f Trockner *m*

asciutto [aʃu-] trocken; herb (*Wein*)

ascolt|are (an-, zu-)hören; hören auf; *~**atore** *m*, *~**atrice** [-tʃe] f (Zu-)Hörer(in *f*) *m*; *~o m: dare ~* Gehör schenken; *stare in ~* zuhören

asfaltato geteert; *strada* f *asfaltata* Asphaltstraße

Àsia f Asien *n*; *~ Minore* Kleinasien

asilo *m* Asyl *n*; Zuflucht *f*; *~ d'infanzia* Kindergarten; *~ nido* (Kinder-)Krippe

àsino *m* Esel

asma [ˈazma] *m* Asthma *n*

aspàragi [-dʒi] *m/pl* Spargel

aspèrgere [-dʒ-] besprengen

asper|sione f Besprengung; *~**sorio** *m* Weihwedel

aspett|are (er-, ab-)warten, warten auf; *~**ativa** f Erwartung; *~**o m* Aussehen *n*; Anblick; Gesichtspunkt

aspir|ante *m* Bewerber; Anwärter; *~**apólvere** *m* Staubsauger; *~**are** einatmen; *~**azione** f Streben *n* (*a* nach)

aspirina f Aspirin *n*

aspro rauh; herb; sauer

assaggiare [-dʒa-] kosten; probieren

assaggio [-dʒo] *m* (Kost-)Probe *f*

assai viel; sehr; genug

assalire überfallen; angreifen; *Krankheit:* j-n befallen

assalto *m* Überfall; Angriff

assass|inare ermorden; *~**inio** *m* Mord; *~**ina** f, *~**ino**

m; Mörder(in *f*) *m*; *adj* mörderisch

asse 1. *f* Brett *n*; **~ da stiro** Bügelbrett *n* **2.** *m* Achse *f*; **~ anteriore (posteriore)** Vorder-(Hinter-)achse *f*

assecondare unterstützen; *e-r Bitte* entsprechen

assedi|are *fig* belagern; **~o** *m* Belagerung *f*

assegn|are [-ɲ-] zu-, anweisen; zuteilen; **~azione** *f* Zuweisung; Zuerkennung

assegno [-ɲo] *m* Scheck; **~ bancario** Bankscheck; **~ postale** Postscheck; **~ turistico** Reisescheck; **~ familiare** Kindergeld *n*; **~ scoperto** ungedeckter Scheck; *contro* **~ gegen** Nachnahme *f*

assemblea *f* Versammlung *f*

assenso *m* Zustimmung *f*, Einwilligung *f*

assentarsi sich entfernen (*da* von)

assente abwesend

assent|imento *m* Einwilligung *f*; **~ire** zustimmen

assenza *f* Abwesenheit

assetato durstig; *fig* gierig (*di* nach)

assicur|are (ver)sichern; sicherstellen; *Post* als Wertsendung schicken; **~arsi** sich versichern; sich vergewissern; *assicurato contro tutti i rischi* vollkaskoversichert

assicurazione *f* Versicherung; **~ dei bagagli** Reisege-

päckversicherung; **~ contro gli infortuni** Unfallversicherung; **~ sulla vita** Lebensversicherung; **~ malattie** Krankenversicherung; **~ di responsabilità civile** Haftpflichtversicherung; **~ della tutela legale** Rechtsschutzversicherung; **~ contro tutti i rischi** Vollkaskoversicherung

assiduità *f* Ausdauer

assiduo fleißig; ausdauernd

assieme zusammen (*a* mit)

assistente *su* Assistent(in *f*) *m*

assistenza *f* Beistand *m*; Hilfe; Pflege; *Tech* Wartung; **~ meccànica** Pannenhilfe

assìstere beistehen (*qu* j-m); betreuen; **~ a** beiwohnen

asso *m* Ass *n*

associ|are [-tʃa-] vereinigen; **~arsi** beitreten (*e-m Verein*); **~ato** [-tʃa-] *m* Mitglied *n*; **~azione** [-tʃa-] *f* Vereinigung

assolato sonnig

assol|utamente *adv* völlig; unbedingt; **~uto** absolut; **~uzione** *f jur* Freispruch *m*; *Rel* Absolution

assòlvere freisprechen; *Pflicht* erfüllen

assomigli|anza [-ʎa-] *f* Ähnlichkeit; **~are** [-ʎa-] vergleichen (*a* mit); **~arsi** (sich) ähneln

assonnato verschlafen

assorb|ente *m* Damenbinde

f; ~ *interno* Tampon; ~*ire* aufsaugen

assord|ante ohrenbetäubend; ~*are* taub werden

assort|imento *m* Sortiment *n*; Auswahl *f*; ~*ire* sortieren; ~*ito* gemischt

assue|fare gewöhnen (*a* an); ~*fazione* *f* Gewöhnung

assùmere an-, übernehmen; an-, einstellen

assunzione *f* Übernahme; 2 Mariä Himmelfahrt

assurdo unsinnig, absurd

asta *f* Stange; Stab *m* (*a Sport*); Auktion; *vendere all'~* versteigern

astemio *m* Abstinenzler

astenersi sich enthalten (*da + G*)

àstice [-tʃe] *m* Hummer

astin|ente enthaltsam; ~*enza* *f* Enthaltsamkeit

àstio *m* Groll

astore *m* Habicht

astratto abstrakt

astringente [-dʒ-] *Med* stopfend

astro *m* Gestirn *n*; ~*nauta* *m* Astronaut; ~*nave* *f* Raumschiff *n*

astuccio [-tʃo] *m* Etui *n*

ast|uto schlau; listig; ~*uzia* *f* Schlauheit; List

ateismo *m* Atheismus

Atene *f* Athen *n*

Atlàntico *m u* **Ocèano** *m* ~ Atlantik, Atlantische(r) Ozean

atleta *m* Athlet; ~ *leggero* Leichtathlet

atlètica *f*; ~ *leggera* Leichtathletik

atmosfera *f* Atmosphäre

atòmico Atom...; atomar

àtomo *m* Atom *n*

atrio *m* (Vor-)Halle *f*; *Thea* Foyer *n*

atroce [-tʃe] grässlich; entsetzlich

attacc|apanni *m* Kleiderhaken, -ständer; ~*are* anhängen; ankleben; befestigen; angreifen; *Gespräch* anknüpfen

attacco *m* Angriff; *Med* Anfall; *El* Anschluss; *Ski* Bindung *f*; ~ *cardiaco* Herzanfall; ~ *di sicurezza* Sicherheitsbindung *f*

atteggi|amento [-dʒa-] *m* Haltung *f*; Benehmen *n*; ~*arsi* sich gebärden (*a* als)

attèndere (er)warten

attendibile zuverlässig

attenersi: ~ *a qc* sich an et halten

attent|are einen Anschlag machen (*a* auf); ~*arsi* wagen; ~*ato** *m* Attentat *n*; ~*atore** *m* Attentäter

attento aufmerksam; ~*!* Vorsicht!

attenuare abschwächen; mildern

attenzione *f* Aufmerksamkeit; ~*!* Achtung!; Vorsicht!; *fare* ~ *a* achten auf; *all'~ di* ... zu Händen von ...

atterraggio [-dʒo] *m* *Flgw*

Landung f; **~ forzato** Notlandung f

atterrare *Flgw* landen

attesa f Erwartung; Warten n (**di** auf)

attest|are bezeugen; **~ato** m Zeugnis n; *Med* Attest n

àttico m Dachwohnung f

attiguo aneinander stoßend (**a** an); Neben...

attillato Kleid eng anliegend

àttimo m Augenblick

attirare anziehen; **~ l'attenzione su qc** die Aufmerksamkeit auf et lenken; **attirarsi qc** sich et zuziehen

attitùdine f Begabung (**per** für); Eignung (**a** zu)

att|ività f Tätigkeit; **~ivo** tätig; aktiv

atto fähig (**a** zu); m Tat f; *Thea* Akt; **atti** pl Akten f/pl

attònito erstaunt

attore m Schauspieler

attorno herum; → **intorno**

attraente anziehend

attr|arre anziehen; **~attiva** f Anziehungskraft; Reiz m; **~attivo** attraktiv

attraversare über-, durchqueren

attraverso adv quer, schräg; prp durch

attrazione f Anziehungskraft; Attraktion

attrezza|re ausrüsten (**di** mit); **~tura** f Einrichtung, Ausrüstung

attrezzo m Gerät n; Werkzeug n; **attrezzi** pl Thea Requisiten pl; Sport Geräte pl

attribuire zuschreiben; beimessen

attrice [-tʃe] f Schauspielerin

attuale aktuell; gegenwärtig

attualità f Aktualität

attuare verwirklichen

attutire dämpfen

aud|ace [-tʃe] kühn; **~acia** [-tʃa] f Kühnheit

auditòrio m Hörsaal

augurare wünschen

augurio m Glückwunsch

àula f Saal m

aumentare vermehren; erhöhen; zunehmen; Preis, Fieber steigen

aumento m Steigerung f; Erhöhung f; **~ stagionale** Saisonzuschlag

àureo golden

aurèola f Heiligenschein m

auricolare m Ohr-, Kopfhörer

ausiliare Hilfs...; m Hilfsverb n

auster|ità f Strenge; **~o** streng

Australia f Australien n

Àustria f Österreich n

austrìac|a f Österreicherin, **~o** m Österreicher; adj österreichisch

autentic|are beglaubigen; **~azione** f Beglaubigung

autèntico echt; glaubwürdig

autista su (Auto-)Fahrer(in f) m, Chauffeur m

àuto f Auto n

auto... Selbst...; **~abbron-**

zante *m* Selbstbräunungsmittel *n*

auto|accessori [-tʃe-] *m|pl* Autozubehör *n*

auto|adesivo selbstklebend; *m* Aufkleber; **~bomba** *f* Autobombe; **~biografia** *f* Autobiographie

àutobus *m* Bus

auto|carro *m* Lkw, Laster; **~cisterna** [-tʃ-] *f* Tankwagen *m*; **~corriera** *f* (Überland-) Bus *m*

autocertificazione *f* Eigenbescheinigung

autodidatta *su* Autodidakt(in *f*) *n*

autofficina [-tf-] *f* Autoreparaturwerkstatt

auto|gol *m* Eigentor *m*; **~grill** *m* Rasthaus *n*; **~lavaggio** [-dʒo] *m* Kfz Waschanlage *f*

automàtico selbsttätig, automatisch

auto|mezzo *m* Kraftfahrzeug *n*; **~mòbile** *f* Auto *n*; **~mobilismo** [-zmo] *m* Kraftfahrwesen *n*; Automobilsport; **~mobilista** *su* Kraft-, Autofahrer(in *f*) *m*; **~motrice** [-tʃe] *f* Triebwagen *m*; **~noleggio** [-dʒo] *m* Autovermietung *f*

autopsia *f* Obduktion

auto|pullman *m* Reisebus; **~radio** *f* Autoradio *n*

aut|ore *m* Verfasser; *jur* Täter; **~orévole** angesehen; maßgebend

autorimessa *f* Garage

autorità *f* Autorität; Gewalt; Ansehen *n*; *Pol* Behörde

autoritratto *m* Selbstporträt *n*

autorizza|re ermächtigen; **~zione** *f*: **~ speciale** Sondergenehmigung

autoscatto *m* Fot Selbstauslöser

auto|scuola *f* Fahrschule; **~silo** *m* Parkhaus *n*; **~soccorso** *m* Pannendienst; Rettungswagen; **~stazione** *f* Busbahnhof *m*; Autowerkstatt; **~stello** *m* Motel *n*; **~stop** *m* Trampen *n*; **viaggiare in ~** per Anhalter fahren; **~stoppista** *su* Tramper(in *f*) *m*; **~strada** *f* Autobahn; **~ informàtica** EDV Datenautobahn; **~traghetto** [-g-] *m* Autofähre *f*; **~treno** *m* Lastzug; **~veicolo** *m* Kraftwagen; **~velox®** *m* Radargerät (zur Geschwindigkeitskontrolle) *n*; **~vettura** *f* Pkw *m*

autrice [-tʃe] *f* Autorin; *jur* Täterin

autunnale herbstlich

autunno *m* Herbst

avambraccio [-tʃo] *m* Unterarm

avanguardia *f* Avantgarde

avanti *adv* vorn; voraus; *zeitlich* vorher; *prp a* **~ a** vor; *cj* **~ che** (+ *cong*) bevor; **~!** herein!; vorwärts!; **andare ~** vorangehen; vorgehen (*a* Uhr); **il giorno ~** tags zuvor;

~ *m Sport* Stürmer

avantieri vorgestern

avanzare vorwärts gehen, vorankommen; j-n befördern; übrig bleiben; *Geld* guthaben (*da qu* bei j-m)

avanzo *m* Rest; *avanzi pl* Überreste

avar|ia *f* Defekt *m*; **~iato** beschädigt

avarizia *f* Geiz *m*

avaro geizig; *m* Geizhals

avena *f* Hafer *m*

avèrc|ela [-tʃe-]: ~ *con qu* sich mit j-m überworfen haben

avere haben; erhalten, bekommen; ~ *vent'anni* zwanzig Jahre alt sein; ~ *m* Vermögen *n*

avia|tore *m* Flieger; **~zione** *f* Luftfahrt

avidità *f* Habsucht

àvido gierig; habgierig

aviotrasportare auf dem Luftwege befördern

avocado *m* Avocado *f*

avorio *m* Elfenbein *n*

avvantaggi|are [-dʒa-] begünstigen; **~arsi**: ~ *di qc* aus et Nutzen ziehen

avvelen|amento *m* Vergiftung *f*; **~are** vergiften

avvenimento *m* Ereignis *n*

avvenire geschehen, passieren; *m* Zukunft *f*; *per l'~* künftig

Avvento *m* Advent

avven|tore *m* Kunde; Stammgast; **~trice** [-tʃe-] *f* Kundin; **~tura** *f* Abenteuer

n; **~turarsi** sich trauen, sich wagen; **~turiero** *m*, **~turiera** *f* Abenteurer(in *f*) *m*; **~turoso** abenteuerlich; *Person* abenteuerlustig

avverarsi sich bewahrheiten

avverbio *m* Adverb *n*

avver|sario *m* Gegner; **~saria** *f* Gegnerin; **~sione** *f* Abneigung; **~sità** *f* Widerwärtigkeit; **~so** ungünstig

avvert|enza *f* Warnung; Bemerkung; **~imento** *m* Warnung *f*; **~ire** warnen (*di* vor); verständigen, benachrichtigen

avviamento *m* Ingangsetzen *n*; *Kfz* Anlassen *n*, Starten *n*

avvi|are an-, einleiten; einführen; in Gang setzen; *Motor* anlassen, starten; **~arsi** sich auf den Weg machen; *Motor* anspringen; **~atore** *m* Anlasser

avvicin|are [-tʃ-] heranrücken (*a* an); **~arsi** sich nähern, näher kommen

avvil|imento *m* Demütigung *f*; **~ire** demütigen

avvisare benachrichtigen, warnen

avviso *m* Bekanntmachung *f*; Anzeige *f* (*Zeitung*); Anschlag(zettel); Warnung *f*; ~ *di sinistro* Schadensmeldung *f*; ~ *di tempesta* Sturmwarnung *f*; *èssere dell'~* der Meinung sein

avvitare an-, aufschrauben

avvo|cato *m* Rechtsanwalt;

~catessa f Rechtsanwältin
avvòlgere [-dʒe-] einwickeln;
(ein)hüllen (**in** in)
avvoltoio m Geier
azalea f Azalee
azienda f Betrieb m; ~ **di soggiorno** Verkehrsamt n
azion|e f Handlung; Tat; Wi

Aktie; **~ista** m Aktionär
azoto m Stickstoff
azzard|are, ~arsi wagen; **~o**
m Wagnis n
azzeccare erraten
Azzorre f/pl Azoren pl
azzurro blau; ~ **chiaro** hell-
blau; ~ **cupo** dunkelblau

B

babbo m F Papi, Papa; 2 **Natale** m Weihnachtsmann
babordo m Backbord n
baby-sitter m/f Babysitter m
bacato wurmstichig
bacca f Beere; **bacche** [-ke]
pl **di ginepro** Wacholder-
beeren
baccalà m Stockfisch
baccano m Heidenlärm
bacchetta [-ke-] f Rute;
Gerte; Mus Taktstock m
bachicultura [-k-] f Seiden-
raupenzucht
baciare [-tʃa-] küssen
bacillo [-tʃ-] m Bazillus
bacino [-tʃ-] m Becken n (a
Anat, Geogr), Schüssel f;
Mar Hafenbecken n; Dock n
bacio [-tʃo] m Kuss
baco m Wurm; ~ **da seta** Sei-
denraupe f
badare hüten; Acht geben (**a**
auf); sich kümmern (**a** um);
besorgen (**a** + A)
badessa f Äbtissin
baffi m/pl Schnurrbart m
bagagliaio [-ʎa-] m Gepäck-

wagen, Kofferraum
bagaglio [-ʎo] m Gepäck n; ~
a mano Handgepäck n; ~ **in
eccesso** Flgw Übergepäck
n
bagn|ante [-ɲ-] m Badegast;
~are nass machen; anfeuchten; **~arsi** nass werden; baden; **~ato** nass; **~ino** m Ba-
demeister
bagno [-ɲo] m Bad n; Bade-
zimmer n; ~ **di sole** Sonnen-
bad n; **fare il** ~ baden; **~ma-
rìa** m Wasserbad n; **~schiu-
ma** [-skiu-] Schaumbad n
baia f Geogr Bucht
bàita f Berghütte
balbettare stottern
Baleari f/pl Balearen pl
Balcani m/pl Balkan m
balconata f Thea Rang m
balcone m Balkon
balena f Wal(fisch) m
balen|are blitzen; fig aufblit-
zen; **~io** m Wetterleuchten n
baleno m Blitz; **in un** ~ blitzschnell; im Nu
balla f (Waren-)Ballen m; fig

Lüge, F Märchen n

ball|are tanzen; ~**erina** f Tänzerin; Zo Bachstelze; ~**erino** m Tänzer; ~**etto** m Ballett n

ballo m Tanz, Ball

balneare Bade...

balordo blödsinnig

bàlsamo m Balsam

Bàltico m u Mare m ~ Ostsee f

balzare springen

balzo m Sprung

bambin|a f kleines Mädchen n; ~**aia** f Kindermädchen n; ~**o** m Kind m; kleiner Junge; **bambini** pl Kinder n/pl

bàmbola f Puppe

bambù m Bambus

banana f Banane

banc|a f Bank; ~ **dati** EDV Datenbank; ~ **telefonica** Telefonbanking n; ~**arella** f Verkaufsstand m; ~**ario** m, ~**aria** f Bank...; ~**ario** m, ~**aria** f Bankangestellte(r) f (m); ~**arotta** f Bankrott m

banch|ettare [-k-] schmausen; ~**etto** m Bankett n, Festmahl n

banchiere [-k-] m Bankier

banchina [-k-] f Kai m; Randstreifen m, Standspur

banco m Bank f (Schul-, Werkbank); Ladentisch; Theke ~; **di sabbia** Sandbank f; ~ **corallino** Korallenriff n; ~**mat**® m Geldautomat; EC-Karte f; ~**nota** f Banknote

banda f Bande; Mus Kapelle; Streifen m; Band n

bandiera f Fahne, Flagge

bandito m Bandit

bando m Ausschreibung f

bar m Bar f, (Steh)Café n

bara f Bahre

baracca f Baracke, Bude

barare mogeln

barattolo m Dose f; Glas n

barba f Bart m; **farsi la** ~ sich rasieren; **che** ~! wie langweilig!

barbabiètola f Rote Bete; ~ **da zùcchero** Zuckerrübe

bàrbaro barbarisch

barbiere m Herrenfriseur

barbo m Zo Barbe f

barboncino [-tʃ-] m Pudel

barbone m Landstreicher

barca f Boot n; ~ **da pesca** Fischerboot n; ~ **di salvataggio** Rettungsboot n; ~ **a motore** Motorboot n; ~ **a remi** Ruderboot n; ~ **a vela** Segelboot n

barcaiolo m Bootsführer; Bootsverleiher

barcollare torkeln

barella f Tragbahre

barile m Fass n

barista su Barbesitzer(in f) m; Barkeeper(in f) m

barocco m Barock m/n

baròmetro m Barometer n

barr|a f Stange; ~**icare** verrammeln; ~**iera** f Schranke, Sperre, Barriere

barzelletta f Witz m

base f Basis, Grundlage

basìlica f Basilika

basìlico m Basilikum n

basket m Basketball
bassezza f Niedrigkeit
basso niedrig; tief (a Mus); klein; flach (Wasser); ~ m Bass; **la Bassa Italia** Unteritalien n; **la bassa stagione** Vorsaison, Nachsaison; ~ **ventre** m Unterleib; **a bassa voce** leise; **in** ~ unten; hinunter
basso|piano m Tiefebene f; **~rilievo** m Flachrelief n
basta! F genug!; Schluss!
bastare genügen, reichen
bastimento m Schiff n
baston|are (ver)prügeln; **~ate** f/pl Prügel pl
baston|cino [-tʃ-] m Skistock; **~i pl di pesce** Fischstäbchen; **~e** m Stock
batista f Batist m
battaglia [-ʎa] f Schlacht
battello m Boot n
battente m (Tür-, Fenster-) Flügel; Türklopfer
bàttere schlagen; klopfen; stoßen; ~ **le mani** klatschen; ~ **i denti** mit den Zähnen klappern; ~ **a màcchina** tippen; ~ **in testa** klopfen (Motor)
bàtter|sela F sich verdrücken; **~si** kämpfen
batteri m/pl Bakterien f/pl
batteria f El Batterie; Mus Schlagzeug n
bat|tésimo m Taufe f; **~tezzare** [-dz-] taufen
battibaleno: in un ~ blitzschnell

batti|coda f Zo Bachstelze; **~cuore** m Herzklopfen n
battistero m Taufkapelle f
bàttito m Schlagen n; ~ **cardìaco** Herzklopfen n
battuta f Schlag m; Mus Takt m; Witz m
battuto m Kochk kleingehackte Kräuter und Gemüse
baùle m Koffer; Kfz Kofferraum
bavaglino m Lätzchen n
bavarese bayrisch; su Bayer (in f) m; f Cremespeise
bàvero m Kragen
Baviera f Bayern n
beat|itùdine f (Glück-)Seligkeit; **~o** (glück)selig
beauty-case [biu-] m Kosmetikkoffer
bebè m Baby n
beccaccia [-tʃa] f Zo Waldschnepfe
beccare picken
becco m Schnabel; ~ **a gas** Gasbrenner
befana f Rel Dreikönigsfest n
beff|a f Spott m; **~ardo** spöttisch; m Spötter; **~arsi:** ~ **di qu** j-n verspotten
belare blöken; meckern
belga belgisch; su Belgier(in f) m
Belgio [-dʒo] m Belgien n
belladonna f Tollkirsche
bellezza f Schönheit; **che ~!** wie schön!
bèllico Kriegs...
bellino niedlich, hübsch

bello schön; *m* Schöne *n*; **bel-
l'e fatto** bereits getan
belva *f* wildes Tier *n*
belvedere *m* Aussichtspunkt
benché [-ke] (+ *cong*) obwohl
benda *f* Binde; **~ per scottature** Brandbinde
bend|aggio [-dʒo] *m* Verband; **~are** verbinden
bene gut; wohl; **~/** schön!; *va
~!* in Ordnung!; *stare poco
~* sich nicht wohl fühlen; *su
~ m* Gut *n*; **~ m pùbblico**
Allgemeinwohl *n*; **beni culturali** *m/pl* Kulturgut *n*
benedetto gesegnet; geweiht
bene|dire segnen; weihen;
~dizione *f* Segen *m*
beneducato wohlerzogen
bene|fattore *m* Wohltäter;
~ficare wohl tun; helfen; **~fi-
cenza** [-tʃ-] *f* Wohltätigkeit;
~ficio [-tʃo] *m* Wohltat *f*
benèfico wohltuend
benemèrito wohlverdient
benèssere *m* Wohlbefinden
n; Wohlstand
bene|stante wohlhabend;
~volenza *f* Wohlwollen *n*
benèvolo wohlwollend
benigno [-ɲo] gütig; *Med* gutartig
beninteso selbstverständlich
benìssimo sehr gut, bestens
bensì wohl aber
benvenuto willkommen; *su
m* Willkommen *n*; *dare il ~
a qu* j-n willkommen heißen
benzina *f* Benzin *n*; **~ normale** Normalbenzin *n*; **~ senza**

piombo (*od* **verde**) bleifrei-
es Benzin *n*; *far* **~** tanken
benzinaio *m* Tankwart
bere trinken
berlina *f* Limousine
Berlino *f* Berlin *n*
bermuda *m/pl* Bermuda-
shorts
Berna *f* Bern *n*
bernòccolo *m* Beule *f*
berretto *m* Mütze *f*, Kappe *f*
bersaglio [-ʎo] *m* Ziel(scheibe *f*) *n*
besciamella [-ʃa-] *f* Bécha-
melsoße
bestemmi|a [-ʃa-] *f* Fluch *m*; **~are**
fluchen
bèsti|a *f* Tier *n*; *andare in ~*
wütig werden; **~ale** bestia-
lisch; **~alità** *f* Rohheit;
~ame *m* Vieh *n*
betulla *f* Birke
bevan|da *f* Getränk *n*; **~e pl
alcòliche** Spirituosen *pl*
bev|ibile trinkbar; **~itore** *m*,
~itrice [-tʃe] *f* Trinker(in *f*)
m
bevo ich trinke
bèvono sie trinken
biancheria [-ke-] *f* Wäsche;
~ intima Unterwäsche; **~ da
letto** Bettwäsche
bianco weiß; *cavallo m ~*
Schimmel; *assegno in ~*
Blankoscheck; *in ~ e nero*
schwarzweiß; *Kochk* in Butter *od* Öl; **~ m d'uovo** Eiweiß *n*
biancospino *m* Weißdorn
biasimare tadeln

biàsimo *m* Tadel

Bibbia *f* Bibel

biberon *m* Babyflasche *f*

bibita *f* Getränk *n*

biblioteca *f* Bibliothek, Bücherei

bicarbonato *m* Bikarbonat; **~ di sodio** F Natron *n*

bicchiere [-k-] *m* (Trink-) Glas *n*; **~ da acqua** Wasserglas *n*; **~ da vino** Weinglas *n*

bicicletta [-tʃ-] *f* Fahrrad *n*; **andare in ~** Rad fahren

bidone *m* Kanister; **~ di benzina** Benzinkanister; F **fare il ~ a qu** j-n sitzen lassen

biella *f* Pleuelstange

biètola *f* Mangold *m*

biforc|arsi sich gabeln; **~azione** *f* Gabelung, Abzweigung

bigiotteria [-dʒot-] *f* Modeschmuck *m*

bigliett|aio [-ʎe-] *m*, **~aia** *f* Kartenverkäufer(in *f*) *m*; **~erìa** *f* Fahrkartenschalter *m*; *Thea usw* Kasse

biglietto [-ʎe-] *m* Fahr-, Eintrittskarte *f*; Fahr-, Geldschein; Zettel; **~ aèreo** Flugschein; **~ sémplice** einfache Fahrkarte *f*; **~ di andata e ritorno** Rückfahrkarte *f*; **~ ridotto** ermäßigte Karte *f*; **~ d'ingresso** Eintrittskarte *f*; **fare il ~** die Fahrkarte lösen

bignè [bi'ɲe] *m* Windbeutel

bigodini *m/pl* Lockenwickler

bikini *m* Bikini

bilan|cia [-tʃa] *f* Waage; *Hdl* Bilanz; ♀ *Astrol* Waage; **~cia-** re [-tʃa-] ausgleichen; *Reifen* auswuchten; *fig* abwägen; **~cio** [-tʃo] *m* Bilanz *f*

bile *f* Galle

biliardo *m* Billard *n*

bilingue zweisprachig

bimb|a *f* kleines Mädchen *n*; **~o** *m* kleiner Junge

bimotore *m* zweimotoriges Flugzeug *n*

binario *m* Gleis *n*

binòcolo *m* Fernglas *n*

biodegradàbile biologisch abbaubar

bioingegneria *f* Gentechnik

biològico [-'dʒiko]biologisch

biondo blond

birillo *m* Kegel; **giocare a birilli** kegeln

biro® *f* Kugelschreiber *m*

birra *f* Bier *n*; **~ chiara** helles Bier; **~ scura** dunkles Bier; **~ in bottiglia** Flaschenbier *n*; **~ in lattina** Dosenbier *n*; **~ al malto** Malzbier *n*; **~ alla spina** Bier vom Fass

bis! noch einmal!; Zugabe!

bisbigli|are [-zbiʎa-] flüstern; **~o** [-zbi:ʎo] *m* Geflüster *n*, Gezischel *n*

biscia [-ʃa] *f* Natter

biscott|ini *m/pl* Plätzchen *n/pl*; **~o** *m* Keks; Zwieback

bisestile: **anno ~** *m* Schaltjahr *n*

bisogna [-ɲa] man muss; man braucht; es nötig sein (**che** dass); **non ~** man darf nicht

bisogno [-ɲo] *m* Bedürfnis *n*; Not *f*; **al ~** im Notfall; **nel ~** in

der Not; *secondo il ~* je
nach Bedarf; *avere ~ di qc*
et brauchen; *~so* bedürftig;
m Notleidende(r) *f (m)*

bistecca *f* (Beef-)Steak *n*; *~
ai ferri* Grillsteak *n*; *~ alla
milanese* Wiener Schnitzel
n

bit *m* EDV Bit *n*

bitter *m* Magenbitter

bivio *m* Abzweigung *f*, Gabe-
lung *f*; *fig* Scheideweg

bizzarro wunderlich

bizzeffe: a ~ in Hülle und
Fülle

blocc|are (ab)sperren; stop-
pen; blockieren; *~arsi* sich
verklemmen; *~aruota* *m*
Parkkralle *f*; *~asterzo* *m*
Kfz Lenkradschloss *n*

blocco *m* Block; Sperre *f*;
Blockade *f*; *~ stradale* Stra-
ßensperre *f*; *~ da disegno*
Zeichenblock

blu blau; *~astro* bläulich

blusa *f* Bluse

bobina *f* Spule

bocca *f* Mund *m*; *Tier* Maul *n*;
Mündung

boc|ce [-tʃe] *f/pl* Boccia *n*
(*Spiel*); *~cia* [-tʃa] *f* Kugel

bocciolo [-tʃɔ-] *m Bot* Knospe *f*

boccincino [-tʃ-] *m* Leckerbissen

boccone *m* Bissen

bolla[1] *f* Blase

bolla[2] *f*: *~ di consegna* Lie-
ferschein *n*

bollare stempeln

bollente heiß, kochend

boll|etta *f*: *~ del telèfono* Te-
lefonrechnung; *~ di spedi-
zione* Paketkarte; *~ettino*
m: *~ meteorològico* Wetterbericht

boll|ire kochen; *~ito* gekocht;
su m Suppenfleisch *n*; *~itore*
m Kocher

bollo *m* Stempel; *~ postale*
Poststempel

Bolzano *f* Bozen *n*

bomba *f* Bombe; *~ atòmica*
Atombombe; *~ a mano*
Handgranate; *~rdamento*
m Bombenangriff

bómbola *f*: *~ di gas* Gasfla-
sche

bomboletta *f*: *~ spray* Spray-
dose

bonaccia [-tʃa] *f* Windstille

bonifico *m Hdl* Überweisung

bontà *f* Güte

bora *f* kalter Nordostwind

borbottare murmeln; *Magen*
knurren

bordello *m* Bordell *n*; *fig* F
Durcheinander *n*

bordo *m* (Schiffs-)Bord;
Rand; Kante *f*; *a ~* an Bord;
a ~ di una Fiat in e-m Fiat

bòrea *m* (kalter) Nordwind

borgata *f* Ortschaft

borghese [-ge-] bürgerlich; *in
~* in Zivil

borgo *m* Weiler; Vorstadt *f*

borotalco *m* Körperpuder

borsa *f* Beutel *m*; (Hand-,
Akten-)Tasche; *Hdl* Börse;
~ da toilette Kulturbeutel

m; **~ da viaggio** Reisetasche; **~ di plàstica** Plastiktüte; **~ dell'acqua calda** Wärmflasche; **~ di studio** Stipendium *n*; **~ nera** Schwarzmarkt *m*

borsaio|lo *m*, **~la** Taschendieb(in *f*) *m*

borseggio [-dʒo] *m* Taschendiebstahl

bors|ellino *m* Geldbörse *f*; **~etta** *f* Handtasche *f*

borsista *m*/*f* Stipendiat(in *f*) *m*

bosc|aiola: *Kochk* **alla ~** mit Pilzen; **~o** *m* Wald; **~so** bewaldet

Bòsforo *m* Bosporus

Bosnia *f* Bosnien *n*

bosso *m* Buchsbaum

botta *f* Schlag *m*

botte *f* Fass *n*

bottega *f* Laden *m*; Werkstatt *f*

botteghino [-g-] *m* (Theater-, Kino-)Kasse *f*

bottiglia [-ʎa] *f* Flasche

bottiglieria [-ʎe-] *f* Wein- und Spirituosenhandlung

bottone *m* Knopf; *Bot* Knospe *f*; **~ automàtico** Druckknopf

box *m* *Kfz*, *Zo* Box *f*; *Kind* Laufstall

bozza *f* Entwurf *m*

braccialetto [-tʃa-] *m* Armband *n*; Uhrarmband *n*

bracci|o [-tʃo] *m* (*pl* **le braccia**) Arm *m*; **~olo** [-tʃɔ-] *m* Armlehne *f*

brace *f*: *Kochk* **alla ~** vom Holzkohlengrill

braciola [-tʃɔ-] *f* Rumpsteak *n*, Kotelett *n*

branco *m* Rudel *n*

brandello *m* Fetzen

brano *m* Stück *n*, Auszug

brasato geschmort; *su* *m* Schmorbraten

Brasile *m* Brasilien *n*

bravo tüchtig; gut

breccia [-tʃa] *f* Schotter *m*

Brènnero *m* Brenner

Bressanone *f* Brixen *n*

bretelle *f*/*pl* Hosenträger *m*/*pl*

brev|e kurz; **~etto** *m* Patent *n*; **~ità** *f* Kürze

brezza *f* Brise

bricco *m* (Kaffee-, Tee-) Kanne *f*

briciola [-tʃo-] *f* Krümel

briglia [-ʎa] *f* Zügel *m*

brill|ante glänzend; *m* Brillant; **~are** glänzen

brina *f* (*Tau*) Reif *m*

brindare: **~ alla salute di qu** auf j-s Wohl trinken

brindisi *m* Trinkspruch

brioche [bri'ɔʃ] *f* Hefegebäck *n*

britànnico *adj* britisch

brìvido *m* Schauder; **brìvidi** *pl* Schüttelfrost *m*

brocca *f* Krug *m*

brodo *m* Brühe *f*; **~ di pollo** Hühnerbrühe *f*; **~ ristretto** Kraftbrühe *f*; **~ di verdura** Gemüsesuppe *f*

bron|chi [-ki] *m*/*pl* Bronchien *f*/*pl*; **~chiale** [-k-]: *catarro m* **~** Bronchialkatarrh; **~chite** [-k-] *f* Bronchitis

brontol|are brummen; **~one**
  m Brummbär
bronzo *m* Bronze *f*
bru|ciare [-tʃa-] (ver)bren-
  nen; **~ciore** [-tʃo-] *m:* ~ **di
  stòmaco** Sodbrennen *n*
bruco *m* Raupe *f*
brúfolo *m* Pickel
brulicare wimmeln
bruno braun; brünett
brusco herb; barsch; plötzlich
bru|tale brutal; **~talità** *f* Bru-
  talität; **~to** roh
bruttezza *f* Hässlichkeit
brutto hässlich; schlecht,
  schlimm; ~ **tempo** *m*
  schlechtes Wetter *n*
Bruxelles [bry'sɛl] *f* Brüssel
buc|a *f:* ~ **delle lèttere** Brief-
  kasten *m*; **~are** durchlöchern
bucatini *m/pl* hohle Spaghetti
  mit dünnem Loch
bucato *m* Wäsche *f; fare il ~*
  waschen
buccia [-tʃa] *f* Schale; Haut
buco *m* Loch *n*
budino *m* Pudding
bue *m* (*pl* **buoi**) Ochse
bùfalo *m* Büffel
buffè, buffet *m* Büfett *n*
buff|o komisch; witzig; **~one**
  m Hanswurst; Spaßvogel
bugia [-dʒ-] *f* Lüge
bugiard|a *f* Lügnerin, **~o**
  [-dʒa-] verlogen; *m* Lügner
buio dunkel

bùlgara *f* Bulgarin
Bulgaria *f* Bulgarien
bùlgaro bulgarisch; *m* Bulga-
  re
bulimia *f* Ess-Brech-Sucht,
  Bulimie
bullone *m* Bolzen
bùngalow *m* Bungalow
buona|notte gute Nacht;
  ~sera guten Abend
buon|giorno [-dʒor-] guten
  Tag; **~gustaia** *f*, **~gustaio**
  m Feinschmecker(in *f*) *m*
buono gut; *a buon mercato*
  billig; *su ~ m* Gutschein; ~
  di benzina Benzingutschein
buonuscita *f* Abfindung
burattino *m* Marionette *f*
burl|a *f* Scherz *m;* **~arsi:** ~ *di
  qu* sich über j-n lustig ma-
  chen; **~one** *m* Witzbold
burocrazia *f* Bürokratie
burrasca *f* Sturm *m*
burro *m* Butter *f; al ~* in Butter
burrone *m* Schlucht *f*
bussare klopfen
bùssola *f* Kompass *m*
busta *f* (Brief-)Umschlag *m*;
  ~ *per posta aèrea* Luftpost-
  umschlag *m*
bustarella *f* Schmiergeld *n*
bustina: ~ *di tè* Teebeutel *m*
busto *m* Oberkörper
buttar|e werfen; ~ *via* weg-
  werfen; **~si** sich stürzen
byte *m* EDV Byte *n*

C

cabina f Kabine; ~ **singola** Einzelkabine; ~ **esterna** (*interna*) Außen- (Innen-)Kabine; ~ **telefònica** Telefonzelle; ~ **a due letti** Zweibettkabine

cacao m Kakao

caccia [-tʃa] f Jagd; ~**agione** [-dʒ-] m Wildbret n; ~**are** [-tʃa-] jagen; j-n vertreiben; *Nagel* einschlagen; ~**atora** f: *Kochk* **alla** ~ nach Jägerart; ~**atore** m Jäger; ~**avite** m Schraubenzieher

cacio [-tʃo] m Käse

cadavere m Leichnam

cadente baufällig

cadere fallen

caduta f *Fall* m; ~ **sassi** Steinschlag m

caffè m Kaffee; Stehcafé m; ~ **corretto** Kaffee mit etwas Schnaps; ~ **decaffeinato** koffeinfreier Kaffee; ~ **macchiato** Kaffee mit wenig Milch

caffeina f Koffein n; **senza** ~ koffeinfrei

caff|ellatte m Milchkaffee; ~**ettiera** f Kaffeemaschine, -kanne

cagna [-ɲa] f Hündin

cala f kleine Bucht

calabrese kalabrisch

Calabria f Kalabrien n

calabrone m Hornisse f

calamaro m Tintenfisch

calamità f Unglück n

calamita f Magnet m

calare herablassen; senken; *Sonne* untergehen; *Mond* abnehmen; *Preise* sinken

calcagno [-ɲo] m Ferse f

calce [-tʃe] f Kalk m

calciatore [-tʃa-] m Fußballspieler, -spielerin

calcio [-tʃo] m Fußtritt; *Chem* Kalzium m; *Sport* Fußball; ~ **di punizione** Freistoß; ~ **di rigore** Elfmeter; Strafstoß

calco m Abdruck

calcola|re rechnen; berechnen; einkalkulieren; ~**trice** [-tʃe] f (Taschen-)Rechner m

càlcolo m (Be-)Rechnung f; *Med* ~ **biliare** Gallenstein; ~ **renale** Nierenstein

caldarrosta f geröstete Kastanie

caldo warm; heiß; m Wärme f; Hitze f; **fa** ~ es ist heiß; **ho** ~ mir ist warm, heiß

calendario m Kalender

càlice [-tʃe] m Kelch

calle f Gasse (*bsd in Venedig*)

callo m Hühnerauge n; Schwiele f

calma f Stille; Ruhe

calm|ante m Beruhigungsmittel n; ~**are** beruhigen; *Schmerz*, *Durst* stillen; ~**arsi**

sich beruhigen; *Schmerz, Wind* nachlassen

calmo ruhig; still

cal|ore *m* Wärme *f*; Hitze *f*; **~oría** *f* Kalorie; **~orífero** *m* Zentralheizung *f*

calpestare zertreten

calunni|a *f* Verleumdung; **~are** verleumden

calvario *m* Kreuzweg

calvo kahl(köpfig)

calza *f* Strumpf *m*; **~maglia** [-ʎa] *f* Strumpfhose; **~re** *Schuhe* anziehen; passen; **~scarpe** *m* Schuhlöffel **~tura** *f* Schuhwerk *n*

calz|ettone *f* Kniestrumpf; **~ino** *m* Socke *f*; **~olaio** *m* Schuster, Schuhmacher

calz|oncini [-tʃ-] *m/pl:* **~ da bagno** Badehose *f*; **~one** *m* gefüllte u geschlossene Pizza-tasche; **~oni** *m/pl* Hose *f*

cambi|ale *f Hdl* Wechsel *m*; **~amento** *m* Änderung *f*; Wechsel; **~ climático** Klima-veränderung *f*; **~are** (um-, aus-)wechseln; ändern (um)tauschen; *Esb usw* um-steigen; *Kfz* schalten; **~arsi** sich umziehen

cambio *m* Wechsel; Tausch; Geldwechsel; (Wechsel-)Kurs; *Kfz* (Gang-)Schaltung *f*; *Tech* Getriebe *n*; **~ auto-màtico** Automatikgetriebe *n*; **~ dell'olio** Ölwechsel; **~ di una ruota** Reifenwechsel; **in ~** statt dessen

càmera *f* Zimmer *n*; **~ singo-**

la (doppia) Einzel- (Dop-pel-)zimmer *n*; **~ a due letti** Zweibettzimmer *n*; **d'aria** (Luft-)Schlauch *m*; **senza ~ d'aria** schlauchlos

camerata 1. Schlafsaal *m*; **2.** *su* Kamerad(in *f*) *m*

camer|iera *f* Zimmermäd-chen *n*; Kellnerin; **~iere** *m* Kellner, Ober

camicetta [-tʃe-] *f* Bluse

camicia [-tʃa] *f* Hemd *m*; **~ sportiva** Sporthemd *n*; **~ a mániche corte (lunghe)** Hemd mit kurzem (langem) Arm; **~ da notte** Nachthemd *n*

caminetto *m* Kamin

càmion *m* Lastwagen, Lkw

cammello *m* Kamel(haar) *n*

cammin|are gehen, laufen, wandern; **~ata** *f* Spaziergang *m*; **~o** *m* Weg

camomilla *f* Kamille

camoscio [-ʃo] *m* Gämse *f*; Wildleder *n*

campagna [-ɲa] *f* Land *n*; **~ elettorale** Wahlkampf *m*

campagnola [-ɲo-] *f* Jeep *m*; **alla ~** *Kochk* nach Bauernart

campana *f* Glocke

campanello *m* (kleine) Glok-ke *f*; Klingel *f*; **~ notturno** Nachtglocke *f*; **sonare il ~** klingeln

campanile *m* Glockenturm

campeggia|re [-dʒa-] cam-pen, zelten; **~tore** *m* Camper

campeggio [-dʒo] *m* Cam-ping(platz) *n*; **~ invernale**

Wintercamping *n*

camper *m* Wohnmobil *n*

campionato *m*: ~ *mondiale* Weltmeisterschaft *f*

campio|ne *m* Muster *n*; *Sport* Meister; *~nessa f Sport* Meisterin

campo *m* Feld *n*; Lager *n*; *fig* Gebiet *n*; ~ *giochi* Spielplatz; ~ *sportivo* Sportplatz; ~ *da calcio* Fußballplatz; ~ *da golf* Golfplatz; ~ *di minigolf* Minigolfplatz; ~ *di nudisti* FKK-Gelände *n*; ~ *da tennis* Tennisplatz; ~ *di concentramento* Konzentrationslager *(KZ) n*

camposanto *m* Friedhof

Cànada *m* Kanada *n*

canadese kanadisch; *su* **1.** Kanadier(in *f*) *m*; **2.** Hauszelt *n*

canale *m* Kanal; Meerenge *f*

cànapa *f* Hanf *m*

canarino *m* Kanarienvogel

cancellare [-tʃ-] (aus)löschen; (aus)streichen; ausradieren; absagen

cancello [-tʃ-] *m* Gittertor *n*; Flugsteig

cancro *m Med* Krebs; ♋ *Astrol* Krebs

candell|a *f* Kerze; Zündkerze; *~iere m* Leuchter

candeggiante [-dʒa-] *m* Bleichmittel *n*

canditi *m/pl* kandierte Früchte *f/pl*

cane *m* Hund

canestro *m* Korb

canguro *m* Känguru *n*

canile *m* Tierheim *n*

canna *f* Rohr *n*; ~ *(da pesca)* Angelrute; ~ *da zùcchero* Zuckerrohr *n*

cannella *f* Zimt *m*

cannelloni *m/pl* gefüllte Nudelrollen *f/pl*

cannocchiale [-k-] *m* Fernrohr *n*, Fernglas *n*

cannone *m* Kanone *f*

cannuccia [-tʃa] *f* Trink-, Strohhalm *m*

canoa *f* Kanu *n*; Paddelboot *n*; ~ *pieghévole* Faltboot *n*

cànone *m* Gebühr *f*

canottaggio [-dʒo] *m* Rudern *n*

canottiera *f* Unterhemd *n*; Trikot *n*

canotto *m* Boot *n*; ~ *pneumàtico* Schlauchboot *n*; ~ *di salvataggio* Rettungsboot *n*

cant|ante *su* Sänger(in *f*) *m*; *~are* singen; *~arelli m/pl* Pfifferlinge; *~autore m*, *~autrice* [-tʃe] *f* Liedermacher (in *f*) *m*

cantiere *m* Baustelle *f*; ~ *navale* Werft *f*

cantina *f* Keller *m*

canto[1] *m* Gesang; Lied *n*; ~ *popolare* Volkslied *n*

canto[2] *m* Ecke *f*; Seite *f*; *dal ~ mio* meinerseits

cantoniere *m* Straßenwärter

canzone *f* Lied *n*; *~oniere m* Liederbuch *n*

caos *m* Chaos *n*

C.A.P. *m* (*Codice di Avvia-*

mento Postale) PLZ (*Postleit-zahl*)

capac|e [-tʃe] tüchtig, fähig; imstande (*di* zu); **~ità** [-tʃ-] *f Behälter* Fassungsvermögen *n; Person* Tüchtigkeit, Fähigkeit; ~ *di memoria EDV* Speicherkapazität

capanna *f* Hütte

caparra *f* Anzahlung

capell|o *m* Haar *n;* **capelli** *pl* Haar(e *pl*) *n; Kochk* **ca-pelli d'ángelo** Fadennudeln *f/pl*

capézzolo *m* Brustwarze *f*

capire verstehen, begreifen

capitale hauptsächlich; *f* Hauptstadt; *m* Kapital *n*

capitano *m* Kapitän

capitare *zufällig* kommen, geschehen, vorkommen

capitolo *m* Kapitel *n*

capo *m* Kopf; Haupt *n;* (An-)Führer; Chef; *Geogr* Kap *n; da ~* noch einmal; von vorne; *in ~* **alla strada** am Anfang der Straße

capo|cameriere *m* Oberkellner; **~cuoco** *m* Küchenchef; **2danno** *m* Neujahr *n;* **~giro** [-dʒ-] *m Med* Schwindel; **~lavoro** *m* Meisterwerk *n;* **~línea** *m* Endstation *f,* Endhaltestelle *f;* **~luogo** *m* Hauptstadt *f*

capote *f Kfz* Verdeck *n*

capotreno *m/f* Zugführer(in *f*) *n*

capovòl|gere [-dʒ-] umkehren; stürzen; **~gersi** [-dʒ-]

umkippen; *Boot* kentern; **~to** verkehrt

cappella *f* Kapelle

cappello *m* Hut; ~ *di paglia* Strohhut; ~ *da sole* Sonnenhut

càpperi *m/pl* Kapern *f/pl;* **~!** *F* na so was!

cappone *m Zo* Kapaun

cappotto *m* Mantel

cappuccino *m* [-tʃ-] *m* Cappuccino; Kapuziner(mönch)

cappuccio [-tʃo] *m* Kapuze *f*

capr|a *f* Ziege; **~etto** *m* Zicklein *n*

capr|íccio [-tʃo] *m* Laune *f;* **~íccioso** [-tʃo-] launisch

capricorno *m Zo* Steinbock; **2** *Astrol* Steinbock

cap|ríolo *m* Reh *n;* **~ro** *m:* ~ **espiatorio** Sündenbock

càpsula *f* Kapsel

carabiniere *m* Karabiniere

caraffa *f* Karaffe

caramell|a *f* Bonbon *m/n;* **~o** *m Kochk* Karamell *n*

caràttere *m* Charakter; Merkmal *n;* Buchstabe

caratterístico charakteristisch

càravan *m* Wohnwagen

caravanning *m* Caravaning *n*

carboidrato *m* Kohlehydrat *n*

carbone *m* Kohle *f*

carburante *m* Treibstoff

carburatore *m* Vergaser

carcassa *f* Gehäuse *n;* Gerippe *n*

carcer|are [-tʃe-] einsperren; **~ato** *m* Häftling

càrcere [-tʃe-] *m* Gefängnis *n*

carceriere [-tʃe-] *m* Gefängniswärter

carcio|fini [-tʃo-] *m/pl;* **~fo** *m* Artischocke *f*

cardellino *m* Stieglitz

cardinale Haupt…; *m* Kardinal; **número** ~ Grundzahl *f;* **punto** *m* ~ Himmelsrichtung *f*

càrdine *m* (Tür-)Angel *f*

cardiotònico *m* Herzmittel *n*

cardo *m* Distel *f*

carestia *f* Mangel *m,* Not

carezza *f* Liebkosung

càrica *f* Amt *n;* Ladung

caricabatterie *m El* Ladegerät *n*

caric|are (be)laden; *Uhr* aufziehen; *El* (auf)laden; *fig* aufbürden; **~arsi** auf sich laden

càrico beladen; *m* Last *f;* Fracht *f;* Ladung *f*

càrie *f Med* Karies

carino hübsch

Carìnzia *f* Kärnten *n*

carità *f* Barmherzigkeit; *per* **~!** um Gottes willen!

carnagione [-dʒo-] *f* Hautfarbe

carne *f* Fleisch *n;* ~ **fredda** kalter Braten *m;* ~ **tritata** Hackfleisch *n*

carnevale *m* Karneval, Fasching

caro teuer; lieb

carota *f* Mohrrübe, Karotte

caròtide *f* Halschlagader

carpa *f* Karpfen *m*

Carpazi *m/pl* Karpaten *pl*

carpentiere *m* Zimmermann

carré *m Kochk* Rippenstück *n*

carreggiata [-dʒa-] *f* Fahrbahn; Fahrdamm *m*

carrello *m* Fahrgestell *n;* Einkaufswagen; **~ portabagagli** Kofferkuli

carr|etta *f,* **~etto** *m* Karren *m;* **~iera** *f* Laufbahn, Karriere; **~iola** *f* Schubkarren *m*

carro *m* Wagen, Fuhrwerk *n;* ~ **attrezzi** Abschleppwagen

carrozza *f* Kutsche; Wagen *m; Esb* ~ **cuccette** Liegewagen *m;* ~ **diretta** Kurswagen *m;* ~ **letti** Schlafwagen *m;* ~ **ristorante** Speisewagen *m*

carrozz|ella *f* Kinderwagen *m;* **~erìa** *f* Karosserie; **~ina** *f* Kinderwagen *m;* **~ino** *m* Beiwagen (*am Motorrad*)

carta *f* Papier *n;* Speisekarte; ~ **assegni** Scheckkarte; ~ (*geogràfica*) Landkarte; ~ **telefònica** Telefonkarte; ~ **igiènica** Toilettenpapier *n;* ~ **stradale,** ~ **automobilìstica** Straßenkarte; ~ **verde** grüne Versicherungskarte; ~ **d'argento** Seniorenpass *m;* ~ **da gioco** Spielkarte; ~ **d'identità** Personalausweis *m; Flgw* ~ **d'imbarco** Bordkarte; ~ **da lèttere** Briefpapier *n;* ~ **da pacchi** Packpapier *n* ~ **da regalo** Geschenkpapier *n;* ~ **dei sentieri** Wanderkarte

cart|ella *f* Mappe; Aktentasche; **~ellino** m Zettel; Etikett n; Schild n

cartello m Plakat n; **~ stradale** Straßenschild n

cartina f Landkarte; Stadtplan m

cartoccio [-tʃo] m Tüte f; *Kochk* **al~** in Alufolie gegart

cartoleria f Schreibwarengeschäft n

cartolina f Postkarte; **~ postale** (*frankierte*) Postkarte; **~ illustrata** Ansichtskarte

cartone m Pappe f; Karton; **cartoni** pl **animati** Zeichentrickfilm m

cartuccia [-tʃa] f Patrone

casa f Haus n; **a ~** zu Hause, nach Hause; **a ~ mia** bei mir (zu Hause); *Kochk* **alla ~ seconda** = Zweitwohnung; **seconda ~** Zweitwohnung; **~ per le vacanze** Ferienhaus n; **~ unifamiliare** Einfamilienhaus n; **a schiera** Reihenhaus n; **~ editrice** Verlag m

casalin|ga f Hausfrau; *Kochk* **alla ~** nach Hausfrauenart; **cucina f ~** Hausmannskost; **~go** häuslich; hausgemacht; **casalinghi** m/pl Haushaltswaren f/pl

cascare fallen; (ein)stürzen

cascata f Wasserfall m

casco m (Sturz-)Helm; Trockenhaube f

caschi m/pl: **~ blu** Blauhelme

caseggiato [-dʒa-] m Häuserblock

casella f Fach n; **~ postale** (**C.P.**) Postfach n (*Postf.*)

casello m Mautstelle f

casereccio [-tʃo] hausgemacht; *Brot* selbstgebacken

casino m F *fig* Durcheinander n; Krach

casinò m Spielkasino n

caso m Zufall; Fall; **~ d'emergenza** Notfall; **per ~** zufällig; **a ~** aufs Geratewohl; **in ogni ~** auf jeden Fall; **nel ~ che** (+ *cong*) falls

cassa f Kasse; Kasten m; Kiste; (Uhr-)Gehäuse n; Sarg m; Trommel; **~ malattia** Krankenkasse; **~ di risparmio** Sparkasse

cassaforte f Safe m, Geldschrank m

cassata f Eis mit kandierten Früchten u Sahne

càssero m Achterdeck n

casseruola f Kasserolle

cassetta f Kästchen n; Kassette; **~ postale** od **delle lèttere** Briefkasten m; **~ di pronto soccorso** Verbandskasten m

cassetto m Schublade f; *Kfz* **~ portaoggetti** Handschuhfach n

cassettone m Kommode f

cassie|ra f, **~re** m Kassierer (in f) m

cassonetto m Mühlcontainer m

castagn|a [-ɲa] f Kastanie; **~o** [-ɲo] m Kastanie(nbaum m) f

castano kastanienbraun

castello *m* Burg *f*, Schloss *n*

castig|are (be)strafen; **~o** *m* Strafe *f*

castoro *m* Biber

casuale zufällig

cataclisma *m* Naturkatastrophe *f*

catalizzatore *m* Katalysator; **~ a tre vie** Dreiwegekatalysator

catàlogo *m* Katalog; Verzeichnis *n*

cataplasma [-zma] *m* *Med* Umschlag

catarifrangente [-dʒ-] *m* Rückstrahler, Katzenauge *n*

catarro *m* Katarrh

catast|a *f* Stapel *m*, Haufen *m*; **~o** *m* Grundbuch *n*

catàstrofe *f* Katastrophe

categoria *f* Kategorie; Rang *m*; Klasse; **~ di prezzi** Preisklasse

caten|a *f* Kette; *catene pl da neve* Schneeketten; **~accio** [-tʃo] *m* Riegel

cateratta *f* Stromschnelle

catino *m* Schüssel *f*; Becken *n*

catrame *m* Teer

càttedra *f* Katheder *n*, Pult *n*

cattedrale *f* Dom *m*; Kathedrale

cattivo schlecht; böse

cattòli|ca *f* Katholikin; **~co** katholisch; *m* Katholik

cattura *f* Verhaftung; **~re** verhaften, festnehmen

caucciù [-tʃu] *m* Kautschuk

causa *f* Ursache; *fig* Sache;

jur Prozess *m*; **far ~** einen Prozess anstrengen; **a ~ di** wegen; **per ~ sua** seinetwegen

caus|ale *f* Beweggrund *m*; **~are** verursachen

cautela *f* Vorsicht

cauto vorsichtig

cauzione *f* Kaution

cava *f* Grube; Steinbruch *m*

cavalc|are reiten; **~ata** *f* Ritt *m*

cavalcavia *m* Überführung *f*

cavaliere *m* Reiter; Ritter

cavall|a *f* Stute; **~etta** *f* Heuschrecke; **~etto** *m* Gestell *n*; *Fot* Stativ *n*; *Mal* Staffelei *f*

cavallo *m* Pferd *n*; **~ da corsa** Rennpferd *n*; **~ vapore** Pferdestärke *f*; **andare a ~** reiten

cavar|e herausnehmen; ausreißen; *Zahn* ziehen; **~sela** davonkommen; zurechtkommen (**con** mit)

cavatappi *m* Korkenzieher

caverna *f* Höhle

càvia *f* Meerschweinchen *n*; *fig* Versuchskaninchen *n*

caviale *m* Kaviar

caviglia [-ʎa] *f* *Anat* Fessel, Knöchel *m*; Dübel *m*

cavità *f* Höhlung; Höhle

cavo Hohl; *m* Kabel *n*; Seil *n*; **~ d'accensione** Zündkabel *n*; **~ di avviamento** Starthilfekabel *n*; **~ di rimorchio** Abschleppseil *n*

cavolfiore *m* Blumenkohl

càvolo *m* Kohl; **~ bianco**

(*rosso*) Weiß-(Rot-)kohl; ~
rapa Kohlrabi; ~ *verzotto*
Wirsingkohl; ~ *di Bruxelles*
Rosenkohl; *e che ~!* F Mist!;
col ~! F von wegen!

cazzo m V Schwanz

C.C. m (*Còdice Civile*) BGB n
(*Bürgerliches Gesetzbuch*)

CD [t∫i'ddi] m CD f; *~-ROM* m
CD-ROM f; *EDV* lettore m
~ CD-ROM-Laufwerk n

ce [t∫e] uns

c'è [t∫e] es gibt, (es) ist

ceca f Tschechin; *Repùbblica*
~ ② Tschechien n

ceci ['t∫e:t∫i] m/pl Kichererb-
sen f/pl

ceco m Tscheche

cèdere [t∫e-] abtreten; (zurück)weichen; nachgeben

cedro [t∫e-] m Zeder f

cèfalo [t∫e-] m Meeräsche f

ceffo [t∫e-] m Schnauze f; *~ne*
m Ohrfeige f

celare [t∫e-] verbergen

celebr|are [t∫e-] feiern;
~azione f Feier(lichkeit)

cèlebre [t∫e-] berühmt

celebrità [t∫e-] f Berühmtheit

cèlere [t∫e-] schnell

celerità [t∫e-] f Geschwindigkeit

celeste [t∫e-] himmlisch;
himmelblau

cèlibe [t∫e-] ledig (*Mann*); m
Junggeselle

cella [t∫e-] f Zelle (*Kloster*, *El*)

cèllula [t∫e-] f *Biol* Zelle

cellulare [t∫e-] m Handy n

cellulite [t∫e-] f Zellulitis

cement|are [t∫e-] zementie-
ren; betonieren; *fig* festigen;
~o m Zement; *~ armato*
Eisen-, Stahlbeton

cen|a [t∫e-] f Abendessen n;
~àcolo m Mal Abendmahl
n; *~are* zu Abend essen

cencio ['t∫ent∫o] m Lappen;
Lumpen

cénere [t∫e-] f Asche; *le Cé-
neri* Aschermittwoch m

cenno [t∫e-] m Zeichen n;
Wink; *fare ~ a qu* j-m zuwin-
ken

cent m *Währung* Cent

cent|enario [t∫e-] m hundert-
jährig; m Hundertjahrfeier
f; *~èsimo* hundertste; m
Hundertstel n; *~ìgrado* m
Grad Celsius; *~ìmetro* m
Zentimeter(maß n) m;
~inaio m Hundert n; etwa
hundert; *~o* hundert; *5 per
~* 5 Prozent

centr|ale [t∫e-] zentral;
Haupt...; *Geogr* Mittel...; f
Zentrale; ~ *elèttrica* Kraftwerk n; ~ *nucleare* Kern-
kraftwerk n; *~alino* m Tele-
fonvermittlung f

centrifuga [t∫e-] f Zentrifuge;
Entsafter; ~ *dei panni* Wä-
scheschleuder

centro [t∫e-] m Mittelpunkt; ~
(*città*) Stadtmitte f; Innen-
stadt f; ~ *commerciale* Ein-
kaufszentrum n; ~ *stòrico*
Altstadt f

ceppo [t∫e-] m Baumstumpf;
Klotz; *fig* Stamm

chiàcchiera

cera [tʃe-] f Wachs n; fig Aussehen n; ~ **sòlida** Hartwachs n; ~ **da scarpe** Schuhcreme; **avere buona (cattiva)** ~ gut (schlecht) aussehen; **~lacca** f Siegellack m

ceràmica [tʃe-] f Keramik, Töpferkunst

cerata [tʃe-] f Mar Ölzeug n

cerca [tʃe-] f: **in ~ di** auf der Suche nach

cercare [tʃe-] suchen; versuchen (**di** + inf zu)

cerchi|a [tʃerk-] f fig Kreis m; **~o** m Math, fig Kreis; Sport Reifen; **~one** m Felge f

cereali [tʃe-] m/pl Getreide n

cerimonia [tʃe-] f Zeremonie; Feier; **cerimonie** pl Umstände m/pl

cerimonioso [tʃe-] förmlich

cerino [tʃe-] m Wachszündholz n

cèrnia [tʃe-] f Zackenbarsch m

cerniera [tʃe-] f Scharnier n

cero [tʃe-] m Altarkerze f

cerotto [tʃe-] m Pflaster n; **~ adesivo** Heftpflaster m

certezza [tʃe-] f Gewissheit

certificare [tʃe-] bestätigen; bescheinigen

certificato [tʃe-] m Zeugnis n; Bescheinigung f; Schein; **~ mèdico** ärztliches Attest m; **~ di vaccinazione** Impfpass

certo [tʃe-] gewiss; sicher

certosa f Kartause

cervello [tʃe-] m Gehirn n; Kochk Hirn n; fig Verstand

Cervino [tʃe-] m Matterhorn n

cervo [tʃɛ-] m Hirsch; ~ **volante** Hirschkäfer

cespuglio [tʃes'puːʎo] m Strauch

cess|are [tʃe-] aufhören; **~ione** f Abtretung

cestino [tʃe-] m Körbchen n; Papierkorb; ~ **da viaggio** Lunchpaket n

cesto [tʃe-] m Korb

cetra [tʃe-] f Zither

cetriolo [tʃe-] m Gurke f; **cetrioli** pl **in agrodolce** Gewürzgurken f/pl

Cfc m/pl (clorofluorocarburi) FCKW (Fluorchlorkohlenwasserstoffe)

charter [tʃ-] m Charterflug; Chartermaschine f

chassis [ʃa-] m Fahrgestell n; Rahmen (Fahrrad)

chattare [tʃa-] Internet chatten

che [ke] welche(r), welches; was für eine, eine, die, das; cj dass; ~ **(cosa)?** was?; **ciò** ~ (das) was; **più** ~ **mai** mehr denn je; ~ **bello!** wie schön!

check-in [tʃek'in] m Flgw Abfertigung f

chemioterapia [ke] f Chemotherapie

chewing gum [tʃuːiŋ'gʌm] m Kaugummi

chi [ki] wer; (A) wen; **di ~?** wessen?; **a ~?** wem?

chiàcchiera [kiak-k-] f Geschwätz n; **far due chiac-**

chiere ein Schwätzchen halten

chiacchier|are [kiak-k-] plaudern; **~ata** f Plauderei

chiamare [k-] rufen; nennen; *Tel* anrufen; *andare a ~* holen; *Tel ~ in teleselezione* durchwählen

chiamarsi [k-] heißen

chiamata [k-] f Ruf m; *Tel* Anruf m; *~ interurbana* Ferngespräch n; *~ d'emergenza* Notruf m; *~ via radio* Reiseruf m

chiar|ezza [k-] f Helligkeit; *fig* Klarheit; *~ificare, ~ire* klären, klarstellen

chiaro [k-] klar; hell; deutlich; *~ m di luna* Mondschein; *~ m d'uovo* Eiweiß n; *méttere in ~* klarstellen; *~veggente* [-dz-] m/f Hellseher(in f) m

chiasso [k-] m Lärm; *fare ~* Lärm machen

chiave [k-] f Schlüssel m (a *Mus*); *~ d'accensione* Zündschlüssel m; *~ d'automòbile, ~ della màcchina* Autoschlüssel m; *~ inglese* Schraubenschlüssel m

chiav|etta [k-] f, a *~ d'accensione* Zündschlüssel m; *~istello* m Riegel

chic [ʃik] schick; m Schick

chicco [k-] m (Kaffee-)Bohne f; Hagelkorn n; *~ d'uva* Weinbeere f

chièdere [k-] verlangen; fragen (*di* nach); bitten

chiesa [k-] f Kirche

chilo [k-] m Kilo n; *mezzo ~* halbes Kilo; ein Pfund n; *~grammo* m Kilogramm n; *~metraggio* [-dʒo] m Kilometerzahl f, -stand

chilòmetro [k-] m Kilometer n; *~ all'ora* Stundenkilometer; *~ quadrato* Quadratkilometer

chilowatt [k-] m Kilowatt n

chìmic|a [k-] f Chemie; Chemikerin; *~o* chemisch; m Chemiker

chin|a [k-] f Abhang m; *~are* neigen; *~arsi* sich bücken

chinino [k-] m Chinin n

chino [k-] gebeugt

chioccia [k'kiottʃa] f Glucke

chiòcciola [kiɔt-tʃo-] f (Weinberg-)Schnecke f; (*scala f a*) *~* Wendeltreppe; *EDV* Klammeraffe m (@)

chiodo [k-] m Nagel; *~ di garòfano* Gewürznelke f

chiosco [k-] m Kiosk; *~ di giornali* Zeitungskiosk

chiostro [k-] m Kreuzgang; Kloster n

chirurg|ia [kirurdʒ-] f Chirurgie; *~go* m Chirurg

chissà [k-] wer weiß; vielleicht

chitarra [k-] f Gitarre

chiùdere [k-] schließen; *~ a chiave* ab-, zuschließen

chiunque [k-] wer auch immer

chiuso [k-] geschlossen, zu

chiusura [k-] f (Ver-)Schluss m; Schließung; *Kfz ~ centra-*

lizzata Zentralverriegelung; **~ lampo** Reißverschluss m

choc [ʃɔk] m Schock

choke [tʃɔk] m Kfz Choke

ci [tʃi] pron uns; adv hier (-her), dort(hin); **~ penso** ich denke daran; **~ sono** es gibt; es sind; **~ vuole** man braucht

cialda [tʃa-] f Waffel

ciao [ˈtʃao] Grüß dich!; hallo!; Abschied Tschüss!

ciarpame [tʃa-] m Gerümpel

ciascuno [tʃa-] jeder(mann)

cibo [tʃ-] m Speise f; Nahrung f; Kost f; **~ pronto** Fertiggericht n

cicala [tʃ-] f Zikade

cicatrice [tʃika'tri:tʃe] f Narbe

cicca [tʃ-] f Stummel m (Zigarette); P Kaugummi m

ciccia [ˈtʃittʃa] f F Speck m

cicciotto [tʃi'tʃotto] mollig

cicl|ismo [tʃi'klizmo] m Radsport; **~ista** su Radfahrer(in f) m

ciclo [ˈtʃiklo] m Zyklus; **~motore** m Moped m; **~pista** f Radweg m; **~turismo** [-z-] m Radwandern n

cicogna [tʃi'koɲa] f Storch m

cicoria [tʃ-] f Chicorée m/f

cie|ca [tʃe-] f Blinde; **~co** blind; m Blinde(r)

cielo [tʃɛ-] m Himmel

cifra [tʃ-] f Ziffer; **~ d'affari** Umsatz m

ciglio [ˈtʃiːʎo] m (pl **le ciglia**) Wimper f

cigno [ˈtʃiɲo] m Schwan

ciliegi|a [tʃili'ɛːdʒa] f Kirsche; **~o** [-dʒo] m Kirschbaum

cilin|drata [tʃ-] f Hubraum m; **auto di piccola ~** Kleinwagen m; **~dro** m Tech Zylinder (a Hut), Walze f

cima [tʃ-] f Spitze; Gipfel m; Wipfel m; **da ~ a fondo** von oben bis unten

cimice [ˈtʃi:mitʃe] f Wanze

ciminiera [tʃ-] f Schornstein m, Esse

cimitero [tʃ-] m Friedhof

Cina [tʃ-] f China n

cinciallegra [tʃintʃa-] f Kohlmeise

cinema [tʃ-] m Kino n

cinematográfico [tʃ-] Film…

cinese [tʃ-] chinesisch; su Chinese m, Chinesin f

cinghia [ˈtʃiŋgia] f Riemen m; Gurt m; **~ trapezoidale** Keilriemen m

cinghiale [tʃiŋ-] m Wildschwein n; Kochk **~ in salmì** Wildschweinragout n

cinque [tʃ-] fünf; **il 2cento m** das 16. Jahrhundert n

cintura [tʃ-] f Gürtel m; **~ di salvataggio** Rettungsgürtel m; **~ di sicurezza** Sicherheitsgurt m

cinturino [tʃ-] m Uhrarmband n

cinturone m Kfz Gürtelreifen m

ciò [tʃɔ] das, dies; **a ~** hierzu; daran; **~ che** (das) was; **oltre a ~** außerdem

ciocca [tʃɔ-] f Büschel m;

(Haar-)Strähne

cioccola|ta [tʃo-] *f* Schokolade (*a Getränk*); **~tini** *m/pl* Pralinen *f/pl*; **~to** *m* Schokolade *f*

cioè [tʃo'ɛ] das heißt

ciòndolo [tʃ-] *m* Anhänger (*Schmuck*)

ciòttolo [tʃ-] *m* Kieselstein

cipol|la [tʃ-] *f* Zwiebel; **erba ~ina** *f* Schnittlauch *m*; **~ine** *pl* **sott'aceto** Silberzwiebeln

cipresso [tʃ-] *m* Zypresse *f*

cipria [tʃ-] *f* Puder *m*

Cipro [tʃ-] *f* Zypern *n*

circa [tʃ-] ungefähr, etwa

circo [tʃ-] *m* Zirkus

circolare [tʃ-] **1.** verkehren; **2.** kreisförmig; **viaggio** *m* **~** Rundreise *f*; **lèttera** *f* **~** Rundschreiben *n*; **3.** *f Autobus* Ringlinie *f*

circolazione [tʃ-] *f* Verkehr *m*; Umlauf *m*; **~ rotatoria** Kreisverkehr *m*; **~ (del sangue)** (Blut-)Kreislauf *m*

circolo [tʃ-] *m* Kreis; Klub

circon|dare [tʃ-] umgeben; einzäunen; **~vallazione** [tʃ-] *f* Umgehungsstraße

circostanza [tʃ-] *f* Umstand *m*; Lage

circùito [tʃ-] *m* (Strom-) Kreis; **corto ~** Kurzschluss

cisterna [tʃ-] *f* Zisterne

cit|are [tʃ-] zitieren; *jur* vorladen; **~òfono** [tʃ-] *m* Sprechanlage *f*

città [tʃ-] *f* Stadt; **~ vec-**

chia Altstadt

cittadin|a [tʃ-] *f* Kleinstadt; Städterin; **~anza** *f* Staatsangehörigkeit; *a* städtisch; **~o** Städter; (Staats-)Bürger

ciuffo [tʃu-] *m* Büschel *n*

civetta [tʃ-] *f* Kauzchen *n*

cìvico [tʃ-] städtisch; **número** *m* **~** Hausnummer *f*

civil|e [tʃ-] bürgerlich; zivilisiert; *sta f* Kultur; Zivilisation; Anstand *m*

clàcson *m* Hupe *f*

clamoroso lärmend, laut; *fig* Aufsehen erregend

clandestino heimlich; **passeggero** *m* **~** blinder Passagier

classe *f* Klasse; **~ turistica** Touristenklasse; **prima ~** erste Klasse; **di gran ~** erstklassig

clàssico klassisch; *m* Klassiker

classifica *f Sport* Tabelle, Rangliste

clàusola *f* Klausel

clavìcola *f* Schlüsselbein *n*

clem|ente mild; gnädig; **~enza** *f* Milde; Gnade

clero *m* Geistlichkeit *f*, Klerus

clessidra *f* Sanduhr

cliccare anklicken (**su** + *A*)

cliente Kunde *m*, Kundin *f* (*im Laden*); Gast *m* (*im Hotel*)

clientela *f* Kundschaft

clim|a *m* Klima *n*; **~àtico** klimatisch; **~atizzatore** *m*

Klimaanlage f
clinica f Klinik
clip m Klipp; **~board** m EDV Zwischenablage f
clistere m Med Einlauf
cloro m Chlor n
club m Klub, Verein; **~ alpino** Alpenverein
coagularsi gerinnen
coalizione f Koalition
cocaina f Kokain n
coccinella [-tʃ-] f Marienkäfer m
coccio [-tʃo] m Scherbe f
cocco m Kokosnuss f
coccodrillo m Krokodil n
coccolare F schmusen
cocente glühendheiß
cocktail m: **~ di latte** Milchmixgetränk n; **~ di scampi** Krabbencocktail; **àbito da ~** Cocktailkleid n
cocómero m Wassermelone f
coda f Schwanz m; Schleppe; Astr Schweif m; **fare la ~** Schlange stehen, anstehen; **in ~** am Ende (des Zuges)
codesto der (die, das) da
còdice [-tʃe] m Gesetzbuch n; **~ stradale,** della **strada** Straßenverkehrsordnung f; **~ di avviamento postale** (**CAP**) Postleitzahl f (PLZ); **~ a barre** Strichkode m
codificare verschlüsseln
coesione f Zusammenhalt m
coetà|nea f Altersgenossin, **~neo** gleichaltrig; su m Altersgenosse
còfano m Motorhaube f

cògliere [-ʎe-] pflücken; ergreifen; **Gelegenheit** nutzen; **Sinn** erfassen
cognàc [-ɲ-] m Kognak
cogn|ata [-ɲ-] f Schwägerin; **~ato** m Schwager
cognizione [-ɲ-] f Kenntnis
cognome [-ɲ-] m Familienname
coincidenza [-tʃ-] f Zufall m; Esb Anschluss m
coincidere [-tʃ-] zusammentreffen; zusammenfallen
coinvòlgere [-dʒ-] verwickeln (**in** in)
còito m Beischlaf
colapasta f (Nudel-)Sieb n
colazione f, a **prima ~** Frühstück n; **far ~** frühstücken
colei die da
colera m Cholera f
colesterolo m Cholesterin n
colf f Haushaltshilfe
còlica f Kolik; **~ biliare** (**renale**) Gallen-(Nieren-)Kolik
colla f Leim m, Klebstoff m
collabor|are mitarbeiten, **~atore** m, **~atrice** [-tʃe] f Mitarbeiter(in f) m; **~azione** f Zusammenarbeit
collana f Halskette
collant [kɔ'lã] m Strumpfhose f
collare m Halsband n (Hund)
collasso m Med Kollaps
colle m Hügel; (Gebirgs-) P?
collega su Kollege m, ꓦ gin f
collegamento m ꓦ
f; **~ aereo** (ꓦ

Flug-(Zug-)Verbindung

collegare verbinden

colle|giale [-dʒa-] kollegial; **~gio** [-dʒo] m Kollegium n; Internat n

còllera f Zorn m; **andare in ~** in Zorn geraten

collettivo gemeinsam

colletto m Kragen

collezion|e f Sammlung; **~ista** su Sammler(in f) m

collina f Hügel m

collirio m Augentropfen m/pl

collisione f Zusammenstoß m, Kollision

collo m Hals; Kragen

collocamento m Aufstellung f; Unterbringung; **ufficio** m **di ~** Arbeitsamt n

collocare stellen; legen; unterbringen

colloquio m Unterredung f

collutorio m Mundwasser n

colmare (voll)füllen (**di** mit)

colmo m Gipfel (a fig)

colomb|a f Taube; **~ario** m Grabkammer f

colonna f Säule; **~ vertebrale** Wirbelsäule

color|ante m: **senza ~** ohne Farbstoff; **~ato** farbig; bunt; **~azione** f Färbung

colore m Farbe f; **a colori** bunt, Farb…

coloro die da pl

colp|a f Schuld; **per ~ tua** deinetwegen; **~évole** schuldig

colpire treffen; schlagen

colpo m Schlag; Stich; Schuss; **~ apoplèttico**

Schlaganfall; **~ di calore** Hitzschlag; **~ di sole** Sonnenstich; **~ di telèfono** kurzer Anruf; **~ di stato** Putsch

coltellata f Messerstich m

coltello m Messer n; **~ tascàbile** Taschenmesser n

coltiv|are Feld bestellen; anbauen; fig pflegen; **~azione** f Anbau m

colto gebildet; kultiviert

coltura f Agr Anbau m

colui der(jenige), der da

comandare befehlen; Hdl bestellen; Tech steuern

comando m Befehl; Tech Steuerung f; Antrieb

com|bàttere (be)kämpfen; **~battimento** m Kampf

combin|are verbinden; fig anrichten; **~azione** f Zusammenstellung; fig Zufall m

combustibile m Brennstoff

come wie; **~ me** wie ich; **~ se** als ob; **~ mai?** wieso?

cometa f Komet m

còmico komisch; F ulkig

cominciare [-tʃa-] anfangen, beginnen (a zu)

comit|ato m Ausschuss; Komitee n; **~iva** f Gesellschaft; (Reise-)Gruppe

commèdia f Lustspiel n, Komödie

comment|are erläutern; **~atore** m, **~atrice** f Kommentator(in f) m; **~o** m Erläuterung f; Kommentar

commerci|ale [-tʃa-] Handels…; Geschäfts…; **~alista**

[-tʃa-] *su* Diplomkaufmann
m, Diplomkauffrau *f*; **~ante**
[-tʃa-] *su* Händler(in *f*) *m*
commercio [-tʃo] *m* Handel;
~ èstero Außenhandel
commess|**a** *f* Verkäuferin; **~o**
m Verkäufer
commestibil|**e** essbar; **~i** *m*/*pl*
Esswaren *f*/*pl*
comméttere Fehler, Verbrechen begehen
commiss|**ariato** *m*: **~ di poli-
zìa** Polizeirevier *n*; **~aria** *f*
Kommissarin, **~ario** *m* Kom-
missar; **~ione** *f* Kommission,
Besorgung
commosso gerührt, ergriffen
com|**mozione** *f* Rührung; **~
cerebrale** Gehirnerschütte-
rung; **~muòvere** rühren
comò *m* Kommode *f*
comodino *m* Nachttisch
comodità *f* Bequemlichkeit;
Komfort *m*; **con tutta ~** ganz
bequem
còmodo bequem; komfortabel; gemütlich; *m* Bequemlichkeit *f*; **con ~** in Ruhe
compagna [-ɲa] *f* Kamera-
din, Gefährtin; **~ di scuola**
Schulfreundin
compagnìa [-ɲ-] *f* Gesellschaft; **~ aèrea** Fluggesell-
schaft; **~ di navigazione**
Schiffahrtsgesellschaft,
Reederei
compagno [-ɲo] *m* Kamerad,
Gefährte; *Hdl* Teilhaber;
Partner; **~ di viaggio** Reise-

gefährte; **~ di scuola** Schul-
freund
compar|**àbile** vergleichbar (**a**
mit); **~are** vergleichen (**a**
mit); **~azione** *f* Vergleich *m*
comparire erscheinen
compartimento *m* *Esb* Abteil *n*; **~ per (non) fumatori**
(Nicht-)Raucherabteil *n*
compassione *f* Mitleid *n*
compasso *m* Zirkel
compatibile kompatibel
compatire bemitleiden
compatriota *su* Landsmann
m, -männin *f*
com|**pensare** ausgleichen;
belohnen; entschädigen;
~penso *m* Entschädigung
f; Belohnung *f*; **in ~** zur Belohnung; dafür
còmpere *f*/*pl*: **far ~** shoppen
gehen
compe|**tente** fachkundig; zu-
ständig; **~tenza** *f* Sachkennt-
nis; Befugnis; Zuständigkeit
competizione *f* Wettkampf
m, -streit *m*
compiac|**ente** [-tʃe-] gefällig;
~enza *f* Gefälligkeit; **~ere**
zufrieden stellen
cómpiere tun, vollbringen;
erfüllen; abschließen; **~ gli
anni** Geburtstag haben
compilare zusammenstellen;
verfassen
compimento *m* Vollendur
f; Abschluss; Erfüllung
còmpito *m* Aufgabe *f*
compleanno *m* G`
complemen|**tare**

zungs...; zusätzlich; **~to** m
Ergänzung f

comples|sivo Gesamt...;
umfassend; **~so** komplex;
kompliziert; m Gesamtheit
f; Komplex (a Med)

com|pletamente ganz, völlig;
~pletare vervollständigen;
~pleto vollständig; voll; belegt; m Anzug

complic|are erschweren;
~ato kompliziert; **~azione** f
Komplikation

complim|entare beglück-
wünschen (**per** zu); **~ento**
m Kompliment n; **~enti** pl
a Umstände; **~enti!** gratulie-
re!

com|porre zusammensetzen;
bilden; **~orsi** bestehen (**di**
aus)

comport|amento m Verhal-
ten n; **~are** mit sich bringen;
~arsi sich benehmen

compos|itore m, **~itrice** [-tʃe]
f Komponist(in f) m; **~izione**
f Zusammensetzung; Mus
Komposition

com|posta f Kompott n;
~osto zusammengesetzt;
geordnet

comprare kaufen

comprèndere begreifen; um-
fassen, enthalten

comprensione f Verständnis
n

compreso: tutto ~ alles inbegriffen

compressa f Tablette

comprimere zusammen-

---

drücken

compromesso m Kompro-
miss

compromèttere gefährden;
kompromittieren, bloßstellen

computer m Computer; **~
portàtile** Laptop

comunale Gemeinde...;
kommunal

comune üblich; gemeinsam;
allgemein; **in ~** gemeinsam;
non ~ ungewöhnlich; **~** m
Gemeinde(amt n) f; **~mente**
gewöhnlich

comunicare mitteilen; bekannt geben; verbunden
sein (**con** mit)

comunicazione f Mitteilung;
Esb, Tel Verbindung; **~ internazionale** Auslandsge-
spräch n; **~ interurbana**
Ferngespräch n

comunione f Gemeinschaft;
Rel Abendmahl
n; Kommunion

comunità f Gemeinschaft

comunque (+ cong) wie auch
immer

con mit; durch; **~ questo caldo** bei dieser Hitze

conato m: **~ di vòmito** Brechreiz

concèdere zugeben;
gewähren; erlauben

concentr|are [-tʃe-] zusam-
menziehen; **~arsi** sich konzentrieren; **~ato** m Kochk
Extrakt; **~azione** f Konzen-
tration

concep|ibile [-tʃe-] denkbar; **~ire** *Idee* ausdenken; *Kind* empfangen

concèrnere [-tʃe-] betreffen

concerto [-tʃe-] *m* Konzert *n*

concessione [-tʃe-] *f* Zugeständnis *n*; Konzession

concetto [-tʃe-] *m* Begriff; Gedanke; Meinung *f*

conchiglia [-kiːʎa] *f* Muschel

conciare [-tʃ-] gerben

concili|are [-tʃ-] (*conciliarsi* sich) versöhnen; **~azione** *f* Versöhnung; **~o** *m* Konzil *n*

concime [-tʃ-] *m* Dünger

conciso [-tʃ-] bündig

concittadi|na [-tʃ-] *f*, **~no** Mitbürger(in *f*) *m*

concl|ùdere beschließen; abschließen; folgern; **~usione** *f* Schluss(folgerung *f*) *m*; Abschluss *m*; **~usivo** [-tʃ-] entscheidend

concord|anza *f* Übereinstimmung; **~are** vereinbaren; übereinstimmen

concòrdia *f* Eintracht

concorr|ente *su* Mitbewerber(in *f*) *m*; **~enza** *f* Konkurrenz

concórrere beitragen (*a* zu); sich bewerben (*a* um)

concorso *m* Wettbewerb

concussione *f* Erpressung

condanna *f* Verurteilung

condann|àbile strafbar; **~are** verurteilen (*a* zu); verwerfen

condens|are verdichten; **~atore** *m* Kondensator

cond|imento *m* Gewürz *n*; **~ire** würzen; **~ito** gewürzt

condiscendente [-ʃ-] nachgiebig

condividere billigen; *Ansicht* teilen

condizionale bedingt; *m Gr* Konditional

condizione *f* Bedingung; Zustand *m*; Lage; *a ~ che* (+ *cong*) unter der Bedingung, dass

condo|glianze [-ʎa-] *f/pl*: *fare le ~ a qu* j-m sein Beileid aussprechen; **~minio** *m* Mehrfamilienhaus *n*

condono [-o-] *m*: ~ *edilizio* nachträgliche Baugenehmigung *f*

condotta *f* Benehmen *n*; Führung; Leitung

con|ducente [-tʃ-] *su* (Kraft-)Fahrer(in *f*) *m*; **~durre** führen; *Auto* fahren; **~dursi** sich benehmen; **~duttore** *m*, **~duttrice** [-tʃe-] *f* Leiter(in *f*) *m*; Fahrer(in *f*) *m*; *Esb* Zugführer(in *f*) *m*; *Phys* Leiter; **~duttura** *f* Leitung

confeder|ale Bundes...; **~arsi** sich verbünden; **~ato** *m* Verbündete(r); **~azione** *f* Bund(esstaat) *m*

confer|enza *f* Besprechung; Konferenz; Vortrag *m*; **~enziere** *m* Vortragende(r)

conferm|a *f* Bestätigung; **~are** bestätigen; bekr⁹ᵒ

confess|are gesteh⁻ beichten; **~ione** *f*

nis *n*; Beichte; **~ore** *m* Beichtvater

confett|o *m* Bonbon *m/n*; **~ura** *f* Konfitüre

confezionare *Ware* anfertigen; ein-, verpacken

confezione *f* Verpackung; Konfektion

confid|are anvertrauen; vertrauen (*in* auf); **~enza** *f* Vertrauen *n*; **~enziale** vertraulich

configurare darstellen

confin|are angrenzen (*con* an); **~ario** Grenz...

confine *m* Grenze *f*

confiscare beschlagnahmen

conflitto *m* Konflikt

confluire zusammenfließen; münden (*in* in)

confóndere verwirren; verwechseln

conformare anpassen

conforme gleichlautend; übereinstimmend; **~ a** gemäß

confort *m* Komfort

confortare trösten; stärken

confortévole komfortabel, bequem; behaglich

conforto *m* Trost; Ermutigung *f*

confrontare gegenüberstellen, vergleichen

confronto *m* Vergleich; **a ~ di** im Vergleich zu

confusione *f* Durcheinander *n*; Verwirrung; **~uso** unklar; verwirrt

conged|are [-dʒ-] verabschie-

den; entlassen; **~arsi** sich verabschieden (*da* von)

congedo *m* Abschied; *Mil* Entlassung *f*; Urlaub

congela|rsi [-dʒe-] einfrieren; gefrieren; **~to** tiefgefroren; **~tore** *m* Tiefkühltruhe *f*

congènito [-dʒe-] angeboren

congestione [-dʒe-] *f* Stau *m*; *Med* Blutandrang *m*

congiùng|ere [-dʒundʒ-] verbinden; **~ersi** sich vereinigen

congiunt|ivite [-dʒu-] *f* Bindehautentzündung; **~ivo** *m* *Gr* Konjunktiv

congiun|tura [-dʒu-] *f* Verbindung(sstelle); *Hdl* Konjunktur; *Anat* Gelenk *n*; **~zione** *f* Verbindung

congratul|arsi gratulieren (*con qu per qc* j-m zu et); **~azione** *f* Gratulation; Glückwunsch *m*

congressista *m* Kongressteilnehmer(in *f*) *m*

congresso *m* Kongress

congruente entsprechend

cònico kegelförmig

conifere *f/pl* Nadelhölzer *n/pl*

coniglio [-ʎo] *m* Kaninchen *n*

coniug|ale ehelich; **~re** konjugieren; **~azione** *f* Konjugation

còniuge [-dʒe] *su* Ehemann *m*, Ehefrau *f*; **coniugi** *pl* Ehepaar *m*, Eheleute *pl*

connazionale *su* Landsmann *m*, -männin *f*

cono *m* Kegel

conosc|ente [-ʃɛ-] *su* Bekannte(r) *f* (*m*); **~enza** *f* Kenntnis; Bekanntschaft

conóscere [-ʃe-] kennen lernen

conosci|tore [-ʃ-] *m*, **~trice** [-tʃe] *f* Kenner(in *f*) *m*

conosciuto [-ʃu-] bekannt

conqu|ista *f* Eroberung; **~istare** erobern; **~istatore** *m* Eroberer

consacr|are weihen; widmen; **~azione** *f* Weihe

consapévole bewusst, unterrichtet (*di* von)

consecutivo aufeinander folgend

consegna [-ɲa] *f* Übergabe; (Ab-)Lieferung; **~ bagagli** Gepäckausgabe

consegnare [-ɲa-] übergeben; (aus)liefern; aufgeben (*Brief*, *Gepäck*)

consegu|enza *f* Folge; **~ire** folgen, sich ergeben

consenso *m* Zustimmung *f*; Einvernehmen *n*

consentire zustimmen; erlauben; zugeben

conserv|a *f Kochk* Konserve; **~ante** *m* Konservierungsmittel *n*; **~are** aufbewahren

conservatore konservativ

consider|are erwägen; berücksichtigen; *tutto* **~ato** alles in allem; **~azione** *f* Betrachtung; Überlegung; **~évole** beträchtlich

consigli|are [-ʎa-] raten; empfehlen; beraten; **~arsi**

sich beraten (*con* mit); **~ere** [-ʎɛ-] *su* Berater(in *f*) *m*

consiglio [-ʎo] *m* Rat

consistere bestehen (*in*, *di* aus)

consol|are trösten; *fig* stärken; **~ato** *m* Konsulat *n*; **~azione** *f* Trost *m*; Freude

cónsole *m* Konsul

consolidare festigen

consommé *m* Kraftbrühe *f*

consonante *f* Konsonant *m*

consorte *su* Gatte *m*, Gattin *f*

constatare feststellen

consueto gewohnt

consulente *su*: **~ aziendale** Unternehmensberater(in *f*) *m*; **~ fiscale** Steuerberater(in *f*) *m*

consult|are befragen; um Rat fragen; nachschlagen in (*e-m Buch*); **~azione** *f* Beratung; *Med* Untersuchung; *consultazioni pl* Sprechstunde *f* (*beim Arzt*)

con|sumare verbrauchen; verzehren (*a fig*); **~sumazione** *f* Verzehr *m* *n*; **~sumo** *m* Verbrauch; Konsum

contàbile *su* Buchhalter(in *f*) *m*

contabilità *f Hdl* Buchhaltung

contachilòmetri [-k-] *m* Kilometerzähler, Tachometer

contad|ina *f* Bäuerin; **~ino** *m* Bauer

contagioso [-dʒo-] ꝃ ckend

contagiri [-dʒi-] *m* ⌶

Tourenmesser

contant|**e** bar; **~i** *m/pl* Bargeld *n*; **in ~** bar

cont|**are** zählen; rechnen; gelten; **~ascatti** *m* Gebührenzähler; **~atore** *m*; **~ elèttrico** Stromzähler *m*; **~ del gas** Gaszähler *f*

contatto *m* Berührung *f*; Kontakt (*a* El)

conte *m* Graf

conteg|**giare** [-dʒa-] (be-)rechnen; **~gio** [-dʒo] *m* Berechnung *f*

contempl|**are** betrachten; **~azione** *f* Betrachtung

contemporàn|**ea** *f* Zeitgenossin, **~eo** *m* zeitgenössisch; Zeitgenosse

contèndere streitig machen

conten|**ere** enthalten; **~ersi** sich beherrschen

contenitore *m* Behälter; Container; **~ per il vetro** Glascontainer

content|**are** zufrieden stellen; **~arsi** sich begnügen (*di* mit)

contento zufrieden (*di* mit); froh

contenuto *m* Inhalt

contessa *f* Gräfin

contest|**are** anfechten; bestreiten; **~azione** *f* Protest(bewegung *f*) *f*; Anfechtung; **~o** *m* Zusammenhang, Kontext

contiguo angrenzend (*a* an)

continentale kontinental

continente *m* Kontinent, Erdteil; Festland *n*

continuamente ständig

continuare fortsetzen; fortfahren (*a* + *inf* zu); weiterfahren (*fino a* bis); andauern

continuazione *f* Fortsetzung; **~ del viaggio** Weiterfahrt

continuo (an)dauernd; **di ~** fortwährend

conto *m* Rechnung *f*; Konto *n*; **~ corrente** Girokonto *n*; **~ corrente postale** Postscheckkonto *n*; **alla rovescia** *rèndere ~ di qc* über et Rechenschaft ablegen; *rèndersi ~ di qc* sich über et im Klaren sein; *tener ~ di qc* et berücksichtigen

contorno *m* Umriss; Kochk Beilage *f*

contrabban|**diera** *f*, **~diere** *m* Schmuggler(in *f*) *m*; **~do** *m* Schmuggel

contraccambiare sich revanchieren; erwidern

contracce|**ttivo** *m* Verhütungsmittel *n*; **~zione** *f* Verhütung

contradd|**ire** widersprechen; **~izione** *f* Widerspruch *m*

contraffare fälschen

contrari|**are** Pläne durchkreuzen; j-n ärgern; **~età** *f/pl* Unannehmlichkeiten

contrario entgegengesetzt; ungünstig; *vento ~* Gegenwind; *essere ~* dagegen sein; *al ~* im Gegenteil; *in caso ~* andernfalls

contrarre zusammenziehen; *Freundschaft* schließen; *Krankheit* sich zuziehen

contrassegno *m* Nachnahme *f*

contr|astare widersprechen (*con* + *D*); im Gegensatz stehen (*con* zu); **~asto** *m* Gegensatz, Kontrast

contrattempo *m* Zwischenfall

contratto *m* Vertrag; ~ *d'affitto* Mietvertrag

contrav|venire zuwiderhandeln (*a* + *D*); **~venzione** *f* Übertretung; gebührenpflichtige Verwarnung

contri|buire beitragen (*a* zu); mithelfen (*a* bei); **~buto** *m* Beitrag; **~buzione** *f* Beitragen *n*

contro gegen; wider

controindicazione *f Med* Gegenanzeige

controfiletto *m* Rippenstück *n*, Rumpsteak *n*

controllare kontrollieren

controllo *m* Kontrolle *f*; ~ *doganale* Zollkontrolle *f*; ~ (*dei*) *passaporti* Passkontrolle *f*

controllore *m* Schaffner(in *f*) *m*; Kontrolleur

controsenso *m* Widerspruch

contusione *f* Quetschung; Prellung

convalesc|ente [-ʃe-] genesend; *su* Genesende(r) *f* (*m*); **~enza** *f* Genesung

convalidare bestätigen

convegno [-ɲo] *m* Tagung *f*

conven|iente passend (*a* zu), angemessen; günstig; **~ienza** *f* Anstand *m*; ~**ire** übereinstimmen; vereinbaren; passen, günstig sein (*a* für); ~**irsi** sich schicken (*a* für)

convento *m* Kloster *n*

convenzione *f* Abkommen *n*; Vereinbarung

conversare sich unterhalten (*di qc* über et)

conversazione *f* Unterhaltung; Gespräch *n* (*a Tel*); ~ *urbana* (*interurbana*) Orts-(Fern-)gespräch *n*

convertire *EDV* konvertieren

con|vincere [-tʃ-] überzeugen (*di* von); **~vinzione** *f* Überzeugung

convivenza *f* Zusammenleben *n*; Ehe ohne Trauschein

convivere zusammenleben

convocare einberufen; zusammenrufen

convulsione *f* Krampf *m*

cooper|are mitwirken; beitragen (*a* zu); **~ativa** *f* Genossenschaft

coperchio [-k-] *m* Deckel

coperta *f* (Bett-)Decke; *Mar* Deck *n*; ~ *di lana* Wolldecke; ~ *di poppa* (*di prua*) Achter-(Vorder-)deck *n*

coperto überdacht; *Himmel* bedeckt; *m* Gedeck *n*

copert|one *m* Plane *f*; *Kfz* (Reifen-)Mantel; **~ura** *f* Deckung

copi|a *f* Kopie; Nachbildung;

Exemplar *n*; *Fot* Abzug *m*; **~are** abschreiben (*da* von), kopieren, nachbilden; **~atrice** [-tʃe] *f* Kopiergerät *n*

coppa *f* Becher *m*, Kelch *m*, Pokal *m*, *Kfz* Radkappe; **~ di gelato (con frutta)** Eisbecher *m* (mit Früchten)

coppia *f* Paar *n*; **~ di fatto** eheähnliche Gemeinschaft

copri|capo *m* Kopfbedeckung *f*; **~costume** *m* Strandkleid *n*; **~fuoco** *m* Ausgangssperre *f*; **~letto** *m* Tagesdecke *f*

coprir|e (be-, zu-)decken (*di* mit); **~si** sich anziehen; **~ bene** sich warm anziehen

coraggio [-dʒo] *m* Mut; **pèrdersi di ~** den Mut verlieren; **~ civile** Zivilcourage *f*; **~so** mutig

corallo *m* Koralle *f*

corazza *f* Rüstung; Panzer *m*

corda *f* Seil *n*; Leine; Schnur; Sehne; *Mus* Saite; **~ vocale** Stimmband *n*

cord|ame *m Mar* Tauwerk *n*; **~ata** *f* Seilschaft

cordial|e herzlich; **~ità** *f* Herzlichkeit

cordless *m Tel* schnurloses Telefon *n*

cordone *m* Schnur *f*; *El* Kabel *n*; **~ ombelicale** Nabelschnur *f*

coricarsi sich hinlegen; zu Bett gehen

corna *f/pl* Geweih *n*

cornacchia [-kia] *f* Krähe

còrnea *f* Hornhaut

cornetto *m* Hörnchen *n*, Croissant *m*; Eiswaffel

cornice [-tʃe] *f* Rahmen *m*; Gesims *n*

corno *m* Horn *n*; Beule *f* (*Stirn*); **~ da scarpe** Schuhlöffel

coro *m* Chor

corona *f* Krone; Kranz *m*

corpo *m* Körper; **~ di ballo** Ballett(truppe *f*) *n*

corpora|le körperlich; **~tura** *f* Körperbau *m*; **~zione** *f* Körperschaft; Zunft

corpulento beleibt

Corpus Dòmini *m* Fronleichnam(sfest *n*)

corred|are ausstatten (*di* mit); **~o** *m* Ausstattung *f*

corrègg|ere [-dʒe-] verbessern; **~ersi** sich bessern

corrente fließend; *fig* gängig; *Monat, Jahr* laufend; *f* Strom *m* (*a El*); Strömung (*a fig*); **~ alternata** Wechselstrom *m*; **~ continua** Gleichstrom *m*; **~ d'aria** Zugluft; **c'è ~** es zieht; **èssere al ~** auf dem Laufenden sein

córrere laufen; rennen; fahren; *Wasser* fließen; **~ in aiuto** zu Hilfe eilen; **~ pericolo** Gefahr laufen

corr|etto korrekt, richtig; tadellos; **~ezione** *f* Verbesserung; Korrektur

corridoio *m* Gang, Korridor; *Mar* Zwischendeck *n*

corri|dore *m*, **~trice** [-tʃe] *f*

Läufer(in *f*) *m*; Rennfahrer (in *f*) *m*

corr|iera *f* (Überland-)Bus *m*; **~iere** *m* (Eil-)Bote; Kurier; Post *f*; *a volta di ~* umgehend

corris|pondente *su* Berichterstatter(in *f*) *m*; **~ponden-za** *f* Briefwechsel *m*; Post; Übereinstimmung; **~póndere** entsprechen (*a* + *D*); übereinstimmen (*a* mit)

corródere ätzen

corrómpere bestechen; *fig* verderben

corruzione *f* Bestechung

corsa *f* Lauf(en *n*) *m*; Rennen *n*; Fahrt *f*; **corse** *pl* Pferderennen *n*; **~ automobilistica (ciclistica)** Auto- (Rad-)rennen *n*; **di ~** schnell

corsetto *m* Korsett *n*

corsia *f* Fahrspur; *Sport* Bahn; **~ di sorpasso (di emergenza)** Überhol- (Stand-)spur; **a tre corsie** dreispurig

Còrsica *f* Korsika *n*

corso *m* Lauf; Kurs(us), Lehrgang; Verlauf; *Hdl* Kurs; Boulevard; **~ estivo (d'italiano)** Ferien-(Italienisch-)kurs; **~ di lingue (di sci)** Sprach-(Ski-)kurs

corte *f* Hof *m*; *jur* Gericht(shof *m*) *n*

corteccia [-tʃa] *f* Rinde

cort|èo *m* Gefolge *n*; Geleit *n*; Zug; **~ese** höflich; **~esìa** *f* Höflichkeit; **per ~** bitte

cortile *m* Hof

cortina *f* Vorhang *m*

corto kurz; **~ di vista** kurzsichtig; **~ di mente** (geistig) beschränkt; **tagliar~** es kurz machen; **~circùito** *m* Kurzschluss; **~metraggio** [-dʒo] *m* Kurzfilm

corvo *m* Rabe

cosa *f* Sache; Ding *n*; **~ od che ~?** was?; **qualche ~** etwas; *a che* **~** wozu; *di che* **~** wovon; **cose** *pl* **da vedere** Sehenswürdigkeiten; **tante belle cose!** alles Gute!

coscia [-ʃa] *f* Schenkel *m*; **~ di vitello** Kalbskeule; **cosce** *pl* **di rana** Froschschenkel *m/pl*

coscien|te [-ʃɛ-] bewusst; **~za** *f* Gewissen *n*; Bewusstsein *n*; **~zioso** [-ʃe-] gewissenhaft

coscio [-ʃo] *m*, **~tto** *m* *Kochk* Keule *f*

coscri|tto *m* Rekrut; **~zione** *f* Einberufung

così so; **~ ~** mittelmäßig; *e* **~ via** und so weiter; **per ~ dire** sozusagen

cosicché [-ke] sodass

cosiddetto sogenannt

cosiffatto derartig

cosmètico [-zm-] kosmetisch; *m* Schönheitsmittel *n*, Kosmetikum *n*

cosmo [-zm-] *m* Kosmos, Weltall *n*; **~nauta** *su* Kosmonaut(in *f*) *m*; **~nave** *f* Raumschiff *n*

coso *m* F Dings(da) *n*

cospirazione f Verschwörung

costa f Rippe; Küste

costan|te beständig (*a Wetter*); ausdauernd; **~za** f Beständigkeit; Ausdauer

costare kosten

costata f Rumpsteak *n*

costeggiare [-dʒa-] entlanglaufen an; *Mar* entlangfahren an

costei die da, diese *sg*

costellazione f Sternbild *n*

costern|are in Bestürzung versetzen; **~ato** bestürzt; **~azione** f Bestürzung

costiera f Küste(nregion)

costip|ato verstopft; **~azione** f Verstopfung

costitu|ire bilden; *Gesellschaft* gründen; **~uzione** f Gründung; *Pol* Verfassung

costo *m* Preis; Kosten *pl*; **~ della vita** Lebenshaltungskosten *pl*

còstola f Rippe; *Kochk* Rippchen *n*

costoletta f Kotelett *n*

costoro die da, diese *pl*

costoso kostspielig

costringere [-dʒ-] zwingen (*a* zu)

costr|uire bauen; konstruieren; **~uttore** *m* Erbauer, Bauunternehmer **~**

costruzione f Bau(art *f*) *m*; Konstruktion; **èssere in ~** im Bau sein

costui der da, dieser

costume *m* Sitte *f*; Gewohnheit *f*; *Kleidung* Tracht *f*; Kostüm *n*; **~ da bagno** Badeanzug, Badehose *f*

costura f Naht *f*

cotechino [-ki-] *m* Brühwurst *f* (*aus Schweinefleisch*)

cotenna f Schwarte

cotogna [-ɲa] *f* Quitte

cotoletta f Kotelett *n*, Schnitzel *n*; **~ alla milanese** Wiener Schnitzel *n*

cotonare *Haar* toupieren

coton|e *m* Baumwolle *f*; **~ idrófilo** Watte *f*

còttimo *m*: **lavorare a ~** im Akkord arbeiten

cotto gekocht, gebacken, gebraten; **ben ~** durch(gebraten)

covo *m* Zo Bau, Höhle *f*; *fig* Versteck *n*, Schlupfwinkel

cozze *f/pl* (Mies-)Muscheln

C.P. f (*Casella Postale*) Postfach *n*; *m* (*Codice Penale*) StGB *n* (*Strafgesetzbuch*)

crampo *m* Krampf

cranio *m* Schädel

crash *m* *EDV* Absturz

cratere *m* Krater

crauti *m/pl* Sauerkraut *n*

cravatta f Krawatte

crawl [krɔːl] *m* *Sport* Kraulen *n*

creare schaffen; gründen; bereiten

crea|tivo kreativ; **~to** *m* Schöpfung *f*; **~tore** schöpferisch; *m* Schöpfer; **~tura** *f* Geschöpf *n*; **~zione** *f* Schöpfung; *Mode* Kreation

creden|te Rel gläubig; **~za** f
1. Anrichte; **2.** Glaube m
crédere glauben (*in* an; *a qu,*
qc j-m, et); halten für
cred|ibile glaubhaft, glaub-
würdig; **~ibilità** f Glaubwür-
digkeit
crédito m Kredit; *fig* Ansehen n; *dare ~ a qc* e-r Sache
Glauben schenken
cred|itore m, **~itrice** [-tʃe] f
Gläubiger(in f) m; **~o** m
Glaubensbekenntnis n
crèdulo leichtgläubig
crema f Creme; Sahne; *~ al
cioccolato* Schokoladen-
creme; *~ di pomodoro* To-
matencremesuppe; *~ bar-
ba* Rasiercreme; *~ depilato-
ria* Enthaarungscreme; *~
idratante* Feuchtigkeits-
creme; *~ solare* Sonnen-
schutzcreme
Cremlino m Kreml
cren m Meerrettich
crepa f Riss m; Sprung m
crepaccio [-tʃo] m Spalte
crepare springen; platzen;
krepieren
crêpe [krɛp] f *Stoff* Krepp m;
Kochk Crêpe, Pfannkuchen
m
crepitare knistern; prasseln;
rascheln
crepúscolo m Dämmerung f
créscere [-ʃ-] wachsen; zunehmen
crescione [-ʃo-] m Kresse f
créscita [-ʃ-] f Wachsen n,
Wachstum n; Zunahme f

crèsima f Firmung; *evangelisch* Konfirmation
cresta f (Hahnen-, Gebirgs-)
Kamm m; Grat m
Creta f Kreta n
cretino F blöd(e); m F Idiot
C.R.I. f (*Croce Rossa Italiana*)
Italienisches Rotes Kreuz
cric m, **cricco** m Winde f; Wa-
genheber
Crimèa f Krim
criminale kriminell; *su* Kri-
minelle(r) f (m); *~ di guerra*
Kriegsverbrecher
criminalità f Kriminalität
crimine m Verbrechen n
crinale m (Gebirgs-)Kamm,
Grat
crin|e m Rosshaar n; **~iera** f
Mähne
cripta f Krypta, Gruft
crisàntemo m Chrysantheme
f
crisi f Krise
cristallo m Kristall n; *Min*
Kristall; (Glas-)Scheibe f
cristian|a f Christin; **~ésimo**
m Christentum n; **~o** christ-
lich; m Christ
Cristo m Christus
criterio m Kriterium n
crítica f Kritik
criticare kritisieren, bemän-
geln
critico kritisch; m Kritiker
Croazia f Kroatien n
croccante knusp(e)rig; m
Krokant
crocchette [-kke-] f/pl *Kochk*
Kroketten

croce [-tʃe] f Kreuz n (Rel ohne Christusfigur); 2 **Rossa** Rotes Kreuz; **farsi il segno della ~** sich bekreuzigen; **~rossina** f Rotkreuzschwester; **~via** m (Weg-)Kreuzung f

croc|iata [-tʃa-] f Kreuzzug m; **~iera** [-tʃɛ-] f Kreuzfahrt

croci|figgere [-tʃifid-dʒ-] kreuzigen; **~fissione** f Kreuzigung; **~fisso** m Kreuz n (mit Chistusfigur)

croco m Bot Krokus

croll|are einstürzen; zusammenbrechen; **~o** m Einsturz; Zusammenbruch; Hdl Sturz

cromo m Chrom n

cròn|aca f Chronik; Bericht m; Reportage f; **~ico** chronisch

cronista su Chronist(in f) m; Berichterstatter(in f) m

crono|lògico [-dʒ-] chronologisch; **~metrare** Zeit stoppen

crosta f Kruste; Brot Rinde

crostàcei [-tʃei] m/pl Krebs od Krustentiere n/pl

crost|ata f Mürbeteigkuchen m; **~ino** m Röstbrot n, gerösteter Brotwürfel

cruciverba [-tʃ-] m Kreuzworträtsel n

crud|ele grausam; **~eltà** f Grausamkeit

crudo roh (Fleisch); rau

cruna f (Nadel-)Öhr n

crusca f Kleie

cruscotto m Armaturenbrett n

CSI f (Comunità di Stati Indipendenti) GUS (Gemeinschaft unabhängiger Staaten)

cubetto m: **~ di ghiaccio** Eiswürfel

cubo Kubik...; m Würfel

cuccetta [-tʃe-] f Platz m im Liegewagen

cucchi|aino [-k-] m Tee-, Kaffeelöffel; **~aio** m Löffel

cucina [-tʃ-] f Küche; Kost; Herd m; **~ elèttrica (a gas)** Elektro-(Gas-)herd m

cucin|are [-tʃ-] kochen; **~ino** m, **~otto** f Kochnische f

cuc|ire [-tʃ-] nähen; **màcchina f da (per) ~** Nähmaschine; **~ito** genäht; m Näharbeit f; **~itura** f Naht

cucù m, **cùculo** m Kuckuck

cuffia f Haube; Rdf, TV Kopfhörer m; **~ da bagno** Badekappe; **~ del radiatore** Kühlerhaube

cugi|na [-dʒ-] f Cousine; **~no** m Cousin

cui dem (der, denen); **di ~** von dem (der); **per ~** für den (die, das); deshalb; **il ~ nome** dessen (deren) Name

culatello m luftgetrockneter Nussschinken

culinario Koch..., kulinarisch

culla f Wiege

cùlmine m Gipfel (a fig), fig Höhepunkt

culo m P Arsch

culto m Kult(us); Religion f

cultu|ra f Kultur; Bildung;

~rale kulturell, Kultur…; **~rismo** [-z-] *m* Bodybuilding *n*; **~ generale** Allgemeinbildung

cumino *m* Kümmel

cumulare anhäufen

cùmulo *m* Haufen; Anhäufung *f*; Haufenwolke *f*

cùneo *m* Keil

cunetta *f* Querrinne

cuoca *f* Köchin

cuòcere [-t∫e-] kochen; backen; braten; schmoren

cuoco *m* Koch

cuoio *m* Leder *n*

cuore *m* Herz *n*; **di** (**buon, tutto**) **~** aufrichtig; sehr gern; **senza ~** herzlos; **stare a ~** am Herzen liegen; **cuori** *m/pl* Kartenspiel Herz *n*

cupidigia [-dʒa] *f* Gier (**di** nach)

cupo tief; finster; dunkel

cùpola *f* Kuppel

cura *f* Sorge (**di** für); Pflege; Sorgfalt; *Med* Behandlung; Kur; **~ di bellezza** Schön-

heitskur; **~ del corpo** Körperpflege; **avere ~ di qc** auf et achten

cur|àbile heilbar; **~are** sorgen für; achten auf; pflegen; *Med* behandeln; **~arsi: ~ di qc** sich um et kümmern

curios|ità *f* Neugier; Sehenswürdigkeit; **~o** neugierig; sonderbar

cursore *m EDV* Cursor

curv|a *f* Kurve; **~ a gómito** Haarnadelkurve *f*; **~are** biegen; krümmen; *Straße* (ab-)biegen; **~arsi** sich beugen

curvo gebogen; gebeugt

cuscinetto [-∫-] *m*: **~ a sfere** Kugellager *n*

cuscino [-∫-] *m* Kissen *n*

custod|e *m* Wärter; Aufseher; **~ia** *f* Aufsicht; Aufbewahrung; Futteral *n*; **~ire** bewachen; hüten; (auf)bewahren; **~ito** bewacht

C.V. (*Cavallo Vapore*) PS (*Pferdestärke*)

cyclette *f* Heimtrainer *m*

D

da von; aus; zu; bei; seit; **~ … a** von … nach, von … bis; **~ allora** seither; **~ ieri** seit gestern; **~ nessuna parte** nirgends; **vado dal mèdico** ich gehe zum Arzt; **tazza** *f* **~ tè** Teetasse

dà er (sie) gibt

dacché [-ke-] da; seitdem

dado *m* Würfel; *Kochk* Brühwürfel; **giocare ai dadi** würfeln

dai du gibst

dalia *f Bot* Dahlie

daltònico farbenblind

danese dänisch; *su* Däne *m*, Dänin *f*

Danimarca *f* Dänemark *n*

danneggiare [-dʒa-] beschädigen; schaden (*qc*, *qu* u e-r Sache, j-m)
danno *m* Schaden; **~ materiale** Sachschaden; **~ alla carrozzeria** Blechschaden; *v/t* sie geben
dannoso schädlich
Danubio *m* Donau *f*
danza *f* Tanz *m*; **~are** tanzen
dappertutto überall
dapprima zuerst; **~principio** [-tʃ-] anfangs
dare geben; *Fenster* **~ su** gehen auf (nach); **~ del Lei** siezen; **~ del tu** duzen; **darsi (a)** sich widmen (+*D*); **darsi appuntamento** sich verabreden; **può darsi che** (+ *cong*) es kann sein, dass
data *f* Datum *n*; **~ di nàscita** Geburtsdatum *n*; **~ di scadenza** Haltbarkeitsdatum *n*
datare datieren
date ihr gebt
dato gegeben; **~ che** angenommen, dass
dati *m/pl* Daten *pl*
datore *m*: **~ di lavoro** Arbeitgeber(in *f*) *m*
dàtteri *m/pl* Datteln *f/pl*
dattilografare mit der Maschine schreiben
dattilografare auf der Schreib-maschine schreiben
davanti *adv* vorn; *adj* Vorder…; *prp* **~ (a)** vor; *m* Vorderseite *f*, Vorderteil *n*
davanzale *m* Fensterbrett *n*
davvero wirklich

day hospital *m* Tagesklinik *f*
dazio *m* Zoll(gebühr *f*); **~ d'esportazione** Ausfuhrzoll
d. C. (*dopo Cristo*) n. Chr. (*nach Christus*)
debbo ich muss
dèbito *m* Schuld *f*
debi|tore *m* Schuldner; **~trice** [-tʃe] *f* Schuldnerin
dèbole schwach
debolezza *f* Schwäche
decaffeinato koffeinfrei
dècathlon *m* Zehnkampf
decennio [-tʃe-] *m* Jahrzehnt *n*
decente [-tʃɛ-] anständig
decenza [-tʃe-] *f* Anstand *m*
decesso [-tʃe-] *m* Todesfall
decid|ere [-tʃ-] beschließen; entscheiden; **~ersi** sich entschließen, beschließen (*a fare qc* et zu tun)
decifrare [-tʃ-] entziffern
decimale [-tʃ-] Dezimal…
decimetro [-tʃ-] *m* Dezimeter
dècimo [-tʃ-] zehnte(r); *m* Zehntel *n*
decina [-tʃ-]: **una ~** etwa zehn
decisione [-tʃ-] *f* Entscheidung; Beschluss *m*; **prèndere una ~** einen Entschluss fassen
decisivo [-tʃ-] entscheidend
deciso [-tʃ-] entschlossen
declin|are ablehnen; nachlassen; *Gr* deklinieren; **~azione** *f* Deklination
decodificatore *m* Dekoder
de|collare *Flgw* starten, abheben; **~collo** *m* Abflug

decom|porre zerlegen; **~po-sizione** f Zersetzung

decorare schmücken

decréscere [-ʃe-] abnehmen

decreto m Erlass

dèdica f Widmung

dedicare (**dedicarsi** sich) widmen; *Rel* weihen

dedizione f Hingabe

dedurre folgern; *Summe* abziehen (**da** von)

deficiente [-tʃen-] schwach, mangelhaft; P **~!** Idiot!

déficit m Defizit n; Mangel

definitivo endgültig

definito Umrisse scharf

definizione f Definition

deflettore m *Kfz* Ausstellfenster n

deformare entstellen

deforme entstellt

defraudare betrügen (**di qc** um et)

defunto verstorben

degli [-ʎi]: *prp* **di** mit art **gli**

degn|are [-ɲ-] würdigen; **~arsi** sich bequemen (**di fare qc** et zu tun); **~o** würdig; **~ di fede** glaubwürdig

degustazione f Kostprobe; **~ del vino** Weinprobe

dei [ˈdeːi]: *prp* **di** mit art **i**

del: *prp* **di** mit art **il**

delega f Vollmacht

deleg|are beauftragen (**qc a qu** j-n mit et); bevollmächtigen (**qc a qu** j-n zu et); **~ata** f, **~ato** m Delegierte(r) f (m); **~azione** f Delegation;

Abordnung

delfino m Delphin

deliber|are beraten (**su** über); beschließen; **~azione** f Beschluss m

delic|atezza f Zartheit; Delikatesse; **~ato** zart; fein (-fühlig); heikel

delimitare begrenzen

delinquen|te su Verbrecher (in f) m; **~za** f Kriminalität

delitto m Verbrechen n

delizi|a f Vergnügen n; **~oso** köstlich; entzückend

dell', della, delle, dello: *prp* **di** mit art **l', la, le, lo**

deltaplan|ista su Drachenflieger(in f) m; **~o** m (Flug-)Drachen; **fare il ~** Drachenfliegen n

delus|ione f Enttäuschung; **~o** enttäuscht

demo|cràtico demokratisch; **~cristiano** christdemokratisch

demolire niederreißen; abbrechen; *fig* vernichten

denaro m Geld n; **~ contante** Bargeld n

denigrare verleumden

denomin|are benennen; **~arsi** heißen; **~azione** f Bezeichnung; **~ di origine controllata** Ursprungsbezeichnung

dens|ità f Dichte; **~o** dicht; dick(flüssig)

dente m Zahn; **~ canino** (**incisivo, molare**) Eck-(Schneide-, Backen-)zahn; *Kochk*

al ~ bissfest

dèntice [-tʃe] *m* Zahnbrasse *f*

dentiera *f* künstliches Gebiss

dentifricio [-tʃo] *m* Zahnpasta *f*

dentista *su* Zahnarzt *m*, Zahnärztin *f*

dentro *prp* in; *adv* darin, drinnen; hinein; herein

denuncia [-tʃa] *f* Anzeige; (An-)Meldung; **~are** anzeigen; (an)melden

deodorante *m* Deodorant *n*

depilatorio *m* Enthaarungsmittel *n*

dépliant [depli'ã] *m* Faltblatt *n*; Prospekt

deplorare (*et*) beklagen; **~évole** bedauernswert

deporre ablegen; absetzen; *jur* aussagen

depositare hinterlegen, deponieren

depòsito *m* Aufbewahrung *f*; Hinterlegung *f*; Depot *n*; **~ bagagli** Gepäckaufbewahrung *f*; **~ a cassette** Schließfächer *n/pl*; **~ per il vuoto** Flaschenpfand *n*

deposizione *f* Aussage

depress|ione *f* Tief(druckgebiet *n*) *n*; *fig* Depression; **~o** deprimiert

deprimere deprimieren

deputa|ta *f*; **~to** *m* Abgeordnete(r) *f* (*m*)

deragliare [-ʎa-] *Esb* entgleisen

deridere auslachen

deriva *f* *Mar* Abtrift; **~are**

herkommen, abstammen (**da** von); **~azione** *f El, Tech* Abzweigung; *Tel* Nebenanschluss *m*

dermatòlo|ga *f* Hautärztin, **~go** *m* Hautarzt

derubare bestehlen

descr|ivere beschreiben; **~izione** *f* Beschreibung

deserto unbewohnt, menschenleer; *m* Wüste *f*

desider|àbile wünschenswert; **~are** wünschen; *am Telefon* verlangen

desiderio *m* Wunsch, Verlangen *n* (**di** nach)

designare [-ɲ-] bezeichnen

desistere absehen (**da** von)

desol|are verwüsten; *fig* betrüben; **~ato** öde, trostlos; tiefbetrübt

dessert *m* Nachspeise *f*

destin|are bestimmen (**a** für); *Brief* adressieren (**a** an); **~atario** *m* Empfänger; **~azione** *f* Bestimmung(sort *m*); Ziel *n*

destino *m* Schicksal *n*

destra *f* Rechte; **a ~** (nach) rechts; **tenere la ~** rechts fahren (gehen); sich rechts halten

destrimane *su* Rechtshänder(in *f*) *m*

destro rechte(r); geschickt

detenuto *m* Häftling

detenzione *f* Haft; **~ preventiva** Untersuchungshaft

detergente [-dʒ-] *m* Reinigungsmittel *n*

69   **differenza**

deteriorato beschädigt; *Lebensmittel* verdorben

determin|are bestimmen, festlegen; **~azione** f Festlegung; Entschluss m

detersivo m Wasch-, Putz-, Reinigungsmittel n

detestare verabscheuen

detrarre abziehen (*da* von)

detrito m Schutt; Geröll n

dettagli|are [-ʎa-] ausführlich; **~o** [-ʎo] m Einzelheit f

dett|are diktieren; **~ato** m Diktat n

detto gesagt; genannt

devastare verwüsten

deve er (sie) muss

devi|are *Verkehr* umleiten; *Straße* abzweigen; **~azione** f Umleitung; Umweg m

devo ich muss

devoto *Rel* andächtig, fromm

di von; aus; als; **~** *ferro* aus Eisen; **sono ~ Roma** ich bin aus Rom; **~ giorno** bei Tage, tagsüber; **~ paùra** vor Angst; **soffrire ~** leiden an; **~ chi è ...?** wem gehört ...?

diab|ete m Zuckerkrankheit f, Diabetes m; **èssere ~ètico** zuckerkrank sein, F Zucker haben

diaframma m Zwerchfell n; *Fot* Blende f; *Med* Diaphragma n

diàgnosi [-ɲ-] f Diagnose

dialetto m Dialekt

diàlogo m Dialog

diamante m Diamant

diàmetro m Durchmesser

diamo wir geben

diapositiva f Dia(positiv) n

diario m Tagebuch n

diarrea f Durchfall m

diàvolo m Teufel

dibàtt|ere erörtern; **~ersi** um sich schlagen

dibattimento m *jur* Hauptverhandlung f

dibàttito m Debatte f

dica bitte (sehr); Sie wünschen?

dice [-tʃe] er (sie) sagt

dicembre [-tʃɛ-] m Dezember

dichiar|are [-k-] erklären; angeben; **~azione** f Erklärung; **~ doganale** Zollerklärung

diciamo [-tʃa-] wir sagen

dico ich sage; **~no** sie sagen

dieci [dieːtʃi] zehn

diecina [-tʃ-]: **una ~** (*di*) etwa zehn

diesel m Diesel(motor, -fahrzeug n)

dieta f Diät; **stare a ~** Diät halten

dietro prp hinter; adv (nach) hinten; **l'uno ~ l'altro** hintereinander

difatti tatsächlich

difèndere verteidigen

difesa f Verteidigung; Schutz m (*da* vor); **legittima ~** Notwehr

difett|o m Fehler; Mangel (*di qc* an et); **~oso** fehlerhaft; defekt

differen|te unterschiedlich; **~za** f Unterschied m; Differenz; **~ di prezzo** Preisunterschied *m*; **~ziale** *m* Differenzial(getriebe) *n*; **~ziare** unterscheiden

differire verschieben (*di* um; *a* auf); sich unterscheiden (*da* von)

difficile [-tʃ-] schwer, schwierig

difficoltà *f* Schwierigkeit

diffid|are warnen (*da* vor); misstrauen (*di qu* j-m); **~enza** *f* Misstrauen *m*

diffóndere verbreiten

diffus|ione *f* Verbreitung; **~o** verbreitet

difterite *f* Diphtherie

diga *f* Deich *m*; Damm *m*; *di sbarramento* Staudamm *m*

dige|rire [-dʒ-] verdauen; **~stione** *f* Verdauung; **~stivo** *m* Verdauungschnaps

digitale digital

digiun|are [-dʒu-] fasten; **~o** nüchtern

dignit|à [-ɲ-] *f* Würde; **~oso** würdig; würdevoll

dilagare überschwemmen; *fig* sich ausbreiten

dilat|are ausdehnen; **~azione** *f* Ausdehnung

dilett|ante *su* Amateur *m*; Laie *m*; **~are** erfreuen; **~arsi** Freude haben (*di* an)

dilig|ente [-dʒ-] fleißig; **~enza** *f* Fleiß *m*

diluire verdünnen; auflösen

diluvio *m* Wolkenbruch

dimagrire abmagern

dimensione *f* Dimension

dimentic|anza *f* Vergesslich-

keit; **~are** vergessen; **~arsi:** ~ *di qc* et vergessen

dimétter|e absetzen, entlassen; **~si** zurücktreten

dimezzare halbieren

diminuire verringern; abnehmen, nachlassen

dimora *f* Aufenthalt *m*; Wohnsitz *m*

dimostr|are beweisen; zeigen; **~ativo** *Gr* hinweisend; **~azione** *f* Beweis *m*; Demonstration; Vorführung

dinamo *f* Dynamo *m*; *Kfz* Lichtmaschine

dinanzi *adv* vorn; *prp* ~ *a* vor

dintorn|o *adv* ringsherum; *prp* ~ *a* um ... herum; **~i** *m/pl* Umgebung *f*

Dio *m* Gott; *pl gli dei* die Götter; *grazie a ~!* Gott sei Dank!; *per amor di ~* um Gottes willen

diossina *f* Dioxin *n*

dipartimento *m* Verwaltungsbezirk

dipend|ente abhängig; *su* Angestellte(r) *f* (*m*); **~enza** *f* Abhängigkeit; Nebengebäude *n*

di|pèndere abhängen (*da* von); **~pingere** [-dʒe-] (aus-, be-) malen; *fig* beschreiben

diploma *m* Diplom *n*; **~àtico** diplomatisch; *m* Diplomat

dire sagen; *vale a ~* das heißt; *voler~* bedeuten; ~ *di sì* (*no*) ja (nein) sagen; *come si dice in tedesco?* wie heißt das auf Deutsch?

direttamente geradewegs

diretto direkt; _m Esb_ Eilzug

diret|tore _m_, **~trice** _f_ Leiter(in _f_) _m_; Direktor(in _f_) _m_; **~ d'orchestra** Dirigent(in _f_) _m_; **~ di ricezione** Empfangschef(in _f_) _m_

direzione _f_ Richtung; Leitung; **~ vietata** verbotene Fahrtrichtung; **in ~ di Firenze** in Richtung Florenz

dirigente _su_ Führungskraft _f_

dirig|ere [-dʒe-] leiten; richten (_verso_ auf); **~ersi** sich wenden (**a**, **verso** nach, zu); zugehen (auf)

dirigibile [-dʒ-] _m_ Luftschiff _n_

dirimpetto _adv_ gegenüber; _prp_ **~ a** gegenüber

diritto _adj_ gerade; **sempre ~** immer geradeaus; **~** _m_ Recht _n_, Anspruch (**a** auf); **~ di precedenza** Vorfahrtsrecht _n_ _f_; **diritti** _pl_ Gebühren _f/pl_; **diritti** _pl_ **umani** Menschenrechte _pl_

dirotta|mento _m_ Flugzeugentführung _f_; **~re** den Kurs ändern

disabitato unbewohnt

disabituare abgewöhnen (**qu a qc** j-m et)

disaccordo _m_ Uneinigkeit _f_

disadatto ungeeignet

disagio [-dʒo] _m_ Unbequemlichkeit _f_; **sentirsi a ~** sich unbehaglich fühlen

disappetenza _f_ Appetitlosigkeit

disapprov|are missbilligen;

~azione _f_ Missbilligung

disarm|are entwaffnen; **~o** _m_ Abrüstung _f_

disastro _m_ schweres Unglück _n_, Katastrophe _f_

disatten|to unaufmerksam; **~zione** _f_ Unaufmerksamkeit; Versehen _n_

disavventura _f_ Unglück _n_; Missgeschick _n_

disboscare [-zbo-] abholzen

discàrica _f_ Mülldeponie _m_

discendenza [-ʃe-] _f_ Herkunft, Abstammung

discéndere [-ʃe-] herab-, hinabsteigen; aus-, absteigen; abstammen (**da** von); sinken

discesa [-ʃe-] _f_ Abhang _m_; Gefälle _n_; Abstieg _m_; _Ski_ Abfahrt _f_; **in ~** bergab _n_; **~ libera** Abfahrtslauf _m_

dischetto [-sk-] _m_ _EDV_ Diskette _f_

disciplina [-ʃ-] _f_ Disziplin; (_Lehr-_)Fach _n_

disco _m_ Scheibe _f_; Diskus; Schallplatte _f_; **~ fisso** _od_ **rigido** _EDV_ Festplatte _f_; **~ orario** Parkscheibe _f_

discòbo|la _f_, **~lo** _m_ Diskuswerfer(in _f_) _m_

disc|ordanza _f_ Missklang _m_; **~ordia** _f_ Uneinigkeit

discorso _m_ Gespräch _n_, Unterhaltung _f_; Rede _f_

discost|are ab-, wegrücken; **~arsi** sich entfernen (**da** von); **~o** abgelegen

discoteca _f_ Diskothek

discr|eto mäßig; taktvoll, dis-

kret; **~zione** f Verschwie-
genheit; Diskretion; **a ~**
nach Belieben

discussione f Diskussion;
Auseinandersetzung

discútere diskutieren; strei-
ten (**di** über)

disdegn|are [-deɲ-] ver-
schmähen; **~o** m Verachtung
f, Geringschätzung f

disdetta [-zd-] f Kündigung;
fig Missgeschick n

disd|ire [-zd-] abbestellen;
absagen; **~irsi** sich wider-
sprechen

disegn|are [-ɲ-] zeichnen; **~o**
m Zeichnung f; Entwurf; fig
Plan; **~atore** m, **~trice** [-tʃe] f
Zeichner(in f) m

diserba|nte m Herbizid n; **~re**
jäten

diseredare enterben

dis|fare auflösen; zerstören;
Koffer auspacken; **~fatta** f
Niederlage

disgelo m Tauwetter n

disgrazia [-zg-] f Unglück n;
per ~ unglücklicherweise;
~to unglückselig

disgusto [-zg-] m Widerwille;
~so unappetitlich; fig wider-
wärtig

disillusione f Enttäuschung

disimparare verlernen

disinf|ettante m Desinfekti-
onsmittel n; **~ettare** desinfizieren

disinnestare Gang heraus-
nehmen; Stecker herausziehen

disinserire ab-, ausschalten

disinteressato uneigennüt-
zig; desinteressiert

disinvolto ungezwungen;
frech

disoccupa|ta f Arbeitslose,
~to arbeitslos; m Arbeitslo-
se(r); **~zione** f Arbeitslosig-
keit

disonest|à f Unehrlichkeit;
~o unehrlich

dison|orare entehren; **~ore**
m Schande f

disopra oben; darüber; **al ~ di**
über

disordina|re in Unordnung
bringen; **~to** unordentlich

disórdine m Unordnung f

disotto unten; darunter; **al ~
di** unter

disparere m Meinungsverschiedenheit f

dispari Zahl ungerade

dispendio m Verschwendung
f; **~so** kostspielig

dispensa f Anrichte; Speise-
kammer

disper|are verzweifeln (**di**
an); **~ato** verzweifelt; **~azio-
ne** f Verzweiflung

dispèrdere ver-, aufbrauchen

dispetto [-zp-] m Bosheit f;
a ~ di qu j-m zum Trotz;
~oso ärgerlich; boshaft

dispiacere [-tʃ-] missfallen;
Leid tun, bedauern; **mi dispiace** es tut mir Leid; **~**
m Bedauern n

disponibile verfügbar; vorrä-
tig; Person hilfsbereit

disporre anordnen; verfügen (**di** über)

disposizione f Anordnung, Aufstellung; fig Veranlagung (**a** zu); **méttere a ~** zur Verfügung stellen

disposto bereit (**a** zu)

dispòtico despotisch

disprezz|are verachten; **~o** m Verachtung f

disput|are (sich) streiten (**di** über); **~arsi:** ~ **qc** um et wetteifern

dissenso m Meinungsverschiedenheit f

dissenteria f Med Ruhr

dissertazione f Abhandlung

dissetante durststillend; m Durstlöscher

dissìmile unähnlich

dissimul|are verheimlichen; vortäuschen; **~azione** f Verstellung, Heuchelei

dissip|are vergeuden; **~ato** verschwenderisch; **~azione** f Verschwendung

dissol|ùbile auflösbar; **~uzio-ne** f Auflösung

dissòlvere auflösen; zerstreuen

dissonanza f Dissonanz; Unstimmigkeit

dissuadere: ~ **qu da qc** j-m et ausreden

distacc|are abnehmen, loslösen; **~o** m Abstand

dist|ante weit; entfernt; **~an-za** f Entfernung; fig Unterschied m; **~are** entfernt sein

distèndere ausbreiten; ausstrecken

distensione f Dehnung; fig Entspannung

dist|esa f Weite; **~o** ausgestreckt; entspannt

distinguere unterscheiden; kennzeichnen; erkennen

distin|to deutlich; fig vornehm; **distinti saluti** mit freundlichen Grüßen; **~zio-ne** f Unterscheidung

distorsione f Verstauchung

distr|arre ablenken; zerstreuen; **~atto** unaufmerksam, zerstreut; **~azione** f Ablenkung; Zerstreuung

distretto m Bezirk

distribuire verteilen

distributore m Verteiler; Kfz ~ **d'accensione** Zündverteiler; ~ **automàtico** Automat; ~ **di benzina** Tankstelle f; ~ **di biglietti** Fahrkartenautomat

distribuzione f Verteilung

distr|ùggere [-dʒ-] zerstören; **~uttivo** zerstörerisch; **~uzio-ne** f Zerstörung

disturb|are stören; **~o** m Störung f; **disturbi** pl **circolato-ri** Kreislaufstörungen f/pl; **disturbi** pl **digestivi** Verdauungsbeschwerden f/pl

disubbid|iente ungehorsam; **~ienza** f Ungehorsam m; **~ire** nicht gehorchen

disugu|aglianza [-ʎa-] f Ungleichheit f/pl; **~ale** ungleich

disumano unmenschlich

disunione f Uneinigkeit

disuso: _in_ ~ veraltet

ditale m Fingerhut

dite ihr sagt

dito m (pl **le dita**) Finger; ~ (**del piede**) Zehe f

ditta f Firma; Unternehmen m

diurno Tag(es)-

diva f Diva, Star m

divagare abschweifen

divano m Couch f, Sofa n; ~**letto** Bett-, Schlafcouch f

divenire _inta_ werden

divergenza [-dʒe-] f Abweichung; _fig_ Unstimmigkeit

diversamente anders; ~**o** verschieden; anders (**da** als)

divertente amüsant

divertimento m Vergnügen n; **buon** ~! viel Vergnügen!, viel Spaß!

divertire Spaß machen; ~**irsi** sich amüsieren

dividere (auf-, ein-, ver-)teilen; trennen

divieto m Verbot n; ~ _di parcheggio_ Parkverbot n; ~ _di segnali acùstici_ Hupverbot n; ~ _di sorpasso_ Überholverbot n; ~ _di sosta_ Halteverbot n

divinità f Gottheit

divino göttlich

divisa f Devise; Uniform; _Hdl_ Devisen pl; ~**ione** f Teilung; Abteilung; Trennung

divo m Star

divorare fressen; verschlingen; _fig_ verzehren

divorziare sich scheiden las-

sen; ~**ato** geschieden; ~**o** m (Ehe-)Scheidung f

dizionario m Wörterbuch n

do ich gebe

dobbiamo wir müssen

doccia [-tʃa] f Dusche; _fare la_ ~ (sich) duschen; ~ _orale_ Munddusche

dòcile [-tʃ-] fügsam; gelehrig; _Tier_ zahm

documentario m Dokumentarfilm; ~**zione** f Unterlagen pl, Akte

documento m Dokument n; Beleg; _documenti_ pl (Ausweis-)Papiere n/pl

dogana f Zoll m; Zollamt n; ~**ale** Zoll…; ~**iere** m Zollbeamte(r), Zollbeamtin f

doglie [-ʎe] f/pl Wehen pl

dolce [-tʃe] süß; sanft; mild; m Süßspeise f; Kuchen; _dolci_ pl Süßigkeiten f/pl

dolcezza [-tʃe-] f Süße; Sanftheit; Milde; ~**cificante** [-tʃi-] m Süßstoff

dolente schmerzend; _fig_ schmerzlich

dolere schmerzen, wehtun; ~**ersi** sich beklagen (**con qu di qc** bei j-m über et)

dòllaro m Dollar

Dolomiti f/pl Dolomiten pl

dolore m Schmerz; ~**oso** schmerzhaft; schmerzlich

domanda f Frage; Antrag m; Gesuch n; _Hdl_ Nachfrage

domandare fragen; ~ _qc a qu_ j-n et fragen; j-n um et bitten

domani morgen; ~ _sera_ morgen Abend; **~ a otto** morgen in acht Tagen; **a ~!** bis morgen!

domattina morgen früh

doménica f Sonntag m; **la** (od **di**) **~** sonntags, am Sonntag

doméstica f Hausangestellte; **~co** häuslich; Haus…

domicili|ato (be)herrschen; **~o** m Wohnsitz, Wohnort

domin|are (be)herrschen; **~io** m Herrschaft(sgebiet n) f; fig Domäne f

dòmino f Domino(spiel) n

don|are schenken; spenden; **~atore**, **~atrice** [-tʃe] f Spender(in f) m; **~ di sangue** Blutspender(in f) m; **~azione** f Schenkung

donde woher; von wo; woraus; wovon

dondolare schaukeln

dóndolo m: **sedia** f **a ~** Schaukelstuhl m

donna f Frau; Kartenspiel Dame; **~ di servizio** Dienstmädchen n

dono m Geschenk n; fig Gabe f

dònnola f Wiesel n

dopo prp nach; adv nachher; danach; später; cj **~ che** nachdem; **a ~** bis später; **il giorno ~** tags darauf, am Tag danach; **~barba** m Aftershave n; **~ché** [-ke] nachdem; **~domani** übermorgen; **~guerra** m Nachkriegszeit f; **~pranzo** adv am Nachmittag; **~sci** [-ʃi] m Après-Ski n

doppi|a f Doppelzimmer n; **~are** Film synchronisieren; **~o** doppelt; m Doppelte(s) n; Tennis Doppel n; **~one** m Duplikat n

dor|are vergolden; **~ato** vergoldet; golden; Kochk goldbraun

dòrico dorisch

dorm|ire schlafen; **~itorio** m Schlafsaal; **~iveglia** m Halbschlaf

dorsale: **spina** f **~** Wirbelsäule, Rückgrat n

dorso m Rücken

dose f Dosis; **~ eccessiva** Überdosis

dosso m Rücken

dot|are ausstatten (**di** mit); **~ato** begabt (**per** für)

dote f Mitgift

dott|a f Gelehrte; **~to** gelehrt; m Gelehrte(r)

dottor|e (Abk **Dott.**) m Doktor; **~essa** f Doktorin

dottrina f Lehre

dove wo; wohin; **da** (od **di**) **~** woher

dover|e müssen; sollen; verdanken; schulden; m Pflicht f; **~oso** gebührend

dovunque überall(hin)

dovuto: **~ a** verursacht durch (od von)

dozzina f Dutzend n

dragoncello m Bot Estragon

dramm|a m Drama n, Schauspiel n; **~àtico** dramatisch

dràstico drastisch

drive EDV m Laufwerk n;

~-in ['draivin] *m* Autokino *n*

dritto → **diritto**

drog|a *f* Gewürz *n*; Droge, Rauschgift *n*; **~are** würzen; **~arsi** Rauschgift nehmen; **~ata** *f*, **~ato** *m* Drogenabhängige(r) *f (m)*

dubbio *m* Zweifel (**su** an); **méttere qc in ~** et bezweifeln; **senza ~** zweifellos

dubbioso zweifelhaft

dubitare zweifeln (**di** an); bezweifeln (**di qc** et)

duca *m* Herzog

duchessa [-k-] *f* Herzogin

due zwei; **a ~ a ~** zu zweien; paarweise; **tutt'e ~** (alle) beide; **~ parole** ein paar Worte; **il ♀cento** *m* das 13. Jahrhundert *n*

duello *m Sport* Duell *n*, Zweikampf

duepezzi *m* Kostüm *n*; Zweiteiler *m*

duetto *m* Duett *n*

duna *f* Düne

dunque also, folglich

duomo *m* Dom

duplicato *m* Duplikat *n*

dúplice [-t∫e] zweifach

dur|ante während; **~are** dauern; halten (*Material*)

durata *f* Dauer; Haltbarkeit; **~ di volo** Flugzeit

durezza *f* Härte

duro hart; schwer (*Arbeit*); streng; **~ d'orecchio** schwerhörig

durone *m* Hornhaut *f*

E

e [e] und; **e ... e ...** sowohl ... als auch

è [ε] er (sie, es) ist

ebanista *su* Kunsttischler(in *f*) *m*

èbano *m* Ebenholz *n*

ebbe er bekam

ebbene nun, also

èbbero sie bekamen

ebbi ich bekam

ebbrezza *f* Trunkenheit

ebràico hebräisch

ebrè|a *f* Jüdin, **~o** jüdisch; **~** Jude

ecc. = eccètera

ecceden|te [-t∫e-] überschüs-

sig; **~za** *f* Überschuss *m* (**di** an)

eccèdere [-t∫e-] übersteigen; **~ in qc** bei et übertreiben

eccell|ente [-t∫e-] hervorragend, ausgezeichnet; **~enza** *f* Vorzüglichkeit; *Titel* Exzellenz

eccess|ivo [-t∫e-] übermäßig; übertrieben; **~o** *m* Übermaß *n*; **in ~** zu viel; **~ di bagàglio** *m* Übergepäck *n*

eccètera [-t∫e-] und so weiter

eccetto [-t∫e-] ausgenommen; **~ te** außer dir; **~ che** es sei denn

eccettuare [-tʃe-] ausnehmen

eccezio|nale [-tʃe-] außergewöhnlich; **~ne** f Ausnahme; **per ~** ausnahmsweise

eccit|ante [-tʃ-] aufregend; Aufputschmittel *n*; **~are** er-, an-, aufregen; **~azione** f Erregung; Aufregung

ecclesiàstico geistlich; kirchlich; *m* Geistliche(r)

ècco hier *od* da ist, sind); **~mi** da bin ich; **~lo** hier ist er; **~ti il libro** da hast du das Buch; **~ tutto** das ist alles; **~ fatto** fertig; **~!** eben!; genau!

eco f Echo *n* (*a fig*)

ecocompatibile umweltverträglich

ecografia f Ultraschalluntersuchung

eco|logia [-dʒ-] f Ökologie; Umweltschutz *m*; **~lògico** [-dʒ-] ökologisch; **~logista** [-dʒ-] *su* Ökologe *m*, -login f; Umweltschützer(in f) *m*

economia f Wirtschaft; Sparen; **economie** *pl* Ersparnisse; **fare economie** sparen

econòmico wirtschaftlich; preiswert

ecosistema *m* Ökosystem *n*

eczema [-kz-] *m* Ekzem *n*

édera f Efeu *m*

edìcola f (Zeitungs-)Kiosk *m*

edificare (er)bauen

edificio [-tʃo] *m* Bau *m*; Gebäude *n*; **~ stòrico** historisches Bauwerk

edilizia f Bauwesen *n*

edi|tore *m*, **~trice** [-tʃe-] f Verleger(in f) *m*; **casa f editrice** Verlag *m*

edizione f Ausgabe; Auflage

educ|are erziehen; **~ato** wohlerzogen; **~atore** *m*, **~atrice** [-tʃe-] f Erzieher(in f) *m*; **~azione** f Erziehung

E.E.D. f (*Elaborazione Elettrònica dei Dati*) EDV (*Elektronische Datenverarbeitung*)

effettivamente tatsächlich

effettivo wirklich, tatsächlich

effetto *m* Wirkung f; Ergebnis *n*; **~ serra** Treibhauseffekt; **fare ~** beeindrucken

effettuare aus-, durchführen

efficace [-tʃe] wirksam

efficien|te [-tʃen-] leistungsfähig; wirksam; **~za** f Leistung(sfähigkeit); Wirksamkeit

Egeo [e'dʒɛːo] *m* Ägäis f

Egitto [-dʒ-] *m* Ägypten *n*

egizia|na f Ägypterin, **~no** [-dʒ-] ägyptisch; *m* Ägypter

egli [-ʎi] er

ego|ismo [-zmo] *m* Selbstsucht f; **~ista** selbstsüchtig; *su* Egoist(in f) *m*

egregio [-dʒo] ausgezeichnet; **~ signore** (*signora*) *im Brief* sehr geehrte(r) f (*m*) Herr, Frau

elabor|are ausarbeiten; **~ato** *m* EDV Ausdruck

elaborazione f Verarbeitung; **~ dei dati** Datenverarbeitung; **~ dei testi** Textverarbeitung

elàstico elastisch; *m* Gummiband *n*

Elba[1]: *Isola d'~ f* Insel Elba

Elba[2] *m* Fluss Elbe *f*

elefante *m* Elefant

eleg|ante elegant; **~anza** *f* Eleganz

elèggere [-dʒ-] wählen

elementare Grund...; *scuola f ~* Grundschule

elemento *m* Element *n*; **elementi** *pl* Grundlage *f*

elemòsina *f* Almosen *n*

elencare auflisten

elenco *m* Verzeichnis *n*; **~ telefònico** Telefonbuch *n*

elett|o gewählt; auserwählt; **~orale** Wahl...; **~ore** *m* Wähler

elettràuto *su* Autoelektriker(in *f*) *m*; Werkstatt *f* für Autoelektrik

elettri|cista [-tʃ-] *su* Elektriker(in *f*) *m*; **~cità** [-tʃ-] *f* Elektrizität

elèttrico elektrisch; Elektro...; *m* Elektriker

elettro *m* Bernstein

elettro|cardiogramma *m* Elektrokardiogramm *n*, EKG *n*; **~domèstici** [-tʃi] *m/pl* Haushaltsgeräte *n/pl*; **~motore** *m* Elektromotor; **~motrice** [-tʃe] *f* E-Lock

elettròni|ca *f* Elektronik; **~co** elektronisch

elev|are erhöhen; anheben; **~ato** hoch; **~azione** *f* Erhebung

elezione *f* Wahl

eliambulanza *f* Rettungshubschrauber *m*

èlica *f* Schiffsschraube; Propeller *m*

elicòttero *m* Hubschrauber

elimin|are beseitigen; **~azione** *f* Beseitigung; *Sport* Ausscheiden *n*

eliporto *m* Hubschrauberlandeplatz

ella *f/sg* sie

elm|etto *m*, **~o** *m* Helm

elo|giare [-dʒa-] loben; **~gio** [-dʒo] *m* Lob *n*

eloquente redegewandt

e-mail *m od f EDV* E-Mail *f*

emanazione *f* Ausstrahlung

emancipazione *f* Emanzipation; Gleichstellung

ematoma *m* Bluterguss

embargo *m* Embargo *n*

embolia *f* Embolie

embrione *m* Embryo *n*

emergenza [-dʒe-] *f* Notstand *m*; **freno n d'~** Notbremse *f*; **in caso di ~** im Notfall

emèrgere [-dʒe-] hervorragen; auftauchen

emètico *m* Brechmittel *n*

eméttere von sich geben; ausstrahlen; *fig* aussprechen

emicrania *f* Migräne

emigr|ante *su* Auswanderer (in *f*) *m*; **~are** auswandern; **~ato** ausgewandert; **~azione** *f* Auswanderung

emin|ente hervorragend; **~enza** *f* Anhöhe

emisfero *m* Halbkugel *f*

emissione *f* Ausgabe *m*, **emis-**

sioni *pl* **inquinanti** Schadstoffemissionen

emorragia [-dʒ-] *f* Blutung

emorròidi *f/pl* Hämorrhoiden

emostàtico *m* blutstillendes Mittel *n*

emozion|ante aufregend; **~are** aufregen; bewegen; **~e** *f* Aufregung, Erregung

empire (an)füllen (*di* mit)

emporio *m* Kaufhaus *n*

emulare: **~ qu** j-m nacheifern

encefalite *f* Gehirnhautentzündung

endovenoso intravenös

E.N.E.L. *f* (*Ente Nazionale per l'Energia Elettrica*) Nationale Elektrizitätsgesellschaft

energia [-dʒ-] *f* Energie, Tatkraft; **~ atòmica** (*od* **nucleare**) Atom-, Kernenergie; **~ solare** Sonnenenergie

enèrgico [-dʒ-] energisch

enigm|a *m* Rätsel *n*; **~àtico** rätselhaft

E.N.I.T *m* (*Ente Nazionale per il Turismo*) staatliches Fremdenverkehrsamt *n*

enorme riesig, enorm

enoteca *f* Weinhandlung, Weinprobierstube

ennèsim|o: per l'~a volta zum x-ten Mal

ente *m*: **~ per il turismo** Fremdenverkehrsamt *n*

entrambi beide

entrare eintreten; betreten; *Zug* einfahren; Platz haben,

Kleidung passen

entrat|a *f* Eingang *m*; Zutritt *m*; Eintritt *m*; **~e** *pl Hdl* Einnahmen; *EDV* Eingabe

entro binnen, in(nerhalb)

entroterra *m* Hinterland *n*

entusi|asmare [-zm-] begeistern; **~asmo** [-zm-] *m* Begeisterung *f*; **~àstico** begeistert

enumer|are aufzählen; **~azione** *f* Aufzählung

enzima *m* Enzym *n*

Eòlie *f/pl* Liparische Inseln

epatite *f Med* Hepatitis

epidemi|a *f* Epidemie, Seuche

epilessia *f* Epilepsie

episcop|ale bischöflich; **~ato** *m* Bischofsamt *n*

epitaffio *m* Grabinschrift *f*

època *f* Epoche

eppure und doch, trotzdem

equatore *m* Äquator

equestre: statua *f* **~** Reiterstandbild *n*

equili|brare ausgleichen; *Kfz* auswuchten; **~brio** *m*; **~ecològico** ökologisches Gleichgewicht *n*

equinozio *m* Tagundnachtgleiche *f*

equipag|giamento [-dʒa-] *m* Ausrüstung *f*; **~ da sub** Taucherausrüstung *f*; **~giare** ausrüsten; **~gio** [-dʒo] *m* Besatzung *f*; Mannschaft *f*

equitazione *f* Reitsport *m*

equivalente gleichwertig

equivoco zweideutig; *m* Missverständnis *n*

era[1] *f* Ära, Zeitalter *n*; **~ glaciale** Eiszeit; **~ atòmica** Atomzeitalter *n*

era[2] er (sie, es) war

èrano sie waren

erava|mo wir waren; **~te** ihr wart

erba *f* Gras *n*; **erbe** *pl* Gemüse *n*; Kräuter *n/pl*; *Kochk* **alle erbe** mit Kräutern; **~ cipollina** Schnittlauch *m*

ered|e *su* Erbe *m*, Erbin *f*; **~ità** *f* Erbschaft; **~itare** erben; **~itarietà** *f* Vererbung

eremita *m* Einsiedler

ergàstolo *m jur* lebenslängliche Freiheitsstrafe *f*

eri du warst

erìg|ere [-dʒe-] errichten; gründen; **~ersi** sich aufspielen (**a** als)

eritema *m*: **~ solare** Sonnenbrand

ermètico luftdicht; hermetisch

ernia *f Med* Bruch *m*; **~ al disco** Bandscheibenvorfall *m*

ero ich war

er|oe *m* Held; **~òico** heldenmütig

eroina *f* **1.** Heldin; **2.** *Droge* Heroin *n*

eroinòmane *su* Heroinsüchtige(r) *f* (*m*)

eròtico erotisch

errare (sich) irren

errore *m* Irrtum; Fehler; **per ~** aus Versehen

erta *f*: **stare all'~** auf der Hut sein

erto steil, schroff

erud|ìta *f* Gelehrte, **~ìto** gelehrt; *m* Gelehrte(r); **~izione** *f* Gelehrsamkeit

eruttare *Lava* auswerfen

eruzione *f* Ausbruch *m* (*Vulkan*); *Med* Ausschlag *m*

esager|are [-dʒe-] übertreiben; **~azione** *f* Übertreibung

esaltato überspannt; überschwänglich

esam|e *m* Prüfung *f*; *Med* Untersuchung *f*; **~inare** prüfen; *Med* untersuchen

esasper|ante nervenaufreibend; **~are** empören; **~arsi** wütend werden

esatt|ezza *f* Genauigkeit; **~o** genau, richtig

esaur|ìre verbrauchen; **~ìto** ausverkauft; *Person* erschöpft

esca Köder *m*

esce [-ʃe] er (sie, es) geht (hin)aus

esclam|are ausrufen; **~azione** *f* Ausruf *m*

esclùdere ausschließen

esclusione *f* Ausschluss *m*; **a ~ di** mit Ausnahme von

esclusivamente ausschließlich; **~ivo** exklusiv

escluso ausgeschlossen

èsco ich gehe (hin)aus; **~no** sie gehen (hin)aus

escoriazione *f* Hautabschürfung

escursione *f* Ausflug *m*; *ciclistica* Radtour; **~ di un (mezzo) giorno** (Halb-) Tagesausflug m; Mar ~ **a terra** (od **nel retroterra**) Landausflug m

esecuzione f Ausführung; jur Vollstreckung

eseguire ausführen

esempio m Beispiel n; **per ~ (p.es.)** zum Beispiel (z. B.)

esemplare m Beispiel n; Muster n; Exemplar n

esente befreit, frei; ~ **da dogana** zollfrei

esèquie f/pl Begräbnisfeier f

eserc|itare [-tʃ-] (aus)üben; **~itazione** f Übung

esèrcito [-tʃ-] m Armee f

esercizio [-tʃ-] m Übung f

esibire vorzeigen, -weisen

esig|ente [-dʒe-] anspruchsvoll; **~enza** f Erfordernis n; Anspruch m

esìgere [-dʒe-] verlangen

èsile dünn; zart

esili|are ins Exil schicken; **~o** m Exil n

esistenza f Bestehen n; Dasein n; Existenz

esìstere existieren; da sein

esitare zögern

èsito m Ausgang; Ergebnis n; Erfolg

èskimo m Parka m/f

esòfago m Speiseröhre f

esorbitante übertrieben

esòtico exotisch

espàndere ausdehnen

espans|ione f Ausdehnung; **~ivo** offenherzig

espatriare auswandern

espediente m Ausweg, Notbehelf

espèllere ausstoßen

esperienza f Erfahrung; **per ~** aus Erfahrung

esperimento n Versuch; Experiment n

esper|ta f Expertin, **~to** erfahren; m Experte

espi|are büßen; sühnen; **~azione** f Buße, Sühne

espir|are ausatmen; **~azione** f Ausatmen n

esplìcito [-tʃ-] ausdrücklich

esplòdere explodieren

esplor|are erforschen; **~atore** m, **~atrice** f [-tʃe] f Forscher (in f) m; **~azione** f Erforschung

esplos|ione f Explosion; **~ivo** explosiv; m Sprengstoff

esporre darlegen; ausstellen; Fot belichten

esport|are exportieren, ausführen; **~azione** f Export m, Ausfuhr

esposimetro m Belichtungsmesser

esposizione f Ausstellung; Fot Belichtung

espress|ione f Ausdruck m; **~ivo** ausdrucksvoll

espresso m Eilbrief; Schnellzug; Kaffee Espresso; **per ~** durch Eilboten

esprimere ausdrücken

espropri|are enteignen; **~azione** f Enteignung

espulsione f Ausschluss m

ess|a f/sg sie; **~e** f/pl sie

essenziale wesentlich; *m* Hauptsache *f*; Wesentliche (-s) *n*

essere sein; sich befinden; **è di** er *od* sie ist aus; **~ di qu** j-m gehören; **~ m** Wesen *n*

essi *m/pl* sie; **~o** *sg* er

essiccato gedörrt, getrocknet

est *m* Osten; **a~ di** östlich von

èstasi *f* Ekstase

estate *f* Sommer *m*; **d'~** im Sommer

estèndere erweitern; vergrößern; ausdehnen; **~ersi** sich erstrecken

estensione *f* Ausdehnung; Weite; Größe

estenuante ermüdend; **~are, ~arsi** ermüden

esteriore äußere(r); äußerlich

esterno äußere(r); *m* Außenseite *f*; **all'~** außen

èstero ausländisch; *m* Ausland *n*; **ministro m degli (affari) èsteri** Außenminister

esteso: scrivere per ~ ausschreiben

estetista *f* Kosmetikerin

estinguere löschen; tilgen

estintore *m* Feuerlöscher; **~zione** *f* Aussterben *n*; Löschen *n*

estirpare ausrotten

estivo sommerlich

estràneo *m* Fremde; **~eo** fremd; außenstehend; *m* Fremde(r)

estrarre herausziehen; Berg-

bau abbauen; Zahn ziehen

estratto *m* Auszug; Extrakt; **~ conto** Kontoauszug

estrazione *f* Gewinnung (*Rohstoffe*); Ziehung (*Lotto*)

estremità *f* (äußerstes) Ende *n*; Extrem *n*

estremo extrem; *n* Extrem; **l'²Oriente** der Ferne Osten

età *f* Alter *n*; Zeitalter *n*; **~ màssima** Höchstalter *n*; **~ della pietra** Steinzeit; **all'~ di** im Alter von; **che ~ ha?** wie alt sind Sie?

eternità *f* Ewigkeit; **~o** (*od in ~*) ewig

etichetta [-k-] *f* Etikett *n*; Preisschild *n*

Etiopia *f* Äthiopien *n*

Etna *m* Ätna

etrusco etruskisch; *m* Etrusker

èttaro *m* Hektar

etto *m* hundert Gramm *n/pl*

euro ['ɛː-uro] *m* Währung Euro; **~cheque** [-ʃɛk] *m* Euroscheck

euronight *m* Esb EuroNight(-Zug)

Europa *f* Europa *n*; **²ea** *f* Europäerin; **²eo** europäisch; *m* Europäer

eurostar *m* Esb Eurostar (-Zug)

evacuazione *f* Evakuierung; *Med* Stuhlgang *m*

evàdere ausbrechen (**da** aus); **~ le tasse** Steuern hinterziehen

evaporare verdunsten

evasione f Flucht, Ausbruch m (**da** aus); **~ fiscale** Steuerflucht

evento m Ereignis n

eventuale möglich

eventualità f Möglichkeit f; **nell'~ che** (+ cong) falls; **per ogni ~** für alle Fälle

eventualmente eventuell

eviden|te offensichtlich;

deutlich; **~za** f Deutlichkeit; **~ziatore** m Leuchtstift

evitare (ver)meiden; umgehen

evo m Zeitalter n; **medio ~** Mittelalter n

extra|comunitario nicht-EU-Bürger; nicht zur EU gehörig; **~coniugale** außerehelich; **~terrestre** außerirdisch

F

fa er (sie, es) macht; adv **3 anni ~** vor 3 Jahren

fàbbrica f Fabrik

fabbric|are su Fabrikant (-in f) m; **~are** herstellen; **~ato** m Gebäude n; **~azione** f Herstellung

fabbro m Schmied; **~ meccànico** Maschinenschlosser

faccenda [-tʃe-] f Angelegenheit

facchino [-k-] m Gepäckträger

faccia [-tʃa] f Gesicht n; Aussehen n; **di ~** gegenüber; **~mo** [-tʃa-] wir machen; **~ta** [-tʃa-] f Fassade; Vorderseite

faccio [-tʃo] ich mache

facezia [-tʃe-] f Scherz m

fàcile [-tʃ-] leicht, einfach; **~ a trovare** leicht zu finden; **è ~ che** (+ cong) es ist leicht möglich, dass

facil|ità [-tʃ-] f Leichtigkeit; **~itare** erleichtern; **~itazione**

f Erleichterung

facol|tà f Fähigkeit; Fakultät; **~tativo** beliebig

faggio [-dʒo] m Buche f

fagiano [-dʒa-] m Fasan

fagioli [-dʒ-] m/pl Bohnen f/pl; **~ni** m/pl grüne Bohnen f/pl

fagotto m Bündel n

fai du machst

falce [-tʃe] f Sichel

falcia|re [-tʃa-] (ab)mähen; **~trice** [-tri:tʃe] f Mähmaschine

falco m Falke

falda f Schicht; (Schnee-) Flocke; (Hut-)Krempe

falegname [-ɲ-] su Tischler (in f) m; **~ria** f Tischlerei, Schreinerei

fall|imento m Konkurs; Scheitern n; **~ire** scheitern; **~ito** bankrott; **~o** m **1.** Fehler; Sport Foul; **2.** Phallus

fallòcrate m Macho

falsific|are fälschen; **~azione**

_f_ Fälschung

falso falsch, gefälscht

fama _f_ Ruf _m_; Gerücht _n_

fame _f_ Hunger _m_; **aver ~** hungrig sein

famiglia [-ʎa] _f_ Familie

familiar|e familiär; vertraut; **~ità** Vertrautheit; Vertraulichkeit

famoso berühmt

fanale _m_ Lampe _f_; Licht _n_

fanalino _m_: **~ di coda** Rücklicht _n_; _fig_ Schlusslicht _n_

fanàtico fanatisch

fanciull|a [-tʃu-] _f_ Mädchen _n_; **~ezza** _f_ Kindheit; **~o** _m_ Junge; Kind _n_

fanfara _f_ Fanfare

fango _m_ Schlamm; _Med_ Fango; **fanghi** [-gi] _m/pl_ Moorbäder _n/pl_

fangoso schlammig; dreckig

fanno sie machen

fantascienza [-ʃɛntsa] _f_ Science-Fiction

fant|asia _f_ Fantasie; **~asma** [-zma] _m_ Gespenst _n_; **~àstico** fantastisch

fante _m_ Kartenspiel Bube

fantoccio [-tʃo] _m_ Puppe _f_, Marionette _f_

faraona _f_ Perlhuhn _n_

farcela [-tʃ-] es schaffen

farcito [-tʃ-] _Kochk_ gefüllt

fardello _m_ Bündel _n_

fare _m_ Tun _n_; _Beruf_ ausüben; _Sport_ treiben; _Fahrkarte_ lösen; **far ~** machen lassen; **~ bene** gut tun; **~ caldo (freddo)** _Wetter_ heiß (kalt)

sein; **~ escursioni** wandern; **~ nuoto subacqueo** tauchen; **farsi** werden

farfalla _f_ Schmetterling _m_

fari|na _f_ Mehl _n_; **~ animale** Tiermehl; **~nàcei** _m/pl_ Teigwaren _pl_

faring|e [-dʒ-] _f_ Rachen _m_; **~ite** _f_ Rachenkatarrh _m_

farinoso mehlhaltig; mehlig

farmac|ia [-tʃ-] _f_ Apotheke; **~ista** _su_ Apotheker(in _f_) _m_

faro _m_ Leuchtturm; _Kfz_ Scheinwerfer

farro _m_ Dinkel

farsa _f_ Posse, Farce

fascia [-ʃa] _f_ Binde; **~ elàstica** elastische Binde; **~ di garza** Mullbinde

fasci|are [-ʃa-] verbinden; _Säugling_ wickeln; **~atura** _f_ Verband _m_

fascicolo [-ʃ-] _m_ Heft _n_

fàscino [-ʃ-] _m_ Zauber, Reiz

fascio [-ʃo] _m_ Bündel _n_

fascismo [-ʃizmo] _m_ Faschismus

fase _f_ Phase; _Motor_ Takt _m_

fastidio _m_ Belästigung _f_, Störung _f_; Verdruss; **dare ~ a qu** j-n belästigen, stören; **~so** lästig, unangenehm

fasto _m_ Prunk

fat|a _f_ Fee; **~ale** verhängnisvoll; **~alità** _f_ Verhängnis _n_

fate ihr macht

fatic|a _f_ Mühe; Anstrengung; **~are** hart arbeiten; sich abmühen; **~oso** ermüdend

fatto _m_ Tatsache _f_; **~ in casa**

hausgemacht; **sul** ~ auf frischer Tat

fatt|ore m, **~oressa** f Gutsverwalter(in f) m; Faktor; **~oria** f Bauern-, Gutshof m; **~orino** m Bote; Laufbursche; **~ura** f Rechnung; F Zauberei; **~urato** m Umsatz

fava f dicke Bohne

fàvola f Fabel; Märchen n

favoloso fabelhaft; großartig

favore m Gunst f; Gefallen, Gefälligkeit f; **a ~ di** zugunsten (+ G); **per ~** bitte; **prezzo m di ~** Vorzugspreis; **fare un ~** e-n Gefallen tun

favor|eggiare [-dʒa-] begünstigen; **~évole** günstig; **~ire** begünstigen; **favorisca!** treten Sie bitte ein!; **~ito** Lieblings…; m Favorit

fazzoletto m Taschentuch n; Tuch n; **~ di carta** Papiertaschentuch n

fax m (Brief, Gerät) Fax n

faxare faxen

febbraio m Februar

febbre f Fieber n; **~ da fieno** Heuschnupfen m

febbrile fiebrig; fig fieberhaft

fècola f Stärkemehl n

fecond|ità f Fruchtbarkeit; **~o** fruchtbar

fede f Glaube m (**in** an); Ehering m; **~le** (ge)treu; su Gläubige(r f) (m)

fedeltà f Treue; Mus **ad alta ~** Hi-Fi…

fèdera f Kopfkissenbezug m

feder|ale Bundes…; **~ato** verbündet; **~azione** f Verband m

fegat|ello m Schweinsleber f; **~ino** m Geflügelleber f

fégato m Leber f; fig Mut

felce [-tʃe] f Bot Farn m

fel|ice [-tʃe] glücklich; **~icità** [-tʃ-] f Glück n

felicitarsi [-tʃ-] sich freuen (**di** über); **~ con qu per qc** j-n zu et beglückwünschen

felicitazione [-tʃ-] f Glückwunsch m

felpa f Sweatshirt n

feltro m Filz(hut)

fémmina f Zo Weibchen n

femmin|ile Frauen…; weiblich; **~ista** f feministisch; Feministin

fèmore m Oberschenkel

fèndere spalten

fendinebbia m/pl Nebelscheinwerfer

fenòmeno m Phänomen n

feriale: giorno m ~ Werktag

ferie f/pl Ferien pl, Urlaub m

fer|ire verwunden, verletzen; **~ita** f Wunde, Verletzung; **~ di taglio** Schnittwunde; **~ito** m Verletzte(r) f (m), Verwundete(r) f (m)

fermaglio [-ʎo] m Haarspange f; Gürtelschnalle f; Brosche f; Büroklammer f

ferm|are anhalten; Motor abstellen; j-n festnehmen; **~arsi** (an)halten; stehen bleiben; sich aufhalten

fermata f Halt m; Aufenthalt m; Haltestelle; **~ dell'àuto-**

bus Bushaltestelle; **~ a richiesta**, **~ facoltativa** Bedarfshaltestelle

ferment|are gären; **~azione** *f* Gärung

fermezza *f* Entschlossenheit; Beständigkeit

fermo still(stehend), unbeweglich; *fig* standhaft; beständig; **terra** *f* **ferma** Festland *n*; **èssere ~** (still-) stehen; *Uhr* stehen; **~!** halt!; **~posta** postlagernd

fer|oce [-tʃe] wild; grausam; **~ocia** [-tʃa] *f* Wildheit; Grausamkeit

ferodo *m*: **~ dei freni** Bremsbelag

ferragosto *m* Mariä Himmelfahrt *f*

ferra|menta *f* Eisenwaren (-handlung *f*) *f/pl*; **~vecchio** [-kio] *m* Schrotthändler

ferro *m* Eisen *n*; Stricknadel *f*; **~ da stiro** Bügeleisen *n*; **~ battuto** Schmiedeeisen *n*; *Kochk* **ai ferri** gegrillt, von Rost

ferrovia *f* Eisenbahn; **~ a cremagliera** Zahnradbahn; **~ suburbana** Vorortbahn

ferroviario Bahn...; **orario** *m* **~** Fahrplan, Kursbuch *n*

ferroviere *m* Eisenbahner

fèrtile fruchtbar

fertilità *f* Fruchtbarkeit

fervore *m* Leidenschaft *f*

fessura *f* Riss *m*; Spalt *m*

festa *f* Fest *n*; Feiertag *m*; **~ nazionale** Nationalfeiertag

m; **~ popolare** Volksfest *n*; **aver ~** frei haben

fest|eggiare [-dʒa-] feiern; **~ival** *m* Festival *n*; Feier...; Fest...; festlich; **~oso** freudig

fetta *f* Scheibe; **una ~ di pane** eine Scheibe Brot; **~ biscottata** Zwieback *m*; **a fette** in Scheiben geschnitten

FF.SS. *f/pl (Ferrovie dello Stato)* italienische Eisenbahnen

fiaba *f* Märchen *n*

fiacca *f* Müdigkeit; Trägheit

fiàccola *f* Fackel

fiala *f* Ampulle

fiamma *f* Flamme; *Mar* Wimpel *m*; *Kochk* **alla ~** flambiert

fiammifero *m* Streichholz *n*

fianco *m* Seite *f*; Hüfte *f*; **~ a ~** Seite an Seite; **di ~** seitlich; **a ~** *di* neben

fiasco *m* Strohflasche *f*; *fig* Fiasko *n*

fiato *m* Atem; Hauch; **senza ~** *fig* sprachlos; **in un ~** in e-m Zug

fibbia *f* Schnalle

fibr|a *f* Faser; **~ di vetro** Glasfaser; **~oso** faserig

ficcare (hinein)stecken (**in** in)

fico *m* Feige *f*; Feigenbaum; **~ d'India** Kaktusfeige *f*

fidanz|amento *m* Verlobung *f*; **~arsi** sich verloben; **~ata** *f* Verlobte; **~ato** *m* Verlobte(r)

fidarsi: **~ di qu (qc)** j-m trauen; auf et vertrauen; **~ di fare**

qc sich et getrauen

fidato zuverlässig

fiducia [-tʃa] *f* Vertrauen *n* (*di* in); *di* ~ Vertrauens...

fieno *m* Heu *n*

fiera *f* Messe; Jahrmarkt *m*

fiero stolz (*di* auf)

figli|a [-ʎa] *f* Tochter; **~astra** [-ʎa-] *f* Stieftochter; **~astro** [-ʎa-] *m* Stiefsohn; **~o** [-ʎo] *m* Sohn; **figli** *pl* Kinder *n/pl*; **~occia** [-ʎɔt-tʃa] *f*, **~occio** [-ʎɔt-tʃo] *m* Patenkind *n*; **~ola** [-ʎɔ-] *f* Tochter; **~olo** [-ʎɔ-] *m* Sohn

figura *f* Figur; Gestalt; Aussehen *n*; Erscheinung; *far brutta* ~ sich blamieren

figur|are darstellen; (dabei) sein, sich befinden; **~arsi** sich vorstellen; **~ato** bildlich

fila *f* Reihe; *fare la* ~ sich anstellen; Schlange stehen; *in ~ indiana* in Gänsemarsch

filare spinnen; weglaufen

filetto *m Kochk* Filet *n*

film *m* Film; ~ *giallo* Krimi(nalfilm); ~ *a colori* Farbfilm; ~ *in bianco e nero* Schwarzweißfilm; ~ *d'animazione* Zeichentrickfilm; **~are** filmen; **~ina** *f* Diafilm *m*

filo *m* Faden; Schnur *f*; Draht; ~ *da cucito* Nähgarn *n*; ~ *interdentale* Zahnseide *f*; *Kfz* ~ *Bowden* Bowdenzug *m*

filobus *m* Obus

filòlogo *m* Philologe

filosofia *f* Philosophie

filòsofo *m* Philosoph

filtrare filtern

filtro *m* Filter; ~ *giallo* Fot Gelbfilter; ~ *dell'aria* Luftfilter; ~ *dell'olio* Ölfilter

final|e endgültig; Schluss...; End...; **~mente** endlich; schließlich

finanze *f/pl* Finanzen; **~iare** finanzieren; **~iario** finanziell

finché [-ke] bis; solange

fine fein; *m* Zweck; *f* Ende *n*; *alla* ~ schließlich; zuletzt; *in* ~ zum Schluss; **~ settimana** *n*

finestra *f* Fenster *n*

finestrino *m* Fenster *n* (*im* Zug, Auto)

finferli *m/pl* Pfifferlinge *pl*

fing|ere [-dʒ-] heucheln; vorgeben; ~ *di* (+ *inf*) so tun als ob; **~ersi**: ~ *malato* sich krank stellen

finire beenden; aufbrauchen; zu Ende gehen, enden, aufhören

finlandese *m* finnisch; *su* Finne *m*, Finnin *f*

Finlàndia *f* Finnland *n*

fino *adj* dünn; fein; *prp* bis; ~ *a* bis zu *od* nach; ~ *da ieri* seit gestern; ~ *là, qui* bis dorthin, bis hierher

finòcchio [-k-] *m* Fenchel

finora bis jetzt

fint|a *f* Verstellung; *far* ~ *di* so tun als ob; **~o** falsch

fiocco *m* Schleife *f*; (Schnee-) Flocke *f*; *fiocchi pl d'avena* Haferflocken *f/pl*

fiorai|o *m*, **~a** *f* Blumenhändler(in *f*) *m*

fiore *m* Blume *f*; **fiori** *pl* Kartenspiel Kreuz *n*

fiorentino florentinisch

fiorire blühen

Firenze *f* Florenz *n*

firm|a *f* Unterschrift; **~are** unterschreiben

fisarmònica *f* Ziehharmonika

fischi|are [-sk-] pfeifen; j-n auspfeifen; *Spiel* an-, abpfeifen; **~etto** *m* Trillerpfeife *f*; **~o** *m* Pfiff

fisic|a *f* Physik; **~o** physikalisch; körperlich, physisch; *m* Physiker; *Anat* Körperbau

fisioterapia *f* Krankengymnastik

fissare bestimmen; festsetzen; befestigen; j-n anstarren, fixieren

fissatore *m* Festiger; **~ colorante** Farbfestiger

fisso fest; starr; *Kosten* fix

fistola *f* Fistel

fitta *f* Stich *m*; **fitte** *pl* **al fianco** Seitenstechen *n*

fitto *Haar, Wald* dicht

fiume *m* Fluss; *fig* Strom

fiutare beschnuppern; *fig* wittern; *Tabak* schnupfen

flacone *m* Flakon *m/n*

flagrante offenkundig; **in ~** auf frischer Tat

flambare flambieren

flanella *f* Flanell *m*

flash *m* Blitzlicht *n*

flatulenza *f* Blähung

flaut|ista *su* Flötist(in *f*) *m*; **~o** *m* Flöte *f*

flemmàtico träge

flessione *f* Beugung; Krümmung, Biegung

flirtare flirten

F.lli (*fratelli*) Gebr. (*Gebrüder*)

floscio [-ʃo] schlaff, weich (-lich)

flotta *f* Flotte; **~ aèrea** Luftflotte

flùido flüssig

fluire fließen

fluoro *m* Fluor *n*

flusso *m* Fließen *n*, Strömen *n*; Strom; Flut *f*; **~ di dati** *EDV* Datenfluss

fluttuare wogen; *fig* schwanken

fluviale Fluss...

foca *f* Seehund *m*, Robbe

focaccia [-tʃa] *f* (Hefe-)Fladen *m*

focalizzare scharf stellen

foce [-tʃe] *f* Mündung

focoso feurig

fòdera *f* Bezug *m*; (Schutz-) Hülle; *v Kleidung* Futter *n*

foderare *Kleid* füttern

foglia [-ʎa] *f* Blatt *n*; **~ d'alloro** Lorbeerblatt *n*

fogliame [-ʎa-] *m* Laub *n*

foglio [-ʎo] *m* Blatt *n* (*Papier*); Bogen; **~ complementare** Fahrzeugbrief

fognatura [-ɲ-] *f* Kanalisation

folata *f*: **~ di vento** Windstoß *m*

folla *f* Menge

foll|e verrückt, wahnsinnig;

~ia f Wahnsinn m

folto dicht; m Dickicht n

fomentare fig schüren

fondament|ale wesentlich; **~o** m Grund; Grundlage f; Fundament n; **le fondamenta** die Grundmauern f/pl

fond|are gründen; stiften; **~arsi** sich stützen (**su** auf); **~atore** m, **~atrice** [-tʃe] f Gründer(in f) m; **~azione** f Gründung; Stiftung

fóndere (ver)schmelzen; *Sicherung* durchbrennen

fonderia f Gießerei

fondo tief; m Grund; Hintergrund; **a ~** gründlich; **sci di ~** Langlauf; **in ~** hinten; fig im Grunde (genommen); **in ~ alla strada** am Ende der Straße; *Mar* **dar ~** vor Anker gehen

fonduta f Fondue n

font|ana f Brunnen m; **~e** f Quelle; **~** m **battesimale** Taufbecken n

foraggio [-dʒo] m (Vieh-) Futter n

for|are durchlöchern; durchbohren; *Reifen* platzen; **~atura** f Reifenpanne

fòrbici [-tʃi] f/pl Schere f; **un paio di ~** eine Schere; **~ da unghie** Nagelschere f

forca f (Heu-, Mist-)Gabel

forcella f [-tʃ-] f Tech Gabel

forchetta [-k-] f Gabel

forcina [-tʃ-] f Haarnadel

foresta f Wald m

forestie|ra [-tʃ-] f Fremde, **~ro**

fremd; m Fremde(r)

forfet(t)ario m Pauschal…

fòrfora f Schuppen f/pl

forma f Form; Gestalt; **èssere in ~** in Form sein

formaggio [-dʒo] m Käse; **~ caprino** Ziegenkäse; **~ grattugiato** geriebener Käse; **~ pecorino** Schafskäse; **~ stagionato** reifer Käse

form|ale formal; formell; **~alità** f Formalität

form|are formen; (aus)bilden; *Tel* **~** **il nùmero** wählen; **~ato** m Format n; **~attare** v/t EDV formatieren; **~azione** f (Aus-)Bildung; Entstehung

formic|a f Ameise; **~aio** m Ameisenhaufen

formidàbile großartig, toll

fórmula f Formel

formul|are formulieren; **~ario** m Formular n

forn|aia f, **~aio** m Bäcker(in f) m

fornell|ino m: **~ antizanzare** Mückenschutz; **~o** m Herd; Kocher; **~ a spirito** Spirituskocher

forn|ire liefern; versorgen (**qc a qu** j-n mit et); *Auskunft* erteilen; **~irsi** sich versehen (**di** mit); **~itore** m, **~itrice** [-tʃe] f Lieferant(in f) m; **~itura** f Lieferung; Ausstattung

forno m Ofen; Backofen; Bäckerei f; **al ~** überbacken

foro m Loch n; Forum n

forse vielleicht

forte stark; kräftig; scharf;

Summe groß; *andare ~* schnell fahren; *parlare ~* laut sprechen

fort|ezza f Stärke; Festung; **~ificare** stärken; befestigen; **~ificazione** f Festungswerk n; **~ino** m Bunker

fortùito zufällig

fortuna f Glück n; Vermögen n; *per ~* zum Glück; **~tamente** glücklicherweise; **~to** glücklich

forùncolo m Furunkel

forza f Kraft; Gewalt; *per ~* notgedrungen; **~!** los!; vorwärts!; *~ di gravità* Schwerkraft; *forze pl (armate)* Streitkräfte

foschia [-k-] f Dunst m

fossa f Graben m; Grube; *~ comune* Massengrab n

fossetta f Grübchen n

fosso m Festungsgraben

foto f Foto n; **~copia** f Fotokopie; **~copiatrice** f (Foto-) Kopiergerät n

fotògrafa f Fotografin

fotografare fotografieren, aufnehmen

fotografia f Fotografie; *~ a colori* Farbfoto n; *~ in bianco e nero* Schwarzweißaufnahme; *~ formato tèssera* Passbild n

fotogràfico fotografisch; *artìcoli m/pl* **fotogràfici** Fotobedarf m

fotògrafo m Fotograf

fra zwischen; unter; *~ l'altro* unter anderem; *~ di noi* un-

ter uns; *~ due giorni* in zwei Tagen; *~ sé* bei sich

frac m Frack

fracasso m Lärm

fràdicio [-t∫o] verdorben; faul; durchnässt

fràgile [-dʒ-] zerbrechlich

fràgola f Erdbeere

fragor|e m Getöse n; **~oso** tosend

fragr|ante wohlriechend; **~anza** f Wohlgeruch m

fraintèndere missverstehen

frammento m Bruchstück n

fran|a f Erdrutsch m; **~are** einstürzen

francese [-t∫-] französisch; *su* Franzose m, Französin f

franch|ezza [-k-] f Offenheit; **~igia** [-kidʒa] f: *~ postale* Portofreiheit

Francia [-t∫a] f Frankreich n

franco m; *fig* offen; *~ (di) porto* portofrei; *~ m* Franc, Franken; **~svizzero** Schweizer Franken; **~bollo** m Briefmarke

frangenti [-dʒ-] m/pl Brandung f

frangia [-dʒa] f Franse; Küstenstreifen m; *Haar* Pony

frantumi m/pl (Bruch-)Stücke n/pl; Trümmer pl

frase f Redensart; *Gr* Satz m

fràssino m Esche f

frastuono m Getöse n

frate m (fra) Rel Bruder

fratellastro m Stiefbruder

fratello m Bruder; *fratelli pl* Geschwister pl

fratta

fraterno brüderlich

frattaglie [-ʎe] *f/pl* Innereien *pl*; Geflügelklein *n*

frattanto inzwischen

frattempo *nt:* **nel ~** inzwischen, unterdessen

frattura *f Med* Bruch *m*

fraudolen|to betrügerisch; **~za** *f* Betrug *m*

frazion|are teilen; **~ario: nùmero m ~** Bruchzahl *f*; **~e** *f* Bruchteil *m*; *Math* Bruch *m*

freccia [-tʃa] *f* Pfeil *m*

freddarsi kalt werden; sich abkühlen (*a fig*)

freddo kalt; *m* Kälte *f*; **aver ~** frieren; **far ~** kalt sein

freddoloso: èssere ~ leicht frösteln

freezer ['friːza] *m* Gefrierfach *n*

frega|re reiben, betrügen; **~tura** *f* F Schwindel *m*

fregio [-dʒo] *m* Fries *m*

frenare bremsen; zügeln

freno *m* Bremse *f*; **~ d'emergenza** Notbremse *f*; **~ a disco** Scheibenbremse *f*; **~ a mano** Handbremse *f*; **~ a pedale** Fußbremse *f*

frequ|entare regelmäßig besuchen; verkehren mit; **~ente** häufig; **~enza** *f* Häufigkeit; (Besucher-)Zahl

freschezza [-sk-] *f* Frische

fresco frisch; kühl; *m* Kühle *f*; *prèndere il ~* an die frische Luft gehen

fretta *f* Eile; **aver ~** es eilig haben; in Eile sein; **non c'è ~** es eilt nicht; **in ~** eilig, schnell

frettoloso eilig

frig|gere [-dʒ-] frittieren; **~gitrice** [-dʒitritʃe] *f* Fritteuse

frigobar *m* Minibar *f*

frigo(rifero) *m* Kühlschrank

fringuello *m* Buchfink

fritt|ata *f* Eierkuchen *m*; Omelett *n*; **~o** frittiert; gebacken; **~ura** *f: ~ m di pesce** gebackener Fisch

friulano friaulisch

Friuli *m* Friaul *n*

frizione *f* Einreibung; Massage; *Tech* Reibung; *Kfz* Kupplung

frizzante prickelnd

frod|are betrügen; **~atore** *m*, **~atrice** [-tʃe] *f* Betrüger(in *f*) *m*; **~e** *f* Betrug *m*

frollo mürbe; *pasta f frolla* Mürbeteig *m*

frontale frontal

fronte *f* Stirn; Vorderseite; *m* *Mil* Front *f*; **di ~** gegenüber(liegend); **di ~ alla chiesa** gegenüber der Kirche

front|iera *f* Grenze; **~one** *m* Giebel

frugare (herum)stöbern, kramen

frull|are quirlen; **~ato** *m* Mixgetränk *n*; **~ino** *m* Quirl

frumento *m* Korn *n*; Weizen

frusta *f* Peitsche; Schneebesen *m*

frustrato frustriert

frutta *f* Obst *n*; **~ cotta** Kompott *n*

frutteto m Obstgarten
fruttifero: àlbero m ~ Obstbaum
fruttivéndolo su Obsthändler(in f) m
frutto m Frucht f; fig Ertrag; **frutti** pl **di bosco** Waldbeeren m/pl; ~ **di mare** Meeresfrüchte f/pl
FS f/pl (Ferrovie dello Stato) italienische Eisenbahnen
fu er (sie, es) wurde
fucilare [-tʃ-] erschießen
fucile [-tʃ-] m Gewehr n; ~ **da caccia** Jagdgewehr n; ~ **a pallini** Schrotflinte
fucina [-tʃ-] f Schmiede
fuga f Flucht f
fuggìire [-dʒ-] fliehen, flüchten; Zeit verfliegen; **~itivo** m Flüchtling
fuliggine [-dʒ-] f Ruß m
fuligginoso [-dʒ-] rußig
fulminare blitzen; Blitz treffen, erschlagen
fùlmine m Blitz
fumaiolo m Schornstein; **~are** rauchen
fumaitore m, **~trice** [-tʃe] f Raucher(in f) m; **scompartimento** m **per** (**non**) **fumatori** (Nicht-)Raucherabteil n
fumetti m/pl Comics
fumio m Rauch; **~oso** rauchig, verräuchert
fune f Seil n; Tau n
fùnebre traurig; Leichen...; Trauer...; **messa** f ~ Totenmesse
funerale m Beerdigung f

fungo m Pilz; ~ **velenoso** Giftpilz
funicolare f Standseilbahn
funivìa f Drahtseilbahn
funzionamento m Funktionieren n, Arbeitsweise f; **~are** funktionieren; in Betrieb sein; arbeiten; **~aria** f Beamtin f; **~ario** m Beamte(r)
funzione f Funktion; Amt n; Tätigkeit; Rel Gottesdienst
fuoco m Feuer n; **fuochi** pl **d'artificio** Feuerwerk n
fuori 1. prp außer; ~ (**di**) außerhalb; ~ **città** außerhalb der Stadt; ~ **moda** unmodern; **2.** adv draußen; außen; auswärts; **andare** ~ ausgehen; ~ **mano** abgelegen; **di** ~ von außen
fuoriborbdo m Außenbordmotor; **~gioco** m Sport Abseits n; **~pista** f Tiefschneefahren n; **~strada** m Geländewagen
furbo schlau
furgoncino [-tʃ-] m, **furgone** m Lieferwagen
furiia f Wut; Eile; **~bondo, ~oso** wütend
furtivo Blick verstohlen
furto m Diebstahl
fuscello [-ʃc-] m Halm
fusibile m El Sicherung f
fusione f Schmelzen n; Wiz Fusion
fusto m Bot Stamm; (Säulen-)Schaft; Fass n
futuro zukünftig; m Zukunft f

G

gabbia f Käfig m

gabbiano m Möwe f

gabinetto m Toilette f; Arbeitszimmer n; (Arzt-)Praxis f; Kabinett n

gagliardo [-ʎa-] c kräftig

gaio fröhlich, lustig

galantina f *Kochk* Sülze

galantuomo m Ehrenmann

galera [-ε-] f F Knast m

galla f Blase

galleggi|ante [-dʒa-] m *Tech* Schwimmer; **~are** (obenauf) schwimmen

galleria f Galerie; Passage; Tunnel m; *Thea* Rang m; **~ degli orrori** Geisterbahn

gallin|a f Henne; Huhn n; **~acci** [-tʃi] m/pl Pfifferlinge

gallo m Hahn

gallone m Borte f; Tresse f

gamba f Bein m; fig **in ~** fit

gamberetto m Garnele f

gàmbero m Krebs; **~one** m Risengarnele f

gambo m Stiel, Stängel m

gamma f Serie, Reihe; Skala; *Mus* Tonleiter

gancio [-tʃo] m Haken; **~ di traino** Anhängerkupplung f

gànghero m (Tür-)Angel f; **an Kleidung** Haken

gara f Wettstreit m; Wettkampf m; Rennen n; fig **fare a ~** wetteifern

garage [-a:ʒ] m Garage f

garan|te m Bürge; **~tire** bürgen für; garantieren; **~zia** f Garantie; Sicherheit

garb|are gefallen; **~ato** höflich

Gardena: **Val** f **~** Grödnertal n

gareggiare [-dʒa-] wetteifern

gargarismo [-zmo] m Gurgeln n

garòfano m Nelke f

garza f Verbandmull m

garzone m Laufbursche

gas m Gas n; **dare ~** Gas geben; **a tutto ~** mit Vollgas; *fig* mit Volldampf

gasolio [-zɔ-] m Dieselkraftstoff

gassosa f Sodawasser n

gatto (**-a** f) m Katze f; Kater; **~ delle nevi** m Schneekatze f

gazza f Elster

gel|are [dʒe-], **~arsi** (ge)frieren; erstarren; **~ata** f Frost m; **~atería** f Eisdiele

gelatina [dʒe-] f Gelee n; **~ di carne** Fleischsülze

gelato [dʒe-] m (Speise-)Eis n; **~ misto** gemischtes Eis n; **~ alla fràgola** Erdbeereis n; **~ al limone** Zitroneneis n; **~ al caffè** Mokkaeis m; **~ al torrone** Nougateis n; **~ alla vaniglia** Vanilleeis n

gèlido [dʒe-] eisig, eiskalt

gelo [dʒe-] m Frost; Kälte f

gel|osia [dʒe-] f Eifersucht;

~oso eifersüchtig (*di* auf)

gelso [dʒe-] *m* Maulbeerbaum; **~mino** *m* Jasmin

gemell|aggio [dʒe-] *m* Städtepartnerschaft *f*; **~o** [dʒe-] *m/pl* Zwillinge; Manschettenknöpfe; 2i *Astrol* Zwillinge

gèmito [dʒe-] *m* Stöhnen *n*

gemma [dʒe-] *f* Knospe *f*; Juwel *n*

gene [dʒe-] *m* Gen *n*

gener|ale [dʒe-] allgemein; *in* ~ → *generalmente*; **~alità** *f/pl* Personalien *pl*; **~almente** im Allgemeinen, gewöhnlich; **~azione** *f* Generation

gènere [dʒe-] *m* Geschlecht *n*; Art *f*; ... *di ogni* ... jeder Art; *in* ~ gewöhnlich; meistens; **gèneri** *m/pl alimentari* Lebensmittel *n/pl*

gènero [dʒe-] *m* Schwiegersohn

gener|osità [dʒe-] *f* Freigebigkeit; Großzügigkeit; **~oso** freigebig; großzügig

genètico [dʒe-] genetisch

gengiva [dʒendʒ-] *f* Zahnfleisch *n*

geni|ale [dʒe-] genial; **~o** *m* Geist; Genie *n*

genitali [dʒe-] *m/pl* Geschlechtsorgane *n/pl*

genitivo [dʒe-] *m* Genitiv *m*

genitori [dʒe-] *m/pl* Eltern *pl*

gennaio [dʒe-] *m* Januar

Gènova [dʒe-] *f* Genua *n*

genovese [dʒe-] von Genua; genuesisch

gente [dʒe-] *f* Leute *pl*; *c'è* ~ da ist jemand

gentil|e [dʒe-] freundlich; liebenswürdig; nett; *im Brief* ~ *signora* sehr geehrte Frau ...; **~ezza** *f* Freundlichkeit; Liebenswürdigkeit; **~uomo** *m* Edelmann

genuino [dʒe-] echt

genziana [dʒe-] *f* Enzian *m*

geo|grafia [dʒe-] *f* Geografie, Erdkunde; **~gràfico** geografisch; *carta* *f* *geogràfica* Landkarte

geòmetra [dʒe-] *m/f* Vermessungstechniker(in *f*) *m*

geranio [dʒe-] *m* Geranie *f*

gerente [dʒe-] *su* Geschäftsführer(in *f*) *m*

gergo [dʒe-] *m* Jargon

Germàn|ia [dʒe-] *f* Deutschland *n*; 2ico germanisch

german|istica [dʒe-] *f* Germanistik; **~o** germanisch; *m* Germane

germ|e [dʒe-] *m* Keim; **~inare** keimen; **~oglio** [dʒer'mɔʎʎo] *m* Trieb, Sproß

gesso [dʒe-] *m* Gips; Kreide *f*; Gipsfigur *f*

gest|ione [dʒe-] *f* Geschäftsführung; **~o** *m* Geste *f*, Gebärde *f*

Gesù [dʒe-] *m* Jesus; ~ *Bambino* Christkind *n*

gett|are [dʒe-] (weg)werfen; **~o** *m* (Wasser-)Strahl; **~one** *m* Spielmarke *f*; ~ *telefònico* Telefonmünze *f*

gheriglio [-ʎo] *m* Nusskern

ghiacci|aio [giat'tʃa:io] *m*
Gletscher; **~are** [giat'tʃa-]
gefrieren; (zu)frieren; **~ata**
[-tʃa-] *f* Eisgetränk *n*; **~ato**
[-tʃa-] vereist; gefroren; eiskalt; **~o** [ˈgiattʃo] *m* (*Natur-*)
Eis *n*; **~olo** [ˈgiatʃɔːlo] *m*
Eiszapfen; Wassereis *n*
ghiaia *f* Kies *m*
ghianda *f* Eichel
ghiàndola *f* Drüse
ghiotto naschhaft; **~onerìa** *f*
Leckerbissen *m*; Delika-
tesse
ghirlanda *f* Girlande; Kranz
m
ghiro *m* *Zo* Siebenschläfer
già [dʒa] schon; bereits; ehe-
mals; **~ ~** ja; ja; schon gut
giacca [dʒa-] *f* Jacke; Sakko
m; **~ a vento** Anorak *m*;
Windjacke; **~ di pelle** Leder-
jacke
giacché [dʒak'ke] da
giacchetta [dʒak-k-] *f* Jackett
n
giacere [dʒa-] liegen; ruhen
giacinto [dʒatʃ-] *m* Hyazinthe *f*
giallo [dʒa-] gelb; *m* Gelb *n*;
Krimi; **~ dell'uovo** Eigelb
n; **passare col ~** bei Gelb
über die Ampel fahren
Giappone [dʒa-] *m* Japan *n*
giapponese [dʒa-] japanisch;
su Japaner(in *f*) *m*
giardin|aggio [dʒardi'nad-
dʒo] *m* Gartenbau; **~iera** *f*
Kochk Mixed Pickles *pl*;
Blumenständer *m*; Gärtne-

rin; **~iere** *m* Gärtner
giardino [dʒa-] *m* Garten; **~
botànico** botanischer Garten; **~ zoològico** Zoo; **~
pùbblico** (öffentlicher)
Park; **~ d'infanzia** Kindergarten
Gibilterra [dʒ-] *f* Gibraltar *n*
gigant|e [dʒ-] *m* riesengroß; *m*
Riese; **~esco** riesig
giglio [dʒiʎʎo] *m* Lilie *f*
gilè [dʒ-] *m* Weste *f*
gin [dʒ-] *m* Gin
ginecòlo|ga *f* Frauenärztin *f*;
~go [dʒ-] *m* Frauenarzt
ginepro [dʒ-] *m* Wacholder
ginestra [dʒ-] *f* Ginster *m*
Ginevra [dʒ-] *f* Genf *n*
gingill|arsi spielen; trödeln;
~o *m* Nippes *pl*
ginnàstica [dʒ-] *f* Gymnastik;
Turnen *n*
ginocchio [dʒin'ɔkkio] *m*
Knie *n*; **stare in ~** knien
giocar|e [dʒo-] spielen; **~ a
carte (a palla, a tennis)** Karten (Ball, Tennis) spielen;
~si: ~ qc et verspielen
gioc|atore [dʒo-] *m*, **~atrice**
[-tʃe] *f* Spieler(in *f*) *m*; **~àtto-
lo** *m* Spielzeug *n*
gioco [dʒɔ-] *m* Spiel *m*; **~ d'az-
zardo** Glücksspiel *n*; **~ di
carte (da bambini, di società)** Karten-(Kinder-, Gesell-
schafts-)spiel *n*
gioia [dʒɔ-] *f* Freude
gioiellier|e [dʒo-] *m*, **~a** *f*
Juwelier(in *f*) *m*
gioiello [dʒo-] *m* Juwel *n*;

Schmuckstück n; **gioielli** pl Schmuck m

giornalai|o [dʒo-] m, **⁓a** f Zeitungsverkäufer(in f) m

giornale [dʒo-] m Zeitung f; **⁓ di moda** Modezeitschrift f, -journal m; **⁓ radio** Rundfunknachrichten fpl

giorna|letto täglich; **⁓lino** m Comicheft n; **⁓lista** f Journalist(in f) m

giornalmente [dʒo-] täglich, jeden Tag

giornata [dʒo-] f Tag m; **in ⁓** im Lauf des Tages

giorno [dʒo-] m Tag; **⁓ feriale (festivo, lavorativo)** Werk-(Feier-, Arbeits-)tag; **⁓ d'arrivo (di partenza)** Anreise-(Abreise-)tag; **il od al ⁓** täglich; am Tag; **l'altro ⁓** neulich; **di ⁓** bei Tage; tagsüber

giostra [dʒɔ-] f Karussell n

gióvane [dʒo-] jung; su Jugendliche(r) f (m); **giovani** pl junge Leute pl

giovan|ile [dʒo-] jugendlich; **⁓otto** m junge(r) Mann

giovedì [dʒo-] m Donnerstag

gioventù [dʒo-] f Jugend

gira|dischi [dʒira'diski] m Plattenspieler; **⁓dito** m Nagelbettentzündung f

giraffa f Giraffe

girare [dʒ-] (um)drehen; wenden; herumlaufen (**la città** in der Stadt); reisen durch; **⁓ a destra, a sinistra** rechts, links abbiegen; **mi gira la testa** mir ist schwindlig

girasole [dʒ-] m Sonnenblume f

giro [dʒ-] m (Um-)Drehung f; Kfz Drehzahl f; Spaziergang; Rundfahrt f, Rundgang; **⁓ turistico** Rundreise f; **⁓ della città** Stadtrundfahrt f; **in ⁓** unterwegs; **andare in ⁓** umherlaufen, -bummeln; fig **prèndere in ⁓ qu** j-n auf den Arm nehmen

girocollo: **a ⁓** mit rundem Halsausschnitt

gita [dʒ-] f Fahrt; Ausflug m

gita|na f, **⁓no** [dʒ-] m Zigeuner(in f) m

gitante [dʒ-] su Ausflügler(in f) m

giù [dʒu] unten; herunter; hinunter; **in ⁓** nach unten; **su e ⁓** auf und ab

giubbotto [dʒu-] m Blouson n; **⁓ di salvataggio** Schwimmweste f

giudicare [dʒu-] beurteilen; urteilen über; halten für

giùdice [dʒu:ditʃe] su Richter(in f) m

giudizio [dʒu-] m Urteil n; Verstand; Prozess m

giùggiola ['dʒuddʒola] f Brustbeere

giugno ['dʒu:ɲo] m Juni

giunco [dʒu-] m Binse f

giùngere [dʒundʒ-] ankommen, eintreffen; **⁓ a qc** et erreichen

giunt|a [dʒu-] f Zugabe; Zusatz m; Ausschuss m; **per ⁓**

obendrein; **~o** *m* Tech Gelenk *n*; Kfz Kupplung *f*

giuramento [dʒu-] *m* Schwur; Eid; **~ falso** Meineid

giura|re [dʒu-] (be)schwören; versichern; **~ta** *f*, **~to** *m* Geschworene(r) *f* (*m*)

giuria [dʒu-] *f* Jury

giur|idico [dʒu-] rechtlich; juristisch; **~ista** *su* Jurist(in *f*) *m*

giust|ezza [dʒu-] *f* Richtigkeit; **~ificare** rechtfertigen; **~ificativo** *m* Beleg; **~ificazione** *f* Rechtfertigung; Entschuldigung; **~izia** *f* Gerechtigkeit; Justiz; **~o** richtig; gerecht; *adv* gerade

glaciale [-tʃa-] eisig

gladiolo *m* Gladiole *f*

glassa *f* Zuckerguss *m*, Glasur

glaucoma *m* grüner Star

gli [ʎi] *art* die *m/pl*; *pron* ihm; ihnen

glicemia *f* Blutzucker *m*

glicerina [glitʃ-] *f* Glyzerin *n*

globale Gesamt...; umfassend

globo *m* Kugel *f*; Globus; Erdball; **~ oculare** Augapfel

glòbulo *m* Blutkörperchen *n*

gloria *f* Ruhm *m*

glori|ficare verherrlichen; **~oso** glorreich; ruhmreich

glossa *f* Anmerkung

glucosio *m* Traubenzucker

glutinoso klebrig

gnocchi [ˈɲɔk-ki] *m/pl* Klößchen *n/pl*; **~ alla romana**

überbackene Griesklößchen

gobb|a *f* Buckel *m*; Höcker *m*; **~o** buck(e)lig

goccia [-tʃa] *f* Tropfen *m*; **~ d'acqua** Wassertropfen *m*; **a ~ a ~** tropfenweise

gócciola [-tʃo-] *f* Tropfen *m*, Tröpfchen *n*

godere genießen (**di qc** et); sich freuen (**di** über)

goffo plump

gol *m*: **~!** Fußball Tor! *n*

gola *f* Kehle; Hals *m*; Geogr Schlucht; **mal m di ~** Halsweh *n*; **far ~** Appetit machen

golf *m* Golf(spiel) *m*; Strickjacke *f*; **~ista** *su* Golfspieler(in *f*) *m*

golfo *m* Golf, Meerbusen

goloso naschhaft; *fig* gierig; *m* Leckermaul *n*

gómito *m* Ell(en)bogen; *v* Rohr, Fluss Knie *n*

gomitolo *m* Knäuel *m/n*

gomma *f* Gummi *m/m*; Radiergummi *m*; Reifen *m*; **~ da masticare** Kaugummi *m*; **avere una ~ a terra** einen Platten haben

gomm|apiuma *f* Schaumgummi *m*; **~ato** gummiert; **~ista** *m* Reifenhändler; **~one** ⸖ *m* Schlauchboot *n*

góndola *f* Gondel

gondoliere *m* Gondoliere

gonfi|are aufblasen; Speise blähen; **~arsi** anschwell~; **~o** geschwollen; *fig* auf blasen; **~ore** *m* Schwell~

gonna f (Damen-)Rock m; ~ *a pieghe* Faltenrock m; ~ *pantalone* Hosenrock m

gorgo m Strudel, Wirbel

gorgogliare [-ʎa-] gurgeln; brodeln; blubbern

gòtico gotisch; *m* Gotik f

gotta f Med Gicht

govern|ante f Haushälterin; **~are** leiten; führen; *Pol* regieren; *Mar* steuern; **~ativo** Regierungs…

governo m Regierung f; Verwaltung f; *Mar* Steuerung f; ~ *federale* Bundesregierung f

gozzo m Kropf; **~vigliare** schlemmen

gràcile [-tʃ-] zart; schwach

gradazione f Abstufung; Alkoholgehalt m

grad|évole angenehm; **~evolezza** f Annehmlichkeit; **~imento** m Wohlgefallen n

grad|inata fSitzreihe; **~ino** m Stufe f; **~ire** gern annehmen; mögen; *gradisce?* Sie wünschen? **~ito** angenehm; willkommen

grado: *di buon* ~ gern; *mio mal* ~ ungern; *m* Stufe f; Grad; Rang; *30 gradi all'ombra* 30 Grad im Schatten; *èssere in* ~ *di* … in der Lage sein, zu …

gradu|almente stufen-, schrittweise; **~azione** f Abstufung

graffi|are (zer)kratzen; **~o** m Kratzer; Schramme f

gràfi|ca f Grafikerin, **~co** grafisch; *m* Grafiker

grafite f Graphit m

gramm|àtica f Grammatik; **~aticale** grammat(ikal)isch

grammo m Gramm n

gran → **grande**

granata f Granate

granchio [-k-] m Krabbe f; **~lino** m *kleine* Krabbe f

grandàngolo m Weitwinkel

gran|de groß; *non è un gran che* das ist nichts Besonderes; **~dezza** f Größe

grandin|are hageln; **~ata** f Hagelschauer m

gràndine f Hagel m

grandioso großartig

granduc|a m Großherzog; **~ato** m Großherzogtum n

granello m Kern (*Obst*); ~ *di sabbia* Sandkorn n

granita f halbgefrorene Limonade

granito m Granit

grano m Korn n; Getreide n; ~ *saraceno* m Buchweizen

granturco m Mais

grappa f Branntwein aus Trester

gràppolo m Traube f

grasso m dick; fettig; *m* Fett n; Schmalz n

grassoccio [-tʃo] wohlgenährt, pummelig

grat|a f Gitter n; **~ella** f, **~icola** f Grill m, Rost m

gratin [graˈtɛ̃] m: *al* ~ gratiniert, überbacken

gratinato → *al gratin*

gratis umsonst, gratis
gratitùdine f Dankbarkeit
grato dankbar; angenehm
grattacielo [-t∫e-] m Wolkenkratzer
gratta-e-vinci m Rubbellotterie f
gratt|are (ab)kratzen; **~ugia** [-dʒa] f Reibeisen n; **~ugiare** [-dʒa-] reiben
gratùito unentgeltlich; kostenlos, frei; → a **gratis**
gravare (be)lasten
grave schwer; schlimm; ernst
gràvida schwanger; trächtig
grav|idanza f Schwangerschaft; **~ità** f Schwerkraft; fig Ernst m; **~itazione** f Anziehungskraft; **~oso** beschwerlich
grazia f Anmut; Rel Gnade
grazie danke; **tante ~** vielen Dank; **~ a** dank; durch
grazioso anmutig; liebenswürdig
gre|ca f Griechin; **2cia** f [-t∫a] Griechenland n; **~co** m Grieche; adj griechisch
gregge [-dʒe] m Herde f
greggio [-dʒo] roh; **~o** m Rohöl n
grembiule m Schürze f
gremito voll
gretto kleinlich, geizig
grid|are rufen; schreien; **~ aiuto** um Hilfe rufen; **~io** m Geschrei n; **~o** m Schrei
grigio [-dʒo] grau; **~ chiaro** hellgrau; **~ cupo** (od **scuro**) dunkelgrau
griglia [-ʎa] f Gitter n; Kochk

Grill m, Rost m; **alla ~** gegrillt, vom Grill od Rost
grillo m Grille f
grinfia f Klaue
grinz|a f Falte; **~oso** runz(e)lig; **Kleid** zerknittert
grissini m/pl knusprige Weißbrotstangen f/pl
grog m Grog
grond|aia f Dachrinne; **~are** triefen
gross|ezza f Größe; Dicke; Stärke; **~ista** m Großhändler
grosso dick; stark, kräftig; groß; **mare ~** bewegtes Meer m; **~lano** grob; plump
grotta f Grotte
groviera f Gruyère m (Käse)
gru f Zo Kranich m; Tech Kran m
gruccia [-t∫a] f Krücke; Kleiderbügel m
gruppo m Gruppe f; **~ sanguigno** Blutgruppe f; **~ di giòvani** Jugendgruppe f; **~ di turisti** Reisegruppe f; **~ industriale** Wi Konzern
guadagn|are [-ɲ-] verdienen; **~o** m Gewinn; Verdienst
guaina f (Schwert-)Scheide; Futteral; Korsett n, Mieder n
guaio m Unglück n; Unannehmlichkeit f
guancia [-t∫a] f Wange; **~le** m Kopfkissen n
guanto m Handschuh
guarda|boschi [-ski] su Förster(in f) m; **~caccia** [-t∫a] su Jagdaufseher(in f) m; **~co-**

ste m Küstenwache f; **~linee** su Linienrichter(in f) m; **~màcchine** [-k-] f m Parkwächter

guard|are an-, zu-, nachsehen; (an)schauen, (an-) blicken; aufpassen (**a** auf); **~ sul mare** auf das Meer hinaus gehen; **~arsi** sich hüten, sich vorsehen (**da** vor)

guarda|roba f Garderobe; Kleiderschrank m; **~robiera** f Garderobenfrau

guardia su Wache f; Aufsicht f; Wächter(in f) m; Wärter(in f) m; **~ forestale** Förster(in f) m; **~ mèdica** ärztlicher Notdienst m; **di ~** Dienst habend, vom Dienst; **fare la ~** Wache halten; **~na** f, **~o** m Wächter(in f) m, Aufseher(in f) m

guardrail ['ga:dreil] f Leitplanke f

guar|igione [-dʒo-] f Genesung; **~ire** heilen; genesen

guarn|ire verzieren; Kochk garnieren (**di** mit); **~izione** f Verzierung; Kochk Beilage; Tech Dichtung

guast|are beschädigen, ka-

puttmachen; **~afeste** su Spielverderber(in f) m; **~arsi** kaputtgehen; Lebensmittel verderben; schlecht werden

guasto verderben; schlecht; beschädigt, kaputt; m Schaden, Defekt; **~ al motore** Motorpanne f; **~ al cambio** Getriebeschaden

guerra f Krieg m

gufo m Uhu m

guida su Führer(in f) m, Leitung; Kfz Fahren n; **~ turìstica** Reiseführer(in f) m **~ alpina** Bergführer m; **~ della città** Stadtführer m; **fare da ~ a qu** j-n führen

guid|are führen; leiten; Auto fahren, lenken; **~atore** m Fahrer; **~atrice** [-tʃe] f Fahrerin

guinzaglio [-ʎo] m (Hunde-)Leine f

guisa f Art und Weise; **in ~ che** sodass

guscio [-ʃo] m Ei Schale f; Hülse f

gust|are gefallen; schmecken; kosten; **~o** m Geschmack; **~oso** schmackhaft

H

ha [a] er (sie, es) hat; **~i** ['a:i] du hast

hacker su EDV Hacker m

hall m Hotelhalle f

handicap m Handicap n;

~pata f Behinderte; **~pato** behindert; m Behinderte(r)

hangar m Flugzeughalle f

hanno ['anno] sie haben

hard-disk *m EDV* Festplatte *f*

hardware *m EDV* Hardware *f*

ho [ɔ] ich habe

hobby *m* Hobby *n*

i *art m/pl* die

icona *f* Ikone

Iddio *m* Gott

idea *f* Idee; Gedanke *m*; Einfall *m*; **cambiare** ~ es sich anders überlegen; ~ **balorda** Schnapsidee

ide|ale ideal; **~are:** ~ *qc* sich et ausdenken

idèntico identisch

identikit *m* Phantombild *n*

ideologia *f* Ideologie

idillico idyllisch

idillio *m* Idyll *n*

idiom|a *m* Idiom *n*; **~àtico** idiomatisch

idiota idiotisch; *m* Idiot

idolo *m fig* Idol *n*

idoneità *f* Eignung, Tauglichkeit

idòneo geeignet, tauglich

idrante *f* Hydrant *m*

idratante: **crema** *f* ~ Feuchtigkeitscreme

dràulico hydraulisch; *m* Installateur

dròfobo wasserscheu

drògeno [-dʒe-] *m* Wasserstoff

idro|plano *m* Tragflächenboot *n*; **~solùbile** wasserlös-

hockey *m* Hockey *n*; ~ **su ghiaccio** Eishockey *n*

hostess *f* Stewardess; Hostess

hotel [oˈtɛl] *m* Hotel *n*

I

lich; **~volante** *m* Wasserflugzeug *n*

ieri gestern; ~ *l'altro, l'altro* ~ vorgestern; ~ *mattina* gestern früh; ~ *sera* gestern Abend

igiene [iˈdʒɛːne] *f* Hygiene; ~ *orale* Mundpflege; ~ *del corpo* Körperpflege

igiènico [idʒɛ-] hygienisch; **carta** ~*a f* Toilettenpapier *n*

ignaro [iɲ-] unwissend

ignavo [iɲ-] träge

ignòbile [iɲɔ-] gemein

ignor|ante [iɲo-] unwissend; **~anza** *f* Unwissenheit, Unkenntnis; **~are** nicht wissen; nicht kennen; ignorieren

ignoto [iɲɔ-] unbekannt

il (lo), la *art* der, die, das

illécito [-tʃ-] unzulässig

illegale illegal, ungesetzlich

illeggibile [-dʒ-] unleserlich

illegittimo [-dʒ-] unrechtmäßig; gesetzwidrig

illimitato unbeschränkt

illùdere täuschen

illumin|are beleuchten; *f* leuchten; *fig* aufklären über); **~ato** be-, erleuch **~azione** *f* Beleuchtun illu|sione f Täuschung, Illusion; ~sorio trügerisch

illustr|are erläutern; illustrieren; ~azione f Abbildung; ~e berühmt

imball|aggio [-dʒo] m Verpackung f; ~are ein-, verkacken

imbarazz|ante peinlich, hinderlich; ~are in Verlegenheit bringen; ~ato verlegen; verwirrt; ~o m Verlegenheit f; ~ di stòmaco Magenverstimmung f; l'~ della scelta die Qual der Wahl

imbarc|adero m Landungssteg; ~are einschiffen; Waren verladen; ~azione f Boot n; ~o m Kai; v Personen Einschiffung f; v Waren Verladung

imbàttersi: ~ in qu j-m begegnen

imbecille [-tʃ-] dumm; schwachsinnig; ~ m Trottel

imbell|ettare schminken; ~ire verschönern

imbian|care weißen, tünchen; weiß werden; ~china f, ~chino [-k-] m Anstreicher(in f) m

'nbocc|are einmünden, einliegen in; ~atura f Mund-ck n; Mündung

'scata f Hinterhalt m

~glia|re [-ʎa-] in Fla-'bflügeln; ~to abge-ingekeilt

'Steppdecke; ~to
Kleidung wat-

tiert; Brötchen belegt

imbrogli|are [-ʎa-] verwirren; betrügen; ~o [-ʎo] m Verwirrung f; Betrug ~ona pl, ~one f Schwindler(in f) m, Betrüger(in f) m

imbucare Brief einwerfen

imburrare Kochk mit Butter bestreichen

imbuto m Trichter

imit|are nachmachen, nachahmen, imitieren; ~azione f Nachahmung, Imitation

immagin|are [-dʒ-] sich et vorstellen, sich et denken; ahnen; ~azione f Einbildung, Fantasie

immàgine [-dʒ-] f Bild n

immancàbile unausbleiblich

immane entsetzlich, furchtbar

immatricolarsi sich einschreiben

immaturo unreif; vorzeitig

immedia|tamente adv sofort; ~to unmittelbar, direkt

immenso unermesslich

immèrg|ere [-dʒe-] (ein)tauchen; ~ersi (ein)tauchen fig sich vertiefen (in in)

immeritato unverdient

immersione f Eintauchen n Mar Tiefgang m

immigr|ante su Einwanderer m, -in f; ~are einwandern; ~azione f Einwanderung

imminente (unmittelbar) bevorstehend; drohend

immischiarsi [-sk-] sich einmischen (in in)

immòbile unbeweglich
immoderato maßlos
immodèst|ia f Unbescheidenheit; **~o** unbescheiden
immondizie f/pl Müll m, Abfall m
immoral|e unmoralisch; **~ità** f Unmoral
immort|ale unsterblich; **~alità** f Unsterblichkeit
immoto unbeweglich
immune frei (**da** von); Med immun (**a** gegen)
immut|àbile unveränderlich; **~ato** unverändert
impaccare einpacken
impacci|are [-tʃa-] behindern; stören; **~o** [-tʃo] m Hindernis n; Verlegenheit f
impacco m Med Umschlag, Packung f
impadronirsi: ~ di qc sich e-r Sache bemächtigen
impagàbile unbezahlbar
impalcatura f Gerüst n
impallidire blass werden
impanato paniert
imparare (er)lernen
impari ungleich; Math ungerade
imparità f Ungleichheit
imparziale unparteiisch
impassibile unerschütterlich; gleichmütig
impast|are Teig kneten; **~o** m Mischung f
impatto m Aufprall; Zusammenstoß; Auswirkung f
impaurire ängstigen; erschrecken

impazien|te ungeduldig; **~tirsi** ungeduldig werden; **~za** f Ungeduld
impazzire verrückt werden (**per** vor)
impeccàbile tadellos
imped|imento m Hindernis n; **~ire** hindern; abhalten (**qc a qu** j-n von et); versperren
impegn|arsi [-ɲ-] sich verpflichten (**a** zu); sich widmen (**a** D); **~ato** beschäftigt; **~o** m Verpflichtung f; Einsatz
impenetràbile undurchdringlich
impens|àbile undenkbar; **~ato** ungeahnt; überraschend
impera|tivo m Gr Befehlsform f; **~tore** m Kaiser; **~trice** [-tʃe] f Kaiserin
imperdonàbile unverzeihlich
imperfetto unvollständig; fehlerhaft; m Gr Imperfekt n
imperiale m kaiserlich
imperizia f Unerfahrenheit
imperme|àbile wasserdicht; m Regenmantel; **~abilizzato** imprägniert
impermutàbile unabänderlich
impero m (Kaiser-)Reich n; Herrschaft f
impersonale unpersönlich
impertin|ente unverschämt; **~enza** f Frechheit

imperturbàbile unerschütterlich; **~bato** gelassen

ìmpeto m Heftigkeit f; Wucht f

impetuoso stürmisch; heftig

impiant|are einrichten; fig einleiten; **~ìto** m Fliessenboden; **~o** m Einrichtung f, Anlage f; **~i** pl sanitari sanitäre Einrichtungen f/pl; **~ telefònico** Telefonanschluss; **~ hi-fi** Hi-Fi-Anlage f

impiastro m Med Umschlag

impiccare (auf)hängen

impic|ciare [-tʃa-] behindern; stören; **~cio** [-tʃo] m Hindernis n

impieg|are anwenden; verwenden; Zeit brauchen; j-n an-, einstellen; Wi anlegen; **~ata** f, **~ato** m Angestellte(r) f (m); **~o** m Beschäftigung f; Stelle f; Wi Anlage f

implac|àbile unversöhnlich; unerbittlich; **~abilità** f Unversöhnlichkeit

implicare mit sich bringen

implor|are anflehen; **~azione** f flehentliche Bitte

impon|ente imposant; beeindruckend; **~enza** f Großartigkeit

imp|orre auf(er)legen; vorschreiben; **~orsi** sich behaupten; sich aufdrängen

import|ante wichtig; **~anza** f Bedeutung; **senza ~** unwichtig; bedeutungslos; **~are** mit sich bringen; j-m wichtig sein; Hdl importie-

ren; **non importa** das macht nichts; **non me ne importa** das interessiert mich nicht; **~atore** m, **~atrice** [-tʃe] f; Import...; **~azione** f Einfuhr; **~o** m Betrag, Summe f

importun|are belästigen; **~o** aufdringlich; lästig

imposs|ibile unmöglich; **~ibilità** f Unmöglichkeit

impòst|a f Steuer; Fensterladen m; **~ sul valore aggiunto** Mehrwertsteuer; **~are** Brief einwerfen

impot|ente machtlos; Med impotent; unfähig; **~enza** f Ohnmacht; Med Impotenz

imprati|càbile undurchführbar; Straße nicht befahrbar; **~chirsi** [-k-] sich üben

imprec|are fluchen (contro über, auf); **~azione** f Fluch m

impreciso [-tʃ-] ungenau

imprendi|tore m, **~trice** [-tʃe] f Unternehmer(in f) m

impresa f Unternehmen n; Betrieb m

impression|ante eindrucksvoll; **~are** beeindrucken; Fot belichten

impressione f Eindruck m

impre|vedìbile unvorhersehbar; **~veduto**, **~visto** m/adj unvorhergesehen, unvermutet

imprigionare [-dʒo-] einsperren

imprimere aufdrücken; einprägen

improb|àbile unwahrscheinlich; **~abilità** *f* Unwahrscheinlichkeit

impronta *f* Abdruck *m*; **~ digitale** Fingerabdruck

improrogàbile unaufschiebbar

improvvis|amente plötzlich, unerwartet; **~are** improvisieren; **~ata** *f* Überraschung; **~o** überraschend, plötzlich; **all'~** unversehens

imprud|ente unklug; unvorsichtig; **~enza** *f* Unvorsichtigkeit

impud|ente unverschämt; **~enza** *f* Unverschämtheit

impùdico schamlos

impuls|ivo impulsiv; **~o** *m* Impuls, Antrieb

impun|emente ungestraft, straflos; **~ito** unbestraft

impunt|are stolpern; *fig* stocken; **~arsi** beharren (*in* auf)

impuro unrein

imputa|ta *f*, **~to** *m* Angeklagte(r) *f* (*m*)

in in; nach; **~ Italia** in (nach) Italien; **~ italiano** auf italienisch; **~ campagna** auf dem Land; **~ viaggio** auf Reisen, unterwegs; **~ tempo** rechtzeitig; **andare ~ treno** mit dem Zug fahren

in... *oft verneinend* un...

inàbile unfähig; untauglich

inaccessibile [-tʃe-] unzugänglich

inaccettàbile [-tʃe-] unannehmbar

inadatto ungeeignet (*a* für)

inadeguato unangemessen

inal|are einatmen; inhalieren; **~atore** *m* Inhalationsapparat; **~ d'ossigeno** Sauerstoffgerät *n*; **~azione** *f* Inhalation

inalterato unverändert

inammissibile unzulässig

inappetenza *f* Appetitlosigkeit

inapprezzàbile unschätzbar

inargentare [-dʒe-] versilbern

inaridire aus-, vertrocknen

inarrivàbile unerreichbar

inaspettato unerwartet

inattendibile unglaubwürdig

inatteso unerwartet

inatt|ività *f* Untätigkeit; **~ivo** untätig

inattuàbile undurchführbar

inaudito unerhört

inaugur|are einweihen; *feierlich* eröffnen; **~azione** *f* Einweihung; *feierliche* Eröffnung

inavvert|enza *f* Unachtsamkeit; **~ito** unbemerkt

incalcolàbile unberechenbar

incalzare (be)drängen

incammin|are *fig* auf den Weg bringen; einführen (*in* in); **~arsi** sich auf den Weg machen

incandescente [-ʃe-] (weiß-) glühend

incant|are bezaubern; **~évole** bezaubernd; **~o** *m* Zauberei *f*; *fig* Zauber; Auktion *f*; **méttere all'~** versteigern

incap|ace [-tʃe] unfähig, au-

Berstande (*di* zu); **~acità** [-tʃ-] *f* Unfähigkeit

incappare: ~ **in qc** in et geraten

incarcerare [-tʃe-] einsperren

incaric|are beauftragen (*di* mit); **~arsi**: ~ *di qc* et übernehmen

incàrico *m* Auftrag; **per ~ di** im Auftrag von

incarnare verkörpern

incart|are in Papier einwickeln, einpacken; **~o** *m* Verpackung *f*, **~occiare** [-tʃa-] in e-e Tüte tun

incasinato F chaotisch, verworren

incas|sare *Geld* einnehmen; **~so** *m* Inkasso *n*; Einnahme *f*

incastrare *Tech* verbinden; *fig* verwickeln

incatenare *Hund* anketten

incàuto unvorsichtig

incav|are aushöhlen; **~ato** hohl

incendi|are [-tʃe-] in Brand stecken; **~aria** *f*, **~ario** *m* Brandstifter(in *f*) *m*; **~o** *m* Feuer *n*; Brand; **~ forestale** Waldbrand

incener|imento [-tʃe-] *m* Einäscherung *f*; **~ire** einäschern; **~itore** *m* Müllverbrennungsanlage *f*

incenso [-tʃe-] *m* Weihrauch

incerat|a [-tʃe-] *f*, **~o** *m* Wachstuch *n*

incer|tezza [-tʃe-] *f* Unsicherheit; Ungewissheit; **~to** unsi-

cher; ungewiss; unschlüssig

incessante [-tʃe-] unaufhörlich

inchiesta [-k-] *f* Nachforschung; Untersuchung; *ju* Ermittlung

inchin|arsi [-k-] sich verbeugen; sich beugen (*a D*); **~o** *m* Verbeugung *f*

inchiodare [-k-] an-, festnageln

inciamp|are [-tʃa-] stolpern; **~o** *m* Hindernis *n*

incidentale [-tʃ-] zufällig

incidente [-tʃ-] *m* Zwischenfall; Unfall; Unglück *n*; **~ aèreo** Flugzeugunglück *n*; **~ stradale** Verkehrsunfall

incidere [-tʃ-] einschneiden; gravieren; *fig* einprägen *Mus* aufzeichnen; **~ su** et auswirken auf

incinta [-tʃ-] schwanger

incipriare [-tʃ-] pudern

incirca [-tʃ-]: **all'~** ungefähr

incisione [-tʃ-] *f* Einschnitt *m*; Gravur; **~ in legno** Holzschnitt *m*; **~ in rame** Kupferstich *m*

incisivo [-tʃ-] *m* Schneidezahn

incitare [-tʃ-] anspornen; aufwiegeln

incivile [-tʃ-] unkultiviert; unhöflich

inclin|àbile verstellbar; **~are** (hin)neigen (*a* zu, nach) **~azione** *f* Neigung (*a* fig) **~e** geneigt (*a* zu)

incl|ùdere einschließen; bei

legen; **~usivo** einschließlich;
~uso inbegriffen

incoerente widersprüchlich
incògnito [-kɔɲ-] unerkannt
incollare (an-, auf-)kleben,
leimen
incolore farblos
incolp|are beschuldigen;
~évole unschuldig
incolto [-ko-] ungebildet; ungepflegt; *Acker* unbestellt
incòmbere ~ **su qc, qu** j-m,
et drohen
incombustìbile nicht brenn-
bar, feuerfest
incominciare [-tʃa-] anfangen (*a* zu)
incomod|are stören; Um-
stände machen (*qu* j-m);
~arsi sich bemühen; *non si
incòmodi!* nur keine Um-
stände!
incòmodo unbequem
incom|paràbile unvergleich-
lich; **~pàtibile** unvereinbar;
~petente nicht zuständig;
~piuto unvollendet; **~pleto**
unvollständig; **~prensìbile**
unverständlich
incon|cepìbile [-tʃe-] unbe-
greiflich; **~ciliàbile** [-tʃ-] unversöhnlich; **~fondìbile** un-
verwechselbar; **~sapévole**
ahnungslos; unbewusst
inconseguenza *f* Inkonse-
quenz
inconsiderato unüberlegt
inconsolàbile untröstlich
inconsueto ungewohnt
incontestato unbestritten

incontrare begegnen (*qu*
j-m), treffen
incontro 1. *m* Begegnung *f*;
Treffen *n*; **~ di calcio** Fußballspiel *n*; **2.** *adv* entgegen;
andare ~ a qu j-m entgegen-
gehen; *punto m d'incontro*
Treffpunkt
inconveniente *m* Unannehmlichkeit *f*; Nachteil
incoragg|iamento *m* [-dʒa-]
Ermutigung *f*; **~iare** [-dʒa-]
ermutigen; **~iarsi** Mut fassen
incorniciare einrahmen
incorporare einverleiben
incorr|eggìbile [-dʒ-] unver-
besserlich; **~otto** unverdor-
ben; **~uttìbile** unbestechlich
incosciente [-ʃe-] bewusstlos; *fig* gewissenlos
incost|ante unbeständig;
~anza *f* Unbeständigkeit
incredìbile unglaublich
incrèdulo ungläubig
incroci|are [-tʃa-] kreuzen (*a
Mar*); **~atore** [-tʃa-] *m Mar*
Kreuzer; **~o** [-tʃo] *m* Kreu-
zung *f*
incrollàbile fest; *fig* unerschütterlich
incubatrice *f* Brutkasten *m*
incubo *m* Alptraum
incuràbile unheilbar
incurante unbekümmert
incurvare krümmen
incustodito unbewacht
indagare erforschen; ermitteln (*su* in)
indàgine [-dʒ-] *f* Untersu-

chung, Ermittlung

indebit|arsi Schulden machen; **~ato** verschuldet

indebolire schwächen; schwach werden

indec|ente [-tʃe-] unanständig; **~enza** f Unanständigkeit; **~isione** f Unentschlossenheit; **~iso** unentschlossen

indefinito unbestimmt

indegno [-ɲo] unwürdig

indenn|e unverletzt; **~ità** f Entschädigung; **~izzare** entschädigen (**di** für); **~izzo** m Schadenersatz

indescrivibile unbeschreiblich

indeterminato unbestimmt

India f Indien n

india|na f Inderin; Indianerin, **~no** indisch; indianisch; m Inder; Indianer

indicare zeigen; angeben

indicativo m Gr Indikativ

indicatore m: **~ stradale** Wegweiser; **~ del livello di carburante** Tankanzeige f

indicazione f Angabe; Hinweis m

indice [-tʃe] m Zeigefinger; Tech Zeiger; Inhaltsverzeichnis n; **~ di ascolto** Einschaltquote f

indietreggiare [-dʒa-] zurückweichen

indietro zurück; **èssere ~** im Rückstand sein; Uhr nachgehen; **fare marcia ~** einen Rückzieher machen; **all'~**

rückwärts

indifeso wehrlos, hilflos

indifferen|te gleichgültig; **~za** f Gleichgültigkeit

indìgen|a [-dʒe-] f Einheimische; **~no** einheimisch; m Einheimische(r)

indigente [-dʒe-] bedürftig

indig|erìbile [-dʒe-] unverdaulich; **~estione** f Verdauungsstörung; **~esto** schwer verdaulich

indignazione [-ɲ-] f Entrüstung, Empörung

indipend|ente unabhängig; **~enza** f Unabhängigkeit

indir|etto indirekt; **~izzare** adressieren, richten (**a** an); **~izzo** m Adresse f

indiscreto indiskret; zudringlich; taktlos

indispensàbile unentbehrlich; unerlässlich

indispettito ärgerlich; gereizt

indis|posizione f Unwohlsein n; **~posto** unwohl

indistinto undeutlich

indivia f Endivie; **~ belga** Chicorée f/m

individu|ale individuell; **~alità** f Persönlichkeit

individuo m Individuum n

indiviso ungeteilt

indizio m (An-)Zeichen n (**di** für)

indòcile [-tʃ-] unfolgsam

indol|ente träge; nachlässig; **~enza** f Trägheit; Nachlässigkeit

indolore schmerzlos

indomani m: **l'~** der folgende Tag

indossare anziehen; anhaben

indovin|are (er)raten; **~ello** m Rätsel n

indubbio zweifelsfrei

indugi|are [-dʒa-] (ver)zögern; **~o** [-dʒo] m Verzögerung f; **senza ~** unverzüglich

indulg|ente [-dʒe-] nachsichtig; **~enza** f Nachsicht

indumento m Kleidungsstück n

ind|urre bewegen, verleiten (**a** zu); **~ursi** sich entschließen (**a** zu)

industria f Industrie; **~le** industriell; Industrie...; Gewerbe...; su Industrielle(r) f (m)

ineducato ungezogen

ineffàbile unaussprechlich

inefficace [-tʃe] unwirksam

ineguale ungleich

inequivocàbile unmissverständlich

iner|te untätig; träge; unbeweglich; **~zia** f Trägheit

ines|atto ungenau; **~auribile** unerschöpflich

inesoràbile unerbittlich

inesp|erienza f Unerfahrenheit; **~erto** unerfahren

inesplicàbile unerklärlich

inesprimibile unaussprechlich

inestimàbile unschätzbar

inetto untauglich

inevitàbile unvermeidlich

inezia f Lappalie

infallibile unfehlbar

infam|e schändlich; fig abscheulich; **~ia** f Schmach

infantile kindlich; Kinder...

infanzia f Kindheit

infarto m Infarkt; **~ cardiaco** Herzinfarkt; **~ cerebrale** Gehirnschlag

faticàbile unermüdlich

infatti in der Tat, tatsächlich

infedel|e untreu; ungenau; Rel ungläubig; **~tà** f Untreue; Ungenauigkeit

infelice [-tʃe] unglücklich

inferior|e untere; niedriger; fig minderwertig; **~ità** f Minderwertigkeit; Unterlegenheit

inferm|a f Kranke; f **~iere** Krankenschwester; **~iere** m Krankenpfleger; **~ità** f Leiden n, Krankheit; **~o** krank; m Kranke(r)

infern|ale höllisch; **~o** m Hölle f

infestare verseuchen

infet|tarsi sich anstecken; **~tivo** ansteckend

infezione f Infektion, Ansteckung

infiamm|àbile entzündlich; feuergefährlich; **~are** anzünden; **~arsi** Med sich entzünden

infiammazione f Entzündung

infil|are Schlüssel stecken; aufspießen; Nadel einfädeln; Kleid anziehen; **~arsi: ~ in**

qc in et schlüpfen

infiltrarsi durchsickern; eindringen

infimo geringste, unterste

infin|e schließlich, endlich; **~ità** f Unendlichkeit; **~ito** unendlich; m Gr Infinitiv

inflazione f Inflation

inflessibile unbiegsam; fig unbeugsam

influ|enza f Einfluss m; Med Grippe; **~ire** einwirken (**su** auf)

influsso m Einfluss

infocato glühend(heiß)

infondato unbegründet

infóndere fig einflößen

inform|are verständigen (**di, su** von), unterrichten, informieren (**di, su** über); **~arsi** sich erkundigen (**di, su** nach), sich informieren (**di, su** über); **~àtica** f, **~àtico** m Informatiker(in f) m; adj EDV…; **~azione** f Auskunft, Information

informe unförmig

infortunio m Unfall; **assicurazione** f **contro gli infortuni** Unfallversicherung

infrarosso Infrarot…

infrastruttura f Infrastruktur

infrazione f Übertretung

infredd|arsi sich erkälten; **~atura** f leichte Erkältung; **~olirsi** frösteln

infuori only m nach außen; **all'~ di** außer; mit Ausnahme von

infuri|arsi in Wut geraten; **~ato** wütend

infu|sione f Aufguss m; Kräutertee m; **~so** m Kräutertee

ingag|giare [-dʒ-] engagieren; **~gio** [-dʒo] m Engagement n; Gage f

ingann|are täuschen; betrügen; **~arsi** sich täuschen; **~atore** m, **~atrice** f[-tʃe] Betrüger(in f) m; **~o** m Betrug; Täuschung f

ingegn|arsi [-dʒeɲ-] sich bemühen; **~ere** su Ingenieur(in f) m

ingegn|eria f [-dʒeɲ-] Ingenieurwesen n; **~ genètica** Gentechnik; **~o** [-dʒe:ɲo] m Talent n; Begabung f; **~oso** [-dʒeɲ-] einfallsreich; erfinderisch

ingenuità [-dʒe-] f Naivität; **~ènuo** arglos; naiv

ingessa|re [-dʒe-] eingipsen; **~tura** f Gips(verband) m

Inghilterra f England n

inghiottire schlucken; verschlingen

inginocchiarsi [-dʒinok-] niederknien

ingiù [-dʒu] abwärts; hinunter, nach unten

ingiuri|a [-dʒu-] f Beschimpfung; **~are** beschimpfen; beleidigen

ingiust|izia [-dʒu-] f Ungerechtigkeit; **~o** ungerecht

inglese adj englisch; su Engländer(in f) m

ingoiare (hinunter)schlucken

ingom|brante sperrig; **~brare**

Weg versperren; **~bro** versperrt

ingommare (auf)kleben

ingordo gefräßig; gierig

ingorg|are verstopfen; **~arsi** *Verkehr* sich stauen; **~o** *m Verkehr* Stau

ingran|aggio [-dʒo] *m Tech* Getriebe *n*; **~e** *Gang* einlegen

ingrand|imento *m* Vergrößerung *f*; **~ire** vergrößern; größer werden

ingrass|are dick machen; dick(er) werden; *Kfz* abschmieren; **~o** *m* Dünger

ingr|atitúdine *f* Undankbarkeit; **~ato** undankbar

ingredienti *m/pl Kochk* Zutaten *f/pl*

ingresso *m* Eintritt; Eingang; Eintrittspreis

ingrossare dick machen

ingrosso: **all'~** en gros, Groß...

ingualcibile [-tʃ-] knitterfrei

inguaribile unheilbar

inguinale: *regione* *f* **~** *Anat* Leistengegend

inguine *m Anat* Leiste *f*

inibi|re untersagen; **~to** gehemmt

iniettare (ein)spritzen

iniezione *f* Einspritzung; *Med* Injektion, Spritze

inimicizia [-tʃ-] *f* Feindschaft

inimmaginábile [-dʒ-] undenkbar

ininterrotto ununterbrochen

iniqu|ità *f* Ungerechtigkeit;

Bosheit; **~o** ungerecht

inizi|ale *f* Anfangsbuchstabe *m*; **~are** anfangen, beginnen; einführen (*a* in); **~ativa** *f* Initiative, Anregung

inizio *m* Anfang, Beginn; *all'~* anfangs, am Anfang

innalzare hochheben, -halten

innamorarsi sich verlieben (*di* in)

innanzi *adv* vorn; vorher; *prp* vor; **~** *tutto* vor allem

innato angeboren

innaturale unnatürlich

innervosire nervös machen

innestare *El Stecker* einstecken; **~** *la marcia* den Gang einlegen

inno *m* Hymne *f*

innoc|ente [-tʃɛ-] unschuldig; harmlos; **~enza** *f* Unschuld

innòcuo unschädlich; harmlos

innov|are erneuern; **~azione** *f* Erneuerung

innumerévole unzählig

inodore geruchlos

inoltr|are einreichen; weiterleiten (*a* an); **~e** außerdem, überdies

inond|are überschwemmen; **~azione** *f* Überschwemmung

in|opportuno unangebracht; ungelegen; **~ospitale** ungastlich; *Gegend* unwirtlich; **~osservato** unbeachtet; unbemerkt; **~ossidábile** rostfrei

inquiet|are beunruhigen; **~o**

unruhig; besorgt; **~ùdine** f
Unruhe; Beunruhigung
inquili|na f, **~no** m Mieter(in
f) m
inquinamento m Verschmutzung f; **~ dell'ambiente** Um-
weltverschmutzung f; **~ delle acque** Wasserverschmut-
zung f; **~ atmosfèrico** Luft-
verschmutzung f
inquin|ante umweltschäd-
lich; **non ~** umweltfreund-
lich; **~are** verschmutzen
insaccato m Wurst f
insalat|a f Salat m; **~ cappu-
cina** Kopfsalat m; **~ mista
(verde)** gemischter (grüner)
Salat; **~iera** f Salatschüssel
insalubre ungesund
insaponare einseifen
insaziàbile unersättlich
insegna [-ɲa] f Abzeichen n;
Schild n
insegn|amento [-ɲ-] m Un-
terricht; **~ante** su Lehrer(in
f) m; **~are** lehren (**qc a qu**
j-n et); unterrichten (**qc a
qu** j-n in et)
insegui|mento m Verfolgung
f; **~ire** verfolgen
inseminazione f: **~ artificiale**
künstliche Befruchtung
insens|ato unsinnig; unver-
nünftig; **~ìbile** unempfind-
lich (**a** gegen); unmerklich
inseparàbile unzertrennlich
inserir|e einfügen; inserieren;
~si sich einmischen
inserzione f Einfügung; Inserat n; **fare un'~** inserieren

insett|icida [-tʃ-] m Insekti-
zid n; **~o** m Insekt n
insidi|a f Hinterhalt m; Falle;
~are auflauern (**qu** j-m);
~oso hinterhältig
insieme zusammen; m Gesamtheit f; Ganze(s) n
insignificante [-ɲ-] unbedeu-
tend
insinu|are j-m et unterstellen,
~arsi sich einschleichen (**in**
in); **~azione** f Verdächti-
gung; Unterstellung
insìpido fade
insistente eindringlich
insistere bestehen (**a, su** auf)
insoddisfatto unbefriedigt
insolazione f Sonnenstich m
insolente frech
insòlito ungewöhnlich; ungewohnt
insolùbile unlösbar
insolvìbile zahlungsunfähig
insomma kurz; schließlich;
also
insonn|e schlaflos; **~ia** f
Schlaflosigkeit
insopportàbile unerträglich
insòrgere [-dʒe-] sich erheben (**contro** gegen)
insormontàbile unüber-
windlich
insostenìbile unhaltbar
inspirare einatmen
install|are Person unterbrin-
gen; Tech installieren; **~ato-
re** m Installateur; **~azione** f
Installation
instancàbile unermüdlich
insù: all'~ hinauf; nach oben

insuccesso [-tʃɛ-] *m* Misserfolg

insudiciare [-tʃa-] beschmutzen

insuffici|ente [-tʃɛ-] ungenügend; **~enza** [-tʃɛ-] *f* Unzulänglichkeit

insulare Insel...

insulina *f* Insulin *n*

insulso witzlos

insult|are beleidigen; beschimpfen; **~o** *m* Beleidigung *f*

insuper|àbile unübertrefflich; **~ato** unübertroffen

insurrezione *f* Aufstand *m*

intàglio *m* Schnitzerei *f*

intanto inzwischen; **~ che** (+ *cong*) während

intarsio *m* Einlegearbeit *f*

intasare verstopfen

intascare einstecken

intatto unberührt; unversehrt; **pane** *m* **~** Vollkornbrot *n*

integrale vollständig, gesamt; **~** Blinklicht *n*

intell|etto *m* Verstand; Geist; **~ettuale** geistig; intellektuell; **~igente** [-dʒɛ-] klug; intelligent; **~igenza** [-dʒɛ-] *f* Verstand *m*; Intelligenz

intènd|ere verstehen; meinen; beabsichtigen; **~ersi: ~ di qc** sich in et auskennen; **s'intende!** natürlich!

inten|sità *f* Stärke; Intensität; **~so** heftig; intensiv

intenzione *f* Absicht; **avere l'~ di fare qc** die Absicht haben, et zu tun; **senza ~** unabsichtlich

interamente gänzlich

interdetto sprachlos

interd|ire untersagen; **~izione** *f* Verbot *n*

interess|amento *m* Interesse *n*; Anteilnahme *f*; **~ante** interessant; **~are** interessieren; angehen (**a qu** j-n); **~arsi: ~ di qc** sich für et interessieren; **~ata** *f* Interessentin, **~ato** interessiert (**a** an); eigennützig; *m* Interessent; **~e** *m* Interesse *n*; Anteilnahme *f*; **interessi** *pl* Zinsen

interfaccia *f* *EDV* Schnittstelle

interior|a *f/pl* Innereien; **~e** innere; Innen...; *m* Innere(s) *n*

interlocu|tore *m*, **~trice** [-tʃe] *f* Ansprächpartner(in *f*) *m*

interm|ediario *m* Vermittler; **~edio** mittlere

interminàbile endlos

intermittente wechselnd; **luce** *f* **~** Blinklicht *n*

internazionale international

internet *m* Internet *n*; **navigare su ~** im Internet surfen

internista *su* Internist(in *f*) *m*

interno innere; Innen..., Binnen...; *fig* innerlich; *m* Innere(s) *n*; Innenraum

intero ganz; vollständig

in|terpretare deuten; interpretieren; *Thea* spielen; **~terpretazione** *f* Auslegung; Interpretation; **~tèrprete** *su* Dolmetscher(in *f*) *m*; *Thea* Darsteller(in *f*) *m*

interpunzione f Zeichensetzung

interroga|re (be)fragen; *jur* verhören; **~tivo** fragend; *punto m* ~ Fragezeichen *n*

interroga|torio *m* Verhör *n*; **~zione** f Befragung; *jur* Vernehmung

inter|rómpere unterbrechen; **~ruttore** *m El* Schalter; **~ruzione** f Unterbrechung; *El* Störung

inter|secarsi sich kreuzen; **~sezione** f Schnittpunkt *m*; **~urbana** f *Tel* Ferngespräch *n*; **~vallo** *m* Abstand; Zwischenzeit f; Pause f

interven|ire eingreifen, einschreiten; teilnehmen (**a** an); **~ento** *m* Einschreiten *n*; Intervention f; *Med* Eingriff

intervist|a f Interview *n*; **~are** interviewen; **~atore** *m*, **~atrice** [-tʃe] f Interviewer(in f) *m*

intesa f Einverständnis *n*

inteso vereinbart; verstanden

intestino *m* Darm; ~ *cieco* Blinddarm

intim|are befehlen; **~idire** einschüchtern; **~ità** f Vertrautheit; Gemütlichkeit

intimo intim, vertraut; gemütlich

intimorire verängstigen

in|tingere [-dʒe-] eintauchen; **~tingolo** *m* Tunke f, Soße f

intitolare betiteln

intoller|àbile unerträglich;

~ante intolerant

intonacare verputzen

intònaco *m* Verputz

intonare (an)stimmen

intoppo [-ɔ-] *m* Hindernis *n*

intorno *adv* herum; umher; *prp* ~ **a** um; um … herum; **tutt'~** ringsumher; *guardarsi* ~ umherschauen

intossic|are (**~arsi** sich) vergiften

intossicazione f Vergiftung; ~ *alimentare* Lebensmittelvergiftung

intral|ciare [-tʃa-] behindern; **~cio** [-tʃo] *m* Hindernis *n*

intransigente [-dʒ-] unnachgiebig

intra|prendente unternehmungslustig; **~prèndere** unternehmen

intratten|ere unterhalten; **~ersi** sich aufhalten (*su* bei)

intra(v)vedere erblicken

intrecci|are [-tʃa-] flechten; **~arsi** sich verschlingen; **~o** [-tʃo] *m* Geflecht *n*; *fig* Verwicklung f

intrèpido unerschrocken

intrig|ante intrigant; **~are** intrigieren; **~o** *m* Intrige f

intrìnseco innere; vertraut

introd|urre einführen; *Münze* einwerfen; **~uzione** f Einführung; *EDV* Eingabe

introméttersi sich einmischen; dazwischentreten

introvàbile unauffindbar

intruso *m* Eindringling

intuire ahnen; fühlen

inumano unmenschlich

inumidire anfeuchten

inùtile nutzlos, zwecklos

invadente aufdringlich

invàdere eindringen in; *fig* überschwemmen

invàlida f Schwerbehinderte

invalid|are für ungültig erklären; **~ità** f Ungültigkeit; Arbeitsunfähigkeit

invàlido invalide; ungültig; **~** m/f; Invalide m/f; Schwerbehinderte(r) f (m); **~ di guerra** Kriegsversehrte(r)

invano vergebens

invariàbile unveränderlich

inva|sione f (feindlicher) Einfall m; **~sore** m Eindringling

invecchiare [-k-] alt machen, alt werden; *Wein* lagern lassen

invece [-tʃe] statt dessen, dagegen; **~ di** (an)statt (zu)

invendibile unverkäuflich

invent|are erfinden; **~àrio** m Inventar f; Inventur f

inven|tivo erfinderisch; **~tore** m, **~trice** f [-tʃe] Erfinder(in f) m; **~zione** f Erfindung

invern|ale winterlich; **~o** m Winter; **d'~** im Winter

inverosìmile unwahrscheinlich

invers|ione f Umkehrung; **~o** umgekehrt

investig|are untersuchen; Nachforschungen anstellen; **~atore** m, **~atrice** f [-tʃe] f Detektiv(in f) m; **~azione** f

Nachforschung

invest|imento m Geldanlage f; Zusammenstoß; **~ire** *Person* anfahren, überfahren; zusammenstoßen mit; *Geld* anlegen; **~ qu di** *j-n* mit et betrauen

invetriata f Glasfenster n

invi|are schicken, senden; **~ata** f, **~ato** m Abgesandte(r) f (m); **~ speciale** Sonderberichterstatter(in f) m

invìdi|a f Neid m; **~àbile** beneidenswert; **~are** beneiden (*per* um); **~oso** neidisch

inviluppare einwickeln

invincibile [-tʃ-] unbesiegbar

invio m Sendung f; *EDV* Entertaste f

inviolàbile unverletzlich

invisìbile unsichtbar

inviso unbeliebt; verhasst

invitante einladend

invi|tare einladen, auffordern (*a* zu); **~tata** f, **~tato** m Gast m; **~to** m Einladung f; Aufforderung f

invocare anrufen; anflehen

involontario unfreiwillig

invol|tino m *Kochk* Roulade f; **~to** m Paket n, Bündel n

invòlucro m Hülle f

inzuppare durchnässen; eintunken; einweichen

io ['ịo] ich; m *Psyche* Ich n

iòdi|co jodhaltig; **~o** m Jod n

ipermètrope weitsichtig

ipertensione f Bluthochdruck m

ipno|si f Hypnose; **~tizzare**

hypnotisieren

ipocrisìa f Heuchelei

ipòcrita su Heuchler(in f) m

ipoteca f Hypothek

ipòtesi f Annahme, Hypothese

ippica f Reitsport m

ippocastano m Rosskastanie f

ippòdromo m Pferderennbahn f

ippoglosso m Heilbutt

ippopòtamo m Nilpferd n

ira f Zorn m

iracondia f Jähzorn m; **~o** jähzornig

Iran m Iran

Iraq m Irak

irato zornig

iride f Anat Regenbogenhaut; Bot Schwertlilie, Iris

Irlanda f Irland n; **2ese** m irisch; su Ire m, Irin f

irIonia f Ironie; **~ònico** ironisch

irradiare aus-, bestrahlen; **~azione** f Bewässerung

irragionévole [-dʒo-] unvernünftig

irreale unwirklich

irreconciliàbile [-tʃ-] unversöhnlich

irregolare unregelmäßig; **~arità** f Unregelmäßigkeit

irreparàbile unersetzlich; nicht wieder gutzumachen(d)

irreperibile unauffindbar

irreprensibile einwandfrei

irre|quietezza f Unruhe;

~quieto ruhelos; unruhig

irresistibile unwiderstehlich

irrespons|àbile unverantwortlich; **~abilità** f Unverantwortlichkeit

irrevocàbile unwiderruflich

irriconoscibile [-ʃ-] nicht wieder zu erkennen

irrig|are bewässern; **~azione** f Bewässerung

irrinunciàbile unverzichtbar

irrit|àbile reizbar; **~abilità** f Reizbarkeit; **~are** reizen

irruzione f Einbruch m

irsuto struppig, borstig

irto struppig; fig gespickt (di mit)

iscritto: per~ f schriftlich

iscr|ivere eintragen; anmelden; **~iversi** sich anmelden (a für, zu, bei); sich einschreiben; **~izione** f Anmeldung; Einschreibung

islàmica f Moslime, **~co** m islamisch; m Moslem

Islanda f Island n; **2ese** isländisch; su Isländer(in f) m

ìsola f Insel; **~pedonale** Fußgängerzone; **~ spartitràffico** Mittelstreifen m; **l'~ d'Elba** die Insel Elba

isol|amento m Absonderung f; Med, Tech Isolierung f; **~are** absondern; Med, Tech isolieren; **~ato** m Häuserblock

isp|ettore m, **~ettrice** [-tʃe] f Inspektor(in f) m; **~ezionare** inspizieren; **~ezione** f Inspektion; Aufsicht

ispir|are *Vertrauen* erwecken; *Angst* einflößen; **~arsi** sich orientieren (**a** an); **~azione** *f* Eingebung, Inspiration

Israele *m* Israel *n*

issare *Segel* hissen

istant|ànea *f Fot* Momentaufnahme; **~àneo** augenblicklich; **~e** *m* Augenblick; **all'~** sofort, unverzüglich

istanza *f* Antrag *m*

istèrico hysterisch

istint|ivo instinktiv; **~o** *m* Instinkt, Trieb

istit|uire gründen; stiften; **~uto** *m* Institut *n*; Anstalt *f*; **~ di bellezza** Schönheitssalon; **~uzione** *f* Einrichtung

istmo *m* Landenge *f*

istru|ire unterrichten; anlei-

ten; **~irsi** sich bilden

istrut|tore *m*, **~trice** *f* Lehrer(in *f*) *m*; **~ di volo** Fluglehrer(in *f*) *m*

istruzione *f* Unterricht *m*; Ausbildung; Anweisung; **istruzioni** *pl* Gebrauchsanweisung *f*

Italia *f* Italien *n*

italia|na *f* Italienerin; **~no** italienisch; *m* Italiener; **in ~** auf Italienisch; **parla ~?** sprechen Sie Italienisch?

itinerario *m* Route *f*, Reiseweg

itterizia *f* Gelbsucht

lugoslavia *f* Jugoslawien

I.V.A. *f* (*Imposta sul Valore Aggiunto*) MwSt. (*Mehrwertsteuer*)

J, K

jeep *f* Jeep *m*

jeans *m/pl* Jeans *f*

jet-lag *m* Jetlag *n*

jolly *m* Joker *m*

karatè *m* Karate *n*

ketchup *m* (Tomaten-)Ket-

schup *m/n*

kitsch *m* Kitsch *m*

kiwi *m* Kiwi *f*

kümmel *m* Kümmelschnaps *m*

k-way® *m* faltbarer Regenmantel

L

l' *vor Vokal* = **lo, la**

la *art f/sg* → **il**; *pron* (*A sg*) sie; ♀ Sie; **~ m** *Mus* A *n*

là da, dort; dahin, dorthin; *fin* **~** bis dahin; **di ~** von dort; **al di ~** jenseits (**di** von)

labbro *m* (*pl* **le labbra**) Lippe *f*

làbile *Psyche* labil

labor|atorio *m* Labor(atorium) *n*; Werkstatt *f*; **~ioso** arbeitsam; beschwerlich

lacca f Lack m; Haarspray n; Nagellack m

laccetto [-tʃ-] m Schnürsenkel

laccio [-tʃo] m Schlinge f; ~ **per le scarpe** Schnürsenkel

lacerare [-tʃe-] zerreißen

làcero [-tʃe-] zerrissen

làcrima f Träne

lacuna f Lücke

lacustre See...

laddove dort, wo

ladino adj ladinisch

ladro m Dieb; **~ne** m Straßenräuber

laggiù [-dʒu] da unten

lagn|anza [-ɲ-] f Beschwerde; **~arsi** sich beschweren, sich beklagen (**di** über)

lago m See; 2 **di Garda** Gardasee; 2 **di Costanza** Bodensee

laguna f Lagune

làico weltlich; m Laie

làido hässlich; widerlich

lama f Messerklinge

lament|are klagen über; **~arsi** sich beklagen (**di** über); **~o** m Klage f; **~oso** jämmerlich

lametta f: ~ **da barba** Rasierklinge

lamiera f Blech n

làmina f Folie

làmpada f Lampe; ~ **al neon** Neonröhre; ~ **alògena** Halogenlampe; ~ **a raggi infrarossi** Infrarotstrahler m; ~ **spia** Kontrolllampe; ~ **tascàbile** Taschenlampe

lampad|ario m Kronleuchter; **~ina** f (Glüh-)Birne

lampeggia|re [-dʒa-] blitzen; Kfz blinken; **~tore** m Kfz Blinker; Fot Blitzlicht n

lampione m Straßenlaterne f

lampo m Blitz; in un Nu

lampone m Himbeere f

lana f Wolle; ~ **vèrgine** Schurwolle

lancetta [-tʃ-] f Zeiger m

lanci|are [-tʃa-] werfen, schleudern; **~arsi** sich stürzen

lancio [-tʃo] m Wurf; Sprung; ~ **del disco** Diskuswerfen n; ~ **del giavellotto** Speerwerfen n; ~ **del peso** Kugelstoßen n

lancinante [-tʃ-] Schmerz stechend

lanerie f/pl Wollwaren

lànguido matt; schmachtend

languire schmachten; dahinsiechen; Handel stocken

lanterna f Laterne; ~ **cieca** Blendlaterne

làpide f Grabstein m; ~ **commemorativa** Gedenktafel f

lapis m Bleistift

lardo m Speck

larghezza f Breite; Weite; fig Freigebigkeit

largo breit; weit; fig freigebig; m Breite f; Weite f; Mar offenes Meer n; **fare** ~ Platz machen; **prèndere il** ~ in See stechen; **~!** Platz!

làrice [-tʃe-] m Bot Lärche

laring|e [-dʒe] f Kehlkopf m

~ite [-dʒ-] f Kehlkopfentzündung

larva f Zo Larve

lasagne [-ɲe] f/pl Lasagne

lasciare [-ʃa-] lassen; verlassen; hinterlassen; liegen lassen; **~ fare** machen lassen; **lascia pèrdere!** F lass gut sein!; **~ andare** sich nicht kümmern (**qc** um et)

lascivo geil, lasziv

lassativo m Abführmittel n

lassù da oben; dort hinauf

lastra f Platte; Steinplatte; (Fenster-)Scheibe; **lastre** pl Med Röntgenaufnahme

làstrico m Straßenpflaster n

latente verborgen

laterale seitlich; **porta f ~** Seitentür

latifoglio m Laubbaum

latifondo m Großgrundbesitz

latino lateinisch; m Latein n

latitùdine f Geogr Breite

lato weit; m Seite f; **dal mio ~** meinerseits; **d'altro ~** andrerseits

latrare bellen

latta f Blech n; Kanister m

lattaia f Milchfrau; **~aio** m Milchmann; **~ante** m Säugling

latte m Milch f; **~ in pólvere** Milchpulver n; **~ in scàtola** Dosenmilch f; **~ intero (scremato)** Voll-(Mager-)milch f; **~ a lunga conservazione** H-Milch f; **~ materno** Muttermilch f

latteria f Milchgeschäft n;

~icello [-tʃ-] f Buttermilch;

~icini m/pl Molkereiprodukte pl; **~iera** f Milchkanne

lattina f Büchse, Dose

lattoniere m Klempner

lattuga f grüner Salat m; **~ghella** f Feldsalat m

laurea f Hochschulabschluss m; **~ta** f, **~to** m Akademiker(in f) m

lava f Lava

lavàbile waschbar; **~abo** m Waschbecken n

lavaggio [-dʒo] m Waschen n; **~ a secco** chemische Reinigung f

lavagna [-ɲa] f Schiefer m; (Schul-)Tafel; **~ luminosa** Overheadprojektor m

lavanda f Lavendel m; **~anderia** f Wäscherei; **~ a secco** Reinigung; **~andino** m Waschbecken n

lavare (ab)waschen; spülen, putzen; **~rsi** sich waschen; **~stoviglie** [-ʎe] m/f Geschirrspülmaschine f; **~trice** [-tʃe] f Waschmaschine f; **~vetro** m Kfz Scheibenwaschanlage f

lavorare (be)arbeiten; **~atore** m, **~atrice** [-tʃe] f Arbeiter(in f) m; **~azione** f Bearbeitung, Verarbeitung; **~o** m Arbeit f; **~ di gruppo** Teamarbeit f; **~ nero** Schwarzarbeit f

lay-out m Layout n

Lazio m Latium n

le art f/pl die; pron (D f/sg) ihr;

(*A f/pl*) sie; ♀ Ihnen

leale aufrichtig; fair

lecca-lecca *m* Lutscher

leccare (-*k*-)lecken

leccio [-tʃo] *m* Steineiche *f*

leccornia *f* Leckerbissen *m*

lécito [-tʃ-] erlaubt

lega *f* Bund *m*; Liga; *Tech* Legierung

leg|ale gesetzlich; **~alizzare** amtlich beglaubigen; legalisieren; **~alizzazione** *f* amtliche Beglaubigung

legame *m* Bindung *f*; *Anat* Band *n*

leg|are (an-, fest-, zusammen-)binden; zuschnüren; **~ata** *f*, **~ato** *m* Gesandte(r) *f* (*m*); **~atore** *m*, **~atrice** [-tʃe] *f* Buchbinder(in *f*) *m*; **~azione** *f* Gesandtschaft

legge [-dʒe] *f* Gesetz *n*; **studiare ~** Jura studieren

leggenda [-dʒe-] *f* Legende

lèggere ['lɛddʒere] lesen

legger|ezza [-dʒ-] *f* Leichtigkeit; Leichtsinn *m*; **~o** leicht

leggiadr|ia [-dʒa-] *f* Anmut; **~o** anmutig

leggibile [-dʒ-] leserlich

legisl|atore [-dʒizl-] *m* Gesetzgeber; **~azione** *f* Gesetzgebung

legittimo [-dʒ-] berechtigt; rechtmäßig; ehelich

legn|a [-ɲa] *f* (Brenn-)Holz *n*; **~ame** [-ɲ-] *m* (Nutz-)Holz *n*; **~o** [-ɲo] *m* Holz *n*

legumi *m/pl* Hülsenfrüchte *f/pl*; Gemüse *n*

lei *pron f/sg* sie; ♀ Sie

lembo *m* Rand; Saum

len|imento *m* Linderung *f*; **~ire** mildern

lente *f Opt* Linse; **~ d'ingrandimento** Lupe; **lenti** *f/pl* **a contatto** Kontaktlinsen

lentezza *f* Langsamkeit

lenticchie [-k-] *f/pl* Linsen

lentiggini [-dʒ-] *f/pl* Sommersprossen

lento langsam; locker

lenz|a *f* Angelschnur; **~uolo** *m* Laken *n*; Betttuch *n*

leon|e *m* Löwe; ♀ *Astrol* Löwe; **~essa** *f* Löwin

leopardo *m* Leopard

lepre *f* Hase *m*

lèsbica Lesbierin

lesione *f* Verletzung

lèssico *m* Lexikon *n*; Wortschatz

lesso gekocht; *m* gekochtes Fleisch *n*; Suppenfleisch *n*

lesto flink; gewandt

letame *m* Mist

letizia *f* Freude

lèttera *f* Brief *m*; Buchstabe *m*; **~ aèrea** Luftpostbrief *m*; **~ assicurata** Wertbrief *m*; **~ espresso** Eilbrief *m*; **~ per l'èstero** Auslandsbrief *m*; **~ raccomandata** Einschreibebrief *m*

letter|ale buchstäblich; wörtlich; **~ario** literarisch; **~atura** *f* Literatur

lett|iera *f* Bettgestell *n*; **~iga** *f* Tragbahre

lettino *m*: **~ solare** Sonnen-

bank f (im Solarium); **~ da
bambino** Kinderbett n

letto m Bett n;; **~ matrimoniale** Doppelbett n

let|tore m Leser; EDV Lauf-
werk n; **~ cd** CD-Spieler; **~
cd-rom** EDV CD-ROM-
Laufwerk n; **~ DVD**
DVD-Spieler; **~trice** [-tʃe] f
Leserin; **~tura** f Lektüre

leucemia f [-tʃ-] Leukämie

leva f Hebel m; **~ del cambio**
Schalthebel m

levante m Osten; Ostwind

lev|are (auf-, hoch-)heben;
wegnehmen; Zelt abbre-
chen; **~arsi** aufstehen; **~ata**
f Sonne Aufgang; Post Lee-
rung; **~atrice** [-tʃe] f Hebamme

lezione f Unterrichtsstunde;
Lektion; fig Lehre

li pron m/pl sie

lì dort(hin), da(hin)

libbra f Pfund n

libèllula f Zo Libelle

liber|ale freigebig; Pol liberal;
~alità f Freigebigkeit; **~are**
befreien; freilassen; **~arsi**
sich frei machen, sich befrei-
en (**da** von)

libero frei

libertà f Freiheit

liberty m Jugendstil

libr|aia f, **~aio** m Buchhänd-
ler(in f) m; **~erìa** f Bibliothek; Bücherschrank m;
Buchhandlung

libretto m Textbuch n; **~ di as-**

segni Scheckheft n; **~ di circolazione** Kraftfahrzeug-
brief; **~ di risparmio** Spar-
buch n

libro m Buch n; **~ illustrato**
Bilderbuch n; **~ di testo**
Schulbuch n

licen|za [-tʃe-] f Erlaubnis;
Abgangszeugnis n; Lizenz;
~ di caccia Jagdschein m;
~ d'esercizio Gewerbe-
schein m; **~ di pesca** Angel-
schein m; **~iamento** m Entlassung f, Kündigung f; **~iare**
entlassen; kündigen (**qu** j-m)

liceo [-tʃe-] m Gymnasium n

lido m Strand

lieto froh, erfreut

lieve leicht; sanft

lièvito m Hefe f; **~ in pólvere**
Backpulver n

ligure ligurisch

Liguria f Ligurien n

lilla lila; **lillà** m Flieder

lim|a f Feile; **~are** feilen

limetta f Nagelfeile; Bot Li-
mette

limit|are beschränken; ein-
schränken; **~azione** f Be-
schränkung; Begrenzung

limite m Grenze f; **~ di velocí-
tà** Tempolimit n; **al ~** höchstens

lim|onata f (Zitronen-)Limo-
nade; **~one** m Zitrone f; Zi-
tronenbaum

limpidezza f Klarheit

limpido klar

lince [-tʃe] m Luchs

linciare lynchen

linea f Linie; Zeile; *Esb* Strecke; *El, Tel* Leitung; ~ **dell'autobus** Autobuslinie; ~ **ferroviaria** Eisenbahnlinie; *Tel* **restare in** ~ am Apparat bleiben

lineetta f Bindestrich m

linfonodo m Lymphknoten

lingua f Zunge; Sprache; ~ **parlata** Umgangssprache; ~ **straniera** Fremdsprache; ~ **madre** Muttersprache

linguaggio [-dʒo] m Sprache f; Sprechweise f

linimento m Einreibemittel n

lino m Flachs; Leinen n

liofilizzato gefriergetrocknet

liposuzione f Fettabsaugung

liquid|are ausverkaufen; liquidieren; ~**azione** f Ausverkauf m; Liquidation

liquido flüssig; m Flüssigkeit f; ~ **per freni** Bremsflüssigkeit f; ~ **di raffreddamento** Kühlmittel n, -wasser n

liquirizia f Lakritz n, Süßholz n

liquore m Likör m

lira f *hist* Lira

lirica f Lyrik

lisca f (Fisch-)Gräte

liscio [-ʃo] glatt; *Getränk* pur; m Gesellschaftstanz

lista f [-ʃto] f; Speisekarte; ~ **dei vini** Weinkarte

listino m: ~ **(dei) prezzi** Preisliste f

lite f Streit m

litig|are streiten; sich zanken; ~**io** [-dʒo] m Streit

litorale Küsten...; m Küste-(nstreifen m) f

litro m Liter m

livellare ausgleichen; einebnen

livello m Höhe f; Niveau n; ~ **del mare** Meeresspiegel; ~ **d'olio** Ölstand; ~ **di vita** Lebensstandard

livido fahl; bläulich; m blauer Fleck

lo *art* m/sg → **il**; *pron* (A m/sg) ihn, es

lobo m Ohrläppchen n

locale *adj* örtlich; m Lokal n; Kneipe f; *Esb* Nahverkehrszug

località f Örtlichkeit; Ort m; Ortschaft

loc|anda f Gasthaus n; ~**ataria** f, anderes Mieter(in f) m; Pächter(in f) m ~**atore** m, ~**atrice** [-tʃe] f Vermieter(in f); Verpächter(in f) m; ~**azione** f Miete

locomotiva f Lokomotive

locomo|tore m E-Lok f; ~**trice** [-tʃe] f Triebwagen m

locusta f Heuschrecke

locuzione f Redewendung

lod|are loben; ~**e** f Lob n

lodola f Zo Lerche

logg|ia [-dʒa] f Loggia, Säulenhalle; ~**giato** [-dʒa-] m Bogengang; ~**gione** [-dʒo-] m *Thea* Galerie f

lògico [-dʒ-] logisch

lógoro abgenutzt, abgetragen

Lombardia f Lombardei

lombardo lombardisch

lombata f Lendenstück n

lombo m Lende f; *Kochk a* Rücken

Londra f London n

longitùdine [-dʒ-] f geografische Länge

lont|ananza f Entfernung; **~ano** fern, entfernt; weit; *da* ~ aus der Ferne

lontra f Fischotter m

loquace [-tʃe] gesprächig

loro [-o-] *pron m u f/pl* sie; ihnen; ♀ Sie; Ihnen; *besitzanzeigend* ihr; ♀ Ihr

lott|a [-ɔ-] f Kampf m; Ringkampf m; **~are** kämpfen; **~atore** m Ringer

lott|eria [-o-] f Lotterie; **~o** m Lotto n

lozione f Lotion; ~ *da barba* Rasierwasser n; ~ *per capelli* Haarwasser n; ~ *per il viso* Gesichtswasser n

lubrific|ante m Schmieröl n; **~are** (ab)schmieren

lucchetto [-k-] m Vorhängeschloss n

luccicare [-tʃ-] leuchten; funkeln

luccio [-tʃo] m Hecht

lùcciola [-tʃo-] f Glühwürmchen n

luccioperca [-tʃo-] m Zander

luce [-tʃe] f Licht n; *luci pl d'arresto* Bremslicht n; *luci pl di posizione* Standlicht n; ~ *posteriore* Rücklicht n; ~ *al neon* Neonlicht n

lucente [-tʃe-] leuchtend

lucèrtola [-tʃe-] f Eidechse

lucherino [-k-] m Zeisig

lucidare [-tʃ-] polieren

lùcido [-tʃ-] blank; glänzend; m Glanz; ~ *per le scarpe* Schuhcreme f

lucr|ativo einträglich; **~o** m Gewinn

luglio [-ʎo] m Juli

lui er; ihn; *di* ~ seiner, von ihm; *a* ~ ihm

lumaca f Schnecke

lum|e m Licht n; Lampe f; Leuchte f; **~inoso** leuchtend

luna f Mond m; ~ *calante* (*crescente*) abnehmender (zunehmender) Mond m; ~ *piena* Vollmond m; ~ *di miele* Flitterwochen f/pl

luna park m Vergnügungspark

lunedì m Montag; ~ *grasso* Rosenmontag

lunghezza f Länge; ~ *focale* Brennweite

lungo *adj* lang; *prp* entlang, längs; m Länge f; *a* ~ lang(e); *fig* ausführlich; **~lago** m Seepromenade f; **~mare** m Strandpromenade f; **~metraggio** [-dʒo] m Spielfilm

lunotto m *Kfz* Heckscheibe f

luogo m Ort; ~ *di nàscita* Geburtsort; *aver* ~ stattfinden; *in primo* ~ zuallererst; *in qualche* ~ irgendwo; *in nessun* ~ nirgends

lupo m Wolf

lùppolo m Hopfen

lussazione f Verrenkung

lussemburghese luxemburgisch; *su* Luxemburger(in *f*) *m*

Lussemburgo *m* Luxemburg *n*

luss|o *m* Luxus; **~uoso** luxu-

riös, prunkvoll

lustr|are putzen; polieren; **~ascarpe** *m* Schuhputzer; **~o** blank; *m* Ruhm

lutto *m* Trauer *f*

M

ma aber; sondern

maccheroni [-k-] *m/pl* Makkaroni

macchi|a [-k-] *f* Fleck *m*; Buschwald *m*; **~are** beflecken; **~ato** *Kaffee* mit etwas Milch; *Kleid* fleckig

màcchina [-k-] *f* Maschine; Auto *n*; **~ familiare** Kombiwagen *m*; **~ fotogràfica** Fotoapparat *m*; **~ da scrivere** Schreibmaschine; **~ a noleggio** Leihwagen *m*; **in ~** mit dem Auto

macchin|ale [-k-] mechanisch; **~are** anzetteln; **~ista** *su* Lokomotivführer(in *f*) *m*; Maschinist(in *f*) *m*

macedonia [-tʃe-] *f* Kochk Obstsalat *m*

macell|aia *f*, **~aio** [-tʃe-] *m* Fleischer(in *f*) *m*, Metzger(in *f*) *m*; **~are** schlachten; **~eria** *f* Fleischerei, Metzgerei

macerie [-tʃe-] *f/pl* Schutt *m*, Trümmer *pl*

macina|caffè [-tʃ-] *m* Kaffeemühle *f*; **~pepe** *m* Pfeffermühle *f*

macin|are [-tʃ-] mahlen; **~ino**

m Kaffee-, Pfeffermühle *f*

madre *f* Mutter; *lingua* **~**, **~lingua** *f* Muttersprache; **~perla** *f* Perlmutt *n*; **~vite** *f* Schraubenmutter

madrina *f* Patin

maest|à *f* Majestät; **~oso** majestätisch

maestr|a *f* Lehrerin; Meisterin; **~o** meisterhaft; Haupt …; *m* Lehrer; Meister; **~ di equitazione** (*di sci*) Reit-(Ski-)lehrer(in *f*) *m*; **strada** *f* **maestra** Hauptstraße

maf|ia *f* Mafia; **~ioso** Mafia…; *m* Mafioso

magari *adv* sogar; vielleicht; *cj* wenn doch; **~!** und wie!

magazzino *m* Lager *n*; Speicher; **grande ~** Kaufhaus *n*

maggio [-dʒo] *m* Mai; **~lino** [-dʒo-] *m* Maikäfer

maggiorana [-dʒo-] *f* Majoran *m*

maggioranza [-dʒo-] *f* Mehrheit

maggiore [-dʒo-] größer; höher; älter; *il* **~** der größte; der älteste

maggiorenne [-dʒo-] volljährig, mündig

magia [-dʒ-] f Zauberei; Magie

màgico [-dʒ-] magisch

magi|strale meisterhaft; **~strata** f Amtfrau; Richterin; **~strato** m Amtmann; Richter

magli|a [-ʎa] f Masche; Unterhemd n; Pullover m; Sport Trikot n; **lavorare a ~** stricken; **~eria** [-ʎe-] f Strickwaren f/pl; **~etta** [-ʎe-] f T-Shirt n; **~one** m dicker Pullover

magnaccia m Zuhälter

magn|ete [-ɲ-] m Magnet; **~ètico** magnetisch; **~esio** m Magnesium n

magnificenza [-ɲifitʃ-] f Herrlichkeit; Pracht

magnifico [-ɲ-] herrlich; prächtig

magnolia [-ɲ-] f Magnolie

mago m (pl i maghi) Zauberer; **i tre re magi** die Heiligen Drei Könige

magr|ezza f Magerkeit; **~o** mager

mai je, jemals; **non ~** nie, niemals; **~ più** nie wieder; **come ~?** wieso denn?; **se ~** wenn überhaupt

maial|e m Schwein n; Schweinefleisch n; **~ino** m: **~ arrosto** f Spanferkel n

maionese f Majonäse

Maiorca f Mallorca n

malanno m Unglück n; Leiden n

malapena: a ~ kaum, mit Mühe

mal|aticcio [-tʃo] kränklich; **~ata** f Kranke; **~ato** krank; m Kranke(r); **~ di cuore** herzkrank

malattia f Krankheit

malavoglia: di ~ widerwillig, mit Unlust

mal|contento unzufrieden; **~destro** ungeschickt

male schlecht; **stare ~** sich schlecht fühlen; **far ~** wehtun; **~** m Böse(s) n; Übel n; Schmerz; **mal d'aria** Flugkrankheit f; **mal dei denti** Zahnschmerzen pl; **mal di gola** Halsschmerzen pl; **mal di mare** Seekrankheit f; **mal di testa** Kopfschmerzen pl

male|detto verdammt; verflucht; **~dire** verfluchen

mal|educato ungezogen; **~erba** f Unkraut n

mal|èssere m Unwohlsein n; **~famato** verrufen; **~fatto** missraten; **~formazione** f Missbildung

malgrado prp trotz; cj obwohl; **mio ~** gegen meinen Willen

maligno [-ɲo] boshaft; Med bösartig

malinc|onia f Schwermut; **~ònico** schwermütig

mal|inteso missverstanden; m Missverständnis m; **~izia** f Bosheit; **~izioso** boshaft

mallèolo m Fußknöchel

malmenare misshandeln

malmesso ungepflegt

mal|sano ungesund; **~sicuro** unsicher; **~tempo** m Unwetter n

malta f Mörtel m

malto m Malz n

maltrattare misshandeln

malumore m schlechte Laune f

mal|vagio [-dʒo] gemein; **~visto** unbeliebt (*da* bei); **~volentieri** ungern

mamm|a f Mama; Mutti; **~mia!** du lieber Himmel!; **~ella** f Brust; *bei Tieren* Zitze; **~ifero** m Säugetier n

mancanza f Mangel m (*di* an); **per ~ di tempo** aus Zeitmangel

mancare fehlen; versäumen

mancia [-ʃa] f Trinkgeld n; **~ta** f: **una ~** eine Hand voll

manc|ina [-tʃ-] f Linkshänderin; **~ino** linkshändig; m Linkshänder

mandare schicken; senden; **~ a prèndere** holen lassen; **~ giù** hinunterschlucken

mandarino m Mandarine f

mandato m Auftrag; **~ bancario** Bankanweisung f

màndorl|a f Mandel; **~o** m Mandelbaum

maneg|gévole [-dʒ-] handlich; **~giare** [-dʒa-] handhaben; **~gio** [-dʒo] m Handhabung f

manette f/pl Handschellen

mang|iàbile [-dʒa-] essbar; **~iare** [-dʒa-] essen; fressen (*Tiere*); m Essen n; **~ime**

[-dʒ-] m Futter n

maniaco m: **~ sessuale** Triebtäter

mànica f Ärmel m; **senza maniche** ärmellos; **~co** m Griff; Henkel; Stiel

manicomio m Irrenanstalt f

manicotto m Tech Muffe f

manicure f Maniküre f

maniera f Art; Weise; **in ~ che** so, dass; **in nessuna ~** keinesfalls; **maniere** pl Manieren

manifest|ante su Demonstrant(in f) m; **~are** demonstrieren; **~arsi** sich zeigen; **~azione** f Kundgebung; **~ sportiva** Sportveranstaltung; **~o** klar; offenbar; m Plakat n; Manifest n

maniglia [-ʎa] f Tür Klinke; *Auto* Griff m

mano f (*pl* **le mani**) Hand; **a ~ a ~** nach und nach; **alla ~** griffbereit, bei der Hand; **fatto a ~** handgemacht; **fuori ~** abgelegen; **di seconda ~** aus zweiter Hand; **mani in alto!** Hände hoch!; **~dòpera** f Arbeitskräfte f/pl

manòpola f Tech Griff m

manoscritto m Manuskript n

manovella f Kurbel

manovr|a f Manöver n; Rangieren n; Tech Bedienung; **~are** Tech bedienen; *Esb* rangieren

mansueto zahm

mantello m Mantel

manten|ere erhalten; j-n unterhalten; *Wort* halten; **margherita** f *Bot* Margerite
si: ~ in forma sich fit halten; **màrgine** [-dʒ-] m Rand; *fig*
~uto *(finanziell)* ausgehalten   Spanne f; Spielraum
Màntova f Mantua n   **marin|aio** [-dʒ-] m Matrose; See-
manuale Hand...; m Hand-   mann; **~are** F blaumachen;
buch n; **lavoro m ~** Handar-   **~ato** *(Kochk* marinieren; **~o**
beit f   Meer...; See...
manubrio m Lenkstange f,   **marionetta** f Marionette
Lenker; *Sport* Hantel   **marito** m (Ehe-)Mann; Gatte
manutenzione f Instandhal-   **marìttimo** See...; *Klima* mari-
tung, Wartung   tim
manzo m Rind(fleisch) n   **marmellata** f Marmelade
marasca f Sauerkirsche   **marmitta** f Auspufftopf m; ~
marasso m *Zo* Kreuzotter f   **catalìtica** Katalysator m
marca f Zeichen n; Marke   **marmo** m Marmor
marcare   (kenn)zeichnen;   **marmotta** f Murmeltier n
markieren; *Sport* punkten   **Marocco** m Marokko n
Marche [-ke] f/pl Marken   **marrone** *adj* braun; m Ma-
marchio [-k-] m Markenzei-   rone f, Edelkastanie f
chen n   **Marsiglia** f Marseille n
marcia [-tʃa] f Marsch; *Kfz*   **Marte** m Mars
Gang m; **~ in folle** Leerlauf   **martedì** m Dienstag; **~ gras-
m   **so** Faschingsdienstag
marci|apiede [-tʃa-] m Bür-   **martello** m Hammer
gersteig, Gehweg; Bahn-   **màrtire** su Märtyrer(in f) n
steig; Kai **~are** [-tʃa-] marschie- **martirio** m Martyrium n
ren; gehen   **màrtora** f Marder m
marcio [-tʃo] faul; morsch   **marxista** *adj* marxistisch
marco m: **~ tedesco** *hist*   **marzapane** m Marzipan n
Deutsche Mark f   **marzo** m März
mare m Meer n; See f; *Mar Li-*   **màscara** f Wimperntusche f
gure, Tirreno, Ionio Liguri-   **mascarpone**   m   sahniger
sches Meer, Tyrrhenisches, Ioni-   Frischkäse
sches Meer, **in alto ~** auf   **mascella** [-ʃe-] f Kiefer m; **~
hoher See   **inferiore (superiore)** Un-
marea f Gezeiten pl; **alta ~**   ter-, (Ober-)kiefer m
Flut; **bassa ~** Ebbe   **màschera** [-ʃke-] f Maske; **~
mar|eggiata [-dʒa-] f Sturm-   **subàcquea** Tauchermaske;
flut; **~emoto** m Seebeben n   **~ antigàs** Gasmaske; *ballo*

m in ~ Maskenball

mascherarsi [-ske-] sich kostümieren, sich maskieren

mas|chile [-sk-] männlich; Herren…; **~chio** [-sk-] *m* Zo Männchen *n*; Mann

massa *f* Masse, Menge; El Erde

massacro *m* Gemetzel *n*

massaggia|re [-dʒa-] massieren; **~tore** *m*, **~trice** [-tʃe] *f* Masseur(in *f*) *m*

massaggio [-dʒo] *m* Massage *f*

massaia *f* Hausfrau

massiccio [-tʃo] massiv; *m* (Berg-)Massiv *n*

massimale *m* Höchstbetrag; Höchstgrenze *f*

màssimo größte, höchste; *m* Höchstmaß *n*; **al** ~ höchstens

mass media *m/pl* Massenmedien *n/pl*

masso *m* Felsblock

masterizza|bile CD beschreibbar, bespielbar; **~tore** *m* CD-Brenner

masticare kauen

matemàtica *f* Mathematik

materass|ino *m* Luftmatratze *f*; **~o** *m* Matratze *f*

materia *f* Stoff *m*, Materie; (Lehr-)Fach *n*; ~ **prima** Rohstoff *m*

materiale materiell; *m* Material *n*

matern|ità *f* Mutterschaft; **~o** mütterlich(erseits)

matita *f* Bleistift *m*; ~ **per gli**

occhi Eyeliner *m*; ~ **per sopracciglia** Augenbrauenstift *m*

matrigna [-ɲa] *f* Stiefmutter

matrimoni|ale ehelich; *m* Doppelbett *n*; **~o** *m* Ehe *f*; Hochzeit *f*

mattina *f* Morgen *m*; **di** ~ morgens; **questa** ~ heute Morgen; **domani** ~ morgen früh

mattin|ata *f* Vormittag *m*; Matinee *f*; **~o** *m* Morgen; **di buon** ~ frühmorgens

matto verrückt; *m* Verrückte(r)

mattone *m* Ziegelstein

matur|are reifen; **~ità** *f* Reife; Abitur *n*; **~o** reif; *fig* reiflich

mausoleo *m* Mausoleum *n*

mazza [-ts-] *f* Knüppel *m*; ~ **da golf** Golfschläger *m*

mazzo *m* Bündel *n*; Strauß; ~ **di fiori** Blumenstrauß; ~ **di chiavi** Schlüsselbund *n*; ~ **di carte** Spiel *n* Karten

me mich; mir; **pòvero ~!** Ich Armer!; **come** ~ wie ich; **secondo** ~ meiner Meinung nach; **quanto a** ~ was mich betrifft

meccànic|a *f* Mechanik; **di precisione** Feinmechanik **~o** mechanisch; *m* Mechaniker

meccanismo [-zm-] *m* Mechanismus

mecenate [-tʃ-] *m* Kunst Mäzen

mèche [mɛʃ] *f* Strähnchen *n*

neda|glia [-ʎa] f Medaille; **~glione** [-ʎo-] m Medaillon n

nedèsimo gleich; selbst; *il ~* derselbe; dasselbe; *la medesima* dieselbe

med|ia f Durchschnitt m; m/pl Medien; **~iano** Mittel...; **~iante** auf dort; mittels; **~iatore** m, **~iatrice** [-tʃe] f Vermittler(in f) m

medic|amento m Arznei f, Medikament n; **~are** behandeln; **~azione** f Behandlung

medicin|a [-tʃ-] f Medizin; Arznei; **~ale** Heil...

nèdico m Arzt; ~ *di famiglia* Hausarzt m, -ärztin f; ~ *di bordo* Schiffsarzt; ~ *genèrico* praktischer Arzt

medievale mittelalterlich

medio mittlere; durchschnittlich; mittelmäßig; m Mittelfinger

mediocr|e mittelmäßig; **~ità** f Mittelmäßigkeit

medioevo m Mittelalter n

medit|are überlegen; nachdenken; **~azione** f Meditation; Überlegung

mediterràneo mediterran, mittelländisch; *(Mare m)* ♀ m Mittelmeer n

medusa f Qualle

neglio [-ʎo] besser; *tanto ~!* um so besser!; ~ m Besser e(s) n; Beste(s) n

nela f Apfel m; ~ *cotogna* Quitte; **~grana** f Granatapfel m

melanzana f Aubergine

melo m Apfelbaum

melone m Melone f

mel|odia f Melodie; **~òdico** melodisch

membrana f: ~ *del timpano* Trommelfell n

membro m Anat *(pl le membra)* Glied n; fig *(pl i membri)* Mitglied n

memo|ria f Gedächtnis n; Andenken n; Erinnerung; ~ *centrale* EDV Hauptspeicher m; **a** ~ auswendig; **~rizzare** Daten speichern

menare führen

mendic|ante su Bettler(in f) m; **~are** (er)betteln

mening|e [-dʒe] f Hirnhaut; **~ite** [-dʒ-] f Hirnhautentzündung

menisco m Meniskus

meno 1. weniger; *di od in ~* weniger; *quanto ~* wenigstens; *tanto ~* um so weniger; *sono le sei ~ un quarto* es ist Viertel vor sechs (Uhr); *fare a ~ di ...* darauf verzichten, zu; **2.** prp außer

mensa f Kantine; Mensa

mensile monatlich

mensilità f Monatsgehalt n

mènsola f Konsole

menta f Minze; ~ *piperita* Pfefferminze

mentale geistig

mentalità f Mentalität

mente f Geist m; Sinn m; Verstand m; *avere in ~ di* beabsichtigen zu; **venire in** ~ einfallen

mentire lügen

mento m Kinn n

mentre während

menù m Kochk Speisekarte f; EDV Menü n

menzionare erwähnen

menzogna [-ɲa] f Lüge

meravigli|a [-ʎa] f Wunder n; Verwunderung; **a** ~ wunderbar; **~are** [-ʎa-] verwundern; **~arsi** [-ʎa-] sich wundern; **~oso** [-ʎo-] wunderbar

mercant|e su Händler(in f) m; **~eggiare** [-dʒ-] feilschen; **~ile** kaufmännisch; m Frachtschiff n

mercato m Markt; ♀ **Comune** Gemeinsamer Markt; ~ **coperto** Markthalle f; ~ **nazionale** Binnenmarkt; ~ **mondiale** Weltmarkt; **a buon** ~ billig, preiswert

merce [-tʃe] f Ware

merceria [-tʃe-] f Kurzwaren(geschäft n) f/pl

mercoledì m Mittwoch

mercurio m Quecksilber n; ♀ Astr Merkur

merda f V Scheiße; **pezzo di** ~! V Scheißkerl!

merenda f Vesperbrot n

meridiana f Sonnenuhr

meridion|ale südlich; süditalienisch; su Süditaliener(in f) m; **Italia** ~ f Süditalien n; **~e** m Süden; Süditalien n

meringa f Baiser n, Meringe

merino m Merinowolle f

meritare verdienen; sich lohnen

meritevole verdienstvoll

mèrito m Verdienst n; **in** ~ **a** in Bezug auf

merletto m Spitze f

merlo m Zo Amsel f

merluzzo m Kabeljau

méscere [-ʃe-] einschenken

meschino [-sk-] armselig kleinlich

méscita [-ʃ-] f Ausschank m

mescolare mischen

mese m Monat

messa [-e-] f **1.** Rel Messe f; ~ **solenne** Hochamt n; **2.** ~ **in marcia** Ingangsetzen n; ~ **in moto** Anlassen n; ~ **in scena** Inszenierung

mess|aggero [-dʒe-] m Bote **~aggino** m F Tel SMS (Nachricht) f; **~aggio** [-dʒo] m Nachricht f, Botschaft f; **~ale** m Messbuch n

Mèssico m Mexiko n

mestiere m Handwerk n; Beruf

méstolo m Schöpflöffel

mestruazioni f/pl Periode f

meta f Ziel n; Zweck m

metà f Hälfte; **a** ~ zur Hälfte halb; **a** ~ **strada** auf halbem Wege

metàllico metallisch

metallo m Metall n; ~ **prezioso** Edelmetall n

meteorológico [-dʒ-]: **bollettino** ~ m Wetterbericht

meticoloso peinlich genau

mètodo m Methode f; Verfahren n

mimosa

metro *m* Meter *m*; **~ quadrato** Quadratmeter *m*; **~ cubo** Kubikmeter *m*

metròpoli *f* Großstadt

metropolitana *f* U-Bahn

métte|re legen, setzen, stellen; *Kleidung* (sich) anziehen; *Tech* **~ a punto** einstellen; **~ in moto** anlassen; **~ in órdine** aufräumen; **~ in ammollo** einweichen; **~ in piega** legen; **~rsi** sich begeben; gehen; **~rsi a** anfangen zu; **~rsi la cintura** sich anschnallen; *Kfz* **~rsi in corsia** sich einordnen; **~rci** brauchen

mezza|luna *f* Halbmond *m*; *Kochk* Wiegemesser *m*; **~nino** *m* Zwischenstock; **~notte** *f* Mitternacht

mezzo halb; **mezz'ora** eine halbe Stunde; **le sei e ~** halb sieben; **in chilo** ein Pfund; **un chilo e ~** anderthalb Kilo; **~ chilo e ~** anderthalb Kilo; **~** Mitte *f*; Hälfte *f*; Mittel *n*; Verkehrsmittel *n*; **per ~ di** durch; **in ~ a** inmitten; **nel ~ di** mitten in, in der Mitte; **~busto** *m* Brustbild *m*; **~giorno** *m* [-dʒo-] *m* Mittag; *Geogr* Süden; Süditalien *n*

ni mir; mich

niàgolare miauen

nica: **non ... ~** gar nicht

niccia *f* Zündschnur

micro|càmera *f* Kleinstbildkamera; **~film** *m* Mikrofilm

nicròfono *m* Mikrofon *n*

nicroonda *f* Mikrowelle; **for-**

no *m* **a microonde** Mikrowellenherd

micro|processore *m* Mikroprozessor; **~scopio** *m* Mikroskop *n*

midolla *f* (Brot-)Krume; **~o** *m* (Knochen-)Mark *n*; **~ spinale** Rückenmark *n*

miele [mi'ɛːle] *m* Honig

miglia|io [-ʎa-] *m* Tausend *n*; **un ~ di** etwa tausend …; **~a** *f*/*pl* (**di**) Tausende (von)

miglio [-ʎo] *m* Meile *f*; *Bot* Hirse *f*

miglior|amento [-ʎo-] *m* (Ver-)Besserung *f*; **~are** verbessern; besser werden; **~arsi** sich bessern; **~e** besser *f*; **il ~** der beste

mignolo [-ɲ-] *m* kleiner Finger; kleine Zehe *f*

mila: **due ~** zweitausend

milanese mailändisch; *su* Mailänder(in *f*) *m*

Milano *f* Mailand *n*

miliardo *m* Milliarde *f*; **~aria** *f*, **~ario** *m* Milliardär(in *f*) *m*

milione *m* Million *f*

militare militärisch, Militär…; *m* Soldat

mille tausend; **~foglie** *m* Blätterteigschnitte *f*

mill|ennio *m* Jahrtausend *n*; **~epiedi** *m* Tausendfüß(l)er; **~èsimo** tausendste; **~igrammo** *m* Milligramm *n*; **~imetro** *m* Millimeter *n*

milza *f* Milz

mimetizzarsi sich tarnen

mimosa *f* Mimose

mina f Mine; **~ di ricambio** Ersatzmine

minaccia [-tʃa] f Drohung; **~are** [-tʃa-] (be)drohen; **~oso** [-tʃo-] drohend; bedrohlich

min|are untergraben; **~atore** m Bergmann

minerale m Mineral n

minestr|a f (dicke) Suppe; **~ina** f leichte Brühe; **~one** m dicke Gemüsesuppe f

miniatura f Miniatur(malerei)

miniera f Bergwerk n

mini|golf m Minigolf n; **~gonna** f Minirock m; **~mizzare** bagatellisieren

minimo Kleinste, Geringste, Mindeste; m Minimum n; Kfz Leerlauf

minist|ero m Ministerium n; **púbblico ~** Staatsanwalt (-schaft f) m; **~ro** m Minister(in f) m

minor|anza f Minderheit; **~ata** f Behinderte; **~ato** behindert; m Behinderte(r); **~e** kleiner; jünger; Mus -Moll; **~enne** minderjährig; su Minderjährige(r) f (m)

minúscolo klein (Buchstabe)

minuto klein; fein; genau; m Minute f; Kochk **al ~** schnell zubereitet

minuzi|a f Kleinigkeit; **~oso** minuziös

mio mein; m Mein(ig)e n; **un ~ amico** ein Freund von mir; **i miei** meine Angehörigen

miope kurzsichtig

miopia f Kurzsichtigkeit

mira f Ziel n

mirabella f Mirabelle

mirábile bewundernswert

mirácolo m Wunder n; **per ~** wie durch ein Wunder

miracoloso wunderbar

mirare zielen (a auf); fig streben (a nach)

mirino m Fot Sucher

mirtillo m Heidel-, Blaubeere f; **~ rosso** Preiselbeere f

mirto m Myrte f

miscela [-ʃ-] f Mischung; Kfz Gemisch n; **~tore** m Mixer Mixbecher

mischi|a [-sk-] f Gedränge n Handgemenge n; **~are** mischen

miscuglio [-ʎo] m Gemisch n Mischung f

miser|ábile elend; erbärmlich; armselig; **~évole** bedauernswert

miseria f Armut; Not; Elenc n; Kleinigkeit

misericordia [-kɔ-] f Barmherzigkeit

mísero [-ze-] elend; jämmerlich

missile m Rakete f

missione f Mission; Aufgabe

mister|ioso geheimnisvoll **~o** m Geheimnis n

misto gemischt

misur|a f Maß n; (Konfektions-)Größe; Mus Takt m Maßnahme; **su ~** nach Maß; **~are** (ab)messen

~ato gemäßigt; maßvoll;
~ino *m* Messbecher

mite mild (*a Klima*); sanftmütig

mitigare mildern, lindern

mito *m* Mythos

mitra *m* Maschinengewehr *n*;
~gliatrice [-ʎatriʧe] *f* Maschinengewehr *n*

mittente *m* Absender

mixer *m* Mixer; Mixbecher

mòbile beweglich; *m* Möbel(stück *n*) *n*

mobilia *f*, **~o** *m* Mobiliar *n*

moca *m* Mokka

mocassino *m* Mokassin

moda *f* Mode; *alla ~* nach der
Mode; *di ~* modern; *fuori ~*
altmodisch, unmodern

modellare formen; ausrichten (*su* nach); **~o** *m* Modell
n; Muster *n*

modem *m* EDV Modem *n*

moderare mäßigen; **~ato**
mäßig, mäßigt; *Pol* gemäßigt; **~atore** *m*, **~atrice**
[-tʃe] *f* Moderator(in *f*) *m*;
~azione *f* Maßhalten *n*

moderno modern

modestia *f* Bescheidenheit;
~esto bescheiden; *Preis*
niedrig

modifica *f* Änderung

modificare ab-, um-, verändern; **~azione** *f* Abänderung

modo *m* Art *f*, Weise *f*; *Mus*
Tonart *f*; *Gr* Modus; *~ di dire*
Redensart *f*; *a questo ~* so;
in ~ che (+ *cong*) sodass;
ad ogni ~ jedenfalls

mòdulo *m* Vordruck; Formular *n*; *~ per telegrammi* Telegrammformular *n*

mògano *m* Mahagoni *n*

moglie [-ʎe] *f* (Ehe-)Frau,
Gattin

mola *f* Schleifstein *m*

molare schleifen; *m* Backenzahn

molestare belästigen; **~ia** *f*
Belästigung; **~o** lästig

molla *f* Tech Feder; *fig* Triebfeder; **~e** weich; biegsam;
~eggio [-dʒo] *m* Federung
f; **~etta** *f* (Wäsche-)Klammer; Haarklemme

mollica *f* weicher Teil des Brotes

molo *m* Mole *f*, Pier

mòlotov *f* Molotowcocktail
m

moltéplice [-tʃe] vielfältig

molteplicità [-tʃ-] *f* Vielfalt

moltiplicare multiplizieren;
~si sich vermehren

moltitùdine *f* Menge

molto viel; sehr; lange; *fra
non ~* in Kürze

momentàneo augenblicklich; **~o** *m* Augenblick; *per
il ~* einstweilen; *sul ~* sofort

mònaca *f* Nonne; **~o** *m*
Mönch

Mònaco *f*: *principato di ~*
Fürstentum Monaco *n*; *~ di
Baviera* München *n*

monarca *m* Monarch; **~archìa**
[-k-] *f* Monarchie

monastero *m* Kloster *n*

mondano weltlich; mondän

mondare Obst schälen

mondiale Welt…

mondo m Welt f; **l'altro** ~ das Jenseits

monello m Lausbub; Straßenjunge

moneta f Münze; Währung

mònitor m Monitor

mono|locale m Einzimmerwohnung; **~motore** m einmotoriges Flugzeug n; **~pàttino** m Kickboard n; **~petto** m Einreiher; **~polio** m Monopol n; **~posto** m Einsitzer

monòtono eintönig

monouso Einweg…

montaggio [-dʒo] m Montage f

mont|agna [-ɲa] f Gebirge n; Berg m; **~agnoso** [-ɲ-] gebirgig; **~are** (be)steigen; in Fahrzeug einsteigen; Tech montieren; Reifen aufziehen

monte m Berg; fig Haufen; **~ di pietà** Leihhaus n

montone m Hammel

montuoso bergig

monumento m Denkmal n

moquette [mo'kɛt] f Teppichboden m

mora f Brombeere

morale moralisch; f Moral

morbidezza f Weichheit

mòrbido weich

morbillo m Masern pl

mòrdere beißen; stechen

morena f Moräne

morfina f Morphium n

morire sterben; Bot eingehen; fig ~ **di** umkommen vor

mormor|are murmeln; rauschen; **~io** m Gemurmel n

moro schwarz; dunkelhaarig

mors|icare beißen; stechen; **~o** m Biss(wunde f) Stich; Bissen

morta f Tote; **~le** sterblich; tödlich; **~lità** f Sterblichkeit

morte f Tod m; **a ~** tödlich; zu Tode

mortifica|re kränken, demütigen; **~zione** f Kränkung, Demütigung

morto gestorben; tot; **stanco ~** todmüde; ~ m Tote(r)

mortuario Leichen…; Toten…

mosàico m Mosaik n

mosca f Fliege

Mosca f Moskau n

mosc|atello m Muskateller; **~ato: noce** [-tʃe] f **moscata** Muskatnuss

moschea [-ske-] f Moschee

moschetto [-ske-] m Karabiner; **~ne** m Karabinerhaken

moscone [-sko-] m Ruderboot n; Zo Brummer

mossa f Bewegung; Geste; (Spiel-)Zug m

mosso Meer bewegt

mostarda f Senfsoße

mosto m (Trauben-)Most

mostr|a f Ausstellung; Messe; (Schaufenster-)Auslage; **~are** zeigen; **~o** m Ungeheuer n; **~uoso** scheußlich

motèl m Motel

motiv|are begründen; **~azione** f Begründung; **~o** m (Beweg-)Grund; Motiv *n*

moto 1. *m* Bewegung *f*; **méttere in ~** in Bewegung setzen; *Motor* anlassen; **2.** *f*
Motorrad *n*; **~carrozzetta** *f*
Motorrad *n* mit Beiwagen;
~cicletta [-tʃ-] *f* Motorrad
n; **~ciclista** [-tʃ-] *su* Motor-
radfahrer(in *f*) *m*; **~ciclo**
[-tʃ-] *m* Motorrad *n*; **~legge-
ra** [-dʒe-] *f* Leichtmotorrad
n; **~nave** *f* Motorschiff *n*

motore *m* Motor; **~ Diesel**
Dieselmotor; **~ di ricerca** *Internet* Suchmaschine *f*; **~ a
due (quattro) tempi** Zwei-
(Vier-)taktmotor; **~ a scoppio** Verbrennungsmotor;
~fuoribordo Außenbordmotor

moto|retta *f* Motorroller *m*;
~rino *m* Moped *n*, Mofa *n*;
~ d'avviamento Anlasser

motorscooter *m* (Motor-)
Roller

motoscafo *m* Motorboot *n*

motrice [-tʃe] *f* Esb Triebwa-
gen *m*

mouse *m* EDV Maus *f*

movimento *m* Bewegung *f*;
Betrieb, Verkehr

mozzarella *f* Büffelkäse *m*

mozz|icone *m* (Zigaretten-, Zi-
garetten-)Stummel; **~o** *m*
Schiffsjunge; *Tech* Nabe *f*

mucca *f* Kuh; **~ pazza** Rin-
derwahn(sinn) *m*

mucchio [-k-] *m* Haufen,
Menge *f*

muc|o *m* Schleim; **~osa** *f*
Schleimhaut

muff|a *f* Schimmel *m*; **~ire**
schimmeln

mughetto *m* Maiglöckchen *n*

mugnàia *f*; *Kochk* **alla ~** Mülle-
rinnenart

mulin|ello *m* Angel Rolle *f*;
Mar Ankerwinde *f*; **~o** *m*
Mühle *f*

mulo *m* Maulesel, Maultier *n*

multa *f* Geldstrafe, Bußgeld *n*

multicolore bunt

multimediale *adj* Multimedia...

mùltiplo mehr-, vielfach

mùngere [-dʒe-] melken

municipale [-tʃ-] städtisch;
Gemeinde..., Kommunal...

municipio [-tʃ-] *m* Rathaus *n*

mun|ire versehen (**di** mit);
~izioni *f/pl* Munition *f*

muòio ich sterbe; **~no** sie sterben

muor|e er (sie, es) stirbt; **~i** du
stirbst

muòver|e bewegen; *im Spiel*
ziehen; **~si** sich in Bewegung setzen

mur|a *f/pl* Stadtmauer *f*;
~aglia [-ʎa] *f* Mauer; **~atore**
m Maurer; **~atura** *f* Mauer-
werk *n*; **~o** *m* Mauer *f*, Wand
f

musco *m* Moos *n*

muscolatura *f* Muskulatur

mùscolo *m* Muskel

museo *m* Museum *n*; **~ ar-
cheològico** archäologisches
Museum; **~ dell'arte** Kunst-
museum *n*; **~ etnològico**

Völkerkundemuseum *n*

museruola *f* Maulkorb *m*

mùsica *f* Musik; Kapelle; ~ **da câmera** Kammermusik

musicale musikalisch

musicassetta *f* Musikkassette

music hall ['mju:zik 'hɔ:l] *m* Varietee *n*

musicista [-tʃ-] *su* Musiker(in *f*) *m*

muso *m* Maul *n*; Schnauze *f*

muta *f* Taucheranzug *m*

mutand|e *f/pl* Unterhose *f*; **~ine** *f/pl* Schlüpfer *m*, Slip *m*; ~ **(da bagno)** Badehose *f*

mutare ändern; wechseln

mutil|are verstümmeln; **~ato** *m* Versehrte(r)

muto stumm; *m* Stumme(r); Stummfilm

mùtu|a *f* Krankenversicherung, -kasse; **~ato** *m* Versicherte(r) *f* (*m*); Kassenpatient; **~o** gegenseitig; *m* Darlehen *n*

N

nàcchere [-ke-] *f/pl* Kastagnetten

nafta *f* Heizöl *n*

nano zwerghaft; *m* Zwerg

napoletano neapolitanisch; *m* Neapolitaner

Nàpoli *f* Neapel *n*

nappa *f* Nappaleder *n*

narciso *m* Narzisse *f*

narc|osi *f* Narkose, Betäubung; **~òtico** *m* Betäubungsmittel *n*; **~otizzare** betäuben

narice [-tʃe] *f* Nasenloch *n*

narr|are erzählen; **~azione** *f* Erzählung

nasale nasal; *f* Nasal(laut) *m*

nàsc|ere [-ʃ-] geboren werden; *Bot* keimen; *fig* entstehen; **~ita** *f* Geburt

nasc|óndere [-sko-] verstecken; verheimlichen; **~óndersi** sich verstecken; **~ondiglio** [-ʎo] *m* Versteck

n; Schlupfwinkel

nasello *m* Seehecht

naso *m* Nase *f*

nastro *m* Band *n*; ~ **adesivo** Klebestreifen *m*; ~ **isolante** Isolierband *n*; ~ **magnètico** Tonband *n*

Natale *m* Weihnacht(en *n*) *f*

na|tale Heimat...; Geburts...; Weihnachts...; **~talità** *f* Geburtenzahl; **~tìvo** gebürtig, stammend (*di* aus)

nato geboren

natura *f* Natur; ~ **morta** *Mal* Stillleben *n*

naturale Natur...; natürlich; **scienze** *f/pl* **naturali** Naturwissenschaften

natur|alezza *f* Natürlichkeit; **~alizzare** einbürgern, naturalisieren

naturalmente natürlich, selbstverständlich

naufrag|are Schiffbruch erleiden (*a fig*); *fig* scheitern; **~io** [-dʒo] *m* Schiffbruch (*a fig*); *fig* Scheitern *n*

naufrago *m* Schiffbrüchige(r)

nausea *f* Brechreiz *m*, Übelkeit; *fig* Ekel *m*

nauseare anekeln

navale See…; Schiffs…; *cantiere m ~* Werft *f*

navata *f* (Kirchen-)Schiff *n*; ~ *centrale* (*laterale*) Mittel-(Seiten-)schiff *n*

nave *f* Schiff *n*; ~ *da càrico* Frachtschiff *n*; ~ *passeggeri* Passagierschiff *n*; ~ *traghetto* Fähre

navicella [-tʃe-] *f Flgw* Gondel

navig|àbile schiffbar; **~atore** *m* Seefahrer; **~azione** *f* Schiffahrt; *Flgw* Navigation

navone *m* Kohlrübe *f*

nazional|e national; staatlich; Landes…; *f* Nationalmannschaft; **~ìstico** national-istisch; **~ità** *f* Staatsangehörigkeit; **~izzare** verstaatlichen; **~socialismo** *m* Nationalsozialismus

nazione *f* Nation; Staat *m*

naziskin *m/f* Neonazi

N.E. (*nordest*) NO (*Nordost*)

ne davon, deren, darüber, damit; einige, welche

né auch nicht; ~ … ~ … weder … noch …

neanche [-ke] auch nicht; nicht einmal

nebbi|a *f* Nebel *m*; **~oso** neb(e)lig

nebuloso *fig* verschwommen

necess|ario [-tʃe-] nötig, notwendig; *m* Nötige(s) *n*; **~ità** *f* Notwendigkeit; Not; *in caso di ~* im Notfall; bei Bedarf

nefrite *f* Nierenentzündung

neg|are verneinen; leugnen; **~ativa** *f* Verneinung; *Fot* Negativ *n*; **~ativo** verneinend; *Antwort* abschlägig; *m Fot* Negativ *n*; **~azione** *f* Verneinung

negli [-ʎi] *prp in mit art* **gli**

neglig|ente [-gliʤ-] nachlässig; **~enza** *f* Nachlässigkeit

negozi|ante *m* Kaufmann; **~are** verhandeln über; handeln (*in* mit); **~azione** *f* Verhandlung

negozio *m* Geschäft *n*, Laden; ~ *di articoli fotogràfici* Fotogeschäft *n*; ~ *di articoli sportivi* Sportgeschäft *n*; ~ *di calzature* Schuhgeschäft *n*; ~ *di gèneri alimentari* Lebensmittelgeschäft *n*

negro schwarz; *m* Schwarze(r)

nei, nel, nella, nelle, nello *prp in mit art* **i, il, la, le, lo**

nem|ica *f* Feindin; **~ico** feindlich; *m* Feind

nemmeno auch nicht, nicht einmal

neo *m* Leberfleck; Muttermal *n*; **~nato** *m* Neugeborene(s) *n*

neppure auch nicht; nicht einmal

nero schwarz; *m* Schwarzer

nerv|ino Nerven...; **~o** *m* Nerv; **~osità** *f* Nervosität; **~oso** nervös, reizbar

nèspol|a *f* Mispel; **~o** *m* Mispelbaum

nessuno kein(er); niemand; *in nessun caso* keinesfalls

netta|mente entschieden, glatt; **~piedi** *m* Fußmatte *f*; **~pipe** *m* Pfeifenreiniger

nettare reinigen, putzen

nettezza *f* Sauberkeit; **~ urbana** Straßenreinigung; Müllabfuhr

netto sauber, rein; Hdl Netto...; *guadagno* **~** Reingewinn

netturbin|a *f*, **~o** *m* Straßenkehrer(in *f*) *m*

neutr|ale neutral; **~alità** *f* Neutralität; **~o** neutral; *Gr* sächlich

nevato verschneit, schneebedeckt; *m* Firn

nev|e *f* Schnee *m*; **~ fresca** (*farinosa*)   Neu-(Pulver-) schnee *m*; **~icare** schneien; **~icata** *f* Schneefall *m*; **~ischio** [-sk-] *m* Schneegestöber *n*

nevr|algia [-dʒ-] *f* Neuralgie; **~àlgico** [-dʒ-] neuralgisch; **~osi** *f* Neurose; **~òtico** neurotisch

nicchia [-k-] *f* Nische

nichel [-k-] *m* Nickel *m*

nicotin|a *f* Nikotin *n*; **~ismo**

[-zm-] *m* Nikotinvergiftung *f*

nido *m* Nest *n*

niente [ni'ɛ:ntə] nichts; **~ paura!** nur keine Angst!; **~ affatto** durchaus nicht; *per* **~** umsonst, vergebens; überhaupt nicht; **~** *m* Nichts *n*

nimbo *m* Heiligenschein

ninfa *f* Seerose

ninnananna *f* Wiegenlied *n*

ninnolo *m* Spielzeug *n*; **ninnoli** *m/pl* Nippsachen *f/pl*

nipote *su* Neffe *m*, Nichte *f*; Enkel *m*, Enkelin *f*

nitidezza *f* Klarheit; *Fot* Schärfe

nitido klar, scharf

nitrire wiehern

N.O. (*nordovest*) NW (*Nordwest*)

no nein; **~?** oder nicht?; *come* **~!** natürlich!; und ob!; *se* **~** sonst; andernfalls; *dire di* **~** nein sagen

nòbile ad(e)lig; vornehm; *su* Adlige(r) *f* (*m*)

nobiltà *f* Adel *m*; Vornehmheit

nocca *f* Knöchel *m*

nocciol|a [-tʃo-] *f* Haselnuss; **~ina** *f* Erdnuss; **~o** *m* Haselnussstrauch

nòcciolo [-tʃo-] *m* Kern, Stein (*in e-r Frucht*)

noce [-tʃe] *m* Nussbaum (*a Holz*); **~** *f* (Wal-)Nuss; *Kochk* Nuss; **~ moscata** Muskatnuss; **~ del piede** Fußknöchel *m*

nocepesca [-tʃ-] *f* Nektarine

nocino [-tʃ-] *m* Walnusslikör

nocivo [-tʃ-] *m* schädlich

nodo *m* Knoten; Knotenpunkt

noi wir; uns; ~ *altri* wir; ~ *altri italiani* wir Italiener

noi|a *f* Langeweile; Belästigung; **~oso** langweilig; lästig

noleggi|are [-dʒa-] mieten; vermieten; *Flugzeug* chartern; **~o** [-dʒo] *m* Miete *f*; Verleih; Leihgebühr *f*; ~ *automòbili* Autovermietung *f*; **~ sci** Skiverleih

nolo *m* Miete *f*; Fracht *f*; *prèndere a* ~ mieten; *dare a* ~ vermieten

nòmade *m/f* Zigeuner(in *f*) *m*

nome *m* Name; ~ *(di battésimo)* Vorname; ~ *di ragazza* Mädchenname

nomignolo *m* Spitzname

nòmina *f* Ernennung

nominare (er-, be-)nennen

non nicht; ~ *ancora* noch nicht; ~ *che* u *~ché* nicht, dass; und außerdem; ~ *c'è di che!* keine Ursache!; ~ *violento* gewaltlos; ~ *legato* ungebunden; ~ *zuccherato* ungesüßt; ~ *fumatori* *m/pl* Nichtraucher; ~ *nuotatori* *m/pl* Nichtschwimmer; ~ *profumato* parfümfrei; ~ *vàlido* ungültig; ~ *stiro* bügelfrei

noncurante unbekümmert *(di* um)

nondimeno nichtsdestoweniger

nonna *f* Großmutter

nonno *m* Großvater; *nonni pl* Großeltern

nono neunte(r); *m* Neuntel *n*

nonostante trotz; obwohl; trotzdem

nontiscordardimé *m* *Bot* Vergissmeinnicht *n*

nord *m* Norden; *a(l)* ~ *di* nördlich von; *mare m del* 2 Nordsee *f*; **~est** *m* Nordosten; **~ovest** *m* Nordwesten

norma *f* Richtschnur; Regel; Norm; Bestimmung

normal|e normal; üblich; **~mente** *adv* gewöhnlich

norvegese [-dʒe-] norwegisch; *su* Norweger(in *f*) *m*

Norvegia [-dʒa] *f* Norwegen *n*

nostalgia [-dʒ-] *f* Sehnsucht, Heimweh *n* (*di* nach)

nostrano einheimisch; *vino m* ~ Landwein

nostro unser; *m* Unsr(ig)e

nota *f* Anmerkung; Notiz

notàbile beachtenswert

notaio *m* (*-a f*) Notar(in *f*) *m*

not|are notieren, aufschreiben; bemerken; **~ariato** *m* Notariat *n*; **~arile** notariell

notebook *m* EDV Notebook *n*

not|évole bemerkenswert; beachtlich; **~ificare** mitteilen; anmelden; **~izia** *f* Nachricht; **~iziario** *m* *Rdf*, *TV* Nachrichten *f/pl*; **~o** bekannt; *far* ~ bekannt geben; **~orio** offenkundig

notte *f* Nacht; *di* ~ nachts;

bei Nacht
notturno nächtlich, Nacht…
novantenne neunzigjährig
nove neun; **il 2cento** [-tʃe-] *m* das 20. Jahrhundert *n*
novella *f* Novelle
novembre *m* November
novilunio *m* Neumond
nov|ità *f* Neuheit; Neuigkeit; Neuerung; **~iziato** *m fig* Lehrzeit *f*
nozione *f* Kenntnis; Begriff *m*
nozze *f/pl* Hochzeit *f*
nub|e *f* Wolke; **~ifragio** [-dʒo] *m* Wolkenbruch
nùbile ledig (*Frau*)
nuca *f* Nacken *m*, Genick *m*
nucleare Kern…, nuklear
núcleo *m* Kern; *fig* Gruppe *f*; *Pol* Zelle *f*
nud|ismo [-zm-] *m* Freikörperkultur *f* (FKK); **~ista** *su* Nudist(in *f*) *m*; FKKler(in *f*) *m*; **~ità** *f* Nacktheit; **~o** nackt; bloß
nulla nichts; **non … ~** durchaus nicht
nullo nichtig, ungültig
numer|ale *m* Zählwort *n*; **~are** (auf)zählen; nummerieren; **~atore** *m* Zähler
nùmero *m* Zahl *f*; Anzahl *f*;

Nummer *f*; (Schuh-)Größe *f*; *Bus, Tram* Linie *f*; **~ di casa** Hausnummer *f*; **~ di còdice** Postleitzahl *f*; **~ telefònico** Telefonnummer *f*; **~ di targa** Autonummer *f*; **~ di segreto** Geheimzahl *f*; **~ di volo** Flugnummer *f*; **~ d'ordinazione** Bestellnummer *f*; **fare il ~** *Tel* wählen; **sbagliare ~** *Tel* sich verwählen
numeroso [-ozo] zahlreich
nunzio *m Rel* Nuntius
nuòcere [-tʃe-] schaden
nuora *f* Schwiegertochter
nuotare schwimmen
nuota|tore *m*, **~trice** *f* Schwimmer(in *f*) *m*; **non ~** Nichtschwimmer(in *f*) *m*
nuoto *m* Schwimmen *n*
nuova *f* Nachricht
Nuova Zelanda *f* Neuseeland *n*
nuovo neu; **di ~** nochmals; **~** *m* Neue(s) *n*
nutri|ente nahrhaft; **~imento** *m* Nahrung *f*; **~ire** (er)nähren; **~itivo** nahrhaft
nùvola *f* Wolke
nuvoloso bewölkt, wolkig
nuziale Hochzeits…
nylon® *m* Nylon® *n*

O

o oder; **~ ... ~** entweder ... oder

O. (*ovest*) W (*Westen*)

òasi *f* Oase

obbligare verpflichten; zwingen; **~atorio** obligatorisch; **~azione** *f* Verpflichtung

òbbligo *m* Pflicht *f*; **d'~** vorgeschrieben

obelisco *m* Obelisk

obiettare einwenden; **~ivo** sachlich, objektiv; *m* Ziel *n*; *Fot* Objektiv *n*

obiezione *f* Einwand *m*; **~ di coscienza** Wehrdienstverweigerung

obliquo schräg; schief

obliterare *Fahrschein* entwerten; **~trice** *f* Entwerter *m*

oblungo länglich

oblò *m* Bullauge *n*

OC *f/pl* (*onde corte*) KW *f* (*Kurzwelle*)

oca *f* Gans

occasionale gelegentlich; **~e** *f* Gelegenheit; **Gelegenheitskauf** *m*; **automòbile** *f* **d'~** Gebrauchtwagen *m*

occhiali *m/pl* Brille *f*; **~ da sole** Sonnenbrille *f*; **~ata** *f* Blick *m*; **~ello** *m* Knopfloch *n*; Öse *f*; **~o** *m* Auge *n*; Blick; **a ~** ungefähr; **dare nell'~** auffallen; **~olino** *m*: **fare l'~ a qu** j-m zuzwinckern

occidentale [-tʃ-] westlich; West...; **~e** *m* Westen

occorrente erforderlich; *m* Nötige(s) *n*; **~enza** *f* Bedarfsfall *m*; **all'~** bei Bedarf

occórrere erforderlich, nötig sein; **occorre** man muss; **mi occorre** (+ *su*) ich brauche; (+ *inf*) ich muss

occultare verheimlichen; **~o** geheim

occupare *Platz* einnehmen; besetzen; j-n beschäftigen; **~arsi** sich beschäftigen (**di** mit); **~ato** beschäftigt; *Platz* besetzt; **~azione** *f* Beschäftigung

ocèano [otʃ-] *m* Ozean

oculare: **testimone** *m* **~** Augenzeuge; **~lista** *su* Augenarzt *m*, Augenärztin *f*

odiare hassen; **~ato** verhasst; **~o** *m* Hass; **~oso** hassenswert

odontotècnico *f*, **~co** *m* Zahntechniker(in *f*) *m*

odorare riechen (**di** nach); **~ato** *m* Geruchssinn; **~e** *m* Geruch; **~i** *m/pl* Küchenkräuter *pl*; **~oso** (wohl)riechend

offèndere beleidigen; verletzen; **~si** sich gekränkt fühlen

offerente *m* Bieter; **migliore ~** Meistbietende(r)

offensiva f Angriff m

offerta f Anerbieten n; Angebot n; ~ **speciale** Sonderangebot n

offesa f Beleidigung

officina [-tʃ-] f Werkstatt; ~ **concessionaria** Vertragswerkstatt

offrire (an-, dar-)bieten

oggettivo [-dʒe-] sachlich, unvoreingenommen, objektiv

oggetto [-dʒe-] m Gegenstand; Gr Objekt n; **oggetti** pl **di valore** Wertsachen f/pl

oggi ['oddʒi] heute; **d'~** heutig; ~ **a otto** heute in acht Tagen; ~**dì**, ~**giorno** [-dʒidʒo-] heutzutage

ogiva [-dʒ-] f Arch Spitzbogen m

ogni [-ɲi] jeder, jede, jedes; ~ **giorno** jeden Tag; ~ **tanto** ab und zu; ~ **sei giorni** alle sechs Tage; **in ~ caso** auf jeden Fall

Ogn|issanti [-ɲ-] m Allerheiligen n; **2uno** jeder (-mann)

OL f/pl (onde lunghe) LW f (Langwelle)

Olanda f Holland n

olandese holländisch; su Holländer(in f) m; m Edamer (Käse)

oleandro m Oleander

oleoso ölig

olfatto m Geruchssinn

oliera f Menage

olio m Öl m; ~ **per il cambio** Getriebeöl n; ~ **per il motore** Motorenöl n; ~ **d'oliva** Olivenöl n; ~ **di ricino** Rizinusöl n; ~ **di semi** Keimöl n; ~ **solare** Sonnenöl n

oliva f Olive; ~**astro** olivgrün; ~**eto** m Olivenhain; ~**o** m Olivenbaum

olmo m Ulme f

oltre außer; jenseits; mehr als; **andare** ~ weitergehen; ~**mare:** d'~ aus Übersee; ~**passare** überschreiten

OM f/pl (onde medie) MW f (Mittelwelle)

ombr|a f Schatten m; ~**eggiare** [-dʒa-] beschatten; ~**ellino** m Sonnenschirm; ~**ello** m Regenschirm; ~**ellone** m großer Sonnenschirm; ~**etto** m Lidschatten; ~**oso** schattig

omelette [-'let] f Eierkuchen m, Omelett n

omeo|patia f Naturheilkunde; ~**pàtico** homöopathisch

òmero m Oberarmknochen

om|icida [-tʃ-] mörderisch; su Mörder(in f) m; ~**icidio** [-tʃ-] m Mord

omissione f Unterlassung

omosessuale homosexuell

onda f Welle; fig Flut; ~ **verde** Grüne Welle; **onde** f/pl **corte (medie, lunghe)** Kurz- (Mittel-, Lang-)welle f

ondeggiare [-dʒa-] wogen; schwanken

ond|ulare Haar in Wellen legen; ~**ulazione** f Wellen

(-bewegung)

oneroso drückend

onest|à f Ehrlichkeit; **~o** ehrlich

onnipotente allmächtig

onomàstico m Namenstag

onor|àbile ehrbar; **~abilità** f Ehrbarkeit; **~anze** f/pl Ehrungen; **~are** ehren; beehren (**di** mit)

onor|ario m Honorar n; **membro** m **~** Ehrenmitglied n; **~ato** angesehen, geachtet

onor|e m Ehre f; **~évole** ehrenwert

onta [o-] f Schmach

ONU ['o:nu] f (Organizzazione delle Nazioni Unite) UNO (United Nations Organization)

opaco [o-] matt, undurchsichtig

òpera [ɔ-] f Werk n; Mus Oper(nhaus n); **~ d'arte** Kunstwerk n; **~ teatrale** Theaterstück n

operàbile operabel

oper|aia f, **~aio** m Arbeiter(in f) m; **~are** handeln; tun; Med operieren; **~ativo** operativ; **~azione** f Operation; **~etta** f Operette

opinione f Meinung, Ansicht

oppio [ɔ-] m Opium n

opp|orre entgegensetzen; einwenden; **~orsi** sich widersetzen; **~ortuno** zweckmäßig; gelegen; **~osizione** f Gegensatz m; Widerstand m (**a** gegen); jur Einspruch

m; **~osto** entgegengesetzt; gegenüberliegend; **all'~** im Gegenteil

oppr|essione f Unterdrückung; Med Beklemmung; **~imere** (be-, unter-)drücken

oppure oder (auch); andernfalls

opulen|to üppig; **~za** f Üppigkeit

opùscolo m Broschüre f; Prospekt

ora¹ f Stunde; **~ legale** Sommerzeit; **~ d'arrivo** Ankunftszeit; **~ di partenza** Abfahrtszeit; **ore** pl **libere** Freizeit f; **ore** pl **di punta** Stoßzeiten; **che ~ è, che ore sono?** wie viel Uhr (od wie spät) ist es?; **di buon'~** frühzeitig

ora² adv jetzt, nun; **or ~** soeben; **per ~** vorläufig; **~ ... ~ ... bald ... bald ...; d'~ in poi** von nun an

orale mündlich

orare beten; bitten

orario stündlich; m Arbeitszeit f; Fahr-, Flugplan; Esb a Kursbuch n; **~ delle visite** Besuchszeit f; **~ flessibile** (**di lavoro**) Gleitzeit f; **in ~** pünktlich, (fahr)planmäßig

orata f Goldbrasse

ora|tore m, **~trice** [-tʃe] f Redner(in f) m; **~torio** m Oratorium n

orbettino m Blindschleiche f

orchestra [-k-] f Orchester n

orchidèa [-k-] f Orchidee

ordin|ale m u **nùmero** m ~ Ordnungszahl f; **~are** (an-) ordnen; im Lokal, Hdl bestellen; Med verordnen; **~ario** gewöhnlich; üblich; **~atore** m Ordner; **~azione** f Bestellung; Priesterweihe

órdine m Ordnung f; Befehl; Rel Orden; Hdl Auftrag; ~ **permanente** Dauerauftrag; **fino a nuovo** ~ bis auf Weiteres; **di prim'~** erstklassig

ordire anzetteln

orecchi|no [-kk-] m Ohrring, -klipp; **~o** m Ohr n; Gehör n; **~oni** m/pl Mumps m

oréfice [-tʃe] Goldschmied(in f) m

oreficeria [-tʃ-] f Juweliergeschäft n

òrfano [ɔ-] verwaist; m Waisenkind n

orgànico organisch; **rifiuti** m/pl **organici** Biomüll m

organ|ino m Drehorgel f; **~ismo** [-zm-] m Organismus; **~ista** su Organist(in f) m; **~izzare** organisieren; veranstalten; **~izzazione** f Organisation; Veranstaltung

òrgano m Organ n; Orgel f

orgasmo m Orgasmus

orgogli|o [-goʎo] m Stolz; **~oso** [-ʎozo] stolz

orient|àbile einstellbar; **~ale** östlich; orientalisch; **~amento** m Orientierung f; ~ **professionale** Berufsberatung f; **~are** (aus)richten (a nach); **~arsi** sich orientieren; **~e** m

Orient; **Estremo Oriente** Nahe Osten m

origano m Oregano

origin|ale [-dʒ-] ursprünglich; originell; m Original n; **~are** hervorrufen; **~ario** ursprünglich; Ursprungs...; Person gebürtig

origine [-dʒ-] f Ursprung m; Herkunft

origliare lauschen

orina f Urin m, Harn m

orizzont|ale horizontal, waagerecht; **~e** m Horizont

orl|are säumen; **~atura** f, **~o** m Rand m; Saum m

orma f Spur, Fußstapfe

ormai nun; bereits

ormone m Hormon n

orn|amento m Ornament n; Verzierung f; **~are** schmücken; verzieren

oro [ɔ-] m Gold n; **d'~** golden

orolog|eria [-dʒ-] f Uhrengeschäft n; **~iaia** f, **~iaio** [-dʒa-] m Uhrmacher(in f) m; **~io** [-dʒo] m Uhr f; ~ **al quarzo** Quarzuhr f; ~ **da polso** Armbanduhr f; ~ **da tasca** Taschenuhr f; **~ a cucù** Kuckucksuhr f

oròscopo m Horoskop n

orr|endo fürchterlich; **~ibile** schrecklich

òrrido [ɔ-] grauenhaft

orrore m Entsetzen n; Abscheu; **avere un ~ di qc** große Angst vor et haben

Orsa f: Astr ~ **maggiore** (**minore**) Großer (Kleiner) Bär

orsacchiotto *m* Teddybär

orso *m* Bär; **~ bianco** Eisbär

ortaggio [-dʒo] *m* Gemüse *n*

orti|ca f Brennnessel; **~caria** f Nesselfieber *n*

orto [-ɔ-] *m* Gemüsegarten; **~ botànico** *m* botanischer Garten

orto|dosso orthodox; **~grafia** f Rechtschreibung

ortola|na f, **~no** *m* Gemüsegärtner(in *f*) *m*

ortopèdi|ca f Orthopädin; **~co** orthopädisch; *m* Orthopäde

orzaiolo *m Med* Gerstenkorn *n*

orzata f Gerstenmilch

orzo [-ɔ-] *m* Gerste f; **~ perlato** Perlgraupen f/pl

osare wagen

osceno [-ʃe-] obszön

oscillare [-ʃil-] f schwingen; schwanken

oscur|are verdunkeln; **~ità** f Dunkelheit; **~o** dunkel, finster

ospedale *m* Krankenhaus *n*

ospit|ale gastfreundlich; **~alità** f Gastfreundschaft; **~are** beherbergen

òspite *m* Gast; Gastgeber

ospizio *m* Heim *n*

ossatura f Knochengerüst *n*

osserv|are beobachten; beachten; einwenden; **~atore** *m*, **~atrice** f Beobachter(in *f*) *m*; **~atorio** *m* Observatorium *n*; **~azione** f Beobachtung; Einwand *m*

ossesso besessen

ossia [os'si:a] oder (auch)

ossigeno [-dʒe-] *m* Sauerstoff; **tenda f a ~** Sauerstoffzelt *n*

osso [-ɔ-] *m* Knochen; **~buco** *m* geschmorte Kalbshachsenscheibe

ostàcolo *m* Hindernis *n*

ostaggio [-dʒo] *m* Geisel f

oste [-ɔ-] *m* Wirt

ostello *m*: **~ della gioventù** Jugendherberge f

ostensorio *m* Monstranz f

oste|ria f Wirtshaus *n*; **~essa** f Wirtin

òstia [-ɔ-] f Hostie; Oblate

ostile feindlich; feindselig

ostilità f Feindschaft

ostin|arsi hartnäckig bestehen (*a* auf); **~ato** hartnäckig

òstrica [-ɔ-] f Auster

ostri|caio *m* Austernbank f; **~coltura** f Austernzucht

otite f Ohrenentzündung

otorinolaringoiatra *su* Hals-Nasen-Ohren-Arzt *m*, HNO-Ärztin f

ottagonale achteckig

ottano *m* Oktan *n*; **nùmero** *m* **di ottani** Oktanzahl f

ottantenne achtzigjährig

ottav|a f *Mus* Oktave; **~o** achte(r); *m* Achtel *n*

ottenere erlangen; erhalten

òtti|ca [-ɔ-] f Optik; Optikerin; **~co** optisch; *m* Optiker

otti|mamente hervorragend; **~mismo** [-zm-] *m* Optimismus; **~mista** optimistisch; *su* Optimist(in *f*) *m*

òttimo sehr gut, beste

otto [ɔ-] acht; **oggi a ~** heute in acht Tagen; **~ volante** Achterbahn *f*

ottobre *m* Oktober

Ottocento [-tʃe-] *m*: *l'~* das 19. Jahrhundert *n*

ottone *m* Messing *n*

ottur|are verstopfen; abdichten; **Zahn** plombieren; **~ato-re** *m* Fot Verschluss

ovaio *m* Anat Eierstock

ovale oval; *m* Oval *n*

ovatta *f* Watte

ove wo; wohin

overdose ['ouvə:dous] *f* Überdosis

òvest *m* Westen; **all'~ di** westlich von

ovile *m* Schafstall

òvolo [ɔ-] *m* Butterpilz

ovunque wo auch immer

ovvero [o-] oder (auch)

òvvio [ɔ-] offensichtlich

ozi|o ['ɔtsio] *m* Muße *f*; Müßiggang; **~oso** müßig

ozono *m* Ozon *n*; **allarme ~** Ozonwarnung *f*; **buco nell'~** Ozonloch *n*; **strato m di ~** Ozonschicht *f*

P

p. *pagina f* S. Seite

pacchetto [-ke-] *m* Päckchen *n*; **~ di sigarette** *f*/*pl* Schachtel *f* Zigaretten

pacco *m* Paket *n*; **~ bomba** Briefbombe *f*

pace [-tʃe] *f* Frieden *m*; **darsi ~** sich zufriedengeben; **lasciare in ~** in Ruhe lassen

pacemaker ['peismeikə:] *m* Herzschrittmacher

pacifico [-tʃ-] friedlich; 2 *m* Pazifik; **Ocèano ~** 2 Pazifischer Ozean

pacifismo [-tʃifiz-] *m* Friedensbewegung *f*

padano: pianura *f* **padana** Poebene

padella *f* Pfanne

padiglione [-ʎo-] *m* Pavillon; Halle *f*

Pàdova *f* Padua *n*

padr|e *m* Vater; Pater; **~ino** *m* Pate

padron|a *f* Eigentümerin; Chefin; **~ di casa** Hausherrin; **~ato** *m* Unternehmertum *n*; **~e** *m* Eigentümer; Chef; **~ di casa** Hausherr

paes|aggio [-dʒo] *m* Landschaft *f*; **~ano** *m* Dorfbewohner; **~e** *m* Staat Land *n*; Dorf *n*

Paesi Bassi *m*/*pl* Niederlande *n*

pag. *f* (*pagina*) S. (*Seite*)

pag|a *f* Lohn *m*; **~àbile** zahlbar

pagaia *f* Paddel *n*

pagamento m Zahlung f; ~ **anticipato** Vorauszahlung f; ~ **in contanti** Barzahlung; **a** ~ gebührenpflichtig

pagan|èsimo m Heidentum n; **~o** heidnisch; m Heide

pagare (be-, aus-)zahlen; ~ **a rate** abzahlen

pagella f (Schul-)Zeugnis n

paghetta f Taschengeld n

pàgin|a [-dʒ-] f Seite (Buch); **~e gialle** f/pl Branchentelefonbuch n

paglia [-ʎa] f Stroh n; **cappello** m **di** ~ Strohhut; ~ **e fieno** Kochk weiße u grüne Bandnudeln

pagliaccetto [-ʎatʃe-] m Strampelhose f

pagliuzza [-ʎu-] f Strohhalm m

pagnotta f runder Brotlaib m

paio m (pl **le paia**) Paar n; **un** ~ **di** ein paar; einige

pala f Schaufel

palanca f Planke

palato m Gaumen

palazzina f große Villa

palazzo m Palast; städtisches Gebäude n; ~ **municipale** Rathaus n; ~ **di giustizia** Justizpalast

palco m Tribüne f; Thea Loge f; **~scènico** [-ʃe-] m Bühne f

palestra f Turnhalle

palet|ta f kleine Schaufel; **~to** m Pflock; Riegel

palla f Kugel; Ball m; pl V Eier n/pl; ~ **di neve** Schneeball m;

~canestro f Basketball m; **~mano** f Handball m; **~nuoto** f Wasserball m; **~volo** f Volleyball m

pàllido bleich, blass

pallin|a f Murmel; Tischtennisball m; **~o** m Schrot n; **a pallini** pl getupft

pall|oncino [-tʃ-] m Lampion; Luftballon; **~one** m Ball; Fußball; Ballon

pallòttola f Kugel

palma f Palme; Handfläche

palmare® m Palm®

palmeto m Palmenhain

palmo m Handfläche f; fig Spanne f

palo m Pfahl; (Telegrafen-) Mast

palombaro m Froschmann

palombo m Glatthai

palp|àbile fig fühlbar; **~are** ab-, betasten, befühlen

pàlpebra f Augenlid n

palpit|are zucken; pochen; **~azione** f, **pàlpito** m Herzklopfen n

palud|e f Sumpf m; **~oso** sumpfig

palustre sumpfig; Sumpf...

panca f (Sitz-)Bank

pancarrè m Toastbrot m

pancetta [-tʃe-] f Bauchspeck

pan|chetto [-ke-] m Schemel; **~china** [-k-] f (Sitz-)Bank

pancia [-tʃa] f Bauch m; **~otto** [-tʃo-] m Weste f; **~uto** [-tʃu-] dickbäuchig

pandoro m Weihnachtshefekuchen

pane m Brot n; **~ bianco, ne-ro, integrale** Weiß-, Schwarz-, Vollkornbrot n; **pan di Spagna** Bisquitku-chen

panett|eria f Bäckerei; **~ieria** f, **~iere** m Bäcker(in f) m; **~one** m Weihnachtshefeku-chen mit Rosinen

pànfilo m Yacht f

panforte m Pfefferkuchen mit getrockneten u. kandierten Früchten

pangrattato m Paniermehl n

pànico panisch; m Panik f

pan|iere m Korb; **~ificio** [-tʃo] m Bäckerei f

panino m Brötchen n; **~ im-bottito** belegtes Brötchen n; **~teca** f Imbissstube m

panna f Sahne, Rahm m; **~ àcida** saure Sahne; **~ cotta** Cremedessert; **~ montata** Schlagsahne

panne f Panne; **essere in ~** eine Autopanne haben

pann|ello m El Schaltbrett n; **~ solare** Solarzelle f; **~o** m Tuch n; Lappen; Stoff; **panni** pl (Be-)Kleidung f

pannocchia [-k-] f Maiskol-ben m

pannolino m Windel f

panta|loncini [-tʃ-] m/pl kur-ze Hose f; Shorts pl; **~loni** m/pl Hose f

pantera f Panther m

pantòfola f Pantoffel m

panzerotti m/pl Nudelteigta-schen f/pl

papà m Papa, Vati

pap|a m Papst; **~ale** päpstlich; **~ato** m Papsttum n

papàvero m Mohn m

pappa f Brei m; Mus n

pappagallo m Papagei

pappardelle f/pl rechteckige, breite Bandnudeln

pàprica f Paprika m

para|bòlica f: **antenna ~** Sa-tellitenschüssel; **~brezza** m Windschutzscheibe f; **~ca-dute** m Fallschirm; **~caduti-sta** m Fallschirmspringer(in f) m; **~carro** m Leitplanke f

paradentosi f Parodontose

paradiso m Paradies n

paradossale paradox

parafango m Kotflügel

parafùlmine m Blitzableiter

paragon|àbile vergleichbar; **~are** vergleichen; **~e** m Ver-gleich

paràgrafo m Abschnitt; Para-graph

paràlisi f Lähmung

paralitico, paralizzato [-dz-] gelähmt

parall|ela f Parallele; **~e** f/pl Sport Barren m; **~o** parallel

para|luce [-tʃe] m Fot Son-nenblende f; **~lume** m Lam-penschirm; **~pendio** m Gleitschirmflug; **~petto** m Geländer n; Mar Reling f

paraplègi|ca [-dʒ-] f, **~co** m Querschnittgelähmte(r) f (m); adj querschnittgelähmt

parare schmücken; schützen (**da** vor, gegen); abwehren

149

particolare

parasole *m* Sonnenschirm;
Fot Sonnenblende *f*
parassita *m* Parasit; *su fig*
Schmarotzer(in *f*) *m*
parata *f* Parade; Gala
paraurti *m* Stoßstange *f*
parcella [-tʃ-] *f* Parzelle
parcheggiare [-ked-dʒa-]
parken
parcheggio [-kɛd-dʒo] *m*
Parkplatz; Parken *n*
parchimetro [-ki-] *m* Parkuhr
f
parco *m* Park; **~ nazionale**
Nationalpark
parecchio [-k-] ziemlich viel;
parecchi m/pl, *parecchie*
f/pl mehrere
pareggiare [-dʒa-] aus-, be-
gleichen; **~ qu in qc** j-m in
et gleichkommen
pareggio [-dʒo] *m* Ausgleich;
Sport Unentschieden *n*
parent|e *su* Verwandte(r);
~ela *f* Verwandtschaft
parèntesi f/pl Klammern
parere scheinen; **che Le pare?** was meinen Sie? *a
quanto pare* wie es scheint;
~ *m* Ansicht *f*, Meinung *f*
parete *f* Wand
pari gleich; *Zahl* gerade; *ragazza f alla ~* Aupairmäd-
chen *n*
Parigi [-dʒi] *f* Paris *n*
parità *f* Gleichheit; **~ di diritti**
Gleichberechtigung *f*
parka *m* Parka m/f
parlament|are *adj* parlamen-
tarisch; *v/i* verhandeln (**per**

über); **~** *m* Parlamentarier;
Unterhändler; **~o** *m* Parlament *n*
parlare sprechen (**a qu** j-n; **di
qc** über et); reden; **parla la-
desco?** sprechen Sie
Deutsch?
parmigiano [-dʒa-] *m* Parmesankäse
parola *f* Wort *n*
parrocchetto *m* Zo Wellen-
sittich
parrocchi|a [-k-] *f* Pfarrei;
~ale Pfarr…; *chiesa f ~*
Pfarrkirche
pàrroco *m* Pfarrer
parr|ucca *f* Perücke; **~uc-
chiera** [-k-] *f* Friseuse
parrucchiere [-k-] *m* Friseur;
~ per signora Damenfri-
seur; **~ per uomo** Herrenfriseur
parte *f* Teil *m*; Seite; Partei;
Thea Rolle; *a ~* getrennt; extra; *da ~* beiseite; *da ~ mia*
meinerseits; *in ~* zum Teil,
teilweise; *prèndere ~ a* teil-
nehmen an; *far ~ di* gehören
zu
partecip|ante [-tʃ-] *su* Teil-
nehmer(in *f*) *m*; **~are** teil-
nehmen, sich beteiligen (**a**
an); **~azione** *f* Teilnahme;
Beteiligung; (*Heirats-*; *To-
des- etc*) Anzeige
partenza *f* Abreise; Abfahrt;
Start *m*; **~ a freddo** *EDV*
Kaltstart *m*
participio [-tʃ-] *m* Partizip *n*
particol|are besondere; *m*

Einzelheit f; **in ~** besonders; **~arità** f Einzelheit; Besonderheit

partigiano [-dʒ-] m Partisan

partire aufbrechen; abreisen; **~ per** reisen nach

partita f Sport Partie, Spiel n; Hdl Posten m; **~ di calcio** Fußballspiel n

partito m Pol Partei f

partizione f Teilung

parto m Entbindung f

parzi|ale parteiisch; teilweise; Teil...; **~alità** f Parteilichkeit

pàscolo m Weide f

Pas|qua f Ostern n; **~quetta** f Ostermontag m

passàbile leidlich

passaggio [-dʒo] m Durchgang; Durchreise f; Mar Überfahrt f; Text Stelle f; **di ~** auf der Durchreise; **~ pedonale** Fußgängerüberweg; **~ di confine** Grenzübergang; **~ a livello** Bahnübergang (**senza barriere** unbeschrankt); **dare un ~ a qu** j-n im Auto mitnehmen

passante su Passant(in f) m

passaporto m (Reise-)Pass

passare Straße überqueren; Zeit verbringen; by Tisch reichen; vorbeikommen, -gehen, -fahren (**a** an); Zeit vergehen; **~ per Firenze** über Florenz fahren; **~ di mente** entfallen

pass|atempo m Zeitvertreib; **~ato** vergangen; m Vergangenheit f; Kochk Püree m;

~atoia f Läufer m (Teppich)

passegge|ra f, **~ro** [-dʒ-] m Reisende(r) f (m); Passagier(in f) m

passe|ggiare [-dʒa-] spazieren gehen; **~ggiata** [-dʒa-] f Spaziergang m; Spazierweg m; **~ggino** [-dʒi-] m Buggy; **~ggio** [-dʒo] m Spaziergang; **andare a ~** spazieren gehen

passera f: **~ di mare** Zo Flunder

passerella f Bootssteg m; Laufsteg m

pàssero m Sperling, Spatz

passion|ato leidenschaftlich; **~e** f Leidenschaft; Leiden n

passivo passiv; m Gr Passiv n; Hdl Passiva pl

passo m Schritt; Geogr Pass; Text Stelle m; **a ~ d'uomo** im Schritttempo

pasta f Teig(waren f/pl) m; Nudeln f/pl; Gebäck n; **~ frolla** Mürbteig m; **~sciutta** f Nudelgericht n; **~sfoglia** f Blätterteig m

pastello m Pastell n; Pastellfarbe f, -stift

pasticc|eria [-tʃ-] f Konditorei; **~iere** [-tʃɛ-] m Konditor

pasticcio [-tʃo] m Pastete f; **~ di fégato d'oca** Gänseleberpastete f

past|iglia [-ʎa] f Tablette, Kfz Bremsbelag m; **~ina** f: **~ in brodo** Brühe mit Einlage

pasto m Speise f; Essen n; Mahlzeit f; **vino da ~** Tischwein

past|orale *m* Bischofsstab; *f Rel* Hirtenbrief *m*; **~ora** *f*, **~ore** *m* Hirt(in *f*) *m*; *Rel* Pastor(in *f*) *m*

pasteurizzato pasteurisiert

patata *f* Kartoffel; *patate pl fritte, lesse, arrosto* Pommes frites, Salzkartoffeln, Bratkartoffeln

patente *f* (*di guida*) Führerschein *m*

paterno väterlich(erseits)

paternostro *m* Vaterunser *n*

pati|mento *m* Leiden *n*; **~re** erleiden; leiden (*di* an)

patri|a *f* Vaterland *n*; Heimat; **~gno** [-ɲo] *m* Stiefvater; **~monio** *m* Erbgut *n*; *fig* Vermögen *n*; **~ artistico** Kunstschätze *pl*; **~ culturale dell'umanità** Weltkulturerbe *n*

patriota *su* Patriot(in *f*) *m*

patronato *m* Schirmherrschaft *f*

pattin|aggio [-dʒo] *m* Eislauf; Rollschuhlaufen *n*; **~ artistico** Eiskunstlauf; **~ di velocità** Eisschnelllauf; **~are** Schlittschuh laufen; Rollschuh laufen; **~atore** *m*, **~atrice** [-tʃe] *f* Schlittschuhläufer(in *f*) *m*; Rollschuhläufer(in *f*) *m*

pàttino *m*; **~ da ghiàccio** Schlittschuh; **~ a rotelle** Rollschuh; *pattini in linea* Inline-Skater

patto *m* Vertrag; *a ~ che* unter der Bedingung, dass

pattuglia [-ʎa] *f* Patrouille, Streife

patt|ume *m* Müll; **~umiera** *f* Mülleimer *m*

paur|a *f* Furcht, Angst (*di* vor); *avere ~* sich fürchten; **~oso** furchtsam, ängstlich

pàusa *f* Pause

pavese aus Pavia; *Kochk alla ~* mit Brot, Ei und Parmesankäse

pàvido furchtsam

pavimento *m* Fußboden

pavone *m* Pfau

pazi|entare sich gedulden; **~ente** mühselig; geduldig; *m* Patient; **~enza** *f* Geduld

paz|za *f* Verrückte; **~zo** verrückt, wahnsinnig; *m* Verrückte(r)

pecc|are sündigen; **~ato** *m* Sünde *f*; Fehler; (*che*) **~!** (wie) schade!

Pechino [-ki-] *f* Peking *n*

pècora *f* Schaf *n*

pecor|aio *m* Schäfer; **~ino** *m* Schafskäse

peculiarità *f* Eigentümlichkeit

pedaggio [-dʒo] *m* Straßenbenutzungsgebühr *f*, Maut *f*; *a ~* gebührenpflichtig

pedalare radfahren, radeln

pedale *m* Pedal *n*; **~ del freno** Bremspedal *n*; **~ della frizione** Kupplungspedal *n*

pedalò *m* Tretboot *n*

pedana *f* Sprungbrett *n*

pedante pedantisch; *su* Pedant(in *f*) *m*

pedata f Fußspur; Fußtritt m
pediatra su Kinderarzt m, Kinderärztin f
pedicure su Fußpflege f
pedonale Fußgänger...
pedone m Fußgänger; *Schach* Bauer
pedofil|ia f Kindesmissbrauch m; **~o** m Kinderschänder
pedúncolo m *Bot* Stiel
peggi|o [-dʒo] schlechter; schlimmer; **il ~** das Schlimmste; **~oramento** [-dʒo-] m Verschlimmerung f; Verschlechterung f; **~orare** [-dʒo-] (sich) verschlechtern; **~ore** [-dʒo-] schlechter, schlimmer; **il ~** der schlechteste; **nel ~ dei casi** schlimmstenfalls
pegno [-ɲo] m Pfand n
pel|ame m Fell n; **~are** schälen; *Geflügel* rupfen
pellame m Leder n
pelle f Haut; Leder n; Fell n; *Frucht* Schale; **~ d'oca** Gänsehaut
pellegr|ina f Pilgerin, Wallfahrerin; Pelerine; **~inaggio** [-dʒo] m Pilgerfahrt f, Wallfahrt f; **~ino** m Pilger
pelletteria f Lederwaren(geschäft n) f/pl
pellicano m Pelikan
pellicc|eria [-tʃ-] f Pelzwaren f/pl; Pelzgeschäft n; **~ia** [-tʃa] f Pelz(mantel) m; **~iaio** [-tʃa-] m Kürschner
pellicola f *Fot* Film m; **~ a ca-**

ricatore Kassettenfilm m; **~ a colori** Farbfilm m; **~ trasparente** Frischhaltefolie
pelo m (*Körper-*)Haar n; Fell n; **contro ~** gegen den Strich; *fig* **per un ~** um ein Haar
peloso haarig; behaart
pena f Strafe; Qual; Sorge; Mühe; **sotto ~** bei Strafe; **a mala ~** mit knapper Not; **darsi ~** sich Mühe geben; **stare in ~ per qu** in Sorge um j-n sein; **valere la ~** der Mühe wert sein
pena|le Straf...; strafbar; **~lità** f *Sport* Strafpunkt m
pend|ente hängend; *jur* schwebend; **torre** f **~** schiefer Turm (*von Pisa*); **~enza** f Neigung
pèndere hängen; sich neigen; *fig* schweben (**su** über)
pendio m Abhang, Gefälle m
pèndolo m Pendel n
pendolino m Hochgeschwindigkeitszug (*mit Kurvenneigung*)
pene m Penis
penetrante penetrant
penetrare durchdringen; eindringen (**in** in)
penicillina [-tʃi-] f Penizillin n
penisola f Halbinsel
penit|ente reuig, reuevoll; su Büßer(in f) m; **~enza** f Buße; Strafe; **~enziario** m Strafanstalt f
penna f Feder; Schreibfeder; **~ a sfera** Kugelschreiber m; **~ stilogràfica** Füllfeder-

halter *m*; **~rello** *m* Filzstift
pennello *m* Pinsel
penombra *f* Halbschatten *m*
penoso peinlich; mühsam
pens|are denken (*qc* et; *a* an);
(nach)denken (*su* über);
~iero *m* Gedanke; Sorge *f*;
~ieroso nachdenklich
pension|are pensionieren;
~ata *f* Rentnerin; **~ato** *m*
Rentner *m*; Heim *n*
pensione *f* **1.** Rente; Pension;
2. (*Fremden-*)Pension; **~
completa** Vollpension; *mezza* **~** Halbpension
pensoso nachdenklich
pentàgono *m* Fünfeck *n*
Pentecoste *f* Pfingsten *n*
pent|imento *m* Reue *f*; **~irsi**
bereuen (*di qc* et)
pèntola *f* Kochtopf *m*
penuria *f* Mangel *m* (*di* an)
penzol|are herabhängen;
~oni: **~** *u* *a* **~** baumelnd
peonia *f* Pfingstrose
pep|ato gepfeffert; **~e** *m* Pfef-
fer; **~eronata** *f* *Kochk* ge-
dünstete(r) Paprika *m*/*f*;
~erone *m* Paprika(schote)
f
per für; durch; an; aus; *vor inf*
um zu; **~ 3 giorni** auf 3 Tage;
~ lei (**Lei**) ihretwegen (Ihretwegen); **~ lui** seinetwegen
pera *f* Birne
per|altro übrigens; **~bene** an-
ständig; **~cento** [-tʃɛ-] *n*
Prozent *n*; **~centuale** [-tʃe-]
prozentual; *f* Prozentsatz *m*
percepire [-tʃe-] wahrneh-

men; **~zione** *f* Wahrneh-
mung
perché [-ke] weil; damit; **~?**
warum?
perciò [-tʃɔ] deshalb
perc|órrere *Weg* zurücklegen;
~orso *m* Fahrt *f*; Strecke *f*
perc|ossa *f* Schlag *m*; **~uòte-
re** schlagen; **~ussione** *f* Stoß
m, Schlag *m*
pèrd|ere verlieren; *Zug* ver-
passen, versäumen; **~ersi**
sich verlaufen; verloren gehen
pèrdita *f* Verlust *m*; Leck
(-stelle *f*) *n*; *Gas* Austritt *m*
perditempo *m* Zeitver-
schwendung *f*
perdon|àbile verzeihlich;
~are verzeihen; **~o** *m* Verzeihung *f*
perdurare an-, ausdauern
perenne ewig
perfett|amente völlig; sehr
gut; **~o** perfekt; vollkom-
men; *m Gr* Perfekt *n*
perfezion|amento *m* Ver-
vollkommnung *f*; **~are** ver-
vollkommnen; **~e** *f* Vollkom-
menheit; Perfektion
perfidia *f* Hinterhältigkeit
pèrfido hinterhältig; falsch
perfino sogar
perfor|are durchbohren; lo-
chen; **~atore** *m*, **~atrice**
[-tʃe] *f* Locher *m*; **~azione**
f Med Durchbruch *m*
pèrgola *f* (Wein-)Laube
pergolato *m* Laubengang
pericolo *m* Gefahr *f*; **~ di**

morte Lebensgefahr *f*; **~ di valanghe** Lawinengefahr *f*

pericoloso gefährlich

periferia *f* Peripherie; **~ della città** Stadtrand *m*

perifrasare umschreiben

per|iòdico periodisch; **~iodo** *m* Periode *f*; Zeit(raum *m*) *f*

peripezie *f/pl* Schwierigkeiten

perire umkommen; *fig* vergehen

per|ita *f* Sachverständige; **~ito** erfahren; sachverständig; *m* Sachverständige(r); **~izia** *f* Gewandtheit; Gutachten *n*

perla *f* Perle

perlo|meno mindestens; **~più** meist(ens)

perlustrare auskundschaften

permaloso nachtragend

perman|ente ständig; Dauer...; *f* Dauerwelle; **~enza** *f* Anhalten *n*, Fortdauer; Aufenthalt *m*

permeàbile durchlässig

permesso *m* Erlaubnis *f*; Urlaub; **è ~?** Sie gestatten? *od* darf ich eintreten?; **~ di soggiorno** Aufenthaltserlaubnis *f*

permétter|e erlauben; **~si** sich erlauben; sich leisten

pernice [-tʃe] *f* Rebhuhn *n*

pernott|amento *m* Übernachtung *f*; **~are** übernachten

pero *m* Birnbaum

però [-ɔ] aber

perpendicolare senkrecht

perpètuo fortdauernd; ewig

perquisire durchsuchen

perquisizione *f* Durchsuchung; **~ personale** Leibesvisitation; **mandato** *m* **di ~** Durchsuchungsbefehl

persecu|tore *m*, **~trice** [-tʃe] *f* Verfolger(in *f*) *m*; **~zione** *f* Verfolgung

persegui|re, **~tare** verfolgen; **~tata** *f*, **~tato** *m* Verfolgte(r) *f* (*m*)

Persia *f* Persien *n*

persia|na *f* Jalousie; Perserin; **~no** persisch; *m* Perser

persino sogar

per|sistenza *f* Beharrlichkeit; **~sistere** beharren (**in** auf)

person|a *f* Person; **di ~** persönlich; **per ~** pro Person; **~aggio** [-dʒo] *m* Persönlichkeit *f*; *Thea* Person *f*; **~ale** persönlich; *m* Personal *n*; **~alità** *f* Persönlichkeit; **~almente** selbst; persönlich; **~ificare** verkörpern

perspicace [-tʃe] scharfsinnig; **~icacia** [-tʃa] *f* Scharfblick *m*

persua|dere überzeugen (**di qc** von et); **~asione** *f* Überzeugung

pertanto deswegen; **non ~** dennoch

pertin|ente zugehörig; passend; **~enza** *f* Zuständigkeit

perturb|are stören; **~azione** *f* Störung

perv|enire gelangen (**a** zu);

piantare

~erso niederträchtig; **~ertire** verderben

pes|alèttere m Briefwaage f; **~ante** schwer; fig schwerfällig; **~are** wiegen; fig erwägen

pèsca [-e-] f Pfirsich m; **~ noce** Nektarine

pésca [-e-] f Fischerei; Fischfang m; **~ subacquea** Unterwasserjagd

pescare [-e-] fischen; angeln

pesca|tore m, **~trice** [-t∫e] f Fischer(in f) m; Angler(in f) m

pesce [-∫e] m Fisch; **Pesci** Astrol Fische; **~cane** m Hai; **~ spada** Schwertfisch m

pescheria [-ske-] f Fischhandlung

pescivén|dola f, **~dolo** [-∫-] m Fischhändler(in f) m

pesco [-e-] m Pfirsichbaum

peso [-e-] m Gewicht m; fig Last f; Sport Gewichtsklasse f; **~ lordo** Bruttogewicht m; **~ màssimo consentito** zulässiges Gesamtgewicht n

pessimista su Pessimist(in f) m; adj pessimistisch

pèssimo sehr schlecht

pest|e f Pest; Gestank m; **~icida** [-t∫i-] m Pestizid m

pètalo m Blütenblatt n

petardo m Knallfrosch

petizione f Bittschrift

petrolie|ra f (Öl-)Tanker m; **~ro** (Erd-)Öl…

petrolio m Petroleum n; Erdöl n

pett|égola f Klatschbase;

~egolezzo m Klatsch; **~égolo** geschwätzig

pettin|are kämmen; frisieren; **~atura** f Frisur

pèttine m Kamm

pettirosso m Rotkehlchen n

petto m Brust f; Busen

pezza f Lappen m

pezzo m Stück m; Weile f; Strecke f; (Schach-)Figur f; **~ di ricambio** Ersatzteil n; fig **un ~ grosso** ein hohes Tier

pH m: **~ neutro** PH-neutral

piac|ente [-t∫e-] f gefällig; einnehmend; **~ere** gefallen; schmecken; **~** Gefallen; Vergnügen n; **~ a qu** j-m gefallen; **mi faccia il ~** tun Sie mir den Gefallen; **con ~** gern; **per ~** bitte; **~évole** angenehm; hübsch

piaga f Wunde

piadina f dünnes Fladenbrot

pial|la f Hobel m; **~are** hobeln

pian|a f ebene(s) Gelände n; **~eròttolo** m Treppenabsatz

pianeta m Planet; f Messgewand n

piàngere [-dʒ-] weinen

piano adj eben; adv leise; langsam; sachte; m Ebene f; Stockwerk n, Etage f; Plan; Klavier n; **~forte** m Klavier n; **~ a coda** Mus Flügel

pianta f Pflanze; Plan m; **~ della città** Stadtplan m; **~ del piede** Fußsohle

piantare pflanzen; fig im

Stich lassen

pianterreno *m* Erdgeschoss *n*

pianto *m* Weinen *n*

pianura *f* Ebene

piastra *f* Platte; **~ella** *f* Fliese, Kachel; **~ina** *f* **~ antizanzare** Mückenspirale

piattaforma *f* Plattform; Drehscheibe; **~ di lancio** Abschussrampe; **~ di produzione** Bohrinsel

piattino *m* Untertasse *f*

piatto platt; flach; *m* Teller; Platte *f*; *Kochk* Gericht *n*, Gang; **~ espresso** Schnellgericht *n*; **~ fondo** Suppenteller; **~ forte** Hauptgericht *n*; **~ primo ~** erster Gang; **~ del giorno** Tagesgericht *n*

piazza *f* Platz *m*; **~le** *m* (großer) Platz; **~re** aufstellen

picc|ante *Kochk* scharf; **~ata** *f* Kalbsschnitzel *n* nature

picche [-ke] *f/pl* Kartenspiel Pik *n* 1

picchetto [-ke-] *m* Pflock, Pfahl; Streikposten

picchiare [-k-] schlagen

picchio [-kio] *m* Zo Specht

picci|na [-tʃ-] *f* Kleine; **~no** klein; winzig; *fig* kleinlich; *m* Kleine(r)

picci|onaia [-tʃo-] *f* Taubenschlag *m*; **~one** *m* Taube *f*

picco *m* Bergspitze *f*; **a ~** senkrecht; *Mar* **andare a ~** untergehen

piccolezza *f* Kleinheit; Kleinigkeit; Kleinlichkeit

picco|la *f* Kleine; **~lo** klein; gering(fügig); *m* Kleine(r); *Zo* Junge(s) *n*; **da ~** als Kind; **fin da ~** von klein auf

piccozza *f* Eispickel *m*

picnic *m* Picknick *n*

pie|de *m* Fuß; **a piedi** zu Fuß; **stare in piedi** stehen; **~distallo** *m* Sockel

piega *f* Falte; **~are** biegen; beugen; falten; zusammenlegen; **~arsi** *fig* nachgeben

pieghévole biegsam; *fig* nachgiebig

Piemonte *m* Piemont *n*; 2**se** piemontesisch; *m* Piemontese

piena *f* Hochwasser *n*; Menge; Gedränge *n*

pieno voll (*di* von); reich (*di* an); *in ~ giorno* am helllichten Tag; *in piena notte* mitten in der Nacht; **~ m** Fülle *f*; **fare il ~** volltanken

pietà *f* Mitleid *n* (*di* mit)

pietanza *f* Speise, Gericht *n*

pietoso barmherzig; jammervoll

pietra *f* Stein *m*; **~ preziosa** Edelstein *m*; **~ pomice** Bimsstein *m*; **~ focaia** Feuerstein *m*

pigiama [-dʒa-] *m* Schlafanzug

pigiare *Wein* keltern

pigliare [-ʎa-] packen, ergreifen

pigna [-ɲa] *f* Tannenzapfen *m*

pignolo [-ɲɔ-] kleinlich, pedantisch

pignorare pfänden, verpfänden

pigolare piepen

pigr|izia f Faulheit; **~o** faul; träge

P.I.L. m (*Prodotto Interno Lordo*) BIP (*Bruttoinlandsprodukt*)

pil|a f El Batterie; Stapel m, Stoß m; Taschenlampe; **~astro** m Pfeiler

pillola f Pille

pilot|a su Flgw Pilot(in f) m; Mar Lotse; **~are** führen; steuern; lotsen; fliegen

pinacoteca f Gemäldesammlung, Pinakothek

pineta f Pinienwald m

ping-pong m Tischtennis n

pinna f Flosse; Schwimmflosse

pino m Kiefer f; Pinie f; **~lo** m Pinienkern

pinz|a f Zange; **~are** stechen; **~etta** f Pinzette

pinzimònio m Rohkostdip aus Olivenöl, Salz u Pfeffer

pio fromm; barmherzig

piogg|erella [-dʒe-] f Sprühregen m; **~ia** [-dʒa] f Regen m; fig Flut; **~ àcida** saurer Regen m

piomb|are verplomben; **~atura** f Plombierung; **~ino** m Senkblei n; **~o** m Blei n; Plombe f; **a ~** senkrecht; **senza ~** bleifrei

pioppo [-ɔ-] m Pappel f

piòv|ere [-ɔ-] regnen; **~iggine** f Nieselregen m

piovoso [-o-] regnerisch

piovra [-ɔ-] f Zo Krake; Polyp m

pipa f Pfeife; **fumare la ~** Pfeife rauchen

pipistrello m Fledermaus f

piràmide f Pyramide

pirata m Seeräuber, Pirat; fig Gauner; **~ della strada** Verkehrsrowdy; **~ dell'informàtica** EDV Hacker

Pirenei m/pl Pyrenäen

piròscafo [-ɔ-] m Dampfer

pisciare [-ʃ-] V pinkeln, pissen

piscina [-ʃ-] f Schwimmbad n; **~ coperta** Hallenbad n

pis|ello m Erbse f; **~olino** m Nickerchen n

pista f Piste, Bahn; Spur, Fährte; Zirkus Manege; **~ da fondo** Loipe; **~ da sci** Skipiste; Flgw **~** (*di rullaggio*) Rollbahn; **~ da ballo** Tanzfläche; **~ ciclàbile** Radweg m

pistacchio [-kk-] m Pistazie f

pist|ola [-ɔ-] f Pistole; **~ mitragliatrice** Maschinenpistole; **~olero** m Revolverheld

pistone m Kolben

pit|tore m Maler; Anstreicher; **~toresco** malerisch; **~trice** [-tʃe] f Malerin; **~tura** f Malerei; Gemälde n

più mehr (*di, che* als); plus; **~ giorni** mehrere Tage; **~ grande** größer; **~ spesso** öfter; **di ~** mehr; **non ... ~** nicht mehr; **~ o meno** ungefähr; **per di ~** noch dazu; **per lo ~** zumind(est); **al ~** höchstens; **i ~, le ~** die meisten

pium|a f Daune; Feder; **~aggio** [-dʒo] m Gefieder n; **~ino** m Federbett n

piuttosto lieber; eher (**che** als); zumlich

pizzaiolo m Pizzabäcker

pizzi|care stechen; jucken; **~cheria** [-k-] f Feinkostgeschäft n

pizzico m Salz Prise f; Stich

pizzo m Spitze f (a Gewebe); Spitzbart

placare besänftigen

placca f Metallschild n; **~ battèrica** Zahnbelag m

plàcido [-tʃ-] ruhig

plan|are Flgw gleiten; **~ata** f Gleitflug m

plancia [-tʃa] f Mar (Lauf-)Steg m; Kommandobrücke

planetario m Kfz Astr Planetarium n

plàstica f 1. Plastik, Bildhauerkunst; 2. Plastik n

plasticare modellieren

plàstico plastisch; **esplosivo** m **al ~** Plastiksprengstoff

plàtano m Platane f

platea f Thea Parkett n

plàtino m Platin n

pleb|àglia [-ʎa] f Gesindel n; **~e** f Pöbel m

plebiscito [-ʃ-] m Volksentscheid, -abstimmung f

pleni|lùnio m Vollmond; **~potenziàrio** bevollmächtigt

plèura f Rippen-, Brustfell n

pleurite f Rippenfellentzündung

plur|ale m Mehrzahl f; **~alità** f Mehrheit

pluri|milionario m Multimillionär; **~partitico** Mehrparteien...

plutonio m Plutonium n

pneumàtico m Reifen; **~ radiale** Gürtelreifen

po': un ~ (di) ein bisschen, etwas; → a **poco**

poco wenig; gering; zeitlich kurz; **a ~ a ~** nach und nach; **~ fa, da ~** vor kurzem; **~ dopo** kurz darauf; **fra ~** bald; **per ~, pressa(di)** ~ beinahe; **~ pràtico** unpraktisch

poder|e m (Land-)Gut n; **~oso** stark; kräftig

podio m Podium n

poesia f Dichtung; Poesie; Gedicht n

poet|a m Dichter; **~essa** f Dichterin

poètico poetisch; dichterisch

poggi|are [-dʒa-] (an)lehnen; **~arsi** sich stützen; **~atesta** m Kopfstütze f

poggio [-dʒo] m Anhöhe f

poi dann; nachher; **dalle 8 in ~** ab 8 Uhr

poiché [-ke] da, weil

polac|ca f Polin; **~co** polnisch; m Pole

polca f Polka

polèmica f Auseinandersetzung; Polemik

polenta f Polenta, Maisbrei m

policlìnica f Poliklinik
poliglòtta vielsprachig
polìgono m Vieleck n
poliomielìte f Kinderläh-
mung
polistàdio: **mìssile** m ~
Mehrstufenrakete f
polìti|ca f Politik; Politikerin;
~co politisch; m Politiker
polizìa f Polizei; ~ **confinaria**
Grenzpolizei; ~ **di porto** Ha-
fenpolizei; ~ **sanitaria** Ge-
sundheitspolizei; ~ **stradale**
Verkehrspolizei
poliziesco Polizei...; Krimi-
nal...
poliziòt|ta f, **~to** m Polizist(in
f) m
pòlizza f Schein m; Police; ~
di càrico Frachtbrief m
pollame m Geflügel n
pòllice [-tʃe] m Daumen; große Zehe f; Zoll (*Maßeinheit*)
poll|icultura f Geflügelzucht;
~o m Huhn n; ~ **novello**
Hähnchen n; ~ **arrosto** Brat-
hähnchen n; ~ **ruspante**
Freilandhändchen n
polmon|e m Lunge f; **~ìte** f
Lungenentzündung
polo m **1.** Pol; ~ **nord** Nord-
pol; **2.** Polo(spiel) n
Polònia f Polen n
polpa f (Frucht-)Fleisch n
polp|accio [-tʃo] m Wade f;
~astrello m Fingerkuppe f;
~etta f Klops m; Klößchen
n; **~ettone** m Hackbraten;
~oso fleischig
pols|ino m Manschette f; **~o**

m Handgelenk n; Puls
poltr|ire faulenzen; **~ona** f
Sessel m; *Thea* Parkettplatz
m; **~one** m Faulenzer
pólvere f Staub m; Pulver n;
caffè m **in** ~ Pulverkaffee
polver|ina f *Med* Pulver n;
~izzare pulverisieren; *fig*
zerstückeln; **~oso** staubig
pomata f Creme, Salbe
pomeridiano Nachmittags...
pomerìggio [-dʒo] m Nachmittag; **di** ~ nachmittags; **domani** ~ morgen Nachmittag
pomo m Apfel; ~ **d'Adamo**
Adamsapfel
pomodòro m Tomate f
pompa[1] f Pumpe; Zapfsäule;
(Feuer-)Spritze; ~ **d'aria**
Luftpumpe; ~ **di benzina** F
Tankstelle; ~ **di calore** *Tech*
Wärmepumpe
pom|pa[2] f Pomp m, Prunk m;
impresa f **di ~pe funebri**
Bestattungsinstitut n
pompelmo m Pampelmuse f
pompiere m Feuerwehr-
mann; **pompieri** m/pl Feuerwehr f
pompóso prunkvoll, pompös
ponderare abwägen
pone er setzt
ponente m Westen; West-
wind
pongo ich setze
ponte m Brücke f (*a Zahner-
satz*); *Kfz* Achse f; *Mar* Deck
n; ~ **di passeggio** Promena-
dendeck n; ~ **di coperta**
Oberdeck n

pontéfice [-tʃe] m Papst

ponticello [-tʃe-] m Steg

pontificale päpstlich; m Pontifikalamt n

pop Pop...; **mùsica** f ~ Popmusik

popol|are adj volkstümlich; v/t bevölkern; **~arità** f Beliebtheit; **~azione** f Bevölkerung

pòpolo m Volk n

popoloso dicht bevölkert

poppa f Mar Heck n

popp|ante m Säugling; **~atoio** m (Milch-)Flasche f

porcellana [-tʃe-] f Porzellan n

porcellino [-tʃe-] m Ferkel n; fig Schmutzfink; ~ d'India Meerschweinchen n

porcheria [-ke-] f Dreck; fig Schweinerei

porc|ile [-tʃ-] m Schweinestall; **~ino** m Steinpilz

porco m Schwein n (a fig); **~spino** m Stachelschwein n

pòrgere [-dʒ-] reichen

porno: film m ~ Porno(film)

poro m Pore f; **~so** porös

porre setzen; stellen; legen

porro m Porree, Lauch

porta f Tor n; Tür; **~bagagli** [-ʎi] m Gepäckträger; Kfz Dachgepäckträger

portàbile tragbar

porta|cénere [-tʃe-] m Aschenbecher; **~cipria** [-tʃ-] m Puderdose f; **~èrei** m Flugzeugträger; **~finestra** f Balkontür; **~fòglio** [-ʎo] m Brieftasche f; **~fortuna** m Glücksbringer; **~le** m Internet Portal n; **~monete** m Portemonnaie n Geldbörse f; **~ombrelli** m Schirmständer; **~pacchi** [-ki] m Gepäckträger (Rad)

port|are (mit)bringen; tragen; **~asci** [-ʃi] m Kfz Skiträger

portata f Kochk Gang m; Tech Tragfähigkeit; a ~ di mano in Reichweite

portàtile m Laptop

porta|uovo m Eierbecher; **~voce** [-tʃe] su Sprecher(in f) m; Megaphon n

porticciolo [-tʃɔ-] m Jachthafen

pòrtico m Lauben-, Säulengang

portiera f Autotür

portiere m Torwart

portin|aia f, **~aio** m Pförtner(in f) m; Hausmeister(in f) m; **~eria** f Pförtnerloge

porto m 1. Hafen; 2. ~ d'armi Waffenschein; 3. Portwein

Portogallo m Portugal n

portoghese portugiesisch; su Portugiese m, -giesin f

portone m Tor n, Einfahrt f

porzione f Portion

posa f Fot Belichtung; Aufnahme

posar|e hinstellen; **~si** sich niederlassen

posate f/pl Besteck n; ~ di plàstica Plastikbesteck n

posizione f Lage; Stellung

possedere besitzen

possessivo *Gr* besitzanzeigend; *fig* besitzergreifend

possiamo wir können

possibile möglich

possibilità *f* Möglichkeit; **~mente** wenn möglich; möglicherweise

posso ich kann; **~no** sie können

posta Post; **~ aèrea** Luftpost; **~ elettronica** *EDV* E-Mail *f*; **~giro** [-dʒ-] *m* Postscheküberweisung *f*

postale Post...

posteggiare [-dʒa-] parken; **~o** [-dʒo] *m* Parkplatz

posteriore hintere; spätere; **~ità** *f* Nachwelt

postina, **~no** *m* Postbote *m*, Postbotin *f*

posto *m* Platz; Stelle *f*; Posten; **a ~** in Ordnung; **al ~ di** an Stelle von; **~ al finestrino** Fensterplatz; **~ d'àngolo** Eckplatz; **~ in piedi** Stehplatz

potàbile trinkbar (*Wasser*)

potare beschneiden (*Baum*)

potassio *m* Kalium *n*

potente mächtig; stark; **~enza** *f* Macht; Stärke; *Tech* Leistung

potere können; dürfen; *m* Gewalt *f*; Macht *f*

potete iht könnt

potuto gekonnt

overetta, **~ina** *f* Ärmste; **~etto**, **~ino** *m* Ärmste(r)

òvero arm; dürftig; *m* Arme(r); **~ me!** ich Armer!

povertà *f* Armut

pozzo *m* Brunnen; *Bergbau* Schacht

pranzare zu Mittag essen; **~o** *m* Mittagessen *n*; **dopo ~** nach Tisch

prataiolo *m* Wiesenchampignon

pràtica *f* Praxis; Erfahrung

praticàbile ausführbar; begehbar, befahrbar; **~are** ausüben; praktizieren

pràtico praktisch; erfahren; **èssere ~ della città** sich in der Stadt auskennen

prato *m* Wiese *f*

preavviso *m* Voranmeldung *f*, -kündigung

precauzione *f* Vorsicht

precedente [-tʃe-] vorhergehend; vorig; *m* Präzedenzfall; **~enza** *f* Vorrang *m*; Vorfahrt

precèdere [-tʃe-] vorangehen

precipitare [-tʃ-] hinabstürzen; *fig* überstürzen; **~arsi** (sich) stürzen; **~azione** *f* Niederschlag *m*; **~oso** überstürzt; voreilig

precisamente [-tʃ-] genau; **~are** präzisieren; **~ione** *f* Präzision; **~o** genau; bestimmt; **alle tre precise** Punkt drei Uhr

precoce [-kotʃe] frühreif, vorzeitig

precotto [-kɔ-] *m* Fertiggericht *n*

preda *f* Beute

predecessore [-tʃe-] *m* Vorgänger; **predecessori** *pl* Vorfahren

predetto oben erwähnt

prèdica [-ε-] *f* Predigt

predicare [-e-] predigen

predil|etto bevorzugt; **~ezione** *f* Vorliebe

predire voraus-, vorhersagen

predisporre vorbereiten (*a auf*)

predominare überwiegen

prefazione *f* Vorwort *n*

prefer|enza *f* Vorliebe; **~ire** vorziehen; lieber mögen; **~ito** Lieblings...

prefett|o *m* Präfekt; **~ura** *f* Präfektur

prefisso *m* Tel Vorwahl *f*

pregare bitten; beten

preghiera *f* Bitte; Gebet *n*

preg|iato [-dʒa-] geschätzt; wertvoll; **~gio** [-dʒo-] *m* Wert; Vorzug

pregiudizio [-dʒu-] *m* Vorurteil *n*; Schaden

prego bitte; bitte sehr

prelevare Geld abheben

premeditato vorsätzlich

prèmere drücken; *Pedal* treten

premi|are auszeichnen, prämieren; **~o** *m* Preis; Prämie *f*; **~ Nobel** Nobelpreis

premunirsi sich schützen (*contro* vor, gegen)

prèndere [-ε-] nehmen; holen; bekommen; *andare (venire) a ~* abholen; **~ paura** Angst bekommen; **~ il sole** sich sonnen; **~ il treno** (la

màcchina) mit dem Zu (dem Auto) fahren; **~ in gire qu** *fig* j-n auf den Arm neh men; **~ prendersela con qu** auf j-n böse sein

prendisole *m* Strandkleid *n*

pre|nome *m* Vorname; **~no tare** vorbestellen, reservie ren; buchen; **~notazione** *f* Vorbestellung, Reservie rung; Buchung

preoccup|arsi sich Sorger machen (*di* um); **~ato** be sorgt; **~azione** *f* Sorge

prepar|are vorbereiten; zube reiten; **~arsi** sich vorberei ten (*a* auf); **~ativi** *m/pl* Vor bereitungen *f/pl*; **~atori** Vorbereitungs...; **~azione** *f* Vorbereitung

preposizione *f* Präposition

prepot|ente herrisch; **~enza** *f* Anmaßung

presa [-z-] *f* Griff *m*; Halt *m* *Film* Aufnahme; **~ di cor rente** Steckdose

presagio [-dʒo] *m* Vorzeiche *n*

presalario *m* (staatliches) Sti pendium *n*

prèsbite [-zb-] weitsichtig

prescr|ivere vorschreiber *Med* verschreiben; **~izion** *f* Vorschrift; *Med* Verord nung

preselezione *f* Tel Vorwahl

present|are [-z-] vorzeiger j-n vorstellen; *Thea* aufführ ren; *fig* aufweisen; **~arsi** sic vorstellen; sich bieten (*Gele* *genheit*); **~azione** f Vorstellung; **~e** gegenwärtig; anwesend; *m Gr* Präsens m

presenza [-z-] f Gegenwart
presepio [-z-] m Krippe f
preservare [-z-] bewahren (*da* vor)
presidente [-z-] *su* Vorsitzende(r) f(m); Präsident(in f) m
preso [-z-] genommen
pressap(p)oco ungefähr
pressione f Druck m; **~ delle gomme** Reifendruck m; **~ sanguigna** Blutdruck m; *Wetter* **alta ~** Hoch n; **bassa ~** Tief n
presso bei; neben; in der Nähe; **nei pressi di** in der Nähe von; **~ché** [-ke] fast; beinahe
prestare (aus)leihen; borgen; **~azione** f Leistung
prestigio [-dʒo] m Ansehen n
prèstito m Darlehen n, Anleihe f; **dare in od a ~** (ver)leihen; **prèndere in od a ~** sich borgen
presto bald; schnell; früh; **a~!** bis bald!; **far ~** sich beeilen
presùmere [-z-] vermuten
presuntuoso [-z-] eingebildet; **~zione** f Überheblichkeit
prete m Priester(in f) m
pretendente m Bewerber;
~èndere verlangen; beanspruchen; behaupten; **~enzioso** anspruchsvoll; eingebildet; **~esa** f Anspruch m
pretesto m Vorwand
pretura f Amtsgericht n

prevalenza f Mehrheit; **in ~** überwiegend
prevalere überwiegen
prevedibile vorhersehbar;
~dere voraussehen
prevenire zuvorkommen
preven|tivo vorbeugend;
~zione f Vorbeugung
previsione f Vorhersage; **previsioni** *pl* **del tempo** Wettervorhersage f
prezioso kostbar; edel
prezzémolo [-ttse:mo-] m Petersilie f
prezzo [-tso] m Preis; **a buon ~** billig; **a metà ~** zum halben Preis; **a ~ fisso** zu festem Preis; **~ di favore** Vorzugspreis; **~ del noleggio** Mietpreis; **~ per chilómetro** Kilometerpreis
prigione [-dʒo-] f Gefängnis n; **~iera** f, **~iero** m Gefangene(r) f (m)
prima früher, vorher; zuerst; eher; **~ di** (be)vor; **~ che** (+ *cong*) bevor; **~** f erster Klasse; *Kfz* erster Gang m; *Thea* Premiere; **~ria** f Chefärztin; **~rio** m Chefarzt
primavera f Frühling m
primitivo ursprünglich
primizia f Frühobst n, -gemüse n
primo erste; m Erste(r); Beste(r); *Kochk* erste(r) Gang; **il ~ luglio** der erste Juli; am ersten Juli
principale [-tʃ-] hauptsächlich, Haupt...; m Chef;

~ato *m* Fürstentum *n*

principe [-tʃ-] *m* Fürst; Prinz

principessa [-tʃ-] *f* Fürstin; Prinzessin

principi|ante [-tʃ-] *su* Anfänger(in *f*) *m*; **~o** *m* Anfang; Grundsatz; **in ~** anfangs; **per ~** prinzipiell

priv|are: ~ qu di qc j-n einer Sache berauben; **~arsi** verzichten (*di* auf); **~ato** privat; **~azione** *f* Entbehrung

privile|giare [-dʒa-] bevorzugen; **~gio** [-dʒo] *m* Vorrecht *n*, Privileg *n*

privo ohne; **~ di sensi** bewusstlos

pro: ~ càpite pro Kopf

probàbile wahrscheinlich

probabilità *f* Wahrscheinlichkeit

problema *m* Problem *n*

procèdere [-tʃ-] *f* vorwärts gehen; vorangehen, -kommen; verfahren

procedimento [-tʃ-] *m* Vorgehen *n*, Verfahren *n*

process|ione [-tʃ-] *f* Prozession; *fig* Schlange; **~o** *m* Prozess

proclam|are verkünden; proklamieren; **~azione** *f* Proklamation

procur|are verschaffen; besorgen; **~atore** *m* Staatsanwalt; **~atrice** [-tʃe] *f* Staatsanwältin

prodigio [-dʒo] *m* Wunder *n*; **~so** wunderbar

pròdigo verschwenderisch

prodotto *m* Produkt *n*, Erzeugnis *n*; **~ nazionale** Landeserzeugnis *n*

pro|durre herstellen; hervorbringen; **~duttivo** produktiv; **~duttore, ~duttrice** [-tʃe] *f* Hersteller(in *f*) *m*, Produzent(in *f*) *m*; **~duzione** *f* Herstellung, Produktion

profano weltlich; *m fig* Laie

profess|ione *f* Beruf *m*; Bekenntnis *n*; **~ionista** *su* Profi *m*; **libero ~** Freiberufler(in *f*) *m*; **~orato** *m* Professur *f*, Lehramt *n*; **~ore** *m* Lehrer; Professor; **~oressa** *f* Lehrerin; Professorin

prof|eta *m* Prophet; **~ezia** *f* Prophezeiung

profilàttico *m* Kondom

profilo *m* Profil *n*; Umriss

profit|tare profitieren (**d'** aus); **~to** *m* Nutzen; Gewinn

pro|fondità *f* Tiefe; **~fondo** tief; *m* Tiefe *f*

pròfugo *m* Flüchtling

profum|are parfümieren; duften; **~eria** *f* Parfümerie; **~o** *m* Parfüm *n*; Duft

prog|ettare [-dʒe-] planen; **~etto** *m* Projekt *n*, Plan

programm|a *m* Programm *n* (*a EDV*); **~ televisivo** Fernsehprogramm *n*; **~are** programmieren; **~atore** *m*, **~atrice** [-tʃe] *f* Programmierer(in *f*) *m*

progredi|re fortschreiten; **~to** fortgeschritten

progressivo fortschreitend

~o m Fortschritt

proib|ire verbieten; **~izione** f Verbot n

proièttile m Geschoss n

proiettore m Scheinwerfer; Projektor; **~iezione** f Film Vorführung

proletario proletarisch; m Proletarier

prolunga f El Verlängerungsschnur; **~mento** m Verlängerung f

prolungare verlängern; in die Länge ziehen

pro|messa f Versprechen n; **~mettente** Erfolg versprechend; **~méttere** versprechen

promontorio m Kap n

prom|ozione f Beförderung; Schule Versetzung; **~uòvere** (be)fördern; Schüler versetzen

pronipote su Urenkel(in f) n

pronome m Pronomen n

pront|ezza f Schnelligkeit; **~o** bereit (**a** zu); fertig; schnell; **~ soccorso** m Rettungsstelle f; Erste Hilfe f; Tel **~!** hallo!

pronunci|a [-tʃa] f Aussprache; **~are** [-tʃa-] aussprechen; **~arsi** sich äußern

pronunzia usw → **pronuncia**

propagar|e verbreiten; **~si** sich ausbreiten

propano m Propan(gas n)

prop|orre vorschlagen; **~orsi** sich vornehmen

proporzion|ale verhältnis-

mäßig; **~e** f Verhältnis n; **in ~ a** im Verhältnis zu

propòsito m Vorsatz; **a ~** übrigens; **a ~ di** was … betrifft; **di ~** absichtlich; **venire a ~** wie gerufen kommen

proposta [-o-] f Vorschlag m

propri|amente eigentlich; **~età** f Eigentum n; Eigenschaft; **~etario**, **~etaria** m Eigentümer(in f) m; **~o** eigen; gerade; ausgerechnet; wirklich

propuls|ione f Antrieb m; **~ore** m Triebwerk n

pròroga f Aufschub m; Verlängerung

prorogare aufschieben, vertagen; verlängern

prosa [-z-] f Prosa

prosciutto [-oʃu-] m Schinken; **~ cotto** (**crudo**) gekochter (roher) Schinken

proscr|ivere abschaffen; verbieten; **~izione** f Abschaffung; Verbot n

proseguire fortsetzen; fortfahren; Zug weiterfahren (**per** nach)

prosper|are gedeihen, im Wohlstand m

pròspero blühend; günstig

prospett|iva f Aussicht; Perspektive; **~tive** f/pl **professionali** Berufsaussichten

prospetto m Übersicht f; Fassade f; **~ pubblicitario** Werbeprospekt

prossimamente demnächst

prossimità f Nähe

pròssi|ma f Nächste; **~mo** nächste; nah; m Nächste(r)

prostituta f Prostituierte

protagonista su Hauptdarsteller(in) f m

protègge|re [-dʒe-] (be-) schützen (*da* vor); **~rsi** sich schützen (*da* vor)

proteina f Eiweiß n

protèsi f Prothese

protest|a f Protest m; **~ante** protestantisch; su Protestant(in) f m; **~are** protestieren; beteuern; **~o** m Protest

protettore m Beschützer; Zuhälter

protezione f Schutz m (*da* vor); Protektion

protocoll|are protokollieren; **~o** m Protokoll n

prov|a f (An-)Probe; Versuch m; Beweis m; **~are** (an)probieren; prüfen; beweisen; verspüren; **~ato** bewährt

proven|ienza f Herkunft; **~ire** (her)kommen (*da* aus, von)

proverbio m Sprichwort n

provin|cia [-tʃa] f Provinz; **~ciale** [-tʃa-] provinziell; kleinstädtisch

provoc|ante herausfordernd; **~are** hervorrufen; provozieren

provv|edere sorgen (*a* für); versorgen (*di* mit); beschaffen; **~edersi** *di qc* sich ein besorgen; **~edimento** m Vorkehrung f, Maßnahme f; **~idenza** f Vorsehung

provvigione [-dʒo-] f Provision

provv|isorio vorläufig; **~ista** f Vorrat m; **~isto** versehen (*di* mit)

pro|zia f Großtante; **~zìo** m Großonkel

prua f Bug m

prud|ente vorsichtig; **~enza** f Vorsicht

prùdere jucken

prugn|a [-ɲa] f Pflaume; **~ secca** Backpflaume; **~o** [-ɲo] m Pflaumenbaum

prurito m Juckreiz

psicanalista su Psychoanalytiker(in) f m

psichiatra [-k-] su Psychiater(in) f m

psichico [-k-] seelisch

psic|òloga f Psychologin; **~ologia** [-dʒ-] f Psychologie; **~ològico** [-dʒ-] psychologisch; **~còlogo** [-kɔ-] m Psychologe

psicosi f Psychose

P.T. (*Poste e Telecomunicazioni*) Post und Telekommunikation

pubblic|are veröffentlichen; **~azione** f Veröffentlichung

pubblicità [-tʃ-] f Werbung, Reklame; **~ televisiva** Fernsehwerbung

pùbblico öffentlich; m Publikum n; *in* **~** öffentlich

pubertà f Pubertät

pudore m Scham(gefühl n) f

pugilato [-dʒ-] m Boxen n

pùgile [-dʒ-] m Boxer

Puglia [-ʎa] f Apulien n

pugliese [-ʎe-] *adj* apulisch; *su* Apulier(in f) m

pugnale [-ɲa-] m Dolch

pugno [-ɲo] m Faust f; Faustschlag

pulce [-tʃe] f Floh m; **~ino** [-tʃ-] m Küken n

puledro m Fohlen n

pulire reinigen; putzen; **~ito** rein(lich), sauber

pulitura f Reinigung; **~ a secco** chemische Reinigung

pulizia f Sauberkeit; *donna f delle pulizie* Putzfrau; *fare (le) pulizie* putzen, aufräumen

pullman m Reisebus

pulmino m Kleinbus

pùlpito m Kanzel f

pulsante m El Knopf; **~are** klopfen; pulsieren; **~azione** f Pulsschlag m

pùngere [-dʒ-] stechen

pungiglione [-dʒiʎo:ne] m Zo Stachel

punire (be)strafen; **~izione** f Bestrafung; Strafe

punk [pʌŋk] m Punker

punta f Spitze; *Geogr* Landzunge; *in ~ di piedi* auf Zehenspitzen

puntare stemmen; zielen; *im Spiel* setzen (*su* auf); **~ata** f Folge (e-r TV-Serie); **~eggio** [-dʒo] m Punktzahl f

puntellare sprießen

puntina f Stift m (*Nagel*);

Plattenspieler Nadel; **~ da disegno** Reißzwecke

punto m Punkt; Stelle f; Nähen Stich; *i punti cardinali* die (vier) Himmelsrichtungen flpl; *due punti* Doppelpunkt; **~ esclamativo** (*interrogativo*) Ausrufe- (Frage-)zeichen n; **~ e virgola** Strichpunkt m; **~ di vista** Gesichtspunkt; *fino a che ~?* bis wohin?; *alle dieci in ~* Punkt zehn Uhr

puntuale pünktlich; **~ualità** f Pünktlichkeit; **~ura** f Stich m

può er (sie, es) kann; **~i** du kannst

pupazzo m Puppe f; **~ di neve** Schneemann

pupilla f Pupille

purché [-ke] (+ *cong*) wenn nur

pur(e) doch; auch; nur

purè m, **purea** f Püree n, Brei m

purezza f Reinheit

purga f, **~ante** m Abführmittel n

purità f Reinheit; **~o** rein

purtroppo leider

purulento eitrig, eiternd

pus m Eiter

Pusteria f: *Val ~* Pustertal n

pùstola f Pustel

puttana f V Hure, Nutte

puzzare stinken; **~o** m Gestank

puzzola f Iltis m

Q

qua hier; hierher; *di ~* von hier; *al di ~ di* diesseits (+ *G*)

quaderno *m* (Schreib-)Heft *n*

quadr|angolare viereckig; **~angolo** *m* Viereck *n*; **~ante** *m* Zifferblatt *n*; **~ato** viereckig; quadratisch; *m* Quadrat *n*; **~ifoglio** [-ʎo] *m* vierblättriges Kleeblatt *n*

quadro viereckig; *m Mal* Bild *n*, Gemälde *n*; *quadri pl* Kartenspiel Karo *n*; *a quadri* kariert

quaggiù [-dʒu] hier unten, hier herunter

quaglia [-ʎa] *f* Wachtel

qualche [-ke] irgendein; einige; *~ giorno* einige Tage; *~ cosa* etwas; *~ volta* manchmal

qual|cheduno [-ke-] irgend jemand; **~cosa** etwas; **~cuno** irgend jemand

quale welche(r); wie; *il, la ~* der, die, das; welche(r, -s); *tale ~* so wie

qualifica *f* Titel *m*; Eignung; Berufsbezeichnung

qualific|are bezeichnen; **~arsi** sich qualifizieren; **~azione** *f* Qualifikation

qual|ità *f* Eigenschaft; Beschaffenheit; Qualität; Sorte *f*; *di prima ~* erstklassig; **~ora** (+ *cong*) falls; **~siasi** jede(r) x-Beliebige(r) *f* (*m*);

~unque wer *od* was auch immer

quando wann; wenn; als; *da ~?* seit wann?; *di ~ in ~* dann und wann; *da ~?* bis wann?

quantità *f* Menge

quanto wie viel; wie sehr; wie lange; wie weit; *tanto … ~* (eben)so … wie; *per ~ io sappia* soviel ich weiß; *tutti quanti* alle miteinander; *quanti ne abbiamo oggi?* der Wievielte ist heute?; *~ a me* was mich betrifft; *~ prima* so bald als möglich; *~ costa?* was kostet das?

quantunque (+ *cong*) obwohl

quarant|ena *f* Quarantäne; **~enne** vierzigjährig

quaresima *f* Fastenzeit

quarta *f Kfz* vierter Gang *m*

quartiere *m* (Stadt-)Viertel *n*, Stadtteil *m*; *~ residenziale* Wohnviertel *n*

quarto vierte(r); *m* Viertel *n*; *~ d'ora* Viertelstunde *f*; *un ~ di rosso* ein Viertel(liter *m*) Rotwein; *sono le sei e un ~* es ist Viertel nach sechs

quarzo *m* Quarz; *orologio m al ~* Quarzuhr *f*

quasi fast, beinahe

quassù hier oben; hier herauf

quattrini *m/pl* Geld *n*

quattro vier; *~ passi* ein paar Schritte; *il ²cento* [-tʃe-] *m* das 15. Jahrhundert *n*

quegli [-ʎi], **quei** jene *m/pl*; die *m/pl*

quel, quell' jener

quella, quelle jene, die *sg u pl*

quello jener, jenes; der, das; **~ che** derjenige (dasjenige), welcher (welches)

quercia [-tʃa] *f* Eiche

quest|a diese; die; **~e, ~i** diese *pl*

question|ario *m* Fragebogen; **~e** *f* Frage; Problem *n*

questo dieser, dieses; der, das; **per ~** deshalb; **quest'oggi** ['ɔddʒi] heute

quest|ore [-o-] *f* Polizeipräsident; **~ura** *f* Polizei(präsidium *n*) *f*

qui hier; **di ~** von hier; **di ~ a un mese** in einem Monat; **di ~ in avanti** von jetzt an; **~ vicino** hier in der Nähe

quietanz|a *f* Quittung; **~are** quittieren

quiet|e *f* Ruhe; Stille; **~o** ruhig; still

quindi *adv* dann, danach; *cj* daher, folglich

quìndici [-tʃi] fünfzehn; **~ giorni** vierzehn Tage

quindicina [-tʃ-] *f* etwa fünfzehn; **una ~ di giorni** etwa vierzehn Tage

quint|a *f Kfz* fünfter Gang *m*; *Thea* Kulisse; **~ale** *m* Doppelzentner; **~o** fünfte(r); *m* Fünftel *n*

quintuplo fünffach; *m* Fünffache(s) *n*

quot|a [-ɔ-] *f* Anteil *m*, Quote; *Hdl* Rate; **~are** schätzen; **~azione** *f* (Börsen-)Kurs; Wertschätzung

quotidiano täglich; *m* Tageszeitung *f*

R

rabàrbaro *m* Rhabarber

ràbbia *f* Wut; Tollwut

rabbioso wütend; tobend

rabbrividire schaudern

rabbuiarsi sich verfinstern

raccapezz|are begreifen; **~arsi** sich zurechtfinden

raccattare auflesen; sammeln

racchetta [-ke-] *f* Tennisschläger *m*; Skistock *m*

racchiùdere [-k-] enthalten

raccògliere [-ʎe-] sammeln;

ernten; *vom Boden* aufheben

raccoglitore [-ʎ-] *m* Ordner; **~ del vetro** Glascontainer

racc|olta *f* Sammlung; *Agr* Ernte; **~ differenziata dei rifiuti** Mülltrennung; **~ rifiuti** Mühlabfuhr; **~olto** *m* Ernte *f*

raccomand|are empfehlen; **mi raccomando!** ich möchte doch sehr bitten!; **~ata** *f* Einschreiben *n*; **~azione** *f* Empfehlung

raccomodare ausbessern; reparieren

raccont|are erzählen; **~o** *m* Erzählung *f*

raccorciare [-tʃa-] (ver-) kürzen

raccord|are *Tech* verbinden, anschließen; **~o** *m Tech* Anschluss *m*; **~ autostradale** Autobahnzubringer

rada *f Mar* Reede

radar *m* Radar *m/n*; **schermo** *m* **~** Radarschirm

raddolcire [-tʃi-] (ver)süßen

raddoppiare verdoppeln; verstärken

raddrizzar|e gerade biegen; **~si** sich aufrichten

ràdersi sich rasieren

radiatore *m Kfz* Kühler; Heizkörper

radiazione *f* Strahlung

radice [-tʃe] *f* Wurzel

radio *f* Radio(gerät *n*) *n*; Rundfunk *m*; **via ~** per Funk; **ascoltare la ~** Radio hören

radioascolta|tore *m*, **-trice** [-tʃe] *f* Radiohörer(in *f*) *m*

radio|attivo radioaktiv; **~dramma** *m* Hörspiel *n*; **~grafia** *f* Röntgenaufnahme; **~gràfico** Röntgen…; **~registratore** *m* Radiorekorder

radioso strahlend

radio|stazione *f* Rundfunkstation; **~sveglia** [-ʎa] *f* Radiowecker *m*; **~tassì** *m* Funktaxi *n*; **~teléfono** *m*

Funksprechgerät *n*; **~telegrafista** *u* Funker(in *f*) *m*; **~televisione** *f* Rundfunkund Fernsehanstalt; **~terapia** *f* Strahlentherapie

rado spärlich; **di ~** selten

radunare (**radunarsi** sich) versammeln

ràfano *m* Rettich

ràffica *f* Windstoß *m*, Bö

raffigurare darstellen

raffin|are verfeinern; raffinieren; **~ato** raffiniert; *fig* erlesen; **~eria** *f* Raffinerie

rafforzare (ver)stärken

raffreddamento *m Tech* Kühlung *f*; *fig* Erkalten *n*; **~ ad acqua** Wasserkühlung *f*; **~ ad aria** Luftkühlung *f*

raffredd|are abkühlen; **~arsi** sich erkälten; **~ore** *m* Erkältung *f*; Schnupfen; **~ da fieno** Heuschnupfen

rafting *m* Rafting *n*

raganella *f* Laubfrosch *m*

ragazz|a *f* Mädchen *n*; (feste) Freundin; **~o** *m* Junge; (fester) Freund; **ragazzi** *pl* Kinder *n/pl*

raggio [-dʒo] *m* Strahl; *Math* Radius; *Rad* Speiche *f*; *fig* Umkreis; **raggi** *m/pl* **ultravioletti** ultraviolette Strahlung *f*

raggiante strahlend

raggiùngere [-dʒundʒ-] j-n einholen; *Ziel* erreichen

raggiustare [-dʒu-] ausbessern

raggruppare (**raggrupparsi**

sich) gruppieren, versammeln

ragion|amento [-dʒo-] *m* Überlegung *f*; ~**are** überlegen; reden (*di* über); ~**ato** vernünftig; ~**e** *f* Vernunft; Grund *m*; **aver** ~ Recht haben; **a** ~ mit Recht; ~**évole** vernünftig

ragion|iere *m*, ~**iera** *f* Buchhalter(in *f*) *m*

ragn|atela [-ɲ-] *f* Spinnwebe *f*; ~**o** [-ɲo] *m* Spinne *f*

ragù *m* Ragout *n*; *Kochk* **al** ~ mit Fleischsoße

rallegr|are erfreuen; ~**arsi** sich freuen; beglückwünschen (*con qu di qc* j-n zu et)

rallent|are verlangsamen; langsamer fahren *od* werden; ~**atore**: **al** ~ in Zeitlupe

rame *m* Kupfer *n*; **incisione** *f* **su** ~ Kupferstich *m*

ramificarsi sich verzweigen

rammaricarsi sich beklagen (*di* über)

rammàrico *m* Kummer; Bedauern *n*

rammend|are flicken; ~**o** *m* geflickte Stelle *f*

rammollire weich machen

ramo *m* Zweig; (Fluss-) Arm; ~ **d'affari** Geschäftszweig

rampa *f* Rampe; ~ **di lancio** Abschussrampe

ramponi *m/pl* Steigeisen *n/pl*

rana *f* Frosch *m*; ~ **pescatrice** Seeteufel *m*; **uomo** *m* ~ Froschmann

ràncido [-tʃ-] ranzig

rancore [-o-] *m* Groll

randagio [-dʒo] *Tier* herrenlos

rango *m* Rang; Reihe *f*

rannuvol|amento *m* Bewölkung *f*; ~**arsi** sich bewölken

rapa *f* Rübe

rap|ace [-tʃe] raubgierig; *m* Raubvogel; ~**acità** [-tʃ-] *f* Raubgier

ràpida *f* Stromschnelle

rapidità *f* Schnelligkeit

ràpido schnell; *m Esb* Schnellzug

rap|ina *f* Raub(überfall *m*) *m*; ~**ire** rauben; entführen; ~**itore** *m*, ~**itrice** [-tʃe] *f* Entführer(in *f*) *m*

rappezz|are flicken; ~**o** *m* Flicken

rapport|arsi sich berufen *od* beziehen (**a** auf); ~**o** *m* Bericht; Verbindung *f*; Verhältnis *n*; **in** ~ **a** in Bezug auf

rappresent|ante *su* Vertreter(in *f*) *m*; ~**anza** *f* Vertretung; ~**are** darstellen; *Thea* aufführen; ~**azione** *f* Vorstellung; Aufführung

rar|ità *f* Seltenheit; ~**o** selten

rasare (*rasarsi* sich) rasieren

raschi|are [-sk-] abkratzen; ~**etto** *m* Schaber

rasoio *m* Rasiermesser *n*; ~ **elèttrico** Rasierapparat

rassegn|arsi [-ɲ-] (*sich*) fügen (**a** in), ~**ato** [-ɲ-] resigniert; ~**azione** [-ɲ-] *f* Resignation, Ergebung

rasserenare (*rasserenarsi*) sich) aufheitern

rassicurare beruhigen

rassomigli|ante [-ʎa-] ähnlich; **~anza** f Ähnlichkeit; **~arsi** sich gleichen, sich ähneln

rastrell|are harken; *fig* durchkämmen; **~o** m Rechen, Harke f

rata f Rate; *a rate* ratenweise, in Raten

ratto m **1.** *Zo* Ratte f; **2.** *jur* Raub

rattoppare flicken

rattoppo m Flicken

rattrist|are betrüben; **~arsi** traurig werden

ràuco heiser

ravanello m Radieschen n

ravioli [-ɔ-] m/pl viereckige oder halbrunde gefüllte Teigtaschen

ravvisare (wieder)erkennen

ravviv|are wieder beleben; **~arsi** wieder aufleben

ravvòlgere [-dʒ-] einwickeln, einhüllen (*in* in)

razion|ale rationell; **~e** f Ration; Portion

razza f **1.** Rasse; *fig* Sorte; **2.** *Zo* Rochen m

razzista m/f Rassist(in f) m

razzo m Rakete f

R.D.T. f *hist* (*Repùbblica Democràtica Tedesca*) DDR (*Deutsche Demokratische Republik*)

re m König

reagire [-dʒ-] reagieren (*a* auf); *Med* ansprechen

reale wirklich; königlich

real|ismo [-zmo] m Realismus; **~ìstico** realistisch; **~izzàbile** machbar; **~izzare** verwirklichen; **~izzazione** f Verwirklichung

real|mente wirklich, **~tà** f Wirklichkeit, Realität; *in* **~** tatsächlich

reato m *jur* Straftat f

reattore m Düsentriebwerk n, -flugzeug n; **~** *nucleare* Kernreaktor

reazione f Reaktion, Rückwirkung

rec|are bringen; verursachen; **~arsi** sich begeben

recèdere [-tʃɛ-] zurücktreten (*da* von)

recen|sione f Rezension; **~sore** m Kritiker(in f) m

recente [-tʃɛ-] neu; jüngste(r); **~mente** neulich, kürzlich

reception f Empfang m; Reception

recesso [-tʃ-] m Rückgang; Rücktritt (*da* von)

recidiva [-tʃ-] f *jur* Rückfall m

recinto [-tʃ-] m Zaun; Gehege n; Einfassung f

recipiente [-tʃ-] m Behälter; Gefäß n

reciprocità [-tʃ-] f Gegenseitigkeit

reciproco [-tʃ-] gegenseitig

rec|isamente [-tʃ-] kurz und bündig; **~iso** Antwort kurz; Ton entschieden

rècita [-tʃ-] *f Thea* Aufführung

recit|are [-tʃ-] vortragen; *Thea* spielen; **~azione** *f* Vortrag *m*

reclamare reklamieren; sich beschweren

réclame [re'klam] *f* Reklame

reclamo *m* Beschwerde *f*, Beanstandung *f*

reclus|ione *f* Haft; **~o** *m* Häftling

rècluta *f* Rekrut *m*

rècord *m* Rekord

recuperare wiedererlangen; *Zeit* aufholen

redat|tore *m*, **~trice** [-tʃe] *f* Redakteur(in *f*) *m*

redazione *f* Abfassung (*e-s Textes*); Redaktion

redditizio rentabel

rèddito *m* Einkommen *n*; **~ netto** Nettoeinkommen *n*; **~ nazionale lordo** Bruttosozialprodukt *n*

Redentore *m Rel* Erlöser, Heiland

redimere erlösen

rèdini *f/pl* Zügel *m/pl*

rèduce [-tʃe] *f/m* Heimkehrer

referendum *m* Volksentscheid

refettorio *m* Refektorium *n*

refill [ri'fil] *m* Patrone *f* (*Tintenkuli*)

refrigerare [-dʒ-] kühlen

refrigerio [-dʒ-] *m* Erfrischung *f*

regal|are (ver)schenken; **~e** königlich; **~o** *m* Geschenk

n; **dare qc in ~** et schenken

regata *f* Regatta

règgere [-dʒe-] (aus-, fest-, stand-)halten; regieren

reggia [-dʒa] *f* Königspalast

reggi|calze [-dʒ-] *m* Hüfthalter; **~petto** *m*, **~seno** *m* BH (*Büstenhalter*)

regia [-dʒ-] *f* Regie

regime [-dʒ-] *m Pol* Regime *n*; *Med* Diät *f*

regina [-dʒ-] *f* Königin; *Kartenspiel, Schach* Dame

region|ale [-dʒo-] regional; **~e** *f* Gebiet *n*, Region, Gegend

regista [-dʒ-] *su* Regisseur (-in *f*) *m*

registrare [-dʒ-] registrieren; *auf Band* aufnehmen

registratore [-dʒ-] *m*: **~ a cassette** Kassettenrekorder; **~ a nastro** Tonbandgerät *n*

registro [-dʒ-] *m* Register *n*; Verzeichnis *n*

regn|ante [-ɲ-] *m* Herrscher; **~are** regieren; **~o** [-ɲo] *m* (König-)Reich *n*

règola *f* Regel; Vorschrift

regol|amento *m* Regelung *f*; Vorschriften *f/pl*; **~are** regeln; ordnen; *Tech* einstellen; *adj* regelmäßig; **~arità** *f* Regelmäßigkeit

regr|essivo rückläufig; **~esso** *m* Rückgang

relativo bezüglich; relativ

relazione *f* Beziehung; Verhältnis *n*; Bericht *m*; **in ~ a** im Verhältnis zu

relig|ione [-dʒo-] f Religion; **~iosa** f Ordensschwester; **~iosità** f Frömmigkeit; **~ioso** religiös, fromm; m Ordensbruder

rema|re rudern; **~tore** m Ruderer; **~trice** [-tʃe] f Rud(r)erin

remo m Ruder n

remoto weit zurückliegend; **passato** m ~ Gr historisches Perfekt n

rèndere zurückgeben; Dienst erweisen; ~ **felice** glücklich machen

rendimento m Leistung f; Ertrag

rèndita f Rendite

rene m Niere f

renit|ente widerspenstig; **~enza** f Widersetzung

Reno m Rhein

reo schuldig; m Schuldige(r)

reparto m Abteilung f; Krankenhaus Station f

repentino [-e-] plötzlich

reperti [-ɛ-] m/pl: ~ **archeològici** Funde f/pl

repertorio m Thea Repertoire n

rèplica f Wiederholung; Erwiderung

replicare erwidern; entgegnen; wiederholen

repr|essione f Unterdrückung; **~imere** unterdrücken

repùbblica f Republik

reput|are halten für; **~azione** f Ruf m

requis|ire beschlagnahmen;

~izione f Beschlagnahmung

resa f Rückgabe

Resia f Reschenpass m

resid|ente wohnhaft; **~enza** f Wohnsitz m

residuo restlich; m Rest

rèsina f Harz n

resist|ente widerstandsfähig; ~ **al fuoco** feuerfest; **~enza** f Widerstand m

resistere widerstehen (**a qc** e-r Sache); standhalten (**a qc** e-r Sache)

resoconto m Bericht

respingere [-dʒ-] zurückweisen; abwehren

respir|are (ein)atmen; **~atore** m Sauerstoffgerät n; Schnorchel; **~azione** f Atmung; **~o** m Atem

respons|àbile verantwortlich (**di** für); **~abilità** f Verantwortung

ressa f Gedränge n

rest|ante übrig; **~are** übrig bleiben

restaur|are restaurieren, wiederherstellen; **~azione** f, **~o** m Restaurierung f; Wiederherstellung f

restitu|ire zurückgeben; zurückerstatten; **~zione** f Rückgabe

resto m Rest; **del** ~ übrigens; **dare il** ~ herausgeben (Geld)

restring|ersi [-dʒ-] enger werden; einlaufen (Stoff)

rete f Netz n; EDV Netzwerk n; ~ **stradale** Straßennetz n

rètina [-ɛ-] f Netzhaut (Auge)

retroattivo rückwirkend

retro|cèdere [-tʃɛ-] zurück-
weichen; **marcia** [-tʃa] f
Kfz Rückwärtsgang m; **visore** m Kfz Rückspiegel

retta [-ɛ-] f: **dar~ a qu** j-m Gehör schenken

rett|angolare rechteckig;
~àngolo m Rechteck n

rettificare berichtigen

rèttile m Reptil n

rettilineo gradlinig; m Gerade f

ret|tore m, **~trice** [-tʃe-] f Rektor(in f) m

rèuma m Rheuma n

reum|àtico rheumatisch;
~atismo [-zmo] m Rheumatismus

reverendo (Abk **rev.**) ehrwürdig; m Hochwürden

revisione f Überprüfung;
Tech Überholung

revocare widerrufen

R.F.T. f (Repùbblica Federale
Tedesca) BRD (Bundesrepublik Deutschland)

riabilitazione f Rehabilitation

riacquistare wiedererlangen

rialzare erhöhen; Preise wieder steigen

rianimazione f Wiederbelebung; **centro** m **di ~** Intensivstation f

riap|ertura f Wiedereröffnung; **~rire** wieder öffnen

riarmo m Mil Aufrüstung f

riass|úmere zusammenfassen; **~unto** m Zusammenfassung f

riavere wiederbekommen

ribaltare umwerfen

ribass|are Preis herabsetzen;
~o m Preissenkung

ribàttere erwidern

ribell|arsi sich auflehnen (**a**
gegen); **~e** aufständisch; **~ione** f Aufstand m

ribes m Johannisbeere f

ribollita f toskanische Suppe
mit Schwarzkohl od Wirsing

ribrezzo m Abscheu; Ekel

ricaduta f Med Rückfall m

ricamare sticken

ricambi|are austauschen;
wechseln; erwidern; **~o** m
Austausch; Ersatz

ricamo m Stickerei f

ricaricare Batterie wieder
aufladen

ricav|are gewinnen (**da** aus);
~o m Ertrag; Gewinn

ricchezza [-k-] f Reichtum m

riccio [-tʃo] Haar kraus; m **1.**
(Haar-)Locke f; **2.** Igel; ~
di mare Seeigel

ricciolo [-tʃo-] m Locke f

ricco reich (**di** an)

ricerc|a [-tʃe-] f (Nach-)Forschung; Suche; **~are** suchen;
(er)forschen; **~ato** gesucht;
~atore m, **~atrice** [-tʃe-] f
Forscher(in f) m

ricetta [-tʃe-] f Rezept n

ricettare hehlen

ricévere [-tʃe-] erhalten;
empfangen; Arzt Sprechstunde haben

ricev|imento [-tʃe-] m Empfang; **~itore** m Empfänger;

Tel Hörer; **~itoria** *f* Annahmestelle; **~uta** *f* Quittung; *accusare* **~** den Empfang bestätigen

ricezione [-tʃe-] *f* Empfang *m*

richiam|are [-k-] zurück(be)rufen; **~arsi** sich berufen (*a* auf); **~o** *m*; Ruf (*a* zu)

richiedente [-k-] *su* Antragsteller(in *f*) *m*

richiedere [-k-] zurückverlangen; erfordern

richiesta [-k-] *f* (An-)Frage; Antrag *m*; Forderung; *a* **~** (*di*) auf Wunsch (von)

riciclabile wieder verwertbar

riciclaggio [-tʃi'kladdʒo] *m* Recycling *n*; **~re** recyceln

ricino [-tʃ-] *m*: *olio m di* **~** Rizinusöl *n*

ricompens|a *f* Belohnung; **~are** belohnen

ricomprare zurückkaufen

riconcili|are [-tʃ-] versöhnen; **~azione** *f* Versöhnung

ricondurre zurückführen (*a* auf)

riconosc|ente [-ʃe-] dankbar; **~enza** *f* Dankbarkeit

riconoscere [-ʃe-] erkennen; anerkennen; zugeben

riconoscibile erkennbar

riconoscimento [-ʃ-] *m* Anerkennung *f*

riconquistare wiedererlangen

riconsegna [-na] *f* Rückgabe; **~ bagagli** Gepäckausgabe

ricopiare abschreiben

ricord|are: **~** *qc, ricordarsi di*

qc sich an et erinnern; **~o** *m* Erinnerung *f*; Andenken *n*; **~ di viaggio** Reiseandenken *n*

ricórrere: **~ a** sich wenden an; greifen zu

ricostru|ire wieder aufbauen; **~zione** *f* Wiederaufbau *m*

ricotta *f* Frischkäse *aus Schafsod Kuhmolke*

ricoverare unterbringen; *ins Krankenhaus einliefern*

ricóvero *m* Heim *n*; Unterbringung *f; fig* Zuflucht *f*

ricreazione *f* Pause; Erholung

ridare wiedergeben

rid|ere lachen (*di* über); **~ersi**: **~ di qu** sich über j-n lustig machen

ridicolo lächerlich

ridicolizzare lächerlich machen

rid|urre zurückführen (*a* auf); verringern; einschränken; **~uzione** *f* Verminderung; Ermäßigung, Nachlass *m*; **~ sul prezzo dei biglietti** Fahrpreisermäßigung

riempi|mento *m* Ausfüllen *n*; **~ire** (auf-, aus-)füllen

rientrare zurück-, heimkommen

ri|fare erneut machen; aufräumen; nachmachen; **~farsi** aufholen; sich beziehen

rifer|imento *m* Hinweis; Bezug; *con od in* **~ a** mit Bezug auf; *punto m di* **~** Anhaltspunkt; **~ire** berichten; **~irsi**

sich beziehen, sich berufen (*a* auf)

rifiut|are ablehnen; **~arsi** sich weigern; **~i** *m/pl* Abfall *m*, Müll *m*; **~ tossici** Giftmüll *m*; **~o** *m* Ablehnung *f*; Verweigerung *f*; Absage *f*

riflessante *m* Tönung

rifless|ione *f* Überlegung; **~ivo** nachdenklich; *Gr* rückbezüglich; **~o** *m* Reflex

riflètt|ere zurückwerfen; widerspiegeln; nachdenken

riflettore *m* Scheinwerfer

riform|a *f* Reform; *Rel* Reformation; **~are** reformieren, umgestalten; **~atore** *m* Reformator

rifornimento *m* Versorgung *f* (*di* mit); **fare ~ di benzina** auftanken

rifu|giarsi [-dʒa-] sich flüchten; **~giato** [-dʒa-] *m* Flüchtling; **~gio** [-dʒo] *m* Zuflucht *f*; Zufluchtsort; **~ alpino** Hütte *f*

riga *f* Linie; Zeile; Reihe; Lineal *n*; Scheitel *m*; **carta a righe** liniertes Papier *n*

rigaglie [-ʎe] *f/pl* Geflügelklein *n*

rigatoni *m/pl* kurze Röhrennudeln *f/pl*

rigett|are [-dʒe-] ver-, zurückwerfen; **~o** *m* Ablehnung *f*

rigido [-dʒ-] streng; steif

rigirare [-dʒ-] durchstreifen (*per la città* die Stadt); (herum)drehen

rigor|e *m* Strenge *f*; *Sport* cal-

cio di ~ Elfmeter; **di ~** unerlässlich; **~oso** streng

rigovernare *Geschirr* spülen, abwaschen

riguard|are betrachten; betreffen; **per quanto riguarda** … was … anbelangt; **~arsi** sich in Acht nehmen (*da* vor); **~o** *m* Rücksicht *f*; **~a** in Bezug auf, was … betrifft

rilasciare [-ʃa-] *Schein* ausstellen

rilassarsi sich entspannen

rilegare wieder (zu)binden

rilèggere [-dʒe-] wieder lesen; nochmals durchlesen

rilevare entnehmen; feststellen

rilievo *m* Erhöhung *f*; Relief *n*; **alto~** Hochrelief *m*; **basso ~** Flachrelief *n*

rima *f* Reim *m*

rimandare zurückschicken; vertagen

rimaneggiare [-dʒa-] umarbeiten

riman|ente restlich; *m* Rest; **~enza** *f* Überbleibsel *n*; **~ere** übrig bleiben; verbleiben

rimango ich bleibe

rimàngono sie bleiben

rimar|care bemerken; **~chévole** [-k-] bemerkenswert

rimasto geblieben

rimbalzare zurückprallen

rimboccare umschlagen

rimbors|are zurückerstatten; **~o** *m* Rückerstattung *f*; **contro ~** gegen Nachnahme

rimboschimento m Wiederaufforstung f

rimedi|are beheben (*a qc* et); wieder gutmachen; **∼o** m Abhilfe f; (Heil-)Mittel n

rimescolare mischen; umrühren

rimessa f Garage; Schuppen m; *Hdl* Überweisung

rimétt|ere wieder legen (setzen, stellen); vertagen; **∼ersi** sich wieder erholen; sich aufklären (*Wetter*)

rimmel® m Wimperntusche f

rimodernare modernisieren

rimorchi|are [-k-] abschleppen; **∼atore** m Schleppdampfer

rimorchio [-k-] m *Kfz* Anhänger; (Ab-)Schleppen n; **prèndere a ∼** abschleppen

rimorso m Gewissensbiss

rimozione f Entfernung, Beseitigung

rimp|atriare in die Heimat zurückbefördern; heimkehren; **∼àtrio** m Heimkehr f

rimpi|àngere [-dʒe-] nachweinen (*qc* e-r Sache); **∼anto** m Bedauern n

rimpiatt|are verstecken; **∼ino** m Versteckspiel n

rimpiazzare ersetzen

rimproverare j-m Vorwürfe machen

rimpròvero m Vorwurf

Rinascimento [-ʃ-] m Renaissance f

rincar|are verteuern; teurer werden; **∼o** m Verteuerung f

rinchiùdere [-k-] einschließen

rinc|órrere nachlaufen (*qu* j-m); j-n verfolgen; **∼orsa** f Anlauf m

rincréscere [-ʃ-] Leid tun, bedauern

rincrescimento [-ʃ-] m Bedauern n

rinforz|are (ver)stärken; **∼o** m Verstärkung f

rinfrescar|e abkühlen; erfrischen; *Kenntnisse* auffrischen; **∼si** sich erfrischen

rinfreschi [-ki] m/pl Erfrischungen f/pl

ringhiera f Geländer n

ringiovan|imento [-dʒo-] m Verjüngung f; **∼ire** (sich) verjüngen

ringraziamento m Dank; Danksagung f

ringraziare danken (*qu di qc* j-m für et)

rinnegare verleugnen; **∼ato** abtrünnig

rinnov|amento m Erneuerung f; **∼are** erneuern; *Bitte* wiederholen; **∼azione** f, **∼o** m Erneuerung f

rinoceronte m Nashorn n

rinomato berühmt

rinserrare wieder einschließen

rintracciare [-tʃa-] aufspüren

rinun|cia [-tʃa] m/ Verzicht m; **∼zia** f Verzicht m; **∼ciare** [-tʃa-] / **∼ziare** verzichten (*a* auf)

rinvenire entdecken; wieder zu sich kommen

rinviare Rückschicken; vertagen

rinvigorare stärken

rinvio *m* Rücksendung *f*; Verweis (*im Text*); Vertagung *f*

rione *m* Stadtviertel *n*

riordinare neu ordnen

riorganizz|are reorganisieren; **~azione** *f* Umgestaltung

ripagare: **~ qu di qc** j-n für et belohnen, entschädigen

ripar|àbile reparabel; **~are** schützen (**da** vor); reparieren, **~azione** *f* Reparatur, Ausbesserung; **~o** *m* Schutz

ripart|ire abreisen; verteilen; **~izione** *f* Verteilung

ripassare wieder vorbeigehen; noch einmal durchsehen; *Tech* überholen

ripensare zurückdenken (**a** an); überdenken (**a qc** et)

ripètere wiederholen

ripetizione *f* Wiederholung

ripetuto wiederholt

ripido steil

ripieg|are wieder zusammenfalten; **~o** *m* Ausweg

ripieno voll; *Kochk* gefüllt; *m* Füllung *f*

riporre zurücklegen, -tun

riport|are zurückbringen; zitieren; *Sieg* davontragen; **~o** *m* *Hdl* Übertrag

ripos|are ruhen; **~arsi** sich ausruhen; **~o** *m* Ruhe *f*; Pause *f* (**a** *Mus*); Ruhestand; *casa f di* **~** Altersheim *n*

ripostiglio *m* Abstellraum *m*

riprèndere zurücknehmen;

Platz wieder einnehmen; *Arbeit* wieder aufnehmen; **~ a** wieder anfangen zu

ripresa *f* Wiederaufnahme; *Hdl* Wiederbelebung; *Film* Aufnahme *f*; *Tech* Beschleunigung; *Sport* zweite Halbzeit

riprodursi sich fortpflanzen

riproduzione *f* Reproduktion; Wiedergabe

riprov|a *f* Bestätigung; **~are** wieder versuchen; tadeln

ripugn|ante [-ɲ-] widerwärtig; **~anza** *f* Widerwille *m* (**per** gegen); **~are** abstoßen (**a qu** j-n)

ripulire gründlich säubern

ripulsione *f* Abneigung

riqualificazione *f* Umschulung; Fortbildung

risaia *f* Reisfeld *n*

risali|re wieder hinaufgehen; wieder steigen; **~ta** *f* Wiederaufstieg *m*

risalt|are vorspringen; **~o** *m*; **mèttere in ~** hervorheben; *Arch* Vorsprung

risanamento *m* Sanierung *f*

risarcire [-tʃ-] entschädigen; (**qc a qu**) j-m et ersetzen

risata *f* Gelächter *n*

riscald|amento *m* Heizung *f*; **~ centrale** Zentralheizung *f*; **~are** (auf-, er-)wärmen; heizen; **~arsi** sich erwärmen

rischiararsi [-sk-] *Wetter* aufklaren, sich aufhellen

rischiare [-sk-] riskieren

rischio [-sk-] *m* Gefahr *f*; Risiko n; **a ~ di** auf die Gefahr hin, zu; **a proprio ~ e pericolo** auf eigene Gefahr; **méttere a ~** aufs Spiel setzen; **~so** gewagt, riskant

risciacquare [-ʃa-] (ab-, aus-)spülen

riscontr|are vergleichen; überprüfen; **~o** m Vergleich; Überprüfung f

riscuòtere Geld kassieren; j-n wachrütteln

risentire wieder fühlen; verspüren; leiden (**di** unter)

riserva f Vorbehalt m; Reserve; Tech Ersatz m; Jagd Revier n; Reservat n

riserv|are aufsparen; reservieren; **~arsi** sich vorbehalten (**di fare qc** zu tun); **~atezza** f Zurückhaltung; **~ato** zurückhaltend

riso m **1.** Lachen n; **2.** Reis

risolare besohlen

risol|utezza f Entschlossenheit; **~uto** entschlossen

risoluzione f Entschluss m; Beschluss m; Lösung

risòlv|ere beschließen; (auf-)lösen; **~ersi** sich entschließen

rison|anza f Resonanz; Widerhall m; **~are** ertönen; (wider)hallen

risòrgere [-dʒ-] auferstehen; wieder aufleben

risorgimento [-dʒ-] m Wiederaufleben n, -aufblühen n; Risorgimento n

risorsa f Ressource

risotto m Reisgericht n; Kochk ~ **alla milanese** Reis mit Safran

risp. (rispettivamente) bzw. (beziehungsweise)

risparmiare (er)sparen; (ver)schonen

risparmio m Ersparnis f

rispett|are achten; befolgen, beachten; **~ivo** jeweilig; **~o** m Respekt, Achtung f

risplèndere glänzen

risp|óndere (be-)antworten (**a** auf); Gruß erwidern; entsprechen (**a qc** e-r Sache); **~osta** f Antwort; **~ pagata** bezahlte Rückantwort

rissa f Schlägerei

ristabil|imento m Wiederherstellung f; **~ire** wiederherstellen; **~irsi** sich erholen

ristampa f Nachdruck m

ristor|ante m Restaurant n; **~are** stärken; **~o** m Stärkung f; Erholung f

ristretto knapp; eng; beschränkt; Kaffee konzentriert

ristrutturare umbauen

result|are sich ergeben (**da** aus); sich erweisen als; **~ato** m Ergebnis n

risurrezione f Rel Auferstehung

risuscitare [-ʃ-] auferstehen

risvegli|are [-zveʎa-] wieder wecken; **~arsi** wieder erwachen; **~o** m Erwachen n

ritard|are sich verspäten; Zug Verspätung haben; Uhr

nachgehen; **~ataria** f, **~atario** m Nachzügler(in f) m; **~ato** fig zurückgeblieben; **~o** m Verspätung f; **èssere in ~** zu spät kommen

ritenere zurückhalten; einbehalten; halten für

ritirare zurückziehen, -nehmen; einziehen; Gegenstand abholen; Geld abheben; **~arsi** sich zurückziehen; **~ata** f Rückzug m; **~o** m Abberufung f; Einzug

ritmo m Rhythmus

rito m Ritual n, Ritus

ritoccare fig überarbeiten

ritornare zurückkommen; zurückgeben; **~ in sé** wieder zu sich kommen

ritorno m Rückkehr f; Rückfahrt f; Rückgabe f

ritrarre zurückziehen; darstellen

ritrattare widerrufen; **~azione** f Widerruf m; **~o** m Porträt n, Bildnis n

ritrovare wieder finden; **~arsi** sich (wieder) treffen; sich zurechtfinden; **~atore** m, **~atrice** [-tʃe-] f Finder(in f) m; **~o** m Treffpunkt

ritto gerade, aufrecht; **star ~** aufrecht stehen

riunificazione f Wiedervereinigung

riunione f Vereinigung, Versammlung; Besprechung; **~ire** wieder vereinen; versammeln

riuscire [-ʃ-] gelingen; Erfolg

haben; **riesco a fare** od **mi riesce** [-ʃe] **di fare** es gelingt mir zu tun; **~ita** f Erfolg m

riutilizzare wieder verwenden

riva f Ufer n

rivale su Rivale m, Rivalin f; Konkurrent(in f) m; **~leggiare** [-edʒa-] rivalisieren; fig in Wettstreit treten

rivedere wieder sehen; noch einmal durchsehen

rivelare offenbaren; enthüllen; **~azione** f Offenbarung

rivéndere wieder verkaufen

rivendicare fordern; **~zione** f Forderung

rivenire wiederkommen

rivestimento m Verkleidung f (Wand); **~irsi** sich umziehen; sich einkleiden

riviera f Küste

rivincita [-tʃ-] f Revanche

rivista f Zeitschrift; Illustrierte; Revue; Parade; **~ di moda** Modezeitschrift

rivo m Bach

rivòlgere [-oldʒe-] wenden; richten (a auf); **~ersi** sich wenden (a an)

rivolta [-ɔ-] f Aufstand m

rivoltare [-o-] umdrehen; wenden; fig empören; **~ella** f Revolver m

rivoluzionario revolutionär; **~e** f Revolution

rizzare aufrichten; Fahne hissen; Zelt aufschlagen; **~arsi** aufstehen; Haare sich sträuben

roba f Sachen f/pl; Zeug n

robot m Roboter; **~izzato** automatisiert

robust|ezza f Robustheit; **~o** m kräftig; robust

rocca f Burg

rocchetto [-k-] m Garnrolle f

roccia [-tʃa] f Fels m; **~tore** m Kletterer

roccioso [-tʃo-] felsig

rock m Mus Rock; **concerto** m **~** Rockkonzert n; **~ettara** f, **~ettaro** m Rocksänger(in f) m; Rockfan m/f

rococò m Rokoko n

rodaggio [-dʒo] m Einfahren n (des Autos); Eingewöhnung f; Einarbeitung f

ród|ere (zer)nagen; **~ersi** sich verzehren (**da** vor)

roditori m/pl Nagetiere n/pl

rogna f F Schwierigkeit

rognone [-ɲ-] m Niere f (v Tier)

Roma f Rom n

romancio [-tʃo] adj rätoromanisch

Romania f Rumänien n

romàn|ico romanisch; **~anista** su Romanist(in f) m; **~anìstica** f Romanistik; **~ano** römisch; m Römer; **~anticismo** [-tʃizmo] m Romantik f; **~àntico** romantisch

romanz|a f Romanze; **~iere** m Romancier; **~o** m Roman

rombare dröhnen

rombo m Dröhnen n; Zo Steinbutt; Raute f

rome|na f Rumänin; **~no** rumänisch; m Rumäne

rómper|e (zer)brechen; **~si** kaputtgehen

róndine f Schwalbe

ronz|are summen; **~io** m Gesumme n

ros|a [-z-] f Rose; adj rosa **~aio** m Rosenstrauch; **~aric** m Rel Rosenkranz; **~ato** m Rosé(-wein)

rósbif [-zb-] m Roastbeef n

ròseo rosig

ros|eto [-ze-] m Rosengarten **~etta** f Rosette

rosmarino [-zm-] m Rosmarin

rosolia f Röteln pl

rospo m Kröte f

rossetto m Rouge n; **~** (**per le labbra**) Lippenstift

rosso rot; m Rot n; **~** **d'uovo** Eigelb n; **fermarsi al ~** be Rot halten; **passare col ~** bei Rot fahren; **~re** m Röte

rosticceria [-tʃ-] f Rostbrate rei

rosticciana [-tʃ-] f gegrilltes Schweinerippchen n

rot|aia f Esb Schiene; **~are** kreisen; sich drehen; **~atoria** f Kreisverkehr m; **~azione** f Umdrehung; **~ella** f Räd chen n; Kniescheibe

rotolare rollen

ròtolo m Rolle f

rotondo rund

rotta f Flgw, Mar Kurs m

rottame m Bruchstück n; **rott tami** pl Schrott m

saccheggiare

rotto entzwei, kaputt

rottura f Bruch m

ròtula f Kniescheibe

roulotte f Wohnwagen m

rovesci|are [-ʃa-] v/t umdrehen; umwerfen; v/i umfallen; fig stürzen; **~ato** m Fußball Fallrückzieher; **~o** [-ʃo] m Rückseite f; Tennis Rückhand f; **alla ~** verkehrt herum; **~ di pioggia** Regenschauer

rovin|a f Einsturz m; fig Ruin m; **rovine** pl Trümmer pl; Ruinen f/pl; **~are** einstürzen; fig ruinieren

rovo m Brombeerstrauch

rozzo roh; grob

R.S.M. f (Repubblica di San Marino) Republik San Marino

rubare stehlen

rubinetto m Tech Hahn; **~ dell'acqua** Wasserhahn

rubino m Rubin

rùbrica f Rubrik

ù|cola, ~chetta f Rauke

rùderi m/pl Überreste; Ruinen f/pl

rudimenti m/pl Anfangsgründe

ruga f Falte, Runzel

rùggine f [-dʒ-] f Rost m

rugginoso f rostig

rugg|ire [-dʒ-] brüllen; **~ito** m Gebrüll n

rugiada [-dʒa-] f Tau m

rugoso runz(e)lig

rull|are rollen; **~ino** m Filmrolle f; **~o** m Rolle f, Walze f

rum m Rum

rume|na f Rumänin; **~no** rumänisch; m Rumäne

ruminante m Wiederkäuer

rumor|e m Geräusch n, Lärm; **~eggiare** [-dʒa-] lärmen; **~oso** laut

ruolo m Rolle f

ruota [-ɔ-] f Rad n; **~ anteriore** (posteriore) Vorder- (Hinter-)rad n; **~ di scorta** Reserverad n

rupe f Fels m, Felsen m

ruscello [-ʃe-] m Bach

russare schnarchen

Russia f Russland n

rus|sa f Russin; **~so** adj russisch; m Russe

rùstico ländlich; fig derb

ruttare V rülpsen

ruvidezza f Rauheit

rùvido rau

S

sa er (sie, es) weiß

sàbato m Sonnabend, Samstag; **di ~** samstags

sabbi|a f Sand m; **~oso** sandig

sabot|aggio [-dʒo] m Sabota-

ge f; **~are** sabotieren

s.acc. f (società in accomàndita) KG (Kommanditgesellschaft)

saccheggi|are [-ked-dʒa-]

plündern; **~o** [-ked-dʒo] *m* Plünderung

sacchetto [-k-] *m* Beutel, Tüte *f*; **~ di plàstica** Tragetüte *f*

sacco *m* Sack; *fig* Unmenge *f*; **~ a pelo** Schlafsack; **~ da montagna** Rucksack; **fare colazione al ~** picknicken; **~pelista** *su* Rucksacktourist(in *f*) *m*

sacerdote [-tʃe-] *m* Priester

sacramento *m* Sakrament *n*

sacr|ario *m* Heiligtum *n*; **~ificare** opfern; **~ificio** [-tʃo] *m*, **~ifizio** *m* Opfer *n*

sacro heilig

safari *m* Safari *f*; **~ fotogràfico** Fotosafari *f*

saga *f* Sage

sagace [-tʃe] scharfsinnig

saggezza [-dʒe-] *f* Weisheit

saggiare [-dʒa-] prüfen

saggio [-dʒo] **1.** weise; *m* Prüfung *f*; Probe *f*; Muster *n*; **2.** Essay; Abhandlung *f*

Sagittario *m Astrol* Schütze

sagra *f* Volksfest *n*

sagrest|ano *m* Küster; **~ìa** *f* Sakristei

sai du weißt

sala *f* Saal *m*; **~ d'aspetto** Wartesaal *m*; **~ da ballo** Tanzsaal *m*; **~ di lettura** Lesesaal *m*; **~ operatoria** Operationssaal *m*; **~ da pranzo** Speisesaal *m*

salamandra *f* Salamander *m*

salame *m* Salami *f*, Wurst

salamoia *f*: **in ~** gepökelt

salare salzen

salaria|re entlohnen; **~to** *m* Lohnempfänger

salario *m* Lohn

salat|ino *m* Salzgebäck *n*; **~o** salzig; gesalzen; **carne** *f* **salata** Pökelfleisch *n*

sald|are löten; schweißen; *Rechnung* begleichen; **~ars** *Wunde* zuheilen; **~o** fest; *n; Hdl* Saldo; Restbetrag; **saldi** *pl* Schlussverkauf *m*

sale *m* Salz *n*; **~ ammònico** Salmiak

sàlgo ich steige; **~no** sie steigen

sàlice [-tʃe] *m* Weide *f*; **~ piangente** Trauerweide *f*

sal|iera *f* Salzstreuer *m*; **~ife ro** salzhaltig; **~ina** *f* Saline

salire steigen; be-, ein-, aufhinaufsteigen

salita *f* Steigung; Aufstieg *m*; Aufgang *m*

saliva *f* Speichel *m*

salma *f* Leichnam *m*

salmarino *m* Meersalz *n*

salmastro: acque *f|pl* **salma stre** Brackwasser *n*

salmerino *m* Saibling

salmì *m* Wildragout *n*; *Kochl lepre* [-tʃe ~ Hasenpfeffer *m*

salmistrato gepökelt

salmo *m* Psalm

salmone *m* Lachs; **~ affum cato** Räucherlachs

salmonella *f Med* Salmonell

salone *m* Salon; Ausstellun *f*

salotto *m* Wohnzimmer *n*

saporito

salpare die Anker lichten
salsa f Soße; **~ di pomodoro** Tomatensoße
salsiccia [-tʃa] f Wurst
salsiera f Soßenschüssel
salt|are springen; überspringen (*a Zeile*); **~atore** m, **~atrice** [-tʃe] f Sport Springer(in f) m
saltimbocca m: **~ alla romana** mit Schinken u Salbei gefüllte Kalbsroulade f
salto m Sprung; **~ in alto** Hochsprung; **~ in lungo** Weitsprung
saltuàrio gelegentlich
salubre gesund
salum|e m Wurst f; **salumi** m/pl Wurstwaren pl; **~erìa** f Wurstwarenhandlung
salut|are (be)grüßen; **~e** f Gesundheit; **alla Sua ~!** auf Ihr Wohl!
saluto m Gruß; **tanti saluti** viele Grüße
salva|danaio m Sparbüchse f; **~gente** [-dʒ-] m Rettungsring; Verkehrsinsel f; **~guardia** f Schutz m
salvare retten; (be)wahren
salvataggio [-dʒo] m Rettung f; Bergung f
salva|tore m, **~trice** [-tʃe] f Retter(in f) m; 2**tore** Rel Heiland
salve! grüß dich!
salvezza f Rettung
salvia f Salbei m
salvietta f (Papier-)Serviette
salvo gerettet; unversehrt;

prp außer; ausgenommen; **~ che** (+ *cong*) außer wenn
sambuco m Holunder
San = Santo
San Gottardo m Sankt Gotthard
sanatorio m Sanatorium n
sàndalo m Sandale f
sangu|e m Blut n; **al ~** englisch (*Steak*); **fare ~** bluten; **~igno** [-ɲo]: **gruppo m ~** Blutgruppe f; **~inàccio** [-tʃo] m Blutwurst f; **~inare** bluten; **~inoso** blutig; **~isuga** f Blutegel m
sanità f Gesundheitswesen n
sanitario gesundheitlich; **ufficiale m ~** Amtsarzt; **impianti** m/pl **sanitari** sanitäre Einrichtungen f/pl
sanno sie wissen
sano gesund; **~ e salvo** wohlbehalten
santino m Heiligenbild n
san|ta f Heilige; **~to** m heilig; *vor Name* Sankt; **~to** m Heilige(r); **~tuario** m Heiligtum n; Wallfahrtsort
sapere wissen; können; kennen; erfahren; schmecken, riechen (*di* nach); **~ nuotare** schwimmen können; **far ~** mitteilen; **~ n** Wissen n
sapete ihr wisst
sap|iente weise; su Gelehrte(r) f (m); **~ienza** f Weisheit
sapon|e m Seife f; **~ da barba** Rasierseife f; **~etta** f Stück n Toilettenseife
sapor|e m Geschmack; **~ito**

schmackhaft

sappiamo wir wissen

saputo gewusst

sarà er (sie, es) wird sein

sàrago *m* Brasse *f*

sar|ai du wirst sein; **~anno** sie werden sein

sarcòfago *m* Sarkophag

sarda *f* Sardin

sard|ella *f* Sardelle; **~ina** *f* Sardine; **sardine** *pl* **sott'olio** Ölsardinen

Sar|degna [-ɲa] *f* Sardinien *n*; **2do** sardinisch, sardisch; *m* Sardinier, Sarde

sare|mo wir werden sein; **~te** ihr werdet sein

sarò ich werde sein

sart|a *f* Schneiderin; **~o** *m* Schneider

sasso *m* Stein

sassòfono *m* Saxophon *n*

satellite *m/pl* Satellit; *adj* Satelliten...; **~ televisivo** Fernsehsatellit; **città** *f* **~** Trabantenstadt

satirico satirisch

saudita saudisch

sauna *f* Sauna

savi|a *f* Weise; **~o** weise; *m* Weise(r)

savoiardi *m/pl* Löffelbiskuits

sazi|are sättigen; **~o** *m* satt

sbadato [zb-] zerstreut

sbadigliare [zbadiʎa-] gähnen

sbagli|are [zbaʎa-], **~arsi** sich irren; **sbagliare strada** *zu* Fuß sich verlaufen, *im Auto* sich verfahren; **~ato** falsch;

~o ['zbaʎo] *m* Fehler; Irrtum; **per ~** aus Versehen

sbalord|imento [zb-] *m* Verblüffung *f*; **~ire** betäuben; *fig* verblüffen

sbalz|are [zb-] schleudern; **~o** *m* Sprung

sbandare [zb-] schleudern; ins Schleudern geraten; *Zug* entgleisen

sbarazz|are [zb-] freimachen; **~arsi** sich entledigen (*da* + *G*)

sbarc|are [zb-] ausschiffen; an Land gehen; **~o** *m* Ausschiffung *f*, Landung(splatz *m*) *f*

sbarr|a [zb-] *f* Stange; Schranke; *Sport* Reck *n*; **~amento** *m* Absperrung *f*; **~are** (ver-)sperren; *Augen* aufreißen

sbàttere [zb-] schlagen; *Tür* zuwerfen; *Eier* schlagen

sbattitore [zb-] *m* Mixer

sbendare [zb-] (*j-m*) den Verband abnehmen

sbiadito [zb-] *f* Farbe verschossen, verblasst

sbiancare [zb-] bleichen

sbilanci|are [zbilanʧa-] aus dem Gleichgewicht bringen; **~o** [zbi'laːntʃo] *m* Ungleichgewicht *n*; Defizit *n*

sbirro [zb-] *m* F Bulle *m*

sblocc|are [zb-] freigeben; *Tech* lösen; **~o** *m* Freigabe *f*

sboccare [zbo-] münden

sbocco [zbo-] *m* Mündung *f*; *Hdl* Absatz(markt)

sborni|a [zbɔ-] *f* Rausch *m*

sbors|are [zbo-] ausgeben; **für** j-n auslegen; **~o** *m* Ausgabe *f*; Auslage *f*

sbottonare [zbo-] aufknöpfen

sbozz|are [zbo-] entwerfen; **~o** *m* Entwurf

sbraitare [zb-] grölen

sbriciolare [zbritʃo-] zerkrümeln

sbrig|are [zb-] j-n abfertigen; *et* erledigen; **~arsi** sich beeilen

sbrina|re [zb-] *Kühlschrank* abtauen; **~tore** *m* Abtauautomatik *f*; *Kfz* Defroster

sbronzo [zb-] betrunken

sbucare [zb-] herauskommen

sbucciare [zbut-'tʃa-] (ab-) schälen

scabroso uneben; heikel

scacchiera [-k-] *f* Schachbrett *n*

scacci|are [-tʃa-] verjagen; **~acani** *f* Schreckschusspistole

scac|co *m* Schachfeld *n*; Schachfigur *f*; **~ matto** schachmatt; **~chi** [-ki] *m/pl* Schach(spiel) *n*; **a ~** kariert; **giocatore** (**-trice** *f*) *m* **di ~** Schachspieler(in *f*) *m*; **giocare a ~** Schach spielen

scad|enza *f* Ablauf *m*; Fälligkeit; **a breve ~** kurzfristig; **~ere** ablaufen; fällig sein; verfallen; **~uto** verfallen; *Pass* abgelaufen

scafandro *m* Taucheranzug

scaffale *m* Regal *n*

scafo *m* Schiffsrumpf

scaglia [-ʎa] *f* Schuppe; Splitter *m*

scala *f* Treppe; Leiter; Maßstab *m*; **~ mòbile** Rolltreppe; **~ musicale** Tonleiter

scala|re besteigen; **~ta** *f* Besteigung

scalciare [-tʃa-] ausschlagen (*Pferd*)

scalda|acqua *m*, **~bagno** [-ɲo] *m* Boiler; **~letto** *m* Wärmflasche *f*

scald|are (er)wärmen; **~arsi** sich (er)wärmen; **~avivande** *m* Warmhalteplatte *f*

scall|inata *f* Freitreppe; **~ino** *m* Stufe *f*; Sprosse *f*

scalo *m* *Flgw* Zwischenlandung *f*; *Mar* Anlegehafen; **~ merci** Güterbahnhof; **fare ~** zwischenlanden (**a** in); *Mar* anlegen

scalogno [-oɲ-] *m* Schalotte *f*

scaloppa *f*, **~ina** *f* Kalbsschnitzel *n*

scalpello *m* Meißel

scalz|are: **~ i piedi** Schuhe und Strümpfe ausziehen; **~o** barfuß

scambiare verwechseln (**per** mit); (aus)tauschen (**con** gegen); *Geld* wechseln

scambio *m* Verwechslung *f*; Austausch; *Esb* Weiche *f*

scampare retten; entkommen

scampi *m/pl* *Zo* Scampi

scàmpo *m* Rettung *f*; **~lo** *m* Rest (*Stoff*)

scandaglio [-ʎo] m Lot n

scandalizzare Anstoß erregen (*qu* bei j-m); empören

scàndalo m Ärgernis n; Skandal

scandina|va f Skandinavierin; **2via** f Skandinavien n; **~vo** m Skandinavier; *adj* skandinavisch

scanner m EDV Scanner; **~izzare** einscannen

scansafatiche su Nichtstuer(in f) m

scansare ausweichen (*un colpo* einem Schlag); meiden

scantonare schnell um die Ecke biegen

scapestrato liederlich

scàpito m Verlust

scàpol|a f Schulterblatt n; **~o** ledig; m Junggeselle

scapp|amento m Auspuff; **~are** weglaufen; **~atella** f Seitensprung m; **~atoia** f Ausweg m

scarafaggio [-dʒo] m Küchenschabe f; Kakerlak

scarcerare [-tʃe-] aus der Haft entlassen

scaric|are aus-, ab-, entladen; *fig* entlasten; **~arsi** sich von et befreien; *Uhr* ablaufen; *Blitz* einschlagen

scàrico leer; *Uhr* abgelaufen; m Aus-, Ab-, Entladen n; *fig* Entlastung f; Müllkippe f; *Kfz* Auspuff; **divieto di ~** Schuttabladen verboten; **scàrichi** *pl* **industriali** Industrieabfälle

scarlatt|ina f Scharlach m; **~o** scharlachrot

scar|pa f Schuh m; **~pe** *pl* **da uomo** (Damen-)schuhe m/pl; **~pe** *pl* **da ginnàstica** Turnschuhe m/pl; **~petta** f (Kinder-, Damen-)Schuh m; **~pette** *pl* **da bagno** Badeschuhe m/pl; **~pone** m **da montagna** (**da sci**) Berg-(Ski-)Stiefel

scars|ità f Knappheit (**di** an); **~o** spärlich, knapp

scart|amento m Esb Spurweite f; **~are** auspacken; *Spielkarte* abwerfen

scass|are auspacken; F kaputtmachen; **~o** m Einbruch

scatenare entfesseln

scàtola f Schachtel; (Konserven-)Büchse; Dose; *Flgw* **~nera** Flugschreiber m

scattare *Fot* knipsen, F schießen; hoch-, losschnellen

scatto m Losgehen n; Sprung; Ruck; *Fot* Auslöser

scavare *et* ausgraben

scavo m Ausgrabung f

scégliere [ˈʃeʎere] (aus-) wählen, aussuchen

scèlgo [ʃe-] ich wähle; **~no** sie wählen

scellino [ʃe-] m hist Schilling

scelta [ʃe-] f (Aus-)Wahl f; **a ~** nach Wahl; **fare la ~** die Wahl treffen

scelto [ʃe-] (aus)erlesen; ausgewählt

scemo [ʃe-] dumm

scena [ʃe-] *f* Szene; Bühne

scéndere [ʃe-] hinuntergehen; hinabsteigen; *Esb* aussteigen; *im Hotel* absteigen; sinken; *Sonne* untergehen

scendiletto [ʃe-] *m* Bettvorleger

scen|eggiatura [ʃened-dʒa-] *f* Drehbuch *n*

scenografia [ʃe-] *f* Bühnenbild *n*

scesa [ʃe-] *f* Abhang *m*; Abstieg *m*

scheda [ske-] *f* Zettel *m*; ~ **elettorale** Stimmzettel *m*; ~ **gràfica** *EDV* Grafikkarte; ~ **telefònica** Telefonkarte

sched|ario [ske-] *m* Kartei (-kasten *m*) *f*; **~dina** *f* Tippschein *m*

scheggia ['skeddʒa] *f* Splitter *m*

schèletro [ske-] *m Anat, fig* Skelett *n*

schema [ske-] *m* Schema *n*; Muster *n*; Grundriss

scherm|a [ske-] *f* Fechtkunst; Fechten *n*; **~ire** fechten

schermo [ske-] *m* Bildschirm; Leinwand *F*

schern|ire [ske-] verhöhnen; **~o** *m* Hohn

scherz|are [ske-] scherzen, spaßen; **~o** *m* Scherz, Spaß; **~oso** spaßig; scherzhaft

schiaccia|noci [skiattʃa-ˈnoːtʃi] *m* Nussknacker; **~re** [skiat-tʃa-] zerquetschen; *Finger* einquetschen; *Nüsse*

knacken; **~ta** *f* Fladenbrot *n*; *Sport* Schmetterball *m*

schiaffo [sk-] *m* Ohrfeige *f*

schiamazzare [sk-] lärmen

schiantare platzen, brechen

schiar|imento [sk-] *m* Aufhellung *f*; *fig* Aufklärung *f*; **~ire** aufhellen; heller werden; **~irsi** hell(er) werden; sich aufhellen

schiav|itù [sk-] *f* Sklaverei; Knechtschaft; **~a** *f*; Sklavin; **~o** sklavisch; *m* Sklave

schien|a [sk-] *f* Rücken *m*; **~ale** *m* Rückenlehne *f*

schiera [sk-] *f* Schar; *a schiere* scharenweise

schietto [sk-] rein; echt; *fig* ehrlich

schif|o [sk-] *m* Ekel; *che ~!* F pfui!; *fare ~ a qu* j-n (an)ekeln; **~oso** ekelhaft

schiocco [skio-] *m* Knall

schioppo [skio-] *m* Flinte *f*

schium|a [sk-] *f* Schaum *m*; **~ da barba** Rasierschaum *m*; **~are** (ab)schäumen; **~arola** *f* Schaumlöffel *m*; **~oso** schaumig

schiv|are [sk-] (ver)meiden; **~o** abgeneigt; scheu

schizz|are [sk-] (ver-, be-) spritzen; *fig* skizzieren; **~o** *m* Spritzer; Skizze *f*

sci [ʃi] *m* Ski; *Sport* Skifahren *n*; ~ **acquàtico** od **nàutico** *Sport* Wasserski *n*; ~ **di fondo** *Sport* Langlauf

sciacqu|are [ʃa-] (ab)spülen; **~atura** *f* Spülwasser *n*;

~one m Wasserspülung f

sciag|ura [ʃa-] f Unglück n; **~urato** unglücklich

scialle [ʃa-] m Schultertuch n; Schal

scialuppa [ʃa-] f Schaluppe

sciame [ʃa-] m Schwarm

sciare [ʃi'a:re] Ski fahren od laufen

sciarpa [ʃa-] f Schal m

sciàtica [ʃa-] f Ischias m/n

scia|tore [ʃi:a-] m, **~trice** [-tʃe] f Skiläufer(in f) m

scientifico [ʃe-] wissenschaftlich

scienz|a ['fentsa] f Wissenschaft; **scienze** pl Naturwissenschaften; **~iata** f, **~iato** [ʃe-] m (Natur-)Wissenschaftler(in f) m

scimm|ia [ʃ-] f Affe m; **~iotta|re** nachäffen

scintill|a [ʃ-] f Funke m; **~are** funkeln

sciocchezza [ʃok-k-] f Kleinigkeit; Dummheit

sciocco [ʃɔ-] dumm; m Dummkopf

sciògli|ere ['ʃɔːʎere] (auf-, ein-)lösen; aufmachen; **~er|si** sich lösen; Schnee schmelzen

sciolt|ezza [ʃo-] f Gewandtheit; **~o** lose; fig, locker, ungezwungen

scioper|ante [ʃo-] su Streikende(r) f (m); **~are** streiken

sciòpero [ʃɔ-] m Streik; **~ bianco** Dienst m nach Vorschrift; **fare ~** streiken

sciovìa [ʃi:o-] f Skilift m

scipp|are [ʃ-] die (Hand)tasche entreißen (**qu** j-m); **~to|re** m, **~trice** [-tʃe] f (Hand)taschenräuber(in f) m; **~o** m (Hand)taschenraub

scirocco [ʃ-] m Schirokko

sciroppo [ʃ-] m Sirup; Saft; **~ per la tosse** Hustensaft

scisto [ʃ-] m Gestein Schiefer

sciupa|re [ʃu-] verderben; vergeuden; verschleißen; **~to** abgetragen

scivolare [ʃ-] gleiten; rutschen

scivolo [ʃ-] m Rutschbahn f; **~ d'emergenza** Notrutsche f; **~so** rutschig, glatt

scocciare F [skot'tʃa:re] auf die Nerven gehen (**qu** j-m)

scodella f Schüssel; Napf m

scogliera [-ʎe-] f Felsenriff n

scoglio ['skɔʎo] m Klippe f; **~so** [-ʎo-] klippenreich

scoiàttolo m Eichhörnchen

scoll|ara f Schülerin; **~are** ausgießen; **~aro** m Schüler

scolàstico Schul…; **anno ~** Schuljahr n

scollato dekolletiert, ausgeschnitten

scolo [sko-] m Abfluss

scolorirsi [skolo-] verblassen

scolpire Stein behauen; Holz schnitzen

scom|messa f Wette; Einsatz m; **~méttere** wetten

scomod|are stören; belästigen; **~arsi** sich bemühen

scòmodo [skɔ-] unbequem;

m Störung *f*; Belästigung *f*
scomparire verschwinden
scomparsa *f* Verschwinden *n*
scompartimento *m* Esb Abteil *n*
scompiac|ente [-tʃ-] ungefällig; **~enza** *f* Ungefälligkeit
scomporre zerlegen
sconcertare [-tʃ-] durcheinander bringen
sconcio [-tʃo] unanständig
sconfiggere [-dʒ-] besiegen, schlagen
sconfitta *f* Niederlage
sconfortare entmutigen
sconforto *m* Niedergeschlagenheit *f*
scongelare [-dʒ-] auftauen
scongiurare [-dʒu-] beschwören
sconosciuto [-ʃu-] unbekannt
sconsacrare entweihen
sconsiderato unbesonnen
sconsigliare [-ʎa-] abraten (*qc a qu* j-m von et)
sconsolato untröstlich
scontare abziehen; abzahlen
scontento unzufrieden (*di* mit)
sconto *m* Rabatt, Skonto *m*/*n*; Diskont
scontr|are j-n treffen; **~arsi** *Fahrzeuge* zusammenstoßen
scontrino *m* Kassenzettel, -bon. Quittung *f*; **~** (*del bagaglio*) Gepäckschein; *fare lo ~ alla cassa* an der Kasse zahlen

scontro *m* Zusammenstoß
scontroso widerspenstig
sconveniente ungehörig; *Preis* unangemessen
scon|vòlgere [-dʒ-] durcheinander bringen; erschüttern; **~volgente** erschütternd; überwältigend
scooter [sku-] *m* Motorroller
scopa *f* Besen *m*; **~re** fegen, kehren; V bumsen
scopert|a *f* Entdeckung; **~o** unbedeckt; *Scheck* ungedeckt
scopo [skɔ-] *m* Zweck; Ziel *n*
scoppiare explodieren; platzen; *Epidemie* ausbrechen
scoppio *m* Explosion *f*; Knall
scoprire entdecken; entblößen; aufdecken
scoraggi|are [-dʒa-] entmutigen; **~ato** mutlos
scorcia|re [-tʃa-] (ver)kürzen; **~toia** *f* Abkürzung
scordare vergessen
scordato *Mus* verstimmt
scòrgere [-dʒ-] bemerken
scoria *f* Schlacke; *scorie radioattive* radioaktive Abfälle *f/pl*
scorpione *m* Skorpion; ♎ *Astrol* Skorpion
scórrere fließen; laufen; *Zeit* vergehen; *Gelände* durchstreifen
scorretto unkorrekt; fehlerhaft
scorso vergangen (*Jahr usw*)
scorta *f* Eskorte; Vorrat *m*
scort|ese unhöflich; **~esìa** *f*

Unhöflichkeit

scorticare *Tiere* häuten *Haut* ab-, aufschürfen

scorza *f* Rinde; *Obst* Schale

scorzonera *f* Schwarzwurzel

scossa *f* Stoß *m*; Schlag *m*; Erdstoß *m*; ~ **elèttrica** elektrischer Schlag *m*; ~ **nervosa** Nervenschock *m*; ~ **di pioggia** Regenschauer *m*

scost|are wegrücken; **~arsi** sich entfernen

scotch® [skɔtʃ] *m* Klebeband *n*; Tesafilm®

scottare (ver)brennen

scottatura *f* Verbrennung; **~da sole** Sonnenbrand *m*

scout [ˈskaut] *m/f* Pfadfinder(in *f*) *m*

scovare aufspüren

Scozia *f* Schottland *n*

scozzese *su* Schotte *m*; Schottin *f*

scredit|are diskreditieren *m*; **~ato** verrufen; verschrien

scrédito *m* Misskredit

screen saver *m* EDV Bildschirmschoner

scremato entrahmt

screpol|arsi rissig werden; aufspringen; **~atura** *f* Riss *m*

scricciolo *Zo* Zaunkönig *m*

scrit|ta *f* Aufschrift; **~to** schriftlich; *m* Schrift(stück *n*) *f*; **~tore** *m*, **~trice** *f* [-tʃe] *f* Schriftsteller(in *f*) *m*; **~tura** *f* Schrift; **la** 2 die Heilige Schrift

scrivania *f* Schreibtisch *m*

scrivere (auf)schreiben, verfassen

scrofa *f* Sau

scrosciare *Wasser* rauschen

scrollare schütteln

scrùpolo *m* Bedenken *n*, Skrupel

scrupol|osità *f* Gewissenhaftigkeit; **~oso** peinlich genau

scrutare erforschen

scucire [skutʃ-] auftrennen

scudería *f* Rennstall *m*

scudetto *m* Sport Meistertitel *m*

scudo *m* Schild

scul|tore *m*, **~trice** *f* [-tʃe] Bildhauer(in *f*) *m*; **~tura** *f* Bildhauerei; Skulptur

scuola *f* Schule; ~ **elementare (media, secondaria)** Grund-(Mittel-, Ober-) schule; ~ **guida** Fahrschule

scuòtere schütteln

scur|e *f* Beil *n*; **~etto** *m* Fensterladen; **~o** dunkel

scus|a *f* Entschuldigung; Ausrede; **~àbile** entschuldbar; **~are** (*scusarsi* sich) entschuldigen

sdebitarsi [zd-] seine Schulden bezahlen

sdegn|are [zdeɲ-] verschmähen; **~arsi** sich empören (*con qu* über j-n); **~o** [ˈzdeːɲo] *m* Empörung *f*

sdraiarsi [zd-] sich ausstrecken

sdraio *m*: **sedia a ~** Liegestuhl *m*

sdrucciol|are [zdrut-tʃo-] ausrutschen; **~évole** glatt

S.E. (*sudest*) SO (*Südost*)

se 1. wenn; ob; **~ no** sonst; **2.** sich

sé sich; **da ~** allein; von selbst

sebbene (+ *cong*) obwohl

sec. *m* (*sècolo*) Jh. *n* (*Jahrhundert*)

secc|ia *f* Trockenheit; *Mar* Untiefe; **~are** trocknen; dörren; j-n belästigen; **~arsi** verdorren; austrocknen; *fig* es satt haben (**di fare qc** et zu tun); **~atura** *f* Belästigung

secch|ia [-k-] *f*, **~io** [-k-] *m* Eimer *m*; **~ della spazzatura** Mülleimer

secco trocken; dürr

secolare jahrhundertealt; weltlich

sècolo *m* Jahrhundert *n*; *fig* Ewigkeit

seconda *f Schule, Esb* zweite Klasse; *Kfz* zweiter Gang

second|are unterstützen; **~ario** Neben...; sekundär; **scuola** *f* **secondaria** höhere Schule

secondo 1. zweite(r); *Sport* **~ tempo** zweite Halbzeit; **2.** *prp* (je) nach, gemäß, entsprechend; **~ me** meiner Meinung nach; **3.** *m* Zweite(r); Sekunde *f*; *Kochk* zweiter Gang

sèdano *m* Sellerie *m/f*

seda|re lindern; **~tivo** *m* Beruhigungsmittel *n*

sede *f* Sitz *m*; Wohnsitz *m*; *Hdl* Niederlassung; **la Santa Ꙅ der Heilige Stuhl**

sed|ere sitzen; *m* Gesäß *n*; **~ersi** sich setzen

sedia *f* Stuhl *m*; **~ a sdraio** Liegestuhl *m*; **~ a dòndolo** Schaukelstuhl; **~ a rotelle** Rollstuhl

sedile *m* Sitz; Bank *f*

sedurre verführen

seduta *f* Sitzung

seduzione *f* Verführung

sega *f* Säge

ségale *f* Roggen *m*

segare (ab-, zer-)sägen

segatura *f* Sägemehl *n*

seggio ['seddʒo] *m* Sitz; Thron

seggiol|ino [-dʒo-] *m* Kinderstuhl; Klappstuhl; **~one** *m* Hochstuhl

seggiovia [-dʒo-] *f* Sessellift *m*

segnal|are [-ɲ-] anzeigen; signalisieren; **~azione** *f* Zeichen *n*; Signal *n*

segnale [-ɲ-] *m* Signal *n*, Zeichen *n*; **~ d'allarme** Alarmsignal *n*; Notbremse *f*; **~ stradale** Verkehrszeichen *n*

segnare [-ɲ-] anzeichnen; kennzeichnen; (an)zeigen

segno [-ɲo] *m* Zeichen *n*; **~ zodiacale** Sternzeichen *n*

segretaria *f* Sekretärin

segretari|ato *m* Sekretariat *n*; **~o** *m* Sekretär

segreteria *f* Sekretariat *n*; **~ telefònica** automatischer Anrufbeantworter *m*

segreto geheim; *m* Geheimnis *n*

segu|ire folgen (**qu** j-m); be-
folgen; **~itare** fortfahren (in)

séguito m Folge f; Fortsetzung f; **di ~** hintereinander;
in ~ a infolge

sei 1. sechs; **2.** du bist; **2cento**
[-tʃ-] m das 17. Jahrhundert
n

selezione f Auswahl; *Tel*
Wählen n; *EDV* Sortierung

self-service ['self'sə:vis] m
Selbstbedienung f

sell|a f Sattel m; *Kochk* Rü-
cken m; **~are** satteln

seltz m Selterswasser n

selva f Wald m

selv|aggina [-dʒ-] f Wild n,
Wildbret n; **~aggio** [-dʒo],
~àtico wild; **~icoltura** f
Forstwirtschaft

semàforo m (Verkehrs-) Ampel f

sembrare (er)scheinen; aussehen

seme m Samen

semestre m Halbjahr n; Semester n

semi|aperto halboffen; **~cer-
chio** [-tʃerk-] m Halbkreis;
~conduttore m *Tech* Halb-
leiter; **~finale** m Halbfinale
n; **~freddo** m Halbgefrore-
ne(s) n; **~lunio** m Halbmond

sémina f Aussaat

seminare säen

seminario m Seminar n

semi|sfera f Halbkugel f;
~tondo halbrund

semmai wenn je

sémol|a f Kleie; **~ino** m Grieß

Sempione m Simplon

sémplice [-tʃe] einfach; *fig*
schlicht

semplicemente [-tʃe-] einfach, nur, bloß

semplicità [-tʃ-] f Einfach-
heit; *fig* Schlichtheit

semplificare vereinfachen

sempre immer (noch); ständig; **da ~** seit jeher; **~ che**
(+ *cong*) vorausgesetzt, dass

sènape f Senf m

sena|to m Senat; **~tore** m,
~trice f *fig* Senator(in f) m

senno m Verstand

seno m Brust f; Busen; *fig*
Schoß; Meerbusen

sens|azione f Empfindung;
Gefühl n; Sensation; **~ibile**
sensibel; spürbar; **~ibilità** f
Sensibilität; Empfindlich-
keit

senso m Sinn; Gefühl n;
Richtung f; **~ unico** Einbahnstraße f

sentenza f Urteil n

sentiero m Pfad, Wanderweg

sentimental|e sentimental;
~ità f Sentimentalität

sentimento m Gefühl n

sentinella f Wache

sent|ire fühlen; hören; rie-
chen; schmecken; **~irsi** sich
fühlen

senza ['sɛntsa] ohne; **~ difetti**
fehlerlos; **~ impegno** unver-
bindlich; **~ cuore** herzlos; **~
di me** ohne mich; **~ seme**
kernlos; **senz'altro** ohne
weiteres; bestimmt

senzatetto *su* Obdachlose(r) *f (m)*

separ|are (*separarsi* sich) trennen; **~azione** *f* Trennung

sep|olcrale Grab(es)...; **~olcro** *m* Grab *n*; **~olto** begraben

seppellire begraben, beerdigen

seppia *f* Tintenfisch *m*

sequestr|are beschlagnahmen; **~o** *m* Beschlagnahme *f*

sera *f* Abend *m*; **buona ~!** guten Abend! *di ~* abends; **verso ~** gegen Abend

ser|ale abendlich; **scuola** *f* ~ Abendschule; **~ata** *f* Abend *m*; **~ danzante** Tanzabend *m*

serbare (auf)bewahren

serbatoio *m* Behälter; Tank

Serbia *f* Serbien *n*

seren|ata *f* Serenade; **~ità** *f* Heiterkeit; **~o** heiter; klar

serie *f* Serie, Folge, Reihe

serietà *f* Ernst *m*

serio ernst; ernsthaft; *m* Ernst; *sul ~* im Ernst

sermone *m* Predigt *f*

serp|eggiare [-dʒa-] sich schlängeln; **~ente** *m* Schlange *f*

serra *f* Treib-, Gewächshaus *n*; **effetto** *m* ~ Treibhauseffekt

serranda *f* Rolladen *m*

serrare (ab-, ver-)schließen

serratura *f* Schloss *n*; ~ *di sicurezza* Sicherheitsschloss *n*; ~ *a combinazione* Zah-

lenschloss *n*

serva *f* Dienstmädchen *n*

servire dienen (*qu* j-m); bedienen; servieren; ~ *a* nützen; *mi serve...* ich brauche; **servirsi** sich bedienen

servitù *f* Knechtschaft

servizi *m/pl* Bad *n*, WC *n*

servizio *m* Dienst; Bedienung *f*; Service *m od n*; Tennis Aufschlag *m*; TV Bericht; *di ~* Dienst habend; *fuori ~* außer Betrieb; ~ *militare* (*civile*) Wehr- (Zivil-)dienst; ~ *on-line* Onlinedienst; *Kfz* stazione *f di ~* Tankstelle

servo|freno *m* Servobremse *f*; **~sterzo** *m* Servolenkung *f*

sessantenne sechzigjährig

sess|o *m* Geschlecht *n*; **~uale** geschlechtlich; sexuell

sesto sechste(r); *m* Sechstel *n*

seta [se-] *f* Seide

sete *f* Durst *m*; *aver ~* durstig sein

setta [sɛ-] *f* Rel Sekte

settantenne siebzigjährig

sette sieben; *il 2cento* [-tʃɛ-] *m* das 18. Jahrhundert *n*

settembre *m* September

settentrion|ale nördlich; *m* Norditaliener; **~e** *m* Norden; Nord-, Oberitalien *n*

setticemia [-tʃ-] *f* Blutvergiftung

settimana *f* Woche; ~ *santa* Karwoche; ~ *supplementare* Verlängerungswoche

settimanale wöchentlich; *m*

Wochenblatt n

sèttimo siebte(r); m Siebtel n

settore m Sektor; Bereich

sever|ità f Strenge; **~o** streng; ernst

sezione f Abschnitt m; Med Sezierung; Sektion

sfacchinare F schuften

sfacciato [-ttʃa-] unverschämt

sfasciare [-ʃa-] den Verband abnehmen (von)

sfaticato m Faulpelz

sfavor|e m Ungunst f; **a ~ di** zum Nachteil von; **~évole** ungünstig

sfera f Kugel

sfid|a f Herausforderung; **~are** herausfordern

sfiducia [-tʃa] f Misstrauen n

sfigurare entstellen

sfila|re vorbeiziehen; **~ta** f: **~ di moda** Modenschau

sfinimento m Erschöpfung f

sfior|are streifen; **~ire** welken, verblühen

sfizio [-tsio] m Lust f, Laune f

sfogarsi sich Luft machen

sfogli|a [-ʎa] f Folie; **pasta f ~** Blätterteig m; **~are** [-ʎa-] sich entblättern; durchblättern; **~atino** m Blätterteigpastete f

sfolgorare strahlen

sfondare aufbrechen, einschlagen

sfondo m Hintergrund

sforma|re deformieren; **~to** m Kochk Auflauf

sfort|una f Ungück n; **~una-**

tamente unglücklicherweise; **~unato** unglücklich

sforz|are zwingen; **Tür** aufbrechen; **~o** m Anstrengung f; Bemühung f

sfòttere F verspotten

sfracellare [-tʃ-] zerschmettern

sfrattare v/t kündigen (**qu** j-m)

sfregare reiben

sfrenato zügellos

sfrontato frech

sfruttare ausbeuten; ausnutzen

sfugg|évole [-dʒ-] flüchtig; **~ire** entgehen; entfallen; fliehen

sfumatura f Schattierung; Nuance

sgabello [zg-] m Schemel

sgambettare [zg-] strampeln

sganciare [zgantʃa-] **Waggon** abhängen

sgarb|ato [zg-] unhöflich; plump; **~o** m Unhöflichkeit f

sgelare [zdʒe-] auftauen; **sgèla** es taut

sgelo [zdʒe-] m Tauen n; **tempo m di ~** Tauwetter n

sghiacciare [zgiat'tʃa:re] auftauen

sgobbare [zg-] F büffeln

sgocciolare [zgottʃo'la:re] tröpfeln; (ab)tropfen

sgómb(e)rare [zg-] räumen

sgómb(e)ro [zg-] m Räumung f; Umzug

sgombro [zg-] **1.** frei; leer; **2.** m Makrele f

sgoment|are [zg-] bestürzen; **~arsi** bestürzt sein; **~o** m Bestürzung f

sgonfiarsi [zg-] Med abschwellen, zurückgehen; **~fio** Reifen ohne Luft; Med abgeschwollen

sgrad|évole [zg-] unangenehm; **~ito** unerwünscht

sgranchirsi [zgraŋk-]: **~ le gambe** sich die Beine vertreten

sgravare [zg-] entlasten

sgraziato [zg-] plump

sgretolare [zg-] abbröckeln

sgrid|are [zg-] (aus)schimpfen; **~ata** f Schelte

sguaiato [zg-] ordinär, unanständig

sgualcirsi [zgualtʃ-] knittern

sguardo [zg-] m Blick

sguazzare [zg-] planschen

shampoo m Shampoo n

shock m Schock

shorts m/pl Shorts

si man; sich; **~ dice** man sagt; **~ capisce da sé** es versteht sich von selbst

sì ja; doch; **dire di ~** ja sagen; **e no** etwa; ungefähr: **un giorno ~ e uno no** jeden zweiten Tag

sia: **~ … od ~ … che** sowohl … als auch

siamo wir sind

Siberia f Sibirien n

sibilare zischen

sibilo m Zischen n; Pfeifen n

sicché [-ke] sodass

siccità [-tʃ-] f Dürre

siccome da; da ja; weil

Sicilia [-tʃ-] f Sizilien n

sicilia|na f, **~no** [-tʃ-] m Sizilianer(in f) m; adj sizilianisch

sicurezza f Sicherheit; **pùbblica** ~ Polizei

sicuro sicher; **~ di sé** selbstsicher; **èssere al ~ da qc** vor et sicher sein

sidro m Obstwein, Cidre

siepe f Hecke

siero m Serum n

sieropositivo HIV-positiv

siesta f Mittagsruhe

siete ihr seid

sifilide f Med Syphilis

sifone m Syphon

sig. m (signore) Hr. (Herr)

sigaretta f Zigarette; **~ con filtro** Filterzigarette

sigaro m Zigarre f

sigill|are [-dʒ-] versiegeln; **~o** m Siegel n

sigla f Sigel n, Kürzel n

signific|ante [-ɲ-] bezeichnend; **~are** bedeuten; **~ativo** viel sagend; **~ato** m Bedeutung f

signora f [-ɲo-] f Dame, Frau; **la ~ N. N.** Frau N. N.

signor|e [-ɲo-] m Herr; **signore e signori** meine Damen und Herren; **i signori N. N.** Herr und Frau N. N.; **~ile** herrschaftlich, vornehm

signorina [-ɲ-] f Fräulein n

Sig.ra f (Signora) Fr. (Frau)

silenziatore m Schalldämpfer

silenzio m Schweigen n; Ruhe f, Stille f; fare ~ still sein, schweigen; ~! Ruhe!; ~so still; ruhig; leise

sillaba f Silbe

sillabare buchstabieren

siluro m Torpedo; Zo Wels

simbòlico symbolisch

simbolo m Symbol n

similare gleichartig, ähnlich

simile ähnlich; so ein; èssere ~ a qu j-m ähneln; ~ m Nächste(r)

simm|etria f Symmetrie; ~ètrico symmetrisch

sim|patia f Sympathie; ~pàtico sympathisch; ~patizzare sympathisieren

simulare heucheln, vortäuschen

sinagoga f Synagoge

sincer|amente [-tʃe-] ehrlich gesagt; ~arsi sich vergewissern; ~ità f Aufrichtigkeit; ~o aufrichtig, ehrlich

sincronizzato synchronisiert

sindac|alista su Gewerkschaft(l)er(in f) m; ~ato m Gewerkschaft f; ~ dei datori di lavoro Arbeitgeberverband

sindaco m Bürgermeister

singhiozz|are schluchzen; ~o m Schluckauf; singhiozzi pl Schluchzen n

singolare einzigartig; selten; m Einzahl f; Sport Einzel n

singolo einzeln; Einzel...; m Einzelne(r); Tennis Einzel n; Rudern Einer

sinistr|a f linke Hand, linke Seite; tenere la ~ sich links halten; a ~ links; ~ato geschädigt; m Opfer n; ~o linke(r); m Schaden; Unglück n

sino a bis (zu)

sinora bis jetzt, bisher

sintomo m Symptom n

sinuoso gewunden

sipario m Thea Vorhang

Siracusa f Syrakus n

Siria f Syrien n

siringa f Med Spritze(Gerät); ~ monouso Einwegspritze

sistem|a m System n; ~ antibloccaggio Antiblockiersystem (ABS) n; ~ operativo EDV Betriebssystem n; ~ immunitario Immunsystem n; ~are regeln, in Ordnung bringen; unterbringen; ~arsi unterkommen; ~azione f Ordnung; Unterbringung

sito m Ort; ~ internet od web Internetseite f, Web-Seite f

situ|ato gelegen; ~azione f Lage, Situation

skateboard m Skateboard n

slancio [zlanʧo] m Schwung

sla|va f Slawin; ~vo m Slawe; adj slawisch

slavina [zl-] f Lawine

slegare [zl-] losbinden

slip [zl-] m Slip

slitt|a [zl-] f Schlitten m; ~are Schlitten fahren, rodeln; gleiten; rutschen; ~ino m Rodelschlitten

slog|are [zl-] verrenken; ver-

stauchen; **~atura** f Verrenkung; Verstauchung

sloggiare [zlod-dʒa-] aus-
quartieren; ausziehen

slovacca f Slowakin; **Repùbblica** ♀ Slowakien n

Slovac|chia f Slowakei; **♂co**
m Slowake

Slovenia f Slowenien n

smacchi|are [zmak-k-] von
Flecken reinigen; **~atore** m
Fleckentferner

smagrirsi [zm-] abnehmen

smalti|re verdauen; entsor-
gen; *Hdl* absetzen; **~mento**
m Entsorgung f

smalto [zm-] m Emaille f;
Glasur f; **~ per unghie** Nagellack

smarri|mento [zm-] m Ver-
lust; **~ire** verlegen; verlieren;
~irsi sich verirren

smascherare entlarven

smemorato [zme-] vergess-
lich

smentire [zme-] Lügen stra-
fen; dementieren

smeraldo [zme-] m Smaragd

smerci|are [zmertʃa-] *Ware*
absetzen; **~o** ['zmertʃo] m
Absatz, Verkauf

sméttere [zm-] aufhören (**qc**
mit et; **di fare qc** et zu
tun); *Kleider* ablegen

smezzare [zme-] halbieren

smisurato [zm-] unermesslich

smobiliato [zm-] unmöbliert

smodato [zm-] unmäßig

smoderato [zm-] maßlos

smoking m Smoking

smont|aggio [zmon'taddʒo]
m Demontage f; **~are** aussteigen lassen; absetzen;
Tech auseinander nehmen

smor|fia [zmɔ-] f Grimasse;
~fioso zimperlich

smottamento [zm-] m Erd-
rutsch

sms ['esse-emme-'esse] f *Tel*
SMS (*Short Message Service*)

smuòvere [zm-] wegrücken;
fig abbringen (**da** von)

snello [zne-] schlank

snerv|are [zne-] entnerven;
~ante nervenaufreibend

sniffare [zn-] sniffen

snodare [zn-] aufknoten

S.O. (*sudovest*) SW (*Südwest*)

so ich weiß

sobborgo m Vorstadt f, Vorort

sobri|età f Mäßigkeit; *fig*
Maß n; **~o** maßvoll; nüchtern

socchiùdere [-k-] *Tür* anlehnen

soccórrere: ~ qu j-m helfen

soccorso m Hilfe f; **pronto ~**
Erste Hilfe; **~ stradale** Pan-
nendienst

social|e [-tʃa-] gesellschaft-
lich; sozial; **~ista** soziali-
stisch; *su* Sozialist(in f) m

società [-tʃe-] f Gesellschaft;
Verein m; **~ a responsabilità
limitata** Gesellschaft mit beschränkter Haftung; **~ per
azioni** Aktiengesellschaft;
~ sportiva Sportverein m

socio [-tʃo] *m* Teilhaber *m*; Mitglied *n*

soddis|facente [-tʃɛ-] zufrieden stellend; **~fare** befriedigen; zufrieden stellen; erfüllen; **~fazione** *f* Zufriedenheit; Freude; Genugtuung

sodo hart; fest

sofà *m* Sofa *n*

soffer|ente leidend; **~enza** *f* Leiden *n*

soffi|are blasen; wehen; *soffiarsi il naso* sich die Nase putzen; **~o** *m* Hauch

soffitt|a Dachboden *m*; **~o** *m* (Zimmer-)Decke *f*

soffocare ersticken

soffriggere [-dʒe-] anbraten

soffrire ertragen; leiden (*di* an, unter)

soft|ware *m* Software *f*; **~ di-dàttico** Lernsoftware *f*

soggett|ivo [-dʒe-] subjektiv; **~o** unterworfen; **~ a tasse** steuerpflichtig; **~** *m* (Gesprächs-)Gegenstand; *Gr* Subjekt *n*

soggi|ornare [-dʒo-] sich aufhalten; **~orno** *m* Aufenthalt(sort); Wohnzimmer *n*

soggiùngere [-dʒundʒ-] hinzufügen

sogli|a [-ʎa] *f* Schwelle; **~o** [-ʎo] *m* Thron; **~ pontificio** Heiliger Stuhl

sògliola ['sɔʎola] *f* Seezunge

sogn|are [-ɲ-] träumen (von); **~o** *m* Traum

solaio *m* Dachboden

solamente nur; **~ ieri** erst gestern

solar|e Sonnen…; **~io** *m* Solarium *n*

solco *m* Furche *f*; Spur *f*

soldato *m* Soldat

soldi *m/pl* Geld *n*

sole *m* Sonne *f*; *c'è il* **~** die Sonne scheint

soleggi|are [-dʒa-] sonnen; **~ato** [-dʒa-] sonnig

solenne feierlich; **~ità** *f* Feierlichkeit

solere pflegen (zu)

sol|erte fleißig; **~erzia** *f* Fleiß *m*

soletta *f* Einlegesohle

solfòrico: àcido *m* **~** Schwefelsäure *f*

solida|le solidarisch; **~rietà** *f* Solidarität

solidità *f* Festigkeit, Haltbarkeit

sòlido fest, solide, haltbar

sol|ista *su* Solist(in *f*) *m*; **~itario** einsam; *m* Patience *f*

sòlito gewohnt, üblich; *al od di* **~** (für) gewöhnlich; *come al* **~** wie gewöhnlich; *più del* **~** mehr als sonst

solitùdine *f* Einsamkeit

solleci|tare [-tʃ-] drängen (auf); bitten um; *Schritt* beschleunigen; *lèttera f di* **~ta-zione** Mahnschreiben *n*

sol|lècito [-tʃ-] prompt; eifrig; **~lecitùdine** [-tʃ-] *f* Eifer *m*; Schnelligkeit

sollètico *m*: *fare il* **~** kitzeln

sollevamento *m*: **~ pesi**

sorbetto

Gewichtheben n

sollevar|e (an-, auf-, er)heben; *fig* aufrichten; **~si** sich erheben; sich erholen

sollievo m Erleichterung f; Trost

solo allein(ig); einzig; *adv* nur; *da* ~ allein; ~ m Einzige(r); *Mus* Solo n

solstizio m Sonnenwende f

soltanto nur; erst

sol|úbile löslich; ~ *in acqua* wasserlöslich; **~uzione** f Lösung; **~vente** zahlungsfähig; m Lösungsmittel n

somaro m Esel m (*a fig*)

somigli|ante [-ʎa-] ähnlich; **~anza** [-ʎa-] f Ähnlichkeit; **~are** [-ʎa-]; ~ *qu od a qu* j-m ähnlich sein, gleichen

somm|a f Summe; *fare la* ~ zusammenzählen; **~are** addieren; **~ario** summarisch; m Inhaltsangabe f

sommérg|ere [-dʒe-] überschwemmen; **~ersi** (ver-) sinken

sommergíbile [-dʒ-] m Unterseeboot n

sommo höchste; m Gipfel

sonare läuten; klingeln (*a Telefon*); *Mus* spielen; (er)klingen; *Uhr* schlagen; ~ *il campanello* klingeln

sond|aggio [-dʒo] m fig Umfrage f; **~are** sondieren

sonn|ámbulo mondsüchtig; m Schlafwandler; **~ecchiare** [-k-] schlummern; **~ífero** m Schlafmittel n

sonno m Schlaf; *aver* ~ müde sein

sonnolento schläfrig

sono ich bin; sie sind

son|orità f Wohlklang m; **~oro** klangvoll; *Film colonna* ~a Tonspur

sontu|osità f Pracht; **~oso** prächtig

sop|ire besänftigen, beruhigen, **~ore** m Schlummer

soppalco m Dachboden

sopport|ábile erträglich; **~are** ertragen, vertragen, aushalten; **~azione** f Geduld; Duldung

soppressione f Abschaffung; Beseitigung

sopprímere abschaffen, aufheben; beseitigen

sopra auf, über; oberhalb; *adv* oben; *di* ~ obere(r)

sopr|ábito m Überzieher; **~accíglio** [-tʃiʎo] m Augenbraue f; **~accoperta** f Tagesdecke; **~affino** extrafein; **~aggiúngere** [-dʒundʒ-] plötzlich (dazu)kommen; **~annome** m Spitzname; **~attassa** f Steuerzuschlag m; **~attutto** vor allem; **~avvalutare** überschätzen; **~avvenire** plötzlich auftauchen; **~avvívere** überleben (*a qu* j-n); **~intendente** su Leiter(in f) m

sopruso m Übergriff

soqquadro m: *mettere a* ~ durcheinander bringen

sorb|etto m Sorbett m/n,

Halbgefrorene(s) n; **~ire** schlürfen

sorcio [-tʃo] m Maus f

sòrdido schmutzig; fig geizig

sordi|tà f Taubheit; **~o** taub; **~omuto** taubstumm

sorell|a f Schwester; **~astra** f Stiefschwester

sorgente [-dʒe-] f Quelle

sòrgere [-dʒe-] sich erheben; Gestirn aufgehen

sor|montare übersteigen; überwinden; **~passare** überschreiten; Kfz überholen; **~passo** m Überholen n

sorpr|èndere überraschen; **~èndersi** staunen (di über); **~esa** f Überraschung

sorrègg|ere [-dʒe-] stürzen; **~ersi** sich aufrecht halten

sorr|ìdere lächeln; **~iso** m Lächeln n

sors|eggiare [-dʒa-] schlürfen; **~o** m Schluck

sort|a [-o-] f Sorte, Art; **~e** f Los n; Schicksal n; **~eggiare** [-dʒa-] auslosen; **~eggio** [-dʒo] m Auslosung f

sorvegli|anza [-ʎa-] f Be-, Überwachung; **~are** überwachen

sosia su Doppelgänger(in f) m

sospèndere unterbrechen; j-n suspendieren; **~ensione** f Unterbrechung; Einstellung; Kfz Federung; **~eso** fig in der Schwebe

sosp|ettare verdächtigen; vermuten; **~etto** m in Ver-

dacht; **~ettoso** argwöhnisch

sospir|are seufzen; fig herbeisehnen; **~iro** m Seufzer

sosta f Halt m; Anhalten n; Pause f; **far ~** halten

sost|antivo m Substantiv n, Hauptwort n; **~anza** f Stoff m; Substanz; **~are** halten; e-e Pause einlegen; **~egno** [-ɲo] m Stütze f; **~enere** stützen; j-n unterstützen; behaupten

sostit|uire ersetzen; vertreten; **~uta f, ~uto** m Stellvertreter(in f) m

sotterràne|a f U-Bahn; **~o** unterirdisch; m Kellergeschoss n

sotterrare be-, vergraben

sottile dünn; fein

sottinteso m Hintergedanke

sotto unter; unterhalb; adv unten; darunter; **di ~** unten(r); **sott'aceto** in Essig

sotto|banco unter der Hand; **~braccio** [-tʃo] untergehakt; **~esposto** Fot unterbelichtet; **~lineare** unterstreichen; **~méttere** unterwerfen; **~passaggio** [-dʒo] m Unterführung f; **~porre** unterziehen; **~posto** ausgesetzt; **~scrivere** unterschreiben; **~scrizione** f Unterzeichnung; **~sopra** drunter und drüber; **~suolo** m Untergrund; **~sviluppato** [-zv-] unterentwickelt; **~titolo** m Untertitel; **~valutare** unterschätzen; **~veste** unterkleid n; **~voce** [-t∫e] leise

sottr|arre entziehen; unterschlagen; *Math* abziehen; **~azione** f Unterschlagung; *Math* Subtraktion

sottufficiale [-t∫a-] m Unteroffizier

soviètico *hist* sowjetisch; m Sowjetbürger

sovraccàrico überladen; *fig* überlastet

sovrannaturale übernatürlich

sovrano souverän; *fig* oberste; m Herrscher

sovrap|peso m Übergewicht n; **~porre** übereinander legen; **~pressione** f Überdruck m

sovrastare überragen (*qc, a qc* et)

sovvenzi|onare subventionieren; **~one** f Subvention

S.p.A. f (*Società per azioni*) AG (*Aktiengesellschaft*)

spacc|are spalten; *Holz* hacken; **~atura** f Spalt m

spacci|are [-t∫a-] *Ware* absetzen; F dealen; **~o** [-t∫o] m Verkauf; Drogenhandel

spacc|o m Spalt; Riss; **~one** m Prahlhans

spada f Schwert n; Degen m

spaesato fremd

Spagna [-ɲa] f Spanien n

spagno|la [-ɲɔ-] f Spanierin; **~lo** [-ɲɔ-] spanisch; m Spanier

spago m Bindfaden

spalancare (weit) aufreißen

Spàlato f Split n

spall|a f Schulter; Achsel; **stringersi nelle spalle** die Achseln zucken; **~iera** f (Rücken-)Lehne; Spalier n

spalmare bestreichen

spàndere ausstreuen; verschütten; *fig* verbreiten

spar|are schießen; **~atore** m Schütze

sparecchiare [-k-] *Tisch* abdecken

spàrgere [-dʒe-] ausstreuen

spar|ire verschwinden; **~o** m Schuss

spart|iacque m Wasserscheide f; **~ire** (ver)teilen; **~itràffico** m Leitplanke f; **linea** f **~** Mittellinie; **~izione** f Verteilung

spásimo m Krampf

spasso m Vergnügen n; **andare a ~** spazieren gehen; *fig* **èssere a ~** arbeitslos sein

spaurire erschrecken

spav|entarsi erschrecken; **~ento** m Schrecken; **~ento-so** entsetzlich

spaziale (Welt-)Raum...

spazientirsi die Geduld verlieren

spazi|o m Raum; Platz; Weltraum; **~ di tempo** Zeitraum; **~oso** geräumig

spazz|acamino m Schornsteinfeger; **~aneve** m Schneepflug (*a Ski*); **~are** fegen, kehren; **~atura** f Müll m; **~ina** f, **~ino** m Straßenkehrer(in f) m

spàzzola f Bürste

spazzolare abbürsten

spazzolino m: ~ **da denti** Zahnbürste f; ~ **per le unghie** Nagelbürste f

specchi|arsi [-k-] sich im Spiegel betrachten; **~era** f Wandspiegel m; **~etto** m Handspiegel; ~ **retrovisore** od **retrovisivo** Kfz Rückspiegel

specchio [-k-] m Spiegel

special|e [-t∫a-] m speziell, besondere; **treno** m ~ Sonderzug; **~ista** su m/f Fachmann m, -frau f; **~ità** f Spezialität; **~izzare** spezialisieren; **~mente** besonders

specie ['spe:t∫e] f Art; adv besonders

specìfico [-t∫-] m spezifisch

specul|are spekulieren (**su** auf); **~azione** f Spekulation

sped|ire ab-, versenden; schicken; **~ito** schnell, rasch

spedizione f Versand m; Beförderung; ~ **bagagli** Gepäckabfertigung

spedizioniere m Spediteur

spègn|ere [-ɲ-] (aus)löschen; *Licht, Radio* ausschalten, ausmachen; *Motor* abstellen; **~ersi** ausgehen, erlöschen

spèndere ausgeben; *fig* aufwenden

spennacchiare [-k-] *Huhn* rupfen

spensierato sorglos

sper|anza f Hoffnung; **~are**

hoffen (**in** auf)

sperduto *Ort* abgelegen; *Person* verirrt

spergiuro [-dʒu-] m Meineid

sperimentale experimentell

sperma m *Biol* Sperma n

spesa f Ausgabe; **spese** pl Kosten, Spesen; ~ **di mantenimento** Nebenkosten; **fare le spese** einkaufen

spess|o dick; dicht; adv oft; **~ore** m Dicke f; Stärke f

spett|àcolo m Schauspiel n; Vorstellung f; Anblick; **~atore** m, **~atrice** [-t∫e] f Zuschauer(in f) m

spettinare zerzausen

spettro [-ε-] m Gespenst n

spezie [-ε-] f/pl Gewürze n/pl

spezz|are (zer)brechen; **~atino** m Ragout n; Gulasch; **~ato** gebrochen

spia f Spion(in f) m; *Tech* Kontrolleuchte

spiac|ente [-t∫-]: **sono** ~ es tut mir Leid; **~ere** Leid tun; **~évole** unangenehm

spiaggia [-dʒa] f Strand m; ~ **privata** Privatstrand m; ~ **sabbiosa** Sandstrand m; **andare in** ~ an den Strand gehen

spianare ebnen; *Teig* ausrollen

spiare (aus-)spionieren

spiazzo m großer, freier Platz

spicchio [-kio] m: ~ **d'aglio** Knoblauchzehe f

spicci|are [-t∫a-] (*et*) erledigen; **~arsi** sich beeilen; **~o** rasch

spiccioli [-tʃo-] *m/pl* Kleingeld *n*

spied|ini *m/pl* Kochk Spießchen *n/pl*; **~o** *m* (Brat-) Spieß; **allo ~ am** (od vom) Spieß

spieg|are erklären; **~arsi** sich klar ausdrücken; **~azione** *f* Erklärung

spietato erbarmungslos

spiga *f* Ähre

spigola *f* Seebarsch *m*

spigolo *m* Kante *f*

spill|a *f* Anstecknadel; Brosche; **~ da bàlia** Sicherheitsnadel *f*: **~o** *m* Stecknadel *f*

spina *f* Dorn *m*; Stachel *m*; (Fisch-)Gräte; El Stecker *m*; **~ doppia** Doppelstecker *m*; Anat **~ (dorsale)** Rückgrat *n*, Wirbelsäule

spinaci [-tʃi] *m/pl* Spinat *m*

sping|ere [-dʒ-] stoßen; schieben; drücken; fig treiben; **~ersi** (vor)drängen

spin|o *m* Schlehdorn; **~oso** dornig; stachlig

spinta *f* Stoß *m*

spinterògeno [-dʒ-] *m* Kfz Zündverteiler

spionaggio [-dʒo] *m* Spionage *f*

spir|a *f* Windung; **~ale** *f* Spirale

spirare 1. wehen; **2.** sterben

spirito *m* **1.** Geist; Sinn; Humor; **2.** Spiritus

spirit|oso geistreich; witzig;

~uale geistig

splènd|ere glänzen; **~ido** glänzend

splendore *m* Glanz

S.P.M. (*sue proprie mani*) z. H(d). (*zu Händen*)

spogli|are [-ʎa-] ausziehen; **~arello** *m* Striptease *m/n*; **~arsi** sich ausziehen; **~atoio** *m* Umkleidekabine *f*

spoglio [-ʎo] frei (*di* von)

spolver|are abstauben; **~izzare** bestreuen (*di* mit); pulverisieren

sponda *f* Rand *m*; Ufer *n*

sponsorizzare sponsern

spontàneo spontan; freiwillig; natürlich

spor|care schmutzig machen; **~cizia** *f* [-tʃ-] Dreck *m*; **~co** schmutzig

spòrg|ere [-dʒ-] vorstrecken; **~ersi** sich hinauslehnen

sport *m* Sport; **~ invernale** Wintersport; **~ motociclìstico** Motorsport; **~ acquàtico** Wassersport; **fare dello ~** Sport treiben

sporta *f* Einkaufstasche

sportello *m* Schalter; Zug, Auto, Flugzeug Tür *f*; **~ automàtico** Geldautomat

sporti|va *f*, **~vo** *m* Sportler(in *f*) *m*; *adj* sportlich

spos|a *f* Braut; **~alizio** *m* Hochzeit *f*; **~are**, **~arsi** heiraten; **~ato** verheiratet; **~o** *m* Bräutigam; **sposi** *pl* Brautleute; **promessi sposi** Verlobten *pl*

spost|amento m Verschiebung f; Verlegung f; **~are** verschieben; verlegen

spratto m Sprotte

sprecare verschwenden

spreco: **a ~** umsonst

spreg|évole [-dʒe-] verächtlich; **~iare** [-dʒa-] verachten

spregio [-dʒo] m Verachtung f; Geringschätzung f

sprèmere auspressen

spremiagrumi m Zitruspresse f

spremuta f (frisch ausgepresster Frucht-)Saft m

sprofond|are einstürzen; versinken; einsinken; **~arsi** sich versenken (**in** in)

spron|are anspornen; **~e** m Sporn; fig Ansporn

spropòsito m: **a ~** unpassend

spruzz|are (be)spritzen

spruzzatore m Zerstäuber; Düse f

spruzzo m Spritzer

spugna [-ɲa] f Schwamm m; Frottee f

spugnola [-ɲɔ-] f Morchel

spum|a f Schaum m; **~ante** m u **vino** m **~** Schaumwein, Sekt; **~are**, **~eggiare** [-dʒa-] schäumen; **~oso** schäumend; schaumig; Wein moussierend

spuntare sprießen; Sonne aufgehen; Tag anbrechen; **allo ~ del sole** bei Sonnenaufgang

spuntino m Imbiss

sput|are spucken; speien; **~o**

m Speichel, Spucke f

squadra f Gruppe, Mannschaft; **~ móbile** od **volante** Überfallkommando n

squàllido düster; trostlos

squalo m Hai(fisch)

squama f Schuppe

squarcio [-tʃo] m Riss

squillo m Klingeln n; **ragazza** f **~** Callgirl n

squisito auserlesen; fein

sradicare [zr-] entwurzeln; fig ausrotten

S.r.l. f (Società a responsabilità limitata) GmbH (Gesellschaft mit beschränkter Haftung)

S.S. Strada Statale Staatsstraße

stàbile fest; ständig; Wetter beständig

stabilimento m Anlage f; Fabrik f; Gebäude n, Bau; **~ balneare** Badeanstalt

stabil|ire festsetzen; beschließen; **~irsi** sich niederlassen

stacc|are abreißen; Tel abnehmen; **~arsi** sich lösen; Knopf abgehen

stadio m Sport Stadion n; Stadium n, Phase f

staffa f Steigbügel m

stage [sta:ʒ] m Ausbildungsaufenthalt

stagionato [-dʒo-] Kochk gereift

stagione [-dʒo-] f Jahreszeit; Thea Spielzeit; **~ balneare** Badesaison; **~ estiva** Sommersaison; **~ invernale** Wintersaison; *alta~* Hochsaison; *bassa* ~ Vor- und Nachsaison

stagn|are [-ɲ-] *Blut* stillen; *Hdl* stagnieren; *Wasser* stehen; *~o* wasserdicht; *m* **1.** Teich; **2.** Zinn *n*; *~ola f* Stanniol *n*

stall|a *f* Stall *m*; *~one* *m* Hengst

sta|mane, *~mani*, *~mattina* heute Morgen

stambecco *m* Steinbock

stampa *f* Druck *m*; Presse; *Fot* Abzug *m*; *stampe pl* Drucksache

stamp|ante *f*: ~ *laser* EDV Laserdrucker *m*; *~ a getto di inchiostro* EDV Tintenstrahldrucker *m*; *~are* drucken; *Fot* abziehen; *~atello* *m* Druckbuchstabe; *~ati m/pl* Drucksachen *f/pl*; *~atore m Beruf* Drucker

stan|care ermüden; *~carsi* müde werden; *~chezza* [-k-] *f* Müdigkeit; *~co* müde; leid, satt

stand *m* (Messe-)Stand

stanga *f* Stange, Latte

stanghetta [-ge-] *f* Brillenbügel

stanotte heute Nacht

stantuffo *m Tech* Kolben

stanza *f* Zimmer *n*

stappare entkorken

stare sein; bleiben; wohnen; ~ *in piedi* stehen; *~ seduto* sitzen; *Kleidung ~ bene* gut stehen, passen, sitzen; ~ *per* im

Begriff sein, zu; ~ *a vedere* zusehen; ~ *a sentire* zuhören; *che stai facendo?* was tust du gerade?; *come sta (stai)?* wie geht es Ihnen (dir)?; *sto bene (male)* mir geht es gut (schlecht)

starna *f* Rebhuhn

starnut|are, *~ire* niesen

starter *m Kfz* Anlasser

stasera heute Abend

statale staatlich

statìstica *f* Statistik

stato 1. → *stare*; **2.** *m* Stand; Zustand; *Pol* ♀ Staat; ~ *civile* Familienstand; *èssere in ~ di* imstande sein, zu; *Stati Uniti (d'América)* Vereinigte Staaten (von Amerika)

stàtua *f* Statue, Standbild *n*

statunitense nordamerikanisch; *su* Nordamerikaner (-in *f*) *m*

statura *f* Statur, Größe

stavolta diesmal

stazion|amento *m* Parken *n*; *~are* parken

stazione *f* Station; Haltestelle; *Esb* Bahnhof *m*; *~ centrale* Hauptbahnhof *(Hbf) m*; *~ balneare* Badeort *m*; ~ *climàtica* Luftkurort *m*; ~ *marìttima* Hafen *m*; ~ *di servìzio* Tankstelle; ~ *di tassì* Taxistand *m*; ~ *trasmittente* Sender *m*

stecc|a *f* Stab *m*; Stange; Billardstock *m*; *Med* Schiene; *~are Med* schienen; *Kochk* spicken

stecchino [-k-] *m* Zahnstocher

stella *f* Stern *m*; *fig* Star *m*; ~ *cadente* o *filante* Sternschnuppe; ~ *alpina* Edelweiß *n*; ~ *marina* Seestern *m*

stelo *m Bot* Stiel; *lampada f a* ~ Stehlampe

stemma *m* Wappen *n*

stèndere ausbreiten; aufhängen; ausstrecken

stendi|no *m* Wäscheständer; ~**tòio** *m* Trockenraum

stenodattilògrafa *f* Stenotypistin

stent|are: ~ *a fare qc* Mühe haben, et zu tun; ~**o** *m*: *a* ~ mühsam

sterco *m* Mist

stèreo *m* Stereoanlage *f*

sterlina *f* Pfund *n* Sterling

stermin|are ausrotten; ~**ato** endlos

sterz|are lenken; ~**o** *m Kfz* Lenkung *f*; Lenkrad *n*

stesso selbst, selber; *lo* ~, *la stessa* der-, die-, dasselbe; der, die, das Gleiche; *adv lo* ~ trotzdem; *oggi* ~ noch heute

stiamo wir sind; → *stare*

stick *m* Stift

stile *m* Stil

stilogràfica *f* Füllfederhalter *m*, Füller *m*

stim|a *f* Wertschätzung; Achtung; ~**are** schätzen; achten; ~**arsi** sich halten für

stimolare anregen, stimulieren

stìmolo *m* Anreiz

stinco *m Anat* Schienbein *n*; *Kochk* Hachse *f*

stipendi|are besolden; ~**o** *m* Gehalt *n*

stipulare *Vertrag* abschließen

stiramento *m Med* Zerrung *f*; ~ *di tèndine* Sehnenzerrung *f*

stira|re bügeln; ~**trice** [-tʃe] *f* Bügelautomat *m*; ~**tura** *f* Bügeln *n*; *Med* Zerrung

stirpe *f* Geschlecht *n*

stitichezza *f* Verstopfung

stivale *m* Stiefel

sto ich bin; → *stare*

stoccafisso *m* Stockfisch

stoccaggio *m* Lagerung *f*

stoffa [stɔ-] *f* Stoff *m*; Gewebe *n*

stolt|ezza *f* Dummheit; ~**o** dumm; *m* Dummkopf

stòmaco *m* Magen

stop *m Kfz* Bremslicht *n*; Stoppschild *n*

stoppa *f* Werg *n*

stoppare anhalten, stoppen

stòrcere [-tʃe-] krümmen; *Med* verstauchen

stord|ire betäuben; ~**ito** benommen; zerstreut

storia *f* Geschichte; ~ *dell'arte* Kunstgeschichte

stòri|ca *f*, ~**co** *m* Historiker(in *f*) *m*; geschichtlich, historisch

storione *m* Stör

stormo *m* Schwarm

storno *m Zo* Star; *Hdl* Storno *m*/*n*

stringa

storpio verkrüppelt; *m* Krüppel

stort|a *f Med* Verstauchung; **~o** krumm, schief

stoviglie [-ʎe] *f/pl* Geschirr *n*

strabismo *m* Schielen *n*

stracàrico überladen

stracciare [-tʃa-] zerreißen

stracciatella [-tʃa-] *f* Einlaufsuppe; *Milcheis mit Schokoladenstückchen*

straccio [-tʃo] *m* Lappen, Lumpen

stra|contento sehr zufrieden; **~cotto** zerkocht; *m* Schmorbraten

strada *f* Straße; Weg *m*; **~ costiera** Küstenstraße; **~ a grande circolazione** Hauptverkehrsstraße; **~ maestra** Landstraße; **~ con precedenza** Vorfahrtsstraße; **~ principale** Hauptstraße; **~ radiale** Ausfallstraße; **~ a senso ùnico** Einbahnstraße; **~ senza uscita** Sackgasse

strad|ale Straßen...; *f* Verkehrspolizei; **~ario** *m* Straßenverzeichnis *n*

stra|felice [-tʃe] überglücklich; **~fine** hochfein

strage [-dʒe] *f* Blutbad *n*

stra|grande riesig; **~maturo** überreif

stranezza *f* Seltsamkeit

strangolare erdrosseln

stran|iera *f*, **~iero** *m* Ausländer(in *f*) *m*; *adj* ausländisch; fremd; **~o** seltsam,

sonderbar

straordinario ungewöhnlich; *m* Überstunden *f/pl*

strapazz|are strapazieren; **~o** *m* Strapaze *f*

strapieno überfüllt

strapp|are ab-, zerreißen; *fig* entreißen; **~o** *m* Riss; **dare uno ~ a qu** F ji-n mitnehmen

strapuntino *m* Klappsitz

straricco steinreich

strascicare [-ʃ-] nachschleifen

stràscico [-ʃ-] *m* Schleppe *f*

strato *m* Schicht *f*; **~ sociale** Gesellschaftsschicht *f*

stravagante extravagant

stra|vecchio [-k-] steinalt; **~vòlgere** [-dʒ-] verdrehen

strazi|ante herzzerreißend; qualvoll; **~are** quälen; **~o** *m* Qual *f*

streg|a *f* Hexe; **~are** behexen

stremato ganz erschöpft

strenna *f* Geschenk *n*

strepitare lärmen

strèpito *m* Lärm

strepitoso lärmend

stress *m* Stress; **~ante** stressig

strett|a *f* Druck *m*; **~ezza** *f* Enge; **~o** eng, schmal; *m* Engpass; Meerenge *f*

strid|ere kreischen; quietschen; **~o** *m* Geschrei *n*

strigliare [-ʎa-] striegeln

strill|are schreien; **~o** *m* Gebrüll *n*; **~one** *m* Zeitungsverkäufer (*der ausruft*)

strimpellare klimpern (auf)

stringa *f* Schnürsenkel *m*

stringere [-dʒe-] (zusammen)drücken; *Zeit* drängen

striscia [-ʃa] f Streifen m; *strisce pl pedonali* Zebrastreifen m; *a strisce* gestreift

strisciare [-ʃa-] kriechen

striscio [-ʃo] m Streifen

strizzare auspressen; auswringen

strofa f Strophe

strofin|accio [-tʃo] m Wischlappen; **~are** polieren; scheuern

stroncare abbrechen

stropicciare [-tʃa-] reiben; zerknittern

strozz|a f Gurgel; **~are** erwürgen; **~ino** m fig Halsabschneider

struccare abschminken

struggente [-dʒe-] quälend

strùggere [-dʒe-] schmelzen

strumento m Instrument n (a Mus); Tech Gerät n, Werkzeug n (a fig)

strutto m Schmalz n

struttura f Struktur; **~re** strukturieren, gliedern

struzzo m Zo Strauß

stucco m Stuck; *restare di ~* verblüfft sein

studente m, **~essa** f Schüler(in f) m; Student(in f) m

studiare lernen; studieren

studio m Studium n; Arbeitszimmer n; Atelier n; Büro n; (Arzt-)Praxis f

stuf|a f Ofen m; **~are** Kochk schmoren; **~ato** geschmort; m Schmorbraten

stufo: *èssere ~ di qc* et satt haben

stuoia f Strohmatte

stupefatto erstaunt

stupendo wundervoll

stupidàggine [-dʒ-] f Dummheit

stùpido dumm; m Dummkopf

stup|irsi sich wundern; **~ore** m Staunen n

sturare entkorken; *Fass* anstechen; *Rohr* reinigen

stuzzica|denti m Zahnstocher; **~re** necken

su auf; über; oben; hinauf; herauf; **~/** auf; ~ *e giù* auf und ab; ~ *per giù* ungefähr; *sul mare* am Meer; *sui dieci euro* um zehn Euro

sub m/f Taucher(in f) m

subàcqueo Unterwasser...; Tauch...

subaffittare untervermieten

sùbdolo [-o-] hinterhältig

subire erleiden

sùbito sofort, gleich

subordin|are unterordnen; **~azione** f Unterordnung

suburbano Vorstadt...

succ|èdere [-tʃe-] (nach)folgen; geschehen, passieren; **~essione** [-tʃe-] f Nachfolge; **~essivo** folgend; **~esso** [-tʃe-] m Erfolg; *di ~* erfolgreich; **~essore** m Nachfolger

succhiare [-k-] saugen; lutschen

succo m Saft; ~ *d'arancia*

Orangensaft; **~ di frutta** Fruchtsaft; **~ di mele** Apfelsaft; **~ di pomodoro** Tomatensaft; **~ d'uva** Traubensaft

succoso saftig

succursale *f* Filiale, Zweigstelle

sud *m* Süden; **a(l) ~** südlich (**di** von); **Mare del** ♎ Südsee *f*

Sud|àfrica *f* Südafrika *n*; **~amèrica** *f* Südamerika *n*

sudare schwitzen

sudest *m* Südosten

suddetto obengenannt

sùdicio [-tʃo] schmutzig

sudiciume [-tʃu-] *m* Schmutz

sudore [-o-] *m* Schweiß

sudovest *m* Südwesten

sufficiente [-tʃe-] genügend, ausreichend

sufficienza [-tʃe-] *f*: **a ~** zur Genüge

suffragio [-dʒo] *m* Stimmrecht *n*

sugger|imento [-dʒ-] *m* Rat, Empfehlung *f*; **~ire** einflüstern; raten, empfehlen; **~itore** *m* *Thea* Souffleur; **~itrice** [-tʃe] *f* Souffleuse

sùghero *m* Kork(eiche *f*) *m*

sugli [-ʎi] = **su** + *art* **gli**

sug|o *m* Soße *f*; Saft; **al ~** mit Fleisch- *od* Tomatensoße; **~oso** saftig

sui = **su** + *art* **i**

suicidarsi [-tʃ-] Selbstmord begehen

suicidio [-tʃ-] *m* Selbstmord

suino Schweine…

sul = **su** + *art* **il**

sul|la, ~le, ~lo = **su** + *art* **la, le, lo**

sultanina *f* Sultanine

summenzionato, sunnominato oben erwähnt

suo sein; ihr; ♀ Ihr; *m* Sein(ig)e *n*; Ihr(ig)e *n*

suòcer|a ['suɔːtʃera] *f* Schwiegermutter; **~o** *m* Schwiegervater; **suòceri** *pl* Schwiegereltern

suola [-ɔ-] *f* (Schuh-)Sohle; **~ di cuòio** Ledersohle; **~ di gomma** Gummisohle

suolo *m* Boden

suonare → **sonare**

suono *m* Klang; Ton; *Phys* Schall; *Gr* Laut

suora *f* (Kloster-)Schwester, Nonne

super *f* Super(benzin) *n*

superare übertreffen (**in** an); überschreiten; *Zahl* übersteigen; *Krankheit* überwinden; *Examen* bestehen

sup|erbia *f* Hochmut *m*; **~erbo** hochmütig

super|ficiale [-tʃa-] oberflächlich; **~ficie** [-tʃe] *f* Oberfläche

supèrfluo überflüssig

super|iora *f* Oberin; **~iore** obere; höher; hochwertig (*Qualität*); *su* Vorgesetzte (-r) *f* (*m*); **~ a** überlegen; **~iorità** *f* Überlegenheit

supermercato *m* Supermarkt

supèrstite *su* Überlebende(-r) *f* (*m*)

superstizi|one f Aberglaube m; **~oso** abergläubisch

super|strada f Schnellstraße; **~uomo** m Übermensch

supergiù [-dʒu] F ungefähr

supplemento m Ergänzung f; Zuschlag; **~ ràpido** IC-Zuschlag; **~ per una càmera singola** Einzelzimmerzuschlag

suppl|ente su Stellvertreter(in f) m; **~enza** f Vertretung

supplì m Reiskrokette f

supplica f inständige Bitte

supplic|ante su Bittsteller(in f) m; **~are** anflehen

supplire vertreten

supplizio m Qual f; Tortur f

supp|orre vermuten; annehmen; **~orto** m Unterlage f; **~ dati** EDV Datenträger; **~osizione** f Vermutung; **~osta** f Med Zäpfchen n; **~osto** vorausgesetzt

suppur|are eitern; **~azione** f (Ver-)Eiterung

supremo höchste

surf m Surfbrett n; **~ing** m Surfen n; **~ista** su Surfer(in f) m

surgelare [-dʒe-] einfrieren, tiefkühlen

surrogato m Surrogat n, Ersatz

suscett|ibile [-ʃe-] empfindlich; empfänglich (**di** für); **~ibilità** f Empfindlichkeit

suscitare [-ʃ-] hervorrufen

susin|a f Pflaume; **~o** m Pflaumenbaum

suspence ['sɔspens] f Spannung

susseguire folgen auf

sussidiario adj Hilfs...; m Lehrbuch n für die Grundschule

sussidio m Unterstützung f

sussist|enza f Lebensunterhalt m; **~istere** bestehen

sussultare zusammenzucken, auffahren

suss|urrare (zu)flüstern; munkeln; **~urro** m Gemurmel n

sutura f Med Naht

svag|are [zv-] ablenken, zerstreuen; **~o** m Zerstreuung f

svalut|are [zv-] abwerten; **~azione** f Abwertung

svanire [zv-] verschwinden

svantaggi|o [zvan'taddʒo] m Nachteil; **~oso** nachteilig

svariato [zv-] verschiedenartig

svedese [zv-] schwedisch; su Schwede m, Schwedin f

svegli|a [zve'ʎa] f Wecker m (Uhr); **~are** [zveʎa-] wecken; **~arsi** aufwachen; **~o** ['zve:ʎo] wach

svelare [zv-] fig enthüllen

svelto [zv-] schnell, rasch

svénd|ere [zv-] ausverkaufen; **~ita** [zv-] f Ausverkauf m; **~ di fine stagione** Schlussverkauf m

sven|imento [zv-] m Ohnmacht f; **~ire** ohnmächtig werden

sventolare [zv-] schwenken;

wehen, flattern

svent|ura [zv-] *f* Unglück *n*; **~urato** unglücklich

svenuto [zv-] ohnmächtig

svergogn|are [zvergoɲ-] blamieren; **~ato** schamlos

svernare [zv-] überwintern

sverza [zv-] *f* Splitter *m*; Span *m*

svestire [zv-] (*svestirsi*) sich auszuziehen

Svezia [zv-] *f* Schweden *n*

sviarsi vom Weg abkommen

svignàrsela [zviɲ-] F sich aus dem Staub machen

svilupp|are [zv-] entwickeln (*a Fot*); **~atore** *m* Fot Ent-

wickler; ~o *m* Entwicklung *f*

svista [zv-] *f* Versehen *n*

svitare [zv-] abschrauben

Svizzera [zv-] *f* Schweiz

svìzze|ra *f*, **~ro** [zv-] *m* schweizerisch; Schweizer(in *f*) *n*

svolazzare [zvo-] flattern

svòlg|ere [zvɔldʒ-] abwickeln; *Beruf* ausüben; *fig* entwickeln; **~ersi** *Handlung* (sich ab)spielen

svolgimento [zvoldʒ-] *m* Entwicklung *f*

svolt|a [zvɔ-] *f* Biegung; Kurve; **~are** abbiegen

svuotare [zv-] (ent)leeren

T

tabac|caio *m* Tabakhändler; **~cheria** [-k-] *f* Tabakwarengeschäft *n*, Tabakladen *m*

tabacco *m* Tabak

tabella *f* Tabelle

tabellina *f* Einmaleins *n*

tabernàcolo *m* Tabernakel *n*/*m*

T.A.C. *f* (*tomografia assiale computerizzata*) CT (*Computertomographie*)

tacca *f* Kerbe; Größe; Statur

taccheggio *m* Ladendiebstahl

tacchino [-kk-] *m* Truthahn

tacco *m* (Schuh-)Absatz; **~ alto** hoher Absatz

taccuino *m* Notizbuch *n*

tacere [-tʃe-] (ver)schweigen

tachìmetro [-k-] *m* Tachometer *m*/*n*

tàcito [-tʃ-] stillschweigend; schweigsam

taciturno [-tʃ-] schweigsam

tafano *m* Bremse *f* (*Insekt*)

taffetà *m* Taft

taglia [-ʎa] *f* (*Körper-, Kleider-*)Größe; Kopfgeld *n*; **~ùnica** Einheitsgröße

tagliacarte *m* Brieföffner

tagliando [-ʎan-] *m* Abschnitt

tagliare [-ʎa-] (ab)schneiden; *Baum* fällen

tagliatelle [-ʎa-] *f*/*pl* Bandnudeln

tagliere [-ʎe-] *m* Hackbrett *n*

taglierini [-ʎe-] *m/pl* Eiernudeln *f/pl*

taglio [-ʎo] *m* Schnitt; Schneide *f; al ~* stückweise; ~ *cesareo* Kaiserschnitt

tailleur [ta'jœr] *m* Jackenkleid *n;* Kostüm *n*

talco *m* Talkum *n*

tale solch; so ein(e); diese(r, -s); *un ~* jemand; ein gewisser; ~ *(e) quale* genau so wie; *il tal dei tali* Herr Soundso

talento *m* Talent *n,* Gabe *f*

tallone *m* Ferse *f*

talmente dermaßen, derart

talora bisweilen, manchmal

talpa *f* Maulwurf *m*

talvolta manchmal, mitunter

tamburo *m* Trommel *f;* Trommler

tamponamento *m* Auffahrunfall; ~ *a catena* Massenkarambolage *f*

tamponare abdichten; *Med* tamponieren; *Auto* auffahren

tampone *m* Tampon; Pfropfen; *Tech* Puffer

tana *f* Höhle *(für Tiere)*

tangenziale [-dʒe-] *f* Umgehungsstraße

tànica *f* (Benzin-)Kanister *m*

tànnico: *àcido: ~* Gerbsäure *f*

tanto so; so groß; so viel; *tanti saluti* viele Grüße; *tante grazie* vielen Dank; *tante belle cose!* Alles Gute!; *ogni ~ od di ~ in ~* von Zeit

zu Zeit; ~ *meglio* um so besser; ~ ... *quanto* so ... wie; *da ~* seit langem

tapioca *f* Sago *m*

tappa *f* Rast, Station; Etappe

tappare zustopfen; zukorken

tapparella *f* Rolladen *m*

tappeto *m* Teppich; Matte *f*

tappezzeria *f* Tapete

tappo *m* Korken; Stöpsel

taratura *f* Tech Eichung

tarchiato untersetzt

tardare verzögern; zögern; sich verspäten

tardi spät; *più ~* später; *a più ~!* bis später!; *al più ~* spätestens; *far ~* sich verspäten

tardivo spätreif; verspätet

tardo spät; langsam

targa *f* Schild *n;* Plakette; *Auto* Nummernschild *n*

tariffa *f* Tarif *m,* Gebühr

tarlato wurmstichig

tarlo *m* Zo Holzwurm

tarma *f* Zo Motte

tarsia *f* Einlegearbeit

tàrtaro *m* Zahn-, Kalk-, Weinstein

tartaruga *f* Schildkröte

tartina *f* belegtes Brötchen *n*

tartuf|ato getrüffelt; *~o m* Trüffel *f*

tasc|a *f* (Kleider-)Tasche; *~àbile* Taschen...; *m* Taschenbuch *n; ~apane m* Brotbeutel; Wandertasche *f*

tassa *f* Gebühr; Steuer; ~ *aereoportuale* Flughafengebühr; ~ *di soggiorno* Kurtaxe

tassàmetro *m* Fahrpreisanzeiger *m*

tassare besteuern

tass|i *m* Taxi *n*; **~ista** *su* Taxifahrer(in *f*) *m*

tasso *m* Quote *f*, Rate *f*, Satz *m*

tast|are (be)tasten; *Puls* fühlen; **~iera** *f* Tastatur (*a EDV*); **~o** *m* Taste *f*, Tasten *n*; **~oni**: *a* ~ tastend

tàttic|a *f* Taktik; **~o** taktisch

tatto *m* Tastsinn; *fig* Takt

tatuaggio *m* Tätowierung *f*

Tauri *m/pl* Tauern *pl*

taverna *f* ländliches Wirtshaus *n*

tàvola *f* Tisch *m*; Brett *n*; Platte *f*; ~ **calda** Imbissstube; **~ata** *f* Tafelrunde

tavolino *m* Tisch (*im Lokal*); Spieltisch

tàvolo *m* Tisch

taxi *m* Taxi

tazza *f* Tasse; *una* ~ *di tè* e-e Tasse Tee; *una* ~ *da caffè* e-e Kaffeetasse

te [-e] dir; dich; *come te* wie du

tè [-ɛ] *m* Tee; ~ *nero* schwarzer Tee

teatrale Theater...; theatralisch

teatro *m* Theater *n*; *fig* Schauplatz; ~ *all'aperto* Freilichtbühne *f*; ~ *dei burattini* Kasperletheater *n*

tècni|ca *f* Technik; Techniker\in; **~co** technisch; *m* Techniker; *tèrmine m* ~ Fachausdruck

tedes|ca *f*, **~co** *m* Deutsche(r) *f* (*m*); *adj* deutsch; *come si dice in* ~? wie heißt das auf Deutsch?

tegame *m* Bratpfanne *f*

teglia *f* [-ʎa] *f* Backform

tégola *f* Dachziegel *m*

teiera *f* Teekanne

tela *f* Leinwand; Tuch *n*; ~ *di ragno* Spinnengewebe *n*

telàio *m* Rahmen; Gerüst *n*; *Kfz* Fahrgestell *n*

tele *f* Fernsehen *n*; *m* Tele(objektiv *n*); **~camera** *f* Videokamera; **~fèrica** *f* Schwebebahn; **~fax** *m* Telefax *n*; **~film** *m* Fernsehfilm

telefonare telefonieren (*a qu* mit j-m), anrufen (*a qu* j-n)

telefonata *f* Anruf *m*; ~ *interurbana* Ferngespräch *n*; ~ *urbana* Ortsgespräch *n*; ~ *a càrico del ricevente* R-Gespräch *n*

telefoni|a *f*: ~ *fissa* Festnetz *n*; ~ *mòbile* Mobilnetz *n*, Mobilfunk *m*; **~no** *m* F Handy *n*

telefònico telefonisch; Telefon...

telèfono *m* Telefon *n*, Fernsprecher; ~ *cordless* schnurloses Telefon *n*; ~ *a scheda* Kartentelefon *n*; *dare un colpo di* ~ *a qu* j-n kurz anrufen

tele|giornale *m* [-dʒo-] *m* Tagesschau *f*; **~gràfico** telegrafisch; **~grafo** *m* Telegraf

telegramma *m* Telegramm *n*;

⹁edire un⁓ ein Telegramm ⹁chicken

⁓leguidato ferngesteuert

⹁elelavoro m Telearbeit f

telèmetro m Fot Entfernungsmesser

tele|obiettivo m Teleobjektiv n; **⁓pass®** m elektronische Mautstelle f; **⁓schermo** [-sker-] m Bildschirm; **⁓scopio** m Fernrohr n; **⁓selezione** f Durchwählverbindung; **⁓spettatore** m, **⁓spettatrice** [-tʃe-] f Fernsehzuschauer(in f) m; **⁓video** m Videotext

televisione f Fernsehen n; **⁓ via cavo** Kabelfernsehen n

televisore m Fernsehgerät n; Fernseher; **⁓ a colori** Farbfernseher

telex m Telex n

tema m Thema n; Aufsatz

tem|erario m verwegen; **⁓ere** (be)fürchten; **⁓ qu** sich vor j-m fürchten; **⁓erità** f Verwegenheit

temperamatite m (Bleistift-) Spitzer

temper|amento m Temperament n; **⁓are** mildern; mäßigen; Bleistift spitzen; **⁓ato** Klima gemäßigt; **⁓atura** f Temperatur

temperie f Witterung

temperino m Taschenmesser n

tempesta [-ɛ-] f Sturm m

tempia f Schläfe

tempio [-ɛ-] m Tempel

tempismo m Timing n

tempo [-ɛ-] m Wetter n; Zeit f; Mus Takt; **⁓** einst; **⁓ fa** vor einiger Zeit; **in ⁓** rechtzeitig; **col ⁓** mit der Zeit; **di ⁓ in ⁓** von Zeit zu Zeit; **per ⁓** frühzeitig; **fa bel ⁓** es ist schönes Wetter; **⁓ legale** Sommerzeit f; **⁓ libero** Freizeit f; **⁓ di sgelo** Tauwetter n; **⁓ di volo** Flugzeit f

tempor|ale [-e-] m Gewitter n; **⁓àneo** zeitweilig

tenace [-tʃe-] zäh

tenaglie [-ʎe-] f/pl Zange f; Zo Scheren; **un paio di ⁓** eine Zange

tenda f Vorhang m; Camping Zelt n

tendenza f Neigung, Tendenz

tèndere spannen; Hand reichen; Arm strecken; streben (**a** nach)

tendina f Gardine, Vorhang m

tèndine [-ɛ-] m Sehne f

tènebre [-ɛ-] f/pl Finsternis

tenebroso finster, dunkel

tenere (ab-, be-, ein-, ent-) halten; haben; **⁓ al fresco** kühl aufbewahren; **⁓ a qc** auf et Wert legen

tenerezza f Zartheit f; Zärtlichkeit

tènero zart; weich; zärtlich

tèngo ich halte; **⁓no** sie halten

tenia f Bandwurm m

tennis m Tennis(spiel) n; **⁓ da tàvolo** Tischtennis n

tenore m Wortlaut; Mus Tenor; **~ di vita** Lebensstandard

tensione f Spannung; fig Anspannung; **alta ~** Hochspannung; **bassa ~** Niederspannung

tent|are versuchen; **~ativo** m Versuch; **~azione** f Versuchung

tenuta f Fassungsvermögen n; Mil Uniform; Agr Landgut n; fig Ausdauer; Kfz **~ di strada** Straßenlage

teor|ètico theoretisch; **~ìa** f Theorie; Lehre

tepore [-o-] m milde Wärme f

teppista m Gangster

terapìa f Therapie

tergicristallo [-dʒ-] m Scheibenwischer

tergo m Rückseite f

termale Thermal...; **stazione** f **~** Kurort m; **stabilimento** m **~** Thermalbad n

terme f/pl Thermalbad n; im alten Rom Thermen

terminare (be)enden

tèrmine m Termin; Frist f; Grenze f; Ende n; Ausdruck; **a breve (lungo) ~** kurz-(lang-)fristig

termò|foro m Heizkissen n; **~metro** m Thermometer n

term|os m Thermosflasche® f; **~osifone** m Heizkörper; Zentralheizung f; **~òstato** m Thermostat

terra f Erde; Boden m; Land n; **terre** pl Ländereien; **di ~** irden; **a ~** am Boden; **per ~**

zu Lande; **cadere a ~** zu Boden fallen; **prèndere ~** landen

terracotta f Tonerde; Terracotta

terraferma f Festland n

terraglia [-ʎa] f Steingut n

terrapieno m Erdwall

terrazz|a f Terrasse; **~ino** m Balkon; **~o** m Terrasse f

terr|emoto m Erdbeben n; **~eno** irdisch; m Boden; Land n; Gelände n; Grundstück n; **~estre** Erd...; Land...; irdisch

terribile schrecklich, fürchterlich

territorio m Gebiet n, Territorium n

terrore [-o-] m Schrecken

terror|ismo [-zm-] m Terrorismus; **~ista** su Terrorist(in f) m; **~izzare** terrorisieren

terz|a f dritte Klasse; Kfz dritter Gang; **~ino** m Sport Verteidiger; **~o** dritte(r); Verteidiger; Drittel n

tesi f These; **~ di làurea** Diplomarbeit

tesoro m Schatz; Tresor

tèssera f Ausweis m; Mitgliedskarte

tessera|ta f, **~to** m Mitglied n

tèssile Textil...; **~i** m/pl Textilien

tessuto m Gewebe n; Stoff

testa f Kopf m; **a ~** pro Kopf; **alla ~ di** an der Spitze von; **èssere in ~** an der Spitze liegen

testamento m Testament n

test|ardàggine [-dʒ-] f Dickköpfigkeit; **~ardo** dickköpfig; m Dickkopf

testata f Kopfende n; Kopfteil m; Kfz Zylinderkopf m; **~ nucleare** Atomsprengkopf m

teste su Zeuge m, Zeugin f

testicolo m Hoden

testimon|e su Zeuge m, Zeugin f; Beweis; **~ oculare** Augenzeuge m (-in f); **~ di nozze** Trauzeuge m (-in f); **~ianza** f Zeugenaussage; **~iare** bezeugen; aussagen

testo m Text

tètano m Tetanus, Wundstarrkrampf

tetro düster, finster

tettarella f Schnuller m; Sauger m

tett|o m Dach n; **~oia** f Überdachung

Tèvere m Tiber

thermos m → **termos**

ti dir; dich

tibia f Schienbein n

tic m Tick; **~chettare** ticken

Ticino [-tʃ-] m Tessin n

tièpido lau

tifo m Typhus; Sport Anfeuern n

tifo|sa f, **~so** m Fan

tiglio [-ʎo] m Linde f

tigre f Tiger m

TIM f (Telecom Italia Mobile) Italienischer Mobilfunk

timballo m Pauke f; Kochk Auflauf(form f) m

timbr|are (ab)stempeln; **~o** m Stempel

timidezza f Schüchternheit

timido schüchtern

timo m Thymian

timon|e m Deichsel f; Mar Steuer n; **~iere** m Steuermann

tim|ore m Furcht f; **~oroso** ängstlich

tìmpano m Pauke f; Anat Paukenhöhle f; Trommelfell

tinca f Schleie f

tingere [-dʒ-] färben

tinta f Farbe; Färbung

tint|oria f (chemische) Reinigung; **~ura** f Färbung; Med Tinktur; **~ di iodio** Jodtinktur

tip|ico typisch; **~o** m Typ; Art f; **che~ di** …? was für ein(e) …?

tipografia f Buchdruck(erei f) m

tiramisù m Löffelbiskuit mit Kaffee, Ei-Mascarpone-Creme u Kakao

tirann|eggiare [-dʒa-] tyrannisieren; **~ìa** f Tyrannei; **~o** m Tyrann

tir|are (auf-, heraus-, zu-) ziehen; werfen; schießen; Wind wehen; **tirare avanti** sich durchschlagen; **tirarsi da parte** beiseite treten; **tirarsi indietro** zurücktreten; **~atore** m, **~atrice** [-tʃe] f Schütze m, Schützin f; **~atura** f Auflage (Buch)

tiro m Ziehen n; Zug; Wurf;

Schuss; *fig* **brutto ~** böser Streich; **bestia** f **da ~** Zugtier n

tirocin|ante [-tʃ-] *su* Praktikant(in f) m; **~io** m Lehrzeit f

tiròide f Schilddrüse

tirolese *su* Tiroler(in f) m

Tirolo m Tirol n

Tirreno m: **Mar ~** Tyrrhenisches Meer n

tisana f (Kräuter-)Tee m; **~ di frutta** Früchtetee m

titolare betiteln; *su* Inhaber(in f) m

titolo m Titel; Wertpapier n

tizio m irgend jemand; ♀ **e Caio** Hinz und Kunz

tocc|are berühren; anfassen; erreichen; j-n betreffen; **~ fondo** den Boden berühren; **tocca a me** ich bin an der Reihe; **~o** m Berührung f; (Glocken-) Schlag

tògliere [-ʎe-] (weg-, ab-) nehmen, *Kleidung* ausziehen

toilette [twa'lɛt] f Toilette

tolda f *Mar* (Ober-)Deck n

toller|ante tolerant; **~anza** f Toleranz; **~are** tolerieren, dulden; ertragen; vertragen

tomba f Grab n

tomo m Band

tomografia f: **~ assiale computerizzata (TAC)** Computertomographie f (*CT*)

tònaca f Kutte

tonalità f Farbton m; *Mus* Tonart

tonare donnern

tondo rund; **chiaro e ~** klipp und klar

tonfo m dumpfer Schlag

tònico m Stärkungsmittel n

tonnellata f *Gewicht* Tonne

tonno m Thunfisch

tono m Ton

tonsill|e f/pl *Anat* Mandeln; **~ite** f Mandelentzündung

topaia f Mäusenest n

topo m Maus f; *fig* **~ di bibliotèca** Leseratte; ♀**lino** m Mickymaus f

toppa f (Tür-)Schloss n; Flicken m

torace [-tʃe] m Brustkorb

tórbido trübe

tòrcere [-tʃe-] (um-, ver-)drehen; biegen; auswringen

torchio [-k-] m Presse f; Kelter f

torcia [-tʃa] f Fackel

torcicollo [-tʃ-] m *Med* steifer Hals

tordo m Drossel f

Torino f Turin n

tormenta f Schneesturm m

torment|are quälen; plagen; **~o** m Qual f; Plage f

tornaconto m Vorteil

tornante m Haarnadelkurve f

tornare zurückkommen; wiederkommen; zurückgeben; **~ a fare qc** et wieder machen

tornello m Drehkreuz n

torneo m Turnier n

torn|io m Drehbank f; **~ire** drechseln; drehen; **~itore** m Drechsler; Dreher

toro m Stier; ♀ *Astrol* Stier

torpèdine m Zo Zitterrochen

torre f Turm m

torrefare rösten

torrente m Wildbach

tòrrido (drückend) heiß

torsione f Drehung; Tech Torsion

torso m Rumpf; Kunst Torso m

torta f Torte; Kuchen m; **~ di mele** Apfelkuchen m

tortellini m/pl Nudelteigringe pl mit Füllung

tortiera f (runde) Backform

torto [-ɔ-] m Unrecht n; **avere ~** Unrecht haben

tórtora f Turteltaube

tortuoso gewunden

tortur|a f Folter; fig a Qual; **~are** foltern; fig quälen

tosaerba f/m Rasenmäher m

tosare Schaf, Hund scheren

tosse f Husten m; **~ canina** Keuchhusten m

tòssico giftig; m Gift n; **rifiuti** m/pl **tossici** Giftmüll m

tossi|codipendente su Drogenabhängige(r) f (m); **~codipendenza** f Drogenabhängigkeit; **~comane** rauschgiftsüchtig; su Rauschgiftsüchtige(r) f (m)

tossire husten

tostapane m Toaster

tostare rösten; toasten

tot|ale Gesamt...; völlig; m Gesamtsumme f; **~alità** f Gesamtheit

totip® m Pferdelotto n

totocalcio® [-tʃo] Fußballtoto n

tour operator m/f Reiseveranstalter(in f) m

tovagli|a [-ʎa] f Tischtuch n; **~olo** [-ʎɔ-] m Serviette f

tra → fra

traballare schwanken

traboccare Flüssigkeit überlaufen

traccia [-tʃa] f Spur; **~re** entwerfen, zeichnen

trachea f Luftröhre

tracollo m Schulterriemen; **a ~** umgehängt

trad|imento m Verrat; **alto ~** Hochverrat; **~ire** verraten; **~itore** m, **~trice** [-tʃe] f Verräter(in f) m; adj verräterisch; **~izione** f Überlieferung; Tradition, Brauch m

trad|otto übersetzt; **~urre** übersetzen; **~uttore** m, **~uttrice** [-tʃe] f Übersetzer(in f) m; **~uzione** f Übersetzung

traffic|ante su Händler(in f) m; **~are** handeln

tràffico m Handel; Verkehr; **~ postale, stradale** Post-, Straßenverkehr

traf|orare durchbohren; **~oro** m Tunnel

tragedia [-dʒe-] f Tragödie

tràggo ich ziehe; **~no** sie ziehen

traghetto m Überfahrt f; Fähre f, Fährschiff n

tràgico [-dʒ-] tragisch

tragicommedia [-dʒ-] f Tragikomödie

tragitto [-dʒ-] *m* Fahrt *f*; Weg

traguardo *m* Ziel *n*

train|are schleppen; ziehen; **~o** *m* Fuhre *f*

tralasciare [-ʃa-] unterlassen

tralùcere [-tʃ-] durchscheinen

tram *m* Straßenbahn *f*

trama *f* Intrige; *Film usw* Handlung

tramandare überliefern

tramezz|ino *m* Sandwich *m/n*; **~o** zwischen; unter; *m* Zwischenwand *f*

tramite *f prp* durch, mittels

tramont|ana *f* Nordwind *m*; **~are** *Gestirn* untergehen; **~o** *m* (Sonnen-)Untergang

trampolino *m* Sprungbrett *n*; Sprungschanze *f*

trancia [-tʃa] *f* Scheibe

tranne außer

tranquill|ante *m* Beruhigungsmittel *n*; **~ità** *f* Ruhe, Stille; **~izzare** beruhigen

tranquillo ruhig, still; beruhigt

transatlàntico *m* Ozeandampfer

transistor(e) *m* Transistor

trànsito *m* Durchgang; Durchreise *f*; Transit

trans|itorio vorübergehend; Übergangs...

transoceànico [-tʃe-] Übersee...

tran tran *m* F (Alltags-)Trott *m*

trapanare (durch)bohren

tràpano *m* Bohrer; **~ a per**...

cussione Schlagbohrmaschine *f*

trapassare überschreiten

trapasso *m* Übergang; Ableben *n*; *jur* Übertragung *f*

trapiantare umpflanzen; *Med* transplantieren

tràppola *f* Falle

trapunta *f* Steppdecke

trarre ziehen, entnehmen

trasalire zusammenfahren

trasandato verwahrlost; ungepflegt

trascinare [-ʃ-] schleppen, schleifen; *fig* mitreißen

trascórrere *Zeit* verbringen; vergehen

trascr|ivere abschreiben; **~izione** *f* Abschrift

trascur|àbile unerheblich; **~are** vernachlässigen; **~atezza** *f* Nachlässigkeit; **~ato** nachlässig; verwahrlost

trasfer|ibile übertragbar; **~imento** *m* Verlegung *f*; Versetzung *f*; Übersiedlung *f*; **~ire** verlegen; *j-n* versetzen; übertragen; **~irsi** übersiedeln

trasferta *f* Dienstreise; *Sport* Auswärtsspiel *n*

trasform|are umgestalten; verwandeln (**in** in); **~atore** *m* Transformator; **~azione** *f* Umgestaltung; Verwandlung

trasfusione *f* Transfusion

trasgr|edire [-zgre-] übertreten; **~essione** *f* Übertretung

trasloc|are [-zlo-] versetzen;

verlegen; umziehen; **~o** m Umzug

trasméttere [-zme-] übertragen; senden; übermitteln

trasmiss|ibile [-zm-] übertragbar; **~ione** f Übertragung; *Rdf, TV a* Sendung; **~ dati** Datenübertragung

traspar|ente durchsichtig; **~enza** f Durchsichtigkeit

trasport|are transportieren, befördern; **~o** m Transport, Beförderung f; **trasporti pubblici** öffentliche Verkehrsmittel

trastullo m Zeitvertreib

trasversale [-zve-] quer; Quer...

trasvolare [-zvo-] überfliegen

tratta f *Hdl* Tratte; (gezogener) Wechsel m

tratt|amento m Behandlung f; Bewirtung f; **~are** be-, verhandeln; bewirten; **si tratta di** es handelt sich um; **~ativa** f Verhandlung f; **~ato** m Abhandlung f; *jur* Abkommen n, Vertrag

tratten|ere *j-n* aufhalten; unterhalten; *Summe* einbehalten; **~ersi** sich aufhalten; sich zurückhalten; **~uta** f Abzug m

tratto m Strich; Stück m; Strecke f; Zeitspanne f; **(tutto) a un ~** auf einmal; **di ~ in ~** von Zeit zu Zeit

trattore m Traktor

trattoria f Gaststätte, Wirtshaus n

travagli|are [-ʎa-] quälen; **~o** [-ʎo] m: **~ di parto** *Med* Wehen pl

travasare umfüllen

trave f Balken m

travers|a f Querbalken m; Querstraße; **~are** überqueren; durchqueren; **~ata** f Überquerung; Durchquerung; *Mar* Überfahrt; **~o** quer; **di ~** schief; quer

travestire verkleiden **(da** als); **~tito** m Transvestit

travolgere [-dʒe-] mitreißen

trazione f *Tech* Antrieb m; *Kfz* **~ anteriore (posteriore)** Vorder(Hinter-)radantrieb m

tre drei

trebbiare *Agr* dreschen

treccia [-tʃa] f Zopf m

Trecento [-tʃɛ-] m: **il ~** das 14. Jahrhundert n

tregua f Waffenstillstand m; *fig* Atempause

tremare beben; zittern **(di od da** vor; **per** um)

tremendo furchtbar

tremolare zittern, beben; *Licht* flackern

treno m *Esb* Zug m; **~ accelerato** Personenzug; **~ diretto** Eilzug; **~ locale** Nahverkehrszug; **~ merci** Güterzug

tren|tenne dreißigjährig; su Dreißigjährige(r); **~tina:** **una ~ di ...** etwa dreißig ...

Trentino-Alto Adige m Trentino-Südtirol n

Trento f Trient n

trèpido angstvoll
treppiedi *m* Stativ *n*
triangolare dreieckig
triàngolo *m* Dreieck *n*; *Kfz* Warndreieck *n*
tribordo *m* Steuerbord *n*
tribù *f* (Volks-)Stamm *m*
trib|una *f* Tribüne; **~unale** *n* Gericht *n*
tributo *m* Steuer *f*
tricheco [-ke-] *m* Walross *n*
tri|ciclo *m* [-tʃ-] *m* Dreirad *n*; **~colore** dreifarbig
Trieste *f* Triest *n*
trifoglio [-ʎo] *m* Klee
triglia [-ʎa] *f* Seebarbe
trilaterale dreiseitig
trimestr|ale vierteljährlich; **~e** *m* Vierteljahr *n*
trimotore *m* dreimotoriges Flugzeug *n*
trina *f* Spitze (*Gewebe*)
trincare saufen
trinci|apolli [-tʃa-] *m* Geflügelschere *f*; **~are** [-tʃa-] zerschneiden; tranchieren
trinità *f* Dreieinigkeit
trionf|ale: arco *m* **~** Triumphbogen; **~are** triumphieren (*su* über), siegen; **~o** *m* Triumph
triplice [-tʃe] dreifach
triplo *m* Dreifache(s) *n*
trippa *f* Kutteln *pl*
trist|e traurig; **~ezza** *f* Traurigkeit
tritacarne *m* Fleischwolf
trit|are zerkleinern; hacken; **~ato** *m* Hackfleisch *n*; **~o** gehackt, Hack...; *carne f* **trita**

Hackfleisch *n*
trittico *m* Triptychon *n*
trivellare bohren
triviale vulgär, trivial
trògolo *m* Trog
tromba *f* Trompete; **~** *d'aria* Windhose; **~** *delle scale* Treppenhaus *n*
trombone *m* Posaune *f*
trombosi *f* Thrombose
tronc|are abbrechen; abschneiden; abschlagen; **~o** *m* Rumpf; *Baum* Stamm; *Säule* Schaft; *Straße* Abschnitt
tronfio aufgeblasen
trono *m* Thron
tropicale tropisch
troppo zu viel; zu; zu sehr
trota *f* Forelle
trott|are traben; **~o** *m* Trab
tròttola *f* Kreisel
trov|are finden; (an)treffen; *andare a* **~** *qu* j-n besuchen; **~arsi** sich (be)finden; sich fühlen; sich treffen; **~ata** *f* Einfall *m*
trucco *m* Make-up *n*, Schminke *f*; Trick
truce wild; grimmig
truff|a *f* Betrug *m*; **~are** betrügen; **~atore** *m*, **~atrice** [-tʃe] *f* Betrüger(in *f*) *m*
truppa *f* Truppe
tu du; *dare del* **~** *a qu* j-n duzen
tuba *f* *Mus* Tuba
tub|atura *f*, **~azione** *f* Rohrleitungen *f/pl*
tubercolosi *f* Tuberkulose

tùbero

224

tùbero m Knolle f

tubetto m (Pillen-)Röhrchen n; Tube f

tubo m Rohr n; Röhre f; Schlauch; ~ **di scappamento** Auspuffrohr n

tuff|are (ein)tauchen; **~arsi** (unter)tauchen; ins Wasser springen; **~atore** m, **~trice** [-tʃe] f Sport Kunstspringer(in f) m

tuffo m Tauchen n; Sprung (ins Wasser); ~ **in avanti** Kopfsprung

tulipano m Tulpe f

tumefa|rsi anschwellen; **~zione** f Schwellung

tumore m Geschwulst f, Tumor

tùmulo m Grabhügel

tumulto m Tumult; Aufruhr

tumultu|are lärmen; **~oso** stürmisch

Tunisia f Tunesien n

tuo dein; m Dein(ig)e n

tuono m Donner

tuorlo m Eidotter m/n, Eigelb n

turare zustopfen, -korken

turb|amento m Störung f; Verwirrung f; **~ante** m Turban; **~are** stören; beunruhigen

turbina f Turbine

tùrbine m Wirbel(wind)

turbogetto [-dʒe-] m Düsen-

flugzeug n

turbolento unruhig; turbulent

turbolenza f Unruhe

turca f Türkin

turchese [-ke-] türkisgrün; f Türkis m

Turchia [-k-] f Türkei

turco türkisch; m Türke

tur|ismo [-zmo] m Fremdenverkehr, Tourismus; **~ista** su Tourist(in f) m, Reisende(r) f (m); **~istico** touristisch; Reise…

turno m Reihenfolge f; (Arbeits-)Schicht f; **a** ~ abwechselnd; **di** ~ Dienst habend; **è il mio** ~ ich bin daran

turpe schändlich; schamlos

tuta f Overall m; Arbeitsanzug m; ~ **da ginnastica** Jogginganzug

tu|tela f Schutz m; Vormundschaft; **~tore** m, **~trice** [-tʃe] f Vormund m

tuttavia jedoch, dennoch, trotzdem

tutto ganz; all; alles; **tutti, tutte** alle; **tutti i giorni** jeden Tag; ~ **il libro** das ganze Buch; **innanzi** ~ vor allem; **tutti e tre** alle drei; **del** ~ ganz, völlig

tuttora noch immer

TV f [ti'vu:] (televisione) TV (Fernsehen)

U

ubbid|iente gehorsam; **~ienza** f Gehorsam m; **~ire** gehorchen; sich fügen

ubria|carsi sich betrinken; **~co** m Betrunkene(r); adj betrunken

uccello [-tʃe-] m Vogel; **~ canoro** Singvogel

uccid|ere [-tʃ-] töten; **~ersi** sich umbringen

udibile hörbar, vernehmbar

ud|ienza f Audienz; Gehör n; jur Verhandlung; **~ire** hören; **~ito** gehört; m Gehör n; **~itore** m, **~itrice** [-tʃe] f Hörer(in f) m; **~itorio** m Zuhörerschaft f

UE f (Unione Europea) EU (Europäische Union)

ufficiale [-tʃa-] f offiziell, amtlich; su Beamte(r) f (m); Mil Offizier m

ufficio [-tʃo] m Amt n; Büro n; **~ di collocamento** Arbeitsamt n; **~ doganale** Zollamt n; **~ informazioni turistiche** Turisteninformation f; **~ oggetti smarriti** Fundbüro n; **~ postale** Postamt n

ufo m Ufo n

ugu|aglianza [-ʎa-] f Gleichheit; **~agliare** [-ʎa-] gleichmachen; **~ale** gleich; **~almente** gleichermaßen, gleichfalls

ulcera [-tʃ-] f Geschwür n; **~**

gàstrica Magengeschwür n

ulteriore weitere; jenseitig

ultimare beenden

ùltimo letzte; neueste; **~ prezzo** m äußerster Preis

ultrasuono m Ultraschall

ulul|are heulen; **~ato** m Geheul n

uman|ità f Menschheit; **~o** menschlich, human

Umbria f Umbrien n

umbro umbrisch; m Umbrier

umidità f Feuchtigkeit

ùmido feucht; nass; m Feuchtigkeit f; Kochk **in ~** geschmort

ùmile niedrig; demütig

umili|are demütigen; **~tà** f Demut; Bescheidenheit

umor|e m Laune f; **èssere di cattivo ~** schlechter Laune sein; **~ismo** [-zmo] m Humor

un(a) ein(e)

unànime einstimmig

uncin|etto [-tʃ-] m Häkelnadel f; **lavorare all'~** häkeln; **~o** m Haken

ùngere [-dʒ-] einreiben

ungherese su Ungar(in f) m; adj ungarisch

Ungheria f Ungarn n

unghia f Nagel m; Tier Kralle

unguento m Salbe f

ùnico einzig; einmalig

unicolore einfarbig

unifica|re einigen; **~zione** f Einigung

unifor|me gleichförmig; f Uniform; **~mità** f Einheitlichkeit

un|ione f Vereinigung; Union; ♀ *Europea* Europäische Union; **~ire** verein(ig)en; zusammenfügen

unit|à f Einheit; **~o** verein(ig)t; einträchtig

univers|ale allgemein; **~ità** f Universität, Hochschule; **~itario** Universitäts…; **~o** m Weltall n

uno eins; ein(er); jemand; *a ~ a ~* einzeln; *l'un l'altro* einander; **~** m Eins f

uomo m (pl *uomini*) Mensch; Mann

uovo m (pl *le uova*) Ei n; **~ à la coque** weiches Ei; **~ sodo** hart gekochtes Ei; **~ al tegamino** Spiegelei n; *uova* (pl *strapazzate* Rührei n; **~ di Pasqua** Osterei n

uragano m Orkan; Sturm

urbano städtisch, Stadt…

uretra f Harnröhre

urgen|te [-dʒ-] dringend; Eil…; **~za** f: *d'~* Not…

url|are heulen; schreien; **~o** m Schrei

uròlo|ga f, **~go** m Urologe m, Urologin f

urt|are stoßen; **~o** m (Zusammen-)Stoß, Aufprall

us|anza f Sitte, Brauch m; **~are** gebrauchen, verwenden

usc|ire [-ʃ-] (hin)ausgehen; herauskommen; aussteigen (*da* aus); erscheinen (*Buch*); **~ dal porto** auslaufen (*Schiff*); **~ita** f Ausgang m; Ausfahrt; **~ di sicurezza** Notausgang m; **~ito** (hin-)ausgegangen

usignolo [-ɲ-] m Nachtigall f

uso m Gebrauch; Benutzung f; *fuori ~* außer Gebrauch; außer Betrieb; *Med per ~ esterno* äußerlich (anzuwenden); *per ~ interno* innerlich (anzuwenden); *con ~ di cucina* mit Küchenbenutzung

ustione f Verbrennung

usuale gebräuchlich

usura Verschleiß m

utensile m Gerät n; Werkzeug n

utente su Benutzer(in f) m; *EDV* User m; **~ della strada** Verkehrsteilnehmer

ùtero m Gebärmutter f

ùtile nützlich; *in tempo ~* zur rechten Zeit; **~** m Nutzen; Gewinn

util|ità f Nützlichkeit; Nutzen m; **~itaria** f Kleinwagen m; **~izzare** benutzen; verwerten; **~izzazione** f Gebrauch m; Nutzung

utilizzo m: *di fàcile ~* benutzerfreundlich

uva f Weintrauben f/pl; **~ nera** blaue Trauben; **~ passa** od **secca** Rosinen f/pl; **~ spina** Stachelbeere

V

v. (vedi) s. (siehe)

V. f (via) Str. (Straße)

va er (sie, es) geht

vacan|za f Urlaub m; Ferien pl; **andare in ~** in Urlaub fahren; **vacanze** pl **estive, natalizie, pasquali** Sommer-, Weihnachts-, Osterferien; **~ tutto compreso** Pauschalurlaub; **~ziere** su Urlauber(in f) m

vacca f Kuh

vaccin|are [-tʃ-] impfen; **~azione** f Impfung; **~ antitetànica** Tetanusimpfung; **~o** m Impfstoff

vàcuo leer

vado ich gehe

vagabon|dare umherstreifen; **~do** m Landstreicher m

vagina [-dʒ-] f Anat Scheide

vaglia [-ʎa] m Anweisung f; **~ bancario** Bankanweisung f; **~ postale** Postanweisung f

vagliare [-ʎa-] prüfen

vago unbestimmt, vage

vagone m Esb Waggon, Wagen; **~ letto** Schlafwagen; **~ ristorante** Speisewagen

vai du gehst

vaiolo m Med Pocken f/pl

valanga f Lawine

Val d'Aosta f Aostatal n

Val Pusteria f Pustertal n

val|ente tüchtig; **~ere** gelten; wert sein; **far ~** geltend ma-

chen; **~ la pena** die Mühe wert sein; **~ersi** sich zunutze machen (**di qc** et)

valeriana f Baldrian m

valévole gültig

valicare überschreiten

vàlico m (Berg-)Pass, Übergang

validità f Gültigkeit

vàlido gültig; kräftig; stark

valigia [-dʒa] f Koffer m; **fare la ~** den Koffer packen

vall|e f Tal n; **~igiana** f, **~igiano** [-dʒa-] m Talbewohner(in f) m; **~o** m Wall

vallone m tiefes Tal n

valor|e [-o-] m Wert; Tüchtigkeit f; Tapferkeit f; **~ dichiarato** Wertangabe f; **valori** pl Wertpapiere n/pl, Wertsachen f/pl; **~izzare** aufwerten; **~oso** tapfer

valut|a f Währung; Valuta; **~ nazionale** Landeswährung; **~are** schätzen; fig abwägen; **~azione** f Schätzung

vàlvola f Ventil n; Anat Klappe; El **~ di sicurezza** Sicherung

valzer m Walzer

vang|a f Spaten m; **~are** umgraben

Vangelo [-dʒ-] m Evangelium n

vaniglia [-ʎa] f Vanille

vanit|à f Eitelkeit f; **~oso** eitel

vanno sie gehen
vano leer; hohl; *m* Raum; Öffnung *f*
vantaggi|o [-dʒo] *m* Vorteil; **~oso** [-dʒo-] vorteilhaft
vantare rühmen, loben
vanto *m* Ruhm; Vorzug
vapor|e *m* Dampf; Dampfer; *Kochk* **al ~** gedünstet; **~etto** *m* Motorschiff *n*; **~izzare** verdampfen; zerstäuben; **~oso** duftig; *fig* unklar
varc|are überschreiten; **~o** *m* Übergang
vari|àbile veränderlich; wechselhaft; **~are** (ver)ändern; wechseln; *tanto per ~* zur Abwechslung; **~ato** verschieden; **~azione** *f* Veränderung; Wechsel *m*
vari|ce [-tʃe] *f* Krampfader; **~cella** [-tʃ-] *f* Med Windpocken *pl*
varietà *f* Verschiedenheit; Vielfalt; *Art; Thea* Varieté *n*
vario verschieden(artig); *Wetter* wechselhaft; *vari* einige; **~pinto** bunt
Varsavia *f* Warschau *n*
vasai|a, **~o** *m* Töpfer(in *f*) *m*; Tonwarenhändler(in *f*) *m*
vasca *f* Becken *n*; Bassin *n*; **~ da bagno** Badewanne
vaselina [-z-] *f* Vaselin(e *f*) *n*
vasellame [-z-] *m* Geschirr *n*
vaso [-z-] *m* Gefäß *n* (a *Anat*): Topf; Vase *f*; **~ da fiori** Blumentopf, -vase *f*
vassoio *m* Tablett *n*
vastità *m* Weite *f*

vasto weit; ausgedehnt; umfassend
Vaticano *m* Vatikan *f*; *la Città del ~* die Vatikanstadt
ve euch
vecchia *f* [-k-] Alte; **~ia** *f* Alter *n*
vecchio [-k-] alt; *m* Alte(r)
vece ['ve:tʃe] *f*: *in ~ sua* an seiner Stelle; *fare le veci di qu* j-n vertreten
vedere sehen; *andare a ~ qu* j-n aufsuchen; *far ~* zeigen; *stare a ~* zusehen, abwarten
vedi (*v.*) siehe (*s.*)
védov|a *f* Witwe; **~o** verwitwet; *m* Witwer
veduta *f* Ansicht; Aussicht; Blick *m* (*su* auf)
veem|ente ungestüm, heftig; **~enza** *f* Heftigkeit
veget|ale [-dʒe-] pflanzlich; **~ariana** *f*, **~ariano** *m* Vegetarier(in *f*) *m*; *adj* vegetarisch; **~azione** *f* Vegetation
veggente *su* Wahrsager(in *f*) *m*
veglia [-ʎa] *f* Wache(*n n*) *f*
vegliare [-ʎa-] wachen
veicolo *m* Fahrzeug *n*
vel|a *f* Segel *n*; **~ame** *m* Mar Segelwerk *n*; verhüllen; *fig* verschleiern; **~eggiare** [-dʒa-] segeln; **~eggiata** [-dʒa-] *f* Segelfahrt; **~eggiatore** [-dʒa-] *m* Segelschiff *n*; Segelflugzeug *n*
vel|eno *m* Gift *n*; **~enoso** giftig
vèlico Segel…

vel|iero *m* Segelschiff *n*, Segler; **~ina: carta** *f* **~** Seidenpapier *n*; **~ismo** [-zm-] *m* Segelsport *m*, Segeln *n*; **~ista** *su* Segelsportler(in *f*) *m*, Segler(in *f*) *n*

velluto *m* Samt; **~ a coste** Cordsamt

velo *m* Schleier

veloce [-tʃe] schnell

velocità [-tʃ-] *f* Schnelligkeit, Geschwindigkeit; *Kfz* Gang *m*; **~ màssima** Höchstgeschwindigkeit; *Esb* **a grande** (**piccola**) **~** als Eilgut (Frachtgut) *n*; **~ della luce** (**del suono**) Licht(Schall-)geschwindigkeit

velòdromo *m* Radrennbahn *f*

ven|a *f* Vene; Ader; **~ato** gemasert

vend|emmia *f* Weinlese; **~emmiare** Wein lesen

véndere verkaufen

vendetta *f* Rache

vendicare rächen

véndita *f* Verkauf *m*; **~ di fine stagione** Saisonverkauf *m*

vendi|tore *m*, **~trice** [-tʃe] *f* Verkäufer(in *f*) *m*

vener|are verehren; **~azione** *f* Verehrung

venerdì *m* Freitag; **2 Santo** Karfreitag

venere *f* Venus

Vèneto *m* Venetien *n*

Venezia *f* Venedig *n*

venezian|a *f* Venezianerin; Jalousie; **~o** venezianisch; *m* Venezianer

vèngo ich komme; **~no** sie kommen

venire kommen; werden; **~ a trovare** besuchen; **~ a sapere** erfahren; **far ~** holen; **a ~** künftig; nächste

ventaglio [-ʎo] *m* Fächer

ventenne zwanzigjährig

venti zwanzig

ventil|atore *m* Ventilator; **~azione** *f* Ventilation; (Be-) Lüftung

ventina: una ~ di … etwa zwanzig …

vent|o *m* Wind; **~ australe** Südwind; **~oso** windig

ventre *m* Bauch

vent|ura *f* Geschick *n*; Glück *n*; **~uro** künftig

venut|a *f* Ankunft; **~o** gekommen; **ben ~** Willkommen; **il primo ~** der erste Beste

veramente wirklich

verbale mündlich; *m* Protokoll *n*; **~ dell'incidente** Unfallprotokoll *n*

verbo *m* Zeitwort *n*, Verb *n*

verdastro grünlich

verde grün; **~ chiaro** hellgrün; **~ scuro** dunkelgrün

verderame *m* Grünspan

verdura *f* Gemüse *n*

verga *f* Rute, Gerte

vèrgine *f* [-dʒ-] Jungfrau; **2** *Astrol* Jungfrau

vergogn|a [-ɲa] *f* Scham; Schande; **~arsi** sich schämen; **~oso** [-ɲo-] schamhaft; schändlich

verídico glaubwürdig

verifica f Nachprüfung, Kontrolle

verific|are nachprüfen, kontrollieren; **~arsi** sich bewahrheiten

verità f Wahrheit

verme m Wurm

vermicelli [-tʃ-] m/pl dünne Spaghetti

vermiglio [-ʎo] leuchtend rot

vermut m Wermut(wein)

vern|ice [-tʃe] f Firnis m; Lack m; **~iciare** [-tʃa-] lackieren

vero wahr; echt; richtig; m Wahrheit f; **Kunst** Natur f; **~simile** wahrscheinlich

verruca f Warze

vers|amento m Einzahlung f; **~are** (ein)gießen; verschütten; **Geld** einzahlen; **~ione** f Übersetzung; Version, Fassung

verso prp gegen; nach; in Richtung (auf); **~ le sei** gegen 6 Uhr; **~ m 1.** Vers; **2.** Rückseite f

vèrtebra f **Anat** Wirbel m

vertebrale: **colonna** f **~** Wirbelsäule

verticale senkrecht

vèrtice [-tʃe] m **fig** Höhepunkt; Gipfel (a **Pol**); Spitze f; **Math** Scheitel(punkt); **incontro m al ~** Gipfeltreffen n

vert|igine [-dʒ-] f Schwindel m; **ho le vertigini** mir ist schwindelig; **~iginoso** [-dʒ-] Schwindel erregend

verza f Wirsingkohl m

vescica [-ʃ-] f Blase; Harnblase

véscovo m Bischof

vesp|a f **Zo** Wespe; **~aio** m Wespennest n

vest|aglia [-ʎa] f Morgenrock m; **~e** f Kleid n; **~iario** m Kleidung f

vestibolo m Vestibül n, Vorhalle f

vest|ire anziehen; tragen; **~irsi** (sich) anziehen; tragen; **~ito** m **Mann** Anzug; **Frau** Kleid n

Vesuvio m Vesuv

veterina|ria f, **~rio** m Tierarzt m, Tierärztin f

vetr|aia f, **~aio** m Glaser(in f) m; Glasbläser(in f) m; **~ata** f Glasfenster m; **~eria** f Glashütte; Glaswaren

vetrina f Schaufenster n

vetro m Glas n; Fensterscheibe f

vetta f Gipfel m

vettura f Wagen m; **Esb** Waggon m

vezzeggi|are [-dʒa-] verhätscheln; **~ativo** [-dʒa-] m Kosename

via **1.** f Weg m; Straße; **~ trasversale** Querstraße; **per ~ aèrea** auf dem Luftweg; **~ Lattea** Milchstraße; **2.** adv weg; **andar ~** weggehen; **e così ~** und so weiter; **~ los!; 3.** prp über, via; **~ Roma** über Rom

vi pron euch; adv dort; dorthin

Viacard® f: **tèssera** ~ Karte für die bargeldlose Zahlung der Autobahngebühren

viadotto m Viadukt, Überführung f

viaggi|are [-dʒa-] reisen, fahren; **~atore** m, **~atrice** [-tʃe] f Reisende(r) f (m)

viaggio [-dʒo] m Reise f; Fahrt f; ~ **aèreo** Flugreise f; ~ **d'affari** Geschäftsreise f; ~ **in comitiva** Gesellschaftsreise f; ~ **in màcchina** Autofahrt f; **buon ~!** gute Reise!

vi|ale m Allee f; **~avai** m Kommen und Gehen m

vibr|are schwingen, vibrieren; **~azione** f Schwingung

vicecònsole [-tʃe-] m Vizekonsul

vicenda [-tʃe-] f Ereignis n; **vicende** pl Wechselfälle m/pl; **a** ~ abwechselnd; gegenseitig

viceversa [-tʃe-] umgekehrt

vicin|anza [-tʃ-] f Nähe; Umgegend; **~ato** m Nachbarschaft f; **~o** nahe; m Nachbar; **qui** ~ hier in der Nähe; ~ **a** in der Nähe von; neben

vicolo m Gasse f; ~ **cieco** Sackgasse f

video|càmera f Videokamera; **~cassetta** f Videokassette; **~gioco** m Videospiel n; **~registratore** m Videorekorder; **~teca** f Videothek; **~tèl**® m, **~tèx**® m Bildschirmtext

vidim|are beglaubigen; **~azione** f Beglaubigung

vien|e er (sie, es) kommt; **~i** du kommst

Vienna f Wien n

vietato verboten

vigil|anza [-dʒ-] f Überwachung; **~are** überwachen

vigile [-dʒ-] su: ~ **urbano** (Stadt-)Polizist m; **vigili** pl **del fuoco** Feuerwehr f

vigilia [-dʒ-] f Vorabend m; ~ **di Natale** Heiligabend m

vign|a [-ɲa] f Weinberg m; **~aiolo** m Weinbauer; **~eto** [-ɲe-] m Weinberg

vig|ore m Kraft f; **~oroso** kräftig

vile feige; gemein; m Feigling; Schuft

vill|a f Villa; Landhaus n; **~aggio** [-dʒo] m Dorf n; ~ **turìstico** Feriendorf n; **~eggiante** [-dʒa-] su Urlauber(in f) m; **~eggiatura** [-dʒa-] f Ferien pl; **~etta** f (kleines) Familienhaus (mit Garten)

villino m kleines Landhaus

vinaio m Weinhändler

vineria f Weinlokal n

vincere [-tʃe-] (be)siegen; gewinnen

vincita [-tʃ-] f Sieg m; Gewinn m

vinci|tore [-tʃ-] m, **~trice** [-tʃe] f Sieger(in f) m; Gewinner(in f) m

vino m Wein; ~ **bianco** Weißwein; ~ **nostrano** Landwein; ~ **rosato** Rosé(wein); ~ **ros-**

so Rotwein; **~ secco** trockener Wein; **~ sfuso** offener Wein; **~ da tàvola** Tischwein

viola f Mus Bratsche; Bot Veilchen n; **~ del pensiero** Stiefmütterchen n

viola|re Vorschrift verletzen; brechen; **~zione** f Verletzung; Bruch m; **~ di domicilio** Hausfriedensbruch m

viol|entare vergewaltigen; **~ento** gewaltsam; heftig; **~enza** f Gewalt(tätigkeit)

violett|a f Veilchen n; **~o** violett; veilchenblau

viol|inista su Geiger(in f) m; **~ino** m Geige f

viòttolo m Pfad

vipera f Viper, Otter

virgola f Komma n

virile männlich; mannhaft

vir|tù f Tugend; **~tuale** virtuell; **~tuoso** tugendhaft; meisterhaft

virus m Virus m/n

viscere [-ʃ-] f/pl Eingeweide n/pl

viscido glitschig, rutschig

viscoso klebrig

vischio m Bot Mistel f

vis|ibile sichtbar; **~ibilità** f Sicht; **~ione** f Sehen m Vision; Film Vorführung

visita f Besuch m Besichtigung; Med Untersuchung; **~ guidata della città** Stadtführung; **far ~ a qu** j-n besuchen

visit|are besuchen; besichti-

gen; Med untersuchen; **~atore** m, **~atrice** [-tʃe] f Besucher(in f) m

viso m Gesicht n

vista f Sehen n; Sehkraft; Blick m; Aussicht; **avere buona ~** gut sehen; **a prima ~** auf den ersten Blick; Mus vom Blatt; **con ~ sul mare** mit Meerblick; **pèrdere di ~** aus den Augen verlieren

visto gesehen; m Visum n; **~ di entrata** Einreisevisum n; **~ di trànsito** Transitvisum n; **~ di uscita** Ausreisevisum n

vissuto gelebt; verlebt

vit|a f 1. Leben n; **a ~** lebenslänglich; 2. Taille; **~ale** lebensfähig, -wichtig; Lebens...; **~amina** f Vitamin n

vite f 1. Schraube; 2. Weinrebe; Weinstock m

vitello m Kalb(fleisch n) n; Kochk **~ tonnato** Kalbfleischscheiben in Thunfischsauce

viticol|tore m, **~trice** [-tʃe] f; Winzer(in f) m; **~tura** f Weinbau m

vitreo glasig

vittima f Opfer n

vitto m Verpflegung f

vittori|a f Sieg m; **~oso** siegreich

viva ...! hoch lebe ...!, es lebe ...!

viv|ace [-tʃe] lebhaft; **~acità** [-tʃ-] f Lebhaftigkeit; **~anda** f Speise

vivavoce m Tel Freisprechanlage f

viv|ere (ver-, er-)leben; **~eri** m/pl Lebensmittel n/pl

vivisezione f Tierversuch m

vivo lebend, lebendig; lebhaft; **farsi ~** von sich hören lassen

vizi|are verwöhnen; verderben; **~o** Laster n; Fehler; **~ cardiaco** Herzklappenfehler; **~oso** mangelhaft, fehlerhaft

vocabolario m Wörterbuch n

vocàbolo m Wort n

vocale f Vokal m

vocazione f Begabung; Berufung

voce [-t∫e] f Stimme; fig Gerücht n; **a bassa ~** leise; **a ~** mündlich

vodka f Wodka m

vog|a f Rudern n; **~are** f rudern; **~atore** m Ruderer

voglia [-ʎa] f: Lust; F Muttermal n; **aver ~ di fare qc** Lust haben, et zu tun; **contro ~, di mala ~** widerwillig; **di buona ~** gern

vogliamo [-ʎa-] wir wollen

voglio [-ʎo] ich will

vògliono [-ʎo-]: **ci ~ due ore** es dauert zwei Stunden

voi ihr; euch; **~ altri** ihr

volano m Federball

volante m Lenkrad n; f Überfallkommando n

volantino m Flugblatt n

volare fliegen; rasen

volent|eroso bereitwillig; **~ieri** gern

volere wollen; mögen; **~ dire** bedeuten; **~ bene a qu** j-n gern haben; **~ m** Wille

volgare gewöhnlich; vulgär

vòlgere [-dʒ-] (**vòlgersi** sich) wenden (**a destra** nach rechts)

volo m Flug; **~ charter** Charterflug; **~ di linea** Linienflug; **~ notturno** Nachtflug; **~ senza scalo** Direktflug; **~ spaziale** Raumflug; fig **al ~** im Nu

volontà f Wille m; **a ~** nach Belieben

volon|taria f, **~tario** Freiwillige(r) f (m); adj freiwillig

volpe f Fuchs m

volta f Reihe; Mal n; Straße Biegung; Arch Gewölbe n; **questa ~** diesmal; **una ~ per tutte** ein für allemal; **una ~** einmal; **un'altra ~** ein andermal; **a volte** ab und zu; **molte volte** oftmals; **due volte tre** zwei mal drei

voltaggio m [-dʒo] m El Spannung f

volt|are wenden; ein-, abbiegen; **~ata** f Wendung; Straße Biegung

volto m Gesicht n

vol|ume m Umfang; Rauminhalt; Band (Buch); Radio, TV Lautstärke f; **~uminoso** umfangreich

voluto gewollt

voluttà f Wollust
vomitare (er)brechen; *mi vie-*
na da ~ ich muss mich übergeben
vòmito m Erbrechen n
vòngola f Venusmuschel
vorrei ich möchte
vostro euer; Ihr; m Eur(ig)e
n, Ihr(ig)e n
votare *Pol* abstimmen über;
stimmen (*contro* gegen;

per für); *Rel* weihen
vot|azione f Abstimmung;
Wahl f; ~*o* m *Rel* Gelübde
n; Weihgabe f; *Pol* Stimme
f; *Schule* Note f
vulcànico vulkanisch; ~*ano*
m Vulkan
vuole er will; *ci* ~ man
braucht
vuot|are (aus)leeren; ~*o* leer;
m Leere f; Leergut n

W

watt m *El* Watt n
WC-chimico m Chemieklo n
web [ueb] m Web n
week-end m Wochenende n

windsurf m Surfbrett n; *Sport*
Windsurfen n
www [vu:vu'vu] m (World Wide Web) WWW n

X, Y

xen|ofobia f Ausländerfeind-
lichkeit; ~*ofobo* ausländer-
feindlich
xilòfono Xylophon n

yacht m Yacht f
yoga m Yoga n
yogurt m Joghurt m od n; ~*ie-*
ra f Joghurtbereiter m

Z

zabaione [dz-] m *Schaumcre-*
me aus Eigelb, Zucker u Mar-
sala
zafferano [dz-] m Safran
zaffiro [dz-] m Saphir
zaffo [ts-] m Zapfen, Spund
zàgara [dz-] f Orangenblüte
zàino [dz-] m Rucksack
zampa [ts-] f Fuß m (Tiere,

Möbel); Pfote; Tatze
zampirone [dz-] m Räucher-
spirale f gegen Insekten
zampone [ts-] m *Kochk* ge-
füllter Schweinsfuß
zanzar|a [dz-] f Mücke; ~*iera* f
Moskito-, Mückennetz n
zapp|a [ts-] f Hacke; ~*are* ha-
cken

zapping *m*: *fare lo ~ TV* zappen
zàttera *f* Floß *n*
zavorra [dz-] *f* Ballast *m*
zecca [tse-] *f* **1.** *Zo* Zecke; **2.** Münzstätte
zell|ante [dze-] eifrig; **~o** *m* Eifer
zènzero [dze-] *m* Ingwer
zeppa [tse-] *f* Keil *m*; **~o**: *pieno ~* voll gepfropft
zerbino [dze-] *m* Fußabstreifer
zero [dzɛ-] *m* Null *f*; *2 gradi sotto ~* 2 Grad unter Null
zia [ts-] *f* Tante
zigomo [dz-] *m* Jochbogen
zimbello [dz-] *m* Gespött *n*
zinc|are verzinken; **~o** *m* Zink *n*
zinga|ra [dz-] *f*, **~ro** *m* Zigeuner(in *f*) *m*
zio [ts-] *m* Onkel
zip [dz-] *m* Reißverschluss
zitell|a *f* Junggesellin; alte Jungfer; **~o** *m* Junggeselle
zitto [dz-] still; *sta ~!* sei still!
zòccolo [tsɔ-] *m* Holzpantine *f*; Huf; Sockel
zodiaco [dzo-] *m* Tierkreis
zolfo [tso-] *m* Schwefel
zona [dzɔ-] *f* Zone; Gebiet *n*,

Gegend; Stadtbezirk *m*; **~ disco** Parkzone mit Parkscheibe; **~ residenziale** Wohngebiet *n*; **~ pedonale** Fußgängerzone; **~ di silenzio** Zone mit Hupverbot; **~ verde** Grünanlagen *f/pl*
zonzo ['dzo:ndzo]: *andare a ~* schlendern, bummeln
zopp|icare [tso-] hinken; *Tisch* wackeln; **~o** lahm; wackelig
zucca [ts-] *f* Kürbis *m*
zuccher|are [-k-] zuckern; **~iera** *f* Zuckerdose
zùcchero [-k-] *m* Zucker; **~ greggio** brauner Zucker; **~ in zollette** Würfelzucker; **~ vanigliato** Vanillezucker
zucchine [-k-] *f/pl* Zucchini
zuffa *f* Rauferei
zuppa [ts-] *f* Suppe; *~ alla marinara*, *~ di pesce* Fischsuppe; *~ (alla) pavese* Fleischbrühe mit geröstetem Brot u *Ei*; *~ inglese*, *~ romana* likörhaltige Süßspeise aus Biskuit u *Creme*; *~ di verdura* Gemüsesuppe
zuppiera [ts-] *f* Suppenschüssel
Zurigo [dz-] *f* Zürich *n*

Deutsch-Italienisches Wörterverzeichnis

A

Aachen n Aquisgrana f
Aal m anguilla f
Aargau m Argòvia f
Aas n carogna f
ab zeitlich: a partire da; räumlich: da; abgegangen staccato; **auf und ~** su e giù; **~ und zu** ogni tanto; **weit ~** lontano; **~ heute** da oggi in poi; **~ Berlin** da Berlino; **~ 8 Uhr** dalle otto
abänder|n modificare; **2ung** f modifica
Abbau m Bergbau estrazione f; Demontage smontaggio; Verringerung riduzione f; **2bar: biologisch ~** biodegradàbile; **2en** verringern ridurre; Maschine smontare; Erz estrarre
ab|beißen staccare con un morso; **~bekommen** ricévere; **~bestellen** disdire; annullare; **~bezahlen** pagare a rate; **~biegen** svoltare (**nach rechts a** destra)
Abbildung f illustrazione
abbinden Med legare
abblend|en Kfz abbassare i fari; Fot diaframmare; **2licht** n anabbaglianti m/pl
ab|brechen v/t rómpere;

Haus demolire; Zelt levare; EDV interrómpere; **~bremsen** frenare; **~brennen** bruciare; **~bringen** dissuadere (j-n von et qu di qc); **~bröckeln** v/i scrostarsi
Abbruch m Niederreißen demolizione f; Verhandlung rottura f; Sport sospensione f
Abc n bsd fig abbicì m
ab|danken abdicare; **~decken** aufdecken scoprire; Tisch sparecchiare; zudecken coprire; **~dichten** turare; **~drehen** Wasser usw chiùdere; Licht, Radio spègnere; v/i Mar, Flgw virare
Abdruck m copia f; Finger2 impronta f; **2en** imprìmere
Abend m sera f; **~stunden** serata f; **am ~** di (od la) sera; **gestern ~** ieri sera; **heute ~** stasera; **Montag2** lunedì sera; **guten ~!** buonasera!; **zu ~ essen** cenare
Abend|anzug m àbito da sera; **~brot** n, **~essen** n cena f; **~dämmerung** f crepùscolo m; **~kleid** n vestito m da sera; **~kurs** m corso serale; **~land** n Occidente m; **2lich** serale; **~mahl** n Rel comunione f

abends di (*od* la) sera

Abendveranstaltung *f* spet-tàcolo *m* serale

Abenteuer *n* avventura *f*; 2lich avventuroso

aber ma; però; *oder* ~ ovvero; ~ **nein!** (invece) no!

Aber|glaube *m* superstizione *f*; 2**gläubisch** superstizioso

abfahren *v/i* partire (*von* da; *nach* per); *v/t Reifen* consu-mare

Abfahrt *f* partenza *f*; *Ski* disce-sa; ~**slauf** *m Ski* discesa *f*; ~**szeit** *f* ora della partenza

Abfall *m*, **Abfälle** *pl* rifiuti *m/pl*, immondizie *f/pl*; ~**be-seitigung** *f* smaltimento *m* (dei) rifiuti; ~**eimer** *m* pattu-miera *f*; 2**en** cadere; *Gelände* declinare

abfällig spregiativo

ab|fangen intercettare; *Stoß* parare; ~**färben** stingere (*auf* su); ~**fassen** *Text* redi-gere

abfertig|en *Zoll* ispezionare; *Gepäck* spedire; *Fluggäste* preparare alla partenza; 2**ung** *f Zoll* visita doganale; *Flgw* check-in *m*; 2**ungs-schalter** *m Flgw* accettazio-ne *f*

abfind|en: sich ~ mit rasse-gnarsi a; 2**ung** *f* indennità; *Betrag* indennizzo *m*

ab|fliegen *Flgw* partire (*nach* per); *Flugzeug a* decollare; ~**fließen** scolare

Abflug *m* partenza *f*; decollo

Abflug|halle *f* sala d'imbarco; ~**zeit** *f* orario *m* di partenza

Abfluss *m* scolo; ~**rohr** *n* tubo *m* di scàrico

Abfuhr *f* v *Müll* rimozione

Ab|führmittel *n* lassativo *m*; ~**gabe** *f* consegna; *Verkauf* véndita; *Steuer* imposta, tas-sa; ~**gase** *n/pl* gas *m/pl* di scàrico

abfüllen imbottigliare

abgeben consegnare, dare; *Gepäck* depositare; **sich ~ mit** occuparsi di

abge|brannt bruciato; F *fig* F al verde; **brüht** *fig* smalizia-to; ~**droschen** banale, vuo-to; ~**härtet** temprato (*gegen* a)

abgehen partire; **sich lösen** staccarsi

abge|kocht bollito; ~**laufen** *Pass* scaduto; ~**legen** isolato; ~**macht!** d'accordo!; ~**neigt** avverso, contrario; ~**nutzt** lógoro; consumato

Abgeordnete(r) *f* (*m*) depu-tato (-a *f*) *m*

abge|rissen stracciato; ~**schlossen** chiuso a chiave; *beendet* finito; ~**sehen: ~ von** a parte; *davon ~* a parte ciò; ~**spannt** spossato

abgestanden *Luft* viziato; *Bier* svanito

abgewöhnen: sich et ~ levar-si il vizio di

abgrenz|en delimitare; 2**ung** *f* delimitazione, definizione

Abgrund *m* abisso

Abguss m calco

abhaken *Liste* spuntare

abhalten *Sitzung usw* tenere; *j-n* **von et ~** distògliere qu da qc

abhanden: ~ kommen smarrirsi

Abhandlung f trattato m, saggio m

Abhang m pendio, versante

abhäng|en v/t *Wagen* sganciare (**von** da); v/i **~ von** dipèndere da; **~ig** dipendente; **2igkeit** f dipendenza

abhärten temprare, irrobustire

abhauen F *fig* svignàrsela

abheben *Geld* ritirare; *Tel Hörer* alzare; *Flgw* decollare; **sich ~ von** risaltare su

abhelfen rimediare (**e-r Sache** a qc)

abhetzen: sich ~ sfinirsi per la fretta

Abhilfe f: **~ schaffen** porre rimedio (a qc)

abholen *et* ritirare; *j-n* andare (*od* venire) a prèndere; **~ lassen** mandare a prèndere

abholzen disboscare

abhör|en *Gespräch* intercettare; *Tonband* ascoltare; **2gerät** n apparecchio m d'ascolto

Abi(tur) n maturità f; **~ient(in** f) m maturando (-a f) m

ab|kaufen comprare (**j-m et** qc da qu); **~klingen** *Schmerz* attenuarsi; **~knöpfen** F *fig* tògliere (**j-m et** qc a qu);

~kochen *Wasser* far bollire

abkommen v *Weg* pèrdere la strada; v *Thema* allontanarsi (**von** da)

Abkommen n accordo m

ab|kömmlich lìbero; disponìbile; **~koppeln** *Wagen* sganciare; **~kratzen** raschiare; **~kriegen** F ricevere, subire

abkühl|en: sich ~ rinfrescarsi; **2ung** f rinfrescamento m

abkürz|en *Weg* accorciare; *Wort* abbreviare; **2ung** f *Wort* abbreviazione; *Weg* scorciatoia

abladen scaricare

Ablage f (v *Akten*) archivio m; **~fach** n scaffale m; **~rung** f sedimento m

ablassen *Wasser* far defluire (*od* scolare)

Ablauf m decorso m; *e-r Frist* scadenza f; **nach ~ von** … alla fine di; **2en** *abfließen* scolare; *Pass, Frist* scadere; *Angelegenheit* svòlgersi

ab|lecken leccare; **~legen** deporre; *Mantel* tògliersi; *Prüfung* fare

ablehn|en rifiutare; **2ung** f rifiuto m

ableiten deviare; *fig* dedurre

ab|lenken deviare; *zerstreuen* distrarre; **2lenkung** f distrazione; **~lesen** lèggere; *Zähler* rilevare

abliefer|n consegnare; **2ung** f consegna

ablös|en *et* staccare; *j-n* dare il cambio a; **sich ~** alternarsi; **₂ung** *f* cambio *m*

abmach|en tògliere, levare; *vereinbaren* concordare; **₂ung** *f* accordo *m*

Abmagerungskur *f* cura dimagrante

Abmarsch *m* partenza *f*

abmeld|en disdire; *sich ~ polizeilich* notificare il cambio di residenza; *Hotel* comunicare la partenza; *EDV* disconnettersi; **₂ung** *f* disdetta

abmessen misurare

abmontieren smontare

abmühen: *sich ~* affaticarsi

Abnahme *f Verminderung* f diminuzione; *Kauf* acquisto *m*

abnehmen levare, tògliere; *Hut* tògliersi; *Tel Hörer* alzare; *Führerschein* ritirare; *v/i sich vermindern* diminuire; *Gewicht* dimagrire; **₂er** *m* acquirente

Abneigung *f* avversione (**gegen** per)

abnutzen logorare, consumare; **₂ung** *f* usura, consumo *m*

Abon|nement *m* abbonamento; **~nent(in** *f*) *m* abbonato (-a *f*); **₂nieren** abbonarsi (*et* a qc)

Abordnung *f* delegazione

ab|packen impacchettare; **~passen** *Gelegenheit* attèndere; **~pfeifen** *Sport* fischiare la fine del gioco; **~pflücken** cògliere; **~prallen** rimbalzare; **~rasieren** rasare, ràdere; **~raten** sconsigliare

(*j-m von et* qc a qu); **~räumen** *Tisch* sparecchiare

abrechn|en fare i conti; **₂ung** *f* conto *m*; liquidazione

abreiben strofinare

Abreis|e *f* partenza *f*; **₂en** partire (*nach* per); **~etag** *m* giorno della partenza

ab|reißen strappare; *Haus* demolire; **~riegeln** *Tür* sbarrare; *Straße* bloccare

Abriss *m Abbruch* demolizione *f*; *Skizze* abbozzo

abrunden arrotondare

abrupt improvviso

abrüst|en *v/i* disarmare; **₂ung** *f* disarmo *m*

abrutschen scivolare

Abruzzen *pl* Abruzzo *m*

Abs. (*Absender*) mitt. (*mittente*)

ABS *n* (*Antiblockiersystem*) sistema *m* antibloccaggio

Absag|e *f* risposta negativa; rifiuto *m*; **₂en** *et* disdire; *j-m* scusarsi con qu

ab|sägen segare; **₂satz** *m Schuh*₂ tacco; *Text*₂ capoverso; *Hdl* smercio

abschaff|en abolire; **₂ung** *f* abolizione

abschalten *El* disinserire; *Motor, TV* spègnere

abschätz|en valutare; **~ig** sprezzante

Abscheu *m* ribrezzo, **₂lich** ripugnante, abominévole

ab|schicken spedire, mandare; **~schieben** espèllere

Abschied *m* addio; **zum ~**

come addío

ab|schießen *Wild* uccídere; *Flugzeug* abbàttere; *Rakete* lanciare; **~schirmen** protèggere (*gegen* da)

abschlagen staccare; *Bitte* rifiutare; **⌾zahlung** *f* acconto *m*

abschleifen molare, levigare

Abschlepp|dienst *m* autosoccorso; **⌾en** rimorchiare; **~seil** *n* cavo *m* da rimorchio; **~wagen** *m* carro attrezzi

abschließ|en chiùdere a chiave; *beenden* terminare; *Vertrag* stipulare; **~end** conclusivo

Abschluss *m* fine *f*, conclusione *f*; *zum* **~** per conclùdere

abschmecken assaggiare; *Kochk* aggiustare (*mit* di)

ab|schmieren *Auto* ingrassare; **~schminken: sich ~** struccarsi; **~schneiden** tagliare; *fig* **gut/schlecht ~** riuscire bene/male

Abschnitt *m* parte *f*; *Buch* capítolo; *Zeit⌾* periodo; *Kontroll⌾* tagliando

abschrauben svitare

abschrecken scoraggiare; *Kochk* raffreddare in acqua; **~d** ripugnante; ammonitore

ab|schreiben copiare (*von* da); **⌾schrift** *f* copia

Abschürfung *f* escoriazione

Abschuss *m* *Rakete* lancio

abschüssig rìpido, erto

Abschuss|liste *f* *fig* lista ne-

ra; **~rampe** *f* rampa di lancio

ab|schütteln scuòtere; *et, j-n* **~** sbarazzarsi di qc, qu; **~schwächen** attenuare; **~schweifen** divagare; **~schwellen** *Med* sgonfiarsi

abseh|bar prevedíbile; *in Folgen* prevedere; **~** *von* prescìndere da

abseilen: sich ~ calarsi con la corda

abseits in disparte; *prp* lontano da; **⌾** *n* *Sport* fuorigioco *m*

absend|en spedire; **⌾er** *m* mittente

absetzen *wegstellen* deporre, posare; *Fahrgast* far scéndere; *Ware* véndere

Absicht *f* intenzione; *mit* **~** di propòsito; **⌾lich** intenzionale; *adv* apposta

absolut assoluto

absonder|n isolare; **sich ~** segregarsi

absorbieren assorbire

abspeichern *EDV* memorizzare

absperr|en *Tür* chiùdere a chiave; *Straße* bloccare; **⌾ung** *f* blocco *m*

abspielen *Platte* suonare; **sich ~** svòlgersi

Absprache *f* accordo *m*

absprechen negare; (*verabreden*) mettersi d'accordo

ab|springen saltare (giù); **⌾sprung** *m* balzo; **~spülen** sciacquare; lavare

abstamm|en discéndere (*von* da); **⌾ung** *f* orìgine *f*

Abstand m distanza f; *zeitlich* intervallo; **~ halten** mantenere la distanza; **in Abständen** in distanze; *zeitlich* a intervalli; *fig* **mit ~** di gran lunga

abstauben spolverare

abstech|en contrastare (**gegen, von** con); **2er** m scappata f

abstehend: ~e Ohren orecchie a sventola

absteigen scéndere; *im Hotel a* prèndere alloggio (**in** a); *Sport* retrocèdere

abstell|en posare; *Auto* parcheggiare; *Gas* chiùdere; *Maschine* fermare; *Radio, Motor* spègnere; **2raum** m ripostiglio

abstempeln timbrare

Abstieg m discesa f; *Sport* retrocessione f

abstimm|en votare (**über et** qc); *aufeinander ~* accordare; **2ung** f votazione

abstinent astinente; *Alkohol* astemio

abstoß|en v/t staccare; *anwidern* ripugnare; **~d** ripugnante, disgustoso

abstrakt astratto

ab|streiten contestare, negare; **2strich** m Med striscio; **2stufung** f (*Frabe*) sfumatura; **2sturz** m caduta f; **~stürzen** cadere; *EDV* avere un crash; **~suchen** rovistare alla ricerca (**nach** di)

absurd assurdo

Abszess m ascesso

Abt m abate

abtasten tastare; *Med* palpare

Abtei f abbazìa

Abteil n *Esb* scompartimento m; **~ung** f reparto m; **~ungsleiter(in** f) m caporeparto m/f

ab|tippen copiare a màcchina; **~transportieren** trasportare via

Äbtissin f badessa

abtreib|en v/i *Mar* andare alla deriva; **2ung** f *Med* aborto m; **2ungspille** f pillola abortiva

abtrennen separare, staccare

abtret|en *fig, Pol* cèdere (**j-m et ~** qc a qu); *v Amt* dimèttersi; **2ung** f cessione

abtrocknen asciugare; **sich ~** asciugarsi

ab|wägen soppesare; ponderare; **~warten** aspettare

abwärts in giù; verso il basso; **~ führen** scéndere

abwasch|bar lavàbile; **~en** lavare; *Geschirr* rigovernare

Abwässer n/pl acque f/pl di scàrico

abwechseln: sich ~ darsi il cambio; **~d** adv a turno

Abwechslung f: **zur ~** per cambiare; **2sreich** vario

Abwehr f difesa; **2en** respìngere; *Schlag* parare

abweichen v/i differire, divèrgere (**von** da); *v Kurs* deviare; **~end** differente, divergente

addieren

gente; **2ung** *f* divergenza

ab|weisen respìngere; **∼end** brusco

ab|wenden *Gefahr* evitare; **sich ∼** voltarsi; **∼werfen** gettare; *Gewinn* fruttare, rèndere

abwerten *Währung* svalutare; *fig* deprezzare; **2ung** *f* svalutazione

abwesend assente

Abwesenheit *f* assenza

abwickeln *fig* **sich ∼** svòlgersi

ab|wiegen pesare; **∼wischen** pulire; *Staub* tògliere; **2wurf** *m* lancio; **∼würgen** *Motor* bloccare; **∼zahlen** pagare a rate; **∼zählen** contare

Abzahlung *f*: **auf ∼** a rate

Abzeichen *n* distintivo *m*

abzeichnen *unterschreiben* firmare; **sich ∼** delinearsi, profilarsi

Abzieh|bild *n* decalcomania *f*; **2en** tògliere; *Math* sottrarre; *Schlüssel* levare; *Bett* cambiare la lenzuola; *v/i Rauch* uscire

abzocken F spillare soldi

Abzug *m* *Fot* copia *f*; *Hdl* detrazione *f*

abzüglich meno, detratto (**der Kosten** le spese)

abzweig|en *Straße* diramarsi; **2ung** *f* bivio *m*, biforcazione *f*

Accessoires *pl* accessori *m/pl*

Achse *f* asse, *Kfz a* assale *m*

Achsel *f* spalla; **∼höhle** *f* ascella

Achsenbruch *m* rottura *f* dell'asse

acht otto; **in ∼ Tagen** fra una settimana; **heute in ∼ Tagen** oggi a otto; **halb ∼** (al)le sette e mezzo; **um ∼ (Uhr)** alle otto; **zu ∼** in otto; **Acht** *f*: **∼ geben** far attenzione, badare (**auf** a); **gib Acht!** stai attento!; **außer ∼ lassen** non considerare; **sich in ∼ nehmen** guardarsi (**vor** da)

achte ottavo

Achtel *n* ottavo *m*; **∼finale** *n* ottavi *m/pl* di finale

achten *schätzen* stimare; **∼ auf** badare a

Achter|bahn *f* montagne *f/pl* russe; **∼deck** *n* ponte *m* di poppa

achtlos sbadato

Achtstundentag *m* giornata *f* (lavorativa) di otto ore

Achtung *f* *Respekt* stima, rispetto *m*; **∼!** attenzione!

achtzehn diciotto

achtzig ottanta; **die ∼er Jahre** gli anni Ottanta

Acker *m* campo; **∼bau** *m* agricoltura *f*; **∼boden** *m*, **∼land** *n* terreno *m* arativo

ADAC *m* (*Allgemeiner Deutscher Automobilclub*) automòbile club tedesco

Adamsapfel *m* *Anat* pomo di Adamo

Adapter *m* adattatore

addieren addizionare

Adel _m_ nobiltà _f_

Ader _f_ vena

Adler _m_ àquila _f_

Adlige(r) _f_ (_m_) nòbile _m/f_

adopt|ieren adottare; **2on** _f_
adozione; **2veltern** _pl_ genitori _m/pl_ adottivi; **2vkind** _n_
figlio _m_ adottivo

Adress|at(in) _f_ destinatario (-a _f_) _m_; **~buch** _n_ elenco
_m_ degli indirizzi

Adres|se _f_ indirizzo _m_; **2sieren** indirizzare (**an** a)

Adria _f_ (Mare) Adriàtico _m_

Advent _m_ Avvento

Aerobic _n_ aeròbica _f_

Affäre _f_ affare _m_, faccenda

Affe _m_ scimmia _f_

affektiert affettato

Afrika _n_ (l') Africa _f_; **~ner(in**
_f_) _m_ africano (-a _f_); **2nisch**
africano

After _m_ ano

Aftershave _n_ dopobarba _m_

AG _f_ (_Aktiengesellschaft_)
S.p.A. (_Società per Azioni_)

Ägäis _f_ Egèo _m_

Agent|(in _f_) _m_ agente _m/f_; **~ur**
_f_ agenzia

aggressiv aggressivo; **2ität** _f_
aggressività

Ägypten _n_ (l') Egitto _m_

ähneln (as)somigliare (_j-m_ a
qu)

ahnen presentire

Ahnen _m/pl_ antenati

ähnlich simile; **~ sehen**, **~**
sein somigliare (_j-m_ a qu);
2keit _f_ somiglianza

Ahnung _f_ presentimento _m_;

Vorstellung idea; **keine ~!**
non ne ho idea!; **2slos** ignaro

Ahorn _m_ _Bot_ àcero

Ähre _f_ spiga

Aids _n_ AIDS _od_ Aids _m_;
2krank malato _pl_ Aids; **~positiv** sieropositivo; **~test** _m_
test di sieropositività

Airbag _m_ airbag; **~bus** _m_ air-
bus _m_

Akademie _f_ accademia

Akademiker(in _f_) _m_ laureato
(-a _f_) _m_

Akazie _f_ acacia

akklimatisieren: sich ~ acclimatarsi

Akkordeon _n_ fisarmònica _f_

Akku(mulator) _m_ accumula-
tore, caricabatteria

Akne _f_ acne

Akt _m_ _Thea_ atto; _Mal_ nudo

Akte _f_ atto _m_

Akten|koffer _m_ ventiquat-
tr'ore _f_; **~mappe** _f_ cartella

Aktie _f_ azione; **~ngesell-
schaft** _f_ (**AG**) società per
azioni (S.p.A.)

Aktion _f_ azione

aktiv attivo; **~ieren** attivare;
2ität _f_ attività

aktuell attuale

Akupunktur _f_ agopuntura

akut _med_ acuto; _Gefahr_ imminente; _Frage_ scottante

Akzent _m_ accento

akzeptieren accettare

Alarm _m_ allarme; **~anlage** _f_
impianto _m_ d'allarme; **2ie-
ren** dare l'allarme

Albaner(in f) m albanese m/f
Alban|ien n (l') Albanìa f;
2isch albanese
albern sciocco, stùpido
Albtraum m incubo
Album n albo m
Alcomat® m alcotest
Alge f alga; **∼npest** f invasione
delle alghe; **∼nteppich** m
spesso strato di alghe
Algerien n (l') Algerìa f
Alkohol m àlco(o)l; **2frei**
analcòlico; **2isch** alcòlico;
∼test m alcotest
all ogni, tutto; ∼ **mein Geld**
tutti i miei soldi; **vor∼em** soprattutto
All n universo m
alle tutti, tutte; **wir ∼** noi tutti;
∼ **zwei Stunden** ogni due
ore; ∼ **beide** tutti e due, entrambi
Allee f viale m (v.le)
allein solo; **von ∼** da solo; ∼
erziehend chi educa senza
l'altro genitore; ∼ **stehend**
Person solo, single; Haus isolato; ledig Mann cèlibe, Frau
nubile
allenfalls semmai; höchstens
tutt'al più
allerdings però
Allerg|ie f allergìa; **2isch** al-
lèrgico **(gegen** a)
Allerheiligen n Ognissanti m
allerlei di ogni sorta
allerletzt ùltimo
alles tutto; ∼ **Gute!** (tanti) auguri!; ∼ **in allem** tutto som-
mato

allgemein generale; **im 2en**
generalmente; di sòlito;
2befinden n stato m generale; **2bildung** f cultura generale; **2heit** f comunità
all|jährlich adv ogni anno;
∼mählich adv a poco a poco;
2radantrieb m trazione f integrale; **2tag** m vita f quotidiana; **∼täglich** quotidiana
allzu: ∼ **viel,** ∼ **sehr** troppo
Alm f pàscolo m montano
Almosen n elemòsina f
Alpen pl Alpi f/pl; **∼verein** m
club alpino
Alphabet n alfabeto m
alpin alpino
Alptraum m incubo
als in der Eigenschaft come,
da; nach Komparativ di,
che; zeitlich quando; ∼ **ob** come se (+ cong)
also dunque
alt vecchio; Person a anziano;
Stil antico; wie ∼ **bist du?**
quanti anni hai?; **ich bin**
... **Jahre** ∼ ho ... anni
Alt m Mus contralto
Altar m altare
Altbau m vecchio edificio;
∼wohnung f appartamento
m in un vecchio edificio
Alte m/f vecchio (-a f) m;
∼nheim n ospizio m, casa f
di riposo per anziani
Alter n età f; hohes ∼ vecchiaia
f; **im ∼ von** all'età di
älter più vecchio; più anziano;
Geschwister maggiore
Alters|erscheinung f mani-

festazione di vecchiaia; **~genosse** *m* coetàneo; **~heim** *n* casa *f* per anziani

Altertum *n* antichità *f*; **2tümlich** antico

Altglascontainer *m* raccoglitore per il vetro

alt|modisch antiquato, fuori moda; **2papier** *n* carta *f* straccia; **2stadt** *f* città vecchia; centro *m* stòrico

Alufolie *f* foglio *m* d'alluminio

am: **~ 2. März** il due marzo; **~ Tiber** sul Tévere; **~ besten** meglio di tutti

Amateur *m* dilettante; **~fotograf** *m* fotògrafo dilettante

Amboss *m* incùdine (*a Anat*)

ambu|lant: *Med* **~e Behandlung** cura ambulatoriale; **2lanz** *f* *Station* ambulatorio *m*; (auto)ambulanza

Ameise *f* formica; **~nhaufen** *m* formicaio

Amerika *n* (l') Amèrica *f*; **~ner(in** *f*) *m* americano (-a *f*) *m*, **2nisch** americano

Amnestie *f* amnistia

Amok: **~ laufen** andare in giro in preda a follia omicida

Ampel *f* semàforo *m*

Amphitheater *n* anfiteatro *m*

Ampulle *f* fiala

amputieren amputare

Amsel *f* merlo *m*

Amt *n* carica *f*; funzione *f*; *Dienststelle* ufficio *m*; **2lich** ufficiale

amüsant divertente

amüsieren divertire; **sich ~** divertirsi

an a; **~ Ostern** a Pasqua; **~ e-m Werktag** in un giorno feriale; **von heute ~** da oggi in poi; *Fahrplan* **~ Rom** arrivo a Roma; **~ die fünfzig Euro** sui cinquanta euro; *Radio, Licht* **~ sein** èssere acceso

Analphabet *m* analfabeta *m/f*

Ananas *f* ànanas *m*

Anbau *m* *Agr* coltivazione *f*; *Arch* edificio annesso; **2en** *Agr* coltivare; **~küche** *f* cucina componìbile

anbehalten tenere (addosso)

anbeten adorare

an|bieten offrire; **~binden** attaccare, legare (**an** *a*)

Anblick *m* vista *f*; **beim ~ von** alla vista di; **2en** guardare

an|brechen *Packung* cominciare; **~brennen** *Essen* attaccarsi; **~bringen** *befestigen* fissare, applicare; **2bruch** *m*: **bei ~ des Tages** allo spuntar del giorno; **~brüllen** gridare contro qu

andauern continuare; **~d** contìnuo, permanente; *adv* di contìnuo

Andenken *n* ricordo *m*; souvenir *m*; **zum ~ an** in ricordo di

andere altro; **etwas ~s** qualcosa d'altro; **am ~n Morgen** la mattina seguente; **ein ~s Mal** un'altra volta; **unter ~m** tra l'altro; **~rseits** d'altra parte

ändern: ~ *u* **sich** ~ cambiare
andernfalls in caso contrario, altrimenti
anders diversamente; *jemand* ~ qualcun altro; **~wo** (**hin**) altrove
anderthalb uno e mezzo
Änderung *f* cambiamento *m*; modifica *f*
Andeutung *f* (ac)cenno *m*
Andrang *m* ressa *f*
an|drehen *Radio* accèndere; *Wasser* aprire; *j-m et* ~ rifilare qc a qu; **~drohen** minacciare (*j-m et* qu di qc)
aneignen: **sich** *et* ~ appropriarsi di qc
aneinander l'uno all'altro; ~ **fügen** congiungere; ~ **reihen** allineare
anekeln disgustare
anerkenn|en apprezzare; **2ung** *f* riconoscimento *m*
anfahren urtare contro; *Person* investire; *v/i Auto* méttersi in moto
Anfall *m* accesso; *Med* attacco
anfällig soggetto (*für* a)
Anfang *m* principio, inizio; *am* ~, *zu* ~ all'inizio, da principio; **2en** (in)cominciare
Anfänger(in *f*) *m* principiante *m/f*
anfangs inizialmente, dapprima; **2buchstabe** *m* (lettera) iniziale *f*
an|fassen toccare; **~fechten** impugnare; **~fertigen** fare; *Kleidung* confezionare; **~feuchten** inmidire; **~feu-**

ern *fig* incitare; **~fliegen** *Flgw* fare scalo a; **2flug** *m* arrivo
anfordern esìgere, *f* esigenza
Anfrage *f* domanda; **2n** domandare (*bei* a)
anfreunden: **sich** ~ **mit** fare amicizia con
anfühlen: **sich hart** (**weich**) ~ essere duro (mòrbido) al tatto
anführ|en *leiten* guidare; *Text* citare; *täuschen* prèndere in giro; **2er(in** *f*) *m* capo *m*; **2ungszeichen** *n* virgoletta *f*
Angabe *f* indicazione; **nähere** ~n dettagli *m/pl*
angeb|en indicare, dichiarare; *T prahlen* darsi delle arie; **2er(in** *f*) *m* F spaccone (-a *f*) *m*; **~lich** preteso
angeboren *Med* congènito
Angebot *n* offerta *f*
ange|bracht opportuno, **~brannt** bruciato; **~heitert** un po' brillo, alticcio
angehen *betreffen* riguardare, concèrnere; *Licht* accèndersi; **~d** esordiente
angehör|en appartenere a; **2ige** *pl* parenti *m/pl*; **meine** ~*n* i miei (parenti)
Angeklagte(r) *f* (*m*) imputato (-a *f*) *m*
Angel *f* canna *f* da pesca; *Tür*2 càrdine *m*; **~sport** *m* pesca *f*
Angelegenheit *f* faccenda, affare *m*

angelehnt *Tür* socchiuso

Angel|haken *m* amo; 2n pescare con l'amo; **~rute** *f* canna (da pesca); **~schein** *m* licenza *f* di pesca; **~schnur** *f* lenza; **~sport** *m* pesca *f* sportiva

angemessen adeguato

angenehm piacévole; **~e Reise!** buon viaggio!

angenommen: ~, dass supposto che

angesehen stimato

Angestellte(r) *f (m)* impiegato (-a *f*) *m*

angetrunken brillo

angewiesen: ~ sein auf dipèndere da

ange|wöhnen: sich et ~ prèndere l'abitúdine di fare qc; **2wohnheit** *f* abitúdine

Angina *f* angina

Angler *m* pescatore (con la lenza)

Angorawolle *f* lana d'àngora

angreif|en attaccare; **2er** *m* aggressore

angrenzen confinare (**an** con); **~d** attiguo

Angriff *m* attacco

Angst *f* paura (**vor** di; **um** per), ansia; **j-m ~ machen** far paura a qu

ängst|igen spaventare; **sich ~** aver paura (**vor** di); **~lich** pauroso

anhaben avere addosso

anhalten *j-n, et* fermare; *v/i* fermarsi; *dauern* continuare; **~d** *Regen usw* incessante;

adv continuamente

Anhalter(in *f)* *m* autostoppista *m/f*; **per ~ fahren** fare l'autostop

Anhaltspunkt *m* punto di riferimento

anhand in base a

Anhang *m* appendice *f*

anhängen attaccare, agganciare

Anhänger *m Person* seguace *m/f*; *Wagen* rimorchio; *Schmuck* ciòndolo, pendente; **~kupplung** *f* gancio *m* (per rimorchio)

anhänglich affezionato

an|häufen accumulare; **~heben** *Last* sollevare; *Preise* aumentare

Anhieb *m*: **auf ~** al primo tentativo

Anhöhe *f* altura, collina

anhören ascoltare

Animateur(in *f)* *m* animatore (-trice *f*) *m*

Animation *f* animazione

Anislikör *m* anisetta *f*

Ankauf *m* acquisto

Anker *m* àncora *f*; **vor ~ gehen** ancorarsi; 2n ancorarsi; **~platz** *m* ancoraggio

Anklage *f* accusa; 2n accusare (**wegen** di)

Anklang *m*: **~ finden** incontrare il favore (**bei** di)

ankleben attaccare

an|klicken *v/t EDV* cliccare (**et** su); **~klopfen** bussare; **~knipsen** *Licht* accèndere

ankommen arrivare (**pünkt-**

lich in tempo); *darauf ~* dipendere da

ankreuzen segnare con una crocetta

ankündigen annunciare

Ankunft f arrivo *m*; **~shalle** f sala d'arrivo; **~stag** *m* giorno d'arrivo; **~szeit** f ora d'arrivo

Anlage f *Arch* costruzione; *Tech* impianto *m*; *zu e-m Brief* allegato *m*; *Grün*2 giardini *m/pl* pùbblici; *Veranlagung* predisposizione (*zu* per)

Anlass *m Gelegenheit* occasione f; *Grund* motivo; *~ geben zu* dar luogo a

anlass|en *Motor* méttere in moto, avviare; 2**er** *m* starter

anlässlich in occasione di

Anlauf *m* rincorsa f; *~ nehmen* prèndere la rincorsa; *fig* tentativo; 2**en** *Hafen* fare scalo a; *sich beschlagen* appannarsi

Anlege|brücke f pontile *m* d'approdo; 2**n** méttere (*an* a); *Garten* costruire; *Geld* investire; *Verband* applicare; *Schiff* approdare; **~stelle** f approdo *m*

anlehnen appoggiare (*an* a); *Tür* accostare, socchiùdere; *sich ~ an* appoggiarsi a

Anleihe f prèstito *m*

Anleitung f istruzioni f/pl

anlernen istruire in

Anlie|gen *n* richiesta f; 2**end** *Kleid* attillato; **~er** *m* pro-

prietario confinante

an|machen *befestigen* attaccare; *Licht, Radio, TV* accèndere; *Salat* condire; **~malen** dipingere

anmaß|en: *sich et ~* arrogarsi qc; **~end** presuntuoso; 2**ung** f presunzione

Anmelde|formular *m* mòdulo m d'iscrizione; **~frist** f tèrmine *m* d'iscrizione; **~gebühr** f tassa d'iscrizione; 2**n** *Besucher* annunciare; *beim Zoll* dichiarare; *Ferngespräch* prenotare; *sich ~* iscrìversi; *beim Arzt* prèndere un appuntamento; **~schluss** *m* scadenza f del termine d'iscrizione; *Flgw* chiusura f del check-in

Anmeldung f iscrizione

anmerken: *sich nichts ~ lassen* far finta di nulla

Anmerkung f nota

Anmut f grazia; 2**ig** grazioso, leggiadro

an|nageln inchiodare; **~nähen** attaccare (cucendo)

annähernd approssimativo; *adv* all'incirca

Annäherungsversuch *m* approccio

Annahme f accettazione; *Vermutung* supposizione; **~stelle** f ufficio *m* accettazione

annehm|bar accettàbile, passàbile; **~en** accettare; *voraussetzen* supporre; 2**lichkeiten** f/pl comodità *pl*

Annonce f annuncio *m*

annullieren annullare

anonym anònimo

Anorak *m* giacca *f* a vento

anordn|en ordinare; 2**ung** *f* órdine *m*

an|packen *Problem* affrontare; **~passen**: *sich ~* adattarsi (*an* a)

Anpfiff *m Sport* fischio d'inizio

an|pflanzen piantare; 2**prall** *m* urto; **~preisen** decantare, vantare

Anprobe *f* prova; 2**ieren** provare

an|raten consigliare; **~rechnen** méttere in conto; 2**recht** *n* diritto *m* (*auf* su)

Anrede *f* titolo *m*; appellativo *m*; 2**n** rivòlgere la parola a; *mit du ~* dare del tu a

anreg|en *Appetit* stimolare; *vorschlagen* proporre; **~end** *Buch* interessante; 2**ung** *f* impulso *m*; stìmolo *m*

Anreis|e *f* viaggio *m* di andata; arrivo *m*; 2**en** arrivare; **~etag** *m* giorno *m* d'arrivo

Anreiz *m* stimolo

anrichten *Speisen* preparare; *Unheil* combinare

Anruf *m* telefonata *f*; 2**en** chiamare, telefonare (*j-n* a qc); **~beantworter** *m* segreteria *f* telefònica

anrühren toccare

Ansag|e *f* annuncio *m*; 2**en** annunciare; **~er(in** *f*) *m TV* annunciatore (-trice *f*) *m*

Ansammlung *f Menschen* as-

sembramento *m*

ansässig domiciliato (*in* a)

anschaff|en acquistare, comprare; 2**ung** *f* acquisto *m*

anschalten accèndere

anschau|en guardare; **~lich** chiaro, evidente; 2**ung** *f* opinione

Anschein *m* apparenza *f*; *allem ~ nach*, 2**end** a quanto pare

anschieben *Auto* spìngere

Anschlag *m Plakat* affisso, avviso; *Attentat* attentato

anschließen *El* collegare (*an* a); *Technik* unire (*j-m* a qu); **~d** *adv* dopo

Anschluss *m Verkehr* coincidenza *f* (*nach* per); *Tel* comunicazione *f*; **~flug** *m* volo in coincidenza; **~zug** *m* treno in coincidenza

anschnall|en: *sich ~* allacciarsi la cintura; 2**gurt** *m* cintura *f* di sicurezza

anschneiden tagliare

an|schrauben avvitare; 2**schrift** *f* indirizzo *m*; **~schwellen** gonfiarsi

ansehen guardare; *sich ~* guardare, visitare qc

ansehnlich considerévole

anseilen: *sich ~* legarsi in cordata

ansetzen *v/t* aggiùngere (*an* a); *Termin* fissare

Ansicht *f* veduta; *fig* opinione, parere *m*; *meiner ~ nach* secondo me, a mio avviso; **~skarte** *f* cartolina illustrata

Anspannung f sforzo m

Anspielung f allusione (*auf* a)

Ansporn m stìmolo; **2en** spronare, stimolare

Ansprache f discorso m

ansprechen *j-n* rivòlgere la parola a; *gefallen* piacere (*j-n* a qu); *Med* reagire (*auf* a); **~d** piacévole

Ansprechpartner(in f) m interlocutore (-trice f) m

anspringen *Motor* méttersi in moto, avviarsi

Anspruch m Forderung pretesa f; Recht diritto m; **anspruchs|los** modesto; **~voll** esigente

Anstalt f istituto m, ente m

Anstand m decoro

anständig *ehrlich* onesto

anstands|halber per la forma; **~los** senza esitazione

anstarren fissare

anstatt invece di

ansteck|en *Brosche* appuntare; *Zigarette* accèndere; *Med* contagiare; *sich bei j-m* ~ contagiarsi da qu; **~end** contagioso; **2ung** f contagio m

anstehen *warten* fare la fila

ansteigen *salire*; *fig* aumentare

anstelle (G) in luogo di, in vece di

anstell|en *Arbeitskräfte* impiegare; *Radio* accèndere; *Heizung* aprire; *Motor* méttere in moto; *sich* ~ méttersi in fila; **2ung** f impiego m

Anstieg m salita f

anstiften istigare (*zu* a)

Anstoß m zu et impulso; ~ **nehmen an** scandalizzarsi di; **2en** urtare (*an* contro); *mit Gläsern* brindare

an|stößig indecente; **~streben** aspirare a; **~streichen** pitturare; *markieren* segnare

anstrengen affaticare; *sich* ~ sforzarsi; **~end** faticoso; **2ung** f sforzo m; fatica

Ansturm m v Besuchern affluenza f (*auf* a)

antasten *Vorräte* intaccare

Anteil m parte f, quota f; ~ **nehmen an** partecipare a; **~nahme** f partecipazione

Antenne f antenna

Anti|alkoholiker(in f) m antialcolista m/f; **~biotikum** n antibiòtico m; **~blockiersystem** n sistema m antibloccaggio; **~faltencreme** f crema antirughe

antik antico; **2e** f antichità

Antikörper m anticorpo

Antiquar|iat n antiquariato m; **2isch** d'occasione

Antiquitäten f/pl antichità pl; **~geschäft** n antiquariato

Antisemitismus m antisemitismo

Antrag m domanda f; *Formular* mòdulo; **~steller** m richiedente

an|treffen trovare; incontrare; **~treiben** incitare (*zu* a); *Tech* azionare; **~treten** *Stellung* assumere; *Reise* iniziare

Antrieb m: *aus eigenem ~* spontaneamente; **~srad** n ruota f motrice

antun Leid: causare

Antwort f risposta; **2en** rispóndere

anvertrauen affidare

Anwalt m, **Anwältin** f avvocato (-essa f) m

anwärmen riscaldare

anweis|en zuweisen assegnare; *anordnen* ordinare; **2ung** f órdine m; Post2 vaglia m

anwend|en usare; applicare; **2ung** f uso m; applicazione

anwesen|d presente; **2heit** f presenza

anwidern ripugnare

Anzahl f nùmero m; quantità

anzahl|en pagare in acconto; **2ung** f acconto m

Anzeichen n indizio m; Med sìntomo m

Anzeige f annuncio m; jur denuncia; *~ erstatten* presentare una denuncia; **2n** indicare; jur denunciare (*wegen* per)

anzieh|en Kleidung indossare, méttersi; Handbremse tirare; Schraube stríngere; *anlocken* attirare; *sich ~* vestirsi; **~end** attraente; **2ungskraft** f fig fàscino m, attrazione

Anzug m àbito (da uomo)

anzüglich indecente

anzünden accèndere; *in Brand stecken* incendiare

Apartment n appartamento m

apathisch apàtico

Aperitif m aperitivo

Apfel m mela f; **~baum** m melo; **~kuchen** m torta f di mele; **~mus** n purea f di mele; **~saft** m succo di mele; **~sine** f arancia; **~strudel** m strudel (di mele); **~wein** m sidro

Apotheke f farmacia; **~r(in** f) m farmacista m/f

Apparat m apparecchio; Tel *wer ist am ~?* chi parla?; *bleiben Sie am ~!* resti in línea!

Appartement n → **Apartment**

Appetit m appetito; *guten ~!* buon appetito!; **2lich** appetitoso; **~losigkeit** f inappetenza

Applaus m applauso

Aprikose f albicocca

April m aprile; **~scherz** m pesce d'aprile

Apulien n (la) Puglia

Aqua|rell n acquerello m; **~rium** n acquario m

Äquator m equatore

Araber(in f) m àrabo (-a f) m

Arbeit f lavoro m; **2en** lavorare; **~er(in** f) m lavoratore (-trice f) m; Industrie2 operaio (-a f) m; **~geber(in** f) m datore (-trice f) m di lavoro; **~nehmer(in** f) m lavoratore (-trice f) m dipendente; **2sam** laborioso

Arbeits|amt n ufficio m di

collocamento; **~erlaubnis** f permesso m di lavoro; **~kräfte** f/pl manodòpera f; **2los** disoccupato

Arbeitslos|engeld n indennità f di disoccupazione; **~igkeit** f disoccupazione f

Arbeits|platz m posto di lavoro; impiego; **~tag** m giornata f lavorativa; **2unfähig** inàbile al lavoro; **~zeit** f orario m di lavoro; **gleitende ~** orario m flessìbile di lavoro; **~zimmer** m studio m

Archäologie f archeologìa

Architekt|(in f) m architetto (-a f) m; **~ur** f architettura

Archiv n archivio m

Arena f arena

arg 1. *schlimm* grave; *böse* cattivo; **2.** *sehr* molto

Argentinien n (l') Argentina f

Ärger m irritazione f, rabbia f; **~ haben** avere noie f/pl (*mit con*); **2lich** *verärgert* arrabbiato; *unerfreulich* spiacévole; **2n** irritare, stizzire; *sich* **~** arrabbiarsi, irritarsi

Argument n argomento m

Arg|wohn m sospetto; **2wöhnisch** sospettoso

Arie f aria

arm pòvero

Arm m braccio

Armaturenbrett n cruscotto m, pannello m portastrumenti

Armband n braccialetto m; **~uhr** f orologio m da polso

Armee f esèrcito m

Ärmel m mànica f; **~kanal** m (canale m della) Mànica f; **2los** senza màniche

ärmlich pòvero, mìsero

armselig mìsero

Armut f povertà, miseria

Aroma n aroma m

arrogant arrogante

Arsch m V culo

Art f *Weise* maniera, modo m; *Sorte* specie, tipo m, gènere m; **auf diese ~** in questo modo; **eine ~ ...** una specie di ...; **nach ~ des Hauses** alla maniera della casa; **aller ~** di ogni sorta

Arterie f arteria

artig buono

Artikel m artìcolo m

Artischocke f carciofo m

Artist(in f) m artista m/f

Arznei f, **~mittel** n medicina f, fàrmaco m

Arzt m mèdico, dottore; **praktischer ~** medico genèrico

Ärzt|in f mèdico m, dottoressa; **2lich** mèdico; **in ~er Behandlung sein** èssere in cura da un mèdico

As → Ass

Asbest m amianto

Asch|e f cénere; **~enbecher** m portacénere; **~ermittwoch** m (mercoledì delle) Céneri f/pl

aseptisch asèttico

Asiat|(in f) m asiàtico (-a f); **2isch** asiàtico

Asien n (l') Asia f

asozial asociale

Asphalt *m* asfalto

Aspirin® *n* aspirina® *f*

Ass *n* asso *m* (*a fig*)

Assistent(in *f*) *m* assistente *m/f*

Ast *m* ramo

Aster *f* aster *m*

Asthma *n* asma *m/f*

Astro|naut(in *f*) *m* astronauta *m/f*; **~nomie** *f* astronomìa *f*

ASU *f* (*Abgassonderuntersuchung*) controllo *m* dei gas di scàrico

Asyl *n* asilo *m*; **~ant(in** *f*) *m* político; **~bewerber(in** *f*) *m* richiedente *m/f* asilo político

Atelier *n* *Mal* studio *m*

Atem *m* fiato, respiro; **außer ~** senza fiato; **den ~ anhalten** trattenere il respiro; **~ holen** prèndere fiato; **~beschwerden** *f/pl* difficoltà *pl* respiratòrie; **~not** *f* affanno *m*; **~zug** *m* respiro

Atheismus *m* ateismo

Athen *n* Atene *f*

Äther *m* ètere *m*

Athlet(in *f*) *m* atleta *m/f*

Atlant|ik *m* Atlàntico; **2ischer Ozean** Océano Atlàntico

Atlas *m* atlante

atmen respirare

Atmosphäre *f* atmosfera; *fig* ambiente *m*

Atmung *f* respirazione

Ätna *m* Etna

Atom *n* àtomo *m*; **2ar** atòmi-co; **~bombe** *f* bomba atòmica; **~energie** *f* energìa nucleare; **~kraftwerk** *n* centrale *f* nucleare; **~müll** *m* scorie *f/pl* radioattive; **~test** *m* test nucleare; **~waffen** *f/pl* armi nucleari; **2waffenfrei** denuclearizzato

Attentat *n* attentato *m*; **~täter(in** *f*) *m* attentatore (-trice *f*) *m*

Attest *n* certificato *m*, attestato *m*; **ärztliches ~** certificato *m* mèdico

attraktiv attraente

Attrappe *f* imitazione

at-Zeichen *n* chiòcciola *f* (@)

ätzend *Chem* corrosivo

au! ahi!, ohi!

Aubergine *f* melanzana

auch anche; *sogar* persino; **~ nicht** neppure; **oder ~** oppure

Audienz *f* udienza

Auerhahn *m* gallo cedrone

auf su; sopra; in; a; **~ Sizilien** in Sicilia; **~ dem Bahnhof** alla stazione; **~ dem Land** in campagna; **~ der Post** alla posta; **~ der Reise** in viaggio; **~ der Straße** per *od* in strada; **~ Deutsch** in tedesco; **~ einmal** ad un tratto; **bis ~** tranne; **~ sein** *Geschäft* èssere aperto

Aufbau *m* costruzione *f*; *Tech* montaggio; **2en** costruire; *Tech* montare

aufbäumen: sich ~ impennarsi

aufbekommen riuscire ad aprire

aufbewahr|en custodire; conservare; ℓung *f* custodia; conservazione; **zur ~ geben** depositare

auf|blasen gonfiare; **~bleiben** *Mensch* restare alzato; *Geschäft* rimanere aperto; **~blenden** *Kfz* accèndere gli abbaglianti; **~blitzen** balenare; **~brauchen** consumare, esaurire; **~brechen** *Tür, Auto* forzare; *Schloss* scassinare; *fortgehen* partire; **~bringen** *Geld:* procurare; *Gerücht:* diffondere; *Mode usw* lanciare; *fig* irritare

Aufbruch *m* partenza *f*

auf|brühen *Tee* fare; **~bügeln** stirare; **~decken** scoprire; *enthüllen* svelare

aufdrängen: sich ~ importunare (*j-m* qu)

aufdrehen aprire

aufdringlich invadente

Aufdruck *m* dicitura *f*

aufeinander *räumlich* l'uno sull'altro; *zeitlich* l'uno dopo l'altro; **~ folgen** succèdersi; **~ prallen** scontrarsi

Aufenthalt *m* soggiorno; *Esb* sosta *f*, fermata *f*; **~sgenehmigung** *f* permesso *m* di soggiorno; **~sort** *m* luogo di soggiorno

auferlegen imporre

Auferstehung *f* risurrezione

aufessen mangiare tutto

auffahren urtare, cozzare

(*auf et*) contro qc); tamponare (qc); *dicht* ~ avvicinarsi troppo (*auf* a)

Auffahr|t *f Autobahn*ℓ rampa d'accesso *m*; **~unfall** *m* tamponamento

auffallen colpire; dare nell'occhio; **~d** vistoso

auffällig vistoso

auffangen acchiappare

auffass|en comprèndere; intèndere; ℓung *f* opinione, avviso *m*; ℓ**ungsgabe** *f* facoltà di comprensione

auffinden trovare

aufforder|n invitare (*zu* a); *höflich* pregare (*zu* di); ℓung *f* invito *m*

Aufforstung *f* rimboschimento *m*

auffrisch|en rinfrescare; ℓ**ungsimpfung** *f* richiamo *m*

aufführen *Thea* rappresentare; *Mus* eseguire; *einzeln* ~ specificare; **sich ~** comportarsi

Aufführung *f* rappresentazione; *Mus* esecuzione

auffüllen riempire

Aufgabe *f Auftrag* incàrico *m*; *Math* problema *m*; *Haus*ℓ còmpito *m*; *v Gepäck, Post* spedizione

Aufgang *m Haus*ℓ scala *f*

aufgeben *Post* spedire; *Bestellung* fare; *Annonce* inserire; *verzichten* rinunciare a; abbandonare

Aufgebot *n* pubblicazioni *f/pl*

di matrimonio

aufgebracht adirato; indignato

aufgehen *sich öffnen* aprirsi; *Sonne* sórgere; *Knoten* sciògliersi; *Naht* scucirsi

aufgeklärt: *sexuell* ~ smalizziato

aufgelegt: gut (schlecht) ~ di buon (cattivo) umore; ~ **sein zu et** aver voglia di fare qc

aufge|räumt *Zimmer* in órdine; **~regt** eccitato; **~schlossen** aperto; *fig* sensìbile **(für** a)

aufgießen *Tee* fare

aufgrund (+ *G*) a causa di; in séguito a

Aufguss *m* infusione *f*, infuso

aufhaben *Hut* avere in testa; *Geschäft* èssere aperto

aufhalten *anhalten* fermare; *j-n* trattenere; *offen halten* tenere aperto; **sich** ~ trattenersi

aufhäng|en *j-n* appèndere,*Wäsche* stèndere; **2er** *m* laccetto; **2ung** *f Tech* sospensione

aufheben *v Boden* raccògliere; *aufbewahren* conservare; *Verbot* annullare

aufheiter|n *j-n* rallegrare; **sich** ~ rasserenarsi; **2ung** *f* rasserenamento *m*

aufhellen: sich ~ schiarirsi

auf|hetzen aizzare; **~holen** *Verspätung* ricuperare; **~hören** finire; sméttere, cessare

(zu di); **~kaufen** *Hdl* incettare

aufklär|en chiarire; *j-n* **über** *et* ~ informare qu di qc; **sich** ~ chiarirsi; *Wetter* rischiararsi; **2ung** *f* schiarimento *m*, spiegazione

Aufkleber *m* (auto)adesivo

auf|knöpfen sbottonare; **~kochen** far bollire

aufkommen *Verdacht* sórgere, nàscere; *Wind* levarsi; **für** *j-n*, *et* ~ pagare per qu, qc

aufladen caricare; *Batterie* ricaricare

Auflage *f Buch*2 edizione; *Bedingung* condizione; *Überzug* rivestimento *m*

auflassen *stillegen* chiudere; F *Tür* lasciare aperto; *Hut* tenere in testa

Auflauf *m Menschen*2 assembramento; *Kochk* sformato, soufflé

auflegen méttere **(auf** su); *Hörer* riattaccare

auflehnen: sich ~ ribellarsi **(gegen** a)

aufleuchten accèndersi

auflös|en sciògliere; *Geschäft* liquidare; **sich** ~ sciògliersi; *Nebel* dissòlversi; **2ung** *f* Rätsel soluzione

aufmach|en aprire; **2ung** *f v* Waren confezione, presentazione

aufmerksam attento; *höflich* gentile; *j-n auf et* ~ **machen** far notare qc a qu; **2keit** *f* attenzione; *Geschenk* pensiero *m*

Aufnahme *f Fot* foto; *Ton2* registrazione; *Empfang* accoglienza; **~gebühr** *f* tassa d'iscrizione; **~prüfung** *f* esame *m* d'ammissione

aufnehmen *Gast* accògliere, ricévere; *Fot* fotografare; *auf Band* registrare

aufopfern: *sich* **~** sacrificarsi (**für** *j-n* per qu)

aufpassen fare attenzione (**auf** a); *auf Kinder* badare (a)

Aufprall *m* urto; **2en** urtare, cozzare (**auf** contro)

Aufpreis *m* sovrapprezzo, supplemento

aufpumpen gonfiare, pompare

Aufputschmittel *n* eccitante *m*, stimolante *m*

aufräum|en méttere in órdine; **2ungsarbeiten** *f/pl* lavori *m/pl* di sgómbero

aufrecht diritto; **~erhalten** mantenere

aufreg|en agitare; *j-n* innervosire; *sich* **~** agitarsi (**über** per); **~end** emozionante; **2ung** *f* agitazione, emozione

aufreiben *Haut* escoriare; **~d** estenuante

auf|reißen aprire bruscamente, spalancare; *zerreißen* strappare; **~richten** rialzare, rizzare

aufrichtig sincero; **2keit** *f* sincerità

aufrücken avanzare

Aufruf *m* invito (**an** a); *der Fluggäste* appello; **2en** chiamare; fare l'appello

Auf|ruhr *m* tumulto; rivolta *f*; **2runden** arrotondare; **~rüstung** *f* riarmo *m*; **~sässig** ribelle; **~satz** *m* saggio; *Schule* tema; **2schieben** rimandare

Aufschlag *m* *Aufprall* urto; *an Kleidung* risvolto; *Preis2* aumento; *Tennis* servizio, battuta *f*; **2en** *Buch* aprire; *Zelt* piantare; *aufprallen* bàttere, urtare (**auf** contro)

auf|schließen aprire; **~schlussreich** istruttivo; **~schneiden** tagliare; *Brot, Wurst* affettare; *prahlen* sparare fandonie; **2schnitt** *m* *Kochk* affettato; **~schrauben** avvitare; *lösen* svitare

Aufschrei *m* grido

auf|schreiben annotare, scrìvere; **2schrift** *f* scritta

Aufschub *m* pròroga *f*

aufschürfen escoriare

Aufschwung *m Hdl* boom

Aufsehen *n:* **~ erregen** fare scalpore; **~ erregend** sensazionale

Aufseher *m* custode, sorvegliante

aufsetzen *Brille, Hut* méttersi; *Schreiben* redìgere; *Flgw* atterrare

Aufsicht *f* sorveglianza; *Person* sorvegliante *m/f*; **~srat** *m* consiglio d'amministrazione

auf|spannen *Schirm*: aprire; **~sperren** spalancare; **~springen** saltare (**auf** su); *sich öffnen* aprirsi di scatto; *Haut* screpolarsi; **~stacheln** aizzare

Auf|stand *m* insurrezione *f*; **~ständische(r)** *m* insorto

auf|stapeln accatastare; **~stecken** *Haar* raccogliere; F *aufgeben* rinunciare a; **~stehen** alzarsi; *Tür* essere aperto; **~steigen** salire (**auf** su); *Sport, Beruf* avanzare

Aufstieg *m* salita *f*, *fig* ascesa *f*; *im Beruf* carriera *f*; *Bergsport* ascensione *f*

aufsuchen *j-n* far visita a; *Arzt* consultare

Auftakt *m* *fig* preludio

auf|tanken *Kfz* fare il pieno; *Flgw* rifornire di carburante; **~tauchen** emergere; *fig* apparire; **~tauen** sgelare; *Tiefkühlkost* scongelare; **~teilen** dividere (**in** in); spartire (**unter** fra)

Auftrag *m* órdine, incàrico; *Hdl* ordinazione *f*; **im ~** (**von**) per incàrico (di); **2en** *Farbe* applicare, méttere (**auf** su); *Speisen* servire; **~geber** *m* *Hdl* committente; **auf|treiben** trovare; F scovare; *beschaffen* procurarsi;

~trennen disfare; scucire; **~treten** comparire; *Thea* entrare in scena; *Probleme* manifestarsi; **2** *n* comportamento *m*

Auftritt *m* *Thea* entrata *f* in scena; *Szene* scena *f*

aufwachen svegliarsi

auf|wachsen créscere; **2wand** *m* dispendio (**an** di); lusso; **~wändig** dispendioso; **~wärmen** riscaldare

aufwärts in su; verso l'alto; **es geht ~** va meglio

auf|wecken svegliare; **~weisen** mostrare

auf|wenden *Zeit, Geld* impiegare; **2ungen** *f*/*pl* spese

aufwerten *Währung*, *fig* rivalutare; **2ung** *f* rivalutazione

auf|wickeln avvòlgere; **~wiegeln** sobillare; **~wiegen** compensare; **~wischen** asciugare; **~zählen** enumerare

auf|zeichn|en disegnare; *schriftlich* annotare; *auf Band* registrare; **2ung** *f* *auf Band* registrazione

auf|ziehen *Vorhang* aprire; *Uhr* caricare; *Veranstaltung* organizzare; *necken* canzonare; **2zug** *m* ascensore; *Thea* atto; **~zwingen** imporre (*j-m et* qc a qu)

Augapfel *m* bulbo oculare

Auge *n* occhio *m*; **im ~ behalten** tenere d'occhio; **ins ~ fallen** dare nell'occhio

Augenarzt *m* oculista

Augenblick m momento; istante; **e-n ~!** un momento!; **2lich** derzeitig momentàneo; gegenwärtig attuale; adv per il momento; **sofort** subito

Augen|braue f sopracciglio m; **~brauenstift** m matita f per le sopracciglia; **~farbe** f colore m degli occhi; **~höhle** f òrbita f; **~lid** n pàlpebra f; **~tropfen** m/pl collirio m; **~zeuge** m testimone oculare

August m agosto

Auktion f asta

Au-Pair-Mädchen n ragazza f alla pari

aus Herkunft da; di; Stoff di; Grund per; **~ dem Gedächtnis** a memoria; **~ der Mode** fuori moda; **~ sein** èssere finito; Licht, Heizung èssere spento; **von mir ~** per me

aus|arbeiten elaborare; **~arten** degenerare (**in** in); **~atmen** espirare; **~bauen** Motor smontare; riaccomodare; **~bessern** riparare

Ausbeute f provento m; frutto m; **2en** sfruttare; **2ung** f sfruttamento m

ausbild|en formare, istruire (**in** in); **2ung** f formazione, istruzione

aus|bleiben non venire; **2blick** m vista f; **~brechen** Feuer, Krieg, Krankheit scoppiare; Vulkan eruttare; **entfliehen** scappare

ausbreiten stèndere; **sich ~** propagarsi

Ausbruch m Flucht evasione f; Vulkan2 eruzione f; **zum ~ kommen** scoppiare

ausbürsten spazzolare

Ausdauer f perseveranza; Sport resistenza; **2nd** perseverante, tenace

ausdehn|en estèndere; **sich ~** estèndersi; Phys dilatarsi; **2ung** f estensione

ausdenken: sich et ~ immaginarsi qc

ausdrehen Licht spègnere

Ausdruck[1] m espressione f; **zum ~ bringen** esprìmere

Ausdruck[2] m stampa f; **2en** stampare

ausdrück|en sprèmere; Zigarette spègnere; aussprechen esprìmere; **sich ~** esprìmersi; **~lich** espresso

ausdrucks|los inespressivo, vuoto; **~voll** espressivo; **2weise** f modo m di esprìmersi

Ausdünstung f esalazione

auseinander separato; **~ gehen** Menschen separarsi; Gegenstand disfarsi; Meinungen differire; **~ nehmen** scomporre; **sich ~ setzen** occuparsi (**mit** di); **2setzung** f contrasto m, alterco m

Ausfahrt f uscita

ausfall|en Haare usw cadere; Veranstaltung non aver luogo; Tech incepparsi; **2straße** f strada f di uscita

ausfegen spazzare

ausfertig|en rilasciare; **2ung**

f: *in doppelter* ~ in duplice
copia

ausfindig: ~ *machen* scovare,
trovare

Aus|flug m gita f, escursione
f; **~flügler** m gitante m/f

ausfragen interrogare (*über*
su)

Ausfuhr f esportazione

ausführ|en eseguire, cómpie-
re; *Hdl* esportare; *j-n* portare
fuori; **~lich** dettagliato;
2ung f esecuzione, compimento m; *Typ* modello m

Ausfuhrverbot n divieto m
d'esportazione

ausfüllen *Platz, Lücke* occupare; *Formular* riempire

Ausgabe f *Geld2* spesa;
Buch2 edizione; *e-r Zeitung*
número m; *Verteilung* distribuzione

Ausgang m uscita f; *Ende* fine f; *Ergebnis* èsito; *kein* ~
vietata l'uscita; **~spunkt** m
punto di partenza

ausgeben *Geld* spèndere;
verteilen distribuire; *sich* ~
für, als spacciarsi per

ausge|bucht (al) completo:
prenotato interamente;
~dehnt esteso; **~fallen** stravagante; **~glichen** equilibra-
to

ausgehen uscire; *Licht, Feuer*
spègnersi; *Benzin, Geld* venire a mancare; *enden* finire;
~ *von* partire da

ausge|lassen sfrenato; **~lei-
ert** lógoro; **~nommen** eccet-

to; **~prägt** marcato, **~rech-
net** proprio; **~schlossen**
impossibile, escluso;
~schnitten *Kleid* scollato;
~sprochen adv particolarmente; **~sucht** scelto;
~zeichnet eccellente, òttimo

ausgiebig *Mahlzeit* abbondante

Ausgleich m compensazione
f; *Sport* pareggio; *zum* ~ *für*
in compenso di; *2en* com-
pensare; *Sport* pareggiare

ausgrab|en scavare; **2ungen**
f/pl scavi m/pl

Ausguss m acquaio

aus|halten sopportare; resì-
stere a; **~händigen** consegnare; **2hang** m avviso pùbblico; **~harren** perseverare;
~heilen guarire completamente; **~helfen** aiutare
(*j-m mit et* qu con qc)

Aushilf|e f aiuto m; **~skraft**
supplente m/f; **2sweise**
provvisoriamente; per ripie-
go

aus|höhlen incavare; **~keh-
ren** spazzare

auskennen: *sich* ~ conóscere
bene (*in et* qc), intèndersi (di
qc); *sich in der Stadt* ~ èssere pràtico della città

ausknipsen F *Licht* spègnere

auskommen andare d'accordo (*mit j-m* con qu); fàrcela
(*mit et* con qc); *ohne et* ~
re a meno di qc; *sein 2 haben* avere di che vìvere

Auskunft f informazione; *Tel* servizio m informazioni; ~ **geben** dare informazioni; informare (*j-m über et* qu di qc); ~**sbüro** n ufficio m informazioni; ~**sschalter** m *Bahn* sportello informazioni

aus|kuppeln disinnestare (la marcia); ~**lachen** deridere; ~**laden** scaricare; F *Gäste* disdire l'invito a

Auslagen f/pl spesa f

Ausland n èstero m; *im od ins* ~ all'èstero

Ausländ|er (in f) m straniero (-a f); Ω**erfeindlich** xenòfobo; Ωisch straniero, èstero

Auslands|aufenthalt m soggiorno all'èstero; ~**brief** m lèttera f per l'èstero; ~**gespräch** n *Tel* comunicazione f internazionale; ~**reise** f viaggio m all'èstero; ~**schutzbrief** m contratto d'assistenza automobilìstica all'èstero

aus|lassen *Wort usw* omèttere; ~**laufen** *Flüssigkeit* scolare; *Schiff* partire; ~**leeren** vuotare; ~**legen** *Geld* sborsare, anticipare; *deuten* interpretare

ausleihen prestare, dare in prèstito (*j-m et* qc a qu); **sich et** ~ farsi prestare qc (**von** *j-m* da qu)

Auslese f scelta, selezione; *Wein* vino m pregiato

aus|liefern consegnare; *Gefangene* estradare; Ω**liefe-**

rung f *Hdl* consegna; *Pol* estradizione; ~**löschen** spègnere; ~**losen** sorteggiare; ~**lösen** *hervorrufen* provocare; *Tech* far scattare; *beim Zoll* svincolare; Ω**löser** m *Fot* scatto; ~**machen** *Licht, Radio, TV* spègnere; *Termin* stabilire, fissare; *Kosten* ammontare a; **macht es Ihnen etwas aus, wenn** …? le dispiace se …?

Ausmaß n misura f; *e-r Katastrophe* dimensione f

ausmerzen eliminare

ausmessen misurare

Ausnahme f eccezione; **mit ~ von** ad eccezione di; ~**zustand** m *Pol* stato d'emergenza

ausnahms|los senza eccezione; ~**weise** eccezionalmente

aus|nehmen *Fisch* sventrare; *fig F* pelare; ~**nutzen**, ~**nützen** approfittare di; ~**packen** *Koffer* disfare; ~**plündern** *Person* derubare; ~**pressen** sprèmere; ~**probieren** provare, sperimentare

Auspuff m tubo m di scappamento; ~**rohr** n; tubo m di scàrico; ~**topf** m marmitta f

auspumpen vuotare con la pompa; **den Magen** ~ fare la lavanda gàstrica

aus|radieren cancellare (*a fig*); ~**rangieren** méttere fuori servizio; ~**rauben** derubare; **~räumen** vuotare; sgomberare; **~rechnen** calcolare

Ausrede f scusa, pretesto m

ausreden: *j-m et* ~ dissuadere qu dal fare qc

ausreich|en bastare; **~end** abbastanza

Ausreise f uscita; *bei der* ~ al passaggio del confine; **2n** partire per l'èstero; **~visum** n visto m d'uscita

ausreißen strappare; *F davonlaufen* scappare

ausrenken: *sich den Arm* ~ slogarsi il braccio

ausrichten *erreichen* ottenere; *j-m Grüße* ~ salutare qu (*von j-m* da parte di qu)

ausrotten sterminare; *fig* estirpare, sradicare

Ausruf m esclamazione f; **2en** esclamare; *ansagen* annunciare; *verkünden* proclamare; **~ezeichen** n punto m esclamativo

ausruhen: ~ *u sich* riposarsi

ausrüst|en equipaggiare (*mit* con); **2ung** f equipaggiamento m

ausrutschen scivolare

Aussag|e f dichiarazione; *jur* deposizione; **2en** *jur* deporre

aussaugen succhiare; **~schalten** *Geräte, Licht* spègnere; *Gegner* eliminare

Ausschank m méscita f

ausscheid|en eliminare; *Med* secernere; *aus e-m*

Amt dimèttersi; *Sport* èssere eliminato; **2ung** f eliminazione; *Med* secrezione; **2ungskampf** m eliminatoria f; **2ungsspiel** n partita f eliminatoria

aus|scheren *aus e-r Kolonne* uscire dalla colonna; **~schiffen** sbarcare; **~schimpfen** sgridare; **~schlafen**: *sich* ~ farsi una bella dormita

Ausschlag m *Med* eruzione f (cutànea); *den* ~ *geben* èssere determinante; **2en** *Zahn* rómpere; *fig ablehnen* respìngere; *Pferd* tirare calci; *Bäume* spuntare; **2gebend** decisivo

ausschließ|en esclùdere (*von* da); **~lich** esclusivo; *adv* soltanto

Ausschluss m esclusione f

aus|schmücken ornare (*mit* di); **~schneiden** ritagliare; **2schnitt** m *Teil* frammento; *Zeitungs2* ritaglio; *Kleider2* scollatura f; **~schreiben** *Zahl* scrìvere in lèttere; *Stelle* méttere a concorso; *ausstellen* rilasciare

Ausschuss m *Gremium* comitato; **~ware** f merce di scarto

ausschütten *Flüssigkeit* versare; *Gefäß* vuotare; *Gewinn* distribuire

ausschweif|end dissoluto; **2ung** f dissolutezza

aussehen *erscheinen* avere l'aria (*wie* di); sembrare

(*wie j, et* qu, qc); 2 *n* aspetto *m*; **dem** 2 **nach** secondo l'apparenza

außen fuori; *nach ~* all'infuori; all'esterno; *von ~* dal di fuori, dall'esterno

Außen|aufnahme *f/pl* esterni *m/pl*; **~bordmotor** *m* fuoribordo; **~dienst** *m* servizio esterno; **~handel** *m* commercio èstero; **~kabine** *f* *Mar* cabina esterna; **~ministerium** *n* ministero *m* degli Èsteri; **~seite** *f* lato *m* esterno; **~seiter** *m* outsider; **~spiegel** *m* *Kfz* specchietto esterno

außer *ausgenommen* all'infuori di, eccetto; *neben* oltre; *~ dass* solo che; *~ Betrieb,* ~ *Dienst* fuori servizio; *~ der Reihe* fuori turno; *~dem* inoltre; *~ Stande sein* non èssere in grado (*et zu tun* di fare qc)

äußere esterno, esteriore; 2(**s**) *n* aspetto *m* esteriore

außer|ehelich extraconiugale; *Kind* naturale; **~gewöhnlich** straordinario; **~halb** *prp* (+*G*) (al di) fuori di; ~ *der Stadt* fuori città

äußerlich esteriore; *fig* superficiale; *Med ~ anzuwenden* per uso esterno

äußern esprimere; *sich ~* esprimersi

außer|ordentlich straordinario; **~planmäßig** fuori programma

äußerst *adv* estremamente

Äußerung *f* osservazione

aussetzen *Belohnung* prométtere; *Gefahr* esporre; *Motor* pèrdere colpi; *et ~* sospèndere qc; *an allem et auszusetzen haben* trovar da ridire su tutto

Aussicht *f* vista (*auf* su); *fig* prospettiva

aussichts|los senza speranza; **~sreich** promettente; 2**turm** *m* belvedere

aussöhn|en: *sich ~* riconciliarsi; 2**ung** *f* riconciliazione

aus|sortieren eliminare; **~spannen** *Pferde* staccare; *sich erholen* riposarsi; **~spielen** *Karte* giocare

Aus|sprache *f* pronuncia; discussione; 2**sprechen** pronunciare; *äußern* esprimere; *sich ~* F sfogarsi

Aus|spruch *m* detto; 2**spucken** sputare; 2**spülen** sciacquare; **~stand** *m* sciòpero

ausstatt|en equipaggiare (*mit* con); 2**ung** *f* equipaggiamento *m*

ausstehen *erleiden* sopportare; *Antwort, Zahlung* mancare; *nicht ~ können* non poter soffrire

aussteigen scéndere (*aus* da)

ausstell|en *Ware* esporre; *Pass, Quittung* rilasciare; *Scheck, Rechnung* eméttere; 2**er** *m* espositore; 2**ung** *f* esposizione, mostra; 2**ungs-**

katalog m catalogo della mostra

aus|sterben estinguersi; **2steuer** f corredo m; **2stieg** m uscita f; **~stoßen** Schrei eméttere; aus e-r Gemeinschaft carisma m

ausstrahl|en irradiare; TV trasméttere; **2ung** f emanazione; Mensch carisma m

ausstrecken (s)téndere; **sich lang** ~ sdraiarsi

aussuchen scégliere

Austausch m scambio; **2en** scambiare; **~motor** m motore di ricambio; **~student** m studente che partecipa ad uno scambio

austeilen distribuire

Auster f òstrica; **~npilz** m (fungo) gelone

austragen Briefe recapitare; Zeitungen distribuire; Spiel, Kampf disputare

Austral|ien n (l') Australia f; **~ier(in** f) m australiano (-a f) m

aus|treiben espéllere; **~treten** aus e-r Partei usw uscire (**aus** da); die Toilette aufsuchen andare al gabinetto; **~trinken** bere tutto; **2tritt** m ritiro (**aus** da); **~trocknen** dissecarsi; **~üben** Beruf, Einfluss esercitare

Ausverkauf m saldi m/pl; svéndita f totale; **2t** esaurito

Aus|wahl f scelta; **2wählen** scégliere

Auswander|er m emigrante;

2n emigrare; **~ung** f emigrazione

auswärtig esterno; **2es Amt** ministero m degli Esteri

auswärts fuori

aus|waschen lavare; **~wechseln** cambiare (**gegen** con)

Ausweg m via f d'uscita; **2los** disperato

ausweichen scansare (**j-m** qu); **~d** evasivo

Ausweis m carta f d'identità

ausweisen espéllere; **sich ~** legittimarsi

Ausweis|kontrolle f controllo m passaporti; **~papiere** n/pl documenti m/pl; **~ung** f espulsione

aus|weiten allargare; **~wendig** a memoria; **~werten** analizzare

Auswertung f anàlisi, elaborazione

aus|wickeln scartare; **~wirken: sich ~ auf** ripercuòtersi su; **~wischen** pulire, cancellare

auswuchten Kfz equilibrare

auszahlen pagare; fig **sich ~** valere la pena

aus|zählen contare; **2zahlung** f pagamento m

auszeichn|en Waren contrassegnare; j-n premiare; **2ung** f premio m; decorazione

auszieh|bar allungàbile; **~en** Tisch allungare; Kleid togliersi; aus e-m Haus sloggiare (**aus** da); **sich ~** spogliarsi

Auszubildende(r) f (m)

(Azubi) apprendista *m/f*; tirocinante *m/f*

Auto *n* auto *f*, automòbile *f*, màcchina *f*; *mit dem ~ fahren* andare in màcchina

Autobahn *f* autostrada; **~auffahrt** *f* raccordo *m* di entrata; **~ausfahrt** *f* uscita; **~dreieck** *n* svincolo *m* autostradale; **~gebühr** *f* pedaggio *m*; **~kreuz** *n* crocevia *f* autostradale; **~raststätte** *f* autogrill *m*; **~zubringer** *m* raccordo autostradale

Autobus *m* àutobus *m*; *Reise2* pullman; **~haltestelle** *f* fermata dell'àutobus; **~linie** *f* linea d'àutobus

Auto|fähre *f* nave traghetto; **~fahrer(in** *f) m* automobilista *m/f*; **~fahrt** *f* viaggio *m* in auto(mòbile); **~gramm** *n* autògrafo *m*

Auto|karte *f* carta automobilìstica; **~kino** *n* drive-in *m*

Automat *m* distributore automàtico; **~ik** *f Kfz* cambio *m* automàtico; **~ikgurt** *m* cin-

tura *f* di sicurezza automàtica; 2isch automàtico

Automobil *n* automòbile *f*; **~club** *m* automòbile club

Autonummer *f* nùmero *m* di targa

Autor(in *f) m* autore (-trice *f) m*

Auto|reifen *m* pneumàtico; **~reisezug** *m* treno autopasseggeri; **~rennen** *n* corsa *f* automobilìstica; **~reparaturwerkstatt** *f* officina di riparazioni; **~schlange** *f* fila di màcchine; **~schlüssel** *m/pl* chiavi *f/pl* della màcchina; **~schlosser** *m* meccànico per automòbili; **~stopp** *m* autostop; **~unfall** *m* incidente d'auto; **~verkehr** *m* tràffico automobilìstico; **~vermietung** *f* autonoleggio *m*; **~waschanlage** *f* autolavaggio *m*; **~zubehör** *n* accessori *m/pl* per l'automòbile

Axt *f* ascia

Azoren *pl* Azzorre *f/pl*

Azubi → *Auszubildende*

B

Baby *n* bebè *m*, neonato *m*; **~nahrung** *f* prodotti *m/pl* alimentari per l'infanzia; **~phon** *n* baby controllo *m*

babysitten fare la babysitter

Bach *m* ruscello

Backbord *n* babordo *m*

Backe *f* guancia

backen cuòcere al (*od* in) forno; *in Öl* frìggere

Backen|knochen *m* zìgomo; **~zahn** *m* dente molare

Bäcker *m* fornaio; panettiere; **~ei** *f*, **~laden** *m* panetterìa *f*, forno

Back|form *f* stampo *m* per

dolci; **~hendl** n pollo m arrosto; **~obst** n frutta f secca; **~ofen** m forno; **~pflaumen** f/pl prugne secche; **~pulver** n lièvito m in pólvere; **~stein** m mattone, laterizio; **~waren** f/pl paste; dolci m/pl

Bad n bagno m; Schwimm♀ piscina f

Bade|anstalt f stabilimento m balneare; **~anzug** m costume da bagno; **~hose** f calzoncini m/pl da bagno; **~kappe** f cuffia da bagno; **~mantel** m accappatoio; **~meister** m bagnino

baden fare il bagno

Badminton n badminton m

Baden-Württemberg n (il) Baden-Württemberg

Bade|ort m località f balneare; **~saison** f stagione balneare; **~schuhe** m/pl scarpette f/pl da bagno; **~strand** m spiaggia f; **~tuch** n asciugamano m da bagno; **~wanne** f vasca da bagno; **~zimmer** n bagno m

Badminton n badminton m

Bafög n (Bundesausbildungsförderungsgesetz) presalario m, borsa f di studio

Bagatellschaden m danno di lieve portata

Bagger m escavatore; **~see** m lago artificiale

Bahn f Esb ferrovìa; mit der **~ fahren** andare in treno; j-n zur **~ bringen** accompagnare qu alla stazione; **~beamte(r)** m, **~beamtin** f impiega-

to (-a f) m delle ferrovìe; **~damm** m àrgine della ferrovìa

bahnen: sich e-n Weg **~** farsi strada

Bahnfahrt f viaggio m in treno

Bahnhof m stazione f; auf **dem ~** alla stazione

Bahnhofs|halle f atrio m della stazione; **~vorsteher** m capostazione

Bahn|linie f lìnea ferroviaria; **~steig** m marciapiede; **~überführung** f cavalcavia m; **~übergang** m passaggio a livello

Bahre f barella

Baiser n meringa f

Bakterien f/pl batteri m/pl

bald dentro; tra poco; **~ darauf** sùbito dopo; **so ~ wie möglich** il più presto possìbile

Baldriantropfen m/pl gocce f/pl di valeriana

Balearen pl Baleari f/pl

Balkan: **der ~** i Balcani m/pl; **auf dem ~** nei Balcani

Balken m trave f

Balkon m balcone; Thea balconata f; **~tür** f porta finestra

Ball m palla f; Fuß♀ pallone; Tanzfest ballo

Ballast m zavorra f; **~stoffe** pl fibre f/pl non assimilàbili

Ballen m Waren♀ balla f; Fuß♀ polpaccio

Ballett n balletto m; danza f classica

Ballon m *Flgw* aeròstato;
~**fahrt** f volo m in mongolfiera

Ballungsraum m agglomerato

Balsam m bàlsamo

Balz f *Zo* stagione degli accoppiamenti

Banane f banana

Banause m gretto; pòvero di spìrito

Band[1] m volume

Band[2] n nastro m a Ton♫; **auf ~ aufnehmen** registrare

Band[3] f *Mus* complesso m

Banda|ge f fasciatura; ♫**gieren** bendare

Bandaufnahme f registrazione su nastro

Bande f banda, brigata

Bänder|riss m strappo dei legamenti; ~**zerrung** f stiramento m

bändigen domare; *fig* a controllare

Band|nudeln f/pl tagliatelle, fettucine; ~**scheibe** f disco m intervertebrale; ~**wurm** m tenia f

bang(e) pauroso, timoroso

Bank f panchina; banco m; *Geldinstitut* banca; ~**anweisung** f assegno m bancario; ~**guthaben** n crédito m bancario; ~**konto** n conto m in banca; ~**leitzahl** f còdice m di avviamento bancario; ~**note** f banconota; ~**raub** m rapina f a una banca; ~**räuber** m rapinatore

bankrott fallito

Banküber|fall m assalto a una banca; ~**weisung** f bonìfico m bancario

bar: (**in** od **gegen**) ~ in contanti

Bar f *Theke* banco m; bar m

Bär m orso

Baracke f baracca

Barbe f triglia

Bardame f entraîneuse [ãtrɛ'-nø:z]

barfuß a piedi nudi

Bargeld n denaro m in contanti; ♫**los** senza contanti

Bariton m barìtono

Barkeeper(in f) m barista m/f

barmherzig misericordioso; ♫**keit** f misericordia, pietà

Barock m/n barocco m

Barometer n baròmetro m

Barren m *Gold*♫ lingotto, barra f; *Sport* parallele f/pl

Barriere f barriera

Barrikade f barricata

barsch brusco

Barsch m pesce pèrsico

Barscheck m assegno pagàbile in contanti

Bart m barba f

Barzahlung f pagamento m in contanti

Base f *Kusine* cugina

Baseball m baseball

Basel n Basilea f

basieren: ~ **auf** basarsi su

Basilika f basìlica

Basilikum n basìlico m

Basis f base

Baskenmütze f basco m

Basketball m pallacanestro f

Bass m basso; contrabbasso

Bast m rafia f; **2eln** fare bricolage

Batterie f batteria, pila; **2ladegerät** n caricabatteria m

Bau m costruzione f; *Gebäude* edificio; *Tier*2 tana f; **~arbeiten** f/pl lavori m/pl edili; *Straße* lavori m/pl in corso; **~arbeiter** m lavoratore edile

Bauch m ventre, pancia f; **~fell** n peritoneo m; **~fellentzündung** f peritonite; **~schmerzen** m/pl, **~weh** n mal m di pancia; **~speicheldrüse** f pàncreas m

Baudenkmal n monumento m architettònico

bauen costruire

Bauer m contadino; *Schach* pedone

Bäuer|in f contadina; **2lich** rùstico

Bauern|haus n, **~hof** m fattoria f

bau|fällig pericolante, cadente; **2firma** f ditta costruttrice; **2gerüst** n impalcatura f; **2jahr** n anno m di costruzione; **2kosten** f/pl spese f/pl di costruzione; **2kunst** f architettura

Baum m àlbero

Bau|markt m negozio per il fai-da-te; **~material** n materiale m da costruzione; **~meister** m architetto

Baum|schule f vivaio m; **~stamm** m tronco d'àlbero

~wolle f cotone m

Bausparen n risparmio m immobiliare

Bau|stelle f cantiere m; **~stil** m stile architettònico; **~unternehmer(in** f) m, imprenditore m (-trice f) edile; **~werk** n edificio m

Bayer(in f) m; **2isch** bavarese m/f

Bayern n (la) Baviera

Bazillus m bacillo

beabsichtigen avere l'intenzione (*et zu tun* di fare qc)

beacht|en fare attenzione a; *befolgen* osservare; *Vorfahrt* rispettare; **~lich** considerévole; apprezzàbile; **2ung** f attenzione; *Regel* osservanza

Beamt|e(r) m, **~in** f impiegato (-a f) m statale

beanspruchen *fordern* reclamare; *Platz*, *Zeit* richièdere; *Beruf*; *j-n* impegnare; *Tech* sollecitare

beanstand|en criticare; **2ung** f reclamo m; crìtica

beantragen chièdere

beantwort|en rispòndere a; **2ung** f risposta (a)

bearbeit|en lavorare; *Antrag* sbrigare; **2ung** f elaborazione; revisione; adattamento m

Beatmung f: (*künstliche*) **~** respirazione artificiale

beauf|sichtigen sorvegliare; **2sichtigung** f sorveglianza; **~tragen** incaricare (*mit* di)

bebauen costruire su; *Land* coltivare

Beben *n* terremoto *m*

Becher *m* coppa *f*

Becken *n* piscina *f*; *Anat* bacino *m*

bedanken: *sich bei j-m für et* ~ ringraziare qu di qc

Bedarf *m* fabbisogno; *nach* ~ secondo il bisogno; **~shalte-stelle** *f* fermata a richiesta

bedauer|lich spiacévole; **~li-cherweise** sfortunatamente; **~n** deplorare; *ich bedau-re* mi dispiace (*dass* che + *cong*); **2n** *n* dispiacere *m*; **~nswert** deplorévole

bedeck|en coprire; **~t** *Himmel* coperto

bedenk|en considerare; riflèttere su; **2** *pl* dubbi *m/pl*; **~lich** inquietante; **~enlos** privo di scrùpoli; **2zeit** *f* tempo *m* per riflèttere

bedeut|en significare; *wert* importante; **2ung** *f Sinn* significato *m*; *Wichtigkeit* importanza; **~ungslos** insignificante; **~ungsvoll** significativo

bedienen servire; *sich* ~ servirsi

Bedienung *f* servizio *m*; *Kellner*, *-in* cameriere (-a *f*) *m*; **~inbegriffen** servizio *m* compreso; **~sanleitung** *f* istruzioni *f/pl* per l'uso

bedingt condizionato; *Zusage* *adv* con riserva

Bedingung *f* condizione; *un-*

ter der ~, *dass* a condizione che (+ *cong*); **2slos** incondizionato

bedroh|en minacciare; **~lich** minaccioso; **2ung** *f* minaccia

bedrück|en opprìmere; **~end** opprimente; **~t** depresso

Bedürf|nis *n* bisogno *m* (*nach* di); **2tig** indigente, bisognoso

Beefsteak *n* bistecca *f*

beeil|en: *sich* ~ affrettarsi (*et zu tun* a fare qc)

beein|drucken impressionare; **~flussen** influire su; **~trächtigen** pregiudicare; *Gesundheit* nuòcere *a*

beenden finire, terminare

beerdig|en seppellire; **2ung** *f* sepoltura; *Feier* funerali *m/pl*

Beere *f* bacca; *Wein*2 àcino *m*

Beet *n* aiola *f*

befahr|bar praticàbile, percorrìbile; **~en** percórrere; *stark* ~ *Straße* battuto

befallen *Krankheit* colpire; *v Ungeziefer* infestare

befangen imbarazzato; (*voreingenommen*) prevenuto

befassen: *sich* ~ *mit* occuparsi di

Befehl *m* órdine; comando; **2en** ordinare, comandare (*j-m et* qc a qu)

befestigen fissare, attaccare (*an* a)

befeuchten inumidire

befinden: *sich* ~ èssere, trovarsi; stare; 2 *n Gesundheit* salute *f*

befolgen seguire; *Anweisung* osservare

beförder|n spedire, trasportare; *im Rang* promuòvere; 2ung *f* spedizione, trasporto *m*; *fig* promozione

befragen interrogare; *konsultieren* consultare

befreien liberare (**von** da)

befreund|en: sich ~ fare amicizia; **~et: ~ sein** essere amici

befriedig|en soddisfare; **~end** soddisfacente; **~t** soddisfatto; 2ung *f* soddisfazione

befristet limitato; a scadenza fissa

Befug|nis *f* autorizzazione; competenza; 2t autorizzato (**zu** a)

Befund *m Med* referto mèdico; *ohne* ~ risultato negativo

befürcht|en temere (*dass* che + *cong*); 2ung *f* timore *m*

befürworten sostenere

begabt dotato (**für** per); 2ung *f* talento *m*

begeben: sich ~ recarsi (**nach, in** in, a)

Begebenheit *f* fatto *m*

begegn|en incontrare (*j-m* qu); 2ung *f* incontro *m*

begehen *Fest* celebrare; *Verbrechen* commèttere

begehr|enswert desideràbile; **~t** richiesto

begeister|n entusiasmare; **sich** ~ **für** appassionarsi

per; 2ung *f* entusiasmo *m*

begierig àvido (**auf, nach** di)

Beginn *m* inizio; **zu** ~ all'inizio; 2en cominciare (**zu** a)

beglaubigen autenticare; ~ **lassen** far autenticare

begleich|en *Rechnung* pagare, saldare

begleit|en accompagnare *a Mus*; 2er(in *f*) *m* accompagnatore (-trice *f*) *m*; 2ung *f* compagnia

beglückwünschen: *j-n* ~ congratularsi con qu (**zu** per)

begnadig|en graziare; 2ung *f* grazia

begnügen: sich ~ **mit** accontentarsi di

begraben sepellire; ~ **liegen** èssere sepolto

Begräbnis *n* funerali *m/pl*

begreif|en comprèndere, capire; **~lich** comprensìbile; *j-m et* ~ **machen** far capire qc a qu

begrenzen limitare

Begriff *m* concetto; *Vorstellung* idea *f*; *im* ~ **sein, et zu tun** stare per fare qc

begründ|en motivare (**mit** con); **~et** fondato; 2ung *f* motivazione

begrüß|en salutare; 2ung *f* Empfang accoglienza

begünstig|en favorire; *fördern* promuòvere; 2ung *f* favore *m*

begutachten dare un parere, *fachmännisch* fare l'esperto zia (*et* su qc)

be|gütert benestante; **~haart** peloso

behag|lich accogliente; cómodo; **sich ~ fühlen** sentirsi a proprio agio

behalten tenere; *im Gedächtnis ~* tenere in mente; ricordare

Behälter *m* recipiente

behand|eln trattare; *Med* curare; **schlecht ~** maltrattare; **2lung** *f* trattamento *m*; *Med* cura

beharr|en insìstere, perseverare (**auf** in); **~lich** perseverante; insistente; **2lichkeit** *f* perseveranza

behaupt|en affermare, pretèndere; **sich ~** sostenersi; **2ung** *f* affermazione

beheben *Schaden* riparare

Behelf *m* rimedio, espediente; **2en: sich ~ mit** accontentarsi di; **2smäßig** provvisorio

behelligen disturbare

beherbergen alloggiare

beherrschen dominare; *Sprache* èssere padrone di; **sich~** dominarsi, controllarsi

Beherrschung *f*: **die~ verlieren** pèrdere il controllo

behilflich: **~ sein** aiutare (*j-m* qu)

behinder|n impedire; *Verkehr* intralciare; **2te(r)** *f* (*m*) handicappato (-a *f*) *m*; **2ung** *f* impedimento *m*; handicap *m*

Behörde *f* autorità *f*/*pl*

behutsam cauto

bei presso; vicino a; **~ j-m** zu *Hause* da qu; **~ Nacht** di notte; **~ e-m Unfall** in caso di incidente; **et ~ sich haben** avere qc con sé

beibehalten mantenere

Beiboot *n* scialuppa *f*

beibringen *Zeugen* produrre; **j-m et ~** fare appréndere qc a qu

Beicht|e *f* confessione; **2en** confessarsi; **~stuhl** *m* confessionale

beide ambedue; entrambi; **alle ~** tutti e due; **eins von ~n** l'uno dei due

beieinander *zusammen* insieme; *nebeneinander* l'uno accanto all'altro

Bei|fahrer *m* Pkw passeggero *m*; Lkw secondo autista; **~fall** *m* applauso; **2fügen** aggiùngere

Bei|geschmack *m* sapore strano; **~hilfe** *f* Geld2 sussidio *m*; *jur* complicità

Beil *n* scure *f*

Beilage *f* zur Zeitung supplemento *m*; *Koch* contorno *m*

beiläufig *adv* per inciso

beilegen allegare; **e-n Streit ~** sedare una lite

Beileid *n* condoglianze *f*/*pl*; **j-m sein ~ aussprechen** fare le condoglianze a qu

bei|liegend (qui) accluso; **~messen** attribuire

Bein *n* gamba *f*; *Tier* zampa *f*

beinah(e) quasi

Beinbruch m frattura f della gamba; *Hals- und ~!* in bocca al lupo!

Beipackzettel m foglio illustrativo

Beisammensein n riunione f

Beisein n: *im ~ von* alla presenza di

beiseite: ~ legen méttere da parte; **~ schaffen** far sparire

Beispiel n esempio m; *zum ~* per esempio; **2haft** esemplare; **2los** senza pari; **2sweise** per esempio

beißen mòrdere; **2zange** f tenaglie f/pl

Beistand m aiuto; assistenza f; **2stehen** assistere (*j-m* qu); **~trag** m contributo; *Mitglieds2* quota f; **2tragen** contribuire (*zu a* qu); **2treten** aderire (*a*); entrare (*in*); **~wagen** m *Motorrad* sidecar, carrozzino; **2wohnen** assistere (a)

beizeiten a tempo

bejahen rispóndere di sì; **~d** affermativo

bekämpfen combàttere

bekannt conosciuto, noto (*für* per); berühmt rinomato; **~ geben** rèndere noto; comunicare; *j-n mit j-m ~ machen* presentare qu a qu; **~ machen** pubblicare; *mit ihr ist ~, dass* si sa che; **2e(r)** f (*m*) conoscente m/f; **2gabe** f comunicazione; **~lich** com'è noto; **2machung** f notificazione; *Anschlag* avviso m;

2schaft f conoscenza

bekehren convertire

bekennen amméttere; *sich ~ zu* fare professione di; **2tnis** n confessione f

beklagen deplorare; *sich ~ über* lamentarsi di; **~enswert** deplorévole

beklemmend opprimere

bekommen ricévere; *erlangen* ottenere; *Zug* riuscire a prendere *Krankheit* prèndersi; *j-m gut ~* far bene a qu; *geschenkt ~* avere in regalo; *wo bekommt man …?* dove si può avere …?; *wie ~ Sie?* an Geld quanto Le devo?; *im Geschäft* (che cosa) desidera?

bekömmlich sano, digeribile; **~kräftigen** confermare; **~kümmert** preoccupato; **~lächeln** sorrìdere di; **~laden** caricare (*mit* di)

Belag m *Med* pàtina f; *Brot2* companàtico; *Brems2* guarnizione f

Belagerung f assedio m

Belang m: *von ~* importante; **~e** pl interessi

belangen *j-n ~ wegen* far causa a qu per

belanglos senza importanza

belasten caricare (*mit* di); *Konto* addebitare; *jur* incriminare

belästigen molestare, importunare; **2ung** f seccatura

Belastung f càrico m; *fig* peso m

belaufen: *sich ~ auf* ammontare a

beleb|en stimolante; **~t** *Straße* movimentato

Beleg *m* documento; *Zahlungs2* ricevuta *f;* **2en** *Platz* occupare; *Kurs* iscriversi a; *beweisen* documentare; **~schaft** *f* personale *m;* **2t** occupato; *Hotel* completo; **2te Brötchen** panini imbottiti; **~ung** *f Hotel* prenotazione *f*

belehren istruire

beleidig|en offendere; **~end** offensivo; **~t** offeso; **2ung** *f* offesa

beleucht|en illuminare; **2ung** *f* illuminazione; *Licht* luce

Belgien *n* (il) Belgio

Belgier(in *f*) *m* belga *m/f*

belichten *Fot* esporre alla luce

Belichtung *f* esposizione; posa; **~smesser** *m* esposimetro

Belieb|en *n: nach ~* a piacere; **2ig** qualsiasi; **~ oft** quanto si vuole

beliebt *Person* amato; popolare; *Sache* in voga; **2heit** *f* popolarità

beliefern fornire (*j-n mit et* qc a qu)

bellen abbaiare

belohn|en ricompensare (*für* per); **2ung** *f* ricompensa

Belüftung *f* aerazione, ventilazione

belügen mentire (*j-n* a qu)

bemächtigen: *sich e-r Sache ~* impossessarsi di qc

bemalen dipìngere;

bemerkbar percettibile; *sich ~ machen* farsi notare

bemerk|en osservare; notare; **~enswert** notévole; **2ung** *f* osservazione

bemitleiden compiàngere

bemüh|en incomodare; **2ung** *f* sforzo *m,* premura; *sich ~* sforzarsi; **~ Sie sich nicht!** non s'incòmodi!

bemuttern F coccolare

benachbart vicino

benachrichtig|en: *j-n von et ~* avvertire qu di qc; **2ung** *f* avviso *m*

benachteilig|en svantaggiare; **2ung** *f* svantaggio *m*

benehmen: *sich ~* comportarsi; **2** *n* condotta *f,* comportamento *m*

beneiden invidiare (*um et* per qc); **~swert** invidiàbile

benommen stordito, intontito

benötigen aver bisogno di

benutzen, benützen usare; servirsi di

Benutz|er *m* utente; **2erfreundlich** di fàcile utilizzo; **~ung** *f* uso *m*

Benzin *n* benzina *f;* **~gutschein** *m* buono per la benzina; **~kanister** *m* tànica *f* di benzina; **~pumpe** *f* pompa della benzina; **~tank** *m* serbatoio della benzina; **~verbrauch** *m* consumo di benzina

beobacht|en osservare, notare; 2er *m* osservatore

bequem còmodo, confortévole; **es sich ~ machen** accomodarsi; **2lichkeit** *f* comodità; *Faulheit* pigrizia

berat|en consigliare; discùtere (*über et* su qc); 2**er** *m* consigliere; 2**ung** *f* discussione; *jur* dibattito *m*; *Med* consulenza; 2**ungsstelle** *f* consultorio *m*

berau|ben derubare; **~schend** inebriante

berechn|en calcolare; *j-n et* ~ méttere in conto qc a qu; 2**ung** *f* càlcolo *m* (*a fig*)

berechtig|en autorizzare, dare diritto (*zu* a); **~t** autorizzato; *begründet* fondato

Bereich *m* àmbito; campo

Bereifung *f* pneumàtici *m/pl*

bereisen viaggiare in

bereit *fertig* pronto (*zu* a); *gewillt* disposto (*zu* a); **~en** preparare (*a Kochk*); **~halten** tenere pronto; **~stellen** méttere a disposizione (*für j-n* di qu)

bereits già

Bereitschaft *f* disponibilità; **~sdienst** *m Med* guardia *f* mèdica

bereitwillig volentieri

bereuen pentirsi (*et* di qc)

Berg *m* monte; 2**ab** in discesa; **~arbeiter(in** *f*) *m* minatore (-trice *f*); 2**auf** in salita; **~bahn** *f* funicolare *f*; **~bau** *m* industria *f* mineraria

bergen salvare; ricuperare

Berg|führer *m* guida *f* alpina; **~hütte** *f* rifugio *m*; 2**ig** montuoso; **~kette** *f* catena montuosa; **~rutsch** *m* frana *f*; **~schuhe** *m/pl* scarponi *m* (da montagna); **~see** *m* lago di montagna; **~station** *f* stazione a monte; **~steigen** *n* alpinismo *m*; **~steiger(in** *f*) *m* alpinista *m/f*; **~tour** *f* gita in montagna

Bergung *f* salvataggio *m*; ricùpero *m*

Berg|wacht *f* soccorso *m* alpino; **~werk** *n* miniera *f*

Bericht *m* rapporto; relazione *f*; 2**en** raccontare; riferire (*über et* qc); **~erstatter** *m* relatore

berichtigen rettificare

Berlin *n* Berlino *f*

Bermuda(short)s *pl* bermuda *m/pl*

Bern *n* Berna *f*

Bernstein *m* ambra *f*

berücksichtigen tener conto (*et* di qc)

Beruf *m* professione *f*; *von* ~ di professione

berufen nominare (*zu* a); *sich* ~ *auf* appellarsi a

beruflich professionale; ~ *unterwegs sein* èssere in viaggio per motivi di lavoro

Berufs|ausbildung *f* formazione professionale; **~aussichten** *pl* prospettive *f/pl* professionali; **~leben** *n* vita *f* professionale; **~schule** *f* scuola d'avviamento profes-

sionale; **~soldat** *m* soldato
di carriera; **~sportler** *m*
sportivo professionista; **~tä-
tig** che esèrcita una professione; **~verkehr** *m* tràffico
delle ore di punta

Berufung *f* vocazione; *in ein
Amt* nòmina; *jur* **~ einlegen**
fare ricorso

beruhen basarsi (*auf* su); *et
auf sich ~ lassen* lasciare
una cosa com'è

beruhigen calmare; *sich ~*
calmarsi; **~t** calmo; tranquillo; **2ung** *f* acquietamento *m*;
Mensch calmarsi *m*; **2ungs-
mittel** *n* calmante *m*, sedativo *m*

berühmt cèlebre, famoso

berühren toccare; **2ung** *f*
contatto *m*

besänftigen placare

Besatzung *f* *Mar*, *Flgw* equipaggio *m*

beschädigen danneggiare;
2ung *f* danneggiamento *m*;
Schaden danno *m*

beschaffen procurare; *sich
et ~* procurarsi qc; **2heit** *f* natura; stato *m*

beschäftigen occupare; *als
Arbeitgeber* impiegare; *sich
~ mit* occuparsi di; **~t** occupato; impegnato; **2ung** *f* occupazione; attività

beschämen umiliare

Bescheid *m* *Antwort* risposta
f; *Auskunft* informazione *f*; **~
wissen** èssere informato
(*über et* su qc); èssere pràti-

co (*mit et* di qc); *j-m* **~ sagen**
od **geben** informare qu

bescheiden modesto; **2heit** *f*
modestia

bescheinigen certificare;
2ung *f* certificato *m*

beschenken *j-n* **~** fare un regalo a qu

beschimpfen ingiuriare;
2ung *f* ingiuria

beschlagen *v/i Brille* appannarsi; **2nahme** *f* sequestro
m; **~nahmen** sequestrare,
confiscare

beschleunigen accelerare;
2ung *f* accelerazione

beschließen decìdere (*zu*
di); *beenden* conclùdere

Beschluss *m* decisione *f*

beschmieren F imbrattare;
~schmutzen sporcare, insozzare; **~schneiden** tagliare; *Pflanzen*: potare; **~schö-
nigen** trovare delle scuse (*et*
per qc)

beschränken limitare (*auf*
a); ridurre; *sich ~ auf* limitarsi a; **~t** limitato

beschreiben descrìvere;
2ung *f* descrizione

beschuldigen incolpare, accusare (*j-n e-r Sache* qu di
qc); **2ung** *f* imputazione, accusa

beschützen protèggere

Beschwerde *f* reclamo *m*; **~n**
pl Med disturbi *m/pl*

beschweren: *sich ~ über et*
lamentarsi di qc

beschwerlich faticoso

be|schwichtigen acquietare; **~schwindeln** imbrogliare; **~schwipst** F brillo; **~seitigen** rimuòvere; *umbringen* eliminare

Besen m scopa f

besessen fanàtico, invasato; **♀heit** f ossessione

besetzen *Platz* occupare; *Stelle* affidare a

besetzt occupato; *Bus usw* completo; **♀zeichen** n *Tel* segnale m di linea occupata

besichtig|en visitare; **♀ung** f visita

besiegen vìncere

Besinnung f: *die ~ verlieren* pèrdere i sensi; *wieder zur ~ kommen* riprèndere conoscenza; **♀slos** privo di sensi

Besitz m proprietà f; **♀en** avere; possedere; **~er(in** f) m proprietario (-a f) m

besoffen F sbronzo

besohlen risolare

Besoldung f stipendio m

besonder|e particolare, speciale; **~ Kennzeichen** segni m/pl particolari; **♀heit** f particolarità

besonders particolarmente, *vor allem* soprattutto; *sehr* molto

besorgen *beschaffen* procurare; *sich et* ~ procurarsi qc

Besorgnis f apprensione; **~ erregend** inquietante

besorgt preoccupato

Besorgung f: *~en machen* fare le commissioni, *ein-*

kaufen fare (delle) spese

besprech|en discùtere (*et* di qc); *rezensieren* recensire; **♀ung** f discussione; *Kritik* recensione

besser migliore; *adv* meglio; *~ werden* migliorare; *es geht ihr* ~ sta meglio; *umso* (*od desto*) ~ tanto meglio

bessern: *sich* ~ migliorarsi; *Wetter* rimétersi al bello

Besserung f migliorare m; *gute ~!* pronta guarigione!

be|ständig costante; *Wetter* stàbile; **♀standteil** m elemento; **~stärken** confermare (*j-n in et* qu in qc)

bestätig|en confermare; *den Empfang ~* accusare ricevuta (di); **♀ung** f conferma; *Bescheinigung* certificato m

beste: *der, die, das* ♀ il, la migliore; *sein ~r Freund* il suo miglior amico; *am ~n* la cosa migliore; *am ~n gefällt mir* ... la cosa che più mi piace è ...

bestech|en corrómpere; **~end** affascinante; **~lich** corruttibile

Bestechung f corruzione; **~sgelder** pl bustarelle f/pl; tangenti f/pl

Besteck n posata f

bestehen *Prüfung* superare; *existieren* esìstere; ~ *auf* insìstere su; ~ *aus* èssere costituito da

be|stehlen derubare; **~stei-**

gen salire (su); *Berg* scalare
bestell|en ordinare; *reservieren* prenotare; *j-n zu sich ~* far venire qu; 2**ung** *f* ordinazione; 2**nummer** *f* (**Best.Nr.**) nùmero *m* d'ordinazione (NO)
besten|falls nel migliore dei casi; **~s** *adv* ottimamente
bestimm|en *entscheiden* decìdere; *festlegen* fissare, stabilire; **~t** *sicherlich* certamente; 2**ung** *f Vorschrift* disposizione; 2**ungsort** *m* luogo di destinazione
bestraf|en punire; 2**ung** *f* punizione
bestrahl|en *Med, Phys* irradiare; 2**ung** *f Med* cura di raggi *m/pl*
be|streichen spalmare (*mit* di); **~streiten** *verneinen* contestare; *Kosten* sostenere
bestürzt costernato; 2**ung** *f* costernazione
Besuch *m* visita *f*; *bei j-m zu ~ sein* èssere in visita da qu; 2**en** *j-n* andare a trovare; *Stadt* visitare; *Schule* frequentare; **~er(in** *f) m* visitatore (-trice *f) m*; **~szeit** *f* orario *m* delle visite
betätig|en *Tech* azionare; *sich ~* occuparsi; 2**ung** *f* attività; *Tech* azionamento *m*
betäub|en stordire; *Med* anestetizzare; 2**ung** *f Med* anestesìa (*örtliche* locale); 2**ungsmittel** *n* narcòtico *m*
Bete *f*: *rote ~* barbabiètola

beteilig|en: *sich ~ an* partecipare a; *beteiligt sein* èssere implicato (*an* in)
Beteiligung *f* partecipazione
beten *m* pregare
beteuern affermare
Beton *m* calcestruzzo
beton|en *Wort* accentare; *fig* sottolineare; 2**ung** *f* accentazione; *Akzent* accento *m*
Betr. (*Betreff*) oggetto
Betracht *m*: *in ~ ziehen* tener conto di; *nicht in ~ kommen* non entrare in questione; 2**en** guardare; *~ als* considerare come
beträchtlich considerévole
Betrag *m* importo
betragen *Summe* ammontare a; *sich ~* comportarsi
betreff|en riguardare; *~end* in questione; **~s** riguardo a
betreten entrare in; *Rasen* calpestare; 2 *verboten!* vietato l'ingresso!
betreu|en aver cura di; 2**er(in** *f) m e-r Reisegruppe* accompagnatore (-trice *f) m*; *Sport* allenatore (-trice *f) m*
Betreuung *f* cura; assistenza
Betrieb *m* azienda *f*; impresa *f*; *Verkehr* movimento; *außer ~* fuori servizio; *in ~ setzen* méttere in moto; *in ~ sein* funzionare
Betriebs|ferien *pl* ferie *f/pl* aziendali; **~klima** *n* ambiente *m* di lavoro; **~kosten** *pl* spese *f/pl* d'esercizio; **~störung** *f* guasto *m* d'esercizio;

~system *n EDV* sistema *m* operativo; **~unfall** *m* infortunio sul lavoro; **~wirtschaft** *f* economia aziendale

betrinken: sich ~ ubriacarsi

betrübt triste

Betrug *m* inganno; frode *f*

betrügen ingannare; truffare (*j-n um et* qc a qu)

Betrüger(in *f*) *m* imbroglione (-a *f*) *m*

betrunken ubriaco; **2e(r)** *m* ubriaco

Bett *n* letto *m*; **zu ~ gehen** andare a letto; **~decke** *f* coperta

betteln mendicare (*um et* qc)

Bettlaken *m* lenzuolo (di sotto)

Bettler(in *f*) *m* mendicante *m*/*f*

Bett **|ruhe** *f* riposo *m* a letto; **~vorleger** *m* scendiletto; **~wäsche** *f* biancheria da letto

beugen piegare; **sich ~** chinarsi (*über* su)

Beule *f am Kopf* bernòccolo *m*; *Delle* ammaccatura

beunruhigen inquietare; **sich ~** inquietarsi

beurteilen giudicare; **2ung** *f* giudizio *m*

Beute *f* preda; *Diebes***2** bottino *m*

Beutel *m* borsa *f*; sacchetto

Bevölkerung *f* popolazione

bevollmächtigen autorizzare; *jur* dare il mandato a

bevor prima che (+ *cong*); pri-

ma di (+ *inf*); **~stehen** èssere imminente; **~stehend** imminente; **~zugen** preferire; *j-n* favorire; **2zugung** *f* preferenza

bewachen sorvegliare; custodire; **~ter Parkplatz** parcheggio custodito

bewaffnen armare

bewahren conservare; *schützen* preservare (*vor* da)

bewähren: sich (gut) ~ dare buoni risultati; **~t** sperimentato, provato; *Mitarbeiter* esperto

Bewährung *f: jur auf ~* con la condizionale

bewaldet boscoso

bewältigen superare; *Arbeit* cómpiere

bewandert: ~ sein in èssere versato, esperto, pràtico in

bewässern irrigare; **2ung** *f* irrigazione

bewegen muòvere; *j-n zu et* indurre qu a fare qc

Beweggrund *m* motivo

beweglich mòbile

bewegt mosso, agitato; *ergriffen* commosso

Bewegung *f* movimento *m*; **sich in ~ setzen** méttersi in moto; **~sfreiheit** *f* libertà d'azione; **2slos** immòbile

Beweis *m* prova *f* (*für* di qc); **~aufnahme** *f* audizione delle prove; **2en** provare; *Mut* mostrare; **~stück** *n* documento *m* di prova

bewerben: sich ~ um et fare

Bier

domanda per qc; 2**er (-in** f) m aspirante m/f

Bewerbungs|gespräch n collòquio m di lavoro; **~schreiben** n domanda f d'impiego

bewert|en valutare; 2**ung** f valutazione

bewillig|en concèdere; 2**ung** f concessione

bewirken causare

bewirt|en: j-n mit et ~ offrire qc a qu; 2**ung** f servizio m

bewohn|bar abitàbile; **~en** abitare in; 2**er(in** f) m abitante m/f; e-s Hauses inquilino (-a f) m

bewölk|t nuvoloso; 2**ung** f nuvolosità

bewundern ammirare; **~swert** ammiràbile

Bewunderung f ammirazione

bewusst cosciente; absichtlich intenzionale; adv di propòsito; apposta; **sich e-r Sache ~ sein** èssere consapévole di qc

bewusstlos privo di sensi; **~ werden** svenire; 2**igkeit** f svenimento m

Bewusstsein n coscienza f; **wieder zu ~ kommen** tornare in sé

bezahl|en pagare; 2**ung** f pagamento m

bezeichn|en angeben indicare; benennen denominare; **~end** caratterìstico; 2**ung** f denominazione; nome m

bezeugen testimoniare di

beziehen Haus andare ad abitare in; Ware acquistare; Gehalt riscuòtere; Bett **frisch** ~ cambiare la biancheria (di); **sich ~ auf** riferirsi a

Beziehung f rapporto m; relazione; **in dieser ~** a questo riguardo; **in jeder ~** sotto tutti gli aspetti; 2**sweise** oppure; rispettivamente

Bezirk m distretto, zona f

Bezug m copertura f; Bett2 fòdera f; **Bezüge** pl Einkommen entrate f/pl; **in ~ auf** riguardo a

bezüglich relativo a

be|zwecken mirare a; **~zweifeln** méttere in dubbio; **~zwingen** vìncere; Gipfel conquistare

BGB n (Bürgerliches Gesetzbuch) C.C. m (Còdice Civile)

BH m (Büstenhalter) reggiseno

Bibel f Bibbia

Biber m castoro

Bibliothek f biblioteca; **~ar** m bibliotecario

biblisch bìblico

bieder pej conservativo

biegen piegare; **um die Ecke** ~ voltare l'àngolo

bieg|sam pieghévole; 2**ung** f curva, svolta

Biene f ape

Bienen|stich m puntura f d'ape; **~stock** m alveare

Bier n birra f; **helles (dunkles)** ~ birra chiara od bionda (scura); **~ vom Fass** birra alla spina; **~garten** m birreria f all' aperta; **~krug** m boccale

Biest n Tier bestia f; Mensch bruto m, carogna f

bieten offrire; sich **~** presentarsi; **sich nicht ~ lassen** non tollerare qc

Bikini m bikini, due pezzi

Bilanz f bilancio m

Bild n immàgine f; Mal quadro m; Fot foto(grafia) f; **im ~e sein** èssere informato (über et di qc)

bilden formare; **sich ~** istruirsi; **~de Künste** arti f/pl figurative

Bilder|buch n libro m illustrato per bambini; **~rahmen** m cornice f

Bild|hauer m scultore; **2lich** figurato; **~nis** n ritratto m; **~platte** f videodisco m; **~schirm** m videoschermo; **~schirmtext** m Videotex®, Videotel®; **2schön** bellìssimo; **~telefon** n videòfono m

Bildung f formazione f; cultura; **~surlaub** m vacanze f/pl culturali

Bildverarbeitung f EDV eidomàtica

Billard n biliardo m

billig a buon mercato (od prezzo); **~en** approvare; **~er** a più buon mercato (od prezzo); più econòmico; **2ung** f approvazione

Bimsstein m pietra f pómice

Binde f Med fasciatura f; benda; Monats2 assorbente m;

~gewebe n tessuto m connettivo

Bindehaut congiuntiva; **~entzündung** f congiuntivite

bind|en legare; fest~ attaccare (an a); Krawatte, Schleife annodare; **~end** vincolante; **2estrich** m lineetta f; **2faden** m spago; **2ung** f legame m (an con); Ski2 attacco m

binnen (D) dentro; **~ kurzem** fra poco; **~ einer Woche** entro una settimana; **2hafen** m porto fluviale; **2handel** m commercio interno; **2schiffahrt** f navigazione interna

Bio|ethik f bioètica; **~graphie** f biografia; **2laden** m negozio macrobiòtico; **~logie** f biologia; **2logisch** biològico; **~müll** m/pl rifiuti organici; **~tonne** f contenitore m per rifiuti biodegradàbili; **~top** n biòtopo m

Birke f betulla

Birn|baum m pero; **~e** f pera; El lampadina

bis fino (a); von ... **~** da ... a; **zwei ~ drei Tage** due o tre giorni; **~ jetzt** finora; **~ gleich!** a dopo!; **~ bald!** a presto!; **~ auf** eccetto; **~ wann?** fino a quando?

Bischof m véscovo; **~ssitz** m sede f vescovile

bisher finora

Biskuit m/n biscotto m

Biss m morso

bisschen: ein **~** un poco, un po'; nicht ein **~**, kein **~** nemmeno un po' (di); *ein ~ viel* un po' troppo

Bissjen *m* boccone; 2**ig** mordace; **~wunde** *f* morso *m*

Bistum *n* episcopato *m*

bisweilen talvolta

bitte per favore; *auf Dank* prego; di nulla; *wie~?* prego?, F come?; *~ sehr!* prego!; *ja, ~* sì, grazie

Bitte *f* preghiera; *Anliegen* domanda, richiesta (*um* di)

bitten pregare; *j-n um et ~* domandare, chiedere qc a qu

bitter amaro

Blähungen *f/pl* flatulenze

blamieren comprométtere; *sich ~* far brutta figura

blank *glänzend* lùcido; *rein* netto, pulito; F *fig ~ sein* F èssere al verde

Blankoscheck *m* assegno in bianco

Bläschen *n* bollicina *f*

Blase *f* bolla; *Anat* vescica

blasen soffiare

Blasenentzündung *f* cistite

Blas|instrument *n* strumento *m* a fiato; **~kapelle** *f* banda (di strumenti a fiato)

blass pàllido

Blatt *n Bot* foglia *f*; *Papier* 2 foglio *m*

blättern sfogliare (*in et* qc)

Blätterteig *m* pasta *f* sfoglia; **~pastete** *f* sfogliatino *m*

Blattlaus *f* pidòcchio *m* (delle piante)

blau blu; azzurro; *himmel~* celeste; *fig betrunken* brillo;

~er Fleck lìvido *m*

Blau *n* azzurro *m*; *Fahrt f ins ~e* gita senza meta; 2**äugig** dagli occhi azzurri; *fig naiv* ingenuo; **~beere** *f* mirtillo *m*; **~helme** *pl* caschi blu *m/pl*; 2**machen** F *Schule* marinare

Blech *n* latta *f*; **~platte** lamiera *f*; *Back*2 piastra *f*; **~büchse** *f*, **~dose** *f* scàtola di latta; **~schaden** *m* danno alla carrozzeria

Blei *n* piombo *m*

bleiben restare, rimanere; *Tel ~ Sie am Apparat* resti in lìnea; *es bleibt dabei!* intesi!; *~ lassen* lasciar stare

bleich pàllido; **~en** sbiancare; 2**mittel** *n* candeggiante *m*

blei|frei *Benzin* senza piombo; **~haltig** piombìfero

Bleistift *m* matita *f*, lapis; **~spitzer** *m* temperamatite

Blend|e *f* diaframma *m*; 2**en** abbagliare; 2**end** *fig* brillante, splèndido

Blick *m* sguardo; *Aussicht* vista *f* (*auf* su); *auf den ersten ~* a prima vista; *e-n ~ auf et werfen* dare un'occhiata a qc

blicken guardare (*auf et* qc); *sich ~ lassen* farsi vivo

Blickpunkt *m* punto di vista

blind cieco; **~er Alarm** falso allarme; **~er Passagier** passeggero clandestino

Blinddarm *m* appendice *f*; **~entzündung** *f* appendicite qc

Blinden|hund m cane guida per ciechi; **~schrift** f scrittura Braille

Blinde(r) f (m) cieco (-ca f) m

Blind|heit f cecità; **2lings** alla cieca; **~schleiche** f orbettino m

blink|en brillare; Kfz lampeggiare; **2er** m Kfz lampeggiatore m

Blitz m lampo; **~schlag** fùlmine; Fot f flash; **~ableiter** m parafùlmine; **~aktion** f blitz m; **2en** lampeggiare; **es blitzt** lampeggia; **~gerät** n, **~licht** n flash m; **~schlag** m fòlgore f, fùlmine; **2schnell** in un lampo

Block m blocco; Häuser2 isolato; **~flöte** f flauto m a becco; **2ieren** bloccare; **~schrift** f stampatello m

blöd|(e) scemo; stupido; **~eln** F dire sciocchezze

Blödsinn m dummes Zeug stupidàggini f/pl; **2ig** idiota

blond biondo; **~ieren** ossigenare

bloß adj solo; unbedeckt nudo; adv solamente

bloßstellen compromèttere

Bluejeans pl blue-jeans m/pl

bluffen bluffare, barare

blühen fiorire; **~d** in fiore; fig pròspero, prosperoso

Blume f fiore m; v Bier schiuma; v Wein bouquet m

Blumen|beet n aiola f di fiori; **~geschäft** n negozio m di fiori; fioraio m; **~kohl** m ca-

volfiore; **~strauß** m mazzo di fiori; **~topf** m, **~vase** f vaso m da fiori

Bluse f camicetta

Blut n sangue m; **~abnahme** f prelievo m di sangue; **~alkohol** m tasso alcolico; **2arm** anèmico; **~armut** f anemia **~druck** m pressione f sanguigna; **zu niedriger ~** ipotensione f

Blüte f fiore m; **~zeit** f fioritura

Blut|egel m sanguisuga f; **2er** m emofilìaco; **~erguss** m ematoma **~gefäß** n vaso m sanguigno **~gruppe** f gruppo m sanguigno; **~hochdruck** m ipertensione f (arteriosa); **2ig** insanguinato; **~probe** f esame m del sangue; **~spender** m donatore m di sangue

blutstillend: ~es Mittel n emostàtico m

Blut|transfusion f, **~übertragung** f trasfusione di sangue; **~ung** f emorragìa; **~untersuchung** f analisi del sangue; **~vergiftung** f setticemìa; **~verlust** m pèrdita di sangue; **~wurst** f sanguinaccio m

BLZ f → **Bankleitzahl**

BND m → **Bundesnachrichtendienst**

Bö f ràffica

Boccia n/f bocce f/pl

Bock m Zo maschio; Ziegen2 caprone; Gestell cavalletto **2ig** caparbio

Boden m Erd≳ suolo, terra f; terreno; Fuß≳ pavimento; Gefäß≳ fondo; **zu ~ fallen** cadere a terra; **~frost** m gelo al suolo; **~nebel** m nebbia f bassa; **~schätze** m/pl ricchezze f/pl del sottosuolo

Bodensee m lago di Costanza

Bodybuilding n culturismo m

Bogen m Math, Arch, Waffe arco; curva f; Mus archetto; **~gang** m pòrtico; curva f; **~schießen** m tiro m coll'arco

Bohle f pancone m

Bohne f fagiolo m; Kaffee≳ chicco m; **grüne ~n** fagiolini m/pl; **~nkaffee** m (vero) caffè; **~nkraut** n santoreggia f; **~nsuppe** f minestra f di fagioli

bohren forare, trapanare; nach Erdöl trivellare; **2er** m tràpano; **2insel** f piattaforma per trivellazioni; **2maschine** f tràpano m; **2turm** m torre f di trivellazione; derrick m

Boiler m boiler

Boje f boa

Bolzen m bullone

Bombe f bomba

Bomben|angriff m bombardamento; **~anschlag** m, **~attentat** n attentato dinamitardo

Bon m Gutschein buono; Kassen≳ scontrino

Bonbon m/n caramella f

Bonbonniere f bomboniera

Boot n battello m; barca f

booten EDV eseguire il reboot

Boots|anhänger m rimorchio-canotto; **~fahrt** f gita in barca; **~haken** m gaffa f; **~steg** m pontile; **~verleih** m noleggio di barche

Bord¹ m Mar bordo; **an ~** a bordo

Bord² n scaffale m

Bordell n bordello m

Bord|funker m radiotelegrafista (di bordo); **~karte** f Flgw carta d'imbarco; **~stein** m bordo del marciapiede

borgen: (sich) et bei od **von j-m ~** farsi prestare qc da qu; prèndere in prèstito qc da qu; **j-m et ~** prestare qc a qu

Börse f Hdl borsa; Geld≳ borsellino m, portamonete m; **~nkurs** m quotazione f di borsa; **~nmakler** m agente di borsa

Borste f sétola

bösartig maligno (a Med)

Böschung f Ufer≳ àrgine m; Straßen≳ scarpata

böse cattivo; zornig adirato; **j-m** od **auf j-n ~ sein** avércela con qu; èssere arrabbiato con qu

bos|haft maligno; **2heit** f malignità

Bosnien n (la) Bosnia f

Bosporus m Bòsforo

böswillig malévolo; doloso
Botanik f botànica; **2isch** botànico; **2er Garten** giardino
m botànico
Bote m messaggero; **~ngang**
m commissione f
Botschaft f ambasciata;
Nachricht messaggio m;
~er(in f) m ambasciatore
(-trice f) m
Bouillon f brodo m
Boulevardpresse f stampa
scandalistica
Bowle f ponce m, vino m aro-
matizzato
Bowling n bowling m
Box f Behälter scàtola; Laut-
sprecher cassa (acustica)
boxen fare il pugilato; **2en** n
pugilato m; **2er** m pùgile;
2ershorts m/pl boxer;
2kampf m incontro di pugilato
Boykott m boicottaggio m;
2ieren boicottare
Bozen n Bolzano f
Brachland n maggese m;
2liegen stare in maggese
Branche f ramo m, set-
tore m; **~nverzeichnis** n Tel pàgine f/pl
gialle
Brand m incendio; **in ~ gera-**
ten pigliare fuoco; **in ~ ste-**
cken incendiare; **~blase** f
vescica di scottatura
Brandenburg n (il) Brande-
burgo m
Brandfleck m bruciatura f;
~salbe f unguento m per
scottature; **~stifter** m incen-

diario; **~stiftung** f incendio
m doloso
Brandung f risacca
Brandwunde f scottatura
Branntwein m acquavite f
Brasilianer(in f) m brasiliano
(-a f) m
Brasilien n (il) Brasile
braten arrostire; in Fett frig-
gere; **2en** m arrosto; **2fisch**
m pesce fritto; **2hähnchen**
n pollo m arrosto; **2hering**
m aringa f arrosto; **2kartof-**
feln f/pl patate f/pl arrosto;
2pfanne f padella; **2rost** m
gratella f, graticola f; **2wurst**
f salsiccia arrostita
Bratsche f viola
Bratspieß m spiedo
Brauch m costume, uso; **2bar**
utilizzàbile; **2en** aver bisogno di; erfordern richièdere;
verwenden adoperare; usare;
Zeit impiegarci; **man**
braucht zwei Stunden ci
vògliono due ore; **~tum** n
usi m/pl e costumi m/pl
Braue f sopracciglio m
brauen fare (la birra); **2rei** f
fàbbrica di birra
braun bruno; marrone; gebräunt abbronzato; **~ ge-**
brannt abbronzato; **~ wer-**
den abbronzarsi
Bräunle f Sonnen2 abbronzatura; **2en** Haut abbronzare
Brausepulver n polverina f
effervescente
Braut f sposa
Bräutigam m sposo

bringing

Braut|jungfer f damigella d'onore; **~paar** m sposi m/pl

brav Kind buono, bravo

BRD f (Bundesrepublik Deutschland) R.F.T. (Repùbblica Federale Tedesca)

brechen rómpere; kaputtgehen rómpersi; Med vomitare; **sich den Arm ~** fratturarsi il braccio

Brech|mittel n emètico m; **~reiz** m nàusea f

Brei m pappa f; purea

breit largo; **3 m ~** largo 3 m; **Se** f larghezza; Geogr latitùdine; **Sengrad** m grado di latitùdine; **Swandfilm** m film su schermo panoràmico

Bremen n Brema f

Brems|belag m guarnizione f del freno; **~e** f freno m; Zo tafano m; **Sen** frenare; **~flüssigkeit** f liquido m dei freni; **~kraftverstärker** m servofreno; **~licht** n luci f/pl d'arresto; **~pedal** n pedale m del freno; **~spur** f traccia della frenata; **~weg** m distanza f di frenatura

brenn|bar combustìbile; **~en** bruciare; Zigarette, Licht èssere acceso; Sonne scottare; v/t CD masterizzare; **es brennt!** al fuoco!; **~end** Haus in fiamme; Licht acceso; Holz ardente; Schmerz cocente

Brenner¹ m Geogr Brènnero

Brenner² n Tech bruciatore

Brenn|holz n legna f; **~nessel**

f ortica; **~punkt** m fig centro; **~spiritus** m spirito da àrdere; **~stoff** m combustìbile

Brett n asse f, tàvola f; **schwarzes ~** albo m; **~erzaun** m steccato; **~spiel** n gioco m con la scacchiera

Brezel f ciambella (salata)

Brief n lèttera f; **~bombe** f lettera esplosiva; **~freundschaft** f amicizia f epistolare; **~geheimnis** m segreto m epistolare; **~kasten** m cassetta f postale; buca f delle lèttere; **~kopf** m intestazione f (della lettera); **Slich** per lèttera; **~marke** f francobollo m; **Söffner** m tagliacarte; **~papier** n carta f da lèttere; **~porto** n affrancatura f; **~tasche** f portafoglio m; **~telegramm** n telegramma m lèttera; **~träger** m postino, portalèttere; **~umschlag** m busta f; **~waage** f pesalèttere m; **~wahl** f voto m per corrispondenza

Briefwechsel m corrispondenza f

Brillant m brillante

Brille f occhiali m/pl; **die ~ aufsetzen** méttersi gli occhiali; **~netui** n astuccio m per occhiali; **~ngestell** n montatura f (degli occhiali); **~nglas** n lente f

Brillenträger (in f) m: **~ sein** portare gli occhiali

bringen portare; begleiten accompagnare (**nach Hause** a casa); **j-n dazu ~, et zu tun** indurre qu a fare qc; **in Ordnung ~** méttere in órdine; **in Sicherheit ~** méttere al sicuro; **mit sich ~** portare con sé, comportare; **es zu ~** fare carriera; **zum Stehen ~** fermare

Brise f brezza

Brit|e m, **~in** f britànnico (-a f) m; **2isch** britànnico

Brixen n Bressanone f

bröckeln sbriciolare

Brocken m pezzo; **ein paar ~ Italienisch** qualche parola d'italiano

Brokkoli pl bròccolo m

Brombeere f mora di rovo

Bronch|ien f/pl bronchi m/pl; **~itis** f bronchite

Bronze f bronzo m

Brosche f fermaglio m, spilla

Broschüre f opùscolo m

Brot n pane m; **e-e Scheibe ~** una fetta di pane; **belegt** una tartina

Brötchen n panino m; **belegtes ~** panino imbottito

Brot|korb m paniere; **~kruste** f, **~rinde** f crosta di pane

Bruch m rottura f; Med frattura f; **Eingeweide2** èrnia f; Math frazione f

brüchig fràgile, friàbile

Bruch|rechnung f operazione con nùmeri frazionari; **~stück** m frammento m; **~teil** m mìnima parte f

Brücke f ponte m; Teppich passatoia

Bruder m fratello

brüderlich fraterno

Brüh|e f brodo m; **~würfel** m dado per brodo

brüllen Tier muggire; fig urlare

brumm|en Mensch brontolare; **~ig** brontolone

Brunch m colazione f all'americana, brunch

Bruneck n Brùnico f

brünett moro, bruno

Brunnen m Spring2 fontana f; gebohrter pozzo

brüskieren offèndere

Brüssel n Bruxelles f

Brust f petto m; **Busen** seno m; **~bein** n sterno m; **~bild** n busto m

brüsten: sich ~ mit vantarsi di, fregiarsi di

Brust|fellentzündung f Med pleurite; **~korb** m torace; **~krebs** m carcinoma mammario; Sport **~schwimmen** n nuoto m a rana

Brüstung f parapetto m

Brustwarze f capézzolo m

Brut f cova

brutal brutale; **2ität** f brutalità

brüten covare

brutto lordo; **2gehalt** n stipendio m lordo; **2gewicht** n peso m lordo; **2preis** m prezzo lordo; **2registertonne** f (Abk **BRT**) tonnellata di stazza lorda; **2sozialprodukt** n prodotto m nazionale lordo

Btx-Gerät n (*Bildschirmtext*)
Videotel■ m

Bube m *Spielkarte* fante

Bubikopf m caschetto

Buch n libro m; **~binder(in** f)
m legatore (-trice f) m

Buche f faggio m

buchen *Flgw usw* riservare,
prenotare; *Hdl* registrare

Bücher|ei f librería; **~regal** n
scaffale m

Buchfink m fringuello

Buch|führung f contabilità;
~händler(in f) m libraio
(-a f) m; **~handlung** f libre-
ría; **~macher** m *Sport* alli-
bratore; **~messe** f fiera del
libro

Büchse f baràttolo m, scàtola; *Flinte* schioppo m

Büchsen|fleisch n carne f in
scàtola; **~öffner** m apriscàtole

Buchstab|e m lèttera f; **2ie-
ren** compitare, sillabare

buchstäblich letterale; *adv*
letteralmente; proprio

Bucht f baia

Buchung f *Vorbestellung* prenotazione; *Hdl* registrazione; **~sbestätigung** f conferma
della prenotazione;
~sgebühr f tassa di prenotazione

Buckel m gobba f

bücken: sich ~ chinarsi

bucklig gobbo; *holperig* acci-
dentato

Bückling m aringa f affumicata

Bude f *Verkaufs*■ bancarella,
Hütte baracca

Büfett n credenza f; *Schank-
tisch* banco m; **kaltes ~** buffet m freddo

Büffel n bùfalo; 2n F sgobbare

Bug m prua f

Bügel m *Kleider*■ gruccia f;
Brillen■ stanghetta f; **~brett**
n asse f da stiro; **~eisen** n ferro m da stiro; **~falte** f piega;
2frei non-stiro

bügeln stirare

Buggy m passeggino

Bühne f palcoscènico m

Bühnenbild n scenario m;
~ner(in f) m scenògrafo (-a
f) m

Bulgar|e m, bùlgaro m; **~ien** n
(la) Bulgaria; **~in** f bùlgara f

Bull|auge n oblò m; **~dogge** f
bulldog m

Bulle m toro

Bummel m giretto, passeggia-
ta f; 2n gironzolare; fare un
giretto (**durch die Stadt** nella città); **~streik** m sciòpero
a singhiozzo; **~zug** m treno
accelerato

bumsen V *stoßen an* sbattere
contro; V scopare

Bund¹ n mazzo m (*Möhren* di
carote)

Bund² m unione f, alleanza f;
Hosen■, *Rock*■ cintura f

Bündel n fagotto m

Bundes|bahn f ferrovie f/pl
federali; **~kanzler** m cancelliere federale; **~land** n Land
m; regione f; **~liga** *Sport* se-

rie f A **~nachrichtendienst**
m (BND) servizi m/pl segreti
federali; **~rat** m consiglio federale; **~republik** f repùbblica federale; m confe-
derazione f; **~straße** f strada
statale; **~tag** m Bundestag;
parlamento federale; **~wehr**
f forze f/pl armate federali
Bündnis n alleanza f
Bungalow m bungalow
Bunker m fortino
bunt variopinto; a colori; fig
vario; 2**stift** m matita f colo-
rata
Bürde f càrico m
Burg f castello m
Bürg|e m garante; 2**en** garan-
tire (**für** per)
Bürger|initiative f iniziativa
civica; **~krieg** m guerra f
civile; 2**lich** civile; **~meis-**
ter(in f) m sìndaco (-a f)
m; **~steig** m marciapiede
Bürgschaft f garanzìa
Büro n ufficio m; agenzìa f;
~klammer f fermaglio m;
~kratie f burocrazìa; 2**kra-**
tisch burocràtico
Bursche m giovanotto
Bürste f spàzzola; 2**n** spazzolare

Bus m àutobus; Reise2 pullman; **~bahnhof** m stazione
f autocorriere
Busch m cespuglio; Tropen
boscaglia f
Büschel n ciuffo m
Busen m seno
Bus|fahrer(in f) m conducen-
te m/f degli àutobus; **~halte-**
stelle f fermata dell'àutobus; **~reise** f viaggio m in
pullman
Bussard m poiana f
Buße f penitenza; Geld2 ammenda, multa
büßen espiare
Bußgeld n multa f, contravvenzione f
Büste f busto m
Büstenhalter m reggiseno
Busverbindung f collegamento m con l'àutobus
Butangas n gas butano
Butt m rombo
Butter f burro m; **~brot** n pane m imburrato; **~brotpa-**
pier n carta f oleata; **~milch**
f latticello m
Byte n EDV byte m
byzantinisch bizantino
bzw. (beziehungsweise) risp.
(rispettivamente)

C

C n Mus do m
Cabrio(let) n cabriolet f
Café n caffè m, bar m
Camcorder m camcorder

camp|en campeggiare; 2**er** m
campeggiatore
Camping|ausrüstung f equi-
paggiamento m da campeg-

gio; **~bus** *m* càmper; **~platz**
m campeggio, camping

Caravan *m* caravàn *m/f*, roulotte *f*; **~ing** *n* caravanning *m*

Carvingski *m* sci carving

CD *f* cd *m*; **~-Brenner** *m* *EDV*
masterizzatore

CD-ROM *f* cd-rom *m*

CD-Spieler *m* lettore *m* com-
pact disc *od* cd

Celsius *m*: **25 Grad ~** 25 gradi
centìgradi

Cent *m* *Währung* cent

Champignon *m* prataiolo

Chance *f* *Gelegenheit* occasione; *Aussicht* prospettiva;
~ngleichheit *f* parità di condizioni

Chanson *n* canzone *f*

Chaos *n* caos *m*

Charakter *m* caràttere; **2is-
tisch** caratterìstico

charmant affascinante

Charter|flug *m* volo charter;
~maschine *f* charter *m*; **2n**
noleggiare

Chassis *n* telaio *m*

chatten *Internet* chattare

Chauffeur *m* autista

Chef *m* capo; *e-r Firma* titolare; **~arzt** *m* primario

Chemie *f* chìmica; **~faser** *f*
fibra sintética

Chem|iker(in *f*) *m*, **2isch**
chìmico (-a *f*) *m*

Chemotherapie *f* chemiote-
rapìa

Chicorée *m/f* cicoria *f* belga

Chiffre *f* cifra

Chile *n* (il) Cile

China *n* (la) Cina

Chines|e *m*, **~in** *f* cinese *m/f*;
2isch cinese

Chinin *n* chinino *m*

Chip *m* *Spielmarke* gettone;
EDV chip; **~s** *pl* patatine
f/pl fritte

Chirurg|(in *f*) *m* chirurgo (-a
f) *m*; **2isch** chirùrgico

Chlor *n* cloro *m*

Cholesterin *n* colesterina *f*,
colesterolo *m*

Chor *m* *Mus*, *Arch* coro; **~ge-
stühl** *n* stalli *m/pl*

Christ *m* cristiano; **~entum** *n*
cristianésimo *m*; **~kind** *n*
Gesù Bambino; **2lich** cristiano; **~us** *m* Cristo

Chrom *n* cromo *m*

chronisch crònico

chronologisch cronològico

Clique *f* compagnìa

Cluburlaub *m* club vacanza,
vacanza *f* organizzata

Comics *m/pl* fumetti

Computer *m* computer; calcolatore elettrònico; **2ge-
steuert** computerizzato;
~spiel *n* videogame *m*

Conférencier *m* presentatore

Container *m* contenitore,
container

cool! F eccezionale!

Cord|hose *f* pantaloni *m/pl* di
velluto a coste; **~samt** *m* velluto a coste

Cornflakes *pl* fiocchi *m/pl* di
granturco

Couch *f* divano *m*

Count-down *m* conto alla ro-

vescia, countdown
Cousin *m* cugino; **~e** *f* cugina

Creme *f* crema
Cursor *m EDV* cursore

D

da 1. *adv örtlich* lì, là; *zeitlich* allora; **~ drin**, **~ hinein** là dentro; **~ ist** c'è; **~ sind** ci sono; **bin ich** èccomi; **wer ist ~?** chi c'è?; **2.** *cj weil* perché, poiché; **~ bleiben** restare, rimanere; **~ sein** èsserci

dabei *örtlich* accanto, vicino; *zeitlich* nello stesso tempo; *bei sich* con sé; **es bleibt ~, dass** ... resta inteso che ...; **~ sein** èssere presente; partecipare (a)

Dach *n* tetto *m*; **~boden** *m* soffitta *f*; **~gepäckträger** *m Kfz* portabagagli; **~luke** *f* abbaino *m*; **~rinne** *f* grondaia; **~stuhl** *m* capriata *f*

Dackel *m* bassotto

dadurch *örtlich* per di là; *auf diese Weise* con ciò, così; **Grund** perciò; **~, dass** ... per il fatto che

dafür per questo; *als Ersatz* in cambio; **~ sein** èssere favorévole; **ich kann nichts ~** non è colpa mia

dagegen contro; *verglichen mit* in confronto a; **~ sein** èssere contrario; **wenn Sie nichts ~ haben** se non Le dispiace

daheim a casa

daher *von dort* di là; da quella

parte; *Ursache* da ciò; *deshalb* perciò

dahin là; *zeitlich* **bis ~** fino a quel momento; **~ten**, **~ter** là dietro

Dalmatien *n* (la) Dalmazia

damals allora

Dame *f* signora; *Spielkarte, Schachfigur* regina; *Spiel* dama

Damen|binde *f* assorbente *m* igiènico; **~friseur** *m* parrucchiere per signora; **~rad** *n* bicicletta *f* da donna; **~schuhe** *m/pl* scarpe *f/pl* da donna

damit con ciò; *auf dass* affinché (+ *cong*)

Damm *m* àrgine, diga *f*

dämmer|n *morgens* albeggiare; *abends* imbrunire; **2ung** *f* crepùscolo *m*; *Morgen2* alba

Dampf *m* vapore

dämpfen abbassare; *Freude* smorzare; *Kochk* stufare

Dampf|er *m* piròscafo; **~bügeleisen** *n* ferro *m* da stiro a vapore; **~kochtopf** *m* pèntola *f* a pressione

danach *zeitlich* dopo, poi; *demgemäß* secondo questo; **kurze Zeit ~** poco tempo dopo

daneben accanto

Däne|n *m*, **~in** *f* danese *m/f*;

~emark n (la) Danimarca; **2isch** danese

Dank m ringraziamento; **vielen ~** tante grazie

dank prp grazie; **~bar** grato (**für** et di qc); **2barkeit** f gratitùdine

danke grazie; **~ schön** (od **sehr**) grazie tanto; **~, gleichfalls** grazie, altrettanto

danken ringraziare (**j-m für** et qu di od per qc); **nicht zu ~!** non c'è di che!

dann allora; **nachher** poi; **~ und wann** di quando in quando; **bis ~!** a più tardi!

daran a ciò, a questo; ci, vi; **nahe ~ sein, et zu tun** stare per fare qc; **mir liegt viel ~** ci tengo molto

darauf sopra; **bald ~** poco dopo; **am Tag ~** il giorno dopo; **das kommt ~ an** dipende; **~hin** in conseguenza di ciò

daraus da ciò; di là; ne; **~ folgt** ne segue; **ich mache mir nichts ~** non me ne importa nulla

darbiet|en offrire; presentare; **2ung** f spettàcolo m

darin dentro

darlegen esporre

Darleh(e)n n prèstito m

Darm m intestino; **~infektion** f infezione intestinale

darstell|en rappresentare; **Thea** recitare; **beschreiben** descrivere; **2er(in** f) m intèrprete m/f

darüber sopra; **mehr** (di) più; **ich freue mich ~** me ne rallegro; **~ hinaus** oltre a ciò

darum intorno; **deshalb** perciò; **es geht ~, dass** si tratta di (+ inf)

darunter (al di) sotto; **dazwischen** fra questi

das art → **der**, pron questo; ciò; **relativ** che; il (la) quale; **~, was** quello che; **was ist ~?** cos'è questo?

Dasein n vita f; esistenza f

dass che; **außer ~** salvo che; **so ~** cosicché

dasselbe lo stesso

dastehen stàrsene lì

DAT m (Digital Audio Tape) DAT m

Datei f EDV archivio m (di dati), file m

Daten n/pl dati m/pl; **~autobahn** f autostrada informàtica; **~bank** f banca dati; **~fluss** m flusso di dati; **~schutz** m protezione f dei dati; **~träger** m supporto dati; **~übertragung** f trasmissione dati; **~verarbeitung** f (**EDV**) elaborazione elettrònica (dei) dati

datieren datare

Dattel f dàttero m

Datum n data f; **welches ~ haben wir heute?** quanti ne abbiamo oggi?

Dauer f durata f; **auf die ~** alla lunga; **~auftrag** m Bank òrdine permanente; **2haft** durévole

dauern durare; **wie lange dauert es noch?** quanto ci vuole ancora?; **~d** continuo

Dauer|regen m pioggia f incessante; **~welle** f permanente

Daumen m pòllice

Daunendecke f piumino m

davon da *od* di ciò; **~laufen** scappare

davor davanti; *zeitlich* prima; **er fürchtet sich ~** ne ha paura

dazu a ciò; a questo; *überdies* oltre a ciò; *zu diesem Zweck* per questo; **~gehören** fare parte; **~rechnen**, **~tun** aggiùngere

dazwischen in mezzo; **~kommen: wenn nichts dazwischenkommt** se tutto va bene

DDR f *hist* (*Deutsche Demokratische Republik*) R.D.T. (*Repùbblica Democràtica Tedesca*)

Debatte f discussione

Deck n *Mar* ponte m

Decke f *Bett*2 coperta; *Zimmer*2 soffitto m

Deckel m coperchio

decken *Tisch* apparecchiare; *Bedarf* coprire

Decoder m decodificatore

defekt difettoso; guasto; 2 m guasto; *Mangel* difetto

definieren definire

Definition f definizione

Defizit n dèficit m

dehnbar elàstico

dehnen distèndere; dilatare; **sich ~** dilatarsi

Deich m diga f

Deichsel f timone m

dein (il) tuo, (la) tua; **~e** pl (i) tuoi, (le) tue; **~erseits** da parte tua; **~etwegen** per te; *wegen dir* per colpa tua

Dekolleté n scollatura f

Dekor|ation f decorazione; **2ieren** decorare; adornare

Dele|gation f delegazione; **~gierte(r)** f (m) delegato (-a f) m

Delfin m delfino

delikat *heikel* delicato; *lecker* squisito

Delikatesse f leccornìa; **~ngeschäft** n negozio m di cibi raffinati

Delikt n *jur* reato m

Delle f ammaccatura

Delphin m delfino

dem|entsprechend conforme; **~nach** dunque; **~nächst** fra breve

Demokrat m democràtico; **~ie** f democrazia; **2isch** democràtico

demolieren distrùggere

Demons|trant(in) f) m dimostrante m/f; **~tration** f manifestazione; dimostrazione; **2trieren** dimostrare (**gegen** contro; **für** per)

Den Haag n (l') Aia f

denkbar immaginàbile

denken pensare (**an** a; **über** di); *sich erinnern* ricordarsi (**an** di); **sich et ~** figurarsi qc; **wie ~ Sie darüber?** che ne pensa?

Denkmal n monumento m; **unter~schutz** m **stehen** èssere monumento nazionale

denkwürdig memoràbile

denn begründend poiché; **wo ist er ~?** ma dov'è; **mehr ~ je** più che mai; **es sei ~, dass** a meno che (+ cong)

dennoch tuttavia

Deo(dorant) n deodorante m

Deponie f discàrica; **2ren** depositare

deprimierend deprimente

der, die, das art il, lo; la; pl i, gli; le; relativ che; il, la quale; pl i, le quali

derart così, talmente, tanto (**dass** che); **~ig** tale, siffatto

derb kräftig robusto; grob grossolano

dergleichen sìmile, tale

der|jenige (**welcher**) colui, quello (che); **~maßen** talmente; **~selbe** lo stesso

deshalb perciò; **nur ~** soltanto per questo

Desinfektionsmittel n disinfettante m

desinfizieren disinfettare

Desinteresse n disinteresse m (**an** per)

dessen; **~ ungeachtet** nonostante ciò

Dessert n dessert m, dolce m; **~wein** m vino da dessert

destilliert: **~es Wasser** n acqua f distillata

desto tanto; **~ mehr** tanto più; **~ besser** tanto meglio

deswegen perciò

Detail n dettaglio m, particolare m

Detektiv(in f**)** m investigatore (-trice f)

deuten interpretare; **auf ~** accennare a qc

deutlich klar chiaro; netto

deutsch tedesco; **2 n** tedesco m; **sprechen Sie 2?** parla tedesco? **auf 2** in tedesco; **2e** f tedesca, **2er** m tedesco; **2land** n (la) Germania

Devisen pl valuta f èstera

Dezember m dicembre

Dezi|liter m decilitro; **~malzahl** f numero m decimale; **~meter** m decìmetro

DGB m (Deutscher Gewerkschaftsbund) federazione f dei sindacati tedeschi

d. h. (das heißt) cioè

Dia n diapositiva f

Diabet|es m diabete; **~iker** (-in f) m diabètico (-a f)

Diagnose f diàgnosi

Dialekt m dialetto

Dialog m diàlogo

Diamant m diamante

Diaprojektor m diaproiettore

Diavortrag m conferenza f con proiezione di diapositive

Diät f dieta; **~ halten** stare a dieta

dich ti; te; **für ~** per te

dicht fitto; Verkehr denso; wasser**~** impermeàbile; Haar

folto; **~ an (am)** vicino a
Dichter(in f) m poeta m; poetessa f
Dichtung f Poesie poesìa; Tech guarnizione
dick spesso; grosso; Person grasso; geschwollen gonfio; **~ werden** ingrassare
Dick|**icht** n folto m; **~kopf** m, **2köpfig** testardo; **~milch** f latte m cagliato
die la; pl le; **~, welche** la quale; pl le quali
Dieb m ladro; **~stahl** m furto; **~stahlversicherung** f assicurazione contro il furto
Diele f Brett asse; Flur vestibolo m
dien|**en** servire (j-m qu; zu a; als da); **~lich** ùtile
Dienst m servizio; Amt ufficio; **außer ~** fuori servizio; **~ haben, im ~ sein** èssere di servizio
Dienstag m martedì; **2s** di (od il) martedì
dienst|**bereit** di servizio; **~frei** lìbero; **2leistung** f servizio m; **~lich** d'ufficio, di servizio; **2mädchen** n donna f di servizio; **2reise** f viaggio m di servizio; **2stunden** f/pl ore d'ufficio; **2weg** m: **auf dem ~** in via geràrchica
Diesel|**(motor)** m (motore) diesel; **~öl** n gasolio m
dies|**e, ~er, ~es** questo, questa; **diese** pl questi, queste
diesig fosco
dies|**jährig** di quest'anno;

~mal questa volta; **~seits** di qua
Dietrich m grimaldello
Differenz f differenza; **~ial** n differenziale m
Digital|**uhr** f orologio m digitale; **~kamera** f màcchina fotogràfica digitale
diktier|**en** dettare; **2gerät** n dittàfono
Dill m aneto
Ding n cosa f; Gegenstand oggetto m; **vor allen ~en** innanzitutto
Dings(**da**) n F coso (-a f) là
Diplom n diploma m; Univ laurea f; **~at**(in f) m diplomàtico (-a f) m; **2atisch** adj diplomàtico
dir ti, a te
direkt diretto; **2flug** m diretto
Direktion f direzione
Direktor(**in** f) m direttore (-trice f) m; Schule prèside m/f
Direktübertragung f trasmissione diretta
Dirigent(**in** f) m direttore (-trice f) m d'orchestra
dirigieren Mus dirigere
Dirne f prostituta
Diskette f EDV dischetto m
Disko(**thek**) f discoteca
diskret discreto; **2ion** f discrezione
Diskus m disco
Diskussion f discussione
Diskuswerfen n lancio m del disco

diskutieren discùtere (*über et qc*)

disqualifizieren squalificare

Distanz *f* distanza

distanzieren: sich ~ dissociarsi (*von* da)

Distel *f* cardo *m*

dividieren divìdere (*durch* per)

DM *f* hist (*Deutsche Mark*) marco *m* tedesco

doch pure; *dennoch* tuttavìa; **~!** sì, certo!; *nicht ~!* ma no!

Docht *m* stoppino, lucignolo

Dock *n* bacino *m* di carenaggio

Dogge *f* alano *m*

Doktor(in *f*) *m* dottore (-essa *f*) *m*

Dokument *n* documento *m*; **~arfilm** *m* documentario

Dollar *m* dòllaro

dolmetschen *v/t* tradurre; *v/i* fare da intèrprete; **2er(in** *f*) *m* intèrprete *m/f*

Dolomiten *pl* Dolomiti *f/pl*

Dom *m* duomo

Donau *f* Danubio *m*

Donner *m* tuono; **2n: es donnert** tuona

Donnerstag *m* giovedì; **2s** di (*od* il) giovedì

dop|en *Sport* drogare; **2ing** *n* doping *m*; **2ingkontrolle** *f* controllo *m* antidoping

Doppel *n* Kopie duplicato *m*; *Tennis* doppio *m*; **~bett** *n* letto *m* matrimoniale; **~fenster** *n* controfinestra *f*; **~gänger(in** *f*) *m* sòsia *m/f*; **~punkt**

m due punti *m/pl*; **~stecker** *m* spina *f* mùltipla

doppelt doppio; **~ so viel** due volte tanto; *das* 2*e* il doppio

Doppel|tür *f* controporta; **~zentner** *m* quintale; **~zimmer** *m* càmera *f* a due letti

Dorf *n* villaggio *m*, paese *m*; **~bewohner(in** *f*) *m* paesano (-a *f*) *m*

Dorn *m* spina *f*; **2ig** spinoso

Dörrobst *n* frutta *f* secca

Dorsch *m* merluzzo

dort lì, là; **~ ist** ecco; **~ drüben** di là; **~ hinten** là dietro; **~ oben** lassù; **~ unten** laggiù; *von ~* di là; **~hin** là

Dose *f* scàtola; **~nbier** *n* birra *f* in lattina; **~nmilch** *f* latte *m* condensato in scàtola; **~nöffner** *m* apriscàtole

dosieren dosare

Dosis *f* dose

Dotter *m/n* tuorlo *m*

downloaden *EDV* scaricare

Drachen *m Papier*2 aquilone; *Sport* deltaplano; **~fliegen** *n* (volo con il) deltaplano *m*; **~flieger** *m* deltaplanista

Dragée *n* confetto *m*

Draht *m* filo metàllico; **~seilbahn** *f* funicolare; funivia

Drama *n* dramma *m*; **2tisch** drammàtico

dran → daran; jetzt bin ich ~ tocca a me

drängen spìngere; *antreiben* incitare (*zu* a); *auf et ~* insìstere per qc; *die Zeit drängt* il tempo stringe; *sich ~* affollarsi (*um* attorno a)

drauf → *darauf*

draufzahlen pagare in più

draußen fuori; *von* ~ da fuori

Dreck *m* sudiciume; *Straßen*2 fango; 2ig sporco; sùdicio

Dreh|bank *f* tornio *m*; 2**bar** girévole; ~**bleistift** *m* matita *f* automàtica; ~**buch** *n* copione *m*

drehen girare (*a Film*); *Kopf* vòlgere; *sich* ~ girare, girarsi (*um* intorno a); *sich handeln* trattarsi (*um* di)

Dreh|kreuz *n* tornello *m*; ~**stuhl** *m* sedia *f* girévole; ~**tür** *f* porta girévole; ~**ung** *f* giro *m*; ~**zahlmesser** *m* contagiri

drei (*vor* ~ *Viertel* tre quarti

Dreibett|kabine *f* cabina *a* tre letti; ~**zimmer** *n* càmera *a* f *a* tre letti

Dreieck *n* triàngolo *m*; 2ig triangolare

drei|erlei di tre specie; ~**fach** triplo; 2**ganggetriebe** *n* cambio *m* a tre marce; ~**mal** tre volte; 2**rad** *n* für *Kinder* triciclo *m*

dreispurig a tre corsìe

dreist sfacciato

drei|stöckig a tre piani; ~**tägig** di tre giorni

dreschen *Agr* trebbiare

dressieren ammaestrare

drin → *darin*

dringen: *durch* (*in*) *et* ~ penetrare attraverso (in) qc; *auf et* ~ insìstere su qc

dringend urgente; *es ist* ~ la cosa urge; *in* ~*en Fällen* in casi d'urgenza; *ich brauche* ~ ho urgente bisogno (*et* di qc)

drinnen là dentro

dritt|e terzo; 2**el** *n* terzo *m*; ~**ens** in terzo luogo

DRK *n* (*Deutsches Rotes Kreuz*) Croce *f* rossa tedesca

Droge *f* droga; 2**nabhängig** tossicodipendente; 2**nsüchtig** tossicòmane

Drogerie *f* drogherìa

drohen minacciare (*j-m mit et* qu di qc); ~**d** minaccioso; *Gefahr* incombente

dröhnen *Motor* rombare; *Kopf* rintronare

Drohung *f* minaccia

drollig buffo

Drops *m/pl* caramelle *f/pl* alla frutta

Drossel *f* tordo *m*

drüben dall'altra parte

drüber → *darüber, drunter*

Druck *m* pressione *f*; *Buch*2 stampa *f*; ~**buchstabe** *m* stampatello; 2**en** stampare

drücken prèmere; *Hand* stringere; *stoßen* spìngere; *Schuh* far male; *an sich* ~ stringere a sé; *sich* ~ svignàrsela; *vor et* ~ scansare qc; ~**d:** ~ *heiß* soffocante

Drucker *m* EDV stampante *f*; *Beruf* tipògrafo; ~**ei** *f* tipografìa

Druck|fehler *m* errore di

stampa; **~knopf** m bottone automàtico, Tech pulsante; **~luft** f aria compressa; **~sache** f stampe f/pl; **~schrift** f: **in ~** in stampatello

drum: **das 2 und Dran** gli annessi e connessi

drunter: **es geht ~ und drüber** tutto va sottosopra

Drüse f ghiàndola

Dschungel m giungla f

du tu

Dübel m tassello

ducken: **sich ~** abbassarsi

Dudelsack m cornamusa f

Duett n duetto m

Duft m profumo

duften odorare; **~ nach** avere l'odore di

duld|en **erlauben** tollerare; **~sam** tollerante

dumm stùpido, sciocco; **2heit** f stupidità; Handlung stupidàggine; **2kopf** m imbecille

dumpf ammuffito; Laut cupo; Gefühl vago

Düne f duna

Dünger m concime

dunkel buio; Farbe scuro Stimme cupo; **es wird ~** si fa buio; **2heit** f oscurità; **2kammer** f càmera oscura

dünn sottile; Mensch magro; Luft rarefatto; Haar rado; **2darm** m intestino tenue; **~flüssig** flùido

Dunst m foschìa f; Dampf vapore

dünsten stufare

dunstig nebbioso

Duplikat n duplicato m

Dur n Mus (modo m) maggiore

durch per; attraverso; Mittel, Ursache per mezzo di; da; **~ Zufall** per caso; **~ und ~** completamente

durchaus: **~ nicht** niente affatto

durchblättern sfogliare

durchblicken: **~ lassen** dare a intèndere

Durchblutung f irrorazione sanguigna

durch|brechen et spezzare; **~brennen** El fóndersi, fulminarsi; **~dacht** ponderato; **~denken** esaminare a fondo; **~drehen** Fleisch tritare; Räder slittare; **~dringen** penetrare

durcheinander sottosopra; **~ bringen** méttere in disórdine; verwechseln confóndere; **2** n disórdine m; confusione f

durchfahren attraversare; passare

Durchfahrt f passaggio m; **~ verboten!** transito vietato!; **auf der ~ sein** èssere di passaggio

Durchfall m diarrèa f

durchführ|bar realizzàbile; **~en** realizzare

Durchgang m passaggio; **kein ~!** passaggio vietato!; **~sstraße** f strada di trànsito; **~sverkehr** m tràffico di trànsito

durchgebraten: *gut* ~ **ben** cotto

durchgehen passare (*durch* per); *Zug* andare senza fermarsi (*bis* fino a); ~**d** *Zug* diretto; ~ *geöffnet* a orario continuato

durch|greifen intervenire; ~**halten** resìstere; ~**hauen** spaccare; ~**kommen** passare (*durch* per); *fig* farcela; ~**lassen** lasciar passare; ~**lässig** permeàbile; 2**lauferhitzer** *m* scaldaacqua istantàneo; ~**lesen** lèggere per intero; ~**löchern** perforare; ~**machen** erdulden soffrire; 2**messer** *m* diàmetro; ~**nässt** bagnato fradicio; ~**queren** attraversare

Durchreise: *auf der* ~ di passaggio; 2**n** transitare, passare per; ~**visum** *n* visto *m* di trànsito

durch|reißen strappare; 2**sage** *f* comunicato *m*; ~**schauen** capire; ~**scheinen** trasparire; 2**schlag** *m* Kopie copia *f*

durchschlagen: *sich* ~ tirar avanti, cavarsela

durchschneiden tagliare

Durchschnitt *m* media *f*; *im* ~, 2**lich** in media; ~**sgeschwindigkeit** *f* velocità media

durchsehen rivedere

durchsetzen *erreichen* ottenere; *Willen* imporre; *sich* ~ affermarsi

Durchsicht *f* revisione; 2**ig** trasparente

durch|sickern colare (attraverso); *fig* trapelare; ~**sprechen** discùtere; ~**stechen** (per)forare; ~**streichen** cancellare; ~**streifen** percórrere

durchsuch|en perquisire; 2**ung** *f* perquisizione

durchtrieben astuto

Durchwahl *f* Tel nùmero *m* diretto

durchwandern percórrere a piedi

durchweg completamente

durch|wühlen rovistare; ~**ziehen** passare (*durch* per); 2**zug** *m* Luftzug corrente *f* d'aria

dürfen potere; *darf ich ...?* posso...?; *man darf nicht* non si deve; *was darf es sein?* desìdera?

dürftig meschino; *spärlich* scarso

dürr *trocken* secco; *Land* àrido; *mager* magro

Dürre *f* secchezza; siccità

Durst *m* sete *f*; *ich habe* ~ **ho** sete; 2**ig** assetato

Dusch|e *f* doccia; 2**en:** *sich* ~ farsi la doccia; ~**gel** *n* docciaschiuma *f*

Düsen|flugzeug *n* aèreo *m* a reazione; avïogetto *m*; ~**jäger** *m* caccia a reazione

düster tetro

Dutyfreeshop *m* duty free

Dutzend *n* dozzina *f*

duzen: *j-n* ~ dare del tu a qu

DVD f DVD m; **~-Spieler** m lettore DVD
dynamisch dinàmico

Dynamit n dinamite f
Dynamo m dìnamo f
D-Zug m espresso

E

E *Mus* mi
Ebbe f bassa marea; **~ und Flut** le maree f/pl
eben flach piano; genau das proprio; zeitlich or ora; **~ erst** proprio adesso
Ebene f pianura
ebenfalls anche; gleichfalls altrettanto
ebenso ugualmente; **~ ... wie** così ... come; **~ gut** altrettanto bene; **~ viel** altrettanto; **~ wie** tanto quanto; **~ wenig** altrettanto poco (**wie** come)
Eber m cinghiale
Eberesche f sorbo m selvàtico
Echo n eco m
echt vero; naturale
Eck|ball m calcio d'àngolo; **~e** f àngolo m; **um die ~ biegen** voltare l'àngolo; **~haus** n casa f d'àngolo; **2ig** angolare; **~platz** m Esb posto d'àngolo; **~zahn** m dente canino
edel nòbile; **2metall** n metallo m prezioso; **2stein** m pietra f preziosa; **2weiß** n stella f alpina
EDV f (Elektronische Datenverarbeitung) E.E.D. (elabo-

razione elettrònica dei dati)
Efeu m èdera f
Effekt m effetto
EG f (Europäische Gemeinschaft) C.E. (Comunità Europea)
egal uguale; **das ist mir ganz ~ F** non me ne importa un càvolo
Egoist m egoista; **2isch** egoìstico
ehe prima che (+ cong) od di (+ inf)
Ehe f matrimonio m; **2ähnlich: ~e Gemeinschaft** coppia f di fatto; **~bett** n letto m matrimoniale; **~bruch** m adulterio; **~frau** f moglie; **2lich** coniugale; Kind legìttimo
ehemalig ex, d'una volta; vecchio
Ehe|mann m marito; **~paar** n còniugi m/pl; **~partner** m consorte, còniuge
eher früher prima; vielmehr piuttosto; **je ~, desto besser** quanto prima tanto meglio
Ehe|ring m fede f; **~scheidung** f divorzio m; **~schließung** f matrimonio m
Ehr|e f onore m; **2en** onorare
ehren|amtlich a tìtolo onora-

rio; 2**bürger** m cittadino onorario; 2**gast** m òspite d'onore; 2**mitglied** n membro m onorario; 2**sache** f questione d'onore; 2**wort** n parola f d'onore

Ehr|**furcht** f venerazione, rispetto (**vor** per); ~**gefühl** n sentimento m d'onore; ~**geiz** m ambizione f; 2**geizig** ambizioso

ehrlich onesto; *aufrichtig* sincero; 2**keit** f onestà; sincerità

Ehrung f omaggio m

ehrwürdig veneràbile

Ei n uovo m; *Biol* òvulo m; ~**er** pl uova flpl; **hartes** ~ uovo sodo; **weiches** ~ uovo alla coque

Eibe f tasso m

Eiche f quercia

Eichel f ghianda

Eichhörnchen n scoiàttolo m

Eid m giuramento

Eidechse f lucèrtola

eidesstattlich: ~**e Erklärung** dichiarazione f giurata

Eidgenossenschaft f: **Schweizerische** ~ Confederazione elvetica

Eidotter m/n tuorlo m

Eier|**becher** m portauovo; ~**kuchen** m frittata f; ~**schale** f guscio m d'uovo; ~**stock** m ovaia f; ~**uhr** f contaminuti m

Eifer m zelo; fervore; ~**sucht** f gelosia; 2**süchtig** geloso

eifrig zelante; instancàbile

Eigelb n rosso m d'uovo

eigen proprio; *besondere* particolare; 2**art** f particolarità; ~**artig** strano; singolare; 2**bedarf** m proprio fabbisogno; ~**händig** di proprio pugno; ~**mächtig** arbitrario; 2**name** m nome proprio; ~**nützig** interessato

Eigen|**schaft** f qualità; 2**sinnig** ostinato; 2**tlich** proprio; vero; *avv* veramente; ~**tor** n *Sport* autogol m; ~**tum** n proprietà f; ~**tümer** m proprietario; ~**tumswohnung** f appartamento m in condominio; 2**willig** ostinato

eign|**en: sich ~ für** *od* **zu et** èssere adatto a qc; 2**ung** f attitùdine, idoneità; qualifica

Eilbote m: **durch** ~**n** per espresso

Eilbrief m espresso

Eile f fretta; **ich bin in ~** ho fretta

eilen *Sache* èssere urgente; **es eilt nicht** non c'è fretta

eilig frettoloso; *Sache* urgente; **es ~ haben** avere fretta

Eilzug m (treno) diretto

Eimer m secchio

ein ~, ~**e** uno, una; ~**er** *jemand* uno; **was für ~** ? che ...?; ~ **und derselbe** lo stesso; ~ **für alle Mal** una volta per sempre; **in ~em fort** di continuo

einander l'un l'altro; *gegenseitig* a vicenda

einarbeiten: sich ~ impratichirsi (**in** di)

einatmen inspirare
Einbahnstraße *f* strada a senso ùnico
Einband *m* copertina *f*
ein|bau|en installare; **2küche** *f* cucina componibile
einbehalten trattenere
Einbettzimmer *n* càmera *f* sìngola
ein|beziehen inclùdere; **~biegen** svoltare (*in* in; *nach links* a sinistra)
einbilden: *sich et ~* immaginarsi qc
Einbildung *f* immaginazione; *Anmaßung* presunzione
einbrech|en *Gebäude* fare irruzione (*in* in); **2er** *m* scassinatore
einbringen rèndere
Einbruch *m* scasso; *bei ~ der Nacht* sul calar della notte; **~diebstahl** *m* furto con scasso
Einbuße *f* pèrdita (*an* di)
einbüßen pèrdere; *an Wert ~* diminuire di valore
einchecken fare il check-in
ein|cremen spalmare la crema su; **~decken:** *sich ~ mit* provvedersi di
eindeutig chiaro, evidente
eindring|en penetrare (*in* in); **~lich** insistente
Eindruck *m* impressione *f*
ein|drücken ammaccare; **~druckvoll** impressionante
eineiig: *~e Zwillinge* *m/pl* gemelli monozigoti
eineinhalb uno e mezzo

einengen strìngere; *fig* limitare
einer → *ein*; **2** *m Rudern* sìngolo
einerlei: *das ist ~* è tutt'uno; **2** *n* monotonìa *f*
einerseits da una parte
einfach sémplice *schlicht:* modesto; *Mahlzeit* frugale; *leicht* fàcile; **2heit** *f* semplicità
einfädeln: *sich ~* infilarsi
einfahr|en entrare (*in* in); *Zug* essere in arrivo; **2t** *f* entrata; ingresso *m*; *Tor* portone *m*
Einfall *m Idee* idèa *f*; **2en** *einstürzen* crollare; *Mil* invàdere (*in ein Land* un paese); ... *fällt mir nicht ein* ... non mi viene in mente
Einfamilienhaus *n* casa *f* unifamiliare
ein|fangen acchiappare; **~farbig** unicolore; **~fetten** ùngere; *Tech* lubrificare
einfinden: *sich ~* trovarsi
ein|flößen *Angst* incùtere; **2flugschneise** *f* sentiero *m* di discesa
Einfluss *m* influenza *f*; **2reich** influente, potente
ein|förmig uniforme; monòtono; **~frieren** congelare; **~fügen** inserire
Einfuhr *f* importazione; **~bestimmungen** *f/pl* norme per l'importazione
einführen introdurre (*in* in); *Waren* importare

Einfuhrgenehmigung f permesso m d'importazione

Einfuhrverbot n divieto m d'importazione; **~zoll** m dazio d'importazione

Ein|gabe f domanda; a Tasten digitazione; **~gang** m ingresso, entrata f; e-r Sendung arrivo

ein|geben Daten immettere; fig ispirare; **~gebildet** immaginario; eitel presuntuoso; **Sgebung** f ispirazione

eingehen Brief arrivare; Stoff restringersi; Tier, Pflanze morire; **auf et ~** aderire a qc; **~d** Post in arrivo; adv gründlich a fondo

Eingemachte(s) n conserva f

einge|rostet arrugginito; **~schaltet** acceso; **~schneit** bloccato dalla neve; **~schrieben** raccomandato

Einge|ständnis n confessione f; **Sstehen** confessare

Eingeweide pl viscere f/pl

eingewöhnen: sich ~ abituarsi (in a)

ein|gießen versare; **~gipsen** ingessare; **~gleisig** a un binario; **~gliedern** incorporare; **~gravieren** incidere; **~greifen** intervenire; **~halten** mantenere; Termin rispettare, osservare; **~händigen** consegnare; **~hängen** Tel attaccare

einheimisch nativo; Erzeugnis nostrano; **Se(r)** f (m) nativo (-a f) m

Einheit f unità; **Slich** unitario; **~lichkeit** f uniformità; **~sgröße** f taglia ùnica; **~spreis** m prezzo ùnico

ein|heizen riscaldare; **~holen** j-n raggiùngere; Zeit riguadagnare; Segel ammainare

einig d'accordo

einige qualche; alcuni, alcune; **~ Tage** qualche giorno; **~mal** alcune volte

einigen: sich ~ méttersi d'accordo, accordarsi (auf su)

einig|ermaßen in certo qual modo; ziemlich abbastanza; **~es** qualcosa; un bel po'; **Skeit** f unione; Sung f unificazione; Vergleich accordo m

ein|jährig di un anno; **~kalkulieren** tener conto di; **Skauf** m spesa f, acquisto

einkaufen comprare, acquistare; **~ gehen** andare a fare la spesa

Einkaufs|bummel m giro dei negozi; **~preis** m prezzo d'acquisto; **~tasche** f borsa delle spese; **~wagen** m carrello da supermercato; **~zentrum** n centro m commerciale

einkehren fermarsi (per consumare qc) (in e-m Gasthaus in una trattorìa)

einklammern méttere tra parèntesi

Einklang m: **in ~ bringen** méttere d'accordo

einklemmen incastrare

Einkommen *n* rèddito *m*; **∼steuer** *f* imposta sul rèddito

ein|kreisen accerchiare; **Ⴒkünfte** *pl* entrate *f/pl*; **∼laden** *j-n* invitare; *Waren* caricare; **∼ladend** invitante; **Ⴒladung** *f* invito *m*

Einlage *f Programm*Ⴒ fuoriprogramma *m*; *Schuh*Ⴒ plantare *m*; **Suppe mit ∼** pastina *f* in brodo

Einlass *m* ingresso; **Ⴒen** lasciar entrare *od* passare; **sich auf et ∼** mettersi in qc

ein|laufen entrare; *Mar* entrare in porto; *Stoff* restrìngersi; **∼leben: sich ∼** ambientarsi (*in* in)

Einlege|arbeit *f* intarsio *m*; **Ⴒn** *in Öl/Essig* méttere sott'olio/sott'aceto; *Kfz Gang* innestare; *Film* introdurre; *Pause* fare; **∼sohle** *f* soletta

einleit|en introdurre; iniziare; **Ⴒung** *f* introduzione

einleuchten essere chiaro; **∼d** evidente

einliefer|n: ins Krankenhaus ∼ ricoverare; **Ⴒung** *f ins Krankenhaus* ricóvero *m*; **Ⴒungsschein** *m* ricevuta *f*

einloggen: sich ∼ *Computer* accedere (*in* a)

einlösen *Scheck* riscuòtere; *Versprechen* adémpiere

einmachen mettere in conserva

einmal una volta; *künftig* un giorno; **alle auf ∼** tutti insie-

me; *plötzlich* ad un tratto; **nicht ∼** nemmeno; **noch ∼** ancora una volta

Einmal|eins *n* tàvola *f* pitagòrica; F tabellina *f*; **∼handschuhe** *m/pl* guanti monouso

einmalig ùnico; *einzigartig* straordinario

einmieten: sich ∼ prèndere alloggio (*bei* da, presso)

einmischen: sich ∼ immischiarsi (*in* in)

einmotorig monomotore

einmünd|en *Straße, Fluss* sboccare, imboccare (*in* in); **Ⴒung** *f* imbocco *m*

einmütig unànime

Einnahme *f Hdl* entrata

einnehmen *Geld* ricévere; *Arznei* prèndere; *Platz* occupare

Einöde *f* deserto *m*

einordnen: *Kfz* **sich ∼** méttersi in corsìa

ein|packen impacchettare; *in Papier* incartare; *in den Koffer* méttere nella valigia; **∼parken** parcheggiare; **∼pflanzen** piantare; **∼planen** progettare

einprägen: sich et ∼ memorizzare qc

einquartieren alloggiare (*bei* presso); **sich ∼** prèndere alloggio (*bei* presso)

ein|rahmen incorniciare; **∼räumen** disporre; *zugeben* concèdere

Einreib|emittel *n* linimento

m; 2en frizionare

einreden: *j-m et* ~ far crédere qc a qu

einreichen presentare

einreihig *Anzug* ad un petto

Einreise f entrata; ~**erlaubnis** f permesso m d'entrata

einreisen entrare (**in** in)

einrenken Med riméttere a posto

einrichten Zimmer arredare; **es so** ~, **dass** fare in modo che (+ cong); 2**ung** f arredamento m; Institution istituzione

eins uno; **um** ~ all'una

einsam Person solo; Ort isolato; 2**keit** f solitúdine

einsammeln raccógliere

Einsatz m impiego; Spiel 2 posta f; Mil azione f; **im** ~ **sein** èssere in azione; 2**bereit** pronto

einscannen EDV scannerizzare

einschalten Licht, Radio, TV accèndere; **sich** ~ intervenire (**in** in); 2**quote** f índice m di ascolto

ein|schätzen valutare; ~**schenken** versare; ~**schicken** inviare; ~**schieben** introdurre; inserire

einschiffen: **sich** ~ imbarcarsi; 2**ung** f imbarco m

ein|schlafen addormentarsi; ~**schläfern** addormentare; ~**schlagen** Nagel conficcare; in Papier incartare; Weg prèndere; Scheibe frantumare; Tür sfondare; Blitz cadere (**in** su)

einschließen rinchiùdere; umgeben circondare; fig inclùdere; 2**lich** compreso

einschmuggeln introdurre di contrabbando

einschneiden tagliare; ~**d** fig incisivo

Einschnitt m incisione f; fig svolta f

einschränken limitare, ridurre; **sich** ~ limitarsi nelle spese; 2**ung** f limitazione

Einschreiben n (E) raccomandata f (racc.); **als** ~ per raccomandata

einschreiben: **sich** ~ iscríversi (**für** a); 2**ung** f iscrizione

ein|schreiten intervenire; ~**schüchtern** intimidire

ein|sehen verstehen comprèndere; Fehler riconóscere; ~**seifen** insaponare; ~**seitig** unilaterale

einsenden inviare; 2**er** m mittente; 2**ung** f invío m

einsetzen inserire; aufwenden impiegare; beginnen cominciare; **sich** ~ **für** adoperarsi per

Einsicht f comprensione f; 2**ig** comprensivo

ein|sinken sprofondare (**in** in); ~**sparen** risparmiare; ~**sperren** imprigionare

einspringen supplire (**für** j-n qu)

Einspritz|düse f iniettore m;

2en iniettare; **motor** m motore a iniezione; **pumpe** f pompa d'iniezione

Einspruch m protesta f; **~ erheben** protestare

einspurig Straße a una corsìa; Esb a un solo binario

einstecken in die Tasche intascare; Brief imbucare; fig incassare

einsteigen salire (**in** su); Esb **~!** in carrozza!

einstellen Geräte regolare; Zündung méttere in fase; Personal assùmere; aufhören terminare; **sich auf et ~** prepararsi a qc

Einstellung f Haltung attitùdine (**zu** verso); **~sgespräch** m colloquio m per assunzione

ein|stimmig unànime; **~stöckig** a un solo piano; **~stufen** classificare; **~stündig** di un'ora; **~sturz** m crollo; **~stürzen** crollare; 2**sturzgefahr** f perìcolo m di crollo

einstweil|en per ora; frattanto; **~ig** temporàneo

ein|tägig di un giorno; **~tauschen** cambiare (**gegen** con)

einteil|en dividere; Zeit distribuire; **~ig** di un pezzo; 2**ung** f divisione; v Geld, Zeit uso m parsimonioso

eintönig monòtono

Eintopf m minestrone

Ein|trag m nota f; registrazione f; 2**tragen** registrare;

2**träglich** lucrativo

eintreffen ankommen arrivare; sich erfüllen avverarsi

eintreten entrare (**in** in); sich ereignen avvenire; **für j-n, et ~** difèndere la causa di qu, qc

Eintritt m entrata f; ingresso; **~ frei** ingresso lìbero; **~ verboten** vietato l'ingresso; **~skarte** f biglietto m d'ingresso; **~sgeld** n; **~spreis** m ingresso

eintrocknen seccarsi

einverstanden: ~ sein èssere d'accordo (**mit et** su qc; **mit j-m** con qu); **~!** d'accordo!

Einverständnis n approvazione f; accordo m

Einwand m obiezione f (**gegen a**)

Einwander|er m immigrante; 2n immigrare; **~ung** f immigrazione

einwandfrei impeccàbile; irrefutàbile; senza difetti

Einweg|flasche f vuoto m a pèrdere; **~spritze** f siringa monouso

einweichen Wäsche mèttere in ammollo

einweih|en inaugurare; **j-n in et ~** confidare qc a qu; 2**ung** f inaugurazione

einweisen ins Krankenhaus ricoverare; in e-e Arbeit addestrare, avviare (**in** in)

einwenden obiettare

einwerfen Brief imbucare; Münze introdurre

einwickeln avvòlgere; in Pa-

pier incartare
einwillig|en consentire (*in* a); **2ung** *f* consenso *m*
einwirken agire (*auf* su)
Einwohner|(in *f*) *m* abitante *m/f*; **~meldeamt** *n* anàgrafe *f*; **~zahl** *f* nùmero *m* degli abitanti
Einwurf *m* introduzione *f*; *Öffnung* buca *f*; fessura *f*; *Sport* rimessa *f* in gioco
Einzahl *f* singolare *m*
einzahl|en pagare, versare; **2ung** *f* pagamento *m*, versamento *m*
Einzäunung *f* recinto *m*
Einzel *n Tennis* singolo *m*; **~fall** *m* caso isolato; **~gänger** *m* solitario; **~handel** *m* commercio al minuto; **~heit** *f* dettaglio *m*; **~kabine** *f* cabina singola; **~kind** *n* figlio (-a *f*) ùnico (-a *f*)
einzeln solo; sìngolo; *im* **2en** in particolare; *der/die* **2e** individuo *m*; **~** **eintreten** entrare uno alla volta
Einzel|person *f* sìngole *m*; **~stück** *n* pezzo *m* ùnico; **~teil** *n* pezzo *m* staccato
Einzelzimmer *n* càmera *f* sìngola; **~zuschlag** *m* supplemento per una càmera sìngola
einziehen ritirare; *Mil* chiamare sotto le armi; *Antenne* far rientrare; *Erkundigungen* informarsi; *in e-e Wohnung* andare ad abitare (*in* in); *Flüssigkeit* penetrare (*in* in)

einzig ùnico; **2e** *m/f* ùnico (-a *f*); **kein 2er** nessuno; **~artig** ùnico
einzuckern inzuccherare
Eis *n* ghiaccio *m*; *Speise2* gelato *m*; *e-e Portion* ~ un gelato; **~** *am Stiel* gelato da passeggio; **~** *laufen* pattinare; **~bahn** *f* pista di pattinaggio; **~bär** *m* orso bianco; **~becher** *m* coppa *f* di gelato; **~berg** *m* iceberg; **~bergsalat** *m* insalata *f* Iceberg; **~diele** *f* gelateria
Eisen *n* ferro *m*
Eisen|bahn *f* ferrovìa; *Zug* treno *m*; **~erz** *n* (minerale *m* di) ferro *m*; **~bahnfähre** *f* traghetto *m* ferroviario; **~waren** *f/pl* ferramenta *f*
eisern di ferro; *fig* fèrreo
eis|gekühlt ghiacciato; **2hockey** *n* hockey *m* su ghiaccio; **~ig** gèlido
Eis|kaffee *m* caffè freddo con panna e gelato; **2kalt** gèlido; **~kunstlauf** *m* pattinaggio artìstico; **~laufen** *n Sport* pattinaggio *m*; **~läufer(in** *f*) *m* pattinatore (-trice *f*) *m*; **~pickel** *m* piccozza *f*; **~schnelllauf** *m* pattinaggio a velocità; **~tee** *m* tè freddo; **~verkäufer** *m* gelataio; **~würfel** *m* cubetto di ghiaccio; **~zapfen** *m* ghiacciolo; **~zeit** *f* era glaciale
eitel vanitoso; **2keit** *f* vanità
Eiter *m* pus; **2n** suppurare
eitrig purulento

empfindlich

Eiweiß n chiaro m d'uovo; Biol proteìna f

Ekel m nàusea f (**vor** di); **Ωhaft, Ωig** ripugnante; **Ωn** nauseare, stomacare; **sich ~** stomacarsi (**vor** di)

EKG, Ekg n (Elektrokardiogramm) E.C.G. m (elettrocardiogramma)

Ekstase f èstasi

Ekzem n eczema m

Elan m slancio

elastisch elàstico

Elba n Insel Isola f d'Elba

Elbe f Fluss Elba m

Elch m alce; **~test** m test dell'alce

Elefant m elefante

elegan|t elegante; **Ωz** f eleganza

Elektriker m elettricista

elektrisch elèttrico; **~er Schlag** m scossa f elèttrica

Elektrizität f elettricità; **~swerk** n centrale f elèttrica

Elektro|gerät n elettrodomèstico m; **~geschäft** n negozio m di elettrodomèstici; **~herd** m cucina f elèttrica; **~motor** m elettromotore m

Elektronenblitz m lampo elettrònico

Elektro|nik f elettrònica; **Ωnisch** elettrònico; **~rasierer** m rasoio elèttrico; **~technik** f elettrotècnica

Element n elemento m

elementar elementare

elend mìsero; **Ω** n miseria f; **Ωsviertel** n quartiere m dei pòveri; slum m

Elfenbein n avorio m

Elfmeter m calcio di rigore

Ell(en)bogen m gómito m

Elster f gazza

Eltern pl genitori m/pl; **Ωlos** òrfano

E-Mail f EDV e-mail m od f, posta elettrònica f; **~-Adresse** f indirizzo m e-mail

Email n, **Emaille** f smalto m

Emanzipation f emancipazione

Embargo n embargo m

Embryo m embrione m

Empfang m ricevimento; Rdf, TV ricezione f; im Hotel réception f; **et in ~ nehmen** prèndere in consegna qc; **Ωen** ricévere; Person accògliere

Empfänger m v Post destinatario; Rdf, TV ricevitore; **Ωlich** sensìbile (**für** a)

Empfängnis|verhütung f contraccezione; **Ωverhütend** anticoncezionale

Empfangs|bestätigung f ricevuta; **~büro** n ricezione f; **~chef(in** f) m direttore (-trice f) m di ricezione

empfehl|en raccomandare; **~enswert: es ist ~** è raccomandàbile (fare qc); **Ωung** f raccomandazione; **Ωungsschreiben** n lèttera f di raccomandazione

empfinden sentire

empfindlich sensìbile (**gegen** a), delicato; fig Person suscettìbile

Empfindung f sensazione; *Gefühl* sentimento m

empören indignare; *sich ~* indignarsi, arrabbiarsi (*über* per); **~d** scandaloso

empört indignato (*über* di); **ung** f indignazione

Ende n fine f, tèrmine m; *räumlich* estremità f; *~ April* alla fine di aprile; *am ~* alla fine; *letzten ~s* alla fin fine; *zu ~ sein* èssere finito; *zu ~ gehen* stare per finire (*a Vorräte*); **2n** finire, terminare

Endergebnis n risultato m finale; **2gültig** definitivo; **.haltestelle** f capolìnea m

Endivie f indìvia

Endkampf m Sport finale f; **.lager** n stoccàggio m finale; **2lich** finalmente; **2los** senza fine; *räumlich* infinito; **.punkt** m tèrmine; **.reinigung** f Ferienhaus (servìzio di) m pulizìa finale; **.spiel** n Sport finale f; **.station** f capolìnea m

Energie f energìa; **.versorgung** f rifornimento m d'energìa

energisch enèrgico

eng stretto; *Freundschaft* ìntimo; *~er machen* restrìngere

Engadin n (l') Engadìna f

engagieren ingaggiare; *sich ~* impegnarsi

Enge f strettezza; *in die ~ treiben* méttere alle strette

Engel m àngelo

England n (l') Inghilterra f; **.länder(in** f) m inglese m/f; **2lisch** inglese

Engpass m strettoia f; fig difficoltà f

engstirnig limitato

Enkel(in f) m nipote m/f

enorm enorme

Ensemble n Thea, Mus complesso m

entbehren vermissen mancare di; *auskommen ohne* fare a meno di; **.lich** supèrfluo; **2ung** f bisogno m

entbinden partorire; *j-n von et ~* esonerare qu da qc; **2ung** f Med parto m; fig dispensa (*von* da)

entdecken scoprire; **2er** m scopritore; **2ung** f scoperta

Ente f ànatra

enteignen espropriare; **2ung** f espropriazione

enteisen sbrinare

enterben diseredare

entfallen wegfallen èssere sospeso; fig *j-m ~* sfuggire a qu (di mente); *auf j-n ~* toccare a qu

entfalten spiegare; *sich ~* svilupparsi

entfernen tògliere; *Fleck* levare; *sich ~* allontanarsi (*von* da); **.t** lontano; distante; **2ung** f distanza; **2ungsmesser** m telèmetro

entfliehen fuggire; **.fremden** alienare

entführen rapire; **2er** m rapitore; **2ung** f rapimento m

entgegen *prp* contrariamente a; **~gehen** andare incontro (*j-m* a qu); **~gesetzt** opposto; **~kommen** venire incontro (*j-m* a qu) (*a fig*); **2kommen** *n* compiacenza *f*; **~kommend** amàbile; **~nehmen** accògliere; **~sehen** attèndere (*e-r Sache* qc); **~treten** opporsi (*et* a qc)

entgegnen replicare; **2ung** *f* rèplica

entgehen sfuggire (*e-r Gefahr* a un perìcolo); **sich** *et* **nicht ~ lassen** non lasciarsi sfuggire qc; **das ist mir entgangen** ciò mi è sfuggito

Entgelt *n* in compenso *m*; indennizzo *m*

entgleisen *Esb* deragliare

entgräten spinare

Enthaarungsmittel *n* depilatorio *m*

enthalt|en contenere; **sich ~** astenersi (*e-r Sache* da qc); **~sam** sobrio

enthüllen *Denkmal* scoprire; *Geheimnis* rivelare

enthusiastisch entusiàstico

ent|kalken decalcificare; **~kommen** scappare; **~korken** sturare; **~kräften** estenuare; *fig* invalidare

entladen scaricare

entlang: **~ der Straße, die Straße ~** lungo la strada

entlarven smascherare

entlass|en *Arbeiter* licenziare; *Häftling* scarcerare; *aus dem Krankenhaus* diméttere;

2ung *f* licenziamento *m*

entlast|en liberare (**von** da); *jur* deporre a discàrico di; **2ung** *f jur* discàrico *m*; **2ungszeuge** *m* testimone a discàrico

entledigen: **sich ~** disfarsi, liberarsi (*e-r Sache* di qc)

entlegen fuori mano

ent|leihen prèndere in prèstito; **~lohnen** pagare **2ung** *f*

entlüft|en aerare; **2ung** *f* aerazione;   ventilazione; **2ungsanlage** *f* impianto *m* di ventilazione

ent|mutigen scoraggiare; **~nehmen** prèndere (*aus* da); *ersehen* apprèndere (da); **~rahmt** scremato; **~reißen** strappare

entrüst|en: **sich ~** indignarsi (*über* per); **2ung** *f* indignazione

Entsafter *m* centrìfuga *f*

entschädig|en indennizzare (*für* di); **2ung** *f* indennità, indennizzo *m*

entscheid|en decìdere; **sich ~** decìdersi; **~end** decisivo; **2ung** *f* decisione

entschließen: **sich ~** risòlversi (*et zu tun* a fare qc)

entschlossen risoluto; **2heit** *f* risolutezza *f*

Entschluss *m* decisione *f*, risoluzione *f*; **e-n ~ fassen** prèndere una decisione

entschlüsseln decifrare

entschuldigen scusare; **sich ~** scusarsi (*wegen et* di qc);

~ Sie! scusi!
Entschuldigung f scusa; **~!** scusi!
Entsetz|en n orrore m; **2lich** orribile; terribile; **2t: ich bin ~** sono spaventato
Entsorgung f smaltimento m
entspannen: sich ~ rilassarsi, riposarsi
Entspannung f relax m, riposo m; Pol distensione
entsprech|en corrispóndere a; **~end** corrispondente; **Ihrem Wunsch ~** conforme al Suo desiderio
entspringen Fluss nàscere; fig provenire da
entsteh|en nàscere (aus da); formarsi; **2ung** f nàscita, formazione
entstell|en sfigurare; fig svisare; **~t** sfigurato
enttäusch|en delùdere; **~t** deluso; **2ung** f delusione
entwaffnen disarmare
entweder: ~ oder o ... o
ent|weichen Luft, Gas fuoriuscire; **~wenden** sottrarre; **~werfen** abbozzare; **~werten** annullare, obliterare; **2werter** m obliteratore
entwick|eln sviluppare (a Fot); **sich ~** svilupparsi; **2ler** Fot m sviluppatore; **2lung** f sviluppo m; **2lungsland** n paese m in via di sviluppo
ent|wirren districare; **~wischen** scappare; **~würdigend** umiliante

Entwurf m Plan piano; Skizze abbozzo
entzieh|en ritirare; **sich ~** sottrarsi (a); **2ungskur** f cura di disintossicazione
entziffern decifrare
entzückend incantévole
Entzug m ritiro; Drogen2 disassuefazione f
entzünd|en accèndere; **sich ~** Med infiammarsi; **2ung** f Med infiammazione
entzwei rotto; **~en: sich mit j-m ~** rómperla con qu; **~gehen** rómpersi
Enzian m genziana f
Enzym n enzima m
Epidemie f epidemìa
Epilepsie f epilessìa
Epoche f època
er lui, egli; **~selbst** lui stesso; **da ist ~** èccolo
Erachten n: **meines ~s** a mio parere
Erbanlage f fattore m ereditario
erbarmen: sich ~ avere pietà di; **2 n** pietà f
erbärmlich misero, pietoso; gemein meschino
erbarmungslos spietato
erbau|en edificare; **2er** m edificatore; costruttore
Erbe 1. n eredità f; **2.** m erede; **2n** ereditare
erbeuten predare
Erbgut n Biol patrimònio m (genètico) ereditàrio
erbieten: sich ~ offrirsi (et zu tun di fare qc)

Erbin f erede

erbitten sollecitare (*et von j-m* qc da qu)

erbittert esasperato; *Kampf* accanito

erblassen impallidire

erblich ereditario

erblicken scòrgere

erblinden diventare cieco

erbost arrabbiato

erbrechen: ~ *u sich* ~ vomitare; 2 *n* vòmito *m*

Erbschaft f eredità

Erbsen f/pl piselli *m/pl*

Erd|ball *m* globo terrestre; ~**beben** *n* terremoto *m*; ~**beere** f fràgola; ~**boden** *m* suolo; terra f

Erde f terra

erden *El* méttere a terra

erdenklich immaginàbile

Erd|gas *n* gas *m* naturale; ~**geschoss** *n* pianterreno *m*; ~**kunde** f geografìa; ~**nüsse** f/pl aràchidi; ~**öl** *n* petrolio *m*; ~**reich** *n* terra f

erdrosseln strangolare

erdrücken schiacciare

Erd|rutsch *m* frana f; ~**stoß** *m* scossa f (sìsmica); ~**teil** *m* continente

erdulden sopportare

ereignen: *sich* ~ avvenire

Ereignis *n* avvenimento *m*; 2**reich** ricco di avvenimenti

erfahren apprèndere; (venire a) sapere; *spüren* provare; ~ *in* et esperto in qc

Erfahrung f esperienza; *Übung* pràtica (*in* et di qc);

aus eigener ~ per esperienza propria; *in* ~ *bringen* venire a sapere

erfassen *einbeziehen* inclùdere; *verstehen* comprèndere

erfind|en inventare (*a fig*); 2**er(in** f) *m* inventore (-trice f) *m*; ~**erisch** ingegnoso; 2**ung** f invenzione

Erfolg *m* successo; *Ergebnis* risultato; 2**en** *stattfinden* succèdere; 2**los** inùtile; *adv* senza successo; 2**reich** *adv* con successo

erforder|lich necessario; ~**n** richièdere, esìgere

erforschen studiare; *Land* esplorare

erfreuen rallegrare (*j-n* qu)

erfreulich piacévole; ~**erweise** per fortuna

erfreut lieto (*über* di)

erfrieren morire di freddo

erfrisch|en rinfrescare; 2**ung** f rinfresco *m*; 2**ungsraum** *m* bar *m*, buffè; 2**ungstuch** *n* salviettina f rinfrescante

erfüllen *Bitte* esaudire; *Pflicht, Aufgabe* adémpiere; *sich* ~ avverarsi

Erfüllung f: *in* ~ *gehen* realizzarsi

ergänz|en completare; 2**ung** f completamento *m*

ergeben *erbringen* réndere, fruttare; *per es* ~ *folgen* seguire (*aus* da); *sich hingeben* darsi (*a*)

Ergebnis *n* risultato *m*; 2**los** senza risultato

ergiebig produttivo

ergreifen afferrare; *Täter* catturare; *Gelegenheit* cògliere; *Beruf* abbracciare; *rühren* commuòvere; **die Flucht ~** darsi alla fuga; **das Wort ~** prèndere la paròla; **~d** commovente

ergriffen commosso; **2heit** f commozione

ergründen sondare

erhaben *erhöht* elevato; *fig* sublime

erhalten ricévere; *bewahren* mantenere; **gut ~** in buono stato

erhältlich in véndita

erhängen: sich ~ impiccarsi

erheben *hochheben* alzare; *Gebühr* riscuòtere; *jur Anspruch* intentare; **sich ~** *aufstehen* alzàrsi; *emporragen* levàrsi

erheblich considerévole

Erhebung f *Anhöhe* elevazione

erheitern rasserenare

erhitzen riscaldare

erhoffen sperare in

erhöh|en rialzare; *Preis* aumentare; **2ung** f *fig* aumento *m*; elevazione

erhol|en: sich ~ riméttersi (**von** da); *im Urlaub* riposàrsi; **2ung** f ricreazione; riposo *m*

Erholungs|heim *n* casa f di riposo; **~pause** f pausa; **~zentrum** *n* centro *m* ricreativo

erinnern: j-n an et ~ ricordare qc a qu; **sich ~** ricordàrsi (**an et** di qc *od* qc)

Erinnerung f ricordo *m*; **zur ~** in ricòrdo (**an** di)

erkälten: sich ~ raffreddàrsi; **erkältet sein** èssere raffreddato

Erkältung f raffreddore *m*

erkenn|bar riconoscìbile; **~en** riconóscere (**an** di); *wahrnehmen* distìnguere

erkenntlich: sich ~ zeigen mostràrsi riconoscente (**für** per)

Erkenntnis f conoscenza; *Einsicht* riconoscimento *m*

Erkennungszeichen *n* contrassegno *m*

Erker *m* sporto

erklär|en *erläutern* spiegare; *bekanntmachen* dichiarare; **~lich** comprensìbile; **2ung** f spiegazione; dichiarazione

erkranken ammalàrsi (**an** di); **2ung** f malattìa

erkundigen: sich nach et ~ chièdere informazioni su qc (**bei j-m** a qu)

Erkundigung f informazione

erlangen ottenere

Erlass *m* decreto

erlassen *Gebühren* esonerare (**j-m et** qu da qc); *Strafe* condonare; *Verordnung* emanare

erlaub|en permèttere; **2nis** f permesso *m*

erläutern spiegare

Erle f ontano *m*

erpressen

erleb|en vedere; provare; vìvere; **2nis** *n* esperienza *f*; **2nispark** *m* parco di divertimenti

erledig|en sbrigare; **~t** sbrigato; *erschöpft* sfinito; **2ung** *f* disbrigo *m*

erleichter|n alleggerire; *Aufgabe* facilitare; **~t** sollevato; **2ung** *f* sollievo *m*

erleiden soffrire

erlernen imparare

erlesen *adj* squisito

erleucht|en illuminare; **2er** *f Idee* ispirazione

erliegen soccòmbere a; *Verkehr* **zum 2 kommen** èssere paralizzato

erlogen inventato

Erlös *m* ricavo

erloschen *Vulkan* spento

erlöschen spègnersi; *verfallen* scadere

erlös|en liberare (**von** da); *Rel* redìmere; **2er** *m Rel* Redentore; **2ung** *f Rel* redenzione

ermächtig|en autorizzare (**zu** a); **2ung** *f* autorizzazione

ermahn|en ammonire; **2ung** *f* ammonizione

ermäßig|en ridurre; **~t** ridotto; **2ung** *f* sconto *m*, ribasso *m*, riduzione

ermessen *beurteilen* giudicare; **nach Ihrem 2** a Suo parere

ermitteln scoprire; rintracciare; **gegen j-n ~** *jur* indagare su qu

Ermittlungen *f/pl* indàgini, ricerche

ermöglichen rèndere possìbile, perméttere

ermord|en assassinare; **2ung** *f* assassinio *m*

ermüd|en stancare; **~end** faticoso; **2ung** *f* fatica

ermuntern incoraggiare (**zu** a)

ermutig|en incoraggiare; **~end** incoraggiante; **2ung** *f* incoraggiamento *m*

ernähr|en nutrire; **2ung** *f Nahrung* alimentazione

ernenn|en nominare (**j-n zum Direktor** qu direttore); **2ung** *f* nòmina

erneuer|n rinnovare; **2ung** *f* rinnovamento *m*

erneut di nuovo

erniedrigen umiliare

ernst serio; *Krankheit* grave; **~ nehmen** prendere sul serio

Ernst *m* serietà *f*; gravità *f*; **im ~** sul serio; **~fall** *m*: **im ~** in caso d'emergenza; **2haft**, **2lich** serio

Ernte *f* raccolta; **2n** raccògliere

ernüchtert disilluso

erober|n conquistare; **2ung** *f* conquista

eröffn|en aprire; *feierlich* inaugurare; **2ung** *f* apertura; inaugurazione

erörtern discùtere

Erot|ik *f* erotismo *m*; **2isch** eròtico

erpress|en *j-n* ricattare; *Geld*

estorcere; **2er(in** f) m ricattatore (-trice f) m; **2ung** f ricatto m; estorsione

erraten indovinare

erregbar: leicht ~ irritabile

erreg|en eccitare; *erzürnen* irritare; *erwecken* suscitare; **2er** m Med germe patògeno; **~t** eccitato, irritato; **2ung** f eccitazione; irritazione

erreich|bar raggiungibile; **~en** *im Ziel* raggiùngere; *arrivare a*; *Zug* riuscire a prèndere; *erlangen* ottenere

errichten erìgere

erröten arrossire

Errungenschaft f conquista; F *Anschaffung* acquisto m

Ersatz m sostituzione f; *Schaden*2 indennizzo; **als~ für** in sostituzione di; **~mann** m supplente, sostituto; *Sport* riserva f; **~reifen** m pneumàtico di scorta; **~teil** n (pezzo m di) ricambio m

erscheinen apparire; comparire; *Zeitung* uscire

Erscheinung f fenòmeno m

erschießen uccìdere (con arma da fuoco)

erschlagen ammazzare; F **~ sein** èssere sfinito

erschöpf|en affaticare, spossare, esaurire; **~t** esausto; *a Vorräte* esaurito; **2ung** f esaurimento m

erschrecken spaventarsi; *j-n* spaventare; **~d** spaventoso

erschütter|n scuòtere; *fig* sconvòlgere; **~t** sconvolto;

2ung f scossa; *fig* commozione

erschweren rèndere più difficile

erschwinglich alla portata (di)

ersetz|bar sostituìbile; **~en** sostituire; *Unkosten* rimborsare; *j-m et~* risarcire qc a qu

ersichtlich evidente

erspar|en risparmiare (*a* fig *j-m et* qc a qu); **2nis** f risparmio m (*an* di); **~se** pl economie f/pl

erst *zuerst* prima; *anfangs* all'inizio; **gerade ~** solo; appena; **~ gestern** soltanto ieri; **~ recht** più che mai

erstatten *Unkosten* rimborsare; *Bericht* fare un rapporto; *Anzeige* denunciare

Erstaufführung f prima (rappresentazione)

Erstaunen n stupore m; **in ~ (ver)setzen** stupire

erstaun|lich sorprendente; **~t** stupito

erste primo, prima; **am ~n Juni** il primo giugno; **~r Klasse** di prima classe; **~ Hilfe** f pronto soccorso m; **fürs 2** per il momento; **der 2beste** il primo venuto; **zum ~n Mal** per la prima volta

erstechen accoltellare

erstehen acquistare

ersteigen scalare

erstens in primo luogo

ersticken soffocare

erst|klassig di prima qualità; *Hotel* di prima categorìa; **~mals** per la prima volta

erstreben aspirare a; **~swert** desideràbile

erstrecken: sich ~ estèndersi (*bis zu* od **an** fino a)

ersuchen chièdere (*j-n um et* qc a qu); pregare

ertappen sorprèndere; *auf frischer Tat ~* cògliere sul fatto

erteilen dare

Ertrag *m* provento; ùtile *m*; *Agr* raccolto

ertragen sopportare; *nicht zu ~* insopportàbile

erträglich sopportàbile

ertränken affogare

ertrinken annegare

erübrigen *Geld* risparmiare; *Zeit* riservare; *es erübrigt sich* è supèrfluo (*et zu tun* fare qc)

erwachen svegliarsi; 2 *n* risveglio *m*

erwachsen adulto; **2e(r)** *f* (*m*) adulto (-a *f*) *m*

erwägen ponderare; considerare

Erwägung *f* considerazione; *et in ~ ziehen* prèndere qc in considerazione

erwähnen menzionare

erwärmen riscaldare

erwarten aspettare, attèndere; *das war zu ~* c'era da aspettàrselo

Erwartung *f* attesa; **~en** *pl* aspettative

erwecken *Verdacht* suscitare; *Vertrauen* ispirare; *Eindruck* dare

erweisen *Dienst, Ehre* rèndere; *sich ~ als* (di)mostrarsi come

erweitern allargare

Erwerb *m* acquisto; 2en acquistare; comprare; *Fähigkeiten* acquisire

erwerbs|los disoccupato; **~tätig** attivo; **~unfähig** inàbile al lavoro

erwidern replicare; *Gruß* ricambiare; **2ung** *f* rèplica

erwischen acchiappare; *Zug* riuscire a prèndere; *ertappen* sorprèndere

erwünscht desiderato

erwürgen strozzare

Erz *n* minerale *m* metàllico

erzähl|en raccontare; **2ung** *f* racconto *m*

Erz|bischof *m* arcivéscovo; **~engel** *m* arcàngelo

erzeug|en produrre; *hervorrufen* far nàscere; **2nis** *n* prodotto *m*

erzieh|en educare; **2er(in** *f*) *m* educatore (-trice *f*); maestro (-a *f*); **2ung** *f* educazione

erzielen ottenere

erzürnen far arrabbiare

erzwingen ottenere con la forza

erzwungen forzato

es lo, la; *ich bin ~* sono io; *~ ist spät* è tardi; *~ gibt* c'è, ci sono: ~ *klopft* bùssano alla porta

Esche f fràssino m

Esel m àsino

Espe f trèmula

essbar mangiàbile; *Pilz* commestìbile

Essbesteck n posate f/pl

essen mangiare; *zu Mittag ~* pranzare; *zu Abend ~* cenare

Essen n mangiare m; cibo m; *Mahlzeit* pasto m

Essig m aceto; **~gurke** f cetriolino m sott'aceto

Ess|löffel m cucchiaio; **~waren** f commestìbili m/pl; **~zimmer** n sala f da pranzo

Estragon m dragoncello

Etage f piano m; **~nbett** n letto m a castello

Etappe f tappa

Etat m bilancio

Etikett n etichetta f

etliche alcuni, parecchi

Etui n astuccio m

etwa circa; **~ig** eventuale

etwas qualcosa; *ein wenig* un po' (di)

EU f (*Europäische Union*) UE (*Unione Europea*)

euch voi; a voi; vi

euer (il) vostro, (la) vostra; *eure* pl (i) vostri, (le) vostre

Eule f civetta

EU-Mitgliedstaat m Stato membro dell'Unione Europea

euretwegen per voi

Euro m *Währung* euro; **~cent-**

~münze f eurocent m

Europa n (l') Europa f

Europä|er(in f) m europèo (-a f); **2isch** europèo

Eurocheque m eurocheque

Euter n mammella f

e.V. (*eingetragener Verein*) associazione registrata

evakuieren *Gebiet* evacuare; *Menschen* sfollare

evangelisch protestante

Evangelium n Vangelo m

eventuell eventuale; *adv* eventualmente

ewig eterno; **2keit** f eternità

exakt esatto

Examen n esame m

Exemplar n esemplare m; *Druckerzeugnis* copia f

Exil n esilio m

Exist|enz f esistenza; **2ieren** esistere; **~enzminimum** n mìnimo m per vivere

Exkursion f escursione

exotisch esòtico

Expedition f spedizione

Experiment n esperimento m; **2ieren** sperimentare

Experte m, **Expertin** f esperto (-a f) m, perito (-a f) m

explo|dieren esplòdere, scoppiare; **2sion** f esplosione

Export n esportazione f; **~handel** m commercio con l'èstero; **2ieren** esportare

extra *getrennt* a parte; *eigens* proprio; *zusätzlich* in più; *die* **2s** n/pl gli extra m/pl

Extrakt m estratto

extrem estremo; 2**ist** *m* estremista; 2**sport** *m* sport estremo

Exzess *m* eccesso
Eyeliner *m* matita *f* per gli occhi

F

Fabel *f* fàvola; 2**haft** stupendo
Fabrik *f* fàbbrica; **~ant(in** *f*) *m* fabbricante *m/f*; **~arbeiter** (**in** *f*) *m* operaio (-a *f*) *m*
Fabrikat *n* prodotto *m*
Fabrikationsfehler *m* difetto di fabbricazione
Fach *n* scomparto *m*; *Regal* 2 ripiano *m*; *Unterrichts* 2 materia *f*; **~arbeiter(in** *f*) *m* operaio (-a *f*) *m*; **~arzt** *m*, **~ärztin** *f* (mèdico) specialista *m/f*; **~ausdruck** *m* tèrmine tècnico; **~buch** *n* libro *m* specializzato
Fächer *m* ventaglio
Fach|frau *f* specialista, esperta; **~gebiet** *n* campo *m*, ramo *m*; **~geschäft** *n* negozio *m* specializzato; **~kenntnisse** *f/pl* conoscenze speciali; **~mann** *m* specialista, esperto; **~werkhaus** *n* casa *f* a intelaiatura
Fackel *f* fiàccola
fad(e) insìpido; *fig* noioso
Faden *m* filo; **~nudeln** *f/pl* capelli *m/pl* d'àngelo
fähig capace (*zu* di, a); 2**keit** *f* capacità
fahnd|en ricercare (*nach j-m* qu); 2**ung** *f* ricerca (*nach* di)

Fahne *f* bandiera
Fahrbahn *f* carreggiata
Fähre *f* traghetto *m*
fahren andare (*mit dem Auto* in màcchina); *lenken* guidare; *befördern j-n* portare; *et* trasportare; *ab-* partire (*nach* per); **~ über** passare per
Fahrer(in *f*) *m* conducente *m/f*; **~flucht** *f* fuga del conducente
Fahr|gast *m* passeggero; **~gestell** *n* *Kfz* telaio *m*
Fahrkarte *f* biglietto *m*; **~automat** *m* distributore automàtico di biglietti; **~nschalter** *m* biglietteria *f*
fahrlässig negligente; ignorante; 2**keit** *f* trascuratezza
Fahrplan *m* orario; 2**mäßig** in orario
Fahrpreis *m* prezzo del biglietto; **~ermäßigung** *f* riduzione sul prezzo del biglietto
Fahrrad *n* bicicletta *f*; **~kette** *f* catena della bicicletta; **~mantel** *m* vom *Reifen* copertone; **~verleih** *m* noleggio di biciclette; **~weg** *m* pista *f* ciclàbile
Fahrschein *m* biglietto
Fährschiff *n* traghetto *m*

Fahr|schule f scuola guida; **~spur** f corsia; **~stuhl** m ascensore

Fahrt f viaggio m; corsa; **~ ins Blaue** gita a sorpresa; **in voller ~** in piena corsa; **freie ~** via libera; **~richtung** f direzione di marcia

Fahrzeit f durata della corsa

Fahrzeug n veicolo m; Kraft2 autoveicolo m; **~brief** m foglio complementare; **~halter** m proprietario di autovettura; **~schein** m libretto (od carta f) di circolazione

fair leale

Faktor m fattore

Falke m falco(ne)

Fall m caso; **auf jeden ~** in ogni caso; **auf keinen ~** in nessun caso

Falle f tràppola

fallen cadere; Preise, Temperatur diminuire, calare

fällen Bäume abbàttere; Urteil pronunciare

fällig in scadenza; **~ sein** scadere; 2keit f scadenza

falls se; nel caso che (+ cong.)

Fallschirm m paracadute

falsch falso; unrichtig sbagliato; Zähne finto; **~ verbunden** sbagliato nùmero; Uhr **~ gehen** non èssere esatto; **et ~ machen** sbagliare qc

fälschen falsificare

Falschgeld n moneta f falsa

fälsch|licherweise erroneamente; 2ung f falsificazione; Ergebnis falso m

Faltboot n canotto m pieghévole od smontàbile

Falt|e f piega; Runzel ruga; 2en piegare

Falter m farfalla f

faltig a pieghe; Gesicht rugoso

familiär familiare

Familie f famiglia; 2freundlich adatto a famiglie (con bambini); **~nmitglied** n membro m della famiglia; **~nname** m cognome; **~nstand** m stato civile

Fan m tifoso

fanatisch fanàtico

Fang m cattura f, presa f; Beute preda f

fangen prèndere; acchiappare; Feuer **~** prèndere fuoco

Fantasie f fantasia

fantastisch fantàstico

Farb|e f colore m; 2echt indelèbile

färben tìngere

farbenblind daltònico

Farb|fernsehen n televisione f a colori; **~fernseher** m televisore a colori; **~festiger** m fissatore colorante; **~film** m film a colori; **~foto** f foto f a colori; 2ig colorato; 2los incolore; **~stift** m matita f colorata; **~stoff** m colorante

Färbung f colorazione

Farn|(kraut) n felce f

Fasan m fagiano

Fasching m carnevale

Faschismus m fascismo

Faser f fibra

Fass n botte f; barile m; **vom**

~ Bier alla spina

Fassade *f* facciata

fassen prèndere; *Dieb* arrestare; *begreifen* comprèndere; *aufnehmen* contenere; *sich ~* calmarsi; *sich kurz ~* èssere breve

Fassung *f Ein*♀ montatura; *Lampen*♀ portalàmpada *m*; *fig* (auto)controllo; *aus der ~ bringen* sconcertare; *♀slos* sconcertato; *~svermögen* *n* capacità *f*

fast quasi

fasten digiunare; *♀ n* digiuno *m*; *♀zeit* *f Rel* quarésima

Fastnacht *f* martedì *m* grasso

faszinierend affascinante

fatal fatale

faul *träge* pigro; *verfault* marcio; guasto

faulen marcire

faulenzen|en oziare; F poltrire; *♀er* *m* fannullone

Faust *f* pugno *m*; *auf eigene ~* di propria iniziativa; *~regel* *f* regola generale; *~schlag* *m* pugno

Fax *n* telefax *m*, telecopiatrice *f*; *♀en* faxare, mandare un fax *m*; *~gerät* → **Fax**

Fazit *n* risultato *m*

Februar *m* febbraio

Fechten *n* scherma *f*

Feder *f Vogel*♀ piuma; *Schreib*♀ penna; *Tech* molla; *~ball* *m* volano; *~bett* *n* piumino *m*; *~halter* *m* portapenne

Feder|n èssere elàstico; mol-

leggiare; **♀ung** *f* molleggio *m*; *Kfz* sospensione

Fee *f* fata

fegen spazzare

Fehlbetrag *m* ammanco

fehlen mancare; *Person a* èssere assente; *was fehlt Ihnen?* che cosa ha?

Fehler *m* errore, sbaglio; *Mensch, Gerät* difetto; *♀frei* senza errori; *♀haft* difettoso; *~meldung** *f EDV* messaggio *m* di errore

fehl|schlagen fallire; *♀start* *m* falsa partenza *f*; *♀zündung** *f Kfz* accensione difettosa

Feier *f* festa

Feierabend *m*: *nach ~* dopo il lavoro

feierlich solenne; *♀keiten** *f/pl* festività

feier|n festeggiare; *♀tag** *m* giorno festivo; festa *f*

feig(e) vile

Feige *f* fico *m*

Feig|heit *f* viltà; *~ling** *m* vigliacco

Feil|e *f* lima; *♀en** limare

feilschen mercanteggiare (sul prezzo)

fein fine; *zart* delicato; *erlesen* squisito

Feind *m* nemico; *♀lich** nemico; ostile; *~schaft** *f* inimicizia; *♀selig** ostile

fein|fühlig delicato; *♀gefühl** *n* delicatezza *f*; *♀heit** *f* finezza; *♀kostgeschäft** *n* negozio *m* di specialità gastronòmiche; **2mechanik** f meccànica di precisione; **2schmecker** m buongustaio

Feld n campo m; Brettspiel casella f; **~salat** m lattughella f; **~stecher** m binòcolo; **~weg** m viòttolo

Felge f cerchione m

Fell n pelliccia f, pelo m

Fels|en n roccia f; **2ig** roccioso; **~wand** f parete rocciosa

Feminist|in f, **2isch** femminista

Fenchel m finocchio

Fenster n finestra f a EDV; Wagen2 finestrino m; **~bank** f, **~brett** n davanzale m; **~heber** m Kfz alzacristallo; **~laden** m persiana f; **~platz** m posto al finestrino; **~scheibe** f vetro m

Ferien pl vacanze f/pl; ferie f/pl; **~club** m club vacanze; **~dorf** n villaggio turìstico m; **~haus** n casa f per le vacanze; **~kurs** m corso estivo; **~ort** m luogo di villeggiatura; **~wohnung** f alloggio m per le vacanze

Ferkel n porcellino m

fern lontano

Fern|amt n ufficio m telefònico per le chiamate interurbane; **~bedienung** f telecomando m; **2bleiben** non prèndere parte a

Ferne f: aus der **~** da lontano; **in der ~** in lontananza

ferner inoltre, poi

Fern|fahrer m camionista;

~gespräch n telefonata f interurbana; **2gesteuert** teleguidato; **~glas** n binòcolo m, cannocchiale m; **~heizung** f teleriscaldamento m; **~laster** m autotreno m; TIR; **~meldewesen** n telecomunicazioni f/pl; **~reise** f viaggio m esòtico; **~rohr** n telescopio m; **~schreiben** n telex m; **~schreiber** m telescrivente f

Fernseh|en n televisione f; **2en** guardare la televisione; **~er** m televisore; **~nachrichten** f/pl telegiornale m; **~programm** n programma m televisivo; **~sendung** f trasmissione televisiva; **~zuschauer** m telespettatore

Fernsicht f vista

Fern|steuerung f telecomando m; **~straße** f strada f di grande comunicazione; **~studium** n studio m per corrispondenza; **~verkehr** m tràffico a grande distanza

Ferse f calcagno m

fertig beendet finito; bereit pronto; **~ bringen** beenden finire; es **~ bringen** essere capace (zu di); **~ machen** Arbeit terminare; **sich ~ machen** prepararsi; **j-n ~ machen** F sfinire qu; esaurire qu; **2gericht** n precotto m; **2haus** n casa f prefabbricata; **2keit** f abilità

Fessel f Anat caviglia; **2n** in

catenare; *fig* avvìncere; **2nd** avvincente

Fest *n* festa *f*

fest saldo, sòlido; *Preis, Wohnsitz* fisso; *stabil* stàbile; **~ schlafen** dormire sodo; **~binden** legare

Festessen *n* banchetto *m*

festhalten tenere fermo; *an et ~* attenersi a qc; *sich ~* tenersi saldo

Festiger *m* fissatore

Festival *n* festivàl *m*

Festland *n* terraferma *f*; *Kontinent* continente *m*

festlegen stabilire

festlich festivo; *feierlich* solenne

fest|machen fissare; *Mar* ormeggiare; **2nahme** *f* arresto *m*; **~nehmen** arrestare; **2platte** *f EDV* disco *m* fisso; hard disk *m*; **2preis** *m* prezzo fisso; **~setzen** *Termin, Preis* stabilire, fissare

Festspiele *n/pl* festivàl *m*

fest|stehen *Termin* èssere fissato; **~stellen** *bemerken* constatare; *Personalien* accertare

Festung *f* fortezza

Festzug *m* cortèo

fett grasso

Fett *n* grasso *m*; **2arm** magro; **~fleck** *m* macchia *f* di grasso

fettig grasso

Fetzen *m* brandello; *Papier2* pezzetto (di carta)

feucht ùmido

Feuchtigkeit *f* umidità;

~screme *f* crema idratante

Feuer *n* fuoco *m*; *Brand* incendio; **~alarm** *m* allarme in caso d'incèndio; **2fest** resistente al fuoco; **2gefährlich** infiammàbile; **~leiter** *f* scala d'emergenza; **~löscher** *m* estintore; **~melder** *m* segnalatore d'incèndio; **~stein** *m* pietra *f* focaia; **~wehr** *f* pompieri *m/pl*; vìgili *m/pl* del fuoco; **~werk** *n* fuochi *m/pl* d'artifìcio; **~zeug** *n* accendino *m*

Fiasko *n* fiasco *m*

Fichte *f* abete *m* rosso

Fieber *n* febbre *f*; **~anfall** *m* accesso di febbre; **2frei** senza febbre; **2haft** febbrile

fieber|n avere la febbre; **~senkendes Mittel** *n* antifebbrile *m*

Fieberthermometer *n* termòmetro *m*

fiebrig febbrile

Figur *f* figura

Filet *n* filetto *m*; **~steak** *n* bistecca *f* di filetto

Filiale *f* filiale, succursale

Film *m* film; *Fot a* pellìcola *f*, rullino; **2en** filmare

Film|festspiele *n/pl* festivàl *m* cinematogràfico; **~gesellschaft** *f* società cinematogràfica; **~kamera** *f* cinepresa; **~regisseur** *m* regista cinematogràfico; **~schauspieler(in** *f*) *m* attore (-trice *f*) *m* del cìnema; **~star** *m* divo *m*, diva *f* del cinema

Filter *m* filtro; **2n** filtrare; **~papier** *n*, **~tüte** *f* filtro *m* di carta; **~zigarette** *f* sigaretta con filtro

Filz *m* feltro; **~schreiber** *m*, **~stift** *m* pennarello

Finale *n* finale *m*

Finanzamt *n* ufficio *m* tasse

finanz|iell finanziario; **~ieren** finanziare

finden trovare; **wie ~ Sie das?** come Le pare?

Finder(in *f*) *m* ritrovatore (-trice *f*); **~lohn** *m* ricompensa *f*

Finger *m* dito (*pl* le dita); **kleiner ~** mìgnolo; **~abdruck** *m* impronta *f* digitale; **2dick** grosso un dito; **~nagel** *m* unghia *f*; **~spitze** *f* punta del dito

fingieren fingere

Finn|e, ~in *f* finlandese *m/f*

Finnland *n* (la) Finlandia

Fink *m* fringuello

finster buio, oscuro; **2nis** *f* oscurità

Firma *f* ditta

Firnis *m* vernice *f*

Fisch *m* pesce; **~e** *Astrol* Pesci

fischen pescare

Fischer *m* pescatore; **~boot** *n* barca *f* da pesca; **~dorf** *n* villaggio *m* di pescatori

Fisch|erei *f*, **~fang** *m* pesca *f*; **~filet** *n* filetto *m* di pesce; **~gericht** *n* piatto *m* di pesce; **~geschäft** *n* pescherìa *f*; **~gräte** *f* lisca *f*; **~händler** *m* pescivéndolo; **~otter** *m* lon-

tra *f*; **~stäbchen** *n* bastoncino *m* di pesce; **~suppe** *f* zuppa *f* di pesce; **~teich** *m* peschiera *f*; **~vergiftung** *f* avvelenamento *m* da pesce; **~zucht** *f* piscicoltura

fit in forma; **2nesscenter** *n* centro *m* fitness

fix svelto; **~ und fertig** bell'e pronto; *F fig* sfinito

fix|en bucarsi; **2er(in** *f*) *m* drogato (-a *f*) *m*

fixieren fissare

FKK (*Freikörperkultur*) nudismo *m*; **~Strand** *m* spiaggia *f* riservata ai nudisti

flach piatto; **eben** piano; *Absatz*, *Wasser* basso

Fläche *f*, **~nmaß** *n* misura *f* di superficie

Flachland *n* pianura *f*

Flachzange *f* pinza (universale) *f*

Flagge *f* bandiera

flambieren alla fiamma

Flamme *f* fiamma

Flanell *m* flanella *f*

Flanke *f* fianco *m*

Flasche *f* bottiglia; *Säuglings2* biberòn *m*

Flaschen|bier *n* birra *f* in bottiglia; **~öffner** *m* apribottiglie; **~pfand** *n* deposito *m* per il vuoto; **~wein** *m* vino imbottigliato

flau débole (*a Wind*)

flauschig sòffice

Flaute *f Mar* calma, bonaccia; *fig* ristagno *m*

Flechte *f Bot* lichene *m*; *Med*

Flugplan

dermatosi squamosa

flechten intrecciare

Fleck m macchia f; chiazza f; **~entferner** m, **~enwasser** n smacchiatore m; **2ig** macchiato

Fledermaus f pipistrello m

Flegel m villano

Fleisch n carne f; Frucht2 polpa f; **~brühe** f brodo m di carne; **~gerichte** pl piatti m/pl di carne

Fleischer m macellaio; **~ei** f, **~laden** m macelleria f

fleischig carnoso; Frucht polposo

Fleisch|kloß m polpetta f; **~vergiftung** f intossicazione da carne; **~wolf** m tritacarne

Fleiß m diligenza f

fleißig diligente

flick|en rattoppare; **2zeug** n für Fahrrad corredo m per riparazioni

Flieder m lillà

Fliege f mosca

fliegen volare; nach Rom ~ andare in aereo a Roma

Fliegen|klatsche f scacciamosche m; **~pilz** m ovolaccio

fliehen fuggire

Fliese f mattonella

Fließband n catena f di montaggio

fließen scórrere

fließend: **~es Wasser** acqua corrente; **~ Italienisch sprechen** parlare correttemente l'italiano

flink svelto, àgile

Flinte f fucile m

Flipper m flipper

flirten flirtare

Flitterwochen f/pl luna f di miele

Flocke f fiocco m

Floh m pulce f; **~markt** m mercato delle pulci

Florenz n Firenze f

florieren fig fiorire; prosperare

Floskel f frase insignificante

Floß n zàttera f

Flosse f pinna

Flöte f flauto m

flott svelto; schick elegante

Flotte f flotta

Fluch m bestemmia f; **2en** bestemmiare

Flucht f fuga

flücht|en fuggire; **~ig** entflohen fuggitivo; oberflächlich superficiale; **2ling** m prófugo; **2lingslager** n campo m prófughi

Fluchtweg m via f di fuga

Flug m volo; **~begleiter(in** f) assistente m/f di volo; **~blatt** n volantino m; **~drachen** m deltaplano

Flügel m ala f; Mus pianoforte a coda

Flug|gast m passeggero; **~gesellschaft** f compagnia aèrea; **~hafen** m aeroporto; **~hafengebühr** f tasse f/pl aereoportuali; **~linie** f aviolinea; **~lotse** m controllore di volo; **~nummer** f nùmero m di volo; **~plan** m orario voli;

~platz m aeròdromo; **~reise** f viaggio aèreo; **~schein** m biglietto m aèreo; **~schreiber** m scàtola f nera; **~sicherheit** f sicurezza di volo; **~steig** m uscita f; **~ticket** n biglietto m aèreo; **~verbindung** f collegamento m aèreo; **~verkehr** m tràffico aèreo; **~zeit** f durata di volo

Flugzeug n aeroplano m, aèreo m; **~absturz** m caduta f di un aèreo; **~entführung** f dirottamento m di un aèreo

Flunder f pàssera di mare

Fluor n fluoro m

Flur m corridoio; Haus2 àndito, ingresso

Fluss m fiume; 2**abwärts** a valle; 2**aufwärts** a monte

flüssig liquido; Verkehr flùido; 2**keit** f liquido m

Flusskrebs m gàmbero d'acqua dolce

flüstern sussurrare

Flut f Gezeiten alta marea; **~en** pl acque; **~welle** f onda di alta marea

Fohlen n puledro m

Föhn m asciugacapelli; 2**en** asciugare col fon

Folge f conseguenza; Reihe serie; TV, Rdf puntata; **zur ~ haben** avere per conseguenza; **~ leisten** seguire (**e-r Sache** qc)

folgen seguire (j-m qu; zeitlich **auf** qc u a qc); gehorchen ubbidire; **daraus folgt** da ciò (con)segue; **wie folgt** come segue; **~d** successivo; **~dermaßen** nel modo seguente

folger|n conclùdere (**aus** qc); 2**ung** f conclusione

folg|lich per conseguenza; **~sam** dòcile

Folie f sfoglia, lamina

Folklor|e f folclore m; 2**istisch** folcloristico

Folter f torturare; 2**n** torturare

Fön® → **Föhn**

fordern (ri)chièdere (**et von** j-m qc a qu), pretèndere

fördern promuòvere; Bergbau estrarre

Forderung f richiesta; pretesa; Hdl crèdito m

Förderung f promozione

Forelle f trota

Form f forma; **in ~ sein** èssere in forma

formal formale; 2**itäten** f/pl formalità f/pl

Format n formato m; 2**ieren** v/t EDV formattare

Formel f fòrmula

formell formale

förmlich steif formalístico

formlos zwanglos senza cerimonie, informale

Formular n mòdulo m

forsch|en ricercare, indagare (**nach** qc); **~end** scrutatore; 2**er(in** f) m ricercatore (-trice f) m; 2**ung** f ricerca

Forst m foresta f; **~wirtschaft** f selvicoltura

Förster m guardaboschi

fort *weg* via; *in einem ~* continuamente; *und so ~* e così via; **~bestehen** perdurare
fortbewegen: *sich ~* muòversi
fortbild|en: *sich ~* perfezionarsi; **⌀ung** *f* perfezionamento *m*
fort|bringen portare via; **~fahren** partire; *mit et* continuare (*qc*); **~gehen** andàrsene; **~geschritten** progredito; *Kurs* superiore; **~pflanzen:** *sich ~* riprodursi; **~schaffen** portare via
Fortschritt *m* progresso; **⌀lich** progressista
fortsetzen continuare
Fortsetzung *f* continuazione; *in ~en* a puntate; *~ folgt* continua
fortwährend (di) contìnuo
Foto *n* foto *f*; **~apparat** *m* màcchina *f* fotogràfica; **~geschäft** *n* negòzio *m* di artìcoli fotogràfici; **~graf** *m* fotògrafo; **~grafie** *f* fotografìa; **⌀grafieren** fotografare; **~kopie** *f* fotocòpia; **⌀kopieren** fotocopiare
Foyer *n* àtrio *m*, ridotto *m*
Fr. (*Frau*) Sig.ra (*Signora*)
Fracht *f* càrico *m*; *Frachtgebühr* trasporto *m*; *Mar* nolo *m*; **~brief** *m* lèttera *f* di càrico; **~er** *m → ~schiff*; **~gut** *n* merce *f*; *als ~ schicken* spedire a piccola velocità; **~schiff** *n* mercantile *m*; **~stück** *n* collo *m*

Frage *f* domanda; *eine ~ stellen* fare una domanda; *→ infrage*
Fragebogen *m* questionario
fragen chièdere, domandare; *j-n um Rat ~* chièdere (un) consiglio a qu
Frag|ezeichen *n* punto *m* interrogativo; **⌀lich** incerto; **⌀würdig** dùbbio
Franken *m*: *Schweizer ~* franco svìzzero
frankieren affrancare
Frankreich *n* (la) Francia
Franse *f* frangia
Fran|zose *m*, **~zösin** *f* francese *m/f*; **⌀zösisch** francese
Frau *f* donna; (**Fr.**) signora (sig.ra); *Ehe⌀* moglie
Frauen|arzt *m*, **~ärztin** *f* ginecòlogo (-a *f*); **~klinik** *f* clìnica ginecològica; **~zeitschrift** *f* rivista femminile
Fräulein *n* signorina *f*
frech sfacciato; **⌀heit** *f* sfacciatàggine
frei lìbero; *kostenlos* gratùito; *Posten* vacante; *unabhängig* indipendente; *im ⌀en*, *ins ⌀e*, *unter ~em Himmel* all'aperto
Freibad *n* piscina *f* all'aperto
freiberuflich: *~ tätig sein* fare il lìbero professionista
frei|gebig generoso; **~haben** èssere lìbero; **~halten** *Platz* riservare; *Ausfahrt* lasciare lìbero; *j-n* pagare per (*qu*)
Freiheit *f* libertà; **~sstrafe** *f* pena detentiva

Frei|karte f biglietto m gratùito; **2lassen** rilasciare; méttere in libertà; **~lassung** f liberazione

freilich certo

Freilichtbühne f teatro m all'aperto

freimachen Brief affrancare; F fig far vacanze; **sich ~** rèndersi lìbero

Freisprechanlage f viva voce m

Freispruch m assoluzione f

freistehen: **es steht Ihnen frei zu** … è lìbero di …

Freistoß m calcio di punizione

Freitag m venerdì; **2s** il (od di) venerdì

Freitreppe f scalinata

frei|willig, **2willige(r)** f (m) volontàrio (-a f) m

Freizeichen n Tel segnale m di lìbero

Freizeit f tempo m lìbero; **~beschäftigung** f attività ricreativa; **~gestaltung** f impiego m del tempo lìbero

fremd unbekannt sconosciuto; ausländisch straniero; auswärtig forestiero; Eigentum altrui; **ich bin hier ~** non sono di qui; **~artig** strano

Fremde(r) f (m) Ausländer straniero (-a f) m; Auswärtiger forestiero (-a f) m

Fremden|führer m guida f; **~verkehr** m turismo; **~verkehrsamt** n, **~verkehrsverein** m ente m turìstico od per il turismo; **~zimmer** n càmera f (per gli òspiti)

fremd|ländisch straniero; **2sprache** f lìngua straniera; **2sprachenkorrespondent** (in f) corrispondente m/f in lìngue èstere

Fresko n affresco m

fressen mangiare

Freude f gioia; **~ haben an et** godere di qc; **j-m e-e ~ machen** far piacere a qu

freudig lieto

freuen: **sich über et ~** rallegrarsi di qc; **sich auf et ~** attèndere qc con gioia

Freund m amico; **~in** f amica

freundlich gentile; **das ist sehr ~ von Ihnen** è molto gentile da parte Sua

Freundlichkeit f gentilezza

Freundschaft f amicizia; **2lich** amichévole

Friaul n Frìuli m

Frieden m pace f

Friedhof m cimitero

friedlich pacìfico; calmo

frieren aver freddo; ein(con)gelare; **mich friert** ho freddo; **es friert** gela

Fries m fregio m

Frikadelle f polpetta di carne

frisch fresco; Wäsche pulito; **~ gestrichen** vernice fresca

Frisch|e f freschezza; **~halte-folie** f pellìcola (od film m) trasparente

Fris|eur m parrucchiere; **~eurin** f parrucchiera; **Herren-** m barbiere; **2ieren** acconcia-

Füll(federhalt)er

re; pettinare

Frist f tèrmine m; *Aufschub* pròroga; **⒉gerecht** nel tèrmine stabilito; **⒉los** senza preavviso

Frisur f acconciatura; pettinatura

Frittatensuppe f österr Kochk crespelle f/pl in brodo

Fritteuse f friggitrice

frittieren frìggere

froh lieto; contento (*über* di); *ich bin ~, dass* ... sono contento che ... (+ *cong*); *~e Ostern!* buona Pasqua!

fröhlich allegro

fromm devoto, pio

Fronleichnam m Corpus Dòmini

Front f Arch facciata; Mil fronte m; **⒉al** frontale; **~antrieb** m trazione f anteriore

Frosch m rana f; **~mann** m uomo m rana; **~schenkel** m/pl cosce f/pl di rana

Frost m gelo

frösteln: mich fröstelt ho i brìvidi (di freddo)

frost|ig freddo; **⒉schutzmittel** n antigelo m

Frottee n spugna f; **~handtuch** n asciugamano m di spugna

Frucht f frutto m; **⒉bar** fèrtile; **~barkeit** f fertilità; fecondità; **~eis** n gelato m di frutta; **~fleisch** n polpa f; **~saft** m succo di frutta

früh presto; *zu ~* troppo presto; *heute ~* stamattina;

morgen ~ domani mattina

Frühe f: *in aller ~* all'alba

früh|er prima; *einst* una volta; **~estens** al più presto

Früh|gemüse n primizie f/pl; **~jahr** n, **~ling** m primavera f; **~messe** f prima messa; **⒉morgens** di buon mattino; **⒉reif** precoce

Frühstück n (prima) colazione f; **⒉en** fare colazione; **~sbüfett** n colazione f a buffèt

Frühzug m treno del mattino

frustriert frustrato

Fuchs m volpe f

Fuge f Mus fuga; Tech commessura, commettitura

fügen: sich ~ sich anpassen adattarsi (*an et* a qc)

fühlbar sensibile

fühlen sentire; *sich nicht wohl ~* non sentirsi bene

führen condurre; guidare; Betrieb dirìgere; *zum Bahnhof ~* portare alla stazione

Führer m Reise⒉ guida f (*a Buch*); **~schein** m patente f (di guida)

Führung f Museum vìsita guidata; Leitung direzione

Führungs|kraft f dirigente m/f; **~zeugnis** n certificato m di buona condotta

Fuhr|unternehmen n impresa f di trasporti; **~werk** n vettura f

Fülle f grande quantità

füllen riempire, Kochk farcire

Füll(federhalt)er m penna f

Füllung

stilogràfica

Füllung f *Kochk* ripieno m; Zahn♀ otturazione

Fund m ritrovamento; *archäologischer* reperto

Fundament n fondamenta f/pl

Fund|büro n ufficio m oggetti smarriti; **~sache** f oggetto m ritrovato

fünf cinque; **~te** quinto; ♀**tel** n quinto m

Funk m radio f; **über ~** via radio; **~amateur** m radioamatore

Funke m scintilla f

funkel|n brillare; **~nagelneu** nuovo di zecca

funk|en trasméttere per radio; ♀**er** m radiotelegrafista; ♀**gerät** n apparecchio m radiotrasmittente; ♀**spruch** m radiomessaggio; ♀**streife** f pattuglia radioequipaggiata; ♀**streifenwagen** m autoradio f della polizìa; ♀**taxi** n radiotassì m

Funktion f funzione f; **~är(in** f) m funzionario (-a f) m; ♀**ieren** funzionare

Funk|turm m ripetitore; **~verbindung** f collegamento m radio

für per

Furche f solco m

Furcht f paura (**vor** di); ♀**bar** terrìbile

fürchten temere (+ *cong*); **sich ~** avere paura (**vor** di)

fürchterlich terrìbile

furcht|los intrèpido; **~sam** pauroso, timoroso

Fürsorge f cura; *öffentliche* previdenza sociale; **~rin** f assistente sociale

fürsorglich premuroso

Fürsprache f intercessione

Fürst m prìncipe; **~entum** n principato m; **~in** f princìpessa; ♀**lich** principesco

Furt f guado m

Furunkel m forùncolo

Fusion f fusione f; ♀**ieren** fòndere

Fuß m piede; **zu ~** a piedi; **gut zu ~ sein** èssere un buon camminatore; **~abstreifer** m zerbino; **~bad** n pediluvio m

Fußball m pallone; *Spiel* calcio; **~ spielen** giocare al calcio; **~mannschaft** f squadra di calcio; **~platz** m campo di calcio; **~spiel** n partita f di calcio; **~spieler** m calciatore; **~toto** n totocalcio m

Fuß|boden m pavimento; **~bremse** f freno m a pedale

Fußgänger|(in f) m pedone (-a f) m; **~überweg** m strisce f/pl pedonali; **~zone** f zona (*od* arca) pedonale

Fuß|gelenk n articolazione f del piede; **~knöchel** m mallèolo; **~matte** f stoino m; **~note** f nota a piè di pàgina; **~pflege** f pedicure; **~pilz** m micosi f del piede; **~sohle** f pianta del piede; **~spitze** f punta del piede; **~spur** f ma; **~tritt** *m* calcio; **~weg** *m* sentiero

Futter *n* mangime *m*; *Kleider*2 fòdera *f*

Futteral *n* astuccio *m*

füttern *Kind* imboccare; *Tier* dar da mangiare a

Futur *n* futuro *m*

G

G *n Mus* sol *m*

Gabe *f* dono *m*; *Begabung* dote, talento *m*

Gabel *f* forchetta; *Heu*2 forca; 2**n**: *sich* ~ biforcarsi; **~ung** *f* biforcazione

Gaffer *m* curioso

Gage *f* paga; compenso *m*

gähnen sbadigliare

galant galante

Galerie *f* gallerìa

Galle *f Gallensaft* bile

Gallen|blase *f* cistifèllea; **~kolik** *f* còlica biliare; **~stein** *m* càlcolo biliare

Galopp *m* galoppo

galoppieren galoppare

Gammler *m* capellone

Gang *m* ~art andatura *f*; corso; *Kochk* portata *f*; *Kfz* marcia *f*; *Korridor* corridoio; **den 3. ~ einlegen** innestare la terza; *in* ~ *bringen* (*od setzen*) méttere in moto; *in vollem* ~*e sein* èssere in pieno corso; 2**bar** praticàbile

gängig usato; comune

Gangschaltung *f Kfz*, *Fahrrad* cambio *m*

Gangster *m* bandito

Gangway *f* passerella

Gans *f* oca

Gänse|blümchen *n* pratolina *f*; **~braten** *m* oca *f* arrosto; ~ **haut** *f* pelle d'oca; **~klein** *n* rigaglie *f/pl* d'oca; **~leberpastete** *f* pasticcio *m* di fégato d'oca

Gänsemarsch *m*: *im* ~ in fila indiana

ganz tutto; *vollständig* intero; *heil* intatto; ~ *Italien* tutta l'Italia; *die* ~*e Zeit* (*über*) continuamente; *ein* ~*es Jahr* un anno intero; *nicht* ~ non del tutto; ~ *und gar nicht* per niente; ~ *gut* abbastanza bene; ~ *traurig* molto triste; **~jährig** tutto l'anno

gänzlich totalmente

Ganztagsbeschäftigung *f* occupazione a tempo pieno

gar *Speise* cotto; *adv* ~ *keiner* nessuno; ~ *nicht* non affatto; ~ *nichts* niente affatto

Garage *f* garage *m*; rimessa

Garantie *f* garanzia; 2**ren** garantire (*für* per); **~schein** *m* certificato di garanzia

Gardasee *m* lago di Garda

Garderobe *f* guardaroba *m*; *Kleider* vestiti *m/pl*; **~nfrau** *f* guardarobiera; **~nmarke** *f*

contromarca

Gardine f tenda
Garn n filo m
Garnele f gamberetto m
garnieren guarnire (*mit* con)
Garnison f guarnigione
Garnitur f completo m, insieme m; *Wäsche⌾* parure [-ryr]
Garten m giardino; *Nutz⌾* orto; **~bau** m giardinaggio; orticoltura f; **~fest** n festa f nel giardino; **~haus** n villino m; **~lokal** n locale m con giardino; **~stadt** f città-giardino; **~zaun** m steccato
Gärtner m giardiniere; **~ei** f azienda di floricoltura; **~in** f giardiniera
Gärung f fermentazione
Gas n gas m; **~ geben** accelerare; **~anschluss** m allacciamento alla rete del gas; **~anzünder** m accendigas; **~feuerzeug** n accendino m a gas; **~flasche** f bómbola del gas; **~hahn** m rubinetto del gas; **~heizung** f riscaldamento m a gas; **~herd** m cucina f a gas; **~kocher** m fornello a gas; **~leitung** f conduttura del gas; **~maske** f màschera antigàs; **~pedal** n Kfz acceleratore m
Gasse f vìcolo m
Gassenjunge m monello
Gast m òspite; invitato; im Lokal cliente; *bei j-m zu ~ sein* èssere òspite di qu; **~arbeiter(in** f) m lavoratore (-trice f straniera) straniero

Gäste|buch n libro m degli òspiti; **~zimmer** n càmera f per gli òspiti
Gast|familie f famiglia d'accoglienza; **2freundlich** ospitale; **~freundschaft** f ospitalità; **~geber(in** f) m òspite m/f; **~haus** n trattoria f; **~hof** m albergo; locanda f; **~land** n paese m ospitante
gastlich ospitale; **2keit** f ospitalità
Gast|stätte f trattoria f; **~wirt** m oste; **~zimmer** n càmera f
Gas|vergiftung f intossicazione da gas; **~zähler** m contatore del gas
Gatte m marito
Gattin f moglie
Gattung f gènere m
GAU m (*größter anzunehmender Unfall*) catàstrofe f atòmica
Gaumen m palato
Gauner m imbroglione
Gaze f garza
Gebäck n dolce m; *Fein⌾* paste f/pl
gebacken cotto al forno
Gebärde f gesto m
gebären dare alla luce; (*Tier*) partorire
Gebärmutter f ùtero m
Gebäude n edificio m
geben dare; *reichen* pòrgere; *~ Sie mir bitte …* mi dia,Tel mi passi …, per favore; *es gibt* c'è, ci sono; *was gibt es?* cosa c'è?; *wo gibt es …?* dove si può avere …?

Gebet n preghiera f

Gebiet n regione f; Pol territorio m; fig Fach2 campo m

gebildet colto, istruito

Gebirge n montagna f; **im ~, ins ~** in montagna

gebirgig montuoso

Gebirgs|bach m torrente; **~dorf** n villaggio in montagna; **~jäger** m Mil alpino; **~kette** f, **~zug** m catena f di montagne

Gebiss n dentatura f; künstliches **~** dentiera f

Gebläse n Kfz ventilatore m

geblümt a fiori

geboren nato; **~e** ... nata ...; **~er Deutscher** tedesco di nàscita

geborgen al sicuro

Gebot n ordine m, Rel comandamento

Gebr. m/pl (Gebrüder) F.lli (fratelli)

gebraten arrosto, arrostito

Gebrauch m uso; **zu eigenem ~** per proprio uso; **~ machen von** = servirsi di qc; **2en** usare; **ich kann es nicht ~** non mi serve; ... **könnte ich gut ~** ... mi farebbe còmodo

gebräuchlich usato; in uso

Gebrauchs|anweisung f istruzioni f/pl per l'uso; **~artikel** m articolo d'uso; 2fertig pronto per l'uso; **~gegenstand** m oggetto d'uso comune

gebraucht usato; 2**wagen** m

automòbile f usata (od di seconda mano)

gebräunt abbronzato

gebrochen rotto

Gebühr f tassa; Tel tariffa; Straßenbenutzungs2 pedaggio m; 2**end** adj dovuto; adv debitamente, **~eneinheit** f Tel scatto m; 2**enfrei** esente da tasse; Post franco di porto

gebührenpflichtig soggetto a tasse; Parken a pagamento; Straße a pedaggio; **~e Verwarnung** f contravvenzione

Gebührenzähler m contascatti

Geburt f nàscita; **vor Christi ~** avanti Cristo

Geburten|kontrolle f controllo m delle nàscite; **~rückgang** m denatalità f; **~überschuss** m eccedenza f delle nàscite; **~ziffer** f natalità

gebürtig: ~ aus nativo di

Geburts|datum n data f di nàscita; **~haus** n casa f natale; **helfer(in** f) m ostètrico (-ca f); **~hilfe** f ostetrìcia; **~jahr** n anno m di nàscita; **~name** m nome di battésimo; **~ort** m luogo di nàscita; **~tag** m compleanno; **~urkunde** f certificato m di nàscita

Gebüsch n boschetto m

Gedächtnis n memoria f; **aus dem ~** a memoria

gedämpft *Kochk* stufato; *fig* smorzato

Gedanke *m* pensiero; idea *f*; **~naustausch** *m* scambio d'idee; **2nlos** sconsiderato; **~nstrich** *m* lineetta *f*; **~nübertragung** *f* telepatia

Gedeck *n* coperto *m*

gedeihen prosperare

gedenken *j-s, e-r Sache* ricordarsi di; *was* **~** *Sie zu tun?* che cosa pensa di fare?

Gedenk|feier *f* commemorazione; **~stätte** *f* luogo *m* commemorativo; **~stein** *m* làpide *f* commemorativa; **~tafel** *f* lastra commemorativa

Gedicht *n* poema *m*

gediegen sòlido; *Metall* puro

Gedränge *n* ressa *f*

Geduld *f* pazienza

gedulden: *sich* **~** pazientare, avere pazienza

geduld|ig paziente; **2sspiel** *n* gioco *m* di pazienza

geehrt stimato, riverito; *Briefanrede* egregio

geeicht *Waage usw* tarato

geeignet adatto (**für** per, a)

Gefahr *f* perìcolo *m*; **außer ~** fuori perìcolo; **auf eigene ~** a proprio rischio; **bei ~** in caso di perìcolo

gefähr|den méttere in perìcolo; **~lich** pericoloso

gefahrlos senza perìcolo

Gefährt|e *m* compagno; **~in** *f* compagna

gefahrvoll pericoloso

Gefälle *n* *Straße* discesa *f*

gefallen piacere; *das* **gefällt** *mir* mi piace; *sich* **~** *lassen* sopportare qc

Gefallen 1. *m* favore, piacere; **würden Sie mir e-n ~ tun?** mi farebbe un favore?; **2.** *n:* **~** **finden an** *et* trovar piacere in qc

gefällig ansprechend piacévole; *zuvorkommend* cortese; **2keit** *f* piacere *m*

gefangen, 2e(r) *m* prigioniero; **~ nehmen** arrestare; **2schaft** *f* prigionia

Gefängnis *n* prigione *f*; **~strafe** *f* pena detentiva; **~wärter** *m* carceriere

Gefäß *n* vaso *m* (*a Blut*2)

gefasst calmo; **auf et ~ sein** aspettarsi qc

Gefieder *n* piumaggio *m*

gefleckt macchiettato

Geflügel *n* pollame *m*; **~handlung** *f* pollería; **~zucht** *f* avicultura

Geflüster *n* bisbiglio *m*

Gefolge *n* séguito *m*

gefragt richiesto

gefrier|en congelarsi; **2fach** *n* freezer *m* **2punkt** *m* punto di congelamento; **2truhe** *f* congelatore *m*

gefroren (con)gelato

gefügig dòcile, arrendévole

Gefühl *n* sentimento *m*; *physisch* sensazione *f*; *Gespür* senso *m* (**für** di); **2los** insensìbile; **2smäßig** emotivo, istintivo; **2voll** sensìbile

gefüllt *Kochk* ripieno
gegebenenfalls eventualmente

gegen contro; *Richtung, zeitlich* verso; *verglichen mit* in confronto a; **~ Quittung** dietro ricevuta; **nur ~ bar** soltanto a *od* in contanti; **gut ~ Husten** bene per la tosse; **ⵔangriff** *m* contrattacco; **ⵔbeweis** *m* controprova *f*

Gegend *f* regione; **in der ~ von Florenz** nei dintorni di Firenze

Gegen|dienst *m*: **e-n ~ erweisen** contraccambiare un favore

gegeneinander l'uno contro l'altro

Gegen|fahrbahn *f* corsìa opposta; **ⵔgewicht** *n* contrappeso *m*; **ⵔgift** *n* contravveleno *m*; **ⵔleistung** *f* contraccambio *m*; **ⵔmaßnahme** *f* contromisura *f*; **ⵔmittel** *n* rimedio *m* (**gegen** contro); **ⵔpartei** *f* jur controparte *f*; **ⵔrichtung** *f* direzione opposta

Gegensatz *m* contrasto; **im ~ zu** a differenza di

gegensätzlich contrario

Gegenseite *f* lato *m* opposto

gegenseitig recìproco; **ⵔkeit** *f* reciprocità

Gegensprechanlage *f* citòfono *m*

Gegen|stand *m* oggetto; **ⵔstück** *n* pendant [pã'dã] *m*

Gegenteil *n* contrario *m* (**von**

di); **ganz im ~** tutto al contrario

gegenüber di fronte; **ⵔliegen, ⵔstehen** stare dirimpetto; **ⵔstellen** confrontare (con); **ⵔstellung** *f* confronto *m*

Gegen|verkehr *m* tràffico in senso contrario; **ⵔwart** *f* presenza; *Gr* presente *m*; **ⵔwärtig** presente; **ⵔwehr** *f* resistenza; **ⵔwert** *m* equivalente; **ⵔwind** *m* vento contrario

Gegner *m* avversario

gegrillt alla griglia

Gehackte(s) *n* carne *f* tritata

Gehalt 1. *m* contenuto; **2.** *n* stipendio *m*; paga *f*

Gehalts|empfänger(in *f*) *m* stipendiato (-a *f*) *m*; **ⵔerhöhung** *f* aumento *m* di stipendio

gehaltvoll sostanzioso

gehässig astioso; **ⵔkeit** *f* astiosità

Gehäuse *n* Uhr ⵔ cassa *f*; *Tech* involucro *m*; Kern ⵔ tórsolo *m*

Gehege *n* recinto *m*

geheim segreto; **~ halten** tener segreto; **ⵔdienst** *m* servizio segreto

Geheimnis *n* segreto *m*; **ⵔvoll** misterioso

Geheim|polizei *f* polizìa segreta; **ⵔtipp** *m* suggerimento; **ⵔzahl** *f* nùmero *m* segreto

gehemmt inibito, ostacolato

gehen andare; **zu Fuß** camminare; **weg~** andarsene; *Zug* partire; *Tech* funzionare; *sich ~ lassen* lasciarsi andare; *zu j-m ~* andare da qui; *es geht um* si tratta di; *wie geht das?* come si fa?; *das geht nicht* non si può fare così; *wie geht es morgen?* va bene domani?; *wie geht es dir?* come stai?

Geheul *n* pianto, lamento

Gehilfe *m*, **Gehilfin** *f* assistente *m/f*

Gehirn *n* cervello *m*; **~erschütterung** *f* commozione cerebrale; **~hautentzündung** *f* meningite; **~schlag** *m* apoplessia *f* cerebrale; **~wäsche** *f* lavaggio *m* del cervello

Gehör *n* udito *m*

gehorchen ubbidire

gehören appartenere a, essere di; *~ zu* far parte di; *das gehört mir* questo è mio; *wem gehört ...?* di chi è ...?; *das gehört sich nicht* non si fa

gehörig come si deve, per bene

gehörlos sordo

gehorsam ubbidiente

Gehorsam *m* ubbidienza *f*

Geh|steig *m*, **~weg** *m* marciapiede

Geier *m* avvoltoio

Geige *f* violino *m*; **~ spielen** suonare il violino

Geiger(in *f)* *m* violinista *m/f*

geil F libidinoso; *das ist echt ~!* F che figata!

geimpft vaccinato

Geisel *f* ostaggio *m*; **~nahme** *f* presa in ostaggio; **~nehmer** *m* sequestratore

Geist *m* spirito; *Verstand* intelletto; *Gespenst* spettro; *der Heilige ~* lo Spirito Santo

Geister|bahn *f* galleria degli orrori; **~fahrer** *m* conducente che marcia contromano

geistes|abwesend distratto; **2blitz** *m* lampo d'ingegno; **2gegenwart** *f* prontezza di spirito; **2gestört** alienato; **2kranke(r)** *su f (m)* malato (*-a f*) *m* di mente; **2wissenschaften** *f/pl* scienze umane; **2zustand** *m* stato mentale

geistig mentale; intellettuale; **~ behindert** minorato mentalmente

geist|lich spirituale; clericale; **2liche(r)** *m* ecclesiàstico; *Priester* prete; *Pastor* pastore; **~los** privo di spirito

geistreich spiritoso

Geiz *m* avarizia *f*; **~hals** *m* avaro; **2ig** avaro

Gejammer *n* lamentele *f/pl*, lagna

gekocht cotto

gekonnt abile, valente

gekränkt offeso

Gekritzel *n* scarabocchi *m/pl*

gekünstelt affettato

Gelächter *n* risata *f*

Gelage *n* banchetto *m*

gelähmt paralitico, paralizzato

Gelände n terreno m

Geländer n ringhiera f

Geländewagen m fuoristrada

gelangen giùngere (**zu** a)

gelassen calmo, rassegnato; 2**heit** f calma

Gelatine f gelatina

geläufig corrente

gelaunt: gut (**schlecht**) ~ di buon (cattivo) umore

gelb giallo; 2**fieber** n febbre f gialla; ~**lich** giallastro; 2**sucht** f itterizia

Geld n denaro m; soldi m/pl; ~**anlage** f investimento m; ~**automat** m bancomat; sportello automàtico; ~**beutel** m portamonete; ~**buße** f multa; ~**mittel** n/pl mezzi m/pl finanziari; ~**schein** m banconota f; ~**schrank** m cassaforte f; ~**strafe** f multa; ~**stück** n moneta f; ~**wechsel** m cambio; ~**wert** m valore monetario

Gelee n gelatina f

gelegen situato; fig ~ **kommen** capitare a propòsito

Gelegenheit f occasione; **bei** ~ all'occasione; ~**sarbeit** f lavoro m occasionale

gelegentlich all'occasione; manchmal ogni tanto

gelehrig dòcile; ~**t** dotto; 2**te(r)** f (m) scienziato (-a f) m

Geleit n scorta f; 2**en** accompagnare

Gelenk n articolazione f; 2**ig**

àgile; ~**rheumatismus** m reumatismo articolare

gelernt: ~er Koch cuoco qualificato

Geliebte(r) f (m) amante m/f

gelingen riuscire; **es ist mir nicht gelungen** non ci sono riuscito; 2 n successo m

geloben prométtere

gelten valere; gültig sein èssere vàlido; **das gilt nicht** questo non vale; ~ **als** passare per; ~ **lassen** lasciar passare; **geltend** Recht vigente; ~ **machen** far valere

Geltung f: **zur** ~ **kommen** farsi valere; **zur** ~ **bringen** far risaltare

Gelübde n voto m

gelungen riuscito bene

gemächlich còmodo

Gemälde n quadro m; ~**galerie** f pinacoteca

gemäß conformemente a; **den Umständen** ~ secondo le circostanze; ~**igt** moderato; Klima temperato

gemein böse pèrfido; meschino

Gemeinde f comune m; Rel comunità; ~**rat** m consiglio comunale

gemein | **gefährlich** di perìcolo pùbblico; 2**heit** f bassezza; ~**nützig** di utilità pùbblica; 2**platz** m luogo comune; ~**sam** comune; adv insieme

Gemein | **schaft** f comunità; 2**schaftlich** (in) comune; ~**wohl** n bene m comune

Gemetzel n strage f, massacro m

Gemisch n miscela f

gemischt misto

Gemurmel n mormorìo m

Gemüse n verdura f; **~beilage** f contorno m di verdura; **~garten** m orto; **~händler** m erbivéndolo; **~platte** f piatto m di verdura; **~suppe** f minestrone m

gemustert Stoff a disegni

gemütlich còmodo; intimo; **2keit** f comodità; intimità

Gen n gene m

genau esatto; preciso; **es ist ~ drei Uhr** sono le tre precise; Uhr **~ gehen** èssere preciso; **~ genommen** a stretto rigore; **~ kennen** conóscere bene; **~ passen** andare bene; **2igkeit** f esattezza; precisione

genauso altrettanto

genehmig|en autorizzare, approvvare; **2ung** f permesso m; autorizzazione

geneigt inclinato; fig disposto (**zu** a)

General m generale; **~direktor** m direttore generale; **~konsul** m cònsole generale; **~konsulat** n consolato m generale; **~probe** f prova generale; **~stab** m stato maggiore; **~streik** m sciòpero generale; **~überholung** f revisione generale; **~versammlung** f assemblèa generale; **~vollmacht** f procura

generale

Generation f generazione

Generator m generatore

generell generale; adv generalmente

genesen guarire (**von** da)

Genesung f guarigione

genetisch genètico

genial geniale

Genf n Ginevra f; **der ~er See** il lago di Ginevra (od Lemano)

Genick n nuca f

Genie n genio m

genieren: sich ~ èssere imbarazzato; vergognarsi

genieß|bar essbar mangiàbile; trinkbar bevìbile; **~en** godere di; **nicht zu ~** immangiàbile; **2er** m gaudente; **2erisch** voluttuoso

genormt standardizzato

Genoss|e m, **~in** f compagno (-a f) m; **~enschaft** f cooperativa

Gentechnik f ingegnerìa genètica

Genua n Gènova f

genug abbastanza

Genüge f: **zur ~** abbastanza

genüg|en bastare; **das genügt!** basta così!; **~end** sufficiente; **~sam** modesto; sobrio

Genugtuung f soddisfazione

Genuss m consumo; Freude piacere; **mit ~** con piacere; **~mittel** n gènere m voluttuario

geöffnet aperto

Geo|grafie f geografia; **~logie** f geologia; **~metrie** f geometria

geordnet ordinato

Gepäck n bagaglio m; **~abfertigung** f spedizione bagagli; **~ablage** f depòsito (per) bagagli; **~annahme** f accettazione bagagli; **~aufbewahrung** f depòsito m bagagli; **~aufgabe** f spedizione bagagli; **~ausgabe** f consegna bagagli; **~band** n am Flughafen nastro trasportatore (dei bagagli); **~fach** n im Flugzeug alloggiamento (sopra il sedile); **~kontrolle** f controllo m dei bagagli; **~schein** m scontrino; **~schließfach** n deposito m bagagli automatico; **~stück** n collo m; **~träger** m Person facchino; am Fahrrad portapacchi; **~versicherung** f assicurazione dei bagagli; **~wagen** m bagagliaio

gepfeffert Preis salato

gepflegt curato; Restaurant raffinato

gepökelt salmistrato

gerade diritto; Zahl pari; adv soeben appena; ausgerechnet proprio; **~ heute** proprio oggi; **ich wollte ~ gehen** stavo per andàrmene; **~ rechtzeitig** appena in tempo; **ich esse ~** stò mangiando

Gerade f linea retta; Sport rettilineo m; **2aus** diritto; **2heraus** francamente; **2wegs** di-

rettamente; **2zu** addirittura

Gerät n apparecchio m; Werkzeug attrezzo m; utensile m; strumento m

geraten[1] gelangen capire (**in** in); **gut** (**schlecht**) **~** riuscire bene (male); **in et ~** incappare in qc; **ins Schleudern ~** sbandare; **in Vergessenheit ~** cadere nell'oblìo

geraten[2]: **ich halte es** (**nicht**) **für ~** (non) lo ritengo opportuno

Geräteturnen n ginnàstica f attrezzìstica

Geratewohl n: **aufs ~** a casaccio

geräuchert affumicato

geräumig spazioso

Geräusch n rumore m; **2los** silenzioso; **2voll** rumoroso

gerben conciare; **2rei** f conceria

gerecht giusto; **j-m ~ werden** rèndere giustizia a qu; **~fertigt** giustificato; **2igkeit** f giustizia

Gerede n diceria f; pettegolezzi m/pl

gereizt irritato

Gericht n Kochk piatto m; jur tribunale m; **vor ~** in giudizio; **2lich** giudiziario

Gerichts|barkeit f giurisdizione; **~hof** m corte f (di giustizia); **~kosten** pl spese f/pl processuali; **~saal** m sala f di udienza; **~stand** m foro; **~verfahren** n processo m; **~verhandlung** f dibattimento m; **vollzieher** m ufficiale giudiziario

gering klein pìccolo; wenig poco; niedrig basso; **nicht im 2sten** per niente; **fügig** insignificante; **schätzig** sprezzante; **2schätzung** f disprezzo m

gerinnen Blut coagularsi; Milch cagliare

Gerippe n schèletro m

gerissen astuto, àbile

Germanistik f filologia germànica

gern volentieri; **sehr ~** molto volentieri; **j-n ~ haben** volere bene a qu; **~ geschehen!** non c'è di che!; **ich möchte ~ ...** vorrei ...; **ich schwimme ~** mi piace nuotare

Geröll n detriti m/pl

geröstet arrostito; Kaffee torrefatto

Gerste f orzo m; **nkorn** n Med orzaiolo m

Gerte f verga

Geruch m odore; **2los** inodore; **ssinn** m olfatto

Gerücht n voce f

gerührt commosso

Gerümpel n ciarpame m

Gerüst n impalcatura f

gesalzen salato (a fig)

gesamt totale; tutto; globale; **2ansicht** f veduta generale; **2betrag** m (importo) totale; **2eindruck** m impressione f generale; **2gewicht** n peso m totale; Kfz **das zulässige**

~ il peso totale autorizzato; 2heit f totalità; **2kosten** pl spesa complessiva; **2schaden** m danno complessivo; **2schule** f scuola integrata; **2werk** n òpera f completa

Gesandt|e(r) f (m) inviato (-a f) m; **schaft** f legazione

Gesang m canto; **buch** n Rel innario m; **verein** m società f corale

Gesäß n sedere m; **tasche** f tasca posteriore

gesättigt saturo

Geschäft n Laden negozio m; Handel affare m; Firma ditta f; **2ig** attivo; **2lich** d'affari; **ich bin ~ hier** sono qui per affari

Geschäfts|abschluss m conclusione f di un affare; **beziehungen** f/pl relazioni commerciali; **brief** m lèttera f commerciale; **frau** f donna f d'affari; **führer(in** f) m gerente m/f; **leitung** f dirigenti m/pl; **mann** m uomo d'affari; **ordnung** f regolamento m interno; **partner(in** f) m socio m, socia f; **reise** f viaggio m d'affari; **schluss** m ora f di chiusura; **stelle** f ufficio; **2tüchtig** àbile negli affari; **verbindung** f relazione d'affari; **viertel** n quartiere m commerciale; **zeit** f orario m d'apertura

geschält sbucciato

geschehen accadere; succè-

dere; **gern~!** non c'è di che!;
2 n avvenimento m

gescheit intelligente

Geschenk n regalo m; **~arti-
kel** m artìcolo da regalo;
~papier n carta f da regalo

Geschicht|e f storia; *Erzäh-
lung* racconto m; 2**lich** stòrico

Geschicklichkeit f abilità

geschickt àbile

geschieden divorziato

Geschirr n stoviglie f/pl, vasellame m; *Pferde*2 finimenti
m/pl; **~spüler** 2, **~spülma-
schine** f lavastoviglie f;
~tuch n canovaccio m

Geschlecht n sesso m; *Familie* stirpe f; 2**lich** sessuale

Geschlechts|krankheit f
malattia venèrea; **~organe**
n/pl, **~teile** n/pl (òrgani
m/pl) genitali m/pl; **~verkehr**
m rapporti m/pl sessuali

geschlossen chiuso

Geschmack m gusto; *e-r
Speise* sapore; 2**los** insapore;
fig di cattivo gusto; **~(s)sa-
che** f questione di gusti;
~ssinn m (senso del buon)
gusto; 2**voll** di buon gusto

geschmeidig *fig* àgile; elàstico

geschmort stufato

Geschöpf n creatura f

Geschoss n proièttile m;
Stockwerk piano m

Geschrei n grida f/pl

Geschütz n cannone m

Geschwätz n chiàcchiere f/pl

Geschwindigkeit f velocità;
~sbegrenzung f lìmite m
di velocità; **~süberschrei-
tung** f eccesso m di velocità

Geschwister pl fratelli m/pl e
sorelle f/pl

geschwollen gonfio; *fig* presuntuoso, ampolloso

Geschworenen: **die ~** m/pl
giurati, giurìa f

Geschwulst f tumore m

Geschwür n ùlcera f

Geselchte(s) n *österr* carne f
di maiale affumicata

Geselle m, **Gesellin** f garzone
(-a f) m

gesellig sociévole; 2**keit** f so-
cievolezza

Gesellschaft f a *Hdl* (**Ges.**)
società (*Soc.*); compagnìa
würden Sie mir ~ leisten?
mi farebbe compagnìa?
~er(in f) m compagno (-a
f) m; *e-r Firma* socio m, socia
f; 2**lich** sociale

Gesellschafts|reise f viaggio
m in comitiva; **~schicht** f
strato m sociale; **~spiel** n
gioco m di società

Gesetz n legge f; **~buch** n còdice m; **~geber** m legislato-
re; **~gebung** f legislazione;
2**lich** legale; 2**widrig** illegale

Gesicht n faccia f; viso m; **zu
~ bekommen** vedere

Gesichts|ausdruck m
espressione f; **~farbe** f carnagione; colorito m; **~kreis**
m orizzonte; **~punkt** m punto di vista, aspetto; **~wasser**

n lozione *f* per il viso; **~züge** *m/pl* lineamenti

Gesindel *n* gentaglia *f*

Gesinnung *f* principi *m/pl*

gesondert separato

Gesöff *n* P intruglio *m*

Gespann *n* tiro *m*

gespannt teso; *neugierig* curioso (**auf** *di* + *inf*)

Gespenst *n* fantasma *m*; **²isch** spettrale

gesperrt chiuso

gespickt lardellato

Gespött *n*: **zum ~ werden** diventare lo zimbello

Gespräch *n* conversazione *f*; **mit j-m ein ~ führen** avere un colloquio con qu; **²ig** loquace; **~spartner** *m* interlocutore; **~sstoff** *m*, **~sthema** *n* argomento *m*

Gestalt *f* forma; figura; *Wuchs* statura; **²en** formare; *Freizeit* organizzare; **~ung** *f* organizzazione; *Kunst* creazione

Gestammel *n* balbettio *m*

geständig: **~ sein** essere reo confesso

Geständnis *n* confessione *f*

Gestank *m* puzzo

gestatten permettere (**j-m** et qc a qu); **~ Sie?** permesso?; permette?

Geste *f* gesto *m*

gestehen confessare

Gestein *n* roccia *f*

Gestell *n* sostegno; *Brillen²* montatura *f*; *Fahr²* telaio *m*

gestern ieri; **~ Abend** ieri sera; **bis ~** fino ad ieri; **seit ~**

da ieri; **von ~** di ieri

Gestirn *n* astro *m*

gestorben morto

gestreift rigato, a righe

Gestrüpp *n* sterpaglia *f*

Gestüt *n* scuderia *f*

Gesuch *n* domanda *f*

gesucht ricercato

gesund sano; *Klima* salubre; **~ werden** guarire

Gesundheit *f* salute; **(zur) ~!** salute!

gesundheitlich: **aus ~en Gründen** per ragioni di salute

Gesundheits|amt *n* ufficio *m* d'igiene; **²schädlich** nocivo alla salute; **~wesen** *n* sanità *f*; **~zustand** *m* stato di salute

Getöse *n* frastuono *m*

Getränk *n* bevanda *f*; bibita *f*; **alkoholische ~e** alcòlici *m/pl*; **~eautomat** *m* automàtico del bevande; **~ekarte** *f* lista delle bevande

Getreide *n* cereali *m/pl*

getrennt separato; **~e Rechnung** conti *m/pl* separati

Getriebe *n* *Kfz* cambio *m*; **~öl** *n* olio *m* per cambio; **~schaden** *m* guasto al cambio

getrocknet secco

getrüffelt tartufato

Ge|tue *n* arie *f/pl*, smancerie *f/pl*; **~wächs** *n* pianta *f*, vegetale *m*

gewachsen: **j-m, et ~ sein** èssere all'altezza di qu, qc

Gewächshaus *n* serra *f*

gewagt audace, azzardato

Gewähr f garanzìa; **2en** accordare, concèdere
gewährleisten garantire
Gewahrsam m custodia f; *Haft* arresto
Gewährsmann m garante
Gewalt f potere m; *Kraft* forza; *Gewaltsamkeit* violenza; *höhere* ~ forza maggiore; *mit* ~ con la forza; ~ *anwenden* usare la forza
gewaltig enorme, gigantesco
gewalt|los non violento; **~sam** violento; ~ *öffnen* forzare
gewalttätig violento
gewandt àgile; **2heit** f agilità; *im Benehmen* eleganza
Gewässer n acque f/pl
Gewebe n tessuto m
Gewehr n fucile m
Geweih n corna f/pl
geweiht consacrato
Gewerb|e n commercio m; **~eschein** m licenza f d'esercizio; **2lich** industriale; commerciale
Gewerkschaft f sindacato m; **~(l)er(in** f) m sindacalista m/f; **2lich** sindacale
Gewicht n peso m; *nicht ins ~ fallen* non contare; *nach ~* al peso; **~heben** n sollevamento m pesi
gewichtig importante
Gewichts|abnahme f pèrdita di peso; **~zunahme** f aumento m di peso
gewichtig fig importante, influente

gewieft astuto, scaltro
gewillt: ~ *sein* èssere intenzionato (*zu* a)
Gewimmel n brulichìo m
Gewinde n Tech filettatura f
Gewinn m guadagno; ùtile; *Spiel2* vincita f; **2bringend** lucrativo
gewinnen vìncere; *Zeit* guadagnare; *Strom* ricavare
Gewinn|er(in f) m vincitore (-trice f); **~spanne** f màrgine m di guadagno; **~ung** f *Erz* estrazione; **~zahl** f nùmero m vincente
Gewirr n v Straßen labirinto m; *fig* confusione f
gewiss certo; *sicher* sicuro; *ein ~er Herr* ... un certo signor ...; **~!** ma certo!; ~ *nicht* certamente no
Gewissen n coscienza f; **2haft** coscienzioso; **2los** senza coscienza
Gewissens|bisse m/pl rimorsi m/pl; **~frage** f caso m di coscienza; **~konflikt** m conflitto di coscienza
gewissermaßen in un certo senso
Gewissheit f certezza; *sich ~ verschaffen* accertarsi (*über et* di qc)
Gewitter n temporale m; **~neigung** f tendenza a temporale; **~schauer** m pioggia f dirotta; **~wolke** f nùvola temporalesca
gewittrig temporalesco
gewitzt smaliziato

gewollt intenzionato

gewöhnen abituare; *sich ~* abituarsi (*an et* a qc)

Gewöhnheit f abitùdine

gewöhnlich úblich sòlito; *normal* comune; *ordinär* volgare; *wie ~* come di sòlito

gewohnt abituale, consueto; *ich bin es ~* ci sono abituato

Gewölbe n volta f

Gewühl n confusione f

gewunden sinuoso, tortuoso (a fig)

Gewürz n droga f; **~e** pl spezie f/pl; **~gurke** f cetriolo m sott'aceto; **~kräuter** n/pl erbe f/pl aromàtiche; **~nelke** f chiodo m di garòfano

gewürzt condito

Gezeiten pl marèe f/pl

geziert affettato

Gezwitscher n cinguettìo m

gezwungen forzato; **~ermaßen** forzatamente

Gibraltar n Gibilterra f

Gicht f gotta f

Giebel m frontone; tìmpano m

Gier f avidità

gierig àvido

gießen versare; *Blumen* annaffiare; *Tech* fóndere; *es gießt in Strömen* piove a dirotto; **Serei** f fonderìa; **Skanne** f annaffiatoio m

Gift n veleno m; **~gas** n gas m tóssico

giftig velenoso, tòssico

Gift|müll m rifiuti m/pl tòssici; **~pflanze** f pianta velenosa; **~pilz** m fungo velenoso;

~schlange f serpente m velenoso

Gin m gin

Ginster m ginestra f

Gipfel m cima f; fig cùlmine; **~konferenz** f conferenza al vèrtice

Gips m gesso; **~bein** n gamba f ingessata; **~büste** f busto m di gesso; **Sen** Med *ein* S ingessare; **~verband** m ingessatura f

Giraffe f giraffa

Girlande f ghirlanda

Girokonto n conto m corrente

Gischt f schiuma

Gitarre f chitarra

Gitter n grata f, inferriata f; griglia f; **~fenster** n inferriata f; **~tor** n, **~tür** f cancello m; **~zaun** m graticciata f

Glanz m splendore (a fig)

glänzen splèndere; **~d** splèndido; *Foto* lùcido

glanzvoll splèndido

Glas n vetro m; *Trink* S bicchiere m; *Konserven* S vasetto m; *Brillen* S lente f; *ein ~ Wein* un bicchiere di vino; **~bläser** m soffiatore di vetro; **~container** m contenitore per la raccolta del vetro

Glaser m vetraio

gläsern di vetro

Glas|faser f fibra di vetro; **~fenster** n Kirche vetrata f; **~hütte** f vetrerìa; **Sieren** smaltare; *Kochk* glassare; **Sig** vìtreo; **~malerei** f pittura su vetro; **~perle** f perla di vetro; **~platte** f, **~scheibe** f lastra di vetro; **~scherbe** f coccio m di vetro; **~splitter** m scheggia f di vetro; **~tür** f vetrata

Glasur f smaltatura; *Kochk* glassa(tura)

Glaswaren f/pl vetrame m

glatt liscio; *rutschig* scivoloso, sdrucciolévole; **~ gehen** andare liscio

Glätte f *Straßen~* scivolosità; **bei ~** in caso di ghiaccio;

Glatt|eis n vetrato m; **~gefahr** f pericolo m di strade ghiacciate

glätten lisciare, levigare

Glatze f testa calva; **e-e ~ haben** èssere calva

Glaube m fede f (**an** in); **im guten ~n** in buona fede

glauben crédere (*j-m* a qu; **an etw** a qc; **an Gott** in Dio); *annehmen* pensare; **2sbekenntnis** n credo m

glaubhaft credíbile

gläubig credente; **2e(r)** f (m) credente m/f; **2er(in** f) *jur* creditore m (-trice f)

glaubwürdig degno di fede, credíbile

gleich uguale; *sofort* súbito; **zur ~en Zeit** allo stesso tempo; **das ist ~** fa lo stesso; **komme ~ wieder** torno súbito; **bis ~!** a presto!; **~altrig** coetáneo; **~artig** símile; **~bedeutend** sinònimo (**mit** di)

gleichberechtig|t con gli stessi diritti; **2ung** f parità di diritti

gleichen rassomigliare (*j-m* a qu); **einander ~** rassomigliarsi

gleich|falls: danke ~ grazie altrettanto; **2gewicht** n equilìbrio m; **ökologisches ~** equilìbrio ecològico

gleichgültig indifferente; **das ist mir ~** non m'importa; **2keit** f indifferenza

Gleich|heit f uguaglianza; **2mäßig** regolare; **~mut** m impassibilità f; **2namig** omònimo

Gleichnis n paràbola f

Gleichschritt m: **im ~** al passo

Gleich|strom m corrente f continua; **~ung** f equazione

gleich|wertig equivalente; **~zeitig** contemporàneo; *adv* nello stesso tempo

Gleis n binario m

gleit|en scivolare; *Flugw* planare; **2flug** m volo planato; **2schirmfliegen** n parapendìo m; **2zeit** f orario m flessìbile di lavoro

Gletscher m ghiacciaio; **~spalte** f crepaccio m

Glied n *Anat* membro m, arto m; *Penis* pene m; *Ketten2* anello m

glieder|n strutturare; **2ung** f divisione; *e-s Aufsatzes*, *e-r Rede* struttura f

Gliederschmerzen m/pl dolori articolari

Gliedmaßen pl arti m/pl
glimmen ardere (senza fiamma)
glitschig viscido
glitzern scintillare
global globale
Globetrotter m giramondo
Globus m globo
Glocke f campana
Glocken|blume f campànula; **~spiel** n carillon [-jɔ̃] m; **~turm** m campanile
glorreich glorioso
glotzen guardare fisso
Glück n fortuna f; **zum ~** per fortuna; **auf gut ~** a caso; **viel ~!** buona fortuna!; **~ haben** èssere fortunato
Glucke f chioccia
glück|en riuscire; **~lich** felice; **~licherweise** fortunatamente; **~selig** beato
Glücks|fall m caso fortunato; **~spiel** n gioco m d'azzardo
Glückwunsch m augurio; **herzlichen ~!** cordiali auguri!; **~karte** f biglietto m d'auguri; **~telegramm** n telegramma m d'auguri
Glüh|birne f lampadina; **2en** èssere incandescente; *fig* àrdere (**vor** di); **2end heiß** cocente; **~wein** m vino brûlé [bryle]; **~würmchen** n lùcciola f
Glut f brace f; *Hitze* calura
Glyzerin n glicerina f
GmbH (*Gesellschaft mit beschränkter Haftung*) S.r.l.

(*Società a responsabilità limitata*)
Gnade f grazia; **~frist** f respiro m; **~ngesuch** n domanda f di grazia
gnädig clemente; **~e Frau!** signora!
Gobelin m arazzo
Gold n oro m; **~barren** m lingotto d'oro; **2en** d'oro; *goldfarbig* dorato; **~fisch** m pesce rosso; **2ig** carino; **~münze** f moneta d'oro; **~schmied(in** f) m oréfice m/f
Golf[1] m *Geogr* golfo
Golf[2] n *Sport* golf m; **~platz** m campo da golf; **~schläger** m mazza f da golf; **~spieler(in** f) m golfista m/f
Gondel f góndola; *e-r Seilbahn* cabina
gönnen concèdere (*j-m et* qc a qu); **sich et ~** perméttersi, concédersi qc
Gönner m mecenate
Got|ik f (stile m) gòtico; **2isch** gòtico
Gott m Dio; **~ sei Dank!** grazie a Dio!; **um ~es willen!** per amor di Dio!
Gottes|dienst m ufficio religioso, messa f; **~mutter** f Madonna
Gotthard m: **Sankt ~** San Gottardo
Gottheit f divinità
Göttin f dea
göttlich divino
gottverlassen desolato
Götze m ìdolo

Grab n tomba f
graben scavare
Graben m fosso
Grab|hügel m tùmulo; **~in-schrift** f epitaffio m; **~mal** n monumento m sepolcrale; **~stein** m làpide f; pietra f sepolcrale
Grad m grado; **im höchsten ~e** estremamente; **zwei ~ über (unter) Null** due gradi sopra (sotto) zero
Graf m conte
Grafik f gràfica; **~er(in** f) m grafico (-a f) m; **~karte** f EDV scheda gràfica
Gräfin f contessa
grafisch gràfico (-a f)
Grafschaft f contèa
Gramm n grammo m; **100 ~** un etto
Grammatik f grammàtica
Granat|apfel m melagrana f; **~e** f Mil granata
grandios grandioso
Granit m granito
Grapefruit f pompelmo m
Graphit m grafite f
Gras n erba f; **~en** pascolare; **~halm** m filo d'erba; **~hüpfer** m cavalletta f
grassieren infierire
grässlich orrìbile, orrendo
Grat m cresta f
Gräte f lisca, spina
gratinieren Kochk gratinare
gratis gratuitamente
Gratulation f congratulazione; **2ieren** *j-m zu et ~* congratularsi con qu per qc; *gra-*

tuliere! congratulazioni!
grau grigio; **2brot** n pane m misto
Graubünden n Grigioni m/pl
Gräuel m orrore
grauen: *mir graut vor* … provo orrore per …
Grauen n orrore m; **2haft**, **2voll** orrìbile, orrendo
graupel|n grandinare; **2schauer** m temporale m misto a grandine
Graupen f/pl orzo m mondato
grausam crudele; **2keit** f crudeltà
gravieren incìdere; **~d** aggravante
Grazi|e f grazia; **2ös** grazioso
greifbar palpàbile; *zur Hand* a portata di mano; *verfügbar* disponìbile
greifen prèndere, acchiappare, afferrare (**nach et** qc); **zu et ~** ricórrere a qc; **um sich ~** propagarsi
Greis m vecchio; **~in** f vecchia
grell Licht abbagliante; Farbe stridente; Ton acuto, strìdulo
Grenz|bahnhof m stazione f di confine; **~bewohner** m abitante m/f di confine
Grenze f confine m, frontiera f; fig lìmite m
grenzen confinare (**an** qu); **~los** sconfinato; fig smisurato
Grenz|gebiet n zona f di confine; **~kontrolle** f controllo

m alla frontiera; **~pfahl** *m* confine; **~polizei** *f* polizìa confinària; **~posten** *m* *Wach~* guàrdia *f* confinària; **~stein** *m* (pietra *f* di) confine; **~streitigkeit** *f* controvèrsia *f* per i confini; **~übergang** *m* vàlico; **~übertritt** *m* passaggio del confine; **~verkehr** *m* tràffico di frontiera; **~verletzung** *f* violazione di frontiera

Griech|e *m* greco; **~enland** *n* (la) Grecia; **~in** greca

griesgrämig scontroso

Grieß *m* semolino

Griff *m* mànico; *Tür~* maniglia *f*; **2bereit** *f* a portata di mano

Grill *m* griglia *f*; **vom ~** ai ferri

Grille *f* *Zo* grillo *m*

grill|en grigliare, fare ai ferri; **2fest** *n*, **2party** *f* barbecue *m*

Grimasse *f* smorfia

grimmig truce

grinsen ghignare

Grippe *f* influenza

grob grosso; *Fehler* grave; grossolano; *Mensch* rozzo; brutale; **2heit** *f* grossolanità, rozzezza

Gröden *n* Gardena *f*

grölen sbraitare

Groll *m* astio; **2en** *j-m* portare rancore a

groß grande; *Summe* grosso; *hoch* alto; *wie ~ sind Sie?* quanto è alto?; **~artig** grandioso; **2aufnahme** *f* primo piano *m*; **2betrieb** *m* grande

azienda *f*; **2britannien** *n* (la) Gran Bretagna; **2buchstabe** *m* maiùscola *f*

Größe *f* grandezza; *Körper~* statura; *Kleider~* taglia; *Schuh~* misura, nùmero *m*

Groß|eltern *pl* nonni *m/pl*; **~grundbesitz** *m* latifondo; **~handel** *m* commercio all'ingrosso; **~industrie** *f* grande industria; **~macht** *f* grande potenza

großmütig generoso

Groß|mutter *f* nonna; **~onkel** *m* prozio; **~raumflugzeug** *n* jumbo *m*; **~raumwagen** *m* *Esb* grande carrozza; **~reinemachen** *n* F grande pulizìa *f*; **~stadt** *f* grande città; **2spurig** presuntuoso; **~tante** *f* prozia

größtenteils per la maggior parte

Groß|vater *m* nonno; **~veranstaltung** *f* grande spettàcolo *m*; **~wild** *n* selvaggina *f* grossa; **2ziehen** allevare, crescere; **2zügig** generoso; **~zügigkeit** *f* generosità

grotesk grottesco

Grotte *f* grotta

Grübchen *n* fossetta *f*

Grube *f* fossa; *Bergwerk* minièra

grübeln stillarsi il cervello (*über* su)

Gruft *f* tomba; cripta

grün verde; *der Hering* aringa *f* fresca; **~e Welle** onda verde; *Pol* **die 2en** i verdi; **die**

Ampel steht auf 2 il semàforo è verde; **~anlagen** *f/pl* giardini *m/pl* pùbblici

Grund *m* Boden fondo; Erd-boden suolo; terreno; Ursache causa f; motivo; *von ~ auf* radicalmente; *ohne ~* senza motivo; *aus diesem ~* per questa ragione; **~be-dingung** *f* condizione principale; **~begriffe** *m/pl* principi basilari; **~besitz** *m* proprietà f fondiaria; **~besit-zer(in** f) *m* proprietario (-a f) *m* fondiario; **~buch** *n* catasto *m*

gründ|en fondare; 2er(in f) *m* fondatore (-trice f) *m*

Grund|erwerb *m* acquisto di terreno; **~fläche** f base; **~ge-bühr** f tassa fissa; **~gehalt** *n* stipendio *m* base; **~gesetz** *n* BRD costituzione f; **~lage** f base; **2legend** fondamentale

gründlich profondo; *adv* a fondo

grundlos infondato

Gründonnerstag *m* giovedì santo

Grund|regel f règola fondamentale; **~riss** *m* Arch pianta f; **~satz** *m* principio; **2sätzlich** *adv* per principio; **~schule** f scuola elementare; **~stein** *m* prima pietra f; **~stück** *n* terreno *m*; **~stücksmakler** *m* agente immobiliare

Gründung f fondazione

grund|verschieden diversìssimo; **2wasser** *n* acqua f freàtica; **2zahl** f nùmero *m* cardinale

Grün|fläche f zona verde; **~kohl** *m* càvolo riccio; **~span** *m* verderame; **~strei-fen** *m* banchina f spartitràffico

grunzen grugnire

Gruppe f gruppo *m*; **~nreise** f viaggio *m* in comitiva

gruppieren: *sich ~* raggrupparsi (*um* intorno a)

gruseln: *sich ~* rabbrividire

Gruß *m* saluto; *herzliche Grüße an* ... cordiali saluti a ...; *mit freundlichen Grüßen* distinti od cordiali saluti

grüßen salutare; *j-n ~ lassen* mandare i saluti a qu

gucken F guardare

Guerillakrieg *m* guerriglia f

Gulasch *n/m* spezzatino *m* di carne

gültig vàlido; valévole; **2keit** f validità; **2keitsdauer** f (durata della) validità

Gummi *n/m* gomma f; **~ab-satz** *m* tacco di gomma; **~ball** *m* palla f di gomma; **~band** *n* elàstico *m*; **~hand-schuhe** *m/pl* guanti di gomma; **~knüppel** *m* sfollagente; **~reifen** *m* gomma f, pneumàtico; **~schlauch** *m* tubo di gomma; **~sohle** f suola di gomma; **~stiefel** *m/pl* stivali di gomma; **~strumpf**

m calza elastica

günstig favorévole; *vorteilhaft* vantaggioso

Gurgel *f* gola; **2n** gargarizzare

Gurke *f* cetriolo *m*; **saure ~n** cetriolini *m/pl* sott'aceto

Gurt *m* cinghia *f*; *Sicherheits*2 cintura di sicurezza

Gürtel *m* cintura *f*; **~reifen** *m* cinturato; **~rose** *f* herpes *m*

GUS *f* (*Gemeinschaft Unabhängiger Staaten*) CSI (*Comunità di Stati Indipendenti*)

Guss *m* Regen2 acquazzone; **~eisen** *n* ghisa *f*

gut buono; *adv* bene; **~es Wetter** bel tempo; **schon ~!** va bene!; **es schmeckt ~** ha un buon sapore; **mir ist nicht ~** mi sento male; **es gefällt mir ~** mi piace; **also ~!** d'accordo!; **~ gehen** andare bene; **es geht mir ~** sto bene; **~ tun** far bene (*j-m* a qu)

Gut *n* Habe bene *m*; Land2 proprietà *f* terriera; **~achten** *n* perizia *f*; **~achter(in** *f*) *m* perito (-a *f*) *m*

gutartig *Med* benigno

Gutdünken *n*: **nach ~** a discrezione

Güte *f* bontà; qualità; **in aller ~** con le buone

Güter *n/pl* Waren merci *f/pl*; **~abfertigung** *f* spedizione merci; **~bahnhof** *m* scalo merci; **~trennung** *f* separazione dei beni; **~wagen** *m* vagone merci; **~zug** *m* treno merci

Gute(s) *n* buono *m*; **alles ~!** buona fortuna! auguri!

gutgläubig in buona fede

gutheißen approvare

gütig benèvolo

gütlich amichévole

gutmachen: **wieder ~** riparare, rimediare a

gutmütig bonario

Gutsbesitzer *m* proprietario terriero

Gut|schein *m* buono; **2schreiben** accreditare; **~schrift** *f* accrédito *m*

Gymnasium *n* licèo *m*; ginnasio *m*

Gymnastik *f* ginnàstica

Gynäkologe *m* ginecòlogo

H

H *n* Mus si *m*

Haar *n* capello *m*; **~(e)** (*pl*) capelli *m/pl*; **um ein ~** per un pelo; **~ausfall** *m* caduta *f* dei capelli; **~bürste** *f* spàzzola per capelli; **~farbe** *f* colore

m dei capelli; **~färbemittel** *n* tintura *f* per i capelli; **~festiger** *m* fissatore

Haar|klemme *f* fermaglio *m* (per capelli); **~nadel** *f* forcina; **~nadelkurve** *f* tornante *m*; **~schnitt** *m* taglio *m* dei capelli; **~spange** *f* fermacapelli; **~spray** *m* lacca *f* per capelli; 2**sträubend** da far drizzare i capelli; **~trockner** *m* asciugacapelli; **~waschmittel** *m* shampoo *m*; **~wasser** *n* lozione *f* per capelli

haben avere; **~ Sie?** che ha?; *et* **~ wollen** desiderare qc; *ich hätte gern ...* vorrei ...; *bei sich ...* avere con sé

Habgier *f* avidità; 2**ig** àvido

Habicht *m* astore

Hack|braten *m* polpettone; **~e** *f* zappa; **~e(in)** *m* *f* calcagno *m*; 2**en** *Holz* spaccare; *Kochk* tritare; **~fleisch** *n* carne *f* tritata; **~er(in)** *f* *m* EDV hacker *m/f*

Hafen *m* porto; **~arbeiter(in** *f***)** *m* lavoratore (-trice *f*) portuale; **~becken** *n* dàrsena *f*; **~gebühr** *f* diritti *m/pl* portuali; **~kneipe** *f* béttola del porto; **~polizei** *f* polizia portuale; **~rundfahrt** *f* giro *m* (turistico) del porto; **~stadt** *f* città portuale

Hafer *m* avena *f*; **~flocken** *f/pl* fiocchi *m/pl* d'avena

Haft *f* detenzione; 2**bar** responsàbile (*für* di qc); **~befehl** *m* mandato di cattura

haften **~ für** garantire per; rispóndere di

Häftling *m* detenuto

Haft|notiz *f* postIt®; *m*; **~pflichtversicherung** *f* assi-

curazione di responsabilità civile; **~ung** *f* responsabilità (*für* di)

Hagebutte *f* (frutto *m* della) rosa *f* canina

Hagel *m* gràndine *f*; **~schauer** *m* grandinata *f*

hager magro, scarno

Hahn *m* gallo; *Tech* rubinetto

Hähnchen *n* *Kochk* pollo *m*

Hai(fisch) *m* squalo

häkel|n lavorare all'uncinetto; 2**nadel** *f* uncinetto *m*

Haken *m* gancio; *Angel* 2 amo; **~kreuz** *n* svàstica *f*

halb mezzo; **~e Stunde** mezz'ora *f*; *auf* **~em Wege** a metà strada; **~ leer** (*voll*) mezzo vuoto (pieno); **~ zwölf** le ùndici e mezzo; *zum* **~en Preis** a metà prezzo

Halb|dunkel *n* penombra *f*; **~finale** *n* semifinale *f*

halbieren divìdere in due

Halb|insel *f* penìsola; **~jahr** *n* semestre *m*; **~kreis** *m* semicerchio; **~kugel** *f* *Geogr* emisfero *m*; 2**laut** a mezza voce; **~mast** *m*: *auf* **~** a mezz'asta; **~mond** *m* mezzaluna *f*; **~pension** *f* mezza pensione; **~schatten** *m* penombra *f*; **~schlaf** *m*: *im* **~** nel dormiveglia; **~schuh** *m* scarpa *f* bassa; **~starke(r)** *m* teppista; 2**tägig** *m* a mezza giornata; **~tagsarbeit** *f* lavoro *m* a mezza giornata; 2**wegs** pressapoco; **~wertzeit** *f*

Phys tempo *m* di dimezzamento

Halbzeit *f: erste ~* primo tempo *m; zweite ~* ripresa

Hälfte *f* metà; *zur ~* a metà

Halfter *m* cavezza *f*

Halle *f Hotel*♀ hall; *Bahnhofs*♀ atrio *m; Werks*♀ capannone *m; Turn*♀ palestra

Hallenbad *n* piscina *f* coperta

hallo! *Begrüßung* ciao!, salve!; *Tel* pronto!

Halm *m* stelo, filo d'erba

Halogenlampe *f* làmpada alògena

Hals *m: Kehle* gola *f; e-n steifen ~ haben* avere il torcicollo; *~ über Kopf* a rompicollo; *~ausschnitt m* scollatura *f; ~band n Hunde*♀ collare *m; ~entzündung f* infiammazione della gola; *~Nasen-Ohren-Arzt m* otorinolaringoiatra; *~schlagader f* caròtide; *~schmerzen m/pl* mal *m* di gola; ♀*tuch n* fazzoletto *m* da collo; *~weite f* misura *f* del collo; *~wirbel m* vèrtebra *f* cervicale

Halt *m* fermata *f;* sosta *f; fig* sostegno; *ohne ~* senza sosta; *~ machen* fermarsi

halt! alt!; stop!

haltbar resistente; *~ bis* si mantiene fino a; ♀*keitsdatum n* data *f* di scadenza

halten tenere; *an*♀ fermarsi; *Auto* sostare;♀ *verboten!* divieto di sosta!; *eine Rede ~*

fare un discorso; *für richtig (falsch) ~* ritenere giusto (sbagliato) *~; ~ von* pensare di; *sich ~* conservarsi

Halte|stelle *f* fermata; *~verbot n* divieto *m* di sosta

Haltung *f Körper*♀ portamento *m; Einstellung* atteggiamento *m*

hämisch maligno

Halunke *f* mascalzone *m*

Hamburg *n* Amburgo

Hamburger *m Gastr* hamburger *m*

hämisch malizioso

Hammel *m* montone; *~fleisch n* carne *f* di montone; *~keule f* cosciotto *m* di montone

Hammer *m* martello

hämmern martellare

Hämorrhoiden *pl* emorròidi *f/pl*

Hampelmann *m* burattino

Hamster *m* criceto

hamstern *fig* accaparrare

Hand *f* mano; *zu Händen von* all'attenzione di; *et bei der ~, zur ~ haben* avere qc sottomano; *unter der ~ verkaufen* véndere sottomano; *e-e ~ voll* una manciata

Hand|arbeit *f* lavoro *m* manuale; *Stricken usw* lavoro d'ago; *~ball m* pallamano *f; ~bewegung f* gesto *m; ~bremse f* freno *m* a mano; *~buch n* manuale *m*

Händedruck *m* stretta *f* di mano

Handel m commercio; **2n** agire; *feilschen* contrattare; *mit et* ~ commerciare in qc; *es handelt sich um* ... si tratta di ...

Handels|abkommen n accordo m commerciale; ~**beziehungen** f/pl relazioni f/pl commerciali; ~**kammer** f càmera di commercio; ~**schiff** n nave f mercantile; ~**schule** f scuola commerciale; ~**vertreter** m rappresentante m/f

Hand|feger m scopetta f; ~**fläche** f palma; **2gearbeitet** fatto a mano; ~**gelenk** n polso m; **2gemalt** dipinto a mano; ~**gemenge** n zuffa f; ~**gepäck** n bagaglio m a mano; **2gewebt** tessuto a mano; ~**granate** f bomba a mano; **2greiflich:** ~ **werden** venire alle mani; ~**griff** m maniglia f; **2haben** maneggiare; ~**koffer** m valigia f

Händler(**in** f) m commerciante m/f

handlich maneggévole

Handlung f azione; *e-s Films usw* trama

Hand|rücken m dorso della mano; ~**schellen** f/pl manette; ~**schrift** f scrittura; **2schriftlich** per iscritto; ~**schuh** m guanto; ~**schuhfach** n cassetto m portaoggetti; ~**stand** m verticale f; ~**tasche** f borsetta; ~**teller** m palmo; ~**tuch** n asciuga-

mano m; ~**zeichen** n cenno m della mano

Handwerk n mestiere m; artigianato m; ~**er(in** f) m artigiano (-a f); ~**szeug** n arnesi m/pl

Handy n cellulare m; F telefonino m

Handzettel m volantino

Hanf m cànapa f

Hang m pendìo; fig inclinazione f (**zu** a)

Hänge|lampe f lampadario; ~**matte** f amàca

hängen v/i pèndere; èssere appeso; ~ **bleiben** restare attaccato (**an** a); v/t appèndere (**an** a)

hänseln prèndere in giro

Hansestadt f città anseatica

Hantel f manubrio m

hantieren maneggiare (*mit et* qc)

Happen m boccone

Hardware f EDV hardware m

Harfe f arpa

Harke f rastrello m

harmlos innòcuo

Harmo|nie f armonìa; **2nieren** andare d'accordo; **2nisch** armònico; ~**nium** n armonio m

Harn m urina f; ~**blase** f vescica urinaria; ~**leiter** m uretere; ~**röhre** f uretra

Harpune f arpone m

hart duro; *fest* sodo; *streng* severo; ~ **gekocht** Ei sodo; ~ **werden** indurirsi

Härte f durezza

Hart|geld n moneta f metàllica; **2herzig** duro d'ànimo; **~käse** m formaggio duro; **2näckig** ostinato

Harz n rèsina f; **2ig** resinoso

haschen 1. nach et ~ acchiappare qc; **2.** fumare l'hascisc

Hasch(isch) n hascisc m

Hase m lepre f

Haselnuss f nocciola f

Hasen|braten m arrosto di lepre; **~pfeffer** m lepre in salmì; **~scharte** f labbro m leporino

Hass m odio; **2en** odiare

hässlich brutto; **2keit** f bruttezza

Hast f fretta; **2ig** affrettato; adv in fretta

Haube f cùffia; Trocken**2** casco m; Kfz còfano m

Hauch m àlito; soffio; **2dünn** sottilissimo; **2en** alitare, soffiare

hauen picchiare; bàttere; **übers Ohr** ~ imbrogliare

Haufen m mucchio; Menschen folla f; **2weise** in abbondanza, a mucchi

häufen ammucchiare; **sich** ~ accumularsi; fig Fälle aumentare

häufig frequente; adv spesso; **2keit** f frequenza

Haupt n capo m

Haupt|altar m altare maggiore; **2bahnhof** m stazione f centrale; **2beruflich** come professione principale; **~be-**standteil m parte f essenziale; **~darsteller(in** f**)** m protagonista m/f; **~eingang** m entrata f principale

Häuptelsalat m österr Kopfsalat lattuga f

Haupt|fach n materia f principale; **~gericht** n Kochk piatto m forte; **~geschäftszeit** f ora f di punta; **~gewinn** m primo premio; **~mahlzeit** f pasto m principale; **~mann** m capitano; **2person** f principale; **~post(amt** n**)** f posta f centrale; **~reisezeit** f stagione f turistica; **~rolle** f parte f principale; **~sache** f essenziale m

hauptsächlich principale; adv soprattutto

Haupt|saison f alta stagione; **~speicher** m EDV memoria f centrale; **~stadt** f capitale; **~straße** f strada principale; **~teil** m parte f principale; **~verkehrsstraße** f grande arteria; **~verkehrszeit** f ore f/pl di punta

Haus n casa f; nach ~e, zu ~e a casa; **~angestellte(r)** f (m) domèstico (-a f) m; **~arbeit** f lavori m/pl di casa; **~arzt** m, **~ärztin** f médico/f (-a f) di famiglia; **~aufgaben** pl còmpiti m/pl di casa; **~besitzer(in** f**)** m proprietario (-a f) di casa; **~bewohner(in** f**)** m inquilino (-a f); **~durchsuchung** f perquisizione di domiciliare; **~eingang** m ingresso di casa

Häuserblock m isolato, caseggiato

Haus|flur m vestibolo; **~frau** f casalinga; **~friedensbruch** m violazione f di domicilio; **2gemacht** fatto m in casa; **~halt** m (governo m della) casa f; Wi bilancio; **~hälterin** f governante

Haushalts|artikel m articolo per la casa; **~gerät** n elettrodomèstico m; **~plan** m bilancio preventivo; **~waren** f/pl casalinghi m/pl

Haus|herr m, **~herrin** f padrone (-a f) m di casa; **~ierer** m venditore ambulante

häuslich domèstico; di casa

Haus|mann m casalingo; **~mannskost** f cucina casalinga; **~meister(in** f) m portinaio (-a f); **~mittel** n rimedio m casalingo; **~nummer** f nùmero m civico; **~ordnung** f regolamento m della casa; **~schlüssel** m chiave f di casa; **~schuhe** m/pl ciabatte f/pl; **~tier** n animale m domèstico; **~tor** n portone m; **~tür** f porta di casa; **~wirt** m padrone di casa; **~zelt** n tenda f a casetta

Haut f pelle; **~abschürfung** f escoriazione; **~arzt** m, **~ärztin** f dermatòlogo (-a f) m; **~ausschlag** m eruzione f cutànea; **~krebs** m carcinoma m

Häutchen n pellicina f

Haut|creme f crema per la pelle; **2eng** aderente; **~farbe** f carnagione; **~klinik** f clìnica dermatològica; **~krankheit** f malattìa cutànea; **~pflege** f cura della pelle

Havarie f avarìa

Hbf m (Hauptbahnhof) stazione f centrale

Hebamme f levatrice

Hebel m leva f

heben alzare; (sol)levare

Hecht m luccio; **~sprung** m tuffo carpiato

Heck n Mar poppa f; Flgw coda f; Kfz parte f posteriore; **~antrieb** m trazione f posteriore

Hecke f siepe

Heckenrose f rosa canina

Heck|klappe f portellone m posteriore; **~motor** m motore posteriore; **~scheibe** f lunotto m; **~scheibenheizung** f lunotto m termico; **~scheibenwischer** m tergilunotto

Heer n esèrcito m

Hefe f lièvito m; **~kuchen** m dolce lievitato; **~teig** m pasta f lievitata

Heft n quaderno m; e-r Zeitschrift nùmero m

heften befestigen attaccare (an a); nähen imbastire; Blick fissare (auf su)

heftig violento; **2keit** f violenza

Heft|pflaster n cerotto m;

~zwecke f puntina da disegno

Hehler m ricettatore

Heide[1] m rel pagano

Heide[2] f brughiera; *Bot* → **~kraut** n èrica f

Heidelbeere f mirtillo m

heidnisch pagano

heikel delicato; *Person* difficile

heil intero; *gesund* sano; **~e Welt** mondo intatto; 2 n *Seelen*2 salvezza f; *Petri* 2! buona pesca!

Heiland m Redentore

heilbar guaribile

Heilbutt m ippoglosso

heilen guarire

heilig santo; sacro; **~ sprechen** canonizzare; 2*abend* m vigilia f di Natale; *en* santificare; 2*e*(**r**) m, 2*e* f santo (-a f); 2*tum* n santuario m

Heil|gymnastik f fisioterapia; **~kräuter** n/pl erbe f/pl officinali; **~mittel** n rimedio m; **~pflanze** f pianta medicinale; **~praktiker**(**in** f) m mèdico/*pl* empirico; **~quelle** f fonte termale; 2*sam* salutare; **~ung** f guarigione

Heim n casa f; *Alters*2 ricòvero m; ospizio m; **~arbeit** f lavoro m a domicilio

Heimat f patria; **~land** n patria f; 2*los* apòlide; **~ort** m paese natale

heim|fahren andare a casa; 2*fahrt* f viaggio m di ritorno; **~isch** locale; 2*kehr* f ritorno

m (a casa); **~kehren** ritornare a casa; **~kommen** venire a casa

heimlich segreto; *adv* di nascosto

Heim|reise f viaggio m di ritorno; **~spiel** n *Sport* incontro m in casa; 2*tückisch* sùbdolo, pèrfido; 2*wärts* verso casa; **~weg** m ritorno a casa; **~weh** n nostalgìa f

Heirat f matrimonio m; 2*en* sposarsi; *j-n* sposare

Heirats|antrag m proposta f di matrimonio; **~anzeige** f annuncio m di matrimonio; *Einladung* partecipazione; **~urkunde** f atto m di matrimonio

heiser rauco; 2*keit* f raucèdine f

heiß caldo; *es ist* **~** fa molto caldo; *mir ist* **~** sento caldo; **~ laufen** surriscaldarsi

heißen chiamarsi; *bedeuten* voler dire; *ich heiße ...* mi chiamo ...; *was soll das ~?* che significa?; *wie heißt das auf Italienisch?* come si dice in italiano?; *es heißt, dass ...* si dice che ...

Heißluft f aria calda

heiter sereno a *Wetter*, 2*keit* f allegrìa f

heiz|bar riscaldàbile; **~en** riscaldare; 2*kissen* n termòforo m; 2*körper* m radiatore; 2*lüfter* m termoventilatore; 2*material* n combustìbile m; 2*öl* n olio m combustìbi-

le, nafta f; **2sonne** f radiatore m parabòlico
Heizung f riscaldamento m
Hektar m èttaro
hektisch febbrile; agitato
Hektoliter m ettolitro
Held m eròe, **~in** f eroina
heldenhaft eròico; **2tat** f atto m eroico
helfen aiutare (*j-m* qu); **können Sie mir ~?** potrebbe aiutarmi?; **sich zu ~ wissen** sapere arrangiarsi
Helfer(**in** f) m aiutante m/f
hell chiaro; *Zimmer* luminoso; **es wird ~** si fa giorno; **~blau** azzurro chiaro; **am ~lichten Tag** in pieno giorno
Helligkeit f chiarezza
Hellseher(**in** f) m chiaroveggente m/f
hellwach sveglio
Helm m elmo, elmetto; *Schutz2* casco
Hemd n camicia f; *Unter2* canottiera f; **~kragen** m colletto di camicia
hemm|en *hindern* ostacolare; **2ung** f *fig* scrùpolo m; **2schwelle** f soglia di inibizione; **~ungslos** sfrenato; senza scrùpoli
Hengst m stallone
Henkel m mànico
Henker m boia
Henne f gallina
Hepatitis f epatite
her qui; qua; *von außen* **~** dal di fuori; *von oben* **~** dall'alto; **es ist eine Woche ~** è

una settimana
herab giù; in basso; *von oben* **~** da sopra in giù; **~lassen** abbassare; calare; **~lassend** arrogante; **~setzen** *Preis* ridurre; **~steigen** scéndere
heran vicino; **näher ~** più vicino; **~fahren, ~kommen, ~treten** avvicinarsi; **~wachsen** créscere
herauf su; **~beschwören** provocare; **~holen** *Koffer* portare su; **~kommen** salire; **~setzen** *Preis* aumentare; **~ziehen** *Gewitter* avvicinarsi
heraus fuori; *von innen* **~** dall'interno; *nach vorn* **~** sul davanti; **~bekommen** *Geld* ricevere da resto; *fig erfahren* venire a sapere; **~bringen** portare fuori; *Produkt* lanciare; **~fallen** cadere fuori; **~fordern** sfidare; provocare; **2forderung** f sfida, provocazione; **~geben** *Geld* dare da resto; *Buch* pubblicare; **2geber** m editore; **~holen** tirare fuori; **~kommen** uscire; **~nehmen** prèndere fuori; **~ragen** spòrgere; **~schrauben** svitare
herausstellen: sich als richtig ~ rivelarsi esatto
herausziehen estrarre (*aus* da)
herb acerbo; *Wein* aspro
herbei qua; qui; **~eilen** accórrere; **~holen** andare a prèndere; **~rufen** chiamare
Herberge f locanda

Herbst m autunno; 2lich autunnale

Herd m cucina f, focolare

Herde f gregge m

herein ~! avanti!; ~bitten pregare d'entrare; ~fallen fig cascarci; ~holen j-n far entrare; et portare dentro; ~kommen entrare; ~lassen lasciar entrare; ~legen fig imbrogliare

Her|fahrt f venuta; 2fallen: *über j-d, et* ~ gettarsi su qu, qc; 2geben dare; 2gehen andare (*hinter j-m* dietro a qu)

Hering m aringa f; Zeltpflock picchetto m

herkommen venire; *wo kommen Sie her?* da dove viene?; *komm her!* vieni qua!

herkömmlich tradizionale

Herkunft f origine

hernehmen prèndere

Heroin n eroìna f; 2süchtig eroinòmane

Herr m signore; ~ X Anrede signor X; *sehr geehrter* ~ ...! egregio signore; ~chen n v Hund padrone m

Herren|... in Zssgn da (od di, per) uomo; maschile; ~friseur m barbiere; 2los Tier randagio; ~mode f moda maschile; ~rad n bicicletta f da uomo; ~toilette f gabinetto m per uomini

herrichten preparare

Herrin f padrona

herrisch dispòtico

herrlich magnìfico; Wetter splèndido

Herrschaft f dominio m; 2lich signorile

herrsch|en regnare (*über* su); 2er(in f) m sovrano (-a f) m; 2haus n dinastìa f

herrühren provenire (*von* da)

herstell|en fabbricare; produrre; 2er m produttore; 2ung f fabbricazione

herüber di qua; ~kommen venire di qua; ~reichen porgere

herum: *um ...* ~ intorno a; *zeitlich* verso; ~drehen girare; ~fahren girare (*um et* qc); ~fuchteln gesticolare; ~führen condurre in giro; ~irren vagare (*in der Stadt* per la città); ~kriegen F riuscire a convincere (*j-n* qu); ~liegen èssere sparso; ~reichen far circolare

herumtreiben: *sich* ~ F gironzolare

herunter giù; ~fahren Computer arrestare (il sistema); ~fallen cadere (giù); ~gekommen andato in rovina; ~klappen abbassare; ~kommen scéndere; ~laden EDV scaricare; ~lassen abbassare; ~setzen Preis ribassare

hervor fuori; ~bringen produrre; ~gehen risultare (*aus* da); ~heben betonen sottolineare; ~holen tirare fuori; ~ragend fig eccellente; **~rufen** *fig* provocare

Herz *n* cuore *m*; *Kartenspiel* cuori *m/pl*; **von ganzem ~en** di tutto cuore; **~anfall** *m* attacco cardìaco; **~beschwerden** *pl* disturbi *m/pl* cardìaci

Herzenslust *f*: **nach ~** a piacere

Herz|fehler *m* vizio cardìaco; **2haft** *Speise* saporito; **~infarkt** *m* infarto cardìaco; **~klopfen** *n* batticuore *m*; *Med* palpitazioni *f/pl*; **2krank** malato di cuore

herzlich cordiale; **~ gern** ben volentieri; **2keit** *f* cordialità

herzlos senza cuore

Herzmittel *n* cardiotònico *m*

Herzog *m* duca; **~in** *f* duchessa; **~tum** *n* ducato *m*

Herz|schlag *m* bàttito del cuore; *Med* colpo apoplèttico; **~schrittmacher** *m* pace-maker

Hessen *n* (l') Àssia *f*

Hetz|e *f Eile* fretta; **2en** *v/i* fare in fretta; **~kampagne** *f* campagna diffamatoria

Heu *n* fieno *m*; **Geld wie ~** soldi a palate

Heuchelei *f* ipocrisìa

heuch|eln fingere (**Freude** gioia); **2ler(in** *f*) *m* ipòcrita *m/f*

heuer *österr* quest'anno

Heuernte *f* fienagione

heulen urlare; F *weinen* piàngere

Heu|schnupfen *m* raffreddo-

re da fieno; **~schober** *m* fienile; **~schrecke** *f* cavalletta

heute oggi; **~ Morgen** (**Abend, Nacht**) stamani (stasera, stanotte); **~ Nachmittag** oggi pomeriggio; **~ in einer Woche** (**in 14 Tagen**) oggi fra una settimana (tra quìndici giorni)

heutig odierno

heutzutage oggigiorno

Hexe *f* strega; **~nschuss** *m* F colpo di strega

Hieb *m* colpo

hier qui, qua; **~ ist, ~ sind** ecco; **von ~ aus** di qui; **~ bleiben** rimanere qui; **~auf** da-nach dopo di ciò; **~bei** in quest'occasione

hier|durch *örtlich* per di qua; **~für** per questo

hierher qua, qui; **bis ~** fino qua; fin qui

hier|hin (di) qui; **~mit** con ciò; *im Brief* con la presente

hierzu a ciò; **~lande** in questo paese

hiesig di qui

Hi-Fi-Anlage *f* impianto *m* hi-fi

Hightech *n* alta tecnologìa *f*

Hilfe *f* aiuto *m*; **~!** aiuto!; **mit ~ von** con l'aiuto di; **erste ~** pronto soccorso *m*; **j-n zu ~ rufen** chiamare in aiuto qu; **~leistung** *f* prestazione di soccorso; **~ruf** *m* grido di aiuto

hilflos privo d'aiuto

Hilfs|aktion *f* azione di soccorso; ~arbeiter(in f) m manovale m/f; 2bedürftig bisognoso; ~bereit serviziévole; ~motor m motore ausiliare

Himbeer|e f lampone m; ~eis n gelato m al lampone; ~sirup m sciroppo di lamponi

Himmel m cielo; 2blau celeste; ~fahrt f: Christi ~ Ascensione; Mariä ~ Assunzione

Himmelsrichtung f punto m cardinale

himmlisch celeste; fig celestiale, divino

hin là; ci; vi; ~ und her qua e là; ~ und wieder di quando in quando; ~ und zurück andata e ritorno

hinab (in) giù, verso il basso; ~fahren, ~gehen scendere

hinauf in su, in alto; ~fahren, ~gehen, ~steigen salire; ~tragen portare su

hinaus fuori; ~gehen uscire; Fenster dare (auf, nach su); ~laufen v/i correre fuori; (auf et ~) andare a finire

hinauslehnen: sich ~ spòrgersi

hinaus|schieben differire (um di; auf a); ~werfen buttare fuori

Hinblick m: im ~ auf (in) riguardo a

hinbringen portare lì; Person accompagnare

hinderlich d'impedimento

hindern impedire (j-n an et a qu di fare qc)

Hindernis n ostàcolo m; ~rennen n corsa f a ostàcoli

hindurch zeitlich per; örtlich attraverso; die ganze Nacht ~ durante tutta la notte; Jahre ~ per anni

hinein dentro; ~gehen entrare; → a ~passen; ~kommen entrare; ~lassen lasciare entrare; ~passen starci; ~tun méttere dentro

hinfahren andarvi; et od j-n condurvi

Hinfahrt f andata; auf der ~ all'andata

hin|fallen cadere; ~fällig ungültig non vàlido; 2flug m volo di andata; ~führen condurre; 2gabe f dedizione; passione; ~gehen andarci; ~halten pòrgere; vertrösten tenere a bada

hinken zoppicare

hinlegen posare; sich ~ sdraiarsi; ins Bett coricarsi

hin|nehmen dulden sopportare; 2reise f andata; ~reißend affascinante; ~schicken mandare

hinsetzen: sich ~ sedersi

Hinsicht f: in dieser ~ sotto questo aspetto; in jeder ~ sotto tutti gli aspetti; 2lich riguardo a

Hinspiel n Sport partita f di andata

hinstellen porre, méttere

hinten dietro; am Ende alla fine; von ~ dal di dietro; nach ~ heraus sul di dietro; ganz

~ tutt'in fondo; **~herum** per di dietro

hinter dietro; **~ dem Haus, ~ das Haus** dietro la casa; **2achse** f asse m posteriore; **2bliebene(n)** m/pl supèrstiti; **~e** posteriore

hintereinander l'uno dietro l'altro; **dreimal ~** tre volte di fila

Hinter|grund m (s)fondo; **~halt** m imboscata f; **2hältig** sùbdolo; **~haus** n edificio m posteriore

hinterher zeitlich dopo; räumlich dietro

Hinter|kopf m occìpite; **~land** n retroterra m; **2lassen** lasciare; **2legen** depositare; **2listig** pèrfido

Hintern m F sedere

Hinterrad n ruota f posteriore; **~antrieb** m trazione f posteriore

Hinter|teil n parte f posteriore; F fig sedere m; **~tür** f porta f di dietro; **2ziehen** Steuer evàdere

hintun porre, méttere; **wo soll ich das ~?** dove devo métterlo?

hinüber di là; **~gehen** passare dall'altra parte; attraversare (**über et** qc)

hinunter giù; **~bringen** portare giù; **~fallen** cadere giù; **~gehen** scéndere; **~schlucken** inghiottire; **~steigen**

scéndere; **~werfen** gettare giù

Hinweg m andata f; **auf dem ~** all'andata

Hinweis m indicazione f; avvertimento; **2en** indicare (**auf et** qc); **~schild** n, **~tafel** f cartello m indicatore

hinziehen: sich ~ zeitlich andare per le lunghe

hinzu obendrein per di più; **~fügen** aggiùngere; **~kommen** sopravvenire; **~rechnen, ~zählen** aggiùngere; **~ziehen** Arzt consultare

Hirn n cervello m; **~gespinst** n fantasticherìa f

Hirsch m cervo; **~kuh** f cerva

Hirse f miglio m

Hirte m pastore

hissen Fahne, Segel issare

Histor|iker (in f) m, **2isch** stòrico (-a f)

Hitze f calura; gran caldo m; **2beständig** refrattario; **~welle** f ondata di caldo

Hitzschlag m colpo di calore

HIV-positiv sieropositivo

H-Milch f latte m a lunga conservazione

Hobby n hobby m

Hobel m pialla f

hoch alto; Preis elevato; grande; Alter avanzato; Ton acuto; nach oben in su; in alto; **~ empfindlich** Film molto sensìbile; **auf hoher See** in alto mare; **2 n** Wetter zona f di alta pressione

Hochachtung f stima; **2svoll**

Brief distinti saluti

Hoch|altar *m* altare *m* maggiore; **~amt** *n* messa *f* solenne; **~betrieb** *m* màssima attività *f*; **2deutsch** tedesco puro; alto tedesco

Hochdruck *m* alta pressione *f*; **~gebiet** *n* zona *f* di alta pressione

Hoch|ebene *f* altopiano *m*; **2fahren** *Computer* attivare; **~gebirge** *n* alta montagna *f*; **2geschlossen** *Kleid* accollato; **~geschwindig- keitszug** *m* treno *m* ultraràpido; **2halten** tenere in alto; **~haus** *n* grattacielo *m*; **2he- ben** sollevare; *a Hand* alzare; **2kant** di costa; **2klappen** alzare; **~land** *n* altopiano *m*; **~mut** *m* superbia; **2mütig** arrogante

Hoch|nebel *m* nebbia *f* alta; **~ofen** *m* altoforno; **2pro- zentig** ad alta gradazione alcòlica; **~relief** *n* altorilievo *m*; **~saison** *f* alta stagione; **~schule** *f* università; **~see** *f* alto mare *m*; **~sommer** *m* piena estate *f*; **~spannung** *f* alta tensione; **~sprung** *m* salto in alto

höchst il più alto; *fig* màssimo; *adv* molto, estremamente; **~** *selten* molto raro

Hochstapler(in *f*) *m* impostore (-a *f*) *m*

Höchst|belastung *f* càrico *m* màssimo; **2ens** al màssimo; **~geschwindigkeit** *f* velocità

---

màssima; **~gewicht** *n* peso *m* màssimo; **~leistung** *f* rendimento *m* màssimo; **2wahr- scheinlich** molto probabilmente

Hoch|verrat *m* alto tradimento; **~wald** *m* fustaia *f*; **~was- ser** *n* alluvione *f*, inondazione *f*; **2wertig** di gran valore

Hochzeit *f* nozze *f/pl*; **~sge- schenk** *n* regalo *m* di nozze; **~sreise** *f* viaggio *m* di nozze; **~stag** *m* matrimònio *m*

hocken stare accocciolato

Hocker *m* sgabello

Hockey *n* hockey *m*

Hoden *m* testìcolo

Hof *m* cortile; *Bauern2* fattorìa *f*; *Fürsten2* corte *f*; *den* **~** *machen* fare la corte (*j-m* a qc)

hoffen sperare (*auf et* in qc)

hoffentlich: **~** *stimmt es* speriamo che sia vero

Hoffnung *f* speranza; **2slos** disperato; **2svoll** fiducioso

höflich cortese; **2keit** *f* cortesìa *f*

Höhe *f* altezza; *An2* altura; *Summe in* **~** *von* … per l'ammontare di di …; *das ist die* **~!** è il colmo!

Hoheits|gebiet *n* territorio *m* nazionale; **~gewässer** *n/pl* acque *f/pl* territoriali

Höhen|angst *f* acrofobìa; **~klima** *n* clima *m* di montagna; **~krankheit** *f* mal *m* di montagna; **~kurort** *m* stazione *f* climàtica

~messer m altìmetro; **~unterschied** m dislivello

Höhepunkt m cùlmine, àpice, vèrtice; *Sex* orgasmo

höher più alto, superiore

hohl cavo

Höhle f caverna; grotta; *Tier2* tana

Hohl|maß n misura f di capacità; **~raum** m cavità f

Hohn m scherno

höhnisch beffardo

holen v/t andare a prèndere; **~ Sie e-n Arzt!** faccia venire un mèdico!; *Hilfe* **~** andare a chièdere aiuto; **~ lassen** mandare a prèndere

Holland n (l') Olanda f

Holländer(in f) m olandese m/f

Höll|e f inferno m; **2isch** infernale, enorme

Hollywoodschaukel f dóndolo m

holp|rig accidentato; *fig* stentato

Holunder m sambuco

Holz n legno m; *Brenn2* legna

hölzern di legno

Holz|fäller m boscaiolo; **2ig** legnoso; **~kohle** f carbone m di legno; **~schnitt** m xilografia f; **~schnitzerei** f scultura in legno; **~wolle** f lana f di legno; **~wurm** m tarlo

Homebanking n home banking m

Homepage f *EDV* sito m web

Homöopathie f omeopatia f

homosexuell omosessuale

Honig m miele; **~kuchen** m panpepato

Honorar n onorario m

Hopfen m lùppolo m

hörbar udìbile

horchen stare a sentire

Horde f orda

hören udire; sentire; *an~, zu~* ascoltare; *schwer* **~** èssere duro d'orecchi; *ich lasse von mir* **~** F mi farò vivo

Hörer m *Tel* ricevitore

Hör|funk m radio f; **~gerät** n apparecchio m acùstico

Horizont m orizzonte; **2al** orizzontale

Hormon n ormone m

Horn n corno m

Hörnchen n cornetto m

Hornhaut f *Anat* còrnea; *Schwiele* callosità

Hornisse f calabrone m

Horoskop n oròscopo m

Hör|saal m auditorio; aula f; **~spiel** n radiodramma m

Hörweite f: *in (außer)* **~** a (fuori) portata di voce

Hort m *Kinder2* asilo nido

Hose f pantaloni m/pl

Hosen|anzug m tailleur pantalone; **~rock** m gonna-pantalone f; **~tasche** f tasca (dei pantaloni); **~träger** m/pl bretelle f/pl

Hostess f hostess

Hostie f ostia

Hotel n albergo m; hotel m; **~halle** f hall; **~verzeichnis** n guida f degli hotels; **~zimmer** n càmera f d'albergo

Hubraum m cilindrata f
hübsch bello; carino
Hubschrauber m elicòttero
huckepack a cavalluccio
Huf m zòccolo; **~eisen** n ferro m di cavallo
Hüft|e f anca; **~gelenk** n articolazione f dell'anca; **~halter** m reggicalze
Hügel m collina f; **2ig** collinoso
Huhn n gallina f; pollo m
Hühnchen n pollastro m
Hühner|auge n callo m; **~brühe** f brodo m di pollo; **~brust** f Gastr petto di pollo; **~stall** m pollaio
Hülle f invòlucro m; custodia f
Hülsenfrüchte f/pl legumi m/pl
human umano; **2ität** f umanità
Hummel f bombo m
Hummer m àstice, òmaro m
Humor m umorismo; **2istisch** umorìstico; **2voll** pieno di umore
humpeln zoppicare
Hund m cane
Hunde|futter n cibo m per cani; **~hütte** f canile m; **~kuchen** m biscotto per cani; **~leine** f guinzaglio m
hundemüde stanco morto
hundert cento; **2er** m biglietto da cento; **2jahrfeier** f centenario m; **~prozentig** al cento per cento
Hündin f cagna
Hundstage m/pl canìcola f

Hunger m fame f; **~ haben** aver fame; **2n** soffrire la fame; **~snot** f carestìa; **~streik** m sciòpero della fame
hungrig affamato; **~ sein** aver fame
Hupe f clàcson m; **2n** suonare il clàcson
hüpfen saltellare
Hupverbot n divieto m di segnalazioni acùstiche
Hürde f ostàcolo m; **~nlauf** m corsa f ad ostàcoli
Hure f prostituta, P puttana
hüsteln tossicchiare
husten tossire; **2** m tosse f; **2bonbon** m/n caramella f per la tosse; **2saft** m sciroppo per la tosse
Hut m cappello; **auf der ~ sein** stare all'erta
hüten guardare; Vieh pascolare; **das Bett ~** stare a letto; **sich ~ vor** guardarsi da
Hutkrempe f tesa
Hütte f capanna; Berg2 rifugio m, baita
Hyäne f Zo iena
Hyazinthe f giacinto m
Hydrant m idrante f
hydraulisch idràulico
Hygien|e f igiene; **2isch** igiènico
Hymne f inno m
Hyper|link m EDV collegamento ipertestuale; **2modern** ultramoderno
Hypnose f ipnosi
Hypothese f ipòtesi
hysterisch istèrico

I

i.A. (*im Auftrag*) per procura (*p. p.*)

ICE *m* Intercity-Express

IC *m* (*Intercity*): **~Zuschlag** *m* supplemento ràpido

ich io; **~ auch** anch'io; **~ bin's** sono io

ideal ideale

Idee *f* idèa

ident|ifizieren identificare; **~isch** idèntico; **Qität** *f* identità

ideologisch ideològico

Idiot *m*, **Qisch** idiota

Idol *n Vorbild* ìdolo *m*

idyllisch idillìaco

Igel *m* riccio

ignorieren ignorare

ihm gli; *betont* a lui

ihn lo; *betont* lui

ihnen loro, a loro, gli; **Q** Le, a Lei; *pl* Loro, a Loro

ihr *sg* le, *betont* a lei; *pl* voi; *besitzanzeigend sg* (il) suo, (la) sua; *pl* loro; **Q** (il) Suo, (la) Sua; *pl* Loro

ihretwegen per lei; **Q** per Lei

illegal illegale

illuminieren illuminare

Illusion *f* illusione

Illustration *f* illustrazione

Illustrierte *f* rivista illustrata

Iltis *m* pùzzola *f*

Image *n* immagine *f* (pùbblica)

Imbiss *m* spuntino, snack;

~stube *f* tàvola calda

Imitation *f* imitazione

Imker *m* apicoltore

Immatrikulation *f* immatricolazione

immer sempre; **~ besser** sempre meglio; **~ noch**, **~ wieder** sempre; **für ~** per sempre; **~, wenn** tutte le volte che; **~hin** comunque; **~zu** continuamente

Immobilien *pl* immòbili *m/pl;* **~makler(in** *f*) *m* agente *m/f* immobiliare

immun immune (**gegen** a); **Qsystem** *n* sistema *m* immunitario

impf|en vaccinare; **Qpass** *m* certificato *m* (internazionale) di vaccinazione; **Qstoff** *m* vaccino; **Qung** *f* vaccinazione

imponierend imponente

Import *m* importazione *f;* **~eur** *m* importatore; **Qieren** importare

imposant imponente

imprägniert impermeabilizzato

improvisiert improvvisato

impulsiv impulsivo

imstande: **~ sein zu** èssere in grado di

in in; a; *binnen* fra; **~ der Stadt** nella città; **~ die Berge** in montagna; **ins Kino** al cìnema; *im März* in (*od* a) marzo; *im Sommer* d'estate; ~ *diesem Jahr* quest'anno

inbegriffen: alles ~ tutto compreso

Inder(*in f*) *m* indiano (-a *f*)

Indianer(*in f*) *m* indiano (-a *f*) (d'America)

Indien *n* (l') India *f*

Index *m* indice

indirekt indiretto

indiskret indiscreto

indiskutabel indiscutibile

indisponiert mal disposto

individuell individuale

Indizien *n*/*pl* indizi *m*/*pl*

Industrie *f* industria; ~**betrieb** *m* azienda *f* industriale; ~**gebiet** *n* zona *f* industriale; ~**zentrum** *n* centro *m* industriale

ineinander l'uno nell'altro

Infarkt *m* Med infarto

Infektion *f* infezione; ~**skrankheit** *f* malattia *f* infettiva

infizieren infettare

Inflation *f* inflazione; ~**srate** *f* tasso *m* d'inflazione

infolge in seguito a; ~**dessen** in conseguenza di ciò

Informatik *f* informatica

Information *f* informazione; ~**sbüro** *n* ufficio *m* informazioni

informieren informare; *sich* ~ informarsi (*über* di)

infrage ~ *kommen* prendere in considerazione

Infra|rotlampe *m* làmpada *f* a

raggi infrarossi; ~**struktur** *f* infrastruttura

Ingenieur(*in f*) *m* ingegnere *m*/*f*

Ingwer *m* zénzero

Inhaber(*in f*) *m* proprietario (-a *f*), titolare *m*/*f*

inhalieren Med fare inalazioni

Inhalt *m* contenuto; ~**sverzeichnis** *n* indice *m*

Initiative *f* iniziativa

Injektion *f* iniezione

inklusive compreso

Inland *n* interno *m* del paese

inländisch nazionale

Inlandsflüge *m*/*pl* voli nazionali

Inliner, Inline-Skates *m*/*pl* pattini in linea

inmitten in mezzo a

innen dentro; all'interno; *von* ~ dall'interno

Innen|architekt *m* architetto *m*/*f* d'interni; ~**kabine** *f* cabina interna; ~**ministerium** *n* ministero *m* degli Interni; ~**politik** *f* politica interna; ~**stadt** *f* centro *m* città

innere interiore; 2(**s**) *n* interno *m*

Innereien *f*/*pl* interiora

inner|halb all'interno di; *zeitlich* entro; ~**lich** interno

innig intimo, sincero

inoffiziell non ufficiale

Insasse *m* passeggero (-a *f*)

insbesondere particolarmente

Inschrift *f* iscrizione

Insekt n insetto m; **~enspray** n spray m insetticida; **~enstich** m puntura f d'insetto; **~izid** n insetticida m

Insel f isola; **~gruppe** f arcipelago m

Inserat n inserzione f

insgesamt in tutto, in totale

insofern: **~ als** nella misura in cui; cj in quanto

Inspektion f controllo m

Installateur m idràulico

installieren installare

instand: **~ halten** mantenere; **~ setzen** riparare

Instanz f istanza

Instinkt m istinto; **2iv** istintivo

Institut n istituto m

Institution f istituzione

Instruktion f istruzione

Instrument n strumento m

Insulin n insulina f

Inszenierung f messa in scena

intakt intatto

intelligent intelligente

Intelligenz f intelligenza

intensiv intenso; intensivo; **2kurs** m corso intensivo; **2station** f reparto m di rianimazione

interes|sant interessante; **2se** n interesse m; **~sieren** interessare; **ich interessiere mich für** ... m'interesso di od a ...

inter|n interno; **2nat** n collegio m; **~national** internazionale; **2net** n internet m; **2netcafé** n cybercafe m;

2nist(in f) m internista m/f; **~pretieren** interpretare; **~venieren** intervenire; **2view** n intervista f; **~viewen** intervistare

intim intimo

intolerant intollerante

intravenös endovenoso

Intrige f intrigo m

Invalide m invàlido

Inventar n inventario m

invest|ieren investire; **2ition** f investimento m

inwie|fern in che senso; **~weit** fino a qual punto

inzwischen frattanto

irdisch terreno

Ire m irlandese

irgend|jemand qualcuno; **~etwas** qualcosa; **~ein** uno qualunque; **~einer** qualcuno; **~wann** prima o poi; **~wie** in qualche modo; **~wo** in qualche posto

Irin f, adj **irisch** irlandese

Irland n (l') Irlanda f

ironisch irònico

irre fig pazzesco; F (toll) fantàstico

Irre(r) f (m) pazzo (-a f) m

irre|führen ingannare; **~machen** sconcertare

irr|en errare; fig sbagliare; **sich ~** sbagliarsi; **~ig** errò-neo

Irr|sinn m pazzìa f, follìa f; **2sinnig** Mensch folle (a fig); F pazzesco; **~tum** m errore; **2tümlich** erròneo; per sbaglio

Ischias m/n sciàtica f
ISDN m ISDN
Islam m islam; **2isch** islàmico
Island n (l') Islanda f
Isolier|band n nastro m iso-
lante; **2en** isolare; **~ung** f
isolamento m

Isomatte f stuòia isolante
Israel n Israele m; **2i** m/f israe-
liano (-a f) m
Italien n (l') Italia f
Italien|er(in f) m italiano (-a
f); **2isch** italiano; *auf Italienisch* in italiano

J

ja sì
Jacht f yacht m
Jacke f giacca; **~ett** n giacca f,
giacchetta f
Jagd f caccia; **~gewehr** n fucile m da caccia; **~hund** n
cane da caccia; **~hütte** f capanna da caccia; **~revier** n
riserva f di caccia; **~schein**
m licenza f di caccia; **~ver-
bot** n divieto m di caccia;
~zeit f (stagione della) caccia
jagen cacciare
jäh repentino
Jäger m cacciatore
Jahr n anno m; *ein halbes ~*
sei mesi; *im ~ 2000* nel duemila; **~en** da anni;
2elang adv per anni
Jahres|anfang m inizio del-
l'anno; **~ende** n fine f del-
l'anno; **~tag** m anniversario;
~zeit f stagione
Jahr|gang m annata f; **~hun-
dert** n sècolo m
jährlich annuo, annuale; adv
ogni anno
Jahr|markt m fiera f; **~tau-**

send n millennio m; **~zehnt**
n decennio m
jähzornig iracondo
Jalousie f persiana
Jammer m miseria f; *es ist
ein ~* è un peccato
jämmerlich miseràbile
jammern lamentarsi
Jänner m österr → *Januar*
Januar m gennaio
Japan n (il) Giappone
Japan|er(in f) m, **2isch** giap-
ponese m/f
Jargon m gergo
Jasmin m gelsomino
jäten diserbare
jauchzen urlare di gioia
Jause f österr merenda
jawohl sissignore
Jazzband f orchestra f jazz
je *~mals* mai; *vor Zahlen* ogni,
alla volta; *für jeden* ciascuno;
~ ... desto più ... più; *~
nachdem, ob* secondo che
(+ cong)
Jeans pl jeans m/pl; **~rock** m
gonna f di jeans
jede, ~r, ~s adj ogni; *jeder
(jede) von uns* ognuno

(ognuna) di noi

jedenfalls in ogni caso

jeder|mann ognuno; *alle* tutti; **~zeit** in qualsiasi momento

jedes: ~ Mal ogni volta (*wenn* che)

jedoch però

jeher: von (*od* **seit**) **~** da sempre

jemals mai

jemand qualcuno

jen|e, ~er, ~es quello, quella; **~seits** al di là (di)

Jesuit *m* gesuita

Jesus Gesù

jetzig presente, attuale

jetzt ora, adesso; *bis* **~** finora

jeweils ogni volta

Jh. *n* (*Jahrhundert*) sec. *m* (*secolo*)

Job *m* lavoro (occasionale)

Jockei *m* fantino

Jodtinktur *f* tintura di iodio

Jogging *n* jogging *m*

Joghurt *m/n* yogurt *m*

Johannisbeeren *f/pl* ribes *m/pl*

Joint *m* F spinello

Journalist(in *f*) *m* giornalista *m/f*

Jubel *m* giùbilo; **2n** esultare

Jubiläum *n: zehnjähriges ~** dècimo anniversario *m*

juck|en: es juckt prude; **2reiz** *m* prurito

Jude *m* ebrèo

Jüd|in *f* ebrèa; **2isch** ebrèo

Jugend *f* gioventù; *die* **~** *junge Leute* i giovani; **~gruppe** *f* gruppo *m* di giovani; **~herberge** *f* ostello *m* per la gioventù; **~herbergsausweis** *m* tessera ostelli; **~lager** *n* campo *m* per giovani; **2lich** giovanile; **~liche(r)** *f* (*m*) giovane *m/f*

Jugendstil *m* liberty

Jugoslawien *n* (la) Iugoslavia

Juli *m* luglio

jung gióvane; **2e** *m* ragazzo; **2e(s)** *n* piccolo *m*; *Hund usw* cùcciolo *m*

jünger più gióvane; *Geschwister* minore

Jungfrau *f* vèrgine; *Astrol* Vèrgine

Junggesell|e *m* scàpolo; **~in** *f* nùbile

jüngst *m/n: in ~er Zeit* recentemente

Juni *m* giugno

Jura: **~ studieren** studiare legge; *m Geogr* Giura

Jurist(in *f*) *m* giurista *m/f*

Jury *f* giurì *m*

Justiz *f* giustizia

Juwel|en *n/pl* gioielli *m/pl*; **~ier** *m* gioielliere

Jux *m* F scherzo

K

Kabarett n cabaret m
Kabel n cavo m; **~fernsehen** n televisione f via cavo
Kabeljau m merluzzo
Kabine f cabina; **~nbahn** f cabinovia
Kabinett n Pol gabinetto m
Kabriolett n decapottàbile f
Kachel f piastrella; **~ofen** m stufa f di ceràmica
Käfer m coleòttero
Kaff n F buco m
Kaffee m caffè; **~haus** n österr caffè m; **~kanne** f caffettiera; **~löffel** m cucchiano; **~maschine** f màcchina da caffè; **~mühle** f macinacaffè m; **~tasse** f tazza da caffè
Käfig m gabbia f
kahl nudo; Kopf calvo; Baum spoglio
Kahn m barca f
Kai m banchina f
Kairo n Càiro m
Kaiser(in f) m imperatore (-trice f) m; **~schmarrn** m österr frittata f dolce sminuzzata; **~schnitt** m Med taglio cesareo
Kajüte f cabina
Kakao m cacao m; Getränk cioccolata f
Kakerlak(e) m scarafaggio
Kaktusfeige f fico m d'India
Kalabrien n Calàbria f
Kalb n vitello m; **~fleisch** n

(carne f di) vitello m
Kalbs|braten m arrosto di vitello; **~schnitzel** n scaloppina f di vitello
Kalender m calendario
Kalorie f caloría f; 2**narm** ipocalòrico
Kalk m calce f; **~stein** m calcare
kalkulieren calcolare
kalt freddo; es ist~ fa freddo; mir ist~ ho freddo; **~blütig** a sangue freddo
Kälte f freddo m; 3 Grad~ tre gradi sotto zero
Kalt|miete f cànone m d'affitto senza le spese; **~start** m EDV partenza f a freddo
Kalzium n calcio m
Kamel n cammello m
Kamera f màcchina fotogràfica; Film2 cinepresa
kameradschaftlich cameratesco
Kamille f camomilla; **~ntee** m (infuso m) di camomilla
Kamin m camino; **~kehrer** m spazzacamino
Kamm m pèttine; Berg2 cresta f
kämmen: sich~ pettinarsi
Kammer f ripostiglio m; **~musik** f mùsica da càmera
Kampanien n Campania f
Kampf m lotta f; Wett2 gara f
kämpfen lottare, combàttere

(*für*, *um*) per)
Kampfrichter m àrbitro
kampieren accamparsi
Kanada n (il) Canadà
Kanal m canale (*a TV*; *Abwasser*^{2} canale di scolo; **~isation** f fognatura
Kanar|ienvogel m canarino; **~ische Inseln** f/pl (le) Canarie
Kandidat(in f) m candidato (-a f) m
kandiert: ~e Früchte f/pl frutta f candita
Känguru n canguro m
Kaninchen n coniglio m
Kanister m bidone, tànica f
Kännchen n bricchetto m
Kanne f bricco m
Kanone f Mil cannone m
Kante f spìgolo m
Kantine f mensa
Kanu n canòa f
Kanzel f pùlpito m
Kanzlei f cancellerìa; studio m (di avvocato)
Kanzler m cancelliere
Kap n capo m
Kapazität f capacità; *Experte* esperto m
Kapelle f cappella; *Mus* banda
Kapern f/pl càpperi m/pl
Kapital n capitale m; **~anlage** f investimento m; **~ist** m, **^{2}istisch** capitalista
Kapitän m capitano
Kapitel n capitolo m
Kappe f berretto m
Kapsel f càpsula

kaputt F rotto, guasto; *müde* stanco morto; **~gehen** rómpersi; **~machen** rómpere
Kapuze f cappuccio m
Karabiner(haken) m moschettone
Karaffe f caraffa
Karambolage f collisione
Karamell n caramello m
Karat n carato m
Karawane f carovana (*a fig*)
Kardanwelle f àlbero m cardànico
Kardinal m cardinale
Karfiol m österr Blumenkohl cavolfiore
Karfreitag n venerdì santo
kariert a quadretti
Karies n Med carie f
Karikatur f caricatura
Karneval m carnevale
Kärnten n Carinzia f
Karo n quadro m; *Kartenspiel* quadri m/pl
Karosserie f carrozzerìa
Karotte f carota
Karpaten pl Carpazi m/pl
Karpfen m carpa f
Karriere f carriera
Karte f Speise^2 carta, menù m; Land^2 cartina; Post^2 cartolina; EDV scheda; **~n spielen** giocare a carte
Kartei f schedario m; **~karte** f scheda; **~kasten** m schedario
Karten|spiel n partita f di carte; Karten mazzo m; **~telefon** n telèfono m a scheda
Kartoffel f patata; **~brei** m pu-

rè *m* di patate; **~chips** *m/pl*
patatine *f/pl;* **~klöße** *m/pl*
gnocchi di patate; **~salat** *m*
insalata *f* di patate

Karton *m* cartone; scàtola *f*

Karussell *n* carosello *m*, giostra *f*

Karwoche *f* settimana santa

Käse *m* formaggio; **~kuchen** *m* torta *f* di ricotta

Kaserne *f* *Mil* caserma

Kasino *n* casinò *m*

Kaskoversicherung *f* assicurazione contro tutti i rischi

Kasse *f* cassa; *Thea usw* botteghino *m*

Kassen|arzt *m* mèdico della mùtua; **~bon** *m* → **~zettel;**
~patient *m* mutuato; **~zettel** *m* scontrino

Kassette *f* cassetta; **~nrekorder** *m* registratore a cassette

kassier|en incassare; **2er(in** *f)* *m* cassiere (-a *f)*

Kastanie *f* castagna; *Baum* castagno *m*

Kasten *m* cassa *f*, cassetta *f*

Kat *m* → **Katalysator**

Katalog *m* catàlogo

Katalysator *m* *Phys* catalizzatore, *Kfz* marmitta *f* catalìtica

Katarr(h) *m* *Med* catarro; F raffreddore

Katastrophe *f* catàstrofe; **~ngebiet** *n* zona *f* sinistrata

Kategorie *f* categoria

Kathedrale *f* cattedrale

Kathol|ik(in *f) m,* **2isch** cattòlico (-a *f)*

Katze *f* gatto *m;* gatta

kauen masticare

Kauf *m* compra *f*, acquisto *f*,
2en comprare, acquistare

Käufer(in *f) m* acquirente *m/f*

Kaufhaus *n* grande magazzino *m*

käuflich *Sache* in vendita; *Person* corruttibile

Kauf|mann *m* commerciante;
~preis *m* prezzo d'acquisto;
~vertrag *m* contratto di compravéndita

Kaugummi *m* gomma *f* da masticare

kaum appena

Kaution *f* cauzione

Kaviar *m* caviale

Kegel *m* *Math* cono; *Spiel* 2 birillo; **~bahn** *f* bowling *m;* 2n giocare ai birilli

Kehl|e *f* gola; **~kopf** *m* laringe *m* od *f*

Kehr|e *f* tornante *m,* svolta;
2en spazzare; **~schaufel** *f* paletta; **~seite** *f* rovescio *m*

Keil *m* cùneo

Keilriemen *m* cinghia *f* trapezoidale

Keim *m* germe; 2en germinare; 2frei sterilizzato; 2tötend antisettico

kein non; nessuno; *ich habe ~ Geld* non ho denaro; **~ anderer** nessun altro; **~ bisschen** nemmeno un pò; **~er** (**~e**) nessuno (nessuna); **~esfalls** in nessun caso; **~eswegs** in nessun modo

Keks *m* biscotto

Kelch *m* càlice

Kelle *f* méstolo *m*

Keller *m* cantina *f*; **~geschoss** *n* scantinato *m*

Kellner(in *f***)** *m* cameriere (-a *f*)

keltern pigiare

kennen conóscere; **sich ~** conóscersi; **~ lernen** conóscere

Kenner *m* conoscitore

Kenntnis *f* conoscenza (**von et** di qc); **~se** *pl* nozioni *f/pl*

Kennzeich|en *n* caratteristica *f*; *Kfz* targa *f*; **2nen** (contras)segnare

kentern capovòlgersi

Keramik *f* ceràmica

Kerbe *f* tacca

Kerl *m* tipo; soggetto

Kern *m* nòcciolo; *Apfel*2 seme; *Phys*, *Biol* nùcleo; **2gesund** sano come un pesce; **~kraft** *f* energia *f* atòmica (*od* nucleare;) **~kraftgegner** (**in** *f*) *m* antinucleare *m/f*; **~kraftwerk** *n* centrale *f* nucleare; **2los** senza semi;

Kerze *f* candela; *Altar*2 cero *m*; **~nhalter** *m* portacandela

Kessel *m* *Wasser*2 bollitore; *Tech* caldaia *f*

Ketchup *n*/*m* ketchup *m*

Kette *f* catena; *Hals*2 collana; *Berg*2 catena montuosa; **~nfahrzeug** *n* veìcolo *m* cingolato

Ketzer(in *f***)** *m* erètico (-a *f*)

keuch|en ansimare; **2husten** *m* tosse *f* canina

Keule *f* clava; *Koch*2 coscia;

*Lamm*2 cosciotto *m*

Keyboard *n* *Mus* tastiera *f* elèttrica

Kfz *n* → *Kraftfahrzeug*

KG *f* (*Kommanditgesellschaft*) s.acc. (*società in accomandita*)

Kichererbse *f* cece *m*

Kiebitz *m* *Zo* pavoncella *f*

Kickboard *n* monopàttino *m*; kickboard *m*

Kiefer[1] *m* *Anat* mascella *f*

Kiefer[2] *f* pino *m* selvàtico

Kiel *m* *Mar* chiglia *f*

Kiemen *f/pl* branchie

Kies *m* ghiaia *f*

Kiesel *m* ciòttolo

Kilo(gramm) *n* chilo(grammo) *m*

Kilometer *m* chilòmetro; **~stand** *m* chilometraggio; **~zähler** *m* contachilòmetri

Kilowattstunde *f* chilowattora *m*

Kind *n* bambino *m*; *Sohn* figlio *m*; *Tochter* figlia *f*

Kinder|arzt *m*, **~ärztin** *f* pediatra *m/f*; **~betreuung** *f* servizio *m* di baby-sitting; **~bett** *n* lettino *m*; **~ermäßigung** *f* riduzione per bambini; **~fahrkarte** *f* biglietto *m* per bambini; **~garten** *m* asilo; **~gärtnerin** *f* maestra d'asilo; **~geld** *n* assegno *m* familiare; **~krippe** *f* (asilo) nido *m*; **~lähmung** *f* poliomielite; **2los** senza figli; **~mädchen** *n* bambinaia *f*; **~sitz** *m* *Kfz* seggiolino; **~spielplatz** *m* campo giochi; **~wagen** m carrozzina f; **~zimmer** n stanza f dei bambini

Kind|heit f infanzia; **2isch** puerile; **2lich** infantile

Kinn n mento m; **~haken** m montante al mento

Kino n cìnema m, F cine m

Kiosk m chiosco; **Zeitungs2** edìcola f

kippen um~ rovesciare

Kirch|e f chiesa; **~enchor** m coro parrocchiale; **~enschiff** n navata f; **2lich** ecclesiàstico; **~turm** m campanile; **~weih** f sagra

Kirsch|baum m ciliegio; **~e** f ciliegia

Kissen n cuscino m; Kopf2 guanciale m; **~bezug** m fèdera f

Kiste f cassa; cassetta

Kitsch m kitsch; **2ig** di cattivo gusto

Kitt m stucco, màstice m

Kittel m càmice m

kitzeln fare il sollètico

Klage f lagnanza; jur querela; **2n** lamentarsi (**über** di); jur spòrgere querela

Kläger (in f) m querelante m/f

Klammer f Wäsche2 molletta; Büro2 fermaglio m; **~affe** m (@-Zeichen) chiocciola f

klammern: sich ~ an aggrapparsi f

Klamotten f/pl F cenci m/pl

Klang m suono

Klapp|bett n letto m ribaltàbile; **2en** ribaltare; fig **es**

klappt (nicht) (non) funzioná; **~rad** n bicicletta f pieghévole; **~sitz** m strapuntino; **~stuhl** m sedia f pieghévole

klar chiaro, lìmpido; Himmel a sereno, terso

Klär|anlage f impianto m di depurazione; **2en** chiarire; reinigen depurare

Klarheit f chiarezza

Klarinette f clarinetto m

Klasse f classe a im Zuf; categorìa; **~!** fantàstico!

klàssisch clàssico

Klatsch F m pettegolezzi m/pl

klatschen: in die Hände ~ bàttere le mani; **Beifall ~** applaudire

Klaue f grinfia

klauen F rubare

Klavier n pianoforte m

Kleb|eband n nastro m adesivo; **2en** v/t incollare; v/i èssere attaccato; **2rig** colloso; **~stoff** m adesivo, colla f

Klecks m macchia f

Klee m, **~blatt** n trifoglio m

Kleid n vestito m

Kleider|bügel m gruccia f; **~haken** m, attaccapanni; **~schrank** m armadio; **~ständer** m attaccapanni

Kleidung f vestiti m/pl; **~sstück** n capo m di vestiario

klein piccolo; **2bildkamera** f microcàmera; **2bus** m pulmino; **2geld** n spìccioli m/pl; **2igkeit** f piccolezza;

²kind *n* bambino *m*; **~lich** gretto; **²stadt** *f* cittadina; **²wagen** *m* utilitaria *f*

Kleister *m* colla *f*

Klemm|e *f* Haar² fermaglio *m*; *fig* **in der ~ sitzen** èssere in un impiccio; **²en** incepparsi

Klempner *m* idràulico

Klerus *m* clero

kletter|n arrampicarsi (*auf* su); **²pflanze** *f* rampicante *m*; **²schuhe** *m/pl* scarpette *f/pl* da roccia

Klettverschluss *m* stretch

Klima *n* clima *m*; **~anlage** *f* aria condizionata; **²tisch** climàtico; **~wechsel** *m* cambiamento del clima

Klinge *f* lama; Rasier² lametta

Klingel *f* campanello *m*

klingeln suonare; Telefon *a* squillare; **es klingelt** suona

Klinik *f* clìnica

Klinke *f* maniglia

Klippe *f* scoglio *m*

klirren tintinnare

Klo F *n* gabinetto *m*; **~papier** *n* F carta *f* igiènica

klopfen bàttere *a* Herz; Motor bàttere in testa; **an die Tür ~** bussare (alla porta); **es klopft** bùssano

Klops *m* polpetta *f*

Klosett *n* gabinetto *m*

Kloß *m* Mehl² gnocco; Fleisch² polpetta *f*

Kloster *n* monastero *m*

Klotz *m* ceppo

Klub *m* circolo, club

klug intelligente; **²heit** *f* intelligenza

Klumpen *m* ammasso; Erd² zolla *f*

knabbern rosicchiare (**an et** qc)

Knäckebrot *n* pane *m* croccante

knacken *v/t* Nüsse schiacciare; Auto scassinare; *v/i* Geräusch scricchiolare

Knall *m* scoppio, detonazione *f*; **²en** scoppiare, detonare; **~frosch** *m* petardo

knapp scarso; eng stretto; **die Zeit ist ~** manca il tempo

knarren scricchiolare

knattern crepitare

Knäuel *m/n* gomìtolo *m*

kneifen *v/t* pizzicare; *v/i* F *fig* svignàrsela

Kneipe *f* birrerìa

kneten impastare

Knick *m* piega *f*; **²en** piegare

Knie *n* ginocchio *m*; **~kehle** *f* pòplite *m*

knien stare in ginocchio; **sich ~** inginocchiarsi

Knie|scheibe *f* ròtula; **~strümpfe** *m/pl* calzettoni

Kniff *m* piega *f*; *fig* trucco

knipsen F Fot fotografare

knirschen scricchiolare; **mit den Zähnen ~** digrignare i denti

knistern crepitare

knitter|frei ingualcìbile; **~n** sgualcirsi

Knoblauch *m* aglio; **~zehe** *f*

spìcchio m d'aglio
Knöchel m Fuß2 malléolo,
caviglia f; Finger2 nocca f
Knochen m osso; **~bruch** m
frattura f óssea; **~mark** n mi-
dollo m
Knödel m gnocco, canèderlo
Knolle f Bot bulbo m
Knopf m bottone; **~druck** m
pressione f di un pulsante;
~loch n occhiello m
Knorpel m cartilàgine f
Knospe f boccio m; gemma
Knoten m nodo; **~punkt** m
nodo (stradale, ferroviario)
Knüller F m successo
Knüppel m manganello;
Schalt2 leva f del cambio
knusprig croccante
Koalition f coalizione
Koch m cuoco; 2en vi cuòcere; Essen cucinare; Kaffee fare; vli sieden bollire; **~er** m
fornello; **~gelegenheit** f
possibilità di cucinare
Köchin f cuoca
Koch|löffel m mestolo; **~ni-
sche** f cucinino m; **~platte**
f fornello m; **~salz** n sale
m grosso (od da cucina);
~topf m pèntola f
Köder m esca f a fig
koffeinfrei senza caffeìna
Koffer m valigia f; **~kuli** m
carrello portabagagli; **~ra-
dio** n radio f portàtile;
~raum m Kfz portabagagli
Kohl m càvolo
Kohle f carbone m; **~hydrat** n
carboidrato m; **~ndioxid** n

anìdride f carbònica; **~nsäu-
re** f àcido m carbònico; **~pa-
pier** n carta f carbone
Kohl|rabi m càvolo rapa;
~sprossen f/pl österr Rosenkohl cavolini m/pl di Bruxelles
Kokain n cocaìna f; 2süchtig
cocainòmane
Kokosnuss f noce f di cocco
Kolben m Tech pistone; **~ring**
m segmento
Kolik f còlica
Kollaps m collasso
Kolleg|e m, **~in** f collega m/f;
2ial collegiale
Kollision f scontro m, collisione
Köln Colonia
Kölnisch Wasser n acqua f
di Colonia
Kolonne f colonna; **~ fahren**
andare in fila
Kombi m → **~wagen**; **~nation**
f combinazione; **~wagen** m
(auto f) familiare f
Komfort m comodità f; com-
fort; 2abel confortévole
komisch divertente; seltsam
strano
Komitee n comitato m
Komma n vìrgola f
kommen venire; an~ arrivare;
~ lassen far venire; wie
komme ich nach …? come
faccio ad arrivare a …?
kommend: **~e Woche** la settimana pròssima
Kommentar m commento
Kommissar|(in f) m commis-

sario (-a f); **~iat** n commissariato m

Kommission f commissione

Kommode f cassettone m

Kommun|ismus m comuni-
smo; **~ist(in f)** m, **2istisch**
comunista m/f

Komödie f commedia

Kompass m bùssola f

kompatibel EDV compatìbi-
le

Kompetenz f competenza

komplett completo

Komplex m complesso

Kompli|kation f complicazio-
ne; **~ment** n complimento m;
~ze m, **~zin** f còmplice m/f

kompliziert complicato

Kom|ponist(in f) m composi-
tore (-trice f) m; **~pott** n
frutta f cotta; **~promiss** m
compromesso

Kon|densmilch f latte m con-
densato; **~dition** f Sport forma; Hdl condizione; **~dito-
rei** f pasticceria; **~dom** n pre-
servativo m; **~fekt** n ciocco-
latini m/pl; **~ferenz** f conferenza; **~fession** f confessione; **~firmation** f Rel crèsima;
~fitüre f confettura; **~flikt** m
conflitto; **2fus** confuso

Kongress m congresso

König m re; **~in** f regina;
~reich n regno m

Konjunktur f congiuntura

konkret concreto; Vorstellung
tangìbile, reale

Konkurrenz f concorrenza;
2los senza concorrenza

Konkurs: **~ anmelden** dichiarare fallimento

können potere; gelernt haben
sapere; schwimmen ~ sape-
re nuotare; (es) kann sein
può darsi

Konsequenz f conseguenza

konservativ conservatore

Konser|ve f conserva; **~ven-
dose** f scàtola di conserva;
~vierungsmittel n conser-
vante m

Konstruktion f costruzione

Konsul m cònsole; **~at** n consolato m

konsultieren consultare

Konsumgüter n/pl beni m/pl
di consumo

Kontakt m contatto; **~anzei-
ge** f annuncio m personale;
~linsen f/pl lenti a contatto

Kontext m contesto

Kontinent m continente

Kontingent n contingente m

kontinuierlich continuo

Konto n conto m; **~auszug** m
estratto conto; **~inhaber** m
titolare del conto; **~nummer**
f nùmero m del conto;
~stand m situazione f del
conto

Kontrast m contrasto

Kontroll|e f controllo m; **~eur**
m controllore; **2ieren** controllare; Gepäck ispeziona-
re; **~lampe** f làmpada spìa;
~turm m Flgw torre f di controllo

Konversation f conversazione

Konzentrationslager n campo m di concentramento
konzentrieren: sich ~ concentrarsi (**auf** su)
Konzern m gruppo industriale
Konzert n concerto m; **~saal** m sala f dei concerti
Konzession f concessione
Konzil n concilio m
Kopf m testa f, capo; **pro~** pro càpite; **~bedeckung** f copricapo m; **~hörer** m cuffia f; **~kissen** m guanciale m; **~salat** m lattuga f; **~schmerzen** m/pl mal m di testa; **~schmerztablette** f pasticca per il mal di testa; **~sprung** m tuffo; **~stand** m verticale f; **~stütze** f Kfz poggiatesta m; **~tuch** n fazzoletto m (da testa); **2über** a capofitto
Kopie f copia; **2ren** copiare; **~rgerät** n fotocopiatrice f
Koralle f corallo m
Korb m cesto; **Henkel2** paniere; **~flasche** f fiasco m
Kord f velluto m a coste
Korfu n Corfù f
Korinthen f/pl uva f passa
Korken m tappo; **~zieher** m cavatappi
Korn¹ n grano m
Korn² m acquavite f (di grano)
Kornblume f fiordaliso m
Körper m corpo; **2behindert, ~behinderte(r)** f (m) handicappato (-a f) m/f; **~größe** f statura; **2lich** corporale, fisi-

co; **~pflege** f igiene f del corpo; **~teil** m parte f del corpo
korrekt giusto; **2ur** f correzione
Korrespondenz f corrispondenza
Korridor m corridoio
korrigieren corrèggere
Korruption f corruzione
Korsika n Còrsica f
Kosename m vezzeggiativo
Kosmetik f cosmesi; **~erin** f estetista; **~salon** m istituto di bellezza
Kosovo m Còsovo m
Kost f vitto m
kostbar prezioso
kosten v/t probieren provare; v/i costare; **was kostet …?** quanto costa …?; **2 pl** spese f/pl; **~los** gratùito; **~voranschlag** m preventivo
köstlich delizioso, squisto
Kostprobe f assaggio m
kostspielig costoso
Kostüm n Thea costume m; Damen2 tailleur [tajˈœr] m
Kotelett n co(s)toletta f
Kotflügel m parafango
kotzen F vomitare
Krabbe f granchio m
Krach m Lärm chiasso; Streit lite f
Kraft f forza; **~brühe** f consommé m
Kraftfahrer(in f) m autista m/f
Kraftfahrzeug n automezzo m; **~schein** m libretto di circolazione; **~steuer** f tassa di

circolazione; **~versicherung** *f* assicurazione automobilistica

kräftig forte, robusto

kraft|los spossato; **2stoff** *m* carburante; **2wagen** *m* automòbile *f*; **2werk** *n* centrale *f* elèttrica

Kragen *m* bàvero; *Hemd2* colletto; **~weite** *f* misura del collo

Krähe *f* cornacchia

krähen *Hahn* cantare

Kralle *f* artiglio *m*; *der Katze* unghia

Kram F *m* roba *f*, robaccia *f*

Krampf *m* crampo; **~adern** *f/pl* varici; **2lösend** antispàstico

Kran *m* gru *f*

Kranich *m* gru *f*

krank (am)malato; **~ sein** èssere malato; **~ werden** ammalarsi

kränken offèndere

Kranken|haus *n* ospedale *m*; **~kasse** *f* cassa malati; mùtua; **~pfleger** *m* infermiere; **~schein** *m* mòdulo per la mùtua; **~schwester** *f* infermiera; **~versicherung** *f* assicurazione malattie; **~wagen** *m* ambulanza *f*

Krank|e(r) *f (m)* malato (-a *f*); **2haft** morboso; **~heit** *f* malattìa

kränklich malaticcio

krankmelden: *sich ~* darsi malato

Kranz *m* corona *f*

Krapfen *m* bombolone

Krater *m* cratere

kratz|en grattare, graffiare; *ab ~* raschiare; **2er** *m* graffio, graffiatura *f*

kraulen *liebkosen* accarezzare; *Sport* nuotare a crawl

kraus crespo

Kraut *n* erba *f*; *Kohl* càvolo *m*

Kräutertee *m* infuso di erbe, tisana *f*

Krawatte *f* cravatta

Krebs *m* gàmbero; *Med* cancro; *Astrol* Cancro; **~ erregend** cancerògeno

Kredit *m* crédito; **~karte** *f* carta di crédito

Kreide *f* creta; *Min* gesso *m*

Kreis *m* cerchio; *Bezirk* distretto

kreischen strìdere

Kreis|el *m* tròttola *f*; **2en** girare, rotare (*um* intorno a); **2förmig** circolare; **~lauf** *m* *Med* circolazione *f*; **~laufstörungen** *f/pl* disturbi *m/pl* circolatori; **~säge** *f* sega circolare; **~verkehr** *m* circolazione *f* rotatoria

Kren *m* *österr* ràfano

krepieren F crepare

Kresse *f* *Bot* crescione *m*

Kreta *n* Creta *f*

Kreuz *n* croce *f*; *Anat* regione *f* sacrale; *Kartenspiel* fiori *m/pl*; **2** *und quer* in tutti i sensi; **2en** incrociare; *sich ~* incrociarsi; **~fahrt** *f* crociera; **~gang** *m* *Arch* chiostro; **~otter** *f* marasso *m*;

~schmerzen m/pl mal m di schiena; **~ung** f incrocio m; **~weg** m Rel via crucis f; **~worträtsel** n cruciverba m

kriech|en strisciare; **2spur** f Autobahn corsìa per veìcoli lenti

Krieg m guerra f

kriegen F → bekommen

Kriegs|beschädigte(r) m mutilato di guerra; **~dienst-verweigerer** m obiettore di coscienza; **~schauplatz** m teatro della guerra; **~verbre-cher** m criminale di guerra

Krim f Crimea

Krimi m F giallo

Kriminal|film m film giallo; **~ität** f delinquenza; **~polizei** f polizìa giudiziaria; **~roman** m romanzo giallo

kriminell criminale

Krippe f presepio m

Krise f crisi

Krit|ik f critica; **~iker(in** f) m crìtico (-a f); **2isch** crìtico; **2isieren** criticare

Kroatien n (la) Croazia

Kroketten f/pl crocchette

Krokodil n coccodrillo m

Kron|e f corona a Zahn2; Baum2 chioma; **~leuchter** m lampadario

Kröte f rospo m

Krücke f gruccia; **auf ~n** con le grucce

Krug m brocca f

krumm storto; curvo

Krüppel m storpio m

Kruste f crosta

Kruzifix n crocefisso m

Krypta f cripta

Kubikmeter m metro cùbico

Küche f cucina

Kuchen m dolce; torta f

Küchen|geschirr n stoviglie f/pl; **~herd** m cucina f; **~schrank** m credenza f

Kuckuck m cuculo

Kugel f palla; Gewehr2 pallòttola; Billard2 biglia; **~lager** m cuscinetto m a sfere; **~schreiber** m biro f; penna f a sfera; **~stoßen** n lancio m del peso

Kuh f vacca

kühl fresco; **2box** f borsa tèrmica; **~en** v/t rinfrescare; **2er** m radiatore m; **2erhaube** f còfano m; **2fach** n freezer m, congelatore m; **2schrank** m frigorìfero; **2wasser** n acqua f di raffreddamento

kühn ardito, audace

Küken n pulcino m

Kultur f cultura; civiltà

Kümmel m comino; Schnaps kümmel

Kummer m afflizione f

kümmern: sich ~ um preoccuparsi di; curarsi di

Kunde m cliente; **~ndienst** m servizio (assistenza) clienti

Kundgebung f manifestazione

kündig|en disdire; Arbeit licenziarsi; **j-m ~** licenziare qu; **2ung** f licenziamento m; **2ungsfrist** f preavviso m

Kund|in *f* cliente; **~schaft** *f* clientela

künftig futuro; *adv* in avvenire

Kunst *f* arte; **~akademie** *f* accademia delle belle arti; **~ausstellung** *f* esposizione d'arte; **~dünger** *m* concime chìmico; **~faser** *f* fibra sintètica; **~gewerbe** *n* arte *f* industriale; **~handlung** *f* negozio *m* d'arte; **~handwerk** *n* artigianato *m* artìstico; **~leder** *n* similpelle *f*

Künst|ler(in *f*) *m* artista *m/f*; **2lerisch** artìstico; **2lich** artificiale

Kunst|sammlung *f* collezione di òpere d'arte; **~stoff** *m* plàstica *f*; **~werk** *n* òpera *f* d'arte

Kupfer *n* rame *m*; **~stich** *m* incisione *f* su rame

Kuppel *f* cùpola

kupp|eln *Kfz* innestare la frizione; **2lung** *f* frizione

Kur *f* cura

Kurbel *f* manovella

Kürbis *m* zucca *f*

Kur|gast *m* òspite; **~ort** *m* luogo di cura

Kurs *m* corso; *Mar* rotta *f*; *Hdl* cambio; **~buch** *n* orario *m*

ferroviario; **~us** *m* corso; **~wagen** *m* carrozza *f* diretta

Kurtaxe *f* tassa di soggiorno

Kurve *f* curva, svolta

kurz *räumlich* corto; *zeitlich* breve; **vor ~em** poco fa; **2arbeit** *f* lavoro *m* a orario ridotto; **~ärmelig** a màniche corte

Kürze *f*; **in ~** fra poco

kürzen *Länge* accorciare; *Ausgaben* diminuire

Kurz|film *m* cortometràggio; **2fristig** a breve tèrmine; **~parkzone** *f* zona disco; **~schluss** *m* corto circùito; **2sichtig** miope; **~waren** *f/pl* mercerìe; **~welle** *f* (**KW**) *Rdf* onde *f/pl* corte (OC)

Kusine *f* cugina

Kuss *m* bacio

küssen baciare

Küste *f* costa; **~nschifffahrt** *f* navigazione costiera; **~nstraße** *f* (strada) litoranea

Küster *m* sagrestano

Kutsche *f* carrozza; **~r** *m* cocchiere

Kutteln *f/pl* trippa *f*

KW *f* (*Kurzwelle*) OC *f/pl* (*onde corte*)

L

labil làbile

Labor *n* laboratorio *m*; **~ant(in** *f)* *m* assistente *m/f* di laboratorio

lächeln sorrìdere

Lächeln *n* sorriso *m*

lachen rìdere (**über** di)

lächerlich ridìcolo

Lachs *m* salmone

Lack *m* lacca *f*; *Kfz* vernice *f*; **2ieren** verniciare; *Fingernägel* laccare

Lade|gerät *n* caricabatterìe *m*; **2n** caricare

Laden *m* negozio *m*; **~diebstahl** *m* taccheggio; **~schluss** *m* chiusura *f* dei negozi; **~tisch** *m* banco

Lade|rampe *f* rampa di accesso; **~raum** *m* *Mar* stiva *f*

Ladung *f* *Fracht* càrico *m*; *El* càrica

Lage *f* posizione; situazione; *Schicht* strato *m*; (**nicht**) **in der ~ sein, et zu tun** (non) èssere in grado di fare qc

Lager *n* campo *m*; *Hdl* depòsito *m*; *Tech* cuscinetto *m*; **2n** posare; *Hdl* immagazzinare; conservare; **~ung** *f* immagazzinamento *m*

Lagune *f* laguna

lähm|en paralizzare; **2ung** *f* paràlisi

Laib *m* *Brot* pagnotta *f*

Laie *m* profano; *Rel* làico

Laken *n* lenzuolo *m*

Lakritze *f* liquirìzia

Lamm *n* agnello *m*; **~fell** *n* agnellino *m*

Lampe *f* làmpada

Lampen|fieber *n* febbre *f* della ribalta; **~schirm** *m* paralume

Lampion *m/n* lampioncino *m*

Land *n* *Staat* paese *m*; *Bundes*2 stato *m* regionale; *Land m*; **auf dem ~** in campagna; **an ~ gehen** sbarcare; **~ausflug** *m* *bei Kreuzfahrt:* escursione *f* a terra; **~ebahn** *f* pista d'atterraggio; **2en** *Mar* approdare; *Flgw* atterrare

Landenge *f* istmo *m*

Länder|kampf *m*, **~spiel** *n* incontro *m* internazionale

Landes|innere(s) *n* interno *m* del paese; **~sprache** *f* lingua nazionale; **~tracht** *f* costume *m* tradizionale; **~währung** *f* moneta nazionale

Land|gut *n* podere *m*; **~haus** *n* villa *f*; **~karte** *f* carta geogràfica

ländlich campagnolo, rurale

Land|schaft *f* paesaggio *m*; **~straße** *f* strada maestra; **~streicher** *m* vagabondo; **~tag** *m* consiglio regionale; **~ung** *f* *Mar* approdo *m*; *Flgw* atterraggio *m*; **~ungssteg** *m* passerella *f*; **~wein** *m* vino locale

Landwirt|(in *f*) *m* agricoltore (-trice *f*) *m*; **~schaft** *f* agricoltura; **2schaftlich** agrario, agricolo

lang lungo; **zwei Wochen ~** per due settimane; **~e** *adv* a lungo; **seit ~m** da molto tempo

Länge *f* lunghezza; *zeitlich* durata; **~ngrad** *m* grado di longitùdine

Langeweile *f* noia

lang|fristig a lungo tèrmine; **~jährig** di anni; *Freund* vecchio; **2lauf** *m* sci di fondo

läng|lich oblungo; **~s** lungo (*der Straße* la strada)

langsam lento; *adv* adagio; **~er fahren** rallentare

Lang|schläfer *m* dormiglione; **~spielplatte** *f* disco *m* microsolco

längst da molto (tempo)

Languste *f* aragosta

langweil|en annoiare; **sich ~** annoiarsi; **~ig** noioso

Lang|welle *f* RdF onde *f/pl* lunghe; **2wierig** prolungato

Lappalie *f* inezia, nonnulla *m*

Lappen *m* straccio

Laptop *m* computer portàtile

Lärche *f* làrice *m*

Lärm *m* strèpito; **2en** far chiasso; strepitare

Lasche *f Schuh* linguetta

Laserdrucker *m* stampante *f* laser

lassen *zu~* lasciare; *veran~* fa-

re; *aufhören* sméttere; **machen ~** far fare

lässig disinvolto

Last *f* càrico *m*; **~enaufzug** *m* montacàrichi; **~er** *n* vìzio *m*; F *Lastauto* càmion *m*

lästern dir male (*über* di)

lästig noioso; molesto

Last|kahn *m* chiatta *f*; **~(kraft)wagen** *m* autocarro, càmion

Last-Minute-Flug *m* volo last-minute

Lastwagenfahrer(in *f*) *m* camionista *m/f*

Latein *n* latino *m*

Laterne *f* lanterna; *Straßen2* lampione *m*; **~npfahl** *m* palo del lampione

Latium *n* Lazio *m*

Latte *f* assicella; *Sport* traversa

Latzhose *f* salopette [-pet] *f*

lau tièpido, mite

Laub *n* fogliame *m*; **~baum** *m* latifoglio

Laube *f* pèrgola

Lauch *m* porro

Lauf *m* corsa *f*; *Ver2* corso *m*; *im* **~e** (+ *G*) nel corso (di); **~bahn** *f* carriera

laufen *rennen* córrere; *zu Fuß gehen* andare a piedi, camminare; *Film* èssere in programma; *Maschine* funzionare; **~d** *Ausgaben* corrente; **auf dem 2den halten** tenere al corrente

Läufer(in *f*) *m Sport* corridore (-trice *f*); *m Schach* alfiere; *Teppich* passatoia f

Laufmasche f smagliatura

Lauf|schritt m: *im* ~ a passo di corsa; **~stall** m box (per bambini); **~werk** n drive m; *Diskettenℚ* disk drive m; *CD*~ lettore CD m

Lauge f Chem soluzione

Laune f umore m; *gute* **(schlechte) ~ haben** èssere di buon (cattivo) umore; **ℚnhaft, ℚisch** lunàtico

Laus f pidocchio m

lauschen origliare; ascoltare (*j-m, et* qu, qc)

laut 1. forte; *Stimme* alto; *lärmend* rumoroso; ~ *sprechen* parlare ad alta voce; **2.** ge- mäß secondo

Laut m suono

läuten suonare; *Tel* squillare

laut|los silenzioso; **ℚsprecher** m altoparlante; **ℚstärke** f *Rdf, TV* volume m

lauwarm tièpido

Lava f lava

Lavendel m lavanda f

Lawine f valanga; **~ngefahr** f pericolo m di valanghe

Lay-out n lay-out m, menabò m

leb|en vìvere; ~ *Sie wohl!* ad- dìo!; **ℚen** n vita f; **~endig** vi- vo; *lebhaft* vivace

Lebens|alter n età f; **~gefahr** f pericolo m di vita; *Ach- tung, ~!* pericolo di morte!; **~gefährte** m, **~gefährtin** f compagno (-a f) m; **~hal- tungskosten** pl costo m del-

la vita; **ℚlänglich** a vita; **~lauf** m currìculum m vitae

Lebensmittel n/pl gèneri m/pl alimentari; **~geschäft** n negozio m di (gèneri) ali- mentari; **~vergiftung** f intos- sicazione alimentare

Lebens|standard m tenore di vita; **~unterhalt** m sosten- tamento; **~versicherung** f assicurazione sulla vita; **ℚwichtig** di importanza vita- le

Leber f fégato m; **~fleck** m vo- glia f; **~pastete** f pasticcio m di fégato; **~wurst** f salsiccia di fégato

Lebewesen n èssere m viven- te

lebhaft vivace

Lebkuchen m panpepato

leblos esànime

leck: ~ *sein Boot* fare acqua; **~en** v/t leccare; v/i *Boot* fare acqua

lecker ghiotto; squisito; **ℚbis- sen** m leccornìa f

Leder n cuoio m; pelle f; **~ja- cke** f giacca di pelle; **~sohle** f suola di cuoio; **~waren** f/pl pelletterie

ledig *Mann* cèlibe; *Frau* nùbi- le; **~lich** adv soltanto

leer vuoto; *Batterie* scàrico; **~en** vuotare; **ℚgut** n vuoti m/pl; **ℚlauf** m *Motor* marcia f in folle; **ℚtaste** f barra spa- ziatrice; **ℚung** f svuotamen- to m; *Post* levata (della po- sta)

legal legale

legen méttere; posare; **sich ~** distèndersi; *ins Bett* coricarsi; *Wind* calmarsi

Lehm *m* argilla *f*

Lehn|e *f* *Arm* bracciolo *m*; *Rücken* spalliera; **~stuhl** *m* poltrona *f*

Lehr|buch *n* libro *m* di testo; **~e** *f* insegnamento *m*; *Handwerks* tirocinio *m*, apprendistato *m*; **2en** insegnare (*j-n et* qc a qu); **~er(in** *f*) *m* insegnante *m/f*; *Grundschul2* maestro (-a *f*) *m*; *Gymnasial2* professore (-essa *f*) *m*; **~gang** *m* corso; **~ling** *m* apprendista *m/f*; **2reich** instruttivo; **~stuhl** *m* càttedra *f*

Leib *m* corpo; *Bauch* ventre; **~esvisitation** *f* perquisizione personale; **~gericht** *n* piatto *m* preferito

leib|lich corporale; físico; **2wächter** *m* guardia *f* del corpo

Leich|e *f* cadàvere *m*; **~enwagen** *m* carro fùnebre; **~nam** *m* salma *f*

leicht leggero; *einfach* fàcile; **~ verderblich** deperíbile; **~ verletzt** leggermente ferito; **2athletik** *f* atlètica leggera; **~fertig** sconsiderato; **~gläubig** crèdulone; **2igkeit** *f* leggerezza; *fig* facilità; **2metall** *n* metallo *m* leggero

Leichtsinn *m* leggerezza *f*; **2ig** sconsiderato

Leid *n* dolore *m*; **es tut mir ~** mi dispiace; **er tut mir ~** mi fa pena

leiden soffrire (**an** *et* di qc); **nicht ~ können** non poter vedere; **2 ~** sofferenza *f*; *Med* malattìa *f*; **~d** sofferente

Leidenschaft *f* passione; **2lich** appassionato

leid|er purtroppo; **~lich** passàbile

Leih|bücherei *f* biblioteca circolante; **2en** prestare (*j-m et* qc a qu); **sich et bei** *od* **von** *j-m* prèndere in prèstito qc da qu; **~gebühr** *f* tassa di prèstito; noleggio *m*; **~haus** *m* monte *m* di pietà; **~wagen** *m* màcchina *f* a noleggio; **2weise** a prèstito

Leim *m* colla *f*

Lein|e *f* corda; *Hunde2* guinzaglio *m*; **~en** *n* lino *m*; **~samen** *m* seme di lino; **~wand** *f* *Film* schermo *m*

leise silenzioso; *Stimme* basso; **~ sprechen** parlare a bassa voce; **~r stellen** abbassare

Leiste *f* listello *m*; *Anat* inguine *m*

leisten fare; *Hilfe* prestare; *Dienst* rèndere; **sich et ~** perméttersi qc

Leistenbruch *m* ernia *f* inguinale

Leistung *f* prestazione; *Ar-*

beits♀ rendimento *m*; *Tech* efficienza; **♀sfähig** efficiente

Leit|artikel *m* articolo di fondo; **♀en** *Betrieb* dirigere; *Sitzung* presièdere

Leiter (**in** *f*) [1] *m* direttore (-trice *f*) *m*; *Phys* conduttore

Leiter² *f* scala

Leit|planke *f* guardrail *m*; **~ung** *f* Führung direzione; *Tel*, *El* linea; *Wasser*♀ tubazione; **~ungswasser** *n* acqua *f* di rubinetto

Lektion *f* lezione

Lektüre *f* lettura

Lende *f* lombo *m*; **~nbraten** *m* arrosto di lombata

lenk|en guidare; ♀er *m* manubrio; **♀rad** *n* volante *m*; **♀radschloss** *n* bloccasterzo *m*; **♀stange** *f* manubrio *m*; **♀ung** *f* Kfz sterzo *m*

Lepra *f* lebbra

Lerche *f* allòdola

lernen imparare

Lernprogramm *n* EDV software *m* didàttico

lesbar leggìbile

Lesbierin *f* lèsbica

lesen lèggere

Lese|r (**in** *f*) *m* lettore (-trice *f*); ♀**rlich** leggìbile; **~saal** *m* sala *f* di lettura; **~zeichen** *n* segnalibro *m*

letzte última; **~ Woche** la settimana scorsa

leucht|en *j-m* far luce a qc; *glänzen* brillare; **~end** luminoso; *Farbe* vivo; ♀er *m* can-

deliere; ♀**feuer** *n* faro *m*; ♀**reklame** *f* insegna luminosa; ♀**stoffröhre** *f* tubo *m* fluorescente; ♀**stift** *m* evidenziatore; ♀**turm** *m* faro

leugnen negare

Leukämie *f* leucemìa

Leute *pl* gente *f*; *junge* **~** i gióvani *m/pl*

Lexikon *n* enciclopedìa *f*; *Wörterbuch* dizionario *m*

Libelle *f* Zo libèllula

liberal liberale

Licht *n* luce *f*; *bei* **~** alla luce; **~machen** accèndere la luce; ♀**echt** resistente alla luce; ♀**empfindlich** sensìbile alla luce; **~hupe** *f* lampeggiatore *m*; **~maschine** *f* dìnamo; **~schalter** *m* interruttore della luce; ♀**schutzfaktor** *m* fattore di protezione (solare); **~ung** *f* radura

Lid *n* pàlpebra *f*; **~schatten** *m* ombretto

lieb caro; *am* **~sten** più di tutto; ♀e *f* amore *m*; **~en** amare

liebenswürdig gentile; ♀**keit** *f* gentilezza

lieber *adv* piuttosto; *et* **~ tun** preferire fare qc

Liebes|brief *m* lèttera *f* d'amore; **~kummer** *m* dispiaceri *m/pl* amorosi; **~paar** *n* coppia *f* d'innamorati, amanti *m/pl*; **~roman** *m* romanzo d'amore

liebevoll affettuoso

Liebhaber *m* amante; *e-r Kunst* amatore; **~ei** *f* passione, hobby *m*

lieb|lich ridente; *Wein* amàbile; **2ling** *m* beniamino; *Anrede* tesoro; **2lings...** favorito, preferito; **~los** freddo

Lied *n* canzone *f*; canto *m*

liederlich disordinato

Liedermacher(in *f) m* cantautore (-trice *f) m*

Liefer|ant(in *f) m* fornitore (-trice *f) m*; **2bar** disponìbile; **~bedingungen** *f/pl* condizioni di consegna; **2n** fornire; consegnare; **~schein** *m* bolletta *f* di consegna; **~ung** *f* fornitura; consegna; **~ frei Haus** consegna a domicilio; **~wagen** *m* furgone; *kleiner* furgoncino

Liege *f* divano letto *m*

liegen giacere; *sich befinden* trovarsi; èssere, stare; *fig* **an** *j-m* **~** dipèndere da qu; *mir liegt viel daran* ci tengo molto; **~ lassen** *vergessen* dimenticare

Liege|platz *m Esb* cuccetta *f*; *Mar* fonda *f*; **~sitz** *m Kfz* sedile ribaltàbile; **~stuhl** *m* sedia *f* a sdraio; **~wagen** *m* carrozza *f* cuccette; **~wiese** *f* prato *m*

Lift *m* ascensore; *Ski* 2 sciovìa *f*, ski-lift

light leggero

Ligurien *n* Liguria *f*; *Ligurisches Meer n* Mare *m* Ligure

Likör *m* liquore

lila lilla

Lilie *f* giglio *m*

Limonade *f* limonata

Limousine *f* berlina

Linde *f* tiglio *m*; **~nblütentee** *m* tisana *f* al tiglio

lindern mitigare, lenire

Lineal *n* riga *f*

Linie *f* lìnea

Linien|bus *m* àutobus di lìnea; **~flug** *m* volo di lìnea; **~maschine** *f* aèreo *m* di lìnea

Link *m Internet* link

linke sinistro; 2 *f Hand, Seite* sinistra

links a sinistra; *nach* **~** a sinistra; *von* **~** da sinistra; *sich* **~** *halten* tenere la sinistra; **2abbieger** *m* chi svolta a sinistra; **2händer(in** *f) m* mancino (-a *f)*

Linse *f* lenticchia; *Opt* lente

liparisch: **2e Inseln** *f/pl* Eòlie *f/pl*

Lippe *f* labbro *m*; **~n** *pl* le labbra; **~npflegestift** *m* burrocacao; **~nstift** *m* rossetto

Lire *f/pl hist* **italienische ~** Lire italiane (*Lit.*)

lispeln bisbigliare

Lissabon *n* Lisbona *f*

List *f* astuzia

Liste *f* elenco *m*; lista

listig astuto

Liter *m* litro

Literatur *f* letteratura

Litfaßsäule *f* colonna delle affissioni

live *TV* in diretta

Lizenz *f* licenza

Lkw _m_ → **Last(kraft)wagen**

Lkw-Fahrer _m_ camionista

Lob _n_ lode _f_; **℮en** lodare; **℮enswert** lodévole

Loch _n_ buco _m_; _Erd℮_ buca _f_ (a Golf, Billard); _im Reifen_ foro _m_; **℮en** forare; bucare; **~er** _m_ perforatore

Locke _f_ riccio _m_

locken _et., j-n_ attirare

Lockenwickler _m_ bigodino

locker _Schraube_ lento, allentato; **~n** allentare; **sich ~** allentarsi

Löffel _m_ Ess℮ cucchiaio; _Tee℮_ cucchiaino

Logbuch _n_ giornale _m_ di bordo

Loge _f_ _Thea_ palco _m_

logisch lògico

Lohn _m_ salario; paga _f_; _Belohnung_ ricompensa _f_; **~empfänger(in** _f_ **)** _m_ salariato (-a _f_) _m_; **℮en: es lohnt sich (nicht)** (non) vale la pena; **℮end** vantaggioso; **~erhöhung** _f_ aumento _m_ salariale; **~steuer** _f_ imposta sul salario; **~stopp** _m_ blocco dei salari

Loipe _f_ pista di fondo

Lok _f_ → **Lokomotive**

lokal del luogo; **~e Betäubung** anestesia locale

Lokal _n_ ristorante

Lokomotive _f_ locomotiva; **~führer** _m_ macchinista

Lombardei _f_ Lombardia

London _n_ Londra _f_

Lorbeerblatt _n_ _Kochk_ foglia _f_ d'alloro

los **~!** avanti!; **auf die Plätze, fertig, ~!** pronti, attenti, via!; **was ist ~?** che c'è?

Los _n_ _Lotterie℮_ biglietto _m_ di lotteria; _Schicksal_ sorte _f_

Lösch|blatt _n_ carta _f_ assorbente; **℮en** _Feuer, Licht_ spègnere; _Aufnahme, EDV_ cancellare, eliminare; **~fahrzeug** _n_ autopompa _f_

lose _Schraube_ allentato; _unverpackt_ sciolto

Lösegeld _n_ riscatto _m_

losen tirare a sorte (**um et** qc)

lösen sciògliere; _abtrennen_ staccare; _lockern_ allentare; _Fahrkarte_ comprare; _Rätsel_ risòlvere

los|fahren partire; **~gehen weg~** andàrsene; **~lassen** lasciare andare

löslich solùbile

los|machen staccare; **~reißen** strappare; **sich ~** staccarsi (**von** da)

Lösung _f_ soluzione; **~smittel** _n_ solvente _m_

Lot _n_ _Mar_ scandaglio _m_; **℮en** scandagliare

löt|en saldare; **℮kolben** _m_ saldatoio

Lotse _m_ _Mar_ pilota; **℮n** pilotare; **~nboot** _n_ pilotina _f_; **~ndienst** _m_ servizio _m_ di pilotaggio

Lötstelle _f_ saldatura

Lotterie _f_ lotteria

Lotto _n_ lotto _m_; **~schein** _m_

schedina f (del lotto)

Löwe m leone; *Astrol* Leone; **~nzahn** m *Bot* dente di leone; soffione

Löwin f leonessa

Luchs m lince f

Lücke f vuoto m; *fig* lacuna

lücken|haft incompleto; **~los** completo

Luft f aria; **~angriff** m incursione f aerea; **~ballon** m palloncino; **2dicht** ermètico; **~druck** m pressione f atmosfèrica

lüften *Zimmer* aerare

Luft|fahrt f aviazione; **~feuchtigkeit** f umidità atmosfèrica; **~fracht** f *Gebühr* nolo m; **~gewehr** n fucile m ad aria compressa; **~kissenfahrzeug** n hovercraft m; **~kühlung** f raffreddamento m ad aria; **~kurort** m stazione f climàtica; **2leer** vuoto d'aria; **~linie** f linea d'aria; **~loch** n foro m d'aerazione; **~matratze** f materassino m pneumàtico

Luftpost f: **mit ~** per posta aèrea; **~brief** m lèttera f per via aèrea; **~papier** n carta f per posta aèrea

Luft|pumpe f pompa pneumàtica; **~röhre** f trachea; **~taxi** n aerotaxi m; **~veränderung** f cambiamento m d'aria; **~verkehr** m tràffico

aèreo; **~verschmutzung** f inquinamento m atmosfèrico; **~waffe** f aeronàutica militare

Luftweg m: **auf dem ~** per via aèrea

Luftzug m corrente f d'aria

Lüg|e f bugìa; **2en** mentire; **~ner(in** f) m bugiardo (-a f)

Luke f abbaino m; *Mar* boccaporto m

Lumpen m straccio

Lunge f polmone m; **~nentzündung** f polmonite

Lupe f lente (d'ingrandimento)

Lust f: (**keine**) **~ haben zu** (non) avere voglia di

lustig allegro; **sich ~ machen über** beffarsi di

Lustspiel n commedia f

lutsch|en succhiare; **2er** m lecca-lecca

Luxemburg n (il) Lussemburgo

luxuriös di lusso

Luxus m lusso; **~hotel** n albergo m di lusso; **~kabine** f cabina f di lusso

Luzern n Lucerna f

LW f (*Langwelle*) OL f/pl (*onde lunghe*)

Lymph|drüse f ghiàndola linfàtica; **~knoten** m linfonodo

lynchen linciare

Lyrik f lìrica

M

machbar realizzàbile

machen fare; ~ *lassen* far fare; *das Bett* ~ rifare il letto; *das macht nichts* non importa

Macht f potere m; **~haber** m potente

mächtig potente; *adv* F *fig* molto

machtlos impotente

Mädchen n ragazza f; **~name** m nome da ragazza

Mad|e f baco m, verme m; **2ig** bacato, verminoso

Magen m stòmaco; **~bitter** m amaro; **~geschwür** n ùlcera f gàstrica; **~schmerzen** m/pl dolori di stòmaco; **~verstimmung** f indigestione

mager magro; **2milch** f latte m scremato

Magnet m magnete; **~karte** f scheda magnètica

Mahagoni n mògano m

mähen falciare

mahlen macinare

Mahlzeit f pasto m; **~!** buon appetito!

Mähne f criniera

mahn|en sollecitare; **2ung** f sollécito m

Mai m maggio; **~glöckchen** n mughetto m; **~käfer** m maggiolino m

Mailand n Milano f

Mais m mais, granturco; **~kol-**

~ben m pannocchia f

Majonäse f maionese

Majoran m maggiorana f

makellos senza difetti

Make-up n trucco m (del viso)

Makkaroni pl maccheroni m/pl

Makrele f sgombro m

mal → *einmal*; *Math* per

Mal n volta f; *zum ersten* ~ per la prima volta; *das nächste* ~ la pròssima volta; *jedes* ~ ogni volta

Malaria f malaria

mal|en dipìngere; **2er(in** f) m pittore (-trice f); **2erei** f pittura; **~erisch** pittoresco

Mallorca n Maiorca f

Malz n malto m

man: ~ *sagt* si dice, dìcono; *kann* ~ ...? si può ...?; ~ *muss* si deve

Manager m dirigente, manager; **~in** f donna manager

manch qualche; **~e** pl alcuni; **~mal** talvolta, qualche volta

Mandarine f mandarino m

Mandel f màndorla; *Anat* tonsilla; **~entzündung** f tonsillite

Manege f arena, pista

Mangel m scarsità f, mancanza f (*an* di); *Fehler* difetto; **2haft** difettoso

mangels (G) per mancanza di

Mangold m biètola f

Manieren f/pl maniere f

Maniküre f manicure f

manipulieren manipolare

Mann m uomo; Ehe⚥ marito

Männchen n Zo maschio m

Männ|er m/pl uòmini; ⚥lich maschile; virile

Mannschaft f equipaggio m; Sport squadra

manövrieren manovrare

Mansarde f mansarda f

Manschette f polsino m

Mantua n Màntova f

Mantel m cappotto; sopràbito; Reifen⚥ copertone

Manuskript n manoscritto m

Mappe f cartella

Märchen n fiaba f; ⚥haft fig favoloso

Marder m màrtora f

Margarine f margarina

Marienkäfer m coccinella f

Marille f österr Aprikose albicocca

Marine f marina

mariniert marinato

Mark[1] f: Deutsche ~ (DM) hist marco m tedesco

Mark[2] n Anat, Bot midollo m

Marke f Fabrikat marca; Brief⚥ francobollo m; ~n pl Geogr Marche f/pl; **~nartikel** m articolo di marca

markier|t Weg segnato; ⚥ung f segno m

Markise f marquise [-kiz]

Markt m mercato; **~halle** f

mercato m coperto; **~platz** m piazza f del mercato; **~stand** m bancarella f

Marmelade f marmellata

Marmor m marmo

Marokko n (il) Marocco

Marone f marrone m

Mars m Marte

Marsch m marcia f (a Mus); ⚥ieren marciare; **~route** f itinerario m

Marseille n Marsiglia f

Märtyrer(in f) m màrtire m/f

marxistisch marxista

März m marzo

Marzipan m marzapane m

Masche f maglia; **~ndraht** m rete f metàllica

Maschin|e f màcchina; Motorrad moto f; ⚥ell a màcchina

Maschinen|bau m ingegnerìa f meccànica; **~gewehr** n mitragliatrice f; **~öl** n olio m per lubrificare; **~pistole** f pistola mitragliatrice

Masern pl morbillo m

Maske f màschera; **~nball** m ballo in màschera

Maß n misura f; nach ~ su misura; ~ halten moderarsi

Massage f massaggio m

Masse f massa; Menge gran quantità

Maßeinheit f unità di misura

Massen|artikel m artìcolo in serie; **~grab** n fossa f comune; ⚥haft in gran quantità; **~karambolage** f tamponamento m a catena; **~medien**

n/pl mass media m/pl; **~tou-
rismus** m turismo di massa
Masseur(in f) m massaggia-
tore (-trice f) m
maß|gebend, **~geblich** auto-
révole; determinante
massieren massaggiare
mäßig moderato; *mittel* ~ mediocre; **~en** moderare; *sich
~* moderarsi
massiv adj, 2 n massiccio m
maß|los smisurato; **2nahme** f
misura; **2stab** m Geogr scala
f; fig criterio; **~voll** moderato
Mast m Mar àlbero; El palo
mästen ingrassare
Material n materiale m; **~feh-
ler** m difetto m di materiale
Mater|ie f materia; **2iell** mate-
riale; pej materialìstico
Mathematik f matemàtica
Matinee f mattinata
Matjeshering m aringa f giovane
Matratze f materasso m
Matrose m marinaio
Matsch m fanghiglia f
matt Glas, Fot opaco; Farbe
pàllido; kraftlos fiacco; **~set-
zen** Schach dare scacco matto
Matte f stuoia
Matterhorn n Cervino m
Matura f österr Abitur maturi-
tà
Mauer f muro m
Maul n muso m; **~beerbaum**
m gelso; **~esel** m mulo;
~korb m museruola f; **~**

und **Klauenseuche** f afta
epizoòtica; **~wurf** m talpa f
Maurer m muratore
Maus f topo m; EDV mouse
m; **~efalle** f tràppola per il to-
pi; **~klick** m per ~ EDV con
un clic del mouse; **~pad** n
tappetino m per il mouse
Mausoleum n mausolèo m
Maut f, **~gebühr** f österr pedaggio m; **~stelle** f österr casello m (autostradale)
maximal adj màssimo; adv al
màssimo
Mäzen m Kunst2 mecenate
Mecha|nik f meccànica; **~ni-
ker(in** f) m meccànico (-a
f) m; **2nisch** meccànico;
~nismus m meccanismo
meckern fig F criticare
Mecklenburg-Vorpommern
n Meclenburgo-Pomerania
occidentale
Medaille f medaglia
Medien n/pl media m/pl;
Neue ~ EDV nuovi media
Medikament n medicamento
m
Medizin f medicina (a Arznei); **2isch** mèdico, medici-
nale
Meer n mare m; **~blick** m vista
f sul mare; **~enge** f stretto m;
~esfrüchte f/pl frutti m/pl di
mare
Meeresspiegel m: über dem
~ sul lìvello del mare
Meerrettich m ràfano m
Meerschweinchen n porcellino m d'India

Mehl n farina f; **~speise** f dolce m

mehr più (**als** che, vor Zahl di); **immer ~** sempre più; **nichts ~** più nulla; **noch ~** ancora (di) più; **um so ~ als** tanto più che; **~deutig** ambiguo

mehrere parecchi(e)

mehr|fach ripetuto; adv più volte; **2heit** f maggioranza; **2kosten** pl sovraccosto m; **~mals** più volte; **~tägig** di più giorni; **2wegflasche** f vuoto a rendere m; **2wertsteuer** f (MwSt.) imposta sul valore aggiunto (I.V.A.); **2zahl** f maggior parte; Gr plurale m

meiden evitare

Meile f miglio m

mein (il) mio, (la) mia; **~e** pl (i) miei, (le) mie

Meineid m spergiuro

meinen intèndere; denken pensare

mein|erseits da parte mia; **~etwegen** per causa mia

Meinung f opinione; **meiner ~ nach** a mio avviso; **~frage** f inchiesta; **~verschiedenheit** f Streit discussione

Meise f cinciallegra

Meißel m scalpello

meist → **~ens**; **der, die, das ~e** ... la maggior parte di ...; **am ~en** di più, più di tutto; **~ens** per lo più, di sòlito

Meister|(in f) m maestro (-a

f); Sport campione; **2haft** da maestro; **~schaft** f maestria; Sport campionato m; **~werk** n capolavoro m

melden Unfall denunciare; **sich ~** presentarsi (**bei j-m** da); Tel rispóndere; **melde dich!** fatti vivo!

Meldung f annuncio m; Zeitung usw notizia

melken mùngere

Melodie f melodìa

Melone f melone m

Menge f quantità; massa

Meniskus m Med menisco

Mensch m uomo (pl uòmini); **kein ~** nessuno

menschen|leer deserto; **2menge** f folla; **2rechte** n/pl diritti m/pl umani; **~scheu** tìmido; **~unwürdig** indegno d'un uomo; **2verstand** m: **gesunder ~** buon senso

Mensch|heit f umanità; **2lich** umano; **~lichkeit** f umanità

Menstruation f mestruazione

Menü n menù m

Merkblatt n foglio m d'istruzioni

merken notare; spüren sentire; **sich ~** tener presente qc; ricordarsi qc

Merk|mal n segno m caratterìstico; **2würdig** strano

Merkur m Mercurio

Messbecher m misurino

Messe f Rel messa; Hdl fiera; **~gelände** n àrea f della fiera; **~halle** f padiglione m

messen misurare
Messer n coltello m
Messestand m stand
Messing n ottone m
Metall n metallo m
meteorologisch meteorològico
Meter m/n, **~maß** n metro m
Methode f mètodo m
Metropole f metròpoli f
Metzger m macellaio; **~ei** f macellerìa
Mexiko n (il) Mèssico
mich mi; betont me; **für ~** per me; **ohne ~** senza di me
Mieder n bustino m; **~waren** f/pl corsettera f
Miene f aria f
Miesmuschel f cozza
Miet|e f affitto m; Boots2 nolo m; 2en prèndere in affitto; noleggiare; **~er(in** f) m inquilino (-a f); **~vertrag** m contratto d'affitto; **~wagen** m màcchina f da noleggio; **~wohnung** f appartamento m in affitto
Migräne f emicrania
Mikrofaser f microfibra; **~fon** n micròfono m; **~skop** n microscopio m; **~wellenherd** m forno a microonde
Milch f latte m; **~kaffee** m caffellatte; **~mixgetränk** n frullato m (di latte); **~pulver** n latte m in pólvere; **~shake** m frappè; **~straße** f Via Lattea; **~zahn** m dente da latte
mild Klima mite; Strafe lieve; **~ern** attenuare; jur **~de Um-**
stände m/pl attenuanti f/pl
Milieu n ambiente m
Militär n esèrcito m; **~dienst** m servizio militare; 2isch militare
Milliarde f miliardo m
Milli|gramm n milligrammo m; **~meter** m/n millimetro m; **~on** f milione m; **~onär** m milionario
Milz f milza
Minder|heit f minoranza; 2jährig minorenne; 2wertig inferiore
mindest mìnimo; 2abstand m distanza f mìnima; 2alter n età f mìnima; **das** 2e n il mìnimo m; **~ens** almeno; 2lohn m salario mìnimo; 2preis m prezzo mìnimo
Mine f Schreib2 ricambio m
Mineralwasser n acqua f minerale
Mini|bar f frigobar m; **~golf** n minigòlf m; **~kleid** n miniàbito m; 2mal mìnimo
Minimum n mìnimo m (an di)
Minirock m mini(gonna) f
Minister(in f) m ministro m/f; **~ium** n ministero m
minus meno; **~ 7 Grad** sette gradi sotto zero; 2 n dèficit m
Minute f minuto m
mir mi; betont a me; **ein Freund von ~** un mio amico
Misch|brot n pane m misto; 2en mischiare; mescolare; **~ung** f miscuglio m

miserabel pèssimo

miss|achten disprezzare; 2bildung f malformazione; ~billigen disapprovare; 2brauch m abuso; ~brauchen abusare di; ~bräuchlich abusivo; 2erfolg m insuccesso

missfallen non piacere; 2 n riprovazione f

Miss|geschick n sfortuna f; 2glücken non riuscire; ~gunst f invidia; 2handeln maltrattare; ~handlung f maltrattamento m

miss|lingen fallire; 2stand m inconveniente

misstrau|en diffidare di; 2en n sfiducia f; ~isch diffidente

Miss|verständnis n malinteso m; 2verstehen fraintèndere

Mist m letame; ~! F càvolo!

Mistel f vìschio m

mit con; ~ dem Zug in treno; 2arbeiter(in) m collaboratore (-trice f); 2benutzung f uso m in comune; ~bringen portare (con sé); 2bürger(in f) m concittadino (-a f); ~einander insieme; ~fahren andare (mit con); wollen Sie ~? vuole un passaggio?

Mitfahrgelegenheit f passaggio m (con divisione delle spese)

mit|geben dare; 2gefühl n simpatia f; ~gehen andare (mit con); 2glied n membro m; 2hilfe f collaborazione;

~kommen venire (mit insieme a)

Mitleid n compassione f; 2ig compassiónévole

mit|machen prèndere parte (bei a); 2mensch m pròssimo; ~nehmen portare (con sé); 2reisende(r) f (m) compagno (-a f) di viaggio; ~schuldig corrensponsàbile (an di); 2schüler(in f) m compagno (-a f) di scuola; 2spieler(in f) m compagno (-a f) di gioco

Mittag m mezzogiorno; zu ~ essen pranzare; ~essen n pranzo m; 2s a mezzogiorno; ~spause f pausa di mezzogiorno; ~sruhe f siesta

Mitte f mezzo m; centro m; ~ August la metà agosto

mitteil|en comunicare (j-m et qc a qu); informare (qu di qc); 2ung f comunicazione; avviso m

Mittel n mezzo m; Med rimedio m; ~alter n medioevo m; ~finger m (dito) medio; ~klasse f Kfz di media cilindrata; ~linie f Fußball linea di metà campo; 2los privo di mezzi; 2mäßig mediocre; ~meer n Mediterràneo m; ~ohrentzündung f otite media; ~punkt m centro; ~streifen m spartitràffico; ~welle f (MW) onde f/pl medie (OM)

mitten: ~ in in mezzo a; ~ im Sommer in piena estate

Mitternacht f mezzanotte

mittlere medio; **~n Alters** di mezza età

Mittwoch m mercoledì

mitunter talvolta

mitwirken collaborare (**bei** a); **2ung** f collaborazione

mixen mescolare; **2er** m Gerät frullatore

Möbel n/pl mòbili m/pl; **~stück** n mòbile m

mobil adj mòbile; **2telefon** n (telèfono) m cellulare

möbliert: ~es Zimmer càmera f ammobiliata

Mode f moda; **~geschäft** n negozio m di moda

Modell n modello m

Modem n EDV modem m

Modenschau f sfilata di moda

Moderator(in f) m moderatore (-trice f)

modern adj moderno; **~isieren** modernizzare

Mod|eschmuck m bigiotteria f; **2isch** alla moda

Mofa n ciclomotore m

mogeln F imbrogliare

mögen j-n voler bene a qu; **ich mag (kein)** ... (non) mi piace...; **ich möchte** vorrei

möglich possibile; **alles 2e** di tutto; **~st oft** il più spesso possibile; **2keit** f possibilità

Mohn m papàvero

Möhre f carota

Mokka m moca

Mole f molo m

Molkerei f lattería

Moll n Mus tonalità f minore; **2ig** Figur cicciottino

Moment m momento; **2an** adv per il momento; **~aufnahme** f istantànea

Monaco n Fürstentum (principato m di) Mònaco

Monarchie f monarchia

Monat m mese; **2lich** mensile; adv ogni mese

Monats|karte f tèssera mensile; **~rate** f rata mensile

Mönch m mònaco

Mond m luna f; **ab-, zunehmender ~** luna calante, crescente; **~finsternis** f eclisse lunare; **~landung** f allunaggio m; **~schein** m chiaro di luna

Mont Blanc m Monte Bianco

Montag m lunedì

Montage f montaggio m

montags di (od il) lunedì

Mont|eur m montatore; **2ieren** montare

Monument n monumento m

Moor n palude f; **~bäder** n/pl fanghi m/pl

Moos n muschio m

Moped n ciclomotore m

Moral f moralità; **2isch** morale

Morast m pantano, fango

Mord m omicidio, assassinio; **~anschlag** m attentato alla vita (**auf j-n** di qu)

Mörder m assassino

morgen domani; **~ Abend (früh)** domani sera (mattina)

Morgen m mattina f; *guten ~!* buongiorno!; **~dämmerung** f alba; **~mantel** m vestaglia f; **~röte** f aurora

morgens di mattina

Morphium n morfina f

morsch marcio

Mörtel m malta f

Mosaik n mosàico m

Moschee f moschèa f

Moskau n Mosca f

Moskitonetz n zanzariera f

Moslem m mu(s)sulmano m

Most m mosto; *Apfel2* sidro m

Motel n motèl m

Motiv n motivo m

Motor m motore; **~boot** n motoscafo m; **~haube** f còfano m; **~öl** n olio m lubrificante; **~rad** n moto(cicletta) f; **~radfahrer(in** f) m motociclista m/f; **~roller** m motoscooter; **~schaden** m guasto al motore; **~schiff** n motonave f; **~sport** m motorismo

Motte f tarma

Mountainbike n mountain bike f, rampichino m

Möwe f gabbiano m

Mücke f zanzara; **~nstich** m puntura f di zanzara

müde stanco; *~ werden* stancarsi

Müdigkeit f stanchezza

muffig: *~ riechen* puzzare di muffa

Mühe f fatica; *fig* pena; 2los fàcile

Mühle f mulino m; *Spiel* filetto m

mühsam faticoso

Mulde f conca

Müll m immondizie f/pl; **~abfuhr** f nettezza urbana; **~beutel** m sacchetto delle immondizie

Mullbinde f fascia di garza

Müll|deponie f discàrica pùbblica; **~eimer** m pattumiera f; **~kippe** f depòsito m delle immondizie; **~tonne** f bidone m delle immondizie; **~trennung** f separazione dei rifiuti riciclàbili; **~verbrennungsanlage** f inceneritore m

Multimedia pl multimèdia m/pl

multiplizieren moltiplicare

Mumps m Med orecchioni m/pl

München n Mònaco (di Baviera) f

Mund m bocca f; **~art** f dialetto m

münden sboccare (*in* in)

Mund|dusche f doccia orale; **~harmonika** f armònica a bocca

mündig maggiorenne; **~lich** orale; adv a voce

Mündung f Fluss2 foce; *e-r Straße* sbocco m

Mund|wasser n acqua f per dentifricia; **~zu-Mund-Beatmung** f respirazione bocca a bocca

Munition f munizione

munter *heiter* allegro; *wach* sveglio

Münz|e f moneta; **~telefon** m teléfono pubblico a monete
mürbe tenero; friàbile
Mürbeteig m pasta f frolla
murmeln mormorare
murren brontolare
mürrisch búrbero
Mus n passato m, purea f
Muschel f conchiglia; *Kochk* **~n** pl *Mies2* cozze,*Venus2* vóngole
Museum n museo m
Musik f mùsica; **2alisch** musicale; **~box** f juke-box m; **~er(in** f) m musicista m/f; **~hochschule** f conservatorio m; **~instrument** n strumento m musicale; **~kassette** f musicassetta
Muskatnuss f noce moscata
Muskel m mùscolo m; **~kater** m dolori m/pl muscolari; **~riss** m strappo muscolare; **~zerrung** f stiramento m muscolare

muskulös muscoloso
Müsli n muesli m
müssen dovere
Muster n modello m; *Design* disegno m; *Hdl* campione m; **2gültig** esemplare; **2n** *fig* squadrare
Mut m coraggio; **2ig** coraggioso
Mutter f madre; *Schrauben2* madrevite; **~gottes** f Madonna
mütterlich materno
Mutter|mal n voglia f; **~sprache** f madrelingua
mutwillig intenzionale
Mütze f beretto m
MW f (*Mittelwelle*) OM f/pl (*onde medie*)
MwSt. f (*Mehrwertsteuer*) I.V.A. (*imposta sul valore aggiunto*)
Myrte f mirto m
mysteriös misterioso
Mythos m mito m

N

N (*Norden*) N. (*nord*)
Nabe f mozzo m
Nabel m ombelico
nach *zeitlich* dopo; *örtlich* in; in; **~** *Florenz* a Firenze; **~** *Italien* in Italia; *der Zug* **~** *Neapel* per Nàpoli; *fünf* **~** *zwei* le due e cinque; **~** *und* **~** a poco a poco
nachahm|en imitare; **2ung** f imitazione

Nachbar(in f) m vicino (-a f); **~schaft** f vicinato m; vicinanze f/pl
nach|bestellen ordinare ancora; **2bildung** f copia; **~dem** dopo (+*inf*); *je* **~**, *ob* secondo se; **~denken** riflèttere (*über* su); **~denklich** pensoso; **~drücklich** enèrgico; **~einander** l'uno dopo l'altro

Nach|folger (**in** *f*) *m* successore *m*, succeditrice *f*; 2**forschen** indagare; ~**forschung** *f* indàgine; ~**frage** *f* Hdl domanda; 2**füllen** riempire ancora; ~**füllpackung** *f* ricàrica; 2**geben** cèdere; ~**gebühr** *f* soprattassa; 2**gehen** seguire (*j-m* qu); Uhr ritardare (**zwei Minuten** di due minuti); ~**geschmack** *m* sapore; 2**giebig** arrendévole; 2**helfen** aiutare, spingere

nachher dopo, poi; **bis ~!** a più tardi!

Nachhilfe *f* ripetizioni *f/pl*

nachholen riguadagnare

nach|kommen venir dopo; *e-m* **Wunsch** soddisfare; 2**kommen** *m/pl* discendenti; 2**kriegszeit** *f* dopoguerra *m*; 2**lass** *m* Hdl riduzione *f*; Erbe eredità *f*; ~**lassen** diminuire; **Preis** scontare; **Schmerz**, **Wind** calmarsi; ~**lässig** trascurato; ~**laufen** córrere dietro a; ~**lösen** **Fahrkarte** fare il biglietto; **Zuschlag** *m* pagare il supplemento; ~**machen** imitare; **fälschen** contraffare

Nachmittag *m* pomeriggio; **am ~**, 2**s** nel (*od* di) pomeriggio; **morgen ~** domani pomeriggio; ~**svorstellung** *f* rappresentazione pomeridiana

Nachnahme *f*: **als** *od* **gegen ~** contrassegno *m*

Nach|name *m* cognome; ~**porto** *n* soprattassa *f*; 2**prüfen** controllare; 2**rechnen** verificare un conto

Nachricht *f* notizia; *für j-n* messaggio *m*; ~**en** *pl* Radio giornale radio *m*; TV telegiornale *m*; ~**enagentur** *f* agenzia d'informazioni; ~**ensatellit** *m* satèllite per telecomunicazioni

Nachruf *m* necrologio

Nach|saison *f* bassa stagione; 2**schlagen** consultare un libro; ~**schlüssel** *m* chiave *f* falsa; 2**sehen** kontrollieren verificare; *j-m* seguire (qu) con lo sguardo; 2**senden** far seguire; ~**sicht** *f* indulgenza; 2**sichtig** indulgente; ~**speise** *f* dessert *m*, dolce *m*

nächste (il) più vicino; pròssimo; ~ **Woche** la settimana pròssima; **in ~r Zeit** pròssimamente; **am ~n** più vicino (a)

Nächstenliebe *f* carità

Nacht *f* notte; **gute ~!** buona-notte!; **heute ~** stanotte; **bei ~, in der ~** di notte; ~**creme** *f* crema per la notte; ~**dienst** *m* servizio notturno

Nachteil *m* svantaggio

Nacht|falter *m* falena *f*; ~**flug** *m* volo notturno; ~**frost** *m* gelo notturno; ~**glocke** *f* campanello *m* notturno; ~**hemd** *n* camicia *f* da notte

Nachtigall *f* usignolo *m*

Nachtisch m dolce, dessert

Nacht|leben n vita f notturna; **⁓lokal** n locale m notturno; **⁓portier** m portiere di notte

Nacht|trag m supplemento; **2tragend** permaloso; **2träglich** posteriore

Nacht|ruhe f riposo m notturno; **2s** di notte; **2schicht** f turno m di notte; **⁓tisch** m comodino; **⁓vorstellung** f rappresentazione notturna; **⁓zug** m treno della notte

Nach|weis m prova f; **2weisen** provare; **2wiegen** ripesare; **2wirkung** f conseguenza; **⁓wuchs** m figli m/pl; **Beruf** le nuove leva f/pl; **2zählen** ricontare; **⁓zahlung** f pagamento m suppletivo; **⁓zügler** m ritardatario

Nacken m nuca f; **⁓stütze** f poggiatesta m

nackt nudo; **2badestrand** m spiaggia f per nudisti

Nadel f ago m; **Steck2** spillo m; **⁓wald** m foresta f di conìfere

Nagel m chiodo; **Finger2** unghia f; **⁓feile** f limetta per le unghie; **⁓lack** m smalto; **⁓lackentferner** m solvente per smalto; **2n** inchiodare; **⁓schere** f fòrbicina

Nagetier n roditore m

nah(e) vicino (**bei** a); **⁓ liegend** evidente, ovvio

Nähe f vicinanza; **in der ⁓** qui vicino

nähen cucire

näher più vicino; **⁓n: sich ⁓** avvicinarsi

Näh|garn n filo m da cucire; **⁓maschine** f màcchina da cucire; **⁓nadel** f ago m (da cucire)

nahr|haft nutritivo; **2ung** f alimentazione; **2ungsmittel** n alimento m

Nährwert m valore nutritivo

Nähseide f seta da cucito

Naht f cucitura; **2los** senza cucitura

Nahverkehr m tràffico locale; **⁓szug** m treno locale

Nähzeug n occorrente m per cucire

naiv ingènuo

Name m nome

Namenstag m onomàstico

namentlich nominale; *adv besonders* specialmente

namhaft *Persönlichkeit* noto; *Summe* considerévole

nämlich adj cioè

Narbe f cicatrice

Narkose f narcosi

Narzisse f narciso m

naschen spiluccare

Nase f naso m; **⁓nbluten** n: **⁓ haben** sanguinare dal naso; **⁓nloch** n narice f

Nashorn n rinoceronte m

nass bagnato; **⁓ machen** bagnare; **⁓ werden** bagnarsi

Nässe f umidità

nasskalt freddo ùmido

Nation f nazione

national nazionale; **2feiertag** m festa f nazionale; **2gericht**

n piatto *m* nazionale; **~istisch** nazionalistico; **2ität** *f* nazionalità; **2mannschaft** *f* (squadra) nazionale; **2park** *m* parco nazionale; **2sozialismus** *m* nazionalsocialismo, nazismo

Natter *f* biscia

Natur *f* natura; **~ereignis** *n* fenòmeno *m* naturale; **2faser** *f* fibra naturale; **2getreu** fedele; **~heilkunde** *f* omeopatia; **~katastrophe** *f* cataclisma *m*

natürlich naturale; **~!** naturalmente!, certo!

Natur|schutzgebiet *n* parco *m* nazionale; **~wissenschaften** *f*|*pl* scienze naturali

Navigation *f* navigazione

n.Chr. (*nach Christus*) d.C. (*dopo Cristo*)

Neapel *n* Nàpoli *f*

Nebel *m* nebbia *f*; **~scheinwerfer** *m* fendinebbia; **~schlussleuchte** *f* fendinebbia *m* posteriore

neben accanto a; **~an** qui accanto; **2anschluss** *m* Tel apparecchio secondario; **~bei** außerdem inoltre; **2beschäftigung** *f* occupazione secondaria; **~einander** l'uno accanto all'altro; **2fach** *n* Schule materia *f* complementare; **2fluss** *m* affluente; **2gebäude** *n* e-s Hotels dépendence *f*; **2kosten** *pl* spese *f*|*pl* accessorie; **2mann** *m* vicino; **2raum** *m* stanza *f* attìgua;

~sächlich secondario, marginale; **2straße** *f* strada secondaria; **2strecke** *f* línea secondaria; **2verdienst** *m* guadagno extra; **2wirkung** *f* effetto *m* collaterale

neblig: es ist ~ c'è nebbia

Neffe *m* nipote

negativ negativo; **2** *n* Fot negativo *m*

nehmen prèndere; weg2 tògliere; an~ accettare; **Platz ~** accomodarsi

Neid *m* invidia *f*; **2isch** invidioso

neig|en inclinare; fig tèndere (**zu** a); **2ung** *f* inclinazione; fig tendenza (**zu** a)

nein no

Nektarine *f* pesca nettarina

Nelke *f* garòfano *m*

nennen chiamare

Neonröhre *f* tubo *m* al neon

Nerv *m* nervo; **2en** F snervare

Nerven|arzt *m* neuròlogo; **2aufreibend** snervante; **2zusammenbruch** *m* esaurimento nervoso

nervös nervoso

Nervosität *f* nervosismo *m*

Nerz *m* visone

Nesselfieber *n* orticaria *f*

Nest *n* nido *m*

nett simpàtico; gentile

Netto|einkommen *n* rèddito *m* netto; **~preis** *m* prezzo netto

Netz *n* rete *f*; **~anschluss** *m* allacciamento alla rete; **~haut** *f* rètina; **~karte** *f* bi-

glietto *m* di lìbera circolazione; **~strumpf** *m* calza *f* a
rete; **~werk** *n EDV* rete *f*

neu nuovo; moderno; **~artig**
nuovo; **2bau** *m* nuova costruzione *f*; **2erscheinung**
f novità libraria; **2erung** *f* in-
novazione

Neugeborene(s) *n* neonato
m

Neugier *f* curiosità; **2ig** curioso

Neu|heit *f* novità; **~igkeit** *f*
novità; **~jahr** *n* capodanno
m; **prosit ~!** buon anno!;
2lich l'altro giorno; **~ling**
m novellino; **~mond** *m* novilunio

neun nove; **~te** nono

Neuralgie *f* nevralgia

Neu|reiche(r) *f (m)* arricchito
(-a *f*); **~schnee** *m* neve *f* fresca

Neuseeland *n* (la) Nuova
Zelanda

neutral neutrale; *fig* imparziale; *Farbe* neutro

nicht non; **~ einmal** nemmeno; **überhaupt ~** non ... affatto; **~ wahr?** vero?

Nichte *f* nipote

Nichtraucher(in *f)* *m* non fumatore (-trice *f*) *m*; **~abteil** *n*
scompartimento *m* per non
fumatori

nichts niente, nulla; **~ sagend** insignificante

Nichtschwimmer(in *f)* *m*
non nuotatore (-trice *f*) *m*

nicken far cenno col capo

nie mai; non ... mai; **~ mehr, ~
wieder** mai più

nieder|geschlagen abbattu-
to, depresso; **~knien** inginocchiarsi; **2lage** *f* sconfitta

Niederlande *pl* Paesi Bassi
m/pl

niederländisch olandese

niederlass|en: sich ~ stabilir-
si; **2ung** *f Hdl* sede; succursale

niederlegen *Amt* diméttersi
da, deporre

Niedersachsen *n* (la) Bassa
Sassonia

Nieder|schläge *m/pl* precipi-
tazioni *f/pl*; **2schlagen** abbàttere; **2trächtig** infame

niedlich grazioso, carino

niedrig basso; *fig* vile

niemals → nie

niemand nessuno

Niere *f* rene *m*; *Kochk* rognone *m*

Nieren|entzündung *f* nefrite;
~kolik *f* còlica renale;
2krank nefrìtico; **~stein** *m*
càlcolo renale; **~versagen**
n blocco *m* renale

nieseln: es nieselt piovìggina

niesen starnutire

Niet|e *f Los* biglietto *m* non
vincente; *Tech* ribattino *m*;
2en ribadire

nikotin|frei senza nicotina;
2vergiftung *f* nicotinismo *m*

Nilpferd *n* ippopòtamo *m*

Nippes *pl* gingillo *m*

nirgends da nessuna parte

Nische *f* nicchia

Niveau *n* livello *m*

NO (*Nordosten*) N.E. (*nordest*)

nobel *adj* nòbile

noch ancora; **immer ~** sempre; **~ etwas?** qualcos'altro?; **~mals** ancora una volta

Nockenwelle *f* àlbero *m* a camme

Nonne *f* mònaca

Nonstopflug *m* volo senza scalo

Nord|deutschland *n* Germania *f* settentrionale (*od* del Nord); **~en** *m* nord, settentrione; **~italiener(in** *f*) *m* settentrionale *m/f*

nördlich: ~ von a nord di

Nord|osten *m* nord-est; **~pol** *m* polo nord

Nordrhein-Westfalen *n* Renania *f* Vestfalia

Nord|see *f* mare *m* del Nord; **~seite** *f* lato *m* nord; **~westen** *m* nord-ovest; **~wind** *m* vento del nord; tramontana *f*

nörgeln brontolare

Norm *f* norma

normal normale; **2benzin** *n* benzina *f* normale; **~isieren** normalizzare

Norwegen *n* (la) Norvegia

Norweger(in *f*) *m* norvegese *m/f*

Not *f* bisogno *m*; miseria; **~ leidend** bisognoso

Notar *m* notaio

Not|arzt *m* mèdico di turno; **~aufnahme** *f* pronto soccorso *m*

Not|ausgang *m*, **~ausstieg** *m* uscita *f* di sicurezza; **~beleuchtung** *f* illuminazione d'emergenza; **~bremse** *f* freno *m* d'emergenza; **2dürftig** provvisorio; *adv* alla meno peggio

Note *f Mus* nota; *Zensur* voto *m*

Notfall *m* caso d'emergenza; **im ~,** **2s** in caso di bisogno

notieren prèndere nota di

nötig necessario; **es ist (nicht) ~** (non) occorre (**et zu tun** fare qc); **~ haben** avere bisogno di

Notiz *f* nota; **~buch** *n* taccuino *m*

Not|landung *f* atterraggio *m* di fortuna; **~lösung** *f* soluzione provvisoria; **~ruf** *m* chiamata *f* d'emergenza; **~rutsche** *f Flgw* scivolo *m* d'emergenza; **~sitz** *m* strapuntino; **~wehr** *f* legittima difesa; **2wendig** necessario

November *m* novembre

Nu *m*: **im ~** in un àttimo

nüchtern digiuno; **auf ~en Magen** a stòmaco vuoto

Nudel|gericht *n* piatto *m* di pasta; **~n** *f/pl* pasta *f*; **~suppe** *f* pastina in brodo

null zero; **~ Uhr** mezzanotte *f*; **eins zu ~** uno a zero; *Temperatur* **unter ~** sotto zero

Nummer *f* nùmero *m*; **2ieren** numerare; **~ierung** *f* numerazione; **~nschild** *n Kfz* targa *f*

nun òra, adesso; **von ~ an** d'ora in poi; **was ~?** e ora?
nur solo, soltanto
Nuss f noce; **~baum** m noce; **~knacker** m schiaccianoci
Nutte f pej puttana
nützen èssere ùtile (a); Gelegenheit sfruttare

Nutz|en m ùtile; profitto; **~fahrzeug** n veìcolo m utilitàrio; **~last** f càrico ùtile
nützlich ùtile; **2keit** f utilità
nutzlos inùtile
NW (Nordwesten) N.O. (nordovest)
Nylon® n nilon® m

O

O (Osten) E. (est)
ob se
obdachlos senza tetto; **2e(r)** f (m) senzatetto m/f
oben sopra, su; **nach~** in alto; **von ~** dall'alto; F **~ ohne** a seno nudo, in topless
Ober m: **Herr ~!** cameriere!
Ober|arm m braccio (superiore); **~deck** n coperta f
obere superiore
Ober|fläche f superficie; **2flächlich** superficiale; **~geschoss** n piano m superiore; **2halb** al di sopra di; **~hemd** n camicia f; **~kiefer** m mascella f superiore; **~körper** m busto
Obers m österr Schlagsahne panna f (montata)
Ober|schenkel m coscia f; **~schwester** f capoinfermiera
oberste Stockwerk ùltimo; im Rang supremo
Ober|teil m/n parte f superiore; **~weite** f (circonferenza del) petto

obgleich benché (+ cong)
Objekt n oggetto m
objektiv, 2 n obiettivo (m)
obligatorisch obbligatorio
Obst n frutta f; **~baum** m àlbero da frutta; **~garten** m frutteto; **~händler(in** f) m fruttivéndolo (-a f) m; **~kuchen** m dolce di frutta; **~saft** m succo di frutta; **~salat** m macedonia f
obszön osceno
obwohl sebbene (+ cong)
Ochse m bue (pl buoi); **~nschwanzsuppe** f brodo m di coda di bue
öde deserto; fig noioso
oder o; **~ aber** oppure
Ofen m stufa f; Back2 forno
offen aperto; fig franco, sincero; **~er Wein** vino sfuso; **auf ~er See** in mare aperto; **~ lassen** lasciare aperto; fig lasciare in sospeso; **~ stehen** èssere aperto
offen|bar adv evidentemente; **2heit** f franchezza; **~kundig** notorio; **~sichtlich** eviden-

te; *adv* evidentemente; **2sive** *f* offensiva

öffentlich pùbblico; **2keit** *f* P pùbblico *m*

offiziell ufficiale

Offizier *m* ufficiale

offline *EDV* off-line

öffn|en aprire; *Flasche* stappare; **2er** *m* ronzio *m* nelle bottiglie; *Dosen2* apriscàtole; **2ung** *f* apertura; *Loch* foro *m*; **2ungszeiten** *f/pl* ore d'apertura

oft spesso; *wie ~?* quante volte?; *zu ~* troppo spesso

öfter(s) spesso

ohne senza; *~ weiteres* senz'altro

Ohnmacht *f Med* svenimento *m*

ohnmächtig svenuto; *~ werden* pèrdere i sensi

Ohr *n* orecchio *m*

Ohren|arzt *m*, **~ärztin** *f* otoiatra *m/f*

Ohren|entzündung *f* otite; **~sausen** *n* ronzio *m* nelle orecchie; **~schmerzen** *m/pl*: *ich habe ~* mi fanno male le orecchie

Ohr|feige *f* schiaffo *m*; **~läppchen** *n* lobo *m*; **~ring** *m* orecchino

Öko|logie *f* ecologìa; **2logisch** ecològico; **2nomisch** econòmico; **~system** *n* ecosistema *m*

Oktober *m* ottobre

Öl *n* olio *m*; *Heiz2* nafta *f*

Oleander *m* oleandro

öl|en oliare; **2farbe** *f* colore *m* a olio; **2fleck** *m* macchia *f* d'olio; **2gemälde** *n* quadro *m* a olio; **2heizung** *f* riscaldamento *m* a nafta; **~ig** oleoso

Olive *f* oliva; **~nbaum** *m* olivo

Öl|kanne *n* oliatore *m*; **~pest** *f* marea nera; **~sardinen** *f/pl* sardine sott'olio; **~stand** *m* livello dell'olio; **~wechsel** *m* cambio dell'olio

olympisch: **2e Spiele** *n/pl* giochi *m/pl* olìmpici

Omelett *n* frittata *f*, omelette *f*

Omnibus *m* àutobus

Onkel *m* zìo

online *EDV* on-line; collegato all'unità centrale

Openairkonzert *n* concerto *m* all'aperto

Oper *f* òpera

Operation *f* operazione; **~ssaal** *m* sala *f* operatòria

Operette *f* operetta

operieren operare; *sich ~ lassen* farsi operare

Opern|glas *n* binòcolo *m*; **~sänger(in** *f*) *m* cantante *m/f* d'òpera

Opfer *n Verzicht* sacrificio *m*; *Mensch* vìttima *f*; **2n** sacrificare

Opposition *f* opposizione

Optiker *m* òttico

Optimist|(in *f*) *m* ottimista *m/f*, **2isch** ottimista

Orange *f* arancia

Orangeade *f* aranciata

orange(farben) arancione

Orangensaft m succo d'arancia

Orchester n orchestra f

Orchidee f orchidèa

Orden m onorificenza f; Mil decorazione f; Rel órdine m

ordentlich ordinato; adv fig perbene

ordinär volgare

Ordination f österr Arztpraxis studio m mèdico

ordnen ordinare, méttere in órdine; ℒer m Akten℥ raccoglitore; ℒung f órdine m

Organ n òrgano m; **~isation** f organizzazione; ℒisch orgànico; ℒisieren organizzare

Orgasmus m orgasmo

Orgel f òrgano m

Orient m oriente

orientieren: sich ~ orientarsi; informarsi; ℒung f orientamento m

original, ℒ n originale (m)

originell originale

Orkan m uragano

Ort m luogo, località f

orthopädisch ortopèdico

örtlich locale

Ortschaft f località

Orts|gespräch n telefonata f urbana; **~kenntnis** f conoscenza della località; ℒkundig esperto del posto; **~netz** n Tel rete f locale; **~zeit** f ora locale

Öse f occhiello m

Osten m est; oriente

Osterei n uovo m di Pasqua

Ostern n Pasqua f

Österreich n (l') Austria f; **~er(in** f) m, ℒisch austriaco (-a f)

Osterwoche f settimana di Pasqua

östlich orientale; **~ von** a est di

Ost|see f (mar m) Bàltico m; **~wind** m vento di levante

Otter m Fisch℥ lontra f

Overall m tuta f

Overheadprojektor m lavagna f luminosa

Ozean m ocèano

Ozon|loch n buco m nell'ozono; **~schicht** f ozonosfera, strato m di ozono; **~warnung** f allarme m ozono

P

Paar n Personen coppia f; Sachen paio m; **ein paar** alcuni; qualche; **vor ein paar Tagen** qualche giorno fa; **ein paar Mal** un paio di volte

Pacht f affitto m; ℒen prèndere in affitto

Pächter(in f) m locatario (-a f)

Päckchen n pacchetto m

pack|en Koffer fare; ergreifen afferrare; ℒung f pacco m, pacchetto m; Med impacco m

Paddel n pagaia f; **~boot** n canòa f; **2n** andare in canòa
Padua n Pàdova f
Paket n pacco m; **~annahme** f accettazione pacchi; **~karte** f bollettino m di spedizione
Pakt m patto m
Palast m palazzo
Palästina n (la) Palestina
Palme f palma
Pampelmuse f pompelmo m
paniert impanato
Panik f pànico m
Panne f guasto m, panne; **~ndienst** m soccorso stradale
Panther m pantera f
Pantoffel m pantòfola f
Panzer m Zo corazza f; Mil carro armato; **~schrank** m cassaforte f blindata
Papagei m pappagallo
Papier n carta f; **~e** pl documenti m/pl; **~geld** n cartamoneta f; **~taschentuch** n fazzoletto m di carta
Pappbecher m bicchiere di carta
Pappe f cartone m
Pappel f pioppo m
Paprika m Gewürz pàprica f; Gemüse peperoni m/pl; **~schote** f peperone m
Papst m papa
päpstlich papale
Parabolantenne f antenna parabòlica
Parade f sfilata
Paradeiser m österr Tomate

pomodoro
Paradies n paradiso m
Paragraph m paràgrafo
parallel parallelo
Pärchen n coppia f
Parfüm n profumo m; **~erie** f profumeria
Paris n Parigi f
Park m giardini m/pl pùbblici
Parkdeck n piano m di un autosilo
parken parcheggiare; **2 verboten!** parcheggio vietato!
Parkett n parquet [-kε] m; Thea platèa f
Park|gebühr f tassa di parcheggio; **~haus** n autosilo m; **~kralle** f bloccaruota m; **~platz** m parcheggio; **~scheibe** f disco m orario; **~schein** m tagliando da parcheggio; **~uhr** f parchimetro m; **~verbot** n divieto m di parcheggio
Parlament n parlamento m
Parmesan(käse) m parmigiano
Partei f partito m; jur parte
Partie f Spiel partita
Partisan m partigiano
Partner(in f) m compagno (-a f) m; partner m/f
Partner|schaft f convivenza; Städte2 gemellaggio m; **~stadt** f città gemellata
Party f festa, party m; **~service** m (servizio di) catering, banquetting
Pass m passaporto; Gebirgs2 passo

Passage *f* gallerìa

Passagier *m* passeggero; **~dampfer** *m* nave *f* passeggeri; **~flugzeug** *n* aèreo *m* passeggeri; **~liste** *f* lista dei passeggeri

Passant *m* passante

Passbild *n* fotografìa *f* da passaporto

passen *Kleidung* stare bene; *geeignet sein* adattarsi (**zu** a); **~d** adatto

passieren *Grenze* passare; *geschehen* succèdere; **2schein** *m* lasciapassare

passiv, ♀ ~ *f* passivo (*m*)

Passkontrolle *f* controllo *m* (dei) passaporti

Passwort *n* password *f*

Pastete *f* pasticcio *m*

pasteurisiert pastorizzato

Pate *m* padrino; **~nkind** *n* figlioccio *m*

Patent *n* brevetto *m*

Pater *m* padre

Patient(in *f*) *m* paziente *m/f*

Patin *f* madrina

Patrone *f* cartuccia

Pauke *f* tìmpano *m*

pauschal globale, forfettario; **2e** *f* somma globale; **2preis** *m* prezzo globale; **2reise** *f* viaggio *m* tutto compreso

Pause *f* pausa; *Thea* intervallo *m*

Pavillon *m* padiglione

Pay-TV *n* tv *f* via satèllite

Pazifik *m* Pacìfico

PC *m* Abk (*Personalcomputer*) pèrsonal (computer)

Pech *n*: ~ **haben** èssere sfortunato

Pedal *n* pedale *m*

Pediküre *f* pedicure

peinlich imbarazzante; ~ **genau** scrupoloso

Peitsche *f* frusta

Peking *n* Pechino *f*

Pelikan *m* pellicano

Pelle *f* buccia; *Wurst*♀ pelle; **~kartoffeln** *f/pl* patate lesse con la buccia

Pelz *m*, **~mantel** *m* pelliccia *f*

Pendelverkehr *m* tràffico pendolare

Pendler(in *f*) *m* pendolare *m/f*

Penis *m* pene

Penizillin *n* penicillina *f*

Pension *f* pensione; *in* ~ *gehen* andare in pensione; **2iert** pensionato, a riposo

Peperoni *f/pl* peperoncini *m/pl*

per *prp* A per, con, tràmite; **~ Zufall** per caso; ~ **Bahn** con il treno; ~ **Anhalter** tràmite autostòp

perfekt perfetto

Periode *f* perìodo *m*; *Biol* mestruazione

Peripherie *f* periferìa

Perle *f* perla; **~huhn** *n* faraona *f*; **~mutt** *n* madreperla *f*

persisch persiano

Person *f* persona; *Thea* personaggio *m*; **pro** ~ a testa

Personal *n* personale *m*; **~ausweis** *m* carta *f* d'identità; **~ien** *pl* generalità *f/pl*

Personen|kraftwagen *m* (**Pkw**) autovettura *f*; **~scha-den** *m* danno alle persone; **~zug** *m* accelerato

persönlich personale; **2keit** *f* personalità

Perspektive *f* prospettiva

Perücke *f* parrucca

Pessimist(in *f*) *m*, **2isch** pessimista *m/f*

Petersilie *f* prezzémolo *m*

Petroleum *n* petrolio *m*

Pfad *m* sentiero; *EDV* percorso; **~finder**(in *f*) *m* scout ['skaut] *m/f*

Pfahl *m* palo

Pfalz *f* (ü) Palatinato *m*

Pfand *n* pegno *m*; **~flasche** *f* bottiglia a rèndere

pfänden pignorare

Pfann|e *f* padella; **~kuchen** *m* frittata *f*; *Berliner* ~ krapfen

Pfarr|ei *f* parrocchia; **~er**(in *f*) *m katholisch* pàrroco; *evangelisch* pastore (-a *f*) *m*

Pfau *m* pavone

Pfeffer *m* pepe; **~kuchen** *m* panpepato

Pfefferminz|e *f* menta piperita; **~tee** *m* tè alla menta

Pfeffer|mühle *f* macinapepe *m*; **2n** pepare

Pfeife *f* fischietto *m*; *Tabaks*2 pipa; **2n** fischiare; **~ntabak** *m* tabacco da pipa

Pfeil *m* freccia *f*

Pfeiler *m* pìlastro

Pfennigabsatz *m* tacco a spillo

Pferd *n* cavallo *m*

Pferde|fleisch *n* carne *f* equina; **~rennbahn** *f* ippòdromo *m*; **~rennen** *n* corsa *f* di cavalli; **~stall** *m* scuderìa *f*; **~stärke** *f* cavallo (vapore) *m*

Pfiff *m* fischio

Pfifferling *m* cantarello, gallinaccio

Pfingsten *n* Pentecoste *f*

Pfirsich *m* pesca *f*

Pflanze *f* pianta; **2n** piantare

Pflaster *n* làstrico *m*; *Med* cerotto *m*; **~stein** *m* lastra *f* di pietra

Pflaume *f* susina; prugna; **~nmus** *n* marmellata *f* di prugne

Pflege *f* cura; **2leicht** di fàcile manutenzione; **2n** curare; *Kranke* assistere; **~r**(in *f*) *m* infermiere (-a *f*) *m*

Pflicht *f* dovere *m*; **~versicherung** *f* assicurazione obbligatoria

Pflock *m* paletto, piolo

pflücken (rac)cògliere

Pflug *m* aratro

pflügen arare

Pförtner(in *f*) *m* portinaio (-a *f*) *m*; **~loge** *f* portinerìa

Pfosten *m* palo

Pfote *f* zampa

Pfropfen *m* turàcciolo

Pfund *n* mezzo chilo *m*

pfuschen acciarpare

Pfütze *f* pozzànghera

pH-Wert *m* valore del pH

Phanta|sie *f* fantasìa; **2stisch** fantàstico

Phase *f* fase

philosophisch filosòfico

phlegmatisch flemmàtico

Physik f fisica; **~er(in** f) fisico (-a f) m

physisch fisico

Pickel m Bergsport piccozza f; Med brùfolo

Picknick n picnic m; **~ ma-chen, 2en** fare un picnic

Pik n Kartenspiel picche f/pl

pikant piccante

Pilger m pellegrino; **~fahrt** f pellegrinaggio m

Pille f pillola

Pilot(in f) m pilota m/f

Pilz m fungo; **~krankheit** f Med micosi; **~vergiftung** f intossicazione da funghi

PIN f Abk nùmero di identificazione personale

Pinie f pino m; **~nkern** m pinolo

pinkeln v/i pisciare

Pinsel m pennello

Pinzette f pinzetta

Pistazie f pistacchio m

Piste f Flgw, Skisport pista

Pistole f pistola

Pkw m (Personenkraftwagen) automòbile f

Plage f tormento m; **2n** tormentare; **sich ~** affaticarsi

Plakat n affisso m

Plakette f TÜV2 targhetta

Plan m piano, progetto; Stadt2 pianta f

Plane f copertone m

planen progettare

Planet m pianeta

Planierraupe f bulldozer m

Planke f tavolone m

plan|los senza mètodo; **~mä-Big** Ankunft regolare, in orario; adv puntualmente

Plansch|becken n piscinetta f per bambini; **2en** v/i guazzare (nell'acqua)

Plantage f piantagione

Planung f Hdl pianificazione

Plastik¹ f scultura

Plastik² n plàstica f; **~beutel** m, **~tüte** f sacchetto m di plàstica

Platin n Chem plàtino m

platt piatto; Reifen sgonfio, a terra; **F einen 2en haben** avere una gomma a terra

Platte f lastra; Schall2 disco m; Herd2 piastra; **kalte ~** piatto m freddo; **~nspieler** m giradischi

Platt|form f piattaforma; **~fuß** m F Panne gomma f a terra

Platz m piazza f; Sitz2 posto m; Sport campo; **~ nehmen** accomodarsi; **~anweiser(in** f) m màschera f

Plätzchen n/pl pasticcini m/pl

platzen scoppiare

Platzkarte f posto m prenotato

Platzregen m acquazzone

Platzreservierung f prenotazione del posto

plaudern chiacchierare

Pleite f fallimento m

Plombe f Zahn2 otturazione; **2ieren** Zahn otturare

plötzlich improvviso; adv all'improvviso

plump *taktlos* sgarbato

plündern saccheggiare

plus più; *3 Grad ~* tre gradi sopra zero; ♀ *n* eccedenza *f*; *Vorteil* vantaggio *m*

PLZ → *Postleitzahl*

Po *m Anat* F culetto

Pöbel *m* plebaglia *f*

Pocken *f/pl* vaiolo *m*

Podium *n* pòdio *m*

Pokal *m* coppa *f*

Pol *m* polo

Polarstern *m* stella *f* polare

Pole *m* polacco; **~n** *n* (la) Polonia

Police *f* pòlizza

polieren lustrare

Polin *f* polacca

Politesse *f* vigilessa

Poli|tik *f* politica; **~tiker**(in *f*) *m*, **2tisch** politico (-a *f*)

Polizei *f* polizìa; **~revier** *n* commissariato *m* di polizia; **~streife** *f* pattuglia di polizia; **~stunde** *f* ora di chiusura

Polizist(in *f*) *m* poliziotto (-a *f*)

polnisch polacco

Polstermöbel *n/pl* mòbili *m/pl* imbottiti

Pommes frites *pl* patate *f/pl* fritte

Pompeji *n* Pompei *f*

Pony[1] *n* pony *m*

Pony[2] *f Frisur* frangetta *f*

Pop|musik *f* mùsica pop; **~sänger**(in *f*) *m* cantante *m/f* pop

populär popolare

Pore *f* poro *m*

Pornografie *f* pornografia

Porree *m* porro

Portal *n* portale *m*

Portemonnaie *n* portamonete *m*

Portier *m* portiere

Portion *f* porzione

Porto *n* affrancatura *f*; **2frei** franco di porto

Porträt *n* ritratto *m*

Portugal *n* (il) Portogallo

Portugie|se *m*, **~in** *f*, **2isch** portoghese *m/f*

Porzellan *n* porcellana *f*

Posaune *f* trombone *m*

Position *f* posizione

positiv positivo

Post *f* posta; *mit der ~* per posta; **~amt** *n* ufficio *m* postale; **~anweisung** *f* vaglia *m* postale

Postbot|e *m*, **~in** *f* postino (-a *f*)

Posten *m* posto; *Hdl* partita *f*; *Mil* sentinella *f*

Post|fach *n* (Postf.) casella *f* postale (C.P.); **~karte** *f* cartolina; **2lagernd** fermo posta; **~leitzahl** *f* (PLZ) còdice *m* di avviamento postale (C.A.P.)

Post|scheck *m* assegno postale; **~stempel** *m* timbro postale

Pracht *f* pompa; lusso *m*

prächtig magnifico

prahlen vantarsi (*mit* di)

Praktik|ant(in *f*) *m* tirocinante *m/f*; **~um** *n* tirocinio *m*

praktisch pràtico; **~er Arzt** m mèdico genèrico

praktizieren praticare

Praline f cioccolatino m

prall tùrgido; *Sonne* pieno

Prä|mie f premio m; **~parat** n preparato m; **~servativ** n preservativo m; **~sident** m presidente

Praxis f pràtica; *Arzt~* studio m, ambulatorio m

präzise preciso, esatto

Predigt f prèdica

Preis m prezzo; *Sieges~* premio; **~ausschreiben** n concorso m a premi

Preiselbeere f mirtillo m rosso

Preis|erhöhung f aumento m dei prezzi; **~ermäßigung** f riduzione di prezzo; **~gün-stig** conveniente; **~klasse** f categoria (di prezzi); **~lage** f: **in welcher ~?** a che prezzo?; **~liste** f listino m dei prezzi; **~nachlass** m sconto; **~senkung** f ribasso m dei prezzi; **~wert** a buon prezzo, poco caro

Prellung f *Med* contusione f

Premiere f prima; **~minis-ter(in** f) m primo ministro m/f

Presse f *Zeitungen* stampa; **~agentur** f agenzia di stampa; **~n** prèmere

Priester m prete, sacerdote

prima F òttimo

primitiv primitivo

Prinzip n principio m; **aus ~, ~iell** per principio

Prise f *Kochk* pizzico m

privat privato; **~audienz** f udienza particolare; **~besitz** m, **~eigentum** n proprietà privata; **~unterkunft** f alloggio m presso privati

Privileg n privilegio m

pro a, per; **~ Tag** al giorno

Probe f *Hdl* campione m; **auf ~** in prova; **~fahrt** f prova su strada; **~weise** a titolo di prova; **~zeit** f perìodo m di prova

probieren provare; *Speise* assaggiare, *Wein* degustare

Problem n problema m

Produkt n prodotto m; **~ion** f produzione

produktiv produttivo

produzieren fabbricare

Professor(in f) m professore (-essa f)

Profi m *Sport* professionista

Profil n profilo m (a *Reifen~*)

profitieren profittare (*von* di)

Programm n programma m

programmier|en programmare; **~er(in** f) m programmatore (-trice f) m

Projekt n progetto m; **~or** m proiettore

Promenade f *See~* lungomare m

Promille n per mille m; **~grenze** f tasso m alcolèmico consentito

Promotion f dottorato m di ricerca

prompt pronto; *adv* sùbito

Propan(gas n) n (gas m) propano m

Propeller m èlica f

Prospekt m dépliant ['depljä], opùscolo f

prost! (alla) salute!

Prostituierte f prostituta

Protest m protesta f

protes|tantisch protestante; **~tieren** protestare

Pro|these f pròtesi; **~tokoll** n verbale m; **~viant** m vìveri m/pl; **~vinz** f provincia; **~vision** f provvigione; **2visorisch** provvisorio; **2vozieren** provocare

Prozent n percento m; **~satz** m percentuale f

Pro|zess m processo; **~zession** f processione

prüf|en controllare; esaminare; **2ung** f esame m

Prügelei f rissa

prügeln: sich ~ picchiarsi

prunkvoll sfarzoso

PS (Pferdestärke) C.V. (cavallo vapore)

Psych|iater(in f) m psichiatra m/f; **2isch** psìchico; **2ologisch** psicológico

Pubertät f pubertà

Publikum n pùbblico m

Pudding m budino

Pudel m barboncino

Puder m cipria f; **~zucker** m zùcchero a velo

Puff m bordello

Pulli m, **Pullover** m pullover; Woll2 maglione

Puls m polso; **~schlag** pulsazione f

Pulver n pólvere f

Pulverschnee m neve f farinosa

Pumpe f pompa

Punkt m punto; **~ drei Uhr** alle tre in punto

pünktlich puntuale; Esb in orario

Puppe f bàmbola; **~nspiel** n spettacolo m di marionette

pur puro; Getränk liscio

Püree n purè m

pusten soffiare

Pustertal n Val f Pusterìa

Pute f tacchina

Putsch m colpo di stato

putz|en pulire; Schuhe lucidare; Zähne lavare; **2frau** f donna delle pulizìe; **2lappen** m strofinaccio; **2mittel** n detersivo m

Pyjama m pigiama

Pyrenäen: die ~ i Pirenei m/pl

Q

Quadrat n, **2isch** quadrato (m); **~kilometer** m chìlometro quadrato; **~meter** m metro quadrato; **~zentimeter** m

centìmetro quadrato

Qual f tormento m

quälen tormentare; **sich ~** affaticarsi

Qualifi|kation f qualifica; **2zieren** *sich ~* qualificarsi
Qualität f qualità
Qualle f medusa
Qualm m fumo denso
Quantität f quantità
Quark m ricotta f
Quartal n trimestre f
Quartett n quartetto m
Quartier n alloggio m
Quarz m quarzo; **~uhr** f orologio m al quarzo [kw-]
Quatsch F m sciocchezze f/pl; **2en** F chiacchierare
Quecksilber n mercurio m

Quelle f sorgente
quer *adv* di traverso; **~ durch die Stadt** attraverso la città; **2schiff** n Arch transetto m; **~schnitt(s)gelähmt** paraplègico; **2straße** f traversa
Quetschung f Med ammaccatura, contusione
Quirl m frullino; **2en** frullare
quitt: ~ sein èssere pari
Quitte f cotogna
Quittung f ricevuta, quietanza; **e-e ausstellen** rilasciare una ricevuta (*über* per)
Quiz n gioco a quiz [kwits]

R

Rabatt m sconto; ribasso
Rabe m corvo
Rache f vendetta
Rachen m faringe f/m
rächen: sich ~ vendicarsi
Rad n ruota f; Fahr2 bicicletta f; **~ fahren** andare in bicicletta
Radar m/n radar m; **~kontrolle** f controllo m radar; **~schirm** m schermo radar
Radfahrer(in f) m ciclista m/f
Radier|gummi m gomma f (per cancellare); **~ung** f (incisione all')acquaforte
Radieschen n ravanello m
Radio n radio f; 2aktiv radioattivo; **~wecker** m radiosveglia f
Rad|kappe f coppa della ruota; **~rennbahn** f velòdromo

m; **~rennen** n corsa f ciclìstica; **~sport** m ciclismo; **~tour** f gita in bicicletta; **~wandern** n cicloturismo m; **~wechsel** m cambio della ruota; **~weg** m ciclopista f, pista f ciclàbile
raffiniert raffinato; Mensch furbo; Trick astuto
Rafting n rafting m
Ragout n Kochk ragù m
Rahmen m Fahrrad telaio; Bilder2 cornice f
Rakete f razzo m; missile m; **~nstützpunkt** m base f missilistica
Ramsch m robaccia f
Rand m orlo; Buch màrgine m
randalieren far baccano
Randbemerkung f osservazione marginale

Randbezirk *m* periferia *f*

Rang *m* grado; rango; *Thea* galleria *f*; **ersten ~es** di prim'órdine; **~liste** *f Sport* classifica

rangieren *Esb* manovrare

Ranke *f* viticcio *m*

ranzig ràncido

rar raro; **2ität** *f* rarità

rasch ràpido, veloce; *adv* presto

Rasen *m* prato

rasen *Auto* andare di gran carriera; rag, rabbia; *Schmerz* violento; **2mäher** *m* tosaerba *f*

Rasier|apparat *m* rasoio (elèttrico); **~creme** *f* crema da barba

rasier|en: sich ~ farsi la barba; **2klinge** *f* lametta da barba; **2messer** *n* rasoio *m*; **2pinsel** *m* pennello da barba; **2schaum** *m* schiuma *f* da barba; **2wasser** *n* dopobarba *m*

Rasse *f* razza

Rast *f* sosta; **~ machen**, **2en** sostare, fermarsi; **~platz** *m* *Autobahn2* piazzola *f* di sosta; **~stätte** *f* autogrill *m*

Rat *m* consiglio; **j-n um ~ fragen** chiedere consiglio a qu

Rate *f* rata; **in ~n** a rate

raten consigliare (*j-n et* qc a qu); *er~* indovinare

Ratenzahlung *f* pagamento *m* a rate

Rat|geber *m* consigliere; **~haus** *n* municipio *m*

Ration *f* razione; **2alisieren** razionalizzare; **2ell** razionale; *sparsam* econòmico

rat|los perplesso; **~sam** consigliàbile; **2schlag** *m* consiglio

Rätsel *n* indovinello *m*; *fig* enigma *m*; **2haft** misterioso

Ratte *f* ratto *m*

rau rùvido; *Klima* rìgido; *Stimme* ràuco

Raub *m* rapina *f*; rapimento; *Beute* bottino *m*; **2en** rubare; rapinare

Räuber *m* rapinatore

Raub|mord *m* assassinio per rapina; **~tier** *n* animale *m* rapace; **~überfall** *m* rapina *f* (**bewaffneter** a mano armata); **~vogel** *m* uccello rapace

Rauch *m* fumo; **2en** fumare; **~ verboten!** vietato fumare!; **~er(in** *f*) *m* fumatore (-trice *f*) *m*; **~erabteil** *n* scompartimento *m* per fumatori

räuchern affumicare

Rauch|fleisch *n* carne *f* affumicata; **~verbot** *n* divieto *m* di fumare; **~vergiftung** *f* intossicazione da fumo

Rauferei *f* baruffa

rauh → rau

Raum *m Platz* posto; *Räumlichkeit* locale

räumen sgombrare

Raum|fähre *f* navetta spaziale; **~fahrt** *f* navigazione spaziale

räumlich spaziale

Raum|pflegerin *f* donna delle pulìzie; **~schiff** n astronave f

Räumung f sgómbero m;
~sverkauf m liquidazione f
totale

Raupe f bruco m

Raureif m brina f

raus: **~!** fuori!; → a **heraus** u
hinaus

Rausch m *Alkohol*2 sbornia
f; 2en *Wasser* scrosciare;
Blätter frusciare; **~gift** n droga f; stupefacente m; **~gifthandel** m tràffico di droga;
2**giftsüchtig** tossicòmane

Razzia f rastrellamento m

reagieren reagire (**auf** a)

Reaktion f reazione

Reaktor m reattore (atòmico)

real|isieren realizzare; **~istisch** realìstico; 2**ität** f realtà

Rebe f vite

rebellieren ribellarsi

Rebhuhn f pernice f

Rech|en m rastrello; **~aufgabe** f problema m d'aritmètica;
~fehler m errore di càlcolo

Rechenschaft f: *j-m* **~ ablegen** rèndere conto a qu;
j-n zur **~ ziehen** domandare
conto a qu

rechn|en contare, calcolare;
2**er** m *Gerät* calcolatore

Rechnung f conto m; *Math*
càlcolo m; *Hdl* fattura; **die
~, bitte!** il conto, per favore!

Recht n diritto m; **im ~ sein, ~
haben** avere ragione; **das ist
mir** 2 per me va bene; *j-m* **~**
geben dare ragione a qu

Rechte f destra (*a Pol*)

Rechteck n rettàngolo m; 2**ig**
rettangolare

recht|fertigen giustificare;
2**fertigung** f giustificazione;
~lich *jur* legale; **~mäßig** legìttimo

rechts a destra; **sich ~ halten**
tenere la destra; 2**abbieger**
m chi svolta a destra

Rechts|anwalt m, **~anwältin**
f; avvocato (-essa f)

recht|schaffen onesto;
2**schreibung** f ortografìa

Rechts|kurve f curva a destra; 2**radikal** *Pol* di estrema
destra; **~schutzversicherung** f assicurazione della
tutela legale; 2**widrig** illegale

recht|winklig rettangolare;
~zeitig *adv* in tempo

recycel|n v/t riciclare; 2**ing** n
riciclaggio m

Redakt|eur m, **~eurin** f redattore (-trice f); **~ion** f redazione

Rede f discorso m

reden parlare (**über** di)

Redensart f modo m di dire

Redner|(in) m oratore (-trice
f)

Reede f *Mar* rada; **~rei** f compagnìa marìttima

reell onesto; *Ware* sòlido

reflektieren riflèttere

Reflex m riflesso

Reform f riforma; **~haus** n
negozio m di prodotti diete

tici; **2ieren** riformare

Regal n scaffale m

Regatta f regata

rege attivo; *Verkehr* animato

Regel f règola; *der Frau* mestruazione; **2mäßig** regolare; **2n** regolare; **~ung** f regolazione

Regen m pioggia f; **bei ~** con la pioggia; *saurer ~* pioggia àcida; **~bogen** m arcobaleno; **~mantel** m impermeàbile

Regensburg Ratisbona

Regen|schauer m scroscio di pioggia; **~schirm** m ombrello; **~wasser** n acqua f piovana; **~wetter** n tempo m piovoso; **~wurm** m lombrico

Regie f regìa

Regierung f governo m

Regime n regime m

Region f regione f; **2al** regionale

Regisseur (in f) m regista m/f

regn|en piòvere; **es regnet** piove; **~erisch** piovoso

regulär regolare; *Preis* normale

regungslos immòbile

Reh n capriolo m

Rehabilitation f riabilitazione

Reib|e f grattugia f; **2en** fregare; *Kochk* grattugiare; **~ung** f Tech frizione

reich ricco

Reich n regno m, impero m

reich|en *geben* pòrgere, dare; *genügen* bastare; **~ bis** arrivare a; **es reicht** basta; **~lich** abbondante; **2tum** m ricchezza f; **2weite** f portata

reif maturo; **2** m brina f; **2e** f maturità; **~en** maturare

Reifen m cerchio; *Kfz* gomma f, pneumàtico; **~druck** m pressione f delle gomme; **~panne** f foratura; **~wechsel** m cambio f di pneumàtico

Reihe f fila; serie; *der ~ nach* l'uno dopo l'altro; *ich bin an der ~* tocca a me

Reihen|folge f órdine m; **~haus** n casa f a schiera

rein puro; *sauber* pulito

Reinfall m fregatura f

reinig|en pulire; *chemisch* pulire a secco; **2ung** f *chemische* pulitura a secco; *Geschäft* lavanderìa; **2ungsmilch** f latte m detergente

Reis m riso

Reise f viaggio m; *auf der ~* in viaggio; *gute ~!* buon viaggio!; **~andenken** n ricordo m di viaggio; **~büro** n agenzìa f (di) viaggi; **~bus** m pullman; **~führer** (in f) m guida f (a Buch); **~gruppe** f comitiva; **~kosten** pl spese f/pl di viaggio; **~leiter** (in f) m guida f di una comitiva

reisen viaggiare (*nach Ort* a, *Land* in); **2de** (r) f (m) viaggiatore (-trice f), turista m/f

Reise|pass m passaporto; **~route** f itinerario m; **~rücktrittskostenversicherung** f assicurazione contro le spe-

se di annullamento viaggio;
~scheck m assegno turistico; **~tasche** f borsa da viaggio; **~veranstalter(in** f) m
operatore (-trice f) m turistico; **~verkehr** m tràffico turistico; **~versicherung** f assicurazione di viaggio; **~we-
cker** m sveglia f da viaggio;
~zeit f periodo m dei viaggi;
~ziel n meta f del viaggio
reißen ròmpersi, strapparsi
Reiß|verschluss m chiusura
f lampo, zip f; **~zwecke** f
puntina di disegno
reiten andare a cavallo; 2**er
(in** f) m cavaliere m/f; 2**leh-
rer(in** f) m maestro (-a f) di
equitazione; 2**pferd** m cavallo m da sella; 2**sport** m equitazione f; 2**stiefel** m/pl stivali di equitazione; 2**stunde** f
lezione di equitazione;
2**weg** m pista f per cavalli
Reiz m fig attrattiva f, fàscino;
2**en** anziehen attirare; ärgern
irritare (a Med); 2**end** grazioso; carino; **~ung** f Med irritazione
Reklam|ation f reclamo m; **~e**
f pubblicità; 2**ieren** reclamare
Rekord m primato m, rècord;
~zeit f tempo m rècord
relativ relativo
Relief n rilievo m
Relig|ion f religione m; 2**iös** re-
ligioso
Reling f parapetto m
Reliquie f reliquia f

Renaissance f Rinascimento
m
Rendezvous n appuntamento m
Renn|bahn f pista; 2**en** córre-
re; **~en** n corsa f; **~fahrer** m
corridore; **~pferd** m cavallo
m da corsa; **~rad** n bicicletta
f da corsa; 2**stall** m scuderia
f; **~strecke** f percorso m;
~wagen m màcchina f da
corsa
renovieren rinnovare
rentabel redditizio
Rente f pensione
rentieren: sich ~ valere la pena; Hdl rèndere
Rentner(in f) m pensionato
(-a f)
Reparatur f riparazione;
~kosten pl spese f/pl di riparazione; **~werkstatt** f officina f di riparazioni
reparieren riparare
Report|age f crònaca; m
(-**in** f) m cronista m/f; repor-
ter m/f
Repräsentant(in f) m rap-
presentante m/f
Repro|duktion f riproduzio-
ne; 2**duzieren** riprodurre
Reptil n rèttile m
Republik f repùbblica
Reschenpass m Resia f
Reserve f riserva; **~kanister**
m tànica f di riserva; **~rad**
n ruota f di scorta; **~tank**
m serbatoio di riserva
reservier|en riservare; pre-
notare; **~t** riservato; 2**ung** f

prenotazione

resignieren rassegnarsi

Respekt m rispetto; **2ieren** rispettare

Rest m resto

Restaurant n ristorante m

Rest|betrag m resto, saldo; **2lich** rimanente; **2los** adv totalmente

rett|en salvare; **2er(in** f) m salvatore (-trice f)

Rettich m ràfano

Rettung f salvataggio m; österr autoambulanza

Rettungs|aktion f azione di salvataggio; **~boot** n battello m di salvataggio; **~dienst** m servizio di pronto soccorso; **~hubschrauber** m eliambulanza f; **~mannschaft** f squadra di salvataggio; **~ring** m salvagente

Reue f pentimento m

Revanche f Spiel rivincita

revanchieren: *sich für et ~* contraccambiare qc

Revier n Polizei2 commissariato m; Jagd2 riserva f

Revolution f rivoluzione f

Revue f rivista

Rezept n ricetta f; **2frei** senza ricetta

Rezeption f Hotel réception f

rezeptpflichtig da vèndersi dietro ricetta mèdica

Rhein m Reno

Rheinland-Pfalz n (la) Renania-Palatinato

Rheuma n reuma(tismo) m

Rhythmus m ritmo

Ribisel f österr Johannisbeere ribes m

richten Bitte rivòlgere (**an** a); Brief indirizzare (**an** a); her~ preparare; reparieren riparare; *sich nach et ~* regolarsi secondo qc

Richt|er(in f) m giùdice m/f; **~geschwindigkeit** f velocità consigliata

richt|ig giusto; **~ stellen** rettificare; **2linien** f/pl direttive; **2ung** f direzione

riechen odorare; **gut ~** avere un buon odore

Riegel m chiavistello

Riemen m cinghia f

Riese m gigante

riesig gigantesco

Riff n scogliera f

Rind n manzo m

Rinde f corteccia; v Brot, Käse crosta

Rind|erbraten m arrosto di manzo; **~fleisch** n (carne f di) manzo m

Ring m anello; **2en** lottare; **~er** m lottatore; **~finger** m anulare; **~kampf** m lotta f

ringsum(her) tutt'intorno

Rinn|e f canale m; **~stein** m cunetta f

Rippe f còstola; **~nfellentzündung** f pleurite

Risiko n rischio m

risk|ant arrischiato; **~ieren** arrischiare

Riss m strappo; Haut2 screpolatura f; Wand2 crepa f

Ritt m cavalcata f

Ritz m, ~e f fessura f

Riva|**le** m, ~**lin** f rivale m/f

Rizinusöl n olio m di ricino

Roastbeef n rosbif m

Robbe f foca

Roboter m robot

robust robusto, solido

Rock[1] m Damen~ gonna f

Rock[2] m Mus rock (and roll); ~**band** f complesso m rock; ~**musik** f musica rock

Rodel|**bahn** f pista per slitte; ~**n** andare in slitta; ~**schlitten** m slitta f, slittino

roden Wald dissodare

Roggen m segale f

roh crudo; fig brutale; ~**kost** f vegetali m/pl crudi

Rohr n tubo m; österr Backofen forno m; ~**bruch** m scoppio di un tubo

Röhre f tubo m; Back~ forno m

Rohrleitung f tubazione

Rohstoff m materia f prima

Roll|**bahn** f Flgw pista; ~**e** f rotolo m; Thea parte; ~**en** rotolare; ~**er** m Tret~ monopattino; Motor~ scooter; ~**kragen** m collo alto; ~**kragenpullover** m dolcevita f; ~**laden** m avvolgibile; tapparella f; ~**stuhl** m sedia f a rotelle; ~**treppe** f scala mobile

Rom n Roma f

Roman m romanzo; ~**isch** Arch romànico

romantisch romantico

römisch romano

röntgen fare una radiografia

(di); ~**aufnahme** f, ~**bild** n radiografia f

rose adj rosa; 2 f rosa

Rosé m rosato

Rosen|**kohl** m càvolo di Bruxelles; ~**kranz** m Rel rosario; ~**montag** m lunedì grasso

Rosette f Arch rosone m

Rosinen f/pl uva f passa

Rosmarin m rosmarino

Rost m rùggine f; Gitter griglia f; Kochk graticola f; ~**braten** m bistecca f ai ferri

rosten arrugginire

rösten arrostire; Brot tostare; Kaffee torrefare

Rost|**fleck** m macchia f di rùggine; 2**frei** inossidàbile; 2**ig** arrugginito; ~**schutzmittel** n antirùggine m

rot rosso; 2**es Kreuz (R. K.)** Croce f Rossa (CRI)

Röteln pl rosolia f

Rotkehlchen n pettirosso m

Rotkohl m càvolo rosso

Rotwein m vino rosso

Roulade f involtino m

Route f itinerario m, percorso m

Routine f pràtica f

Rowdy m teppista

Rübe f rapa; Rote ~ barbabiètola; Gelbe ~ carota

Rubin m rubino

Ruck m scossa f; colpo

rücken v/t spìngere; weg~ scostare (von da); v/i spostarsi

Rücken m dorso; schiena f; ~**lehne** f spalliera; ~**mark** n midollo m spinale;

~**schmerzen** m/pl mal m di schiena; ~**schwimmen** n dorso m; ~**wind** m vento da dietro, *Mar* m in poppa

Rück|erstattung f rimborso m; ~**fahrkarte** f biglietto m d'andata e ritorno; ~**fahrt** f ritorno m; ~**flug** m (volo di) ritorno; ~**gabe** f restituzione; ~**gang** m diminuzione f

rückgängig: ~ **machen** annullare

Rück|grat n spina f dorsale; ~**licht** n luce f posteriore; ~**nahme** f ritiro m; ~**reise** f (viaggio m di) ritorno

Rucksack m zàino

Rück|schlag m fig regresso; ~**schritt** m regresso; ~**seite** f retro m; v Stoff rovescio m; ~**sendung** f rinvìo m

Rücksicht f riguardo m; **2slos** senza nessun riguardo; **2svoll** riguardoso

Rück|sitz m sedile posteriore; ~**spiegel** m specchietto retrovisore; **2ständig** arretrato; ~**stau** m Verkehr coda f; ~**strahler** m Fahrrad catarifrangente; ~**tritt** m von e-m Vertrag recesso; ~**trittbremse** f Fahrrad contropedale m

rückwärts (all')indietro; ~ **fahren** fare marcia indietro; **2gang** m retromarcia f

Rück|weg m ritorno; **2wirkend** retroattivo; ~**zahlung** f rimborso m

Rucola f rùcola, ruchetta

Rudel n branco m

Ruder n remo m; ~**boot** n barca f a remi; **2n** remare; ~**sport** m canottaggio

Ruf m grido; chiamata f; fig reputazione f; **2en** gridare; j-n chiamare; ~**name** m nome; ~**nummer** f nùmero m telefònico (od di telèfono)

Ruhe f calma; Ausruhen riposo m; ~! silenzio!; ~ **bewahren** mantenere la calma; **2n** riposare; ~**pause** f pausa; ~**stand** m riposo; ~**tag** m giorno di riposo

ruhig tranquillo, calmo

Ruhm m gloria f; fama f

rühmen elogiare

Ruhr f Med dissenterìa

Rühr|ei n uova f/pl strapazzate; **2en** um~ rimestare; fig commuòvere; **2end** commovente; ~**ung** f commozione f

Ruin m fig rovina f

Ruine f rovina f/pl

ruinieren rovinare

rülpsen F ruttare

Rumän|e m, rumeno; ~**ien** n (la) Romanìa; ~**in** f rumena f; **2isch** rumeno

Rummel m, ~**platz** m parco dei divertimenti

Rumpf m tronco

Rumpsteak n costata f di manzo

rund rotondo; ungefähr all'incirca; ~ **um** intorno a; **2blick** m panorama; **2e** f giro m; **2fahrt** f giro m turìstico; **2flug** m giro m in aèreo

Rundfunk m radio f; **im ~** alla radio; **~sender** m stazione f radio

Rund|gang m giro; **2herum** intorno; **2lich** grassottello; **~reise** f viaggio m circolare; **~schreiben** n circolare f; **~ung** f rotondità

Ruß m fuliggine f

Russ|e m, **~in** f russo (-a f);

2isch russo

Russland n (la) Russia

rüst|en Mil armare; **sich ~** prepararsi (**zu** a, per); **~ig** arzillo; **2ung** f armamento m

Rutsch|bahn f, **~e** f scivolo m; **2en** scivolare; Auto slittare; **2ig** sdrucciolévole, scivoloso

rütteln scuòtere

S

S m (Süden) sud (S)

s. (siehe) vedi (v)

Saal m sala f

Saarland n (la) Saar

Saat f Aus2 sémina; Saatgut semenza, semente

Sabotage f sabotaggio m

Sach|e f cosa; Angelegenheit affare m; **meine ~n** di qc la mia roba f; **2kundig** competente; **2lich** obiettivo

sächlich neutro

Sachschaden m danno materiale

Sachsen n (la) Sassonia

Sachsen-Anhalt n (la) Sassonia-Anhalt

Sach|verstand m stato di cose; **~verständige(r)** f (m) perito (-a f) m

Sack m sacco; **~gasse** f vìcolo m cieco

säen seminare

Safe m cassaforte f

Saft m Obst2 succo; **2ig** sugoso, succoso

Säge f sega; **~blatt** n lama f di sega; **~mehl** n segatura f

sagen dire

säge|n segare; **2werk** n segheria f

Sahne f panna; crema; Schlag2 panna montata

Saison f stagione; **2bedingt** stagionale

Saite f corda; **~ninstrument** n strumento m a corda

Sakko m giacca f

Salami f salame m

Salat m Kochk insalata f; Bot lattuga f; **grüner ~** insalata f verde; **~schüssel** f insalatiera; **~soße** f salsa per condire l'insalata

Salbe f unguento m, pomata

Salbei m salvia f

Salmonellen f/pl salmonelle

Salz n sale m; **2en** salare; **~bäck** n salatini m/pl; **~hering** m aringa f salata; **2ig** salato; **~kartoffeln** f/pl patate lesse; **~säure** f àcido m mu-

riàtico; **~streuer** m saliera f;
~stangen f/pl bastoncini
m/pl salati; **~wasser** n acqua
f salata

Samen m Bot seme

sammel|n raccògliere; Hobby
collezionare; Geld fare una
colletta; 2**punkt** m, 2**stelle**
f luogo m di raduno

Sammler(in f) m collezioni-
sta m/f

Sammlung f Kunst2 collezio-
ne; Geld2 colletta

Samstag m sàbato; 2**s** il (od
di) sàbato

Samt m velluto

sämtlich tutto

Sanatorium n sanatorio m

Sand m sabbia f

Sandale f sàndalo m

Sand|bank f banco m di sab-
bia; 2**ig** sabbioso; **~korn** n
granello m di sabbia; **~pa-**
pier n carta f vetrata; **~stein**
m (pietra f) arenaria f;
~strand m spiaggia f sabbiosa

sanft dolce; leicht lieve

Sänger(in f) m cantante m/f

Sanierung f risanamento m

sanitär: ~e Anlagen f/pl impianti m/pl sanitari

Sanitäter(in f) m infermiere
(-a f)

Sankt: ~ Gotthard m San
Gottardo

Saphir m zàffiro m

Sarde m sardo

Sardelle f acciuga

Sardin f sarda

Sardine f sardina, sarda

Sardinien n (la) Sardegna

Sarg m bara f

Satellit m satellite; **~enfern-**
sehen n televisione f via satellite

Satir|e f sàtira; 2**isch** satìrico

satt sazio; **et ~ haben** èssere
stufo di qc

Sattel m sella f; 2**n** sellare;
~schlepper m motrice f
per semirimorchio

sättigen saziare

Satz m Gr frase f; Sprung salto; Tennis set; **~ung** f statuto
m; **~zeichen** n segno m d'interpunzione

Sau f scrofa; V troia

sauber pulito; **~ machen** pulire; 2**keit** f pulizia

säubern ripulire

Saudi-Arabien n (l') Arabia f
Saudita

sau|er àcido; Wein aspro; böse
F arrabbiato; **~ werden** ina-
cidirsi; **~rer Regen** pioggia f
àcida; 2**erkirsche** f amarena;
2**erkraut** n crauti m/pl

Sauerstoff m ossìgeno

saufen Tier bere, Mensch sbe-
vazzare

Säufer(in f) m beone (-a f)

saugen succhiare

säugen allattare

Sauger m an Flasche tettarella f

Säug|etier n mammìfero m;
~ling m lattante m

Säule f colonna

Saum m orlo

Sauna f sauna; *in die ~ gehen* fare la sàuna

Säure f Chem àcido m

Saxophon n sassòfono m

S-Bahn f ferrovìa urbana

scanne|n EDV scannerizzare; **2r** m scanner

schäbig lógoro; fig meschino

Schach n: ~ **spielen** giocare agli scacchi; **~brett** n scacchiera f; **~figur** f scacco m; **2matt** scacco matto

Schacht m pozzo

Schachtel f scàtola; *Zigaretten* pacchetto m

schade: ~! peccato!; ~, *dass* ... peccato che ... (+ cong)

Schädel m cranio; **~bruch** m frattura f crànica

schaden nuòcere (a); **2** m danno; **2ersatz** m risarcimento dei danni; **2freude** f gioia maligna; **2sfall** m sinistro

schadhaft difettoso

schäd|igen nuòcere a, danneggiare; **~lich** nocivo, dannoso; **2ling** m parassita

Schadstoff m agente inquinante; **2arm** a scarsa emissione inquinante

Schaf n pècora f

Schäfer m pecoraio; **~hund** m pastore

schaffen er~ creare; *Platz* fare; *es* ~ riuscire (a fare)

Schaffhausen n Sciaffusa f

Schaffner(in f) m Esb bigliettaio (-a f) m

Schafskäse m pecorino

schal insìpido

Schal m sciarpa f

Schale f *Gefäß* scodella; *Kartoffel*2 buccia; *Orangen*2 scorza; *Eier*2 guscio m

schälen *Obst*, *Kartoffeln* sbucciare; *Eier* sgusciare

Schall m suono; **~dämpfer** m *Kfz* silenziatore; **2dicht** insonorizzato; **2en** risonare; **~mauer** f muro m del suono; **~platte** f disco m

schalt|en *Kfz* cambiare (marcia); **2er** m *Licht*2 interruttore; *Bank*2 sportello; **2hebel** m leva f del cambio; **2jahr** n anno m bisestile

schämen: *sich ~* vergognarsi

scham|haft pudico; **~los** spudorato, impudico

Schande f vergogna

schändlich vergognoso, infame

Schar f schiera

scharf *Essen* forte, piccante; *Messer* tagliente; *Fot* nitido; *Kurve* brusco; *Verstand* acuto; **2blick** m perspicacia f

Schärfe f acutezza; *Fot* nitidezza; **2n** *Messer* affilare

Scharlach m *Med* scarlattina f

Scharnier n cerniera f

Schaschlik m/n spiedino m

Schatt|en m ombra f; **2ig** ombroso, ombreggiato

Schatz m tesoro

schätzen stimare; valutare

Schau f mostra; *zur ~ stellen* méttere in mostra

schauderhaft orribile

schauen guardare

Schauer *m Regen*2 acquazzone; 2**lich** orrendo

Schaufel *f* pala; 2**n** spalare

Schaufenster *n* vetrina *f*; **~bummel** *m* giro per (vedere le) vetrine

Schaukel *f* altalena; 2**n** fare l'altalena; **~stuhl** *m* sedia *f* a dóndolo

Schaulustige *m/pl* curiosi

Schaum *m Seifen*2 schiuma *f*; *Sekt* spuma *f*; **~bad** *n* bagnoschiuma *m*

schäumen schiumare; *Sekt* spumeggiare

Schaum|gummi *m* gommapiuma *f*

Schauplatz *m* teatro

Schauspiel *n* spettàcolo *m*; **~er(in** *f)* *m* attore (-trice *f)* *m*; **~haus** *n* teatro *m*

Schausteller(in *f)* *m* baracconista *m/f*

Scheck *m* assegno; **~buch** *n*, **~heft** *n* libretto *m* degli assegni; **~karte** *f* carta assegni

Scheibe *f* disco *m*; *Glas*2 vetro *m*; *eine ~ Brot* una fetta di pane

Scheiben|bremse *f* freno *m* a disco; **~waschanlage** *f* lavavetro *m*; **~wischer** *m* tergicristallo

Scheide *f Anat* vagina

scheid|en: *sich ~ lassen* divorziare; 2**ung** *f Ehe*2 divorzio *m*

Schein *m Lichtschein* luce *f*;

Bescheinigung certificato; *Geld*2 biglietto; *fig* apparenza *f*; 2**bar** apparente; 2**en** splèndere; *fig* sembrare, parere; *die Sonne scheint* c'è sole; 2**heilig** ipòcrita; **~werfer** *m* proiettore; *Kfz* faro

Scheiße *f Kot* V merda

Scheitel *m Haar*2 riga *f*

scheitern fallire; naufragare

Schellfisch *m* eglefino

Schema *n* schema *m*; 2**tisch** schemàtico

Schemel *m* sgabello

Schenke *f* osteria

Schenkel *m* coscia *f*

schenken regalare

Scherbe *f* coccio *m*

Schere *f* fòrbici *f/pl*

Scherereien *f/pl* seccature

Scherz *m* scherzo; 2**en** scherzare; 2**haft** scherzoso

scheu timido; 2 *f* timidezza; **~en** *Gefahr* *v/t* scansare; *Pferd* *v/i* spaventarsi

Scheuer|lappen *m* strofinaccio; 2**n** pulire; *reiben* fregare

Scheune *f* granaio *m*

Scheusal *n* mostro *m*

scheußlich orribile

Schi *m* → *Ski*

Schicht *f* strato *m*; *Arbeits*2 turno *m*; **~arbeit** *f* lavoro *m* a turni

schick elegante, chic

schicken mandare; inviare

Schickeria *f* jet-society

Schicksal *n* destino *m*

Schiebe|dach *n* tettuccio *m* apribile; **~fenster** *n* finestra f scorrévole; **2n** spìngere; **~tür** f porta scorrévole

Schiedsrichter m Sport àrbitro

schief storto; Ebene inclinato; Turm pendente; **~ gehen** andare male, fallire

schielen essere stràbico

Schien|bein n stinco m; **~e** f Esb rotaia; Med stecca; **2en** steccare

schieß|en sparare (**auf** a); **2erei** f sparatoria; **2scheibe** f bersaglio m; **2stand** m polìgono di tiro

Schiff n nave f; Arch navata f; **2bar** navigàbile; **~bruch** m naufragio

Schifffahrt f navigazione; **~sgesellschaft** f società marìttima

Schiffs|arzt m mèdico di bordo; **~karte** f biglietto m per la nave; **~reise** f viaggio m in nave

Schikan|e f vessazione; **2ie-ren** vessare

Schild 1. n targa f; Firmen**2** insegna f; Hinweis**2** segnale m; **2. ~** f Schutz**2** scudo

Schild|drüse f tiròide; **2ern** descrìvere; **~erung** f descrizione; **~kröte** f tartaruga

Schilf n canna f; Röhricht canneto m

schillern cangiare

Schilling m scellino

Schimmel¹ m Pferd cavallo bianco

Schimmel² m muffa f; **2ig**
ammuffito; **2n** ammuffire

schimpf|en imprecare (**auf, über** contro); **2wort** n ingiuria f

Schinken m prosciutto; **ge-kochter (roher) ~** prosciutto cotto (crudo)

Schirm m Regen**2** ombrello; Sonnen**2** ombrellone

Schlacht f battaglia; **2en** macellare

Schlachter m macellaio

Schlaf m sonno; **~anzug** m pigiama

Schläfe f tempia

schlafen dormire; **~ gehen** andare a letto

schlaff Muskel flàccido, fig kraftlos fiacco

schlaflos: **~e Nacht** f notte in bianco; **2igkeit** f insonnia

Schlafmittel n sonnìfero m

schläfrig sonnolento

Schlaf|saal m dormitorio; **~sack** m sacco a pelo; **~sofa** n divano-letto m; **~tablette** f sonnìfero m; **~wagen** m vagone letto; **~zimmer** n càmera f da letto

Schlag m colpo; österr ~**sahne** panna f montata; **~ader** f arteria; **~anfall** m colpo aplèttico; **2artig** di colpo; **~baum** m sbarra f; **2en** bàttere; Uhr sonare

Schlager m Mus canzonetta f

Schläger m Tennis racchetta f; Golf mazza f; **~ei** f zuffa

schlag|fertig pronto a rispóndere; **2loch** n buca f;

2sahne f panna montata; **2wort** m slogan m; voce f; **2zeile** f titolo m; **2zeug** n Mus Musikzeug f

Schlamm m fango

Schlamp|erei f trascuratezza; **2ig** Mensch disordinato; Arbeit mal fatto

Schlange f serpente m; ~ **stehen** fare la coda

Schlangen|biss m morso di serpente; **~gift** n veleno m di serpente

schlank snello; slanciato; **2heitskur** f cura dimagrante

schlapp fiacco; **2e** f sconfitta; **~machen** F crollare

schlau furbo

Schlauch m tubo; Fahrrad2 càmera f d'aria; **~boot** n canotto m pneumàtico; **2los Reifen** tubeless

schlecht cattivo; adv male; Essen guasto; Wetter brutto; **mir ist ~** mi sento male; **2igkeit** f cattiveria

Schleichweg m via f nascosta

Schleie f Zo tinca

Schleier m velo

schleierhaft oscuro; **das ist mir ~** non capisco proprio

Schleif|e f fiocco m; **2en** v/t trascinare; Messer arrotare; Glas molare; **~papier** n carta f abrasiva; **~stein** m mola f

Schleim m muco; **~haut** f mucosa

schlemmen gozzovigliare

schlendern andare a zonzo

Schlepp|e f stràscico m; **2en** Last portare con fatica; trascinare; **~er** m trattore; Mar rimorchiatore; **2lift** m skilift, sciovia f; **~tau** n cavo m da rimorchio

Schleswig-Holstein n (lo) Schleswig-Holstein

Schleuder f Wäsche2 centrifuga; **~gefahr** f perìcolo m di strada sdrucciolèvole; **2n** scagliare; Wäsche centrifugare; Auto **ins Schleudern geraten** sbandare

Schleuse f chiusa

schlicht sémplice; adv; **~en** Streit appianare

schließ|en chiùdere; **2fach** n Gepäck2 depòsito m bagagli a cassette; Post2 casella f postale; Bank cassetta f di sicurezza; **~lich** alla fine; **2ung** f chiusura

schlimm cattivo; Krankheit grave; **~er** peggiore; adv peggio; **~stenfalls** nel peggiore dei casi

Schling|e f cappio m; Fang2 laccio m; **~pflanze** f pianta rampicante

Schlips m cravatta f

Schlitten m slitta f, slittino m; **~fahrt** f gita in slitta

Schlittschuh m pàttino; ~ **laufen** pattinare; **~läufer(in** f) m pattinatore (-trice f) m

Schlitz m fessura f; Rock2 spacco; Einwurf buca f

Schloss n Tür2 serratura f; Gebäude castello m

Schlosser *m* fabbro

Schlucht *f* gola; burrone *m*

schluchzen singhiozzare

Schluck *m* sorso; **~auf** *m* singhiozzo; **2en** inghiottire; **~impfung** *f* vaccinazione per via orale

schlummern sonnecchiare

schlüpf|en *aus dem Ei* sgusciare; *in et* infilarsi; **2er** *m* slip, mutandine *f/pl*; **~rig** scivoloso; *anzüglich* lascivo

Schlupfwinkel *m* nascondiglio

Schluss *m* fine *f*; *zum* **~** alla fine

Schlüssel *m* chiave *f*; **~bein** *n* clavicola *f*; **~blume** *f* primula; **~bund** *n* mazzo *m* di chiavi; **~loch** *n* buco *m* della serratura

Schluss|folgerung *f* conclusione; **~licht** *n* luce *f* posteriore; **~pfiff** *m* *Sport* fischio finale; **~verkauf** *m* svéndita *f* di fine stagione

Schmach *f* ignominia

schmächtig gràcile, esile

schmackhaft saporito; gustoso

schmal stretto

Schmalspur... *m* a scartamento ridotto; *fig* limitato

Schmalz *n* strutto *m*

Schmarotzer *m* parassita

schmecken: *j-m* **~** piacere a qu; *nach et* **~** sapere di qc; *gut* **~** èssere buono

Schmeichel|ei *f* lusinga; **2haft** lusinghiero; **2n** lusin-

gare (*j-m* qu)

schmeiß|en F buttare; **2flie-ge** *f* moscone *m*

schmelzen sciògliere, sciògliersi; **2käse** *m* formaggio fuso; formaggino

Schmerz *m* dolore; **2en** dolere; **~ensgeld** *n* risarcimento *m* per danni morali; **2haft**, **2lich** doloroso; **2los** indolore; **~mittel** *n* analgèsico *m*; **2stillend** calmante

Schmetterling *m* farfalla *f*

Schmied *m* fabbro; **~e** *f* fucina; **~eeisen** *n* ferro *m* battuto; **2en** bàttere; *fig Pläne* fare

schmier|en spalmare (*auf* su; *mit* di); *Tech* lubrificare, ingrassare; **2geld** F *n* bustarella *f*; **~ig** untuoso, grasso; **2öl** *n* olio *m* lubrificante

Schminke *f* trucco *m*

schminken: *sich* **~** truccarsi

schmollen fare il broncio

Schmor|braten *m* stufato; **2en** stufare

Schmuck *m* gioielli *m/pl*

schmücken ornare, decorare (*mit* di)

schmuddelig F sporco, lùrido

Schmuggel *m* contrabbando; **2n** contrabbandare

schmunzeln sorridere compiaciuto

Schmutz *m* sporcizia *f*; **2ig** sporco

Schnabel *m* becco

Schnalle *f* fibbia

schnapp|en *fangen* acchiappare; **2schuss** *m Fot* istantanea *f*

Schnaps *m* acquavite *f*

schnarchen russare

schnaufen ansimare

Schnauze *f* muso *m*

schnäuzen: sich ~ pulirsi il naso

Schnecke *f mit Haus* chiocciola; *Nack2* lumaca

Schnee *m* neve *f*; **~ball** *m* palla *f* di neve; **2bedeckt** innevato; **~fall** *m* nevicata *f*; **~flocke** *f* fiocco *m* di neve; **~fräse** *f* sgombraneve *m*; **2frei** sgombro da neve; **~gestöber** *n* nevischio *m*; **~glöckchen** *n* bucaneve *m*; **~ketten** *f/pl Kfz* catene da neve; **~mann** *m* pupazzo di neve; **~matsch** *m* poltiglia *f* di neve; **~pflug** *m* spazzaneve; **~raupe** *f* battipista *m*; **~schmelze** *f* disgelo *m*; **~sturm** *m* bufera *f* di neve; **~verhältnisse** *n/pl* innevamento *m*; **~wehe** *f* nevaio *m*

Schneide *f* filo *m*, taglio *m*; **2en** tagliare; **~er(in** *f)* *m* sarto (-a *f) m*; **~ezahn** *m* incisivo

schneien nevicare; **es schneit** névica

schnell ràpido; veloce; *adv* presto; **~ machen** sbrigarsi; **2hefter** *m* raccoglitore; **2igkeit** *f* rapidità, velocità; **2imbiss** *m* snack-bar; **2straße** *f* superstrada; **2zug** *m* (treno) espresso

Schnitt *m* taglio *f*; **im ~** in media; **~blumen** *f/pl* fiori *m/pl* recisi; **~e** *f* fetta; *belegte* tartina; **~lauch** *m* erba *f* cipollina; **~stelle** *f EDV* interfaccia; **~wunde** *f* ferita da taglio

Schnitzel *n* scaloppina *f*; *Wiener* ~ cotoletta *f* alla milanese

schnitz|en intagliare; **2erei** *f* scultura in legno

Schnorchel *m* respiratore (di superficie); **2n** fare immersioni (con la maschera subaquea)

Schnuller *m* tettarella *f*

Schnupfen *m* raffreddore

schnuppern fiutare (**an et** qc)

Schnur *f* spago *m*; corda; *El* filo *m*

schnür|en legare; *Schuhe* allacciare; **2samt** *m österr* Kord velluto a coste

Schnurr|bart *m* baffi *m/pl*; **2en** *Katze* fare le fusa

Schnür|schuh *m* scarpa *f* da allacciare; **~senkel** *m* stringa *f*

Schock *m* choc; **2ieren** scandalizzare

Schöffengericht *n* giuria *f*

Schokolade *f* cioccolato *m*; *Getränk* cioccolata

Scholle *f Erd2* zolla; *Zo* pàssera di mare

schon già; **~ wieder** di nuovo

schön bello; *adv* bene

schonen avere cura di; *sich* ~ riguardarsi

Schönheit f bellezza; **~smittel** n cosmètico m; **~spflege** f cosmesi

Schon|kost f dieta; **~ung** f riguardi m/pl; *Wald* bosco m di riserva; **~zeit** f perìodo m di divieto di caccia

schöpf|en attìngere; **2er** m creatore; **~erisch** creativo; **2löffel** m méstolo; **2ung** f creazione

Schorf m crosta f

Schornstein m camino; **~feger** m spazzacamino

Schoß m: *auf dem ~* sulle ginocchia

Schote f baccello m

Schotte m scozzese

Schotter m ghiaia f

Schott|in f scozzese; **~land** n (la) Scozia

schräg obliquo

Schramme f scalfittura

Schrank m armadio

Schranke f barriera, sbarra; **~nwärter** m guardabarriere

Schraub|e f vite; *Mar* èlica; **2en** avvitare; **~enmutter** f madrevite; **~enschlüssel** m chiave f per dadi; **~enzieher** m cacciavite; **~stock** m morsa f; **~verschluss** m chiusura f a vite

Schrebergarten m orticello familiare

Schreck m spavento; *vor ~* dallo spavento; **2lich** terrìbile; **~schusspistole** f scacciaciani

Schrei m grido

Schreib|block m bloc-notes; **2en** scrìvere; **~en** n lèttera f; scritto m; **~maschine** f màcchina da scrìvere; **~papier** n carta f da scrìvere; **~tisch** m scrivanìa f; **~ung** f grafìa; **~warengeschäft** n cartoleria f

schreien gridare

Schreiner m falegname

Schrift f scrittura; **2lich** adv per iscritto; **~steller(in** f) m scrittore (-trice f) m; **~wechsel** m corrispondenza f

schrill strìdulo

Schritt m passo; *~ fahren* andare al passo

schroff steil rìpido; *fig* brusco

Schrotflinte f fucile m a pallini

Schrott m ferraglia f; **~händler** m negoziante m di ferraglia; **2reif** buono per il ferrovecchio

schrubb|en strofinare; **2er** m spazzolone

schrumpfen restrìngersi

Schub|fach n cassetto m; **~karre** f carriola; **~lade** f cassetto m

schüchtern tìmido; **2heit** f timidezza

schuften F sfacchinare

Schuh m scarpa f; **~band** n laccio m, stringa f; **~bürste** f spàzzola per scarpe; **~creme** f lùcido da scarpe; **~geschäft** n negozio m di scarpe; **~größe** f nùmero m di di scarpa; **~löffel** *m* calzascarpe; **~macher** *m* calzolaio; **~sohle** *f* suola

Schul|arbeiten *f/pl* còmpiti *m/pl*; **~buch** *n* libro *m* scolàstico

Schuld *f* colpa; *Geld*② débito *m*; *an et*② *sein* avere la colpa di qc; ②en dovere (*j-m et* qc a qu); ②ig colpévole; **~ige(r)** *f* (*m*) colpévole; ②**los** senza colpa; **~ner(in** *f*) *m* debitore (-trice *f*) *m*

Schule *f* scuola; ②n istruire

Schüler(in *f*) *m* allievo (-a *f*) *m*; scolaro (-a *f*) *m*; **~austausch** *m* scambio di studenti

Schul|ferien *pl* vacanze *f/pl* scolàstiche; ②**frei**: ~ *haben* avere vacanza

Schulfreund(in *f*) *m* compagno (-a *f*) *m* di scuola; **~hof** *m* cortile; **~jahr** *n* anno *m* scolàstico; **~stunde** *f* lezione; **~tasche** *f* cartella

Schulter *f* spalla; **~blatt** *n* scàpola *f*

Schul|ung *f* istruzione; **~zeit** *f* anni *m/pl* di scuola; **~zeugnis** *n* pagella *f*

Schund *m* robaccia *f*

Schuppe *f* *Fisch*② squama; *Haar*② fórfora *f*

Schuppen *m* rimessa *f*; **~flechte** *f* *Med* psorìasi

schüren attizzare

Schurke *m* briccone

Schurwolle *f* lana vèrgine

Schürze *f* grembiule *m*

Schuss *m* colpo; tiro (*a Fußball*)

Schüssel *f* scodella

Schusswaffe *f* arma da fuoco

Schuster *m* calzolaio

Schutt *m* macerie *f/pl*

Schüttel|frost *m* brìvidi *m/pl* di febbre; ②n scuòtere; *Hand* stringere

schütten versare

Schuttplatz *m* discàrica *f*

Schutz *m* protezione *f* (*vor* da); *Unterschlupf* riparo; **~blech** *n* parafango *m*; **~brille** *f* occhiali *m/pl* di protezione

Schütze *m* tiratore; *Astrol* Sagittario

schützen protèggere (*vor* da); *sich* ~ protèggersi

Schutz|engel *m* àngelo custode; **~hütte** *f* rifugio *m* (alpino); **~impfung** *f* vaccinazione preventiva; ②**los** senza protezione

Schwaben *n* (la) Svevia

schwach débole

Schwäch|e *f* debolezza; **~eanfall** *m* attacco di debolezza; ②en indebolire; ②**lich** deboluccio

schwachsinnig deficiente

Schwager *m* cognato

Schwägerin *f* cognata

Schwalbe *f* róndine

Schwamm *m* spugna *f*; **~erl** *n* *österr Pilz* fungo *m*

Schwan *m* cigno

schwanger: ~ *sein* èssere incinta; 2schaft f gravidanza; 2schaftsabbruch m interruzione f della gravidanza, aborto m

schwanken barcollare; *Temperatur, Kurs* oscillare; *fig* èssere indeciso

Schwanz m coda f

Schwarm m *Insekten*2 sciame; *Vogel*2 stormo

schwärmen: für et ~ èssere entusiasta di qc

Schwarte f *Speck*2 cotenna

schwarz nero; das 2e Meer il Mare Nero; 2arbeit f lavoro m clandestino; 2brot n pane m nero

Schwarze(r) f (m) nero (-a f) m; ~fahrer(in f) m viaggiatore (-trice f) m clandestino (-a f); 2handel m commercio clandestino; ~wald m Foresta f Nera; ~weißfilm m film (*Fot* pellicola f) in bianco e nero

schwatzen chiacchierare

Schwebebahn f funivìa, teleferica

schweben èssere sospeso; in Gefahr ~ èssere in pericolo

Schwede m svedese; ~en n (la) Svezia; ~in f svedese

Schwefel m zolfo

schweigen tacere; 2en n silenzio m; ~sam taciturno

Schwein n *Tier* maiale m; *Mensch* V porco m

Schweine|braten m arrosto di maiale; ~fleisch n (carne f di) maiale m; ~rei f pej porcherìa; ~stall m porcile

Schweiß m sudore; 2en *Tech* saldare

Schweiz f (la) Svìzzera; in der ~ in Svizzera; die französische ~ la Svìzzera romanda

Schweizer(in f) svìzzero (-a f) m

Schwelle f soglia; *Esb* traversìna

schwell|en *Med* tumefarsi; 2ung f gonfiore m

schwenken agitare

schwer pesante; *fig schwierig* difficile; ~ krank gravemente malato; ~ verdaulich indigesto, pesante; ~ verletzt gravemente ferito; 2arbeit f lavoro m pesante; 2behinderte(r) f (m) invàlido m (-a f) grave; ~fällig pesante; tardo; ~hörig duro d'orecchio; 2kraft f forza di gravità; 2metall n metallo m pesante; 2punkt m baricentro; *fig* centro m

Schwert n spada f; ~fisch n pesce m spada; ~lilie f iris m

Schwer|verletzte(r) f (m) ferito (-a f) m grave; 2wiegend grave, serio

Schwester f sorella

Schwieger|eltern pl suòceri m/pl; ~mutter f suòcera; ~sohn m gènero; ~tochter f nuora; ~vater m suòcero

schwierig difficile; 2keit f difficoltà

Schwimm|bad n, **~becken** n piscina f; **2en** nuotare; **~ gehen** andare a fare il bagno; **~er(in** f) m nuotatore (-trice f) m; **~flosse** f pinna; **~flügel** m/pl braccioli; **~halle** f piscina coperta; **~weste** f giubbetto m di salvataggio

Schwindel m Med vertìgini f/pl; fig imbroglio; **2frei** ich non soffre di vertìgini

schwinden diminuire; Hoffnung svanire

Schwindler(in f) m imbroglione (-a f) m

schwindlig: mir ist ~ ho le vertìgini

schwingen agitare; Pendel oscillare; **2ung** f oscillazione

Schwips F m: **e-n ~ haben** èssere brillo

schwitzen sudare

schwören giurare

schwul F omosessuale

schwül: es ist ~ c'è afa

Schwüle f afa

Schwung m slancio; fig brio; **2voll** animato

Schwur m giuramento

sechs sei; **2tagerennen** n sei giorni f; **~te** sesto; **~tens** in sesto luogo

sechzigjährig sessantenne

See[1] m lago

See[2] f mare m; **~fisch** m pesce di mare; **~hecht** m nasello; **~hund** m foca f; **~igel** m riccio di mare; **~klima** n clima m marìttimo

seekrank: ~ sein avere il mal di mare; **2heit** f mal m di mare

Seel|e f ànima; **2isch** psìchico

See|luft f aria di mare; **~mann** m marinaio; **~meile** f miglio m marino; **~not** f perìcolo m di naufragio; **~stern** m stella f di mare; **~weg** m: **auf dem ~** per mare; **~zunge** f sògliola

Segel n vela f; **~boot** n barca f a vela; **~fliegen** n volo m a vela; **~flugzeug** n aliante m; **~jacht** f yacht m a vela; **2n** veleggiare; als Sport fare della vela; **~regatta** f regata vèlica; **~schiff** n veliero m; nave f a vela; **~sport** m sport vèlico; velismo; **~tuch** n (tela f) olona f

Segen m benedizione f

segnen benedire

sehen vedere; **vom 2 kennen** conòscere di vista

sehens|wert interessante, da vedersi; **2würdigkeit** f curiosità

Sehne f tèndine m

sehnen: sich ~ avere nostalgìa (**nach** di)

Sehnenzerrung f stiramento m del tèndine

Sehn|sucht f nostalgìa (**nach** di); **2süchtig** adv con nostalgìa

sehr molto; **~ gern** molto volentieri; **~ gut** òttimo; **zu ~** troppo

Seh|störung f disturbo m della vista; **~test** m misurazione f della vista

seicht basso

Seide f seta

Seife f sapone m

Seil n corda f; fune f; **~bahn** f funivia; **~schaft** f cordata

sein[1] èssere; *ich bin* sono; *wir sind* siamo; *et ~ lassen* lasciar stare qc

sein[2] (il) suo, (la) sua; *pl ~e* (i) suoi, (le) sue

sein|erseits da parte sua; **~erzeit** all'època; **~etwegen** *für ihn* per lui; *negativ* per colpa sua

seit da; **~ wann?** da quando?; **~dem** *adv* da allora; *cj* da quando

Seite f parte; lato m; *Buch*[2] pàgina

Seiten|sprung m scappatella f; **~stechen** n fitte f/pl al fianco; **~straße** f strada laterale; **~streifen** m *e-r Straße* banchina f

seitlich laterale

Sekretariat n segreteria f

Sekretärin f segretaria

Sekt m spumante

Sekte f *Rel* setta

Sektor m settore

Sekunde f secondo m

selbst stesso; *von ~* da sé; **2auslöser** m autoscatto; **2bedienung** f self-service m; **2beherrschung** f autocontrollo m

selbst|bewusst sicuro di sé; **2kostenpreis** m prezzo di costo; **~los** disinteressato;

2mord m suicidio; **~sicher** sicuro di sé; **~ständig** indipendente; **~süchtig** egoista; **~tätig** automàtico; **2verpflegung** f vitto m a proprie spese; **~verständlich** òvvio; *adv* naturalmente

Sellerie m sèdano

selten raro; *adv* di rado; **2heit** f rarità

seltsam strano

Semester n semestre m; **~ferien** *pl* vacanze f/pl semestrali

Seminar n seminario m

Semmel f panino m

send|en inviare; spedire; *TV, Rdf* trasméttere; **2er** m stazione f trasmittente; **2ung** f invìo m (a *Gegenstand*); *TV, Rdf* trasmissione

Senf m sènape f

Senioren m/pl anziani; **~karte** f, **~pass** m carta f d'argento

senken abbassare; calare

senkrecht verticale

Sensation f sensazione

Sense f falce

sensibel sensìbile

September m settembre m

Serbien n (la) Serbia

Serie f serie; **~nausstattung** f *Kfz* equipaggiamento m di serie

seriös serio

Serpentine f serpentina

Serum n siero m

Serv|ice m servizio; *Kundendienst* assistenza f tècnica;

≗ieren servire; **≗iererin** f cameriera; **≗iette** f tovagliolo m

Servolenkung f Kfz servosterzo m

Sessel m poltrona f; österr Stuhl sedia f; **≗lift** m seggiovia f

sesshaft residente

setzen méttere; **sich ≗** sedersi

Seuche f epidemìa

seufz|en sospirare; **≗er** m sospiro

Sex m sesso; **≗uell** sessuale

Shampoo n shampoo m

Shorts pl pantaloncini m/pl

Show f spettàcolo m

Sibirien n (la) Siberia

sich sì; **für ≗** per sé; **von ≗ aus** da sé

Sichel f falce (a Mond≗)

sicher sicuro; gewiss certo; **≗ sein** èssere al sicuro (**vor** da); **≗heit** f sicurezza; Hdl garanzìa

Sicherheits|bindung f Ski attacco m di sicurezza; **≗gurt** m cintura f di sicurezza; **≗nadel** f spilla di sicurezza; **≗schloss** n serratura f di sicurezza

sicher|lich sicuramente; **≗n**, **≗stellen** assicurare; **≗ung** f El fusìbile m

Sicht f vista; **≗verhältnisse** visibilità; **≗bar** visìbile; **≗lich** visibilmente; **≗vermerk** m visto m; **≗weite** f vista

sie sg lei; A la; pl loro; A li, le

Sie höflich sg Lei; pl Loro

Sieb n Tee≗ colino m

sieben¹ setacciare

sieben² Zahl sette

siebte sèttimo; **≗ns** in sèttimo luogo

sieden bollire

Siedlung f insediamento m; Wohn≗ quartiere m residenziale

Sieg m vittoria f

Siegel n sigillo m

sieg|en vincere (**über j-n** qu); **≗er(in** f) m vincitore (-trice f)

Signal n segnale m

Silbe f sìllaba

Silber n argento m; **≗hochzeit** f nozze f/pl d'argento; **≗medaille** f medaglia d'argento; **≗n** d'argento; Farbe argènteo

Silvester n capodanno m

Simplon m Sempione

Sinfonie f sinfonìa

singen cantare

Single¹ m persona f sola

Single² f 45 giri m

Singular m singolare

Singvogel m uccello canoro

sinken calare; ab≗ abbassarsi; Schiff affondare

Sinn m senso; Bedeutung significato; **≗gemäß** conforme al senso; **≗lich** Mensch sensuale; **≗los** senza senso; inùtile; **≗voll** sensato

Siphon m sifone

Sippe f famiglia; clan m

Sirup m sciroppo

Sitte f usanza; costume m

sittlich morale

Sitz m posto; *Auto* sedile; *Firmen*² sede f; **£en** sedere; *Kleid* stare bene; ~ **bleiben** stare seduto; *Schule* £ essere bocciato; **~platz** m posto; **~ung** f seduta

Sizilian|er m, **~erin** f; siciliano (-a f) m; **£isch** adj siciliano

Sizilien n (la) Sicilia

Skala f scala

Skandal m scàndalo

Skandinav|ien n (la) Scandinavia; **~ier** m, **~ierin** f scandìnavo (-a f) m

Skateboard n skateboard m

Skelett n schèletro m

skeptisch scèttico

Ski m sci; ~ **laufen**, ~ **fahren** sciare; **~fahrer(in** f) m sciatore (-trice f) m; **~gebiet** n zona f scìistica; **~gymnastik** f ginnàstica presciìstica; **~kurs** m corso di sci; **~langlauf** m sci di fondo; **~laufen** n sci m; **~läufer(in** f) m sciatore (-trice f) m; **~lehrer** m maestro di sci; **~lift** m sciovìa f; **~pass** m ski-pass m; **~piste** f pista da sci; **~schule** f scuola di sci; **~springen** n salto m con gli sci; **~stiefel** m scarpone da sci; **~stock** m racchetta f da sci; **~träger** m portasci; **~wachs** n sciolina f

Skizze f schizzo m

Skorpion m scorpione; *Astrol* Scorpione

Skulptur f scultura

slawisch slavo

Slip m slip

Slowak|e m slovacco; **~ei** f: **die ~** la Repubblica Slovacca; **£isch** adj slovacco

Slowen|e m sloveno; **~ien** n (la) Slovenia; **£isch** adj sloveno

SMS f Short Message System sms, F messaggino m

Smaragd m smeraldo

Snowboard n snowboard m

SO (*Südosten*) S.E. (*sud-est*)

so così; (*vor adj u adv*) tanto; ~ **genannt** cosiddetto; ~ **viel** tanto (*wie* quanto); **ich bin** ~ **weit** sono pronto; **ach ~!** ah, davvero? **~bald** appena

Socke f calzino m

Sockel m zòccolo

sodass cosicché, così (che)

Sodbrennen n bruciore m di stòmaco

soeben in questo momento

Sofa n divano m

sofort sùbito; **£bildkamera** f polaroid®

Software f software m

sogar persino

sogenannt cosiddetto

Sohle f *Schuh*² suola; *Fuß*² pianta

Sohn m figlio

solange finché

Solarium n solarium m

Solarzelle f fotocèllula

solch tale

Soldat m soldato

solidarisch solidale

solide sòlido

Solist(in f) m solista m/f

Soll n dèbito m; 2en dovere

Sommer m estate f; **im ~** d'estate; **~fahrplan** m orario estivo; **~ferien** pl vacanze f/pl estive; 2lich estivo; d'estate; **~schlussverkauf** m vendita f di fine stagione; **~sprossen** f/pl lentiggini; **~zeit** f ora legale

Sonderangebot n offerta f speciale

sonderbar strano

Sonder|fall m caso particolare; **~genehmigung** f autorizzazione speciale; **~marke** f francobollo m di emissione speciale; **~müll** m rifiuti m/pl tossici

sondern ma; **nicht nur ..., ~ auch** non solo ..., ma anche

Sondertarif m tariffa f speciale

Sonderzug m treno straordinario

Sonnabend m sàbato

Sonne f sole m; 2en: **sich ~** prèndere il sole

Sonnen|allergie f eritema m solare; **~aufgang** m levata f del sole; **~bad** n bagno m di sole; **~blende** f Kfz aletta parasole; **~blume** f girasole m; **~brand** m scottatura f solare; **~brille** f occhiali m/pl da sole; **~creme** f crema solare; **~energie** f energìa solare; **~finsternis** f eclissi solare; **~öl** n olio m solare; **~schirm** m ombrellone, parasole; **~stich** m insolazione

f; ~studio n centro m di abbronzatura; **~untergang** m tramonto

sonnig soleggiato

Sonntag m doménica f; 2s la (od di) doménica

sonst altrimenti; **~ jemand?** qualcun altro?; **~ noch etwas?** che altro desìdera?; **anders als ~** diverso dal sòlito

Sorge f cura (**für** per); preoccupazione (**um** per)

sorgen provvedere (**für et** a qc); **sich ~ um** èssere in pensiero per

sorg|fältig accurato; **~los** spensierato

Sort|e f sorta, specie; 2ieren assortire; **~iment** n assortimento m

Soße f salsa; Braten2 sugo m

souverän sovrano; überlegen superiore

so|viel: ~ ich weiß per quanto io sappia; **~wie** come anche

sowieso comunque

sowohl: ~ ... als auch tanto ... quanto

sozial sociale; **~demokratisch** socialdemocràtico; **~istisch** socialista; 2versicherung f previdenza sociale

Soziussitz m sellino posteriore

sozusagen per così dire

Spachtel m/f spàtola f

Spalt m fessura f; **~e** f Gletscher2 crepaccio m; Zei-

*tungs*2 colonna

spalten spaccare; *Atom fis-sionare*; **sich ~** dividersi

Späne *m/pl* trùcioli

Spange *f Haar*2 fermaglio *m*

Spanien *n* (la) Spagna

Span|ier(in *f) m* spagnolo (-a *f) m*; **2isch** spagnolo

Spann *m* collo del piede; **~e** *f Zeit*2 lasso *m* di tempo; **2en** tèndere; *Kleidung* stringere; **2end** avvincente; **~ung** *f* tensione; *El* il voltaggio *m*

Spar|buch *n* libretto *m* di risparmio; **~büchse** *f* salvadanaio *m*; **2en** risparmiare

Spargel *m* aspàragi *m/pl*

Sparkasse *f* cassa di risparmio

spärlich scarso

sparsam ecònomo; *im Verbrauch* econòmico

Spaß *m* burla *f*; **es macht** (*mir*) **~** mi diverte; **viel ~!** buon divertimento!; **~vogel** *m* burlone

spät tardi; **wie ~ ist es?** che ore sono?; **zu ~** troppo tardi; **zu ~ kommen** arrivare in ritardo

Spaten *m* vanga *f*

später più tardi; **bis ~!** a più tardi!

spätestens al più tardi

Spatz *m* pàssero

spazier|en: **~ gehen** andare a passeggio; **2gang** *m* passeggiata *f*

Specht *m* picchio

Speck *m* lardo

Spedit|eur *m* spedizioniere; **~ion** *f* casa di spedizioni

Speer *m* giavellotto

Speiche *f Rad* raggio *m*

Speichel *m* saliva *f*

Speicher *m Dachboden* solaio; *Lager* magazzino; *EDV* memoria *f*; **2n** *EDV* memorizzare, salvare

Speise *f* cibo *m*; *Gericht* piatto *m*; **~eis** *n* gelato *m*; **~kammer** *f* dispensa; **~karte** *f* carta, menu *m*; **~röhre** *f* esòfago *m*; **~saal** *m* sala *f* da pranzo; **~wagen** *m* vagone ristorante

Spend|e *f* dono *m*; **2en** *Geld* offrire; *Blut* donare; **2ieren** F offrire

Sperling *m Spatz* pàssero

Sperma *n* sperma *m*

Sperr|e *f* barriera; blocco *m*; **2en** sbarrare; bloccare; **~gebiet** *n* zona *f* proibita; **~gepäck** *n* bagaglio *m* ingombrante; **~holz** *n* compensato *m*; **2ig** ingombrante; **~müll** *m* rifiuti *m/pl* ingombranti; **~stunde** *f* ora di chiusura

Spesen *pl* spese *f/pl*

Spezialist(in *f) m* specialista *m/f*

Spezialität *f* specialità

speziell speciale

Spiegel *m* specchio; **~bild** *n* immàgine *f* riflessa; **~ei** *n* uovo *m* al tegamino; **2n** brillare; **sich ~** specchiarsi (in *in*); **~reflexkamera** *f* (màcchina fotogràfica) rèflex

Spiel *n* gioco *m*; *Partie* partita

f; **~automat** *m* slot-machine *f*; **~bank** *f* casinò *m*; **2en** giocare (**Karten** a carte); *Thea*: *Stück* dare; *Rolle* recitare; *Mus* sonare; **~er(in** *f*) *m* giocatore (-trice *f*) *m*; **~feld** *n* campo *m* (da gioco); **~film** *m* lungometraggio; **~karte** *f* carta da gioco; **~kasino** *n* casinò *m*; **~plan** *m* programma; **~platz** *m* campo giochi; **~raum** *m* spazio; *fig* libertà *f* d'azione; **~regel** *f* règola di gioco; **~verderber(in** *f*) *m* guastafeste *m/f*; **~zeug** *n* giocàttoli *m/pl*

Spieß *m* *Kochk* spiedo; **am ~** allo spiedo

Spinat *m* spinaci *m/pl*

Spinn|e *f* ragno *m*; **2en** filare; F essere matto; **~ennetz** *n* ragnatela *f*

Spion(in *f*) *m* spia *f*; **~age** *f* spionaggio *m*

Spirale *f* spirale (*a Med*)

Spirituosen *pl* alcòlici *m/pl*

Spiritus *m* spirito; **~kocher** *m* fornello a spirito

spitz aguzzo, a punta

Spitz|e *f* punta; *Berg*2 cima; *Gewebe* merletto *m*; *Tempo* F velocità màssima; **an der ~** in testa; **spitze!** fantàstico!; **~el** *m* spia *f*; **2en** *Bleistift* temperare; **~enleistung** *f* *Sport* primato *m*; **~er** *m* temperamatite

spitz|findig cavilloso; **2hacke** *f* piccone *m*; **2name** *m* nomìgnolo

Splitt *m* pietrisco

Splitter *m* scheggia *f*

sponsern sponsorizzare

spontan spontàneo

Sport *m* sport; **~ treiben** fare dello sport; **~art** *f* tipo *m* di sport; **~artikel** *m/pl* artìcoli sportivi; **~bericht** *m* crònaca *f* sportiva; **~flugzeug** *n* aèreo *m* da turismo; **~halle** *f* palestra; **~kleidung** *f* abbigliamento *m* sportivo; **~ler(in** *f*) *m* sportivo (-a *f*) *m*; **2lich** sportivo; **~platz** *m* campo sportivo; **~verein** *m* club sportivo; **~wagen** *m* màcchina *f* sportiva

Spott *m* scherno; **2billig** a prezzo irrisorio; **2en** farsi scherno (**über** di), schernire (**über** *j-n* qu)

spöttisch beffardo

Sprach|e *f* lingua; **~führer** *m* manuale di conversazione; **~kenntnisse** *f/pl* conoscenze delle lingue; **~kurs** *m* corso di lingua; **2los** senza parola

Spray *m/n* spray *m*; **~dose** *f* bomboletta spray

Sprechanlage *f* citòfono *m*

sprech|en parlare (**über** di; **mit** a, con); **2er(in** *f*) *m* *Radio*, *TV* annunciatore (-trice *f*) *m*; *Wortführer* portavoce *m/f*

Sprech|stunde *f* orario *m* di vìsita; **~ haben** ricévere; **~stundenhilfe** *f* assistente; **~zimmer** *n* ambulatorio *m*

sprengen far saltare; *mit Wasser* annaffiare

Sprengstoff *m* esplosivo; **~anschlag** *m* attentato dinamitardo

Sprichwort *n* proverbio *m*

sprießen *v/i* puntellare

Spring|brunnen *m* fontana *f* a zampillo; **2en** saltare; *ins Wasser* tuffarsi; **~er** *m* Schach cavallo

Sprit F *m* benzina *f*

Spritz|e *f* Med siringa; **2en** Med iniettare; *v/i* Wasser schizzare

spröde fràgile; *Haut* screpolato

Sprosse *f* piolo *m*

Spruch *m* detto; **~band** *n* striscione *m*

Sprudel *m* acqua *f* minerale gassata; **2n** spumeggiare; *kochen* bollire

Sprüh|dose *f* spray *m*; **~regen** *m* pioggerella *f*

Sprung *m* salto; *ins Wasser* tuffo; *Riss* crepa *f*; **~brett** *n*, **~schanze** *f* trampolino *m*

Spuck|e *f* saliva; **2en** sputare

Spule *f* bobina

Spüle *f* acquaio *m*

spül|en *Geschirr* lavare; *aus~* sciacquare; **2maschine** *f* lavastoviglie; **2mittel** *n* detersivo *m*

Spur *f* traccia; *Fahr~* corsìa

spür|bar sensìbile; **~en** sentire

spurlos senza traccia

Staat *m* stato; **2enlos** apòlide;

2lich statale

Staats|angehörigkeit *f* nazionalità; **~anwalt** *m* pùbblico ministero; **~bürger(in** *f*) *m* cittadino (a *f*) *m*; **~grenze** *f* confine *m* di stato; **~mann** *m* uomo di stato; **~oberhaupt** *n* capo *m* di stato

Stab *m* bastone; **~hochsprung** *m* salto con l'asta

stabil stàbile, robusto

Stachel *m* spina *f*; *Insekten2* pungiglione; **~beere** *f* uva spina; **~draht** *m* filo spinato

Stadion *n* stadio *m*

Stadt *f* città

Städtepartnerschaft *f* gemellaggio *m*

Städt|er(in *f*) *m* cittadino (-a *f*) *m*; **2isch** comunale

Stadt|mitte *f* centro *m*; **~plan** *m* pianta *f* della città; **~rand** *m* periferia *f*; **~rundfahrt** *f* giro *m* turistico della città; **~teil** *m*, **~viertel** *n* quartiere *m*, rione *m*

Staffelei *f* cavalletto *m*

Staffellauf *m* corsa *f* a staffetta

Stahl *m* acciaio; **~werk** *n* acciaierìa *f*

Stall *m* stalla *f*

Stamm *m* Baum2 tronco

stammeln balbettare

stammen provenire (*aus* da); èssere originario (*aus*)

Stamm|gast *m* avventore; **~kunde** *m* cliente abituale

Stand *m* stato; *Verkaufs~* bancarella *f*; *Messe2* stand

Stand-by-|Betrieb m (in) stand-by; **~Flug** m volo in stand-by

Ständer m supporto

Stand|esamt n anàgrafe f; **2halten** resìstere (a)

ständig permanente; **Wohnsitz** stàbile

Stand|licht n luci f/pl di posizione; **~ort** m posizione f; **~punkt** m punto di vista; **~spur** f corsìa d'emergenza

Stange f pèrtica; **Zigaretten** stecca

Stängel m gambo

Stapel m pila f; **~lauf** m varo; **2n** accatastare

Star m Zo stornello; **Film2** divo m, diva f; **Med grauer ~** cateratta f; **grüner ~** glaucoma

stark forte; **Verkehr** intenso

Stärke f forza; intensità; **Wäsche2** àmido m

stärk|en rinforzare; **Wäsche** inamidare; **sich ~** ristorarsi; **~er** più forte

Starkstrom m corrente f ad alta tensione

Stärkung f Erfrischung ristoro m; **~smittel** n corroborante m, tònico m

starr rìgido; **Blick** fisso

Start m partenza f; Flgw decollo m; Kfz avviamento; e-r **Rakete** lancio; **~bahn** f pista di decollo; **2bereit** pronto per la partenza, Flgw al decollo; **2en** partire; Flgw decollare; **~er** m starter; **~hilfe**

f Flgw decollo m assistito; **~hilfekabel** n Kfz cavo m d'accensione

Station f stazione; **Haltestelle** fermata; **Krankenhaus** reparto m; **~ machen** far sosta

stationär Med in ospedale

Statist(in f) m comparsa m/f; **~ik** f statìstica

Stativ n treppiede m

statt invece di; **~finden** aver luogo

Statue f stàtua

Stau m Verkehrs2 ingorgo

Staub m pólvere f

staub|ig polveroso; **2sauger** m aspirapólvere

Staudamm m diga f

stauen: sich ~ Verkehr ingorgarsi; Wasser ristagnare

staunen stupirsi (**über** di)

Stausee m lago artificiale

Steak n bistecca f

stech|en Insekt pùngere; **~end** Schmerz lancinante; **2mücke** f zanzara

Steck|dose f presa di corrente; **2en** v/t méttere; v/i èssere; **~ bleiben** rimanere bloccato; **~ lassen** Schlüssel lasciare nella toppa; **~er** m spina f; **~nadel** f spillo m

Steg m Boots2 pontile

stehen stare in piedi; still**~** èssere fermo; sich befinden èssere; **Kleidung j-m ~** stare bene a qu; im 2 in piedi; **~ bleiben** fermarsi; **~ lassen** lasciare

stehlen rubare

Stehplatz m posto in piedi

Steiermark f Stiria

steif rigido; *Glieder* irrigidito

Steig|bügel m staffa f; **2en** salire (**auf** su; **in** in); montare (**auf** su); *Fieber, Preise* aumentare; **2erung** aumentare; **~ung** f salita

steil erto; **2hang** m pendio rìpido; erta f

Stein m pietra f, sasso; *Spiel2* pedina f; **~bock** m stambecco; *Astrol* Capricorno; **~bruch** m cava f; **~butt** m *Zo* rombo; **2ig** pietroso; **~kohle** f carbone m fòssile; **~pilz** m porcino; **~schlag** m caduta f sassi; **~zeit** f età della pietra

Stell|e f posto m; *Ort* luogo m; *Arbeits2* impiego m; *Dienst2* ufficio m; *Text2* passo m; **2en** méttere, porre; *Uhr* regolare; *Frage* fare; **~enangebot** n offerta f d'impiego; **~engesuch** n domanda f d'impiego

Stell|platz m parcheggio; **~ung** f posizione; *Dienst2* impiego m; **~ungnahme** f presa di posizione; **~vertreter(in** f) m sostituto (-a f) m

Stemmeisen n scalpello m

Stempel m timbro; **2n** timbrare

Stengel → *Stängel*

steno|grafieren stenografare; **2typistin** f stenodattilògrafa

Steppdecke f coltrone m

sterben morire

Sterbeurkunde f certificato m di morte

Stereoanlage f stèreo m

Stern m stella f; **~bild** n costellazione f; **~schnuppe** f stella cadente; **~warte** f osservatorio m; **~zeichen** n segno m zodiacale

stet|ig continuo; **~s** sempre

Steuer¹ f tassa, imposta

Steuer² n *Mar* timone m; *Kfz* volante m

Steuer|berater(in f) m consulente m/f fiscale; **~bord** n *Mar* tribordo m; **~erklärung** f dichiarazione f dei rèdditi; **2frei** esente da tasse

Steuer|mann m timoniere; **2n** dirigere; *Flgw, Mar* pilotare; **~ung** f guida; **~ungstaste** f *Computer* tasto m control; **~zahler** m contribuente m/f

Steward m steward; **~ess** f *Flgw* hostess

Stich m *Insekten2* puntura f; *Näh2* punto; *Kupfer2* incisione f; **im ~ lassen** abbandonare; **2haltig** vàlido; **~probe** f prova a caso; **~tag** m giorno fissato; **~wort** n *Wörterbuch* lemma m

Stickerei f ricamo m

stick|ig soffocante; **2stoff** m azoto

Stiefel m stivale

Stief|mutter f matrigna; **~mütterchen** n *Bot* viola f del pensiero; **~sohn** m figliastro; **~tochter** f figliastra;

~vater *m* patrigno

Stiege *f österr Treppe* scala

Stiel *m* mànico; *Bot* gambo

Stier *m* toro; *Astrol* Toro

Stift[1] *m* Metall2 perno; *Blei*2 matita *f*

Stift[2] *m* convento *n*; 2en donare; **~ung** *f Organisation* fondazione

Stil *m* stile

Stilfser Joch *n* Passo *m* dello Stelvio

still silenzioso; quieto; *~!* zitto!; *~en Kind* allattare; *Blut* fermare; **~halten** stare fermo; 2**leben** *n* natura *f* morta; **~legen** chiùdere; **~stehen** èssere fermo

Stimme *f* voce; *Wahl*2 voto *m*; 2**en** votare (**für, gegen** per, contro); *Mus* accordare; **das stimmt** è giusto; **~engleichheit** *f* parità di voti; **~recht** *n* diritto *m* di voto; **~ung** *f* stato *m* d'ànimo; **~zettel** *m* scheda *f* elettorale

stinken puzzare

Stipendium *n* borsa *f* di studio

Stirn *f* fronte; **~höhlenentzündung** *f* sinusite

Stock *m* bastone; *im 1. ~* al primo piano; 2**en** ristagnare; **~fisch** *m* baccalà; **~werk** *n* piano *m*

Stoff *m* stoffa *f*; **~wechsel** *m* metabolismo

stöhnen gèmere

stolpern inciampare (**über** in)

stolz superbo; orgoglioso (**auf** di); 2 *m* superbia *f*; orgoglio

stopfen *Pfeife* riempire; *ausbessern* rammendare; 2**garn** *n* filo *m* da rammendo

stoppen *v/t Auto* fermare; *Zeit* cronometrare; *v/i anhalten* fermarsi; *stopp!* ferma!; 2**schild** *n* stop *m*; 2**uhr** *f* cronòmetro *m*

Stöpsel *m* tappo

Storch *m* cicogna *f*

stören disturbare; 2**ung** *f* disturbo *m*; *Tech* guasto *m*; 2**ungsstelle** *f Tel* ufficio *m* guasti

stornieren stornare

Stornokosten *m/pl* spese *f/pl* di storno

Stoß *m* spinta *f*; *Schlag* colpo; urto; *Erd*2 scossa *f*; *Stapel* pila *f*; **~dämpfer** *m* ammortizzatore; 2**en** spìngere; urtare (**an, gegen** contro); *fig* imbàttersi (**auf** in); **~stange** *f* paraurti *m*; **~verkehr** *m* tràffico di punta; **~zeit** *f* ora di punta

stottern balbettare

Str. *f* (*Straße*) V. (*via*)

Strafanstalt *f* penitenziario *m*; **~anzeige** *f* denuncia (**gegen** contro); 2**bar** punìbile; **~e** *f jur* pena; 2**en** punire

straff teso

straffrei esente da pena; 2**gefangene(r)** *f(m)* detenuto (-a *f*) *m*; 2**gesetzbuch** *n* còdice *m* penale; 2**porto** *n* soprattassa f; 2**prozess** m processo penale; 2**punkt** m penalità f; 2**raum** m àrea f di rigore; 2**recht** n diritto m penale; 2**tat** f reato m; 2**zettel** m multa f, contravvenzione f

Strahl m raggio; Wasser2 getto; 2**en** irradiare; 2**end** vor Freude raggiante; ~**ung** f radiazione

Strähne f Haar2 ciocca

Strampel|anzug m tutina f per neonati; 2**n** sgambettare

Strand m spiaggia f; am ~ sulla spiaggia; ~**kleid** n prendisole m; ~**promenade** f lungomare m

Strapaze f strapazzo m

strapaziös faticoso

Straße f strada; mit Namen via; **auf der** ~ in (od sulla) strada

Straßen|arbeiten f/pl lavori m/pl in corso; 2**atlas** m atlante stradale; ~**bahn** f tram m; 2**benutzungsgebühr** f pedaggio m; ~**graben** m fosso; ~**händler** m venditore ambulante; ~**karte** f carta f stradale; ~**kehrer** m netturbino; ~**kreuzung** f incrocio m; ~**laterne** f lampione m; ~**schild** n targa f stradale; ~**sperre** f blocco m stradale; ~**verhältnisse** n/pl condizioni f/pl stradali; ~**verkehr** m tràffico stradale; ~**verkehrsordnung** f còdice m stradale; ~**zustandsbericht** m bol-

lettino di viabilità

sträuben: sich ~ opporsi (**gegen** a)

Strauch m arbusto

Strauß m Blumen2 mazzo (di fiori)

streb|en aspirare (**nach** a); ~**sam** zelante

Strecke f tratto m; percorso m; Esb linea

strecken stèndere

Streich m fig tiro; 2**eln** accarezzare; 2**en** passare la mano (**über** su); ~ **an-, aus-, bestreichen**; ~**holz** n fiammifero m; ~**orchester** n orchestra f d'archi

Streife f pattuglia

streifen berühren sfiorare; 2 m striscia f; 2**wagen** m radiomòbile f della polizìa

Streik m sciòpero; 2**en** scioperare; ~**posten** m picchetto

Streit m lite f; 2**en** litigare; ~**kräfte** f/pl forze armate

streng severo

Stress m stress; 2**ig** stressante

streuen spàrgere (**auf** su)

Strich m tratto; linea f; ~**kode** m còdice a barre; ~**punkt** m punto e virgola

Strick m corda f; 2**en** lavorare a maglia; ~**jacke** f giacca a maglia; golf m; ~**nadeln** f/pl ferri m/pl (da calza); ~**waren** f/pl maglierìe

Striemen m lìvido

strikt rigoroso

Striptease m/n spogliarello m; ~**tänzer(in** f) m spogliarellista *m/f*

strittig controverso

Stroh *n* paglia *f*; **~halm** *m* zum Trinken cannuccia *f*; **~hut** *m* cappello di paglia

Strom *m* El corrente *f*; *Fluss* fiume; **~anschluss** *m* allacciamento alla rete elèttrica; **~ausfall** *m* mancanza *f* di corrente; **~schnelle** *f* ràpida; **~stärke** *f* amperàggio *m*

Strömung *f* corrente

Strophe *f* strofa

Struktur *f* struttura

Strumpf *m* calza *f*; **~hose** *f* calzamaglia, collant [kɔˈlã] *m*

Stück *n* pezzo *m*; *Teil* parte *f*; *Thea* dramma *m*

Student(in *f) m* studente *m*, studentessa *f*

Studenten|austausch *m* scàmbio di studenti; **~ausweis** *m* tèssera *f* di studente; **~wohnheim** *n* casa *f* dello studente

Studie *f* stùdio *m*

Studien|fach *n* matèria *f* di stùdio; **~freund(in** *f) m* collega *m/f* d'università; **~reise** *f* viàggio *m* di stùdio

studi|eren studiare; **2o** *n* stùdio *m*; **2um** *n* studi *m/pl*

Stufe *f* gradino *m*

Stuhl *m* sèdia *f*; **~gang** *m* Med evacuazione *f*

stumm muto

Stummel *m* mozzicone

Stumpf *m* troncone

stumpf *Messer* senza filo; **~sinnig** stùpido

Stunde *f* ora; *Schul2* lezione

Stunden|kilometer *m/pl* chilòmetri all'ora; **2lang** per ore; **~lohn** *m* paga *f* oraria; **~plan** *m* orario

stündlich ogni ora

stur testardo

Sturm *m* tempesta *f*

stürm|en *Sport* attaccare; **2er** *m* Sport attaccante; **~isch** tempestoso

Sturmwarnung *f* avviso *m* di tempesta

Sturz *m* caduta *f*

stürzen *fallen* cadere; *eilen* precipitarsi

Sturzhelm *m* casco

Stute *f* cavalla

Stütze *f* sostegno *m*

stutzen *erstaunt sein* restare sorpreso

stützen *j-n* sorrèggere; **sich ~** appoggiarsi (**auf a**)

Stützpunkt *m* base *f*

subjektiv soggettivo

Substanz *f* sostanza

Subtropen *m/pl* regioni *f/pl* subtropicali

Subvention *f* sovvenzione

Such|e *f* ricerca; **2en** cercare; **~er** *m* Fot mirino; **~maschine** *f* Internet motore *m* di ricerca

Sucht *f* manìa (**nach** di)

süchtig *rauschgift~* tossicodipendente

Süd|en *m* sud, meridione; **~italien** *n* (l') Italia *f* del Sud (*od* meridionale); **~italiener(in** *f) m* meridionale *m/f*; **ϑlich** meridionale; **~ von** al sud di; **~osten** *m* sud-est; **~pol** *m* polo sud; **~tirol** *n* (il) Sud Tirolo, (l') Alto Àdige *m*; **~westen** *m* sud-ovest; **~wind** *m* vento dal sud

Sülze *f Kochk* gelatina, aspic *m*

Summe *f* somma

summen *Insekt* ronzare; *Melodie* canticchiare

Sumpf *m* palude *f*

Sünde *f* peccato *m*; **~nbock** *m* capro espiatorio

Super *n*, **~benzin** *n* super *f*; **~-8-Film** *m* superotto; **~markt** *m* supermercato

Suppe *f* minestra; zuppa; *Gemüseϑ* minestrone *m*

Suppen|fleisch *n* carne *f* da brodo; **~grün** *n* odori *m/pl*; **~teller** *m* piatto fondo

Surf|brett *n* surf *m*; **ϑen** fare il (wind)surf; *Internet* naviga-

re; **~er** *m* (wind-) surfista; *Internet* navigatore

süß dolce; **~en** addolcire; **ϑigkeiten** *f/pl* dolciumi *m/pl*; **~sauer** agrodolce; **ϑspeise** *f* dolce *m*; **ϑstoff** *m* dolcificante; **ϑwasser** *n* acqua *f* dolce

SW *(Südwesten)* S.O. *(sudovest)*

Sweatshirt *n* felpa *f*

Symbol *n* sìmbolo *m*; *EDV* icona *f*; **ϑisch** simbòlico

symmetrisch simmètrico

sympathisch simpàtico

Symptom *n* sìntomo *m*

Synagoge *f* sinagoga

synchronisiert *Film* doppiato

synthetisch sintètico

Syphilis *f* sìfilide

Syrien *n* (la) Siria

System *n* sistema *m*; **ϑatisch** sistemàtico

Szene *f* scena

T

Tabak *m* tabacco; **~waren** *f/pl* tabacchi *m/pl*

Tabelle *f* tabella

Tablett *n* vassoio *m*; **~e** *f* compressa

Tabulator *m* tasto tab

Tacho(meter) *m* tachìmetro

Tadel *m* biàsimo; **ϑlos** senza difetto; irreprensìbile; **ϑn** biasimare

Tafel *f* tàvola; *Schokolade* ta-

voletta; *Wandϑ* lavagna

Täfelung *f* (in)tavolato *m*

Tag *m* giorno; *Dauer* giornata *f*; **guten ~!** buongiorno!; **am ~, bei ~e** di giorno; **sie hat ihre ~e** ha il ciclo; **~ebuch** *n* diario *m*; **ϑelang** *adv* per giorni interi; **ϑen** *Kongress* avere luogo; **es tagt** si fa giorno

Tages|decke *f* copriletto *m*;

~**gericht** n piatto m del giorno; ~**karte** f biglietto m vàlido per un giorno; *Speisekarte* lista del giorno; ~**kurs** m cambio del giorno; ~**licht** n luce f del giorno; ~**ordnung** f órdine m del giorno; ~**zeitung** f quotidiano m

täglich *adv* ogni giorno; **zweimal** ~ due volte al giorno

tagsüber di giorno

Tagung f congresso m

Taille f vita

Takt m *Mus* tempo; ~**ik** f tàttica; 2**los** senza tatto; indelicato; ~**stock** m bacchetta f; 2**voll** discreto, delicato

Tal n valle f

Talent n talento m; 2**iert** dotato

Talg m sego

Tal|sperre f diga di sbarramento; ~**station** f stazione a valle

Tampon m tampone m

Tandem m tandem m

Tang m fuco

Tank m serbatoio; 2**en** fare benzina; ~**er** m petroliera f; ~**stelle** f stazione di rifornimento (*od* di servizio); ~**verschluss** m tappo del serbatoio; ~**wagen** m autocisterna f; ~**wart** m benzinaio

Tanne f abete m; ~**nzapfen** m pigna f

Tante f zia

Tanz m ballo; ~**abend** m serata f danzante; 2**en** ballare

Tänzer(**in** f) m ballerino (-a f) m

Tanz|fläche f pista da ballo; ~**lokal** n locale m da ballo

Tapete f tappezzeria

tapfer valoroso

Tarent n Tàranto f

Tarif m tariffa f; ~**verhandlungen** f/pl trattative tariffarie

tarnen: *sich* ~ mimetizzarsi

Tasche f in *Kleidung* tasca; *Hand*2 borsetta; *Einkaufs*2 borsa; *Akten*2 cartella

Taschen|buch n libro m tascàbile; ~**dieb**(**in** f) m borsaiolo (-a f) m; ~**diebstahl** m borseggio; ~**geld** n paghetta f; ~**lampe** f lampadina tascàbile; ~**messer** n temperino m; ~**rechner** m calcolatrice f tascàbile; ~**tuch** n fazzoletto m

Tasse f tazza

Tastatur f tastiera

Tast|e f tasto m; ~**sinn** m (senso del) tatto

Tat f atto m; azione; *Verbrechen* delitto m; **in der** ~ infatti; ~**bestand** m fatti m/pl

Tät|er(**in** f) m autore m, autrice f; 2**ig** attivo; ~**igkeit** f attività

Tatort m luogo del delitto

Tätowierung f tatuaggio m

Tat|sache f fatto m; 2**sächlich** reale; effettivo; *adv* realmente

Tatze f zampa

Tau[1] n cavo m, fune f

Tau[2] m rugiada f

taub sordo

Taube f piccione m

taubstumm sordomuto

tauchen tuffarsi

Taucher(in f) m sub m/f; sommozzatore (-trice f) m; **~anzug** m muta f; **~ausrüstung** f attrezzatura subàcquea; **~maske** f maschera da sub

Tauch|gang m immersione f; **~sieder** m bollitore da immersione; **~sport** m sport subàcqueo

tauen: *es taut* disgela

Tauern pl Tàuri m/pl

Tauf|e f battèsimo m; 2en battezzare; **~pate** m, **~patin** f padrino m, madrina f di battèsimo

taug|en valere; **~** *zu* èssere buono a; **~lich** buono, idòneo (*zu* a)

Tausch m (s)cambio; 2en (s)cambiare (*gegen* con)

täusch|en ingannare; *sich* **~** sbagliarsi; 2ung f illusione f

Tausender m Geldschein biglietto da mille

Tauwetter n disgelo m

Taxameter n od m tassàmetro

Taxi n tassì m; **~fahrer(in** f) m tassista m/f; **~stand** m posteggio di tassì

Tbc → *Tuberkolose*

Team n team m; **~arbeit** f lavoro m di gruppo

Techn|ik f tècnica f; **~iker(in** f) m tècnico (-a f) m; 2isch tècnico

Teddybär m orsacchiotto

Tee m tè; *Kräuter2* infuso; **~beutel** m bùstina f di tè; **~kanne** f teiera; **~kessel** m bollitore per il tè; **~löffel** m cucchiaino; **~sieb** n colino m per il tè; **~tasse** f tazza f

Teer m catrame

Teich m stagno

Teig m pasta f; **~waren** f/pl paste

Teil n/m parte f; *zum* **~** in parte; 2en dividere; **~haber(in** f) m socio (-a f) m; **~nahme** f partecipazione (*an* a)

teilnehm|en prèndere parte, partecipare (*an* a); 2er(in f) m partecipante m/f

teil|s in parte; 2ung f divisione; **~weise** parziale; *adv* in parte; 2zahlung f pagamento m parziale; 2zeitarbeit f part-time m

Teint m carnagione f

Telefax n telefax m

Telefon n telèfono m; **~anruf** m telefonata f, chiamata f; **~buch** n elenco m telefònico; **~gebühren** f/pl tariffa f telefònica; **~gespräch** n telefonata f; 2ieren telefonare (*mit* a); 2isch telefònico; **~karte** f carta telefònica; **~nummer** f nùmero m telefònico; **~zelle** f cabina telefònica; **~zentrale** f centralino m

telegrafieren telegrafare

Telegramm n telegramma m; **~formular** n mòdulo m per

telegramma

Teleobjektiv n teleobiettivo m

Telex n telex m; *Gerät* telescrivente f

Teller m piatto

Tempel m tempio

tempera|mentvoll vivace; **2tur** f temperatura

Tempo n velocità f; *Mus* tempo m; **~limit** n limite m di velocità

Tennis n tennis m; **~platz** m campo da tennis; **~schläger** m racchetta f; **~spieler(in** f) m tennista m/f

Tenor m *Mus* tenore m

Teppich m tappeto; **~boden** m moquette [-kɛt] f

Termin m tèrmine; *beim Arzt* appuntamento; **~kalender** m agenda f

Terrasse f terrazza

Terrine f terrina

Terror|ismus m terrorismo; **~ist(in** f) m terrorista m/f

Tesafilm® m scotch®

Tessin n Ticino m

Test m test; prova f

Testament n testamento m

testen sottoporre a un test

Tetanusimpfung f vaccinazione antitetànica

teuer caro; **zu ~** troppo caro

Teufel m diàvolo

Text m testo; *Lied2* parole f/pl

Textilien pl tessuti m/pl

Textverarbeitung f elaborazione dei testi

Theater n teatro m; **~kasse** f

botteghino m; **~vorstellung** f rappresentazione teatrale

Theke f banco m; *Bar* bancone m

Thema n argomento m

theoretisch adv in teorìa

Therapie f terapìa

Thermalbad n *Ort* terme f/pl

Thermo|meter n termòmetro m; **~sflasche** f termos m; **~stat** m termòstato

These f tesi

Thrombose f *Med* trombosi

Thunfisch m tonno

Thüringen n (la) Turingia

Thymian m timo

Tiber m Tévere

Tick m tic; **2en** ticchettare; **2et** n biglietto m

tief profondo; *Ton* basso

Tief n, **~druckgebiet** n (zona f di) bassa pressione f; **~e** f profondità; **~ebene** f bassopiano m; **~garage** f garage m sotterràneo; **2gekühlt** surgelato

Tiefkühl|kost f surgelati m/pl; **~fach** n, **~truhe** f congelatore m

Tier n animale m; bestia f; **~arzt** m, **~ärztin** f veterinario (-a f) m; **~garten** m zoo; **~mehl** n farina f animale; **~schützer(in** f) m animalista m/f; **~schutz** m protezione f degli animali

Tiger m tigre f

tilgen estinguere

Tinktur f tintura

Tinte f inchiostro m; **~nfisch**

m calamaro

Tipp *m* suggerimento

tippen scrìvere a màcchina; *im Lotto* riempire la schedina; *nach* ~ scommettere

Tisch *m* tàvolo, *Ess*♀ tàvola *f*; *bei* ~ a tàvola; **nach** ~ dopo pranzo; **~decke** *f* tovaglia; **~ler** *m* falegname; **~tennis** *n* tennis *m* da tàvolo; **~tuch** *n* tovaglia *f*; **~wein** *m* vino da pasto

Titel *m* titolo

Toast *m* ~*brot* toast; **~er** *m* tostapane

Tochter *f* figlia

Tod *m* morte *f*

Todes|anzeige *f* annuncio *m* di morte; **~opfer** *n* morto *m*, vìttima *f*; **~strafe** *f* pena capitale

tödlich mortale

todmüde stanco morto

Toilette *f* toilette [twa'lɛt] *WC* gabinetto *m*; **~npapier** *n* carta *f* igiènica

toll F *Wetter* magnìfico; *Idee* formidàbile; ♀*kirsche* *f* belladonna; ♀*wut* *f* rabbia

Tomate *f* pomodoro *m*; **~nmark** *n* conserva *f* di pomodoro; **~nsaft** *m* succo di pomodoro

Ton[1] *m* Farbe argilla *f*

Ton[2] *m* tono; suono; **~art** *f* tonalità

tön|en *Haar* tìngere; ♀*ung* *f* lozione colorante

Tonerde *f*: *essigsaure* ~ acetato *m* d'allumìnio

Tonleiter *f* scala musicale

Tonne *f Fass* botte; *Maßeinheit* tonnellata

Topf *m* vaso; *Koch*♀ pèntola *f*

Topfen *m österr Quark* ricotta *f*

Töpferwaren *f*pl ceràmiche

topfit in piena forma

Tor *n* portone *m*; porta *f*; *Fußball*♀ rete *f*; *Tor!* gol! (*m*); **~einfahrt** *f* carraia

Torf *m* torba *f*

torkeln barcollare

Torschütze *m* marcatore

Torte *f* torta

Torwart *m* portiere

tot morto

Total|schaden *m* danno totale

Tote(r) *f* (*m*) morto (-a *f*) *m*

töten uccìdere

Totenschein *m* certificato di morte

Toto *n*/*m* totocalcio *m*; **~schein** *m* schedina *f* del totocalcio

Totschlag *m* omicìdio

Toulouse *n* Tolosa *f*

Tour *f* escursione, gita; **~ismus** *m* turismo; **~ist(in** *f*) *m* turista *m*/*f*; **~istenklasse** *f* classe turìstica

Trab *m* trotto

Tracht *f* costume *m* regionale; **~engruppe** *f* gruppo *m* folclorìstico

Tradition *f* tradizione

Trafik *m österr* edìcola *f*

trag|bar portàbile; ♀*e* *f* barella

träge lento; pigro

tragen portare (*bei sich* con sé)

Träger m *an Kleidung* spallina f; *v Lasten* portatore; → *a* **Gepäck**2

Tragetasche f sporta

Trag|fläche f ala; **~flügelboot** n aliscafo m

tragisch tràgico

Tragödie f tragedia

Tragweite f portata

Trai|ner m allenatore; **2nieren** v/t allenare,v/i allenarsi; **~ning** n allenamento m

Traktor m trattore

trampeln calpestare

tramp|en fare l'autostop; **2er(in** f) m autostoppista m/f

Träne f làcrima; **~ngas** n gas m lacrimògeno

Tränke f abbeveratoio m

Transfer m trasferimento

Transit|verkehr m tràffico di trànsito; **~visum** n visto m di trànsito

Transplantation f Med trapianto m

Transport m trasporto; **2fähig** trasportàbile; **2ieren** trasportare; **~mittel** n mezzo m di trasporto

Transvestit m travestito

Traube f gràppolo m d'uva; **~n** pl uva f; **~nsaft** m succo d'uva; **~nzucker** m glucosio

trauen: *j-m, et* ~ fidarsi di qu, di qc; *sich et* ~ osare

Trauer f lutto m; **~feier** f esèquie f/pl; **2n** èssere in lutto

(*um* per); **~weide** f sàlice m piangente

Traum m sogno

träumen sognare

traurig triste; **2keit** f tristezza

Trau|ring m fede f; **~schein** m certificato di matrimonio; **~ung** f matrimonio m; **~zeuge** m, **~zeugin** f, testimone m/f di nozze

treff|en *Ziel* colpire; *j-n* incontrare; *sich* ~ incontrarsi; **2** n incontro m; **2punkt** m luogo d'incontro

treib|en tun fare; *auf dem Wasser* andare alla deriva; **2gas** n gas m propellente

Treibhaus n serra f; **~effekt** m effetto serra

Treibstoff m carburante

trenn|en separare; divìdere; **2ung** f separazione

Treppe f scala; **~ngeländer** n ringhiera f; **~nhaus** n (tromba f delle) scale f/pl

Tresor m cassaforte f

Tretboot n pedalò m

treten *j-n* dare un calcio a; *auf et* ~ pestare qc; *auf die Bremse* ~ pigiare il freno

treu fedele; *j-e* **2e** f fedeltà; **~los** infedele

Tribüne f tribuna

Trichter m imbuto

Trick m trucco; **~film** m cartoni m/pl animati

Trieb m istinto; **~kraft** f forza motrice; **~wagen** m Esb automotrice f; **~werk** n Flgw motore m propulsore

Trient n Trento f

triftig fondato, vàlido

Trikot n maglia f

trink|en bere; **2geld** n mancia f; **2halm** m cannuccia f; **2wasser** n acqua f potàbile

Tritt m Fuß2 calcio

Triumph m trionfo; **~bogen** m arco di trionfo

trocken secco (a Wein); asciutto; Boden àrido; **2haube** f casco m; **2heit** f aridità; **2milch** f latte m in pólvere

trockn|en asciugare; **2er** m asciugatrice f

trödeln gingillarsi

Trog m mangiatoia f

Trommel f tamburo m; **~fell** n Anat tìmpano m; **2n** sonare il tamburo

Trompete f tromba; **~r** m trombettiere

Tropen pl tròpici m/pl

Tropf m Med fleboclisi f

tropfen Wasserhahn gocciolare; **2** m goccia f; Med m/pl gocce f/pl; **~weise** a goccia a goccia

tropisch tropicale

Trost m conforto; consolazione f

tröst|en consolare; **~lich** beruhigend rassicurante

trost|los sconfortante; öde desolato; **2preis** m premio di consolazione

Trottel m imbecille

trotz nonostante; **~ allem** malgrado tutto

Trotz m ostinazione f; aus **~**

per dispetto

trotzdem adv ciononostante; tuttavia

trotzig capàrbio

trüb(e) Flüssigkeit tòrbido; Himmel, Wetter coperto

Trubel m confusione f

trübsinnig malincònico

Trüffel f tartufo m

trügerisch illusorio

Truhe f còfano m

Trümmer pl rovine f/pl

Trumpf m atout

Trunkenheit f: **~ am Steuer** guida in stato d'ebrezza

Trupp m gruppo; squadra f; **~e** f mil truppa; Thea compagnia

Truthahn m tacchino

T-Shirt n maglietta f

Tschech|e m ceco; **~ien** n Repùbblica f Ceca; **~in** f ceca; **2isch** ceco

tschüs(s)! ciao!

Tube f tubetto m

Tuberkulose f tubercolosi f

Tuch n panno m; Hals2 fazzoletto m, foulard m

tüchtig bravo

tückisch maligno

Tugend f virtù

Tulpe f tulipano m

Tumor m tumore

Tümpel m pozzànghera f

Tumult m tumulto

tun fare; (nichts) zu **~ haben** (non) avere (niente) da fare

Tunesien n (la) Tunisìa

Tunnel m gallerìa f

Tür f porta; Auto2 portiera

Turban *m* turbante
turbulent turbolento
Turin *n* Torino *f*
Türke *m* turco
Türkei: die ~ la Turchìa
Türkin *f* turca
Türkis *m* turchese
türkisch turco
Türklinke *f* maniglia
Turm *m* torre *f*; *Kirch*2 campanile
turn|en fare ginnàstica; 2**er** (**-in** *f*) *m* ginnasta *m*/*f*; 2**halle** *f* palestra; 2**schuhe** *m*/*pl* scarpe *f*/*pl* da ginnàstica

Turnus *m* turno
Tusche *f* inchiostro *m* di china
Tüte *f* spitze cartoccio *m*; *Beutel* busta, sacchetto *m*; *für Eis* cono *m*
TÜV *m* (*Technischer Überwachungsverein*) ente di supervisione tècnica *od* di collaudo
Typ *m* tipo
Typhus *m* tifo
typisch tìpico
tyrannisieren tiranneggiare
tyrrhenisch: 2**es Meer** *n* Mare *m* Tirreno

U

u.a. (*unter anderem*) tra l'altro
U-Bahn *f* metropolitana; **~Station** *f* stazione della metropolitana
übel cattivo; *adv* male; *mir wird ~* mi sento male; *~ nehmen* prèndersela a male (*j-m et* con qu per qc); 2**keit** *f* nàusea
üben esercitarsi
über sopra; su; *mehr als* più di (+ *Zahl*); *reisen ~* per; *sprechen ~* di; *~ Nacht* durante la notte; *~all* dappertutto
überanstrengen: *sich ~* affaticarsi troppo
über|backen *Kochk* gratinato; **~belichtet** sovresposto; **~bieten** offrire più di (qu); *Rekord* bàttere; 2**bleibsel** *n* resto *m*; **~blicken** abbraccia-
re con lo sguardo; **~bringen** portare; 2**bringer** *m* latore; **~bucht** *Flug* sovraprenotato; **~dacht** coperto; **~denken** riflèttere su; 2**dosis** *f* dose eccessiva; *Heroin* overdose; **~drehen** *Schraube* spanare; **~durchschnittlich** superiore alla media; **~eilt** avventato
übereinander l'uno sopra l'altro
überein|kommen: **~, dass** accordarsi di; **~stimmen** èssere d'accordo (**in** su); *Dinge* concordare
über|empfindlich ipersensìbile; **~fahren** *Lebewesen* investire; 2**fahrt** *f* traversata
Überfall *m* Raub2 rapina *f*; 2**en** *Bank* rapinare

über|fliegen sorvolare; *Text* scórrere; **♀fluss** *m* abbondanza *f* (**an** di); **~flüssig** supèrfluo; **~fluten** inondare; **~fordern** esìgere troppo (*j-n* da qu); **~führen** *Leiche* trasportare; *Verbrecher* provare la colpevolezza; **♀führung** *f* *Esb* cavalcavìa *m*; **~füllt** pieno zeppo; **♀gabe** *f* consegna; **♀gang** *m* passaggio; *im Gebirge* vàlico; **♀gangszeit** *f* *Jahreszeit* mezza stagione

übergeben consegnare; *sich* ~ vomitare

über|gehen passare (**zu, auf** a); *übersehen* ignorare; **♀gepäck** *n* eccesso *m* di bagaglio; **♀gewicht** *n* sovrappeso *m*; *fig* preponderanza *f*; **♀griff** *m* abuso; **♀größe** *f* taglia forte; **~hand: ~ nehmen** prèndere il sopravvento; **~häufen** colmare (*mit* di)

überhaupt in gènere; **~ nicht** non ... affatto

über|heblich arrogante; **~holen** sorpassare; *ausbessern* rivedere; **♀holspur** *f* corsìa di sorpasso; **~holt** *fig* antiquato; **♀holverbot** *n* divieto *m* di sorpasso; **~hören** non sentire; **~laden** *adj* sovraccàrico; **~lassen** lasciare; *cèdere*; **~laufen**[1] *Gefäß* traboccare; *laufen* sovraffollarsi; **~laufen**[2] *adj* sovraffollato; **~leben** sopravvivere; **♀lebende(r)** *f* (*m*) supèrstite *m/f*; **~legen**[1] *v/t* riflèttere

(*et* su qc); **~legen**[2] *adj* superiore; **♀legenheit** *f* superiorità; **♀legung** *f* riflessione; **~mäßig** eccessivo; **~mitteln** trasméttere; **~morgen** dopodomani; **~müdet** spossato; **~mütig** sfrenato

übernachten passare la notte; pernottare, **♀ung** *f* pernottamento *m*

Über|nahme *f* assunzione; **♀natürlich** sovrannaturale; **♀nehmen** assùmere, **♀prüfen** verificare; **♀queren** attraversare; **♀raschen** sorprèndere; **♀raschend** *adv* di sorpresa; **~raschung** *f* sorpresa; **♀reden** persuadere; **♀reichen** presentare; **♀schätzen** sopravvalutare

überschlagen *Kosten* fare un càlcolo approssimativo; *Seite* saltare; *sich* ~ ribaltarsi

überschneiden: *sich* ~ incrociarsi

über|schreiten oltrepassare; **♀schrift** *f* titolo *m*; **♀schuss** *m* eccedenza *f* (**an** di); **~schüssig** eccedente; **♀schwemmung** *f* inondazione; **♀see** *f*: **in** ~ oltreocèano; **~sehen** non vedere

übersetz|en *Text* tradurre; **♀er(in** *f*) *m* traduttore (-trice *f*) *m*; **♀ung** *f* traduzione; *Tech* trasmissione

Übersicht *f* visione d'insieme; **♀lich** chiaro

über|springen saltare (*a fig*); **~steigen** *Kräfte* èssere superiore a; **Ωstunden** f/pl ore straordinarie; **⊾stürzt** precipitato; **⊾tragbar** Med trasmissìbile; jur trasferìbile; fig applicàbile; **⊾tragen** Rdf, TV, Krankheit trasméttere; **Ωtragung** f trasmissione; **⊾treffen** superare; **⊾treiben** esagerare; **Ωtreibung** f esagerazione; **⊾treten** Gesetz contravvenire a; **⊾trieben** esagerato, eccessivo; **⊾wachen** sorvegliare; **⊾wältigend** sconvolgente

überweis|en Geld versare; Patienten mandare (**zu** a); **Ωung** f Bank**Ω** bonìfico m

über|wiegen predominare; **⊾wiegend** preponderante; **⊾winden** superare; **⊾wintern** svernare; **Ωzahl** f maggioranza; **⊾zeugen** convincere; **sich ⊾** accertàrsi (**von** di); **Ωzeugung** f convinzione; **⊾ziehen** Mantel indossare; Konto scoprire; **Ωzug** m Hülle fòdera f

üblich usuale, sòlito

U-Boot n sommergìbile m

übrig restante; **⊾ bleiben** restare; **⊾ lassen** lasciare; **⊾ens** del resto

Übung f esercìzio m; pràtica

UdSSR f hist U.R.S.S.

Ufer n riva f

Uhr f orologio m; **wie viel ⊾ ist es?** che ore sono?; **es ist drei ⊾** sono le tre; **⊾armband** n cinturino m; **⊾macher** m orologiaio; **⊾zeiger** m lan-

cetta f; **⊾zeit** f: **die genaue ⊾** l'ora f esatta

Uhu m gufo

Ukw (Ultrakurzwellen) f/pl onde ultracorte (**OU**)

Ultraschall m ultrasuono; **⊾untersuchung** f ecografia

um räumlich intorno a; zeitlich a; **⊾ zwei Uhr** alle due; **ungefähr ⊾ acht** verso le otto; **⊾ jeden Preis** ad ogni costo; **⊾ zu essen** per mangiare

um|armen abbracciare; **⊾bauen** ristrutturare; **⊾binden** Tuch méttere

Umbrien n Umbria f

um|bringen uccìdere; **⊾buchen** Reise cambiare la prenotazione; **⊾disponieren** cambiare programma

umdreh|en voltare; wenden girare; **sich ⊾** voltàrsi (**nach** verso); **Ωung** f giro m

um|fallen cadere; **Ωfang** m volume; **⊾fangreich** voluminoso; **Ωfrage** f inchiesta; **⊾füllen** travasare

Umgangs|formen f/pl maniere; **⊾sprache** f lingua parlata

um|geben circondare (**mit** di); **Ωung** f dintorni m/pl

um|gehen Hindernis girare intorno a; fig vermeiden evitare; **⊾gehend** adv sùbito; **Ωgehung(sstraße)** f circonvallazione

umgekehrt inverso; Richtung opposto

umhänge|n Mantel méttere

sulle spalle; **2tasche** f borsa a tracolla

Umkehr f ritorno m; **2en** v/i tornare indietro

umkippen *umfallen* cadere; *m* rovesciare

Umkleideraum m spogliatoio

umkommen perire

Umkreis m: *im ~ von* nel giro di

umleit|en deviare; **2ung** f deviazione

umliegend circostante

umrechnen cambiare

Umrechnungs|kurs m tasso di conversione; **~tabelle** f tàvola di conversione

um|ringen attorniare; **2riss** m contorno; **~rühren** rimestare; **2satz** m *Hdl* giro d'affari; **2schlag** m *Brief2* busta f; *Buch2* copertina f; *Med* compressa f; **~schlagen** *Wetter* cambiare; **~schreiben** *2schulung* f riqualificazione professionale; **2schwung** m mutamento repentino

umsehen: *sich ~* guardarsi intorno; *sich nach et ~ et suchen* cercare qc

umsetzen *Hdl* smerciare; *Idee* mettere in pràtica

um|sichtig circospetto; **~sonst** gratis, gratùito; *vergebens* invano; **2stand** m circostanza f

Umstände m/pl: *unter diesen ~n* date le circostanze; *unter ~n* eventualmente;

nur keine ~ non si disturbi

umständlich complicato

Umstandskleidung f (àbito m) prémaman m

umsteigen cambiare

umstellen spostare; *sich ~* adattarsi (*auf a*)

um|stoßen rovesciare; **~stritten** discusso; **~strukturieren** ristrutturare; **2sturz** m sovvertimento

Umtausch m cambio; **2en** cambiare

umwandeln trasformare (*in* in)

Umweg m giro; *e-n ~ machen* fare un giro

Umwelt f ambiente m; **2belastend** inquinante; **~bewusstsein** n coscienza f ecològica; **2freundlich** non inquinante; **2schädlich** inquinante; **~schutz** m protezione f dell'ambiente; **~schützer(in** f) m ecologista m/f; **~verschmutzung** f inquinamento m ecològico

umwerfen rovesciare

umziehen cambiare casa, traslocare; *sich ~* cambiarsi

Umzug m trasloco; *Festzug* corteo

unab|hängig indipendente; **~sichtlich** involontario

unan|gebracht inopportuno; **~gemessen** inadeguato; **~genehm** spiacévole; **~nehmbar** inaccettàbile; **2nehmlichkeiten** f/pl noie; **~ständig** indecente

unappetitlich non appetitoso

unauf|fällig poco appariscente; **~findbar** irreperìbile; **~haltsam** inarrestàbile; **~merksam** disattento; **~richtig** falso; **~schiebbar** improrogàbile

unausstehlich insopportàbile

unbarmherzig spietato

unbe|absichtigt involontàrio; **~denklich** *adv* senz'altro; **~deutend** insignificante; **~dingt** *adv* assolutamente; **~fangen** spregiudicato; **~friedigend** non soddisfacente; **~fugt** non autorizzato; **~grenzt** illimitato; **~gründet** infondato; **2habgen** *n* malèssere *m*; **~kannt** sconosciuto; **~kleidet** nudo; **~liebt** malvisto; **~mannt** senza equipaggio; **~merkt** inosservato

unbequem scòmodo; **2lichkeit** *f* scomodità

unbe|rechenbar incalcolàbile; **~rechtigt** non autorizzato; **~rührt** intatto; **~schränkt** illimitato; **~schreiblich** indescrivìbile; **~ständig** *Wetter* variàbile; **~stechlich** incorruttìbile; **~stimmt** indefinito; *Gefühl* indefinìbile; **~teiligt** estràneo; disinteressato; **~wacht** incustodito; **~weglich** immòbile; **~wusst** inconsapévole; **~zahlbar** impagàbile; **~zahlt** non pagato

unbrauchbar inservìbile

und e; **~ so weiter** eccètera, e così via

un|dankbar ingrato; **~denkbar** impensàbile; **~deutlich** indistinto; **~dicht** non stagno; **~durchlässig** impermeàbile; **~durchsichtig** opaco

un|eben scabro; **~echt** falso; *künstlich* artificiale; **~ehelich** *Kind* naturale; **~eingeschränkt** illimitato

uneinig: **~ sein** non èssere d'accordo

un|empfindlich insensìbile (**gegen** a); **~endlich** infinito

unent|geltlich senza pagamento; **~schieden** indeciso; **2schieden** *n Sport* pareggio *m*; **~schlossen** irresoluto

uner|fahren inesperto; **~freulich** spiacévole; **~hört** *fig* incredìbile; **~klärlich** inspiegàbile; **~lässlich** indispensàbile; **~müdlich** instancàbile; **~reichbar** irraggiungìbile; **~sättlich** insaziàbile; **~schwinglich** *teuer* inaccessìbile; **~setzlich** irreparàbile; **~träglich** insopportàbile; **~wartet** inatteso; **~wünscht** indesiderato

un|fähig incapace (**zu** di); **~fair** sleale

Unfall *m* incidente, *Arbeits2* infortunio sul lavoro; **~flucht** *f* fuga del conducente dopo un incidente; **~ort** *m* luogo dell'incidente; **~station** *f* pronto soccorso *m*;

~versicherung f assicurazione contro gli infortuni; ~wagen m vettura f incidentata

un|fassbar incomprensìbile; ~fehlbar infallibile; ~frankiert non affrancato; ~freundlich scortese; ~fruchtbar Mensch stèrile (a Agr)

Unfug m sciocchezze f/pl

Ungar m, ~in f ungherese m/f; 2isch ungherese

Ungarn f (l') Ungherìa f

unge|bildet incolto; rozzo; ~deckt Scheck scoperto (a Spieler); 2duld f impazienza; ~duldig impaziente; ~eignet inadatto; ~fähr circa; ~fährlich non pericoloso; ~heuer enorme; 2heuer n mostro m; ~horsam disubbidiente; ~lernt non qualificato; ~mütlich poco accogliente; ~nau inesatto; ~nießbar immangiàbile; Getränk imbevibile; fig F insopportàbile; ~nügend insufficiente; ~pflegt trascurato; ~rade Zahl dìspari; 2rechtigkeit f ingiustizia

ungern mal volentieri

unge|schickt maldestro; ~stört indisturbato; ~sund malsano; ~süßt non zuccherato; ~wiss incerto; ~wissheit f incertezza; ~wöhnlich, ~wohnt insòlito; ~ziefer n parassiti m/pl; ~zogen

Kind cattivo; ~zwungen disinvolto

ungläubig incrèdulo

unglaublich incredìbile

ungleichmäßig irregolare

Unglück n sfortuna f; 2lich infelice; 2licherweise per disgrazia

un|gültig non vàlido, nullo; Ausweis scaduto; ~günstig sfavorévole; ~handlich poco maneggévole; 2heil n malanno m; ~heilbar incuràbile; ~höflich scortese; ~hygienisch antiigiènico

Uniform f: in ~ in divisa

uninteressant non interessante

Universität f università

Unkenntnis f ignoranza

un|klar poco chiaro; 2kosten pl spese f/pl; 2kraut n malerbe f/pl; ~leserlich illeggìbile; ~lösbar insolùbile; ~mäßig smodato; 2menge f massa; ~menschlich inumano; ~merklich impercettìbile; ~mittelbar immediato; ~möglich impossìbile; ~moralisch immorale; ~mündig minorenne; ~natürlich innaturale

UNO f ONU (Organizzazione delle Nazioni Unite)

unord|entlich disordinato; 2nung f disórdine m

un|passend sconveniente; ~persönlich impersonale; ~praktisch poco pràtico; ~pünktlich non puntuale

Unrecht *n* torto *m*; **~ haben** avere torto; 2**mäßig** illegíttimo

un|regelmäßig irregolare; **~reif** immaturo; 2**ruhe** *f* irrequietezza; *fig* inquietúdine; **~ruhig** irrequieto; inquieto

uns ci; *betont A* noi, *D* a noi; *ein Freund von* **~** un nostro amico

un|sauber sporco; **~scharf** *Fot* sfocato; **~schätzbar** inestimàbile; **~scheinbar** poco appariscente; **~schlüssig** irresoluto

Unschuld *f* innocenza; 2**ig** innocente

unser (il) nostro, (la) nostra; **~e** *pl* (i) nostri, (le) nostre; **~erseits** da parte nostra; **~etwegen** per noi

unsicher malsicuro; *ungewiss* incerto; 2**heit** *f* insicurezza; incertezza

unsichtbar invisíbile

Unsinn *m* scemenze *f*/*pl*; 2**ig** insensato; *verrückt* pazzo

Unstimmigkeit *f* *Summe* differenza; *fig* dissenso *m*

un|sympathisch antipàtico; **~tätig** inattivo; **~tauglich** inadatto; *Mil* inàbile

unten sotto; giù; *von oben bis* **~** dall'alto in basso

unter sotto; *zwischen* fra, tra; *weniger als* meno di; **~ andererem** tra l'altro; 2**arm** *m* avambraccio; **~belichtet** sottoesposto; 2**bewusstsein** *n* subcosciente *m*; F

subcònscio *m*

unterbrech|en interrómpere; 2**ung** *f* interruzione

unter|bringen sistemare; **~drücken** opprimere; **~e** inferiore; **~einander** tra di loro (noi, voi); **~entwickelt** sottosviluppato; **~ernährt** denutrito; **~führung** *f* sottopassaggio *m*; 2**gang** *m* *Schiff* naufragio; **~gehen** *Schiff* andare a fondo; *Sonne* tramontare

Untergrund *m* sottosuolo; *Farb* fondo; *Pol* clandestinità *f*

unterhalb al di sotto di

Unterhalt *m* *Lebens* sostentamento; 2**en** *finanziell* mantenere; *sich* **~** *reden* conversare; *sich vergnügen* divertirsi; **~ung** *f* *Gespräch* conversazione; *Vergnügen* divertimento *m*

Unter|hemd *n* canottiera *f*; **~hose** *f* mutande *f*/*pl*; 2**irdisch** sotterraneo; **~kiefer** *m* mandíbola *f*; 2**kommen** trovare alloggio; **~kunft** *f* alloggio *m*; **~lage** *f* supporto *m*; **~n** *pl* documentazione *f*; 2**lassen** tralasciare; 2**legen** mettere sotto; **~leib** *m* basso ventre; **~lippe** *f* labbro *m* inferiore; **~mieter(in** *f*) *m* subaffittuario (-a *f*) *m*

unternehm|en intraprèndere; 2**en** *n* impresa *f* (*a Betrieb*); 2**er(in** *f*) *m* imprenditore (-trice *f*) *m*; **~ungs-**

lustig intraprendente

Unter|redung f colloquio m; **~richt** m insegnamento; *Schul♀* lezioni f/pl; **♀richten** insegnare (*j-n in et* qc a qu); informare; **~rock** m sottoveste f; **♀schätzen** sottovalutare; **♀scheiden** distinguere; **~schied** m differenza f; **♀schlagen** *Geld* sottrarre (del denaro); **♀schreiben** sottoscrivere, firmare; **~schrift** f firma; **~seeboot** n sommergibile m

unterste il più basso

unterstellen[1]: *sich ~* mèttersi al riparo

unterstellen[2]: *j-m et ~* attribuire qc a qu

unter|streichen sottolineare; **~stützen** sostenere; *finanziell* sussidiare; **♀stützung** f appoggio m; *Beihilfe* sussidio m

untersuch|en esaminare; *Med* visitare; **♀ung** f esame m; *jur* indàgine; *Med* vìsita; **♀ungshaft** f detenzione preventiva; **♀ungsrichter** m giùdice istruttore

Unter|tasse f piattino m; **♀tauchen** v/i tuffarsi; *fig* scomparire; **~teil** n/m parte f inferiore; **~wäsche** f biancheria ìntima

unterwegs per via; durante il viaggio

unterziehen *Kleidungsstück* méttersi sotto; *sich ~* sottoporsi (*e-r Sache* a qc)

Untiefe f bassofondo m

untragbar intolleràbile

untrennbar inseparàbile

un|treu infedele; **♀treue** f infedeltà; **♀tröstlich** inconsolàbile

unüber|legt sconsiderato; **~sichtlich** poco chiaro; **~windlich** insormontàbile

ununterbrochen ininterrotto

unver|änderlich invariàbile; **~ändert** invariato; **~antwortlich** irresponsàbile; **~besserlich** incorreggìbile; **~bindlich** senza impegno; **~bleit** senza piombo; **~daulich** indigesto; **~fälscht** genuino; **~gesslich** indimenticàbile; **~heiratet** non sposato; **~letzt** indenne; **~meidlich** inevitàbile; **~nünftig** irragionévole

unverschämt impertinente; **♀heit** f impertinenza

unver|sehrt illeso; **~ständlich** incomprensìbile; **~wüstlich** indistruttìbile; **~zeihlich** imperdonàbile; **~zichtbar** irrinunciàbile

unvoll|kommen imperfetto; **~ständig** incompleto

unvor|bereitet impreparato; **~eingenommen** senza pregiudizi; **~sichtig** incauto; **~stellbar** inimmaginàbile; **~teilhaft** svantaggioso

unwahr falso; **♀heit** f falsità; **~scheinlich** improbàbile

un|wesentlich irrilevante;

2**wetter** n temporale m;
~**wichtig** poco importante;
~**widerstehlich** irresistibile;
~**willkürlich** involontario;
~**wirksam** inefficace; ~**wissend** ignorante; ~**wohl** indisposto; ~**zählig** innumerévole; ~**zerbrechlich** infrangibile; ~**zertrennlich** inseparàbile

unzu|frieden scontento;
~**gänglich** inaccessìbile;
~**lässig** illécito; ~**verlässig** non fidato

üppig rigoglioso; *Mahl* abbondante

Ur|aufführung f prima; ~**enkel(in** f) m pronipote m/f;
~**großmutter** f bisnonna;
~**großvater** m bisnonno

Urin m urina f

Urkunde f documento m

Urlaub m vacanze f/pl; ferie

f/pl; ~**er(in** f) m villeggiante m/f, vacanziere m/f; ~**sort** m luogo di villeggiatura; ~**szeit** f perìodo m delle ferie; ~**sziel** n meta del viaggio

Urne f urna f

Urologe m uròlogo

Ursache f causa; motivo m;
keine ~! non c'è di che!

Ur|sprung m orìgine f;
2**sprünglich** originario;
~**teil** n giudizio m; *jur* sentenza f; 2**teilen** giudicare (**über et** qc); ~**wald** m foresta f vérgine

USA f U.S.A. m/pl

User m bsd EDV utente m/f

usw. (*und so weiter*) ecc. (*eccètera*)

Utensilien pl utènsili m/pl

utopisch utopìstico

UV-Strahlen f/pl raggi m/pl ultravioletti

V

vage vago

vakuumverpackt confezionato sotto vuoto

Vanille f vaniglia; ~**eis** n gelato m alla vaniglia

Varietee n teatro m di varietà

Vase f vaso m

Vater m padre; ~**land** n patria f

väterlich paterno

Vaterunser n padrenostro m

Vatikan m Vaticano; ~**stadt** f Città del Vaticano

v.Chr. (*vor Christus*) a.C. (*avanti Cristo*)

Veganer(in f) m vegetaliano (-a f) m

Vegetar|ier(in f) m vegetariano (-a f) m; 2**isch** vegetariano

Vegetation f vegetazione

Veilchen n violetta f

Velo n österr bicicletta f

Veltlin n Valtellina f

Vene f vena

Venedig n Venezia f

Venetien n Véneto m

venezianisch veneziano

Ventil n vàlvola f; **~ator** m ventilatore

Venus f vènere; Astr Vènere

verabred|en et stabilire qu; **sich ~** darsi appuntamento (**mit** con); **2ung** f Treffen appuntamento m; Abmachung accordo m

verabschieden congedare; **sich ~** congedarsi (**von** da)

ver|achten disprezzare; **~ächtlich** sprezzante; adv con disprezzo; **2achtung** f disprezzo m; **~allgemeinern** generalizzare; **~altet** antiquato

veränder|lich variàbile; **~n** u **sich ~** cambiare; **2ung** f cambiamento m

Veranlagung f disposizione

veranlass|en j-n spìngere; et ordinare; **2ung** f motivo m

veranstalt|en organizzare; **2er** m organizzatore; **2ung** f organizzazione; manifestazione; **2ungskalender** m calendario delle manifestazioni

verantwort|lich responsàbile; **2ung** f responsabilità; **~ungslos** incosciente

verarbeit|en lavorare; Daten elaborare; **2ung** f lavorazione

verärgert irritato

verarzten medicare

Verb n verbo m

Verband m Med fasciatura f;

~(s)kasten m cassetta f di pronto soccorso; **~(s)zeug** n materiale m di pronto soccorso

verbergen nascóndere

verbesser|n migliorare; korrigieren corrèggere; **2ung** f miglioramento m; Korrektur correzione

Verbeugung f inchino m

ver|biegen piegare, incurvare; **~bieten** proìbire, vietare; **~billigt** a prezzo ridotto; **~binden** Wunde fasciare; **~bindlich** obbligatorio; **2bindung** f Verkehrs2 collegamento m; Tel comunicazione; mit j-m relazione

ver|bleit con piombo; **~blüfft** perplesso; **~blühen** sfiorire; **~borgen** versteckt nascosto; fig latente

Verbot n divieto m; **2en** proìbito, vietato; **~sschild** n segnale m di divieto

verbrannt bruciato

Verbrauch m consumo; **2en** consumare; **~er** m consumatore; **~ermarkt** m ipermercato

Verbrech|en n delitto m; **~er(in** f) m criminale m/f; delinquente m/f

verbreit|en diffóndere; **~ern** allargare; **2ung** f diffusione

verbrenn|en bruciare; **2ung** f combustione; Med scottatura; **~ 2. Grades** ustione di secondo grado

verbringen Zeit passare

verbrühen: *sich* ~ scottarsi

verbürgen: *sich* ~ *für* rèndersi garante di

Verdacht *m* sospetto

verdächtig sospetto; **~en** sospettare (*e-r Sache* di qc)

ver|dammen condannare; **~dammt!** F maledizione!; **~danken** dovere (*j-m et* qc a qu)

verdau|en digerire; *schwer* **~lich** indigesto; **2ung** *f* digestione; **2ungsstörung** *f* disturbi *m/pl* di digestione

Ver|deck *n* *Auto* capote *f*; **2decken** coprire; **2derben** guastare; *Lebensmittel* andare a male; **2derblich** *Speisen* deperibile; **2deutlichen** chiarire

verdien|en *Geld* guadagnare; *Lob* meritare; **2st¹** *n* mèrito *m*; **2st²** *m* guadagno

ver|doppeln raddoppiare; **~dorben** *Speisen, Magen* guasto; **~drängen** scacciare; *psychisch* reprìmere; **~drehen** stòrcere; **~duften** F svignàrsela; **~dünnen** diluire; *Wein* annacquare; **~dunsten** evaporare; **~dursten** morire di sete

verehr|en venerare; adorare; F *fig* regalare (*j-m et* qc a qu); **2er(in** *f*) *m* ammiratore (-trice *f*) *m*; **2ung** *f* venerazione

vereidig|en far giurare; **~t** giurato

Verein *m* associazione *f*; **2ba-**

ren *Treffen* stabilire; **~barung** *f* accordo *m*; **2fachen** semplificare; **2igen** unire; *Vereinigte Staaten pl* Stati *m/pl* Uniti; **~igung** *f* unione *f*

ver|einzelt sporàdico; **~eist** ghiacciato; **~eitert** suppurato; **~engen:** *sich* ~ restrìngersi; **~erben** lasciare (in eredità); **2erbung** *f* ereditarietà

verfahren procèdere; *sich* ~ smarrirsi; **2** *n* procedimento *m* (*a jur*); mètodo *m*

Verfall *m* rovina *f*; *Med* deperimento; **2en** *Gebäude* andare in rovina; *ablaufen* scadere; **~sdatum** *n* data *f* di scadenza

verfass|en redìgere; **2er(in** *f*) *m* autore (-trice *f*) *m*; **2ung** *f* *Pol* costituzione

verfault marcio

verfehl|en *Ziel* mancare; *j-n* non incontrare, non trovare

ver|fliegen *Zeit* volare; **~fluchen** maledire

verfolg|en inseguire; **2er** *m* inseguitore; **2te(r** *f* (*m*) perseguitato (-a *f*) *m*; **2ung** *f* *Pol* persecuzione

verfrüht prematuro

verfüg|bar disponìbile; **~en** disporre (*über* di)

Verfügung *f*: *j-m et zur ~ stellen* méttere qc a disposizione di qu

verführ|en sedurre; indurre (*zu* a); **~erisch** seducente; **2ung** *f* seduzione

vergangen passato; **2heit** f passato m

Vergaser m carburatore

vergeb|en perdonare; *Amt* conferire (*an* a); **~ens** invano; **~lich** inutile

vergehen *Zeit* passare; **2** n delitto m

vergelt|en rèndere; ripagare; **2ung** f rappresaglia

ver|gessen dimenticare; scordare; **~gesslich** smemorato; **~gewaltigen** violentare; **2gewaltigung** f stupro m

vergewissern: sich ~ accertarsi

ver|gießen versare; **~giften** avvelenare; **2giftung** f intossicazione

Vergissmeinnicht n *Bot* non-tiscordardimé m

Vergleich m confronto; *jur* accomodamento; **2bar** paragonàbile; **2en** paragonare (**mit** a)

Vergnügen n piacere m; divertimento m; **mit ~** con piacere; **viel ~!** buon divertimento!

vergnüg|t contento; allegro; **2ungspark** m parco di divertimenti

ver|goldet (in)dorato; **~graben** v/t sotterrare; **~griffen** *Hdl* esaurito; **~größern** ingrandire

Vergrößerung f ingrandimento m (a *Fot*); **~sglas** n lente f d'ingrandimento

Ver|günstigung f vantaggio

m; **~gütung** f rimborso m

verhaft|en arrestare; **2ung** f arresto m

verhalten: sich ~ *Person* comportarsi; *Sache* stare; **2** n comportamento m

Verhältnis n rapporto m, relazione f; **~se** pl condizioni f/pl; **2mäßig** relativamente

verhand|eln negoziare (**über** *et* qc); **2lung** f trattativa; *jur* dibattimento m

ver|hasst odiato; **~heimlichen** celare; **~heiratet** sposato (**mit** con)

verhindern impedire; **ich bin ~t** sono impossibilitato

Verhör n interrogatorio m; **2en** interrogare; **sich ~** capire male

verhungern morire di fame

verhüt|en prevenire; **2ung** f contraccezione; **2ungsmittel** n contraccettivo m

verirren: sich ~ smarrirsi

Verjährung f prescrizione

Verkauf m véndita f; **2en** véndere; **zu ~** in véndita

Verkäufer(in f) m venditore (-trice f) m; im *Geschäft* commesso (-a f) m

Verkaufsstand m bancarella f

Verkehr m *Straßen*2 tràffico; *Geschlechts*2 rapporto sessuale; **2en** *Busse usw* fare servizio, circolare; **mit** *j-m* èssere in rapporti (con); in e-m *Lokal* frequentare

Verkehrs|amt n ufficio m per

il turismo; 2**beruhigt**: ~*e Zone* zona verde; ~**chaos** *n* tràffico *m* caòtico; ~**funk** *m* Onda *f* verde; ~**insel** *f* salvagente *m*; ~**mittel** *n* mezzo *m* di trasporto; ~**polizei** *f* stradale; ~**polizist** *m* vìgile urbano; 2**reich** molto frequentato; ~**stau** *m* ingorgo stradale; ~**teilnehmer** *m* utente della strada; ~**unfall** *m* incidente stradale; ~**verein** *m* ente per il turismo; ~**zeichen** *n* segnale *m* stradale

verkehrt *falsch* sbagliato

ver|**klagen** querelare (**wegen** per); ~**kleiden**: *sich* ~ travestirsi; ~**kleinern** ridurre (*a Fot*); ~**kommen** *adj* in rovina; *Mensch* depravato; ~**kraften** sopportare; ~**krampft** *Muskel* rattrappito; *fig* impacciato

ver|**künden** annunciare; *öffentlich* proclamare; ~**kürzen** accorciare

verladen caricare; *Mar* imbarcare

Verlag *m* casa *f* editrice

verlangen richièdere, esìgere; 2 *n* desiderio *m*

verlänger|**n** allungare; *zeitlich* prolungare; 2**ung** *f* prolungamento *m*; 2**ungsschnur** *f* prolunga

verlangsamen rallentare

verlassen lasciare; abbandonare; *sich ~ auf* fidarsi di

verlässlich fidato

Verlauf *m* corso, *Ablauf* anda-

mento; 2**en**: *sich* ~ smarrirsi

ver|**legen** *Termin* rimandare (**auf** *a*); *et* smarrire; *adj* impacciato; 2**legenheit** *f* imbarazzo *m*; 2**leger**(**in** *f*) *m* editore (-trice *f*) *m*; 2**leih** *m* noleggio; ~**leihen** prestare; *gegen Gebühr* noleggiare; ~**lernen** disimparare

verletzen ferire; *sich* ~ ferirsi

Verletz|**te**(*r*) *f* (*m*) ferito (-a *f*) *m*; ~**ung** *f* ferita

verleumd|**en** calunniare; 2**ung** *f* calunnia

verlieben: *sich* ~ innamorarsi (*in* di)

verliebt innamorato

verlieren pèrdere

Verlierer(**in** *f*) *m* perdente *m/f*

verlob|**en**: *sich* ~ fidanzarsi; 2**te** *f* fidanzata; 2**ter** *m* fidanzato *m*; 2**ung** *f* fidanzamento *m*

ver|**lockend** allettante; ~**logen** bugiardo; *Moral* falso

verloren perso, perduto; ~ *gehen* andar perduto

verlos|**en** sorteggiare; 2**ung** *f* sorteggio *m*

Verlust *m* pèrdita *f*; ~**anzeige** *f* denuncia di smarrimento

vermehren aumentare; *sich* ~ moltiplicarsi; *Biol* riprodursi

vermeiden evitare

Vermerk *m* nota *f*

vermiet|**en** affittare; *Rad, Auto* dare a nolo; 2**er**(**in** *f*) *m* locatore (-trice *f*) *m*; 2**ung** *f* noleggio *m*

ver|missen avere nostalgìa (di qu, di qc); *nicht finden* non trovare; **♀misste(r)** *f (m)* disperso (-a *f) m;* **~mitteln** intermediare (*zwischen* tra); *Wissen* trasmèttere; **♀mittlung** *f Tel* centralino *m;* **♀mögen** *n Besitz* patrimònio *m;* fortuna *f;* **~mögend** benestante

vermuten supporre; **~lich** *adv* probabilmente; **♀ung** *f* supposizione

ver|nachlässigen trascurare; **~nehmen** *jur* interrogare; **♀nehmung** *f* interrogatorio *m;* **~neinen** negare; **~nichten** distrùggere; **♀nichtung** *f* annientamento *m;* **♀nunft** *f* ragione; **~nünftig** ragionévole; **~öffentlichen** pubblicare

verordn|en *Med* prescrìvere; **♀ung** *f Med* prescrizione

verpachten affittare

verpack|en impacchettare; *Ware* imballare; **♀ung** *f* imballaggio *m*

verpassen *Zug* pèrdere

Verpflegung *f* vitto *m*

verpflicht|en: *sich zu et* **~** impegnarsi a fare qc; **♀ung** *f* impegno *m*

ver|pfuschen abborracciare; **~prügeln** bastonare; **♀rat** *m* tradimento; **~raten** tradire; **♀räter(in** *f) m* traditore (-trice *f) m*

verrechn|en compensare (*mit* con); *sich um 10 Euro* **~** sbagliare di cento euro; **♀ungsscheck** *m* assegno sbarrato

ver|reisen partire in viaggio; **~renken** *Med* slogare; **♀renkung** *f* slogatura; **~ringern** diminuire; **~rosten** arrugginire

verrückt pazzo

ver|rufen *adj* malfamato; **~rutschen** spostarsi

Vers *m* verso

ver|sagen *Motor* non funzionare; *Mensch* fallire; **♀sager(in** *f) m* fallito (-a *f) m;* **~salzen** *adj* troppo salato

versamm|eln radunare; *sich* **~** riunirsi; **♀lung** *f* riunione

Versand *m* spedizione *f;* **~haus** *f* ditta *f* di véndita per corrispondenza

ver|säumen *Zug* pèrdere; **~schaffen** procurare; procacciare; **~schenken** dare in regalo; **~schicken** spedire; **~schieben** spostare; *zeitlich* differire (*um* di; *auf* a)

verschieden diverso, differente; **♀heit** *f* diversità; **~tlich** più volte

ver|schiffen imbarcare; **~schimmelt** ammuffito; **~schlafen** non svegliarsi in tempo; *adj* assonnato

verschlechter|n *u sich* **~** peggiorare; **♀ung** *f* peggioramento *m*

Verschleiß *m* usura *f*

ver|schleppen *Krankheit* trascurare; *deportieren* deportare; ~**schließen** chiùdere a chiave; ~**schlimmern** aggravare; ~**schlossen** chiuso

verschluck|en inghiottire; *ich habe mich ~t* mi è andato di traverso

Ver|schluss *m* chiusura *f*; *Deckel* coperchio; *Fot* otturatore; 2**schmähen** sdegnare; 2**schmutzt** sporco; 2**schneit** coperto di neve; 2**schnüren** legare; 2**schollen** scomparso; disperso; 2**schonen** risparmiare; 2**schönern** abbellire

verschreib|en *Med* prescrìvere

ver|schrotten ridurre in rottami; ~**schulden** *Unfall* causare; ~**schütten** versare; ~**schweigen** tacere

verschwend|en dissipare; ~**erisch** dissipato; pròdigo; 2**ung** *f* dissipazione

ver|schwiegen discreto; ~**schwinden** sparire, scomparire; ~**schwommen** sfocato

Verschwörung *f* congiura

versehen provvedere (*mit* di); *sich ~* sbagliarsi; 2 *n* svista *f*; errore *m*; *aus* 2 per sbaglio; ~**tlich** inavvertitamente

ver|senden spedire; ~**setzen** *j-n* trasferire; *Schüler* promuòvere; *e-n Schlag* colpire; F *nicht erscheinen* far aspettare inutilmente; *sich in j-s Lage ~* F mèttersi nei

panni di; ~**seucht** inquinato

versicher|n assicurare (*gegen* contro); *beteuern* affermare; 2**te(r)** *f* (*m*) assicurato (-a *f*) *m*

Versicherung *f* assicurazione; ~**sbeitrag** *m* premio d'assicurazione; ~**sfall** *m* sinistro; ~**skarte** *f*: *Kfz* **grüne** ~ carta verde; ~**spolice** *f*, ~**sschein** *m* pòlizza *f* d'assicurazione

ver|siegeln sigillare; ~**silbert** argentato; ~**sinken** affondare

versöhn|en: *sich ~* riconciliarsi (*mit* con); 2**ung** *f* riconciliazione

versorgen *Familie* mantenere; ~ *mit* provvedere di

verspannt contratto

verspät|en: *sich ~* arrivare in ritardo; 2**ung** *f* ritardo *m*

ver|sperren sbarrare; ~**spielen** pèrdere (al gioco); ~**spotten** schernire

versprech|en promèttere; 2**en** *n* promessa *f*; 2**er** *m* lapsus, papera *f*

ver|spüren sentire; ~**staatlichen** nazionalizzare; 2**stand** *m* intelletto

verständig|en informare (*von*, *über* di); *sich ~* farsi capire; 2**ung** *f* comunicazione

verständ|lich comprensìbile; 2**nis** *n* comprensione *f*; ~**nisvoll** comprensivo

verstärk|en rinforzare; 2**er** *m*

amplificatore; 2ung f rinforzo m

verstauch|en: *sich den Fuß* ~ slogarsi il piede; 2ung f slogatura

verstauen stipare

Versteck n nascondiglio m; 2en nascóndere

verstehen capire, comprèndere; *sich* ~ andare d'accordo; intèndersi (*auf et* di qc)

Versteigerung f asta

versteinert pietrificato

verstell|bar regolàbile; ~en regolare; *sich* ~ fingere

versteuern pagare le imposte

ver|stimmt *Mus* scordato; *fig* di malumore; ~stohlen furtivo; ~stopft *Abfluss, Straße* intasato; 2stopfung f *Med* costipazione; ~storben defunto

verstört sconvolto, turbato

Verstoß m offesa f (*gegen* a); 2en contravvenire (*gegen* a)

ver|streichen *Frist* scadere; *Zeit* passare; ~streuen spargagliare

Versuch m tentativo; esperimento; 2en tentare; ~skaninchen n *pej* cavia f; ~ung f tentazione

ver|tagen aggiornare; ~tauschen scambiare

verteidig|en difèndere; 2er m difensore; 2ung f difesa

verteil|en distribuire; 2er m *Kfz* spinterògeno; 2ung f distribuzione

vertiefen approfondire

vertikal verticale

Vertrag m contratto; 2en sopportare; *sich* ~ andare d'accordo; ~swerkstatt f officina convenzionata

vertrau|en: fidarsi (*j-m, auf j-n* di qu); 2en n fiducia f; ~lich confidenziale; ~t familiare; íntimo

vertreiben cacciare; *sich die Zeit* ~ far passare il tempo

vertret|en *j-n* sostituire; *Firma* rappresentare; 2er(in f) m rappresentante m/f; 2ung f rappresentanza; *Stellvertretung* supplenza

Vertrieb m véndita f, distribuzione f

ver|trocknen seccare; ~tuschen nascóndere; ~unglücken avere un incidente; ~ursachen causare

verurteil|en condannare; 2ung f condanna

ver|vielfältigen riprodurre; ~vollständigen completare

verwackelt *Fot* fotografia f mossa

verwählen: *Tel sich* ~ sbagliare nùmero

verwahrlost trascurato

verwalt|en amministrare; 2er(in f) m amministratore (-trice f) m; 2ung f amministrazione

verwandeln trasformare

verwandt imparentato (*mit* con); 2e(r) f (m) parente m/f; 2schaft f parentela

Verwarnung *f* ammonizione; ***gebührenpflichtige*** **~** multa
ver|wechseln scambiare; **≈wechslung** *f* scambio *m*; **~weigern** rifiutare; **≈weis** *m Tadel* rimpròvero; *Hinweis* rinvìo; **~welkt** appassito; **~wenden** usare; **≈wendung** *f* uso *m*; impiego *m*; **~wirklichen** realizzare
verwirr|en confóndere; **~t** confuso; **≈ung** *f* confusione
ver|witwet *Mann* védovo; *Frau* védova; **~wöhnen** viziare; **~worren** confuso; **≈wunderung** *f* stupore *m*; **~wundet** ferito; **~wünschen** maledire; **~wüsten** devastare
verzählen: ***sich*** **~** sbagliare a contare
verzaubern incantare
Verzehr *m* consumo; **≈en** consumare
Verzeichnis *n* lista *f*, elenco *m*; *EDV* directory *f*
verzeihen perdonare
Verzeihung *f* perdono *m*; **~!** scusi!
verzerrt deformato; *Fuß* slogato
Verzicht *m* rinuncia *f*; **≈en** rinunciare (***auf*** a)
Verzierung *f* ornamento *m*
verzöger|n ritardare; ***sich*** **~** tardare; **≈ung** *f* ritardo *m*
verzollen sdoganare; ***haben Sie etwas zu*** **~*?*** ha qualcosa da dichiarare?
verzweif|eln disperare; **≈lung** *f* disperazione
Vesuv *m* (il) Vesuvio
Vetter *m* cugino
vgl. (*vergleiche*) cfr. (*confronta*)
Video *n* video *m*; **~kamera** *f* videocàmera; **~kassette** *f* videocassetta; **~rekorder** *m* videoregistratore; **~spiel** *n* videogioco *m*; **~thek** *f* videoteca
Vieh *n* bestiame *m*; **~zucht** *f* allevamento *m* di bestiame
viel molto; tanto; ***sehr*** **~** moltìssimo; ***nicht*** **~** poco; **~ *zu*** … troppo …; **~ *besucht*** frequentato; **~ *sagend*** *Blick* eloquente; **~ *versprechend*** (molto) promettente; **~deutig** ambìguo; **~fach, ~fältig** moltéplice
vielleicht forse
vielmals: ***danke*** **~ *!*** grazie tante!
viel|mehr anzi; **~seitig** versàtile
vier quattro; **≈bettkabine** *f* cabina a quattro letti; **≈eck** *n* quadrilàtero *m*; **~eckig** quadrangolare; **~spurig** a quattro corsìe; **≈sternehotel** *n* albergo a quattro stelle; **≈taktmotor** *m* motore a quattro tempi
vierte quarto; **~ns** in quarto luogo
Viertel *n* quarto *m*; *Stadt≈* quartiere *m*, rione *m*; **~jahr** *n* trimestre *m*; **~stunde** *f* quarto *m* d'ora

Vignette f *österr* bollino m autostradale

Vintschgau m Val f Venosta

violett violetto

Violine f violino m

Virus m *Med*, *EDV* virus; **~infektion** f infezione da virus

Visitenkarte f biglietto m da visita

Visum n visto m

Vitamin n vitamina f; **2reich** ricco di vitamine

Vogel m uccello; **~perspektive** f prospettiva a volo d'uccello; **~scheuche** f spaventapàsseri m

Vokabel f vocàbolo m

Vokal m vocale f

Volk n pòpolo m

Völkerrecht n diritto m internazionale

Volks|fest n festa f popolare; **~hochschule** f università f popolare; corsi m/pl per adulti; **~kunst** f arte f popolare; **~lied** n canzone f popolare; **~musik** f mùsica f folclorìstica; **~republik** f repùbblica popolare; **~tanz** m danza f folclorìstica; **2tümlich** popolare; **~wirtschaft** f economia f nazionale

voll pieno; *ganz* intero; tutto; **~ tanken** fare il pieno; *halb* ~ pieno a metà; **~ und ganz** totalmente; **~automatisch** completamente automàtico; **2bart** m barba f piena; **2bremsung** f frenata brusca; **~enden** terminare

Volleyball n pallavolo f

Vollgas n: **~ geben** dare tutto il gas

völlig *adv* completamente

voll|jährig maggiorenne; **2kaskoversicherung** f assicurazione contro tutti i rischi; **~kommen** perfetto; **2kornbrot** n pane m integrale; **2macht** f procura; **2milch** f latte m intero; **2mond** m luna f piena; **2narkose** f narcosi totale; **2pension** f pensione completa; **~ständig** completo; **~zählig** completo

Volumen n volume m

von di; da; *Sind Sie* **~** *hier?* è del posto?; **~ ... nach** da ... a; **~ mir aus** da parte mia; **~ heute an** da oggi in poi; **~ A bis Z** dalla a alla zeta; **~einander** l'uno dall'altro

vor *örtlich* davanti a; *zeitlich* prima di; **~ einer Woche** una settimana fa; *Viertel* **~ drei** le tre meno un quarto

Vorabend m: *am* **~** alla vigilia (di)

voran avanti; **~gehen** andare avanti; **~kommen** avanzare; *fig* progredire

Vor|anmeldung f preavviso m; **~anschlag** m *Kosten2* preventivo; **~arbeiter(in** f) m caposquadra m/f

voraus *im* **2** in anticipo; **~gehen** andare avanti

vorausgesetzt **~,** *dass* ... supposto che ... (+ *cong*)

voraus|sagen predire; **~se-**

hen prevedere; **⌂setzung** *f* condizione; **⌂sichtlich** probàbile; **⌂zahlung** *f* pagamento *m* anticipato

Vorbehalt *m* riserva *f*; **ohne ⌂** senza riserve

vorbei *örtlich* davanti (*an* a); *zeitlich* passato; **⌂fahren, ⌂gehen** passare; **⌂lassen** lasciar passare

vorbe|reiten preparare; **⌂reitung** *f* preparazione; **⌂stellen** prenotare; **⌂stellung** *f* prenotazione

vorbestraft pregiudicato

vorbeug|en *et* prevenire qc; **sich ⌂** spòrgersi in avanti; **⌂end, zur ⌂ung** come prevenzione (*gegen* contro)

Vorbild *n* modello *m*; esempio *m*; **⌂lich** esemplare

Vorder... anteriore; **⌂achse** *f* asse anteriore; **⌂grund** *m* primo piano; **⌂rad** *n* ruota *f* anteriore; **⌂radantrieb** *m* trazione *f* anteriore; **⌂seite** *f* parte anteriore; **⌂sitz** *m* sedile anteriore; **⌂teil** *m/n* davanti *m*

vordrängen: **sich ⌂** farsi largo

Vor|druck *m* mòdulo; **⌂eilig** affrettato; **⌂eingenommen** prevenuto; **⌂erst** dapprima; **⌂fahren** andare avanti; **⌂fahrt** *f* precedenza; **⌂fahrtsstraße** *f* strada con diritto di precedenza; **⌂fall** *m* incidente; **⌂finden** trovare

vorführ|en presentare; **⌂ung** *f*

rappresentazione

Vor|gang *m* Ereignis avvenimento; *Hergang* svolgimento; **⌂gänger(in** *f*) *m* predecessore (-a *f*) *m*; **⌂gehen** *handeln* procèdere; *Uhr* andare avanti; **⌂gesetzte(r)** *f* (*m*) superiore *m/f*; **⌂gestern** l'altro ieri; **⌂haben** avere in programma; *beabsichtigen* avere l'intenzione (*zu* di); **⌂haben** *n* intenzione *f*; **⌂halle** *f* atrio *m*

vorhanden esistente; **⌂ sein** èsserci

Vor|hang *m* Fenster⌂ tenda *f*; *Thea* sipario; **⌂hänge-schloss** *n* lucchetto *m*

vorher prima; **⌂gehend** precedente

vorherrschen predominare

Vorher|sage *f* Wetter previsioni *f/pl*; **⌂sehbar**; prevedìbile; **⌂sehen** prevedere

vorhin poco fa

vorig precedente; passato; **⌂es Jahr** l'anno scorso

Vorjahr *n* anno *m* precedente

Vor|kehrung *f* provvedimento *m*; **⌂kenntnisse** *f/pl* cognizioni preliminari

vorkomm|en *existieren* trovarsi; *geschehen* succèdere; *j-m erscheinen* parere a qu; **⌂nis** *n* evento *m*

Vorkriegszeit *f* anteguerra *m*

vorlad|en citare; **⌂ung** *f* citazione

Vor|lage *f* Muster modello *m*; **⌂lassen** far passare; **⌂läufig**

provvisorio; *adv* per il momento; 2**legen** presentare; 2**lesen** lèggere; **~lesung** *f* lezione; 2**letzte** penùltimo

vorlieb: **~ nehmen mit** accontentarsi di

Vorliebe *f* predilezione (*für* per)

vor|liegen èsserci; **~machen** *zeigen* mostrare; 2**marsch** *m* avanzata *f*; **~merken** prenotare

Vormittag *m* mattina(ta) *f*; **am ~,** 2**s** (**vorm.**) di mattina, antimeridiano (*a.m.*); **heute ~** stamattina

Vormund *m* tutore

vorn davanti; **nach ~** in avanti; **von ~** dal davanti; *zeitlich* dall'inizio

Vorname *m* nome (di battésimo)

vornehm distinto

vornehmen: **sich ~** proporsi (*et zu tun* di fare qc)

vornherein: **von ~** fin dal principio

Vorort *m* sobborgo; **~zug** *m* treno suburbano

Vor|rang *m* priorità *f*; **~rat** *m* provviste *f/pl*; 2**rätig** disponibile; **~recht** *n* privilegio *m*; **~richtung** *f* dispositivo *m*; **~ruhestand** *m* pensionamento anticipato; **~runde** *f* *Sport* eliminatoria; **~saison** *f* bassa stagione; **~satz** *m* intenzione *f*; 2**sätzlich** intenzionale; **~schau** *f* TV presentazione del programma;

~schein *m*: **zum ~ kommen** apparire

Vor|schlag *m* proposta *f*; 2**schlagen** proporre; 2**schreiben** prescrivere; **~schrift** *f* prescrizione; regolamento *m*; 2**schriftsmäßig** *adv* conforme al regolamento; **~schuss** *m* anticipo

vorsehen *planen* prevedere; **sich ~** guardarsi (*vor* da)

Vorsicht *f* precauzione; **~!** attenzione!; 2**ig** prudente, cauto; 2**shalber** per prudenza; **~smaßnahme** *f* misura precauzionale

Vor|sitz *m* presidenza *f*; **~sitzende(r)** *f* (*m*) presidente (*-essa*) *f* (*m*); 2**sorglich** *adv* per precauzione; **~speise** *f* antipasto *m*; **~spiel** *n* preludio *m*; *sexuell* giochi *m/pl* preliminari; **~sprung** *m* *Arch* sporto; *fig* vantaggio; **~stadt** *f* sobborgo *m*; **~stand** *m* consiglio direttivo

vorstell|en *j-n* presentare; *Uhr* méttere avanti; **sich ~** *j-m* presentarsi; *denken* figurarsi; 2**ung** *f* presentazione; *Idee* idea; *Thea* rappresentazione; **~ungsgespräch** *n* collòquio *m* per assunzione

Vor|stoß *m* *Versuch* tentativo; **~strafen** *f/pl* precedenti *m/pl* penali; 2**strecken** *Geld* anticipare; **~tag** *m* giorno precedente; **~teil** *m* vantaggio; 2**teilhaft** vantaggioso; **~trag** *m* confe-

renza f; ²**trefflich** eccellente;
²**treten** farsi avanti; **~tritt** m
precedenza f

vorüber passato; **~gehend**
passeggero; transitorio

Vor|urteil n pregiudizio m;
~verkauf m prevéndita f;
~verkaufsstelle f botteghino m; **~wahl** f Tel prefisso
m; **~wand** m pretesto

vorwärts avanti; **~ kommen**
progredire, avanzare

vor|weisen presentare; **~wer-**
fen rimproverare (j-m et qc
a qu); **~wiegend** adv preva-

lentemente; ²**wort** n prefazione f; ²**wurf** m rimpróvero;
²**zeichen** n segno m; **~zei-**
gen presentare; **~zeitig** anticipato; **~ziehen** Arbeit, Termin anticipare; lieber mögen
preferire; ²**zimmer** n anticà-
mera f; ²**zug** m preferenza f;
~züglich eccellente; Speise
squisito; ²**zugspreis** m prezzo di favore

vulgär volgare

Vulkan m vulcano; **~aus-**
bruch m eruzione f vulcàni-
ca

W

W (Westen) O. (ovest)

Waage f bilancia; Astrol Bilancia; ²**recht** orizzontale

wach sveglio; ²**e** f guardia

Wacholder m ginepro

Wachposten m sentinella f

Wachs n cera f; Skiwachs
sciolina f

wachsen¹ Ski sciolinare

wachsen² Pflanze, Haare,
Bart créscere; fig aumentare

Wachtel f quaglia

Wächter m guardiano

Wackel|kontakt m contatto
lasco; ²**n** Tisch, Zahn tenten-
nare

Wade f polpaccio m

Waffe f arma

Waffel f cialda

Waffen|schein m porto d'ar-
mi; **~stillstand** m tregua f

wagen osare (et zu tun fare
qc); et rischiare

Wagen m vettura f; Auto màcchina f; Esb vagone; Ein-
kaufs² carrello; **~heber** m
martinetto, cric

Wag(g)on m vagone

Wagnis n rischio m

Wahl f scelta; Pol elezione;
Hdl **zweite ~** seconda qualità

wähl|en scégliere; Tel fare il
nùmero; ²**er(in** f) m elettore
(-trice f) m; **~erisch** schifil-
toso; esigente

Wahl|fach n materia f facolta-
tiva; ²**los** a caso

wahlweise a scelta

Wahnsinn m pazzìa f; ²**ig**
pazzo; j-n ~ **machen** far impazzire qu

wahr vero; *das ist* (*nicht*) ~ (non) è vero; *nicht* ~? (non è) vero?

während *prp* durante; *cj* mentre; ~**dessen** frattanto

Wahrheit *f* verità; 2s**gemäß** *adv* conforme al vero

wahr|nehmen *sinnlich* percepire; *nutzen* approfittare di; 2**sager**(*in f*) *m* veggente *m/f*

wahrscheinlich probàbile; *adv* probabilmente; 2**keit** *f* probabilità

Währung *f* valuta, moneta; ~**seinheit** *f* unità monetaria

Wahrzeichen *n* emblema *m*

Waise *f* òrfano (-a *f*) *m*

Wal *m* balena *f*

Wald *m* bosco; *großer* foresta *f*; ~**arbeiter** *m* boscaiolo; ~**brand** *m* incendio di bosco; ~**hüter** *m* guardaboschi; 2**ig,** 2**reich** boscoso; ~**sterben** *n* morìa *f* dei boschi; ~**weg** *m* sentiero nel bosco

Walkman *m* walkman

Wall *m* terrapieno

Wallfahrt *f* pellegrinaggio *m*; ~**skirche** *f* santuario *m*; ~**sort** *m* luogo di pellegrinaggio

Wallis *n* Vallese *m*

Walnuss *f* noce

Walze *f Straße* 2 rullo *m* compressore

Walzer *m* valzer

wälzen rotolare

Wand *f* parete; *Felswand* dirupo *m*

Wandel *m* cambiamento

Wander|ausstellung *f* esposizione itinerante; ~**karte** *f* carta dei percorsi escursionìstici; 2**n** fare le escursioni a piedi; ~**ung** *f* escursione; ~**weg** *m* sentiero

Wand|gemälde *n* pittura *f* murale; ~**schrank** *m* armadio a muro; ~**teppich** *m* arazzo

Wange *f* guancia

wanken vacillare

wann quando; *seit* ~? da quando?; *bis* ~? fino a quando?

Wanne *f* vasca

Wanze *f Zo* cìmice; microspia

Wappen *n* stemma *m*

Ware *f* merce

Waren|haus *n* grandi magazzini *m/pl*; ~**lager** *n* depòsito *m*

warm caldo

Wärm|e *f* calore *m*; ~**edämmung** *f* isolamento *m*; 2**en** (ri)scaldare; ~**flasche** *f* borsa dell'acqua calda

Warm|start *m EDV* riavvio; ~**wasser** *n* acqua *f* calda

Warn|blinkanlage *f* lampeggiatori *m/pl*; ~**dreieck** *n* triàngolo *m*; 2**en:** ~ *vor* méttere in guardia contro; ~**schild** *n* segnale *m* di perìcolo; ~**streik** *m* sciòpero d'avvertimento; ~**ung** *f* avvertimento *m* (*vor* di)

Warschau *n* Varsavia *f*

Warte|liste *f* lista d'attesa; 2**n** aspettare (*auf j-n, et* qu, qc)

Tech revisionare; **~n** *n* attesa *f*

Wärter(in *f*) *m* guardiano (-a *f*) *m*

Warte|saal *m* sala *f* d'aspetto; **~zeit** *f* tempo *m* d'attesa; **~zimmer** *n* sala *f* d'aspetto

Wartung *f Tech* assistenza; manutenzione

warum perché

Warze *f* verruca

was che, che cosa; *wie viel* quanto; **~ für (ein)** che; quale

Wasch|anlage *f Kfz* autolavaggio *m*; **2bar** lavàbile; **~becken** *n* lavandino *m*

Wäsche *f* biancheria; *das Waschen* bucato *m*; **~klammer** *f* molletta; **~leine** *f* filo *m* dei panni

waschen lavare; *Wäsche* fare il bucato; **sich ~** lavarsi

Wäsche|rei *f* lavanderìa; **~ständer** *m* stendibiancherìa; **~trockner** *m Gerät* asciugabiancherìa *f*

Wasch|lappen *m* panno per lavarsi; **~maschine** *f* lavatrice; **~mittel** *n*, **~pulver** *n* detersivo *m*; **~raum** *m* lavatoio *m*; **~salon** *m* lavanderìa *f* a gettoni; **~straße** *f* canale *m* lavaggio

Wasser *n* acqua *f*; *fließendes ~* acqua *f* corrente; **~anschluss** *m* allacciamento dell'acqua; **~bad** *n Kochk* bagnomarìa *m*; **~ball** *m* pallanuoto *f*; **2dicht** impermeà-

bile; **~fall** *m* cascata *f*; **~flugzeug** *n* idrovolante *m*; **~hahn** *m* rubinetto dell'acqua; **~kraftwerk** *n* centrale *f* idroelèttrica; **~kühlung** *f* raffreddamento *m* ad acqua; **~leitung** *f* condotta dell'acqua; **2löslich** solùbile in acqua; **~mann** *m Astrol* Acquario; **~melone** *f* cocómero *m*; anguria; **~scheide** *f* spartiacque *m*; **2scheu** idròfobo; **~ski** *m* sci nàutico; **~sport** *m* sport acquàtico; **~spülung** *f* sciacquone *m*; **~stand** *m* livello dell'acqua; **~stoff** *m* idrògeno; **~straße** *f* idrovia; **~temperatur** *f* temperatura dell'acqua; **~verschmutzung** *f* inquinamento *m* delle acque; **~werk** *n* centrale *f* ìdrica

waten guadare

Watt¹ *n Geogr* bassofondo *m*

Watt² *n El* watt *m*

Watte *f* ovatta; **~bausch** *m* batùffolo di ovatta

WC *n* wc *m*

Web *n Internet* web [ueb] *m*, Rete *f*

weben tèssere

Web|-Seite *f Internet* sito *m* web; **~stuhl** *m* telaio

Wechsel *m* cambiamento; *Geld2* cambio; **~geld** *n* moneta *f*; spìccioli *m/pl*; **2haft** *Wetter* variàbile; **~jahre** *pl* menopàusa *f*; **~kurs** *m* cambio; **2n** cambiare; **~strom** *m* corrente *f* alternata; **~stube**

_f_ agenzia _f_ di cambio

Weck|dienst _m_ sveglia _f_ telefònica; **2en** svegliare; **2er** _m_ sveglia _f_

weder: ~ ... **noch** né ... né

weg via; _verschwunden_ scomparso; _weggegangen_ uscito; _wegefahren_ partito

Weg _m_ via _f_ (_a fig_) strada _f_; sentiero; cammino

weg|bleiben non venire; **~bringen** portare via

wegen a causa di; per

weg|fahren partire; **~fallen** èssere soppresso; **~geben** dare via; **~gehen** andàrsene; **~jagen** scacciare; **~lassen** omèttere; **~laufen** córrere via; **~nehmen** tògliere; **~räumen** rimuòvere; **~rücken** scostare; **~schaffen** portare via; **~schicken** mandare via; **~schieben** scostare; spìngere via; **~stellen**, **~tun** méttere via

Wegweiser _m_ indicatore stradale

wegwerf|en gettare via; **2flasche** _f_ vuoto _m_ a pèrdere; **2gesellschaft** _f_ società degli sprechi

weh → **wehtun**

wehen soffiare

Wehen _pl_ doglie _f/pl_

wehleidig lamentoso

Wehr _n_ diga _f_

Wehrdienst _m_ servizio militare; **~verweigerer** _m_ obiettore _m_ di coscienza

wehr|en: sich ~ difèndersi (**gegen** contro); **~los** inerme; **2pflicht** _f_ servizio _m_ militare obbligatorio

wehtun far male (**j-m** a qu)

Weib|chen _n_ _Zo_ fèmmina _f_; **2lich** femminile

weich molle; _Bett, Sessel_ mòrbido; ~ **gekocht** _Ei_ à la coque

Weiche _f_ _Esb_ scambio _m_

weich|en cèdere (a); **2spüler** _m_ ammorbidente

Weide _f_ pàscolo _m_; _Bot_ sàlice _m_; **2n** pascolare

weiger|n: sich ~ rifiutarsi (**et zu tun** di fare qc); **2ung** _f_ rifiuto _m_

weihen consacrare

Weihnachten _n_ Natale _m_; **fröhliche** ~**!** buon Natale!

Weihnachts|feier _f_ festa di Natale; **~mann** _m_ Babbo Natale

Weih|rauch _m_ incenso; **~wasser** _n_ acquasanta _f_

weil perché

Weile _f_: **eine ganze** ~ un bel po'

Wein _m_ vino; _Bot_ vite _f_; _Trauben_ uva _f_; **~bau** _m_ viticultura _f_; **~berg** _m_ vigna _f_; **~bergschnecke** _f_ _Kochk_ lumaca; **~brand** _m_ brandy

weinen piàngere

Wein|essig _m_ aceto di vino; **~glas** _n_ bicchiere _m_ da vino; **~gut** _n_ vigneto _m_; **~handlung** _f_ negozio _m_ di vini; **~karte** _f_ lista dei vini; **~keller**

m cantina *f*; **~lese** *f* vendemmia; **2lokal** *n* osteria *f*; **~probe** *f* degustazione del vino; **~traube** *f* gràppolo *m* d' uva

weise saggio

Weise *f* modo *m*; *auf diese ~* in questo modo

Weisheit *f* saggezza; **~zahn** *m* dente del giudizio

weiß bianco; **2brot** *n* pane *m* bianco; **2kohl** *m*, **2kraut** *n* càvolo bianco; **2wein** *m* vino bianco

weit *entfernt* lontano; *groß* ampio; *breit* largo; *ausgedehnt* esteso; *Weg, Reise* lungo; *wie ~ ist es von hier nach* …? quanto c'è da qui a …?; *~ verbreitet* largamente diffuso; *von ~em* da lontano

weiter: *~ vorn* più avanti

Weitere: *alles ~* tutto il resto; *ohne 2s* senz'altro

weiter|fahren proseguire; **2fahrt** *f* proseguimento *m* del viaggio; **~gehen** continuare; **~kommen** avanzare; **~machen** continuare; **~reisen** continuare il viaggio

weitgehend *adv* ampiamente, largamente

weitsichtig prèsbite

Weitsprung *m* salto in lungo

Weitwinkelobjektiv *n* grandangolare *m*

Weizen *m* frumento

welch|e, **~er**, **~es** *fragend* quale; *relativ* che, il (la) quale

Well|blech *n* lamiera *f* ondulata; **~e** *f* onda

Wellen|bad *n* piscina *f* con onde artificiali; **~gang** *m* moto ondoso; **~länge** *f* lunghezza d'onda; **~linie** *f* lìnea ondulata; **~reiten** *n* surf(ing) *m*; **~sittich** *m* parrocchetto; F pappagallino

well|ig ondulato; **2ness** *f* wellness *f*; **2pappe** *f* cartone *m* ondulato

Wels *m* Zo siluro d'Europa

Welt *f* mondo *m*; **~all** *n* universo *m*; **~anschauung** *f* concezione *f* del mondo; **2berühmt** di fama mondiale; **~karte** *f* mappamondo *m*; **~krieg** *m* guerra *f* mondiale; **~kulturerbe** *n* patrimònio *m* culturale mondiale; **2lich** mondano; **~meister(in** *f*) *m* campione (-essa *f*) *m* del mondo; **~meisterschaft** *f* campionato *m* mondiale; **~raum** *m* cosmo; **~raumflug** *m* volo spaziale; **~reise** *f* viaggio *m* intorno al mondo; **~rekord** *m* primato mondiale; **2weit** universale

wem a chi; *von ~* da chi; *~ gehört* …? a chi appartiene …?

wen chi

Wende *f* svolta; **~kreis** *m* Geogr tròpico; *Kfz* cerchio di virata

Wendeltreppe *f* scala a chiòcciola

wenden voltare; *Auto* girare;

sich ~ *an* rivòlgersi a

wenig poco; *ein* ~ un pò; ~*e pl* pochi, poche; ~*er* meno; *am* ~*sten* meno di tutto; ~**stens** almeno

wenn *Bedingung* se; *zeitlich* quando; *selbst* ~ anche se; ~ *es möglich ist* se è possìbile; ~ *es soweit ist* quando sarà

wer chi

Werbe|agentur *f* agenzia pubblicitaria; ~**fernsehen** *n* pubblicità *f* televisiva; ~**film** *m* film pubblicitario; ~**prospekt** *m* prospetto *m* (pubblicitario); **2n** fare pubblicità (*für* per); ~**spot** *m* spot pubblicitario

Werbung *f* pubblicità

werden diventare; farsi; *Passiv* èssere, venire; *rot* ~ diventare rosso; *groß* ~ farsi grande; *ich werde kommen* verrò

werfen gettare; lanciare

Werft *f* cantiere *m* navale

Werk *n* òpera *f*; *Fabrik* fàbbrica *f*, stabilimento *m*; ~**statt** *f* *Auto*2 officina; ~**stoff** *m* materiale; ~**stück** *n* pezzo *m*; ~**tag** *m* giorno feriale; **2tags** nei giorni feriali; ~**zeug** *n* arnesi *m/pl*; *einzelnes* attrezzo *m*

Wermut *m* vermut

wert würdig degno; *es ist nichts* ~ non vale nulla

Wert *m* valore; *im* ~ *von* del valore di; ~**angabe** *f* dichia

razione del valore; ~**brief** *m* lèttera *f* assicurata; **2los** senza valore; ~**papier** *n* tìtolo *m*; ~**sachen** *f/pl* oggetti *m/pl* di valore; **2voll** prezioso

Wesen *n* èssere *m*; *Natur* natura *f*; caràttere *m*

wesentlich essenziale

weshalb perché

Wespe *f* vespa

wessen di chi; di che

Weste *f* gilet *m*

West|en *m* ovest; occidente; **2lich** occidentale; ~ *von* a ovest di; ~**wind** *m* ponente

Wett|bewerb *m* concorso; *Sport* competizione *f*; *Hdl* concorrenza *f*; ~*e f* scommessa; **2en** scomméttere (*um et* qc)

Wetter *n* tempo *m*; ~**bericht** *m* bollettino meteorològico; ~**dienst** *m* servizio meteorològico; ~**lage** *f* condizioni *f/pl* del tempo; ~**vorhersage** *f* previsioni *f/pl* del tempo

Wett|kampf *m* gara *f*; ~**kämpfer** *m* concorrente; ~**lauf** *m* corsa *f*; ~**streit** *m* gara *f*

Whirlpool *m* vasca *f* con idromassaggio

wichtig importante; **2keit** *f* importanza

wickel|n avvòlgere; *Säugling* fasciare; **2tisch** *m* fasciatòio

Widder *m* *Zo* montone; *Astrol* Ariete

wider contro; **2legen** confutare; ~**lich** disgustoso; ~**rufen** ritrattare; ~**setzen**: *sich* ~

opporsi (a); **~spenstig** ricalcitrante; **~sprechen** (j-m qu): 2spruch m contraddizione f; 2stand m resistenza f (**gegen** a); 2wille m avversione f (**gegen** verso); **~willig** di malavoglia

widm|en dedicare; 2ung f dèdica

wie come; **~ viel?** quanto?; **~ lange?** quanto tempo?

wieder di nuovo; **~ beleben** rianimare; **~ erkennen** riconòscere; **~ finden** ritrovare; **~ gutmachen** riparare; **~ sehen** rivedere; **~ verwenden** riutilizzare; **~ verwerten** riciclare

Wieder|aufbau m ricostruzione f; 2bekommen riavere; **~belebungsversuch** m tentativo di rianimazione; 2bringen riportare; **~gabe** f riproduzione; 2geben rèndere; **~gutmachung** f riparazione

wieder|herstellen restaurare; **~holen** ripètere; 2holung f ripetizione

Wiederkäuer m ruminante

wiederkommen ritornare

Wieder|sehen: auf ~ arrivederci, arrivederLa; **~vereinigung** f riunificazione

Wiege f culla; **~messer** n mezzaluna f

wiegen[1] ab2 pesare

wiegen[2] schaukeln cullare

wiehern nitrire

Wien n Vienna f

Wiese f prato m

Wiesel n dònnola f

wieso come mai

wievielmal quante volte

wild selvàtico

Wild n cacciagione f; selvaggina f; **~dieb** m bracconiere; **~leder** n camoscio m; **~nis** f luogo m selvaggio; **~schwein** n cinghiale m; **~westfilm** m western

Wille m volontà f

willkommen benvenuto

Willkür f arbitrio m; 2lich arbitrario

wimmeln brulicare (**von** di)

Wimmerl n österr Pickel pustoletta f

wimmern gèmere

Wimper f ciglio m; **~ntusche** f mascara m, rimmel m

Wind m vento; **~beutel** m bignè

Winde f Seil2 àrgano m

Windel f pannolino m

Windhose f tromba d'aria

wind|geschützt riparato dal vento; **~ig** ventoso; 2jacke f giacca a vento; 2mühle f mulino a vento; 2pocken pl varicella f; 2schutzscheibe f parabrezza m; 2stärke f intensità del vento; 2stille f calma; 2surfen n windsurf m; 2surfer(in f) m windsurfista m/f

Windung f voluta

Wink m cenno

Winkel m àngolo m

winken fare un cenno (*j-m mit et* a qu con qc)

Winter *m* inverno; **~fahrplan** *m* orario invernale; 2lich invernale; **~mantel** *m* cappotto; **~reifen** *m* pneumàtico invernale; **~schlussverkauf** *m* liquidazione *f* di fine stagione (inverno); **~urlaub** *m* vacanze *f/pl* invernali

Wintersport *m* sport invernale; **~ort** *m* stazione di sports invernali; **~platz** *m* centro di sport invernali

Winzer *m* viticoltore

winzig minùscolo

Wipfel *m* cima *f*

wir noi

Wirbel *m* Anat vèrtebra *f*; Strudel vòrtice; **~säule** *f* colonna vertebrale; **~sturm** *m* ciclone

wirken agire (*auf* su); far effetto

wirklich reale; *adv* davvero; 2keit *f* realtà

wirk|sam efficace; 2ung *f* effetto *m*; **~ungslos** senza effetto; **~ungsvoll** di effetto

wirr confuso

Wirsing(kohl) *m* verza *f*

Wirt *m* oste; **~in** *f* ostessa

Wirtschaft *f* economìa *f*; Gast2 osterìa; **~erin** *f* governante; 2lich econòmico

Wirtshaus *n* trattorìa *f*

wischen pulire; *nass* lavare

Wischlappen *m* cencio

wissen sapere; *nicht ~* ignorare; *~ lassen* far sapere; 2

n cognizioni *f/pl*

Wissenschaft *f* scienza; **~ler** (*in f*) *m* scienziato (-a *f*) *m*; 2lich scientìfico

witter|n fiutare; 2ung *f* fiuto *m*; Wetter tempo *m*

Witwe *f* vèdova; **~r** *m* vèdovo

Witz *m* barzelletta *f*; 2ig spiritoso; 2los *per* insulso

wo dove; **~anders** altrove

Woche *f* settimana

Wochen|ende *n* fine *m* settimana; **~endhaus** *n* casetta *f* per il fine settimana; 2lang *adv* per settimane intere; **~markt** *m* mercato settimanale; **~tag** *m* giorno feriale; 2tags nei giorni feriali

wöchentlich settimanale

wo|durch in che modo; *relativ* con cui; **~gegen** contro che cosa; *relativ* contro cui; **~her** di dove; **~hin** dove

wohl bene; *vermutlich* forse; *sich nicht ~ fühlen* non sentirsi bene; *leben Sie ~!* addìo!

Wohl *n* bene *m*; *auf Ihr ~!* alla Sua salute!; **~befinden** *n* benèssere; 2behalten sano e salvo; 2habend benestante; 2riechend fragrante; 2schmeckend gustoso; **~stand** *m* benèssere; **~tat** *f* benedizione; **~tätigkeit** *f* beneficenza; 2tuend piacèvole; **~wollen** *n* benevolenza *f*; 2wollend benèvolo

Wohn|block *m* caseggiato;

2en abitare; *im Hotel* stare; **~gebiet** *n* zona *f* residenziale; **~gemeinschaft** *f* (WG) comune; **~haus** *n* casa *f* d'abitazione; **2lich** accogliente; **~mobil** *n* camper *m*; **~ort** *m* residenza *f*; **~raum** *m* vano; **~sitz** *m* domicilio; **~ung** *f* appartamento *m*; **~wagen** *m* roulotte *f*; **~zimmer** *n* soggiorno *m*

wölb|en: *sich ~* curvarsi; **2ung** *f* convessità; *Arch* volta

Wolf *m* lupo

Wolke *f* nùvola

Wolken|bruch *m* nubifragio; **~kratzer** *m* grattacielo; **2los** sereno

wolkig nuvoloso

Wolldecke *f* coperta di lana

Wolle *f* lana

wollen volere

Woll|jacke *f* golf *m*; **~stoff** *m* tessuto di lana

wo|mit con che cosa; *relativ* con cui; **~möglich** magari

Wonne *f* delizia

wor|an che cosa; *relativ* a cui; **~auf** su che cosa; *relativ* su cui; **~aus** di che cosa; **~in** in che cosa; *relativ* in cui

Wort *n* parola *f*; *in ~en* in lèttere

Wörterbuch *n* vocabolario *m*, dizionario *m*

Wortlaut *m* tenore; *im ~* testualmente

wörtlich testuale; *adv* alla lèttera

wort|los *adv* senza dire parola; senza parlare; **2schatz** *m* lèssico; **2wechsel** *m* diverbio

wo|rüber su che cosa?; *relativ* su cui; **~rum** di che cosa?; *relativ* di cui

wo|von di che cosa?; *relativ* di cui; **~vor** da che?; *relativ* da cui; **~zu** a che cosa?; *relativ* a cui

Wrack *n* relitto *m*

wringen strizzare

Wucher *m* usura *f*; **2n** *Pflanze* lussureggiare; **~preis** *m* prezzo esorbitante; **~ung** *f* *Med* escrescenza

Wucht *f* impeto *m*; **2ig** massiccio

wühlen scavare

Wulst *m* rigonfiamento

wund escoriato; *sich ~ reiben* escoriarsi; **2e** *f* ferita; piaga

Wunder *n* miràcolo *m*; **2bar** meraviglioso; **2n:** *sich ~* meravigliarsi (**über** di)

Wundsalbe *f* pomata per le ferite

Wundstarrkrampf *m* tètano

Wunsch *m* desiderio; *auf ~* a richiesta

wünschen desiderare; *wollen* volere; *j-m et ~* augurare qc a qu; **~swert** desideràbile; da augurarsi

wunschgemäß come desiderato

wunschlos: *~ glücklich* perfettamente felice

Würd|e *f* dignità; **2evoll** digni-

toso; **≗ig** degno (*e-r Sache* di qc); **≗igen** apprezzare
Wurf *m* getto; lancio; *Zo* figliata *f*
Würfel *m* dado (*a Brüh≗*); *Math* cubo; **≗n** giocare ai dadi; **≗zucker** *m* zùcchero in zollette
würgen *v/t* strozzare, strangolare; *v/i* strozzarsi
Wurm *m* verme; **≗stichig** *Holz* tarlato; *Obst* bacato
Wurst *f* salume *m*; *Brüh≗* salsiccia

Würstchen *n* würstel *m*
Würze *f* condimento *m*
Wurzel *f* radice
würz|en condire; **~ig** aromàtico
wüst *leer* deserto; *unordentlich* disordinato; **≗e** *f* deserto *m*
Wut *f* rabbia; furia
wütend furente (*auf* con); **~ werden** infuriarsi
WWW *n* (*World Wide Web*) www *m*; rete *f* globale

X, Y

X-Beine *pl* gambe *f/pl* a x
x-|beliebig qualsiasi, qualunque; **~mal** tante volte

Xylophon *n* xilòfono *m*
Yacht *f* yacht *m*
Yoga *n* yoga *m*

Z

Zacke *f* dente *m*
zaghaft tìmido
zäh tenace; *Fleisch* tiglioso; **~flüssig** viscoso
Zahl *f* nùmero *m*; **≗bar** pagàbile; **≗en** pagare; *bitte ~!* il conto per favore!
zählen contare
Zahlenschloss *n* serratura *f* a combinazione
Zähler *m* *Tech* contatore
Zahl|karte *f* mòdulo *m* di versamento; **≗los** innumerévole; **~meister** *m* *Schiff* commissario di bordo; **≗reich**

numeroso; *adv* in gran nùmero; **~ung** *f* pagamento *m*
Zählung *f* numerazione
Zahlungs|anweisung *f* órdine *m* di pagamento; **~bedingungen** *f/pl* condizioni di pagamento; **~mittel** *n/pl* mezzi *m/pl* di pagamento; **≗unfähig** insolvìbile
zahm docile
zähmen addomesticare
Zahn *m* dente; **~arzt** *m*, **~ärztin** *f* dentista *m/f*; **~bürste** *f* spazzolino *m* da denti; **~ersatz** *m* pròtesi *f* dentaria;

~fisch m dèntice; **~fleisch** n gengiva f; **~pasta** f dentifrìcio m

Zahnrad n ruota f dentata; **~bahn** f ferrovìa a cremagliera

Zahn|schmerzen m/pl mal m di denti; **~seide** f filo m interdentale; **~stein** m Med tàrtaro; **~stocher** m stuzzicadenti; **~techniker(in** f) m odontotècnico (-a f) m

Zander m lucìoperca

Zange f tenaglie f/pl

Zank m litigio; **2en:** *sich* **~** litigare

Zäpfchen n Med supposta f

Zapfen m Tech perno; *Tannen*2 pigna f

Zapfsäule f distributore m

zappeln dimenarsi

zart weich, fein tènero; schwach delicato; **2gefühl** n delicatezza f

zärtlich affettuoso; **2keit** f tenerezza

Zauber m incanto; Reiz fàscino; **~ei** f magìa; **~er** m mago; **2haft** incantévole; **~künstler** m illusionista; prestigiatore; **2n** esercitare la magìa

Zaumzeug n briglie f/pl

Zaun m recinto; **~könig** m Zo scrìcciolo

z. B. (*zum Beispiel*) p. es. (*per esempio*)

ZDF (*Zweites Deutsches Fernsehen*) seconda rete televisiva (pùbblica) tedesca

Zebra n zebra f; **~streifen** m

strisce f/pl pedonali

Zeche f Rechnung conto m

Zecke f zecca

Zehe f dito m del piede; *große* **~** àlluce m; *kleine* **~** mìgnolo m del piede

zehn dieci; **2kampf** m dècathlon; **~te** dècimo; **2tel** n dècimo m; **~tens** il dècimo luogo

Zeichen n segno m; **~block** m blocco da disegno; **~papier** n carta f da disegno; **~setzung** f interpunzione; **~trickfilm** m cartoni m/pl animati

zeichn|en disegnare; **2ung** f disegno m

Zeige|finger m ìndice; **2n** mostrare; **~r** m indicatore; *Uhr*2 lancetta f

Zeile f riga

Zeisig m Zo lucherino

Zeit f tempo m; *keine* **~** *haben* non avere tempo; *eine* **~** *lang* per un perìodo; **~** *sparend* che fa risparmiare tempo; → *a zurzeit*

Zeit|alter n època f; **~angabe** f ora; **~angabe** f ora esatta; **arbeit** f lavoro m interinale; **2gemäß** attuale; **2genössisch** contemporàneo; **2ig** primo; *adv* presto; **~karte** f abbonamento m; **2los** non soggetto al tempo, intramontàbile; **~lupe** f: *in* **~** al rallentatore; **~punkt** m momento; **~raum** m spazio di tempo; **~schrift** f rivista

Zeitung f giornale m

Zeitungs|kiosk m, **stand** m edìcola f

Zeit|unterschied m differenza f oraria; **verlust** m pèrdita f di tempo; **verschwendung** f spreco m di tempo; **vertreib** m passatempo; 2**weise** di tanto in tanto

Zell|e f cèllula; Tel cabina; **stoff** m cellulosa f

Zelt n tenda f; 2**en** campeggiare; **lager** n, **platz** m campeggio

Zement m cemento

Zensur f censura; Benotung voto m

Zentimeter m/n centìmetro m; **maß** n centìmetro m

Zentner m mezzo quintale

zentral, 2**e** f centrale; 2**heizung** f riscaldamento m centrale; 2**verriegelung** f Kfz chiusura centralizzata

Zentrifugalkraft f forza centrìfuga

Zentrum n centro m

zer|brechen v/t rómpere; v/i rómpersi; **brechlich** frágile; **drücken** schiacciare

Zeremonie f cerimonia

Zerfall m rovina f, crollo (a fig); 2**en** Gebäude andare in rovina

zer|fressen adj corroso; **kleinern** tritare; **knittern** sgualcire; **kratzen** graffiare; **legbar** scomponìbile; **legen** scomporre; **platzen** scoppiare; **quetschen**

schiacciare; **reißen** v/t stracciare; v/i strapparsi

zerren tirare

zerrissen làcero

Zerrung f Med strappo m

zerrüttet guastato

zer|sägen segare in pezzi; **schlagen** rómpere; **schneiden** tagliare a pezzi; 2**setzung** f Chem decomposizione; **splittern** v/i scheggiare; **springen** rómpersi, scoppiare

Zerstäuber m nebulizzatore

zerstören distrùggere

Zerstörung f distruzione

zerstreu|en dispèrdere; fig distrarre; **t** fig distratto; 2**ung** f fig distrazione, svago m

zer|teilen divìdere; **treten** calpestare; **trümmern** fracassare

Zerwürfnis n discordia f

Zettel m foglietto; beschrieben biglietto

Zeug n roba f; Sachen cose f/pl; F pej robaccia f

Zeug|e m testimone m; 2**en** v/i dimostrare (**von et** qc); **enaussage** f deposizione; **in** f testimone; **nis** n certificato m; Schul2 pagella f

Zickzack m: im ∼ a zigzag

Ziege f capra

Ziegel m mattone; Dach2 tégola f

Ziegen|bock m caprone; **käse** m caprino; **leder** n (pelle f di) capretto m

ziehen v/t tirare; *Zahn* cavare; *Strich* tracciare; v/i tirare (**an et** qc); **es zieht** qc: c'è corrente

Ziehharmonika f fisarmònica; **~ung** f *Lotto* estrazione

Ziel n meta f; *Zweck* scopo m; *Reise2* destinazione f; *Sport* arrivo m

zielen mirare (**auf** a)

Zielscheibe f bersaglio m; **2strebig** determinato

ziemlich notévole; adv abbastanza

zierlich grazioso

Ziffer f cifra; nùmero m; **~blatt** n quadrante m

Zigarette f sigaretta

Zigarettenautomat m distributore di sigarette; **~etui** n portasigarette m; **~stummel** m mozzicone

Zigarre f sìgaro m

Zigeuner(in f) m zìngaro (-a f) m

Zikade f cicala

Zimmer n càmera f; stanza f; **~mädchen** n cameriera f; **~mann** m carpentiere; **~nachweis** m azienda f di soggiorno; **~service** m servizio in càmera

zimperlich smorfioso

Zimt m cannella f

Zink n zinco m

Zinn n stagno m

Zins m österr *Miete* affitto; **~en** m/pl interessi; **~satz** m tasso d'interesse

Zipfel m punta f; *Kleider2* lembo

zippen *EDV* zippare, comprimere

Zirkel m compasso; fig cìrcolo m

Zirkus m circo

zischen sibilare

Zisterne f cisterna

Zitat n citazione f

Zither f cetra

zitieren citare

Zitrone f limone m

Zitroneneis n gelato m al limone; **2limonade** f limonata; **~presse** f spremiagrumi m; **~saft** m succo di limone; **~schale** f buccia di limone

Zitrusfrüchte f/pl agrumi m/pl

zittern tremare (**vor Kälte** di freddo); **2pappel** f *Bot* pioppo m trèmulo; **2rochen** m torpèdine f

zivil civile; **in** 2 in borghese; **2bevölkerung** f popolazione civile; **2courage** f coraggio m civile; **2dienst** m servizio civile; **2isation** f civilizzazione; **~isiert** civile

zögern esitare (**et zu tun** a fare qc)

Zoll m dogana f; *Abgabe* dazio; **~abfertigung** f formalità f/pl doganali; **~amt** n dogana f; **~beamte(r)** m, **~beamtin** f doganiere m/f; **~erklärung** f dichiarazione doganale; **2frei** esente da dazio; **2kontrolle** f controllo m doganale; **2pflichtig** soggetto a dazio; **~stock** m metro pieghévole; **~tarif** m tariffa f doganale

Zone f zona

Zoo m zoo

Zopf m treccia f

Zorn m còllera f, ira f; **2ig** adirato; ~ **werden** arrabbiarsi

zu *prp* a; *j-m* da; *adv* troppo; *geschlossen* chiuso; ~ **Hause** a casa; ~ *j-m* **gehen** andare da qu; ~ **viel** troppo; ~ **wenig** troppo poco; ~ **lang** troppo lungo; **um** ~ per (+ *inf*)

Zubehör n accessori *m*|*pl*

zubereit|**en** preparare; **2ung** f preparazione

zubinden legare

Zubringer|**dienst** m servizio di collegamento aeroporto - città; ~**straße** f svincolo m, raccordo m

Zucchini *pl* zucchine f|*pl*

züchten *Pflanzen* coltivare; *Tiere* allevare

Züchter(**in** f) m allevatore (-trice f) m

zucken palpitare; *zusammen*~ sussultare

Zucker m zùcchero; ~**dose** f zuccheriera; ~**guss** m glassa f; **2krank** diabètico; **2n** (*in*)-zuccherare; ~**rohr** n canna f da zùcchero; ~**rübe** f barbabiètola da zùcchero; ~**watte** f zùcchero m filato

zu|**decken** coprire (**mit** di); ~**drehen** *Hahn* chiùdere; ~**dringlich** importuno

zuerst prima; dapprima; *als erster* per primo

Zufahrt f accesso m; *zur Auto-*

bahn raccordo m; ~**sstraße** f strada d'accesso

Zu|**fall** m caso; **durch** ~, **2fäl- lig** adv per caso

Zuflucht f rifugio m

zufrieden contento (**mit** di); ~ **stellen** accontentare; **2heit** f contentezza

Zufuhr f rifornimento m

Zug m *Esb* treno; *Luft*2 corrente f d'aria; *Spiel*2 mossa f; *beim Rauchen* tirata f

Zu|**gabe** f *Thea* bis m; ~**gang** m accesso; **2gänglich** accessìbile; ~**begleiter**(**in** f) m accompagnatore (-trice f) m di treni; **2geben** *fig* amméttere; **2gehen** andare incontro (*auf j-n* a qu); *schließen* chiùdersi; ~**gehörigkeit** f appartenenza

Zügel *pl* rèdini f|*pl*; **2n** frenare; **2los** dissoluto

Zuge|**ständnis** n concessione f; **2stehen** concèdere (*j-m et* qc a qu)

Zugführer(**in** f) m *Esb* capotreno *m*|f

zugig: **es ist** ~ c'è corrente

zügig scorrévole

Zugkraft f forza di trazione

zugleich nello stesso tempo

Zug|**luft** f corrente d'aria; ~**maschine** f trattore m

zugrunde: ~ **gehen** andare in rovina; ~ **richten** rovinare

Zugschaffner(**in** f) m controllore del treno

zugunsten + *G* in favore di

Zug|**verbindung** f comunicazione ferroviaria; *Anschluss* coincidenza; **~verkehr** *m* tràffico ferroviario; **~vogel** *m* uccello migratore

Zuhälter *m* protettore

Zuhause *n* casa *f*

zu|hören ascoltare (*j-m* qu); **♀hörer(in** *f*) *m* ascoltatore (-trice *f*) *m*; *pl* uditorio; **~kleben** incollare; **~knöpfen** abbottonare

Zu|kunft *f* avvenire *m*; futuro *m*; **♀künftig** futuro; *adv* in avvenire

Zulage *f* aumento *m*

zu|lassen *erlauben* permèttere; *zu et* ammèttere; *Tür* lasciare chiuso; *Auto* immatricolare; **~lässig** ammesso; **♀lassung** *f* ammissione; *Kfz* immatricolazione; *Dokument* libretto *m* di circolazione; **~letzt** alla fine; *als Letzter* per ùltimo

zuliebe + *D* per amore di

zu|machen chiùdere; **~mindest** almeno; **~muten** pretèndere (*j-m et* qc da qu); **♀mutung** *f* pretesa; **~nächst** in primo luogo; **♀nahme** *f* aumento *m*; **♀name** *m* cognome

Zünd|holz *n* fiammìfero *m*; **~kabel** *n* cavo *m* d'accensione; **~kerze** *f* candela d'accensione; **~schloss** *n* interruttore *m* dell'accensione; **~schlüssel** *m* chiavetta *f* d'accensione; **~ung** *f* accensione

zunehmen aumentare (**an** di); *Gewicht* ingrassare

Zuneigung *f* affetto *m* (**für** per)

Zunge *f* lìngua

zu|nichte: ~ machen annientare; **~nutze: sich et ~ ma-chen** approfittare di qc

zuordnen coordinare

zurechnungsfähig capace di intèndere e di volere

zurecht|finden: sich ~ orientarsi; **~kommen** venire a capo (**mit** di); **~machen** preparare

zureden: *j-m* ~ persuadere qu

Zürich *n* Zurigo *f*

zurück indietro; *wieder da* di ritorno; **~behalten** trattenere; **~bekommen** riavere; *Geld* ricévere di resto; **~blei-ben** rimanere indietro; **~bringen** riportare; **~erstatten** rimborsare; **~fahren** ritornare; **~fordern** richiedere; **~führen** ricondurre; **~geben** restituire; rèndere; **~geblieben** *geistig* ritardato; **~gehen** ritornare; *abnehmen* diminuire; **~gezogen** ritirato

zurückhalt|en trattenere; *sich ~ beim Essen* moderarsi; **~end** riservato; **♀ung** *f* riservatezza

zurück|holen andare a riprèndere; **~kommen** ritornare; **~lassen** *hinter~* lasciare; **~legen** *Ware* méttere da parte; *Weg* percórrere; **~neh-**

men riprèndere; *fig* ritirare; **~rufen** richiamare; **~schalten: in den 2. Gang ~** *Kfz* riméttere la seconda; **~schicken** rispedire; **~setzen** *Amt* indietreggiare; *fig* j-n trascurare; **~stellen** *v Amt* méttere indietro; *aufschieben* rinviare; **~treten** *v Amt* diméttersi; **~weisen** rifiutare, respìngere; **~zahlen** rimborsare, restituire

zurückziehen ritirare; **sich ~** ritirarsi

Zuruf *m* chiamata *f*; grido

zurzeit attualmente

Zusage *f* promessa (di fare); **2n** *j-m* prométtere; *bei e-r Einladung* accettare; *gefallen* piacere (*j-m* a qu)

zusammen insieme; **~ sein** stare insieme; **2arbeit** *f* collaborazione; **~bauen** montare; **~binden** legare; **~brechen** crollare; *Verkehr* arrestarsi; **2bruch** *m* crollo; *Med* collasso; **~fallen** *zeitlich* coincìdere; **~fassen** *fig* riassùmere; **2fassung** *f* riassunto *m*; **~fügen** congiùngere; **~gehören** andare bene insieme; **2halt** *m* *fig* coesione *f*; **2hang** *m* contesto

zusammenklapp|bar *Stuhl* peghévole; **~en** piegare; *F* *fig* crollare

zusammen|kommen riunirsi; **2kunft** *f* riunione; **~leben** convìvere; **2** *n* convivenza *f*

zusammen|nehmen: sich ~

dominarsi; **~passen** stare bene insieme

Zusammenprall *m* urto, scontro; **2en** urtarsi (*mit* con)

zusammen|rechnen sommare; **~rücken** *v/i* strìngersi; **2schluss** *m* unione *f*

zusammen|setzen comporre; montare; **sich ~** comporsi (*aus* di); **2setzung** *f* composizione; **~stellen** comporre

Zusammenstoß *m* collisione *f*; urto; scontro; **2en** scontrarsi (*mit* con)

zusammen|stürzen crollare; **~treffen** incontrarsi; *Ereignisse* coincìdere; **~zählen** sommare; **~ziehen** contrarre

Zu|satz *m* aggiunta *f*; **2sätzlich** supplementare; *adv* in più

zuschau|en stare a guardare (*j-m* qu); **2er(in** *f*) *m* spettatore (-trice *f*) *m*; **2erraum** *m* auditorio

zuschicken spedire, inviare

Zuschlag *m* *Esb* supplemento; **2en** *Tür* sbàttere; **2pflichtig** *Esb* con supplemento obbligatorio

zu|schließen chiùdere a chiave; **~schnappen** scattare; *beißen* azzannare; **2schnitt** *m* taglio; *Gestalt* forma *f*; **~schnüren** legare; *Schuhe* allacciare; **~schrauben** avvitare; **2schrift** *f* lèttera; **2schuss** *m* sovvenzione *f*; **~sehen** stare a guardare; ~, *dass* fare in modo che (+ *cong*); **~sehends** a vista d'occhio; **~senden** spedire; **~setzen** *fig* importunare (*j-m mit et* qu con qc)

zusicher|n assicurare; ♀**ung** *f* assicurazione

zuspitzen: *sich* ~ *Situation* farsi critico

Zustand *m* stato; situazione *f*

zustande: ~ *bringen* riuscire a fare; ~ *kommen* realizzarsi

zu|ständig competente; **~stehen** spettare (*j-m* a qu); **~steigen** salire (durante il viaggio); *j-d zugestiegen bitte?* è salito qualcun altro?

zustell|en consegnare; *Post* recapitare; ♀**gebühr** *f* tassa di recapito; ♀**ung** *f* consegna; *v Post* recàpito *m*

zustimm|en aderire (*e-r Sache* qc); ♀**ung** *f* adesione

zu|stoßen *j-m* accadere, capitare; ♀**strom** *m* afflusso; ♀**taten** *f/pl* ingredienti *m/pl*; **~teilen** distribuire (*j-m et* qc a qu)

zutrau|en: *j-m et* ~ crédere qu capace di qc; ♀**en** *n* fiducia *f* (*zu* in); **~lich** fiducioso

zutreffen èssere giusto; valere (*auf* per); **~d** giusto

Zu|tritt *m* accesso (*zu* a); ♀**unterst** tutto in fondo

zuver|lässig fidato; ♀**lässigkeit** *f* fidatezza; ♀**sicht** *f* fiducia; **~sichtlich** fiducioso

zuviel → **zu**

zuvor prima; **~kommen** prevenire (*e-r Sache* qc); anticipare (*j-m* qu); **~kommend** premuroso

Zu|wachs *m Wi* incremento; **~wanderer** *m/pl* immigranti; ♀**weisen** assegnare; ♀**wenden:** *sich j-m, et* ~ rivolgersi a qu, a qc; ♀**wenig** troppo poco; **~wendung** *f fig* attenzione

zuwenig → **zu**

zu|wider: ~ *sein* essere ripugnante; **~widerhandeln** contravvenire (a); **~winken** fare cenno (*j-m* a qu); **~zahlen** pagare in più

zuziehen *Vorhang* chiùdere; *Krankheit sich* ~ prèndersi

zuzüglich più

Zwang *m* òbbligo; *Gewalt* violenza *f*; ♀**los** alla buona

Zwangs|lage *f* situazione difficile; ♀**läufig** per forza; ♀**weise** forzato

zwanzig venti

zwar è vero che; *und* ~ e precisamente

Zweck *m* fine, scopo

Zwecke *f Reiß*♀ puntina

zweck|los inùtile; **~mäßig** opportuno

zwecks allo scopo di

zwei due

Zweibett|kabine *f* cabina a due letti; **~zimmer** *n* càmera *f* a due letti (*od* doppia)

zwei|deutig equìvoco; **~erlei** di due specie; **~fach** doppio, dùplice

Zweifel m dubbio; **~haft** dubbioso; **~los** senza dubbio; **~n** dubitare (**an** di)

Zweifelsfall m: **im ~** in caso di dubbio

Zweig m ramo; **~geschäft** n, **~stelle** f succursale f

zwei|gleisig a doppio binario; **~händig** a due mani; **~jährig** di due anni; **~mal** due volte; **~motorig** bimotore; **~reihig** Jacke a doppio petto; **~seitig** bilaterale; **2sitzer** m biposto; **~sprachig** bilingue; **~spurig** Straße a due corsie; **~stöckig** di due piani; **2taktmotor** m motore a due tempi

zweit: **zu ~** in due; **~e** secondo

zwei|teilig Kleid a due pezzi; **2klassabteil** m scompartimento di seconda classe; **~tens** in secondo luogo

zweitrangig secondario

Zweit|wagen m seconda màcchina f; **~wohnung** f seconda casa

Zwerchfell n diaframma m

Zwerg m nano

Zwetschge f prugna

zwicken pizzicare

Zwieback m fetta f biscottata

Zwiebel f cipolla; Blumen2 bulbo m

zwie|lichtig ambiguo; **~spältig** contrastante

Zwillinge m/pl gemelli; Astrol Gemelli

zwingen costríngere (**zu** a); **~d** Grund impellente

Zwirn m refe

zwischen fra, tra; **2ablage** f EDV archivio m intermèdio; **2deck** n interponte m; **~durch** nel frattempo; **2fall** m incidente; **~landen** fare scalo

Zwischenlandung f scalo m; **ohne ~** senza scalo

Zwischen|raum m spazio; intervallo; **~station** f stazione intermedia; **~stecker** m spina f di adattamento; **~wand** f tramezzo m

Zwischenzeit f: **in der ~** nel frattempo

Zwölffingerdarm m duodeno

Zyankali n cianuro m di potassio

Zyklus m ciclo

Zylinder m Tech cilindro; **~kopf** m testata f

zynisch cinico

Zypern n Cipro m

Zypresse f cipresso m

Zyste f cisti, ciste

zz., zzt. (zurzeit) attualmente

Zahlwörter – Numerali

Grundzahlen – Nùmeri cardinali

0 zero *null*
1 uno *eins*
2 due *zwei*
3 tre *drei*
4 quattro *vier*
5 cinque [tʃ-] *fünf*
6 sei *sechs*
7 sette *sieben*
8 otto *acht*
9 nove *neun*
10 dieci [-tʃi] *zehn*
11 ùndici [-tʃi] *elf*
12 dódici [-tʃi] *zwölf*
13 trédici [-tʃi] *dreizehn*
14 quattòrdici [-tʃi]
    vierzehn
15 quìndici [-tʃi] *fünfzehn*
16 sédici [-tʃi] *sechzehn*
17 diciassette [-tʃa-]
    siebzehn
18 diciotto [-tʃɔ-] *achtzehn*
19 diciannove [-tʃa-]
    neunzehn
20 venti *zwanzig*
21 ventuno *einundzwanzig*
22 ventidue
    zweiundzwanzig
30 trenta *dreißig*
40 quaranta *vierzig*
50 cinquanta [tʃ-] *fünfzig*
60 sessanta *sechzig*

70 settanta *siebzig*
80 ottanta *achtzig*
90 novanta *neunzig*
100 cento [tʃ-] *hundert*
101 centuno [tʃ-]
    hunderteins
102 centodue [tʃ-]
    hundertzwei
110 centodieci *hundertzehn*
111 centoùndici *hundertelf*
120 centoventi
    hundertzwanzig
200 duecento [-tʃ-]
    zweihundert
300 trecento [-tʃ-]
    dreihundert
400 quattrocento [-tʃ-]
    vierhundert
500 cinquecento [-tʃ-]
    fünfhundert
600 seicento [-tʃ-]
    sechshundert
700 settecento [-tʃ-]
    siebenhundert
800 ottocento [tʃ-]
    achthundert
900 novecento [-tʃ-]
    neunhundert
1000 mille *tausend*
1001 mille uno *tausendeins*
2000 duemila *zweitausend*

Ordnungszahlen – Nùmeri ordinali

1º il primo *der erste*	**24º** ventiquattrèsimo
1ª la prima *die erste*	*vierundzwanzigste*
2º il secondo *der zweite*	**30º** trentèsimo *dreißigste*
3º il terzo *der dritte*	**40º** quarantèsimo
4º il quarto *der vierte*	*vierzigste*
5º il quinto *der fünfte*	**50º** cinquantèsimo [t ʃ -]
6º il sesto *der sechste*	*fünfzigste*
7º il sèttimo *der siebente*	**100º** centèsimo [t ʃ -]
8º l'ottavo *der achte*	*hundertste*
9º il nono *der neunte*	**101º** centunèsimo
10º il dècimo [-t ʃ -] *der zehnte*	*hunderterste*
11º l'undicèsimo [-t ʃ -]	**103º** centotreèsimo
der elfte	*hundertdritte*
12º il dodicèsimo *der zwölfte*	**200º** duecentèsimo
13º tredicèsimo *dreizehnte*	*zweihundertste*
20º ventèsimo *zwanzigste*	**1000º** millèsimo *tausendste*
21º ventunèsimo	**1001º** millèsimo primo
einundzwanzigste	*tausenderste*
22º ventidùesimo	**2000º** duemillèsimo
zweiundzwanzigste	*zweitausendste*
23º ventitreèsimo	
dreiundzwanzigste	

Bruchzahlen – Frazioni

¹/₂ un mezzo *ein halb*;	**¹/₅** un quinto *ein Fünftel*
la metà *die Hälfte*	**¹/₁₀** un dècimo *ein Zehntel*
¹/₃ un terzo *ein Drittel*	**1¹/₂** uno e mezzo *anderthalb*
²/₃ due terzi *zwei Drittel*	

Vervielfältigungszahlwörter – Numerali moltiplicativi

doppio *zweifach / doppelt*	settuplo *siebenfach*
triplo *dreifach*	ottuplo *achtfach*
quadruplo *vierfach*	nonuplo *neunfach*
quintuplo *fünffach*	dieci volte maggiore
sestuplo *sechsfach*	(od tanto) *zehnfach*

Die Uhrzeit – L'ora

Che ora è?/ Che ore sono?	Wie spät ist es?
12.00 È mezzogiorno.	Es ist zwölf Uhr mittags.
24.00 È mezzanotte.	Es ist Mitternacht.
1.00 È l'una.	Es ist ein Uhr *od* Es ist eins.

Sono le	Es ist
3.10 ... tre e dieci.	... zehn (Minuten) nach drei.
4.15 ... quattro e un quarto.	... Viertel nach vier.
5.20 ... cinque e venti.	... zwanzig (Minuten) nach fünf *od* ... zehn Minuten vor halb sechs.
6.30 ... sei e trenta/sei e mezzo/sei e mezza.	... halb sieben.
7.40 ... sette e quaranta/ otto meno venti.	... zwanzig (Minuten) vor acht *od* ... zehn (Minuten) nach halb acht.
8.45 ... otto e quaranta-cinque/nove meno un quarto/otto e tre quarti.	... Viertel vor neun.
9.55 ... nove e cinquanta-cinque/cinque alle dieci	... fünf (Minuten) vor zehn.

A che ora?	Um wie viel Uhr?
2.00 alle due	um zwei (Uhr)
verso le dieci	ungefähr um zehn Uhr
alle nove in punto	pünktlich um neun (Uhr)

Italienische Regionen und Hauptstädte
Regioni italiane e capoluoghi

Region		Hauptstadt	
Abruzzo	*Abruzzen*	L'Aquila	
Basilicata	*Basilikata*	Potenza	
Calabria	*Kalabrien*	Catanzaro	
Campania	*Kampanien*	Napoli	*Neapel*
Emilia-Romagna		Bologna	
Friuli-Venezia-Giulia	*Friaul-Julisch-Venetien*	Trieste	*Triest*
Lazio	*Latium*	Roma	*Rom*
Liguria	*Ligurien*	Genova	*Genua*
Lombardia	*Lombardei*	Milano	*Mailand*
Marche	*Marken*	Ancona	
Molise		Campobasso	
Piemonte	*Piemont*	Torino	*Turin*
Puglia	*Apulien*	Bari	
Sardegna	*Sardinien*	Cagliari	
Sicilia	*Sizilien*	Palermo	
Toscana	*Toskana*	Firenze	*Florenz*
Trentino-Alto Adige	*Trentino-Südtirol*	Trento/Bolzano	*Trient/Bozen*
Umbria	*Umbrien*	Perugia	
Valle d'Aosta	*Aostatal*	Aosta	
Veneto	*Venetien*	Venezia	*Venedig*

Italienische Feiertage

1. Januar	**Capodanno** Neujahr
6. Januar	**Epifania** Heilige Drei Könige
März / April	**Pasqua** Ostersonntag
März / April	**Pasquetta** Ostermontag
25. April	**Festa della Liberazione** Tag der Befreiung
1. Mai	**Festa del Lavoro** Tag der Arbeit
Ende Mai	**Pentecoste** Pfingsten
2. Juni	**Festa della Repubblica** Tag der Republik
15. August	**Ferragosto** *oder* **Assunzione** Mariä Himmelfahrt
1. November	**Ognissanti** *oder* **Tutti i Santi** Allerheiligen
8. Dezember	**Immacolata Concezione** Mariä Empfängnis
25. Dezember	**Natale** 1. Weihnachtstag
26. Dezember	**Santo Stefano** 2. Weihnachtstag
31. Dezember	**San Silvestro** Silvester

Folgende Feiertage zählen in Italien nicht als Feiertage:
Rosenmontag (lunedì grasso)
Faschingsdienstag (martedì grasso)
Karfreitag (venerdì santo)
Christi Himmelfahrt (Ascensione)
Pfingstmontag (lunedì di Pentecoste)
Fronleichnam (Corpus Domini)

Mini-Dolmetscher
für unterwegs

Das Allerwichtigste

Guten Tag!	**Buongiorno!** [bu'on'dʒorno!]
Guten Abend!	**Buona sera!** [bu'oɲa'seːra!]
Auf Wiedersehen!	**Arrivederci!** [ar-rive'dertʃi!]
... bitte!	**..., per favore!** [..., per fa'voːre!]
Danke!	**Grazie!** ['graːtsie!]
Ja.	**Sì.** [si.]
Nein.	**No.** [nɔ.]
Entschuldigen Sie!	**Scusi!** ['skuːzi!]
Entschuldige!	**Scusa!** ['skuːza!]
In Ordnung!	**Va bene!** [va'bɛːne!]
Hilfe!	**Aiuto!** [ai'uːto!]
Rufen Sie schnell einen Arzt!	**Chiami subito un medico!** [ki'aːmi 'suːbito un 'mɛːdiko!]
Rufen Sie schnell einen Krankenwagen!	**Chiami un' ambulanza, presto!** [ki'aːmi unambu'lantsa, 'presto!]
Wo ist die Toilette?	**Dov'è la toilette?** [do'vɛ la tua'lɛt?]
Wann?	**Quando?** [ku'ando?]
Was?	**Che cosa?** [ke 'kɔːsa?]
Wo?	**Dove?** ['doːve?]
Hier.	**Qui.** [ku'i.]
Dort.	**Là.** [la.]
Rechts.	**A destra.** [a'dɛstra.]
Links.	**A sinistra.** [a si'nistra.]
Geradeaus.	**Sempre diritto.** ['sɛmpre di'rit-to.]
Haben Sie ...?	**Ha ...?** [a ...?]

Ich möchte ...	**Vorrei ...** [vor-'rɛi ...]
Was kostet das?	**Quanto costa?** [ku'anto 'kɔsta?]
Könnten Sie mir das bitte aufschreiben?	**Me lo può scrivere, per favore?** [me lo pu'ɔ 'skri:vere, per fa'vo:re?]
Wo ist ...?	**Dov'è ...?** [do'vɛ ...?]
Wo gibt es ...?	**Dov'è ...?** [do'vɛ ...?]
Heute.	**Oggi.** ['ɔd-dʒi.]
Morgen.	**Domani.** [do'ma:ni.]
Ich will nicht.	**Non voglio.** [non 'vɔ:ʎo.]
Ich kann nicht.	**Non posso.** [non 'pɔs-so.]
Einen Moment bitte!	**Un momento, per favore!** [un mo'mento, per fa'vo:re!]
Lassen Sie mich in Ruhe!	**Mi lasci in pace!** [mi 'laʃ-ʃi in 'pa:tʃe!]

Verständigung

Haben Sie/Hast du verstanden?	**Ha/Hai capito?** [a/ai ka'pi:to?]
Ich habe verstanden.	**Ho capito.** [ɔ ka'pi:to.]
Ich habe das nicht verstanden.	**Non ho capito questo.** [non ɔ ka'pi:to ku'esto.]
Sagen Sie es bitte noch einmal.	**Lo può ripetere, per favore?** [lo pu'ɔ ri'pe:tere, per fa'vo:re?]
Bitte sprechen Sie etwas langsamer.	**Per favore, parli più lentamente.** [perfa'vo:re, 'parli pi'u lenta'mente.]

Smalltalk

Wie *heißen Sie*/
heißt du?
Come *si chiama*/*ti chiami*?
['ko:me si ki'a:ma/ti ki'a:mi?]

Ich heiße ...
Mi chiamo ... [mi ki'a:mo ...]

Woher *kommen Sie*/
kommst du?
Di *dov'è*/*dove sei*?
[di do'vε/do've'se:i?]

Ich komme ...
Vengo ... ['vεŋgo ...]

  aus Deutschland.
  dalla Germania.
  ['dal-la dʒer'ma:nia.]

  aus Österreich.
  dall' Austria. [dal-'la:ustria.]

  aus der Schweiz.
  dalla Svizzera. ['dal-la 'zvit-tsera.]

Wie alt *sind Sie*/*bist du*?
Quanti anni *ha*/*hai*?
[ku'anti 'an-ni a/ai?]

Ich bin ... Jahre alt.
Ho ... anni. [ɔ ... 'an-ni.]

Was *machen Sie*/
machst du beruflich?
Che lavoro *fa*/*fai*?
[ke la'vo:ro fa/fai?]

Ich bin ...
Sono ... ['so:no ...]

Sind Sie/*Bist du* zum
ersten Mal hier?
È la prima volta che *è*/*sei* qui?
[ε la 'pri:ma 'vɔlta ke ε/'se:i ku'i?]

Nein, ich war schon ...
Mal in Italien.
**No, sono stato/stata in Italia già al-
tre ... volte.** [nɔ, 'so:no 'sta:to/'sta:ta
in i'ta:lia dʒa 'altre ... 'vɔlte.]

Wie lange *sind Sie*/
bist du schon hier?
Da quanto tempo *è*/*sei* qui? [da
ku'anto 'tεmpo ε/'se:i ku'i?]

Seit ... Tagen/Wochen.
Da ... giorni/settimane.
[da ... 'dʒorni/set-ti'ma:ne.]

Wie lange *sind Sie*/
bist du noch hier?
**Per quanto tempo *rimane*/*rimani*
ancora?** [per ku'anto 'tεmpo ri'ma:-
ne/ri'ma:ni aŋ'ko:ra?]

| *Woche/chen.* | **Ancora *una settimana/due settimane.*** [aŋ'ko:ra 'u:na set-ti'ma:na/ 'du:e set-ti'ma:ne.] |

| Gefällt es *Ihnen/dir* hier? | ***Le/Ti* piace qui?** [*le/ti* pi'a:tʃe ku'i?] |

| Es gefällt mir sehr gut. | **Mi piace molto.** [mi pi'a:tʃe 'molto.] |

Unterwegs und über Nacht

| Entschuldigung, wo ist ...? | **Scusi, do v'è ...?** ['sku:zi do 've ...?] |

| Wie komme ich *nach/zu* ...? | **Come si arriva a ...?** ['ko:me si ar'ri:va a ...?] |

| Wie komme ich am *schnellsten/billigsten* ... | **Come si arriva nel modo più *veloce/economico* ...** ['ko:me si ar'ri:va nel 'mɔ:do pi'u ve'lo:tʃe/eko'nɔ:miko ...] |

| zum Bahnhof? | **alla stazione?** ['al-la statsi'o:ne?] |

| zum Busbahnhof? | **alle stazione dei pullman?** ['al-le statsi'o:ne dei 'pulman?] |

| zum Flughafen? | **all'aeroporto?** [al-laero'pɔrto?] |

| zum Hafen? | **al porto?** [al 'pɔrto?] |

| **Mi dispiace, non lo so.** [midispi'a:tʃe,nonlosɔ.] | Tut mir Leid, das weiß ich nicht. |

| **Là.** [la.] | Dort. |

| **Indietro.** [indi'ɛ:tro.] | Zurück. |

| **Sempre diritto.** ['sɛmpre di'rit-to.] | Geradeaus. |

| **A destra.** [a 'dɛstra.] | Nach rechts. |

A sinistra. [a si'nistra.] Nach links.

Für mich ist bei Ihnen ein Zimmer reserviert. Mein Name ist ...
Ho una camera prenotata qui da voi. Il mio nome è ... [ɔ 'u:na 'ka:mera preno'ta:ta ku'i da 'voi. Il 'mi:o 'no:me ε ...]

Hier ist meine Bestätigung.
Ecco la conferma. ['εk-ko la kon'ferma.]

Potrei avere il Suo voucher? [po'trε:i a've:re il 'su:o 'vautʃɔ?]
Dürfte ich bitte Ihren Gutschein haben?

Haben Sie ein Doppelzimmer/Einzelzimmer frei ...
Avete una camera doppia/singola libera ... [a'veːte 'uːna 'kaːmera 'dop-pia/'siŋgola 'liːbera ...]

für *eine Nacht/... Nächte*?
per *una notte/... notti*? [per 'uːna 'nɔt-te/... 'nɔt-ti?]

mit *Bad/Dusche und WC*
con *bagno/doccia* e WC? [kon 'baːɲo/'dot-tʃa e vu'tʃi?]

Purtroppo è tutto esaurito. [pur'trɔp-po ε 'tut-to ezau'riːto.]
Wir sind leider ausgebucht.

***Domani/Il ...* si libererà una camera.** [do'maːni/il ... si libere'ra 'uːna 'kaːmera.]
Morgen/Am ... wird ein Zimmer frei.

Wie viel kostet es ...
Quanto costa ... [ku'anto 'kɔsta ...]

mit/ohne Frühstück?
con/senza la prima colazione? [kon/'sεntsa la 'priːma kolatsi'oːne?]

mit *Halbpension/Vollpension*?
a *mezza pensione/pensione completa*? [a 'med-dza pensi'oːne/pensi'oːne kom'pleːta?]

Shopping

Wo bekomme ich ...?	**Dove posso trovare ...?** ['doːve 'pɔs-so tro'vaːre ...?]

Posso aiutar La? ['pɔs-so aiu'tarla?] Kann ich Ihnen helfen?

Danke, ich sehe mich nur um.	**Grazie, ma vorrei soltanto dare un'occhiata.** ['graːtsie, ma vor-'rɛi sol'tanto 'daːre unok-ki'aːta.]
Ich werde schon bedient.	**Mi stanno già servendo.** [mi 'stan-no dʒa ser'vɛndo.]
Ich hätte gerne ...	**Vorrei ...** [vor-'rɛi ...]
Das gefällt mir. Ich nehme es.	**Mi piace, lo prendo.** [mi pi'aːtʃe, lo 'prɛndo.]

Desidera altro? [de'ziːdera 'altro?] Darf es sonst noch etwas sein?

Danke, das ist alles.	**Grazie, è tutto.** ['graːtsie, ɛ 'tut-to.]
Kann ich mit dieser Kreditkarte zahlen?	**Posso pagare con questa carta di credito?** ['pɔs-so pa'gaːre kon ku'-esta 'karta di 'kreːdito?]

Im Restaurant

Die Karte bitte.

Il menù, per favore!
[il me'nu, per fa'vo:re!]

**Che cosa desidera da bere/
da mangiare?** [ke 'kɔːza de'ziːdera
da 'beːre/da man'dʒaːre?]

Was möchten Sie
trinken/essen?

Ich möchte ...

Vorrei ... [vor-'rɛi ...]

ein Glas Rotwein.

un bicchiere di vino rosso.
[un bik-ki'eːre di 'viːno 'ros-so.]

Haben Sie ...

Avete ... [a'veːte ...]

vegetarische Gerichte?

piatti vegetariani?
[pi'at-ti vedʒetari'aːni?]

Che cosa prende per antipasto/dessert?
[ke 'kɔːza 'prɛnde per anti'pasto/
des-'sɛr?]

Was nehmen Sie
als *Vorspeise /
Nachtisch?*

Ich möchte zahlen.

Il conto, per favore.
[il 'konto, per fa'vo:re.]

Menu – Speisekarte

Antipasti – Vorspeisen

acciughe *f/pl* [at-'tʃuːge] — Anchovis
affettato *m* (**misto**) — (gemischter) Aufschnitt
[af-fet-'taːto ('misto)]
carciofini *m* **sottolio** — Artischocken in Öl
[kartʃo'fiːni sot-'toːlio]
carpaccio *m* [kar'pat-tʃo] — dünnes rohes Fleisch, mit Zitronensaft und Öl mürbe gemacht und auf verschiedene Weise garniert

crostini *m/pl* **misti** — belegte geröstete Brotschnitten
[kros'tiːni 'misti]
funghi *m/pl* **sott'olio** — in Öl eingelegte Pilze
['fuŋgi sot-'toːlio]
gamberi *m/pl* ['gamberi] — Krabben
ostriche *f/pl* ['ɔstrike] — Austern
prosciutto *m* [proʃ-'ʃut-to] — Schinken
 - **cotto** ['kɔt-to] — gekochter -
 - **crudo** ['kruːdo] — roher -
salame *m* [sa'laːme] — Salami
sottaceti *m/pl* [sot-ta'tʃeːti] — in Essig eingemachtes Gemüse
tartine *f/pl* [tar'tiːne] — belegte Brotschnitten

Primi piatti – Erster Gang
Minestre – Suppen

brodo *m* ['brɔːdo] — Fleischbrühe
 - **di gallina** *f* [di gal-'liːna] — Hühnerbrühe
minestra *m* [mi'nestra] — Suppe
 - **di verdura** [di ver'duːra] — Gemüsesuppe
minestrone *m* [mines'troːne] — dicke Gemüsesuppe
pasta *f* **e fagioli** — Bohnensuppe mit Nudeln
['pasta e fadʒ'ɔːli]
pastina *f* **in brodo** — Brühe mit Nudeln
[pas'tiːna in 'brɔːdo]

zuppa *f* **di pesce**   Fischsuppe
['tsup-pa di 'peʃ-ʃe]

Pasta e riso – Nudel- und Reisgerichte

agnolotti *m/pl* [aɲo'lɔt-ti] Teigtaschen mit Fleischfüllung
cannelloni *m/pl* mit Fleisch gefüllte,
[kan-nel-'loːni] überbackene Nudelrollen
fettuccine *f/pl* schmale Bandnudeln
[fet-tut-'tʃiːne]
fusilli *m/pl* [fu'zil-li] spiralig gedrehte Nudeln
gnocchi *m/pl* ['ɲɔk-ki] Kartoffelklößchen
pasta *f* **(asciutta)** Nudelgericht
['pasta (aʃ-'ʃut-ta)]
- **al burro (in bianco)** - mit Butter oder Olivenöl und
  [al 'bur-ro (in bi'aŋko)] Käse
- **al pomodoro** - mit Tomatensoße
  [al pomo'dɔːro]
- **al sugo** [al 'suːgo] - mit Fleischsoße
- **all'arrabbiata** - mit Tomatensoße und Chili-
  [al-lar-ra-bi'aːta] schoten, scharf
- **all'amatriciana** - mit Tomatensoße, Schweine-
  [al-lamatri'tʃaːna] bauch, Zwiebeln und Schafs-
    käse

penne *f/pl* ['pen-ne] kurze Nudeln
polenta *f* [po'lɛnta] Maisbrei
tagliatelle *f/pl* [taʎa'tɛl-le] Bandnudeln
vermicelli *m/pl* Fadennudeln
[vermi'tʃɛl-li]
risotto *m* [ri'sɔt-to] Risotto, Reisgericht
- **ai funghi (porcini)** - mit (Stein-)Pilzen
  [ai 'fuŋgi (por'tʃiːni)]
- **alla marinara** - mit Meeresfrüchten
  ['al-la mari'naːra]
- **alla milanese** - mit Safran
  ['al-la mila'neːse]

Carni – Fleischgerichte

agnello m [a'nɛl-lo]	Lamm
bue m ['bu:e]	Ochse
coniglio m [ko'niːʎo]	Kaninchen
maiale m [mai'aːle]	Schweinefleisch
maialino m da latte	Spanferkel
[maia'liːno da 'lat-te]	
manzo m ['mandzo]	Rindfleisch
montone m [mon'toːne]	Hammel
vitello m [vi'tɛl-lo]	Kalbfleisch
arrosto m [ar-'rɔsto]	Braten
bistecca f [bis'tek-ka]	Steak
braciola f [bra'tʃɔːla]	Rumpsteak
brasato m [bra'saːto]	Rindfleisch in Wein geschmort
coscio m di vitello	Kalbskeule
['kɔʃ-ʃo di vi'tɛl-lo]	
costoletta f [kosto'let-ta]	Kotelett
cotoletta f alla milanese	Wiener Schnitzel
[koto'let-ta 'al-la mila'neːse]	
fegato m ['feːgato]	Leber
fesa f di vitello	Kalbschnitzel aus der Keule
['feːza di vi'tɛl-lo]	
fettina f [fet-'tiːna]	dünnes Schnitzel
filetto m [fi'let-to]	Filet
frattaglie f/pl [frat-'taːʎe]	Innereien
involtini m/pl [invol'tiːni]	Rouladen
lombata f [lom'baːta]	Lendenbraten
ossobuco m [os-so'buːko]	Rind- oder Kalbshaxe in Scheiben
petto m di vitello	Kalbsbrust
['pet-to di vi'tɛl-lo]	
polpette f/pl [pol'pet-te]	Fleischklößchen
polpettone m [polpet-'toːne]	falscher Hase, Hackbraten
ragù m [ra'gu]	Ragout
salsicce f/pl [sal'sit-tʃe]	Wurst, Würstchen
scaloppine f/pl	kleine Schnitzel
[skalop-'piːne]	
spezzatino m [spet-tsa'tiːno]	Gulasch, Geschnetzeltes

spiedini *m/pl* **alla griglia**
[spie'di:ni 'al-la 'gri:ʎa]

sufato *m* [stu'fa:to]

vitello *m* **tonnato**
[vi'tɛl-lo ton'na:to]

gegrillte Fleischspieße

Schmorbraten

gekochtes Kalbsfleisch mit einer Soße aus Thunfisch und Kapern

Pollame – Geflügel

anitra ['a:nitra]

fagiano *m* [fa'dʒa:no]

faraona *f* [fara'o:na]

gallina *f* [gal'li:na]

oca *f* ['ɔ:ka]

petto *m* **di pollo**
['pɛt-to di 'pol-lo]

piccione [pit-'tʃo:ne]

pollo *m* ['pol-lo]

tacchino *m* [tak-'ki:no]

Ente

Fasan

Perlhuhn

Huhn

Gans

Hühnerbrust

Taube

Hähnchen

Truthahn

Pesce – Fisch

anguilla *f* [aŋgu'il-la]

aringa *f* [a'riŋga]

baccalà *m* [bak-ka'la]

calamari *m/pl* [kala'ma:ri]

frittura *f* **di pesce**
[frit-'tu:ra di 'peʃ-ʃe]

luccio *m* ['lut-tʃo]

merluzzo *m* [mer'lut-tso]

pesce *m* **spada**
['peʃ-ʃe 'spa:da]

rombo *m* ['rombo]

salmone *m* [sal'mo:ne]

sogliola *f* ['sɔ:ʎola]

storione *m* [stori'o:ne]

tonno *m* ['ton-no]

triglia *f* ['tri:ʎa]

trota ['trɔ:ta]

Aal

Hering

Stockfisch

Tintenfische

in Öl ausgebackene Fische

Hecht

Kabeljau

Schwertfisch

Steinbutt

Lachs

Seezunge

Stör

Thunfisch

Barbe

Forelle

Crostacei e molluschi – Muscheln und Schalentiere

aragosta *f* [ara'gosta]	Hummer, Languste
cozze *f/pl* ['kɔt-tse]	Miesmuscheln
frutti *m/pl* **di mare** ['frut-ti di 'ma:re]	Meeresfrüchte
gamberetti *m/pl* [gambe'ret-ti]	Garnelen
gambero *m* ['gambero]	Krebs, Flusskrebs
granchio *m* ['graŋkio]	Krabbe
ostriche *f/pl* ['ɔstrike]	Austern
polpo *m* ['polpo]	Krake, Tintenfisch
seppie *f/pl* ['sep-pie]	Sepien
vongole *f/pl* ['voŋgole]	Venusmuscheln

Verdura e contorni – Gemüse und Beilagen

asparagi *m/pl* [as'pa:radʒi]	Spargel
bietole *f/pl* [bi'ɛ:tole]	Mangold
carciofi *m/pl* [kar'tʃɔ:fi]	Artischocken
cavolfiore *m* [kavolfi'o:re]	Blumenkohl
ceci *m/pl* ['tʃe:tʃi]	Kichererbsen
cicoria *f* [tʃi'kɔ:ria]	Löwenzahn
fagioli *m/pl* [fa'dʒɔ:li]	Bohnen
fagiolini *m/pl* [fadʒo'li:ni]	grüne Bohnen
finocchi *m/pl* [fi'nɔk-ki]	Fenchel
funghi *m/pl* ['fuŋgi]	Pilze
melanzane *f/pl* [melan'tsa:ne]	Auberginen
patate *f/pl* [pa'ta:te]	Kartoffeln
- arrosto [ar'rɔsto]	-, im Ofen gebacken
- fritte ['frit-te]	Pommes frites
- lesse ['les-se]	Salzkartoffeln
peperonata *f* [pepero'na:ta]	Paprika, dünn geschnitten und mit Zwiebeln und Tomaten gekocht
peperoni *m/pl* [pepe'ro:ni]	Paprikaschoten
piselli *m/pl* [pi'zɛl-li]	Erbsen
pomodori *m/pl* [pomo'dɔ:ri]	Tomaten

spinaci *m/pl* [spi'naːtʃi]   Spinat
zucchine *f/pl* [tsuk-'kiːne]   Zucchini

Insalate – Salate

insalata *f* [insa'laːta]   Salat
  - di cetrioli [di tʃetri'ɔːli]   Gurkensalat
  - mista ['mista]   gemischter Salat
  - di pomodori   Tomatensalat
  [di pomo'doːri]
pinzimonio *m* [pintsi'mɔːnio]   rohes Gemüse, das in Salz, Pfeffer und Öl eingetunkt wird
tonno *m* **e fagioli**   Bohnensalat mit Thunfisch und Zwiebeln
['ton-no e fa'dʒɔːli]

Uova – Eierspeisen

frittata *f* [frit-'taːta]   Omelette
tortino *m* [tor'tiːno]   Eierkuchen

Modi di preparazione – Zubereitungsarten

affumicato [af-fumi'kaːto]   geräuchert
al vapore [al va'poːre]   gedämpft
ai ferri [ai 'fer-ri]   auf dem Rost gebraten
al cartoccio [al kar'tɔt-tʃo]   in der Folie gebacken
al forno [al 'forno]   gebacken
alla brace ['al-la 'braːtʃe]   gegrillt
alla griglia ['al-la 'griːʎa]   gegrillt
allo spiedo ['al-lo spi'eːdo]   am Spieß
arrosto [ar-'rɔsto]   gebraten
farcito [far'tʃiːto]   gefüllt
fatto in casa ['fat-to in 'kaːsa]   hausgemacht
fritto ['frit-to]   in Öl oder Fett ausgebacken; in Mehl gewendet und ausgebacken; in einen flüssigen Teig getunkt und ausgebacken
gratinato [grati'naːto]   überbacken

in umido [in 'uːmido]   in Tomatensoße geschmort
marinato [mariˈnaːto]   mariniert
ripieno [ripiˈɛːno]   gefüllt
stufato [stuˈfaːto]   gedünstet

Dolci – Süßspeisen

budino *m* [buˈdiːno]   Pudding
cassata *f* [kas-ˈsaːta]   Eis mit kandierten Früchten
crema *f* [ˈkrɛma]   gekochte Creme aus Milch, Eiern und Zucker
crème *f* **caramel** [ˈkrɛm karaˈmɛl]   Karamelpudding
macedonia *f* [matʃeˈdɔːnia]   Obstsalat
panna *f* **cotta** [ˈpanna ˈcɔtta]   Cremedessert
zabaione *m* [dzabaiˈoːne]   Eischaum mit Marsalawein
zuppa *f* **inglese** [ˈtsup-pa iŋˈgleːse]   Süßspeise aus Creme und in Kaffee oder Likör getränkten Löffelbiskuits

Frutta – Obst

arancia *f* [aˈrantʃa]   Orange
ciliege *f/pl* [tʃiliˈeːdʒe]   Kirschen
cocomero *m* [koˈkoːmero]   Wassermelone
fico *m* [ˈfiːko]   Feige
fragole *f/pl* [ˈfraːgole]   Erdbeeren
lampone *m* [lamˈpoːne]   Himbeere
mela *f* [ˈmeːla]   Apfel
pera *f* [ˈpeːra]   Birne
pesca *f* [ˈpɛska]   Pfirsich
uva *f* [ˈuːva]   Weintrauben

Lista Delle Bevande – Getränkekarte

Vini – Weine

vino *m* ['vi:no]	Wein
- **bianco** [bi'aŋko]	Weißwein
- **rosso** ['ros-so]	Rotwein
- **rosé** [ro'ze]	Rosé
- **da tavola** [da 'ta:vola]	Tafelwein
- **della casa** ['del-la 'ka:za]	offener -
- **in bottiglia** [in bot-'ti:ʎa]	Flaschenwein
spumante *m* [spu'mante]	Sekt
dolce ['doltʃe]	süß
demi-sec [demi'sɛk]	halbtrocken
secco ['sek-ko]	trocken
forte ['fɔrte]	stark
leggero [led-'dʒe:ro]	leicht

Altre bevande alcoliche – Andere alkoholische Getränke

birra *f* ['bir-ra]	Bier
- **alla spina** ['al-la 'spi:na]	- vom Fass
- **chiara** [ki'a:ra]	helles -
- **scura** ['sku:ra]	dunkles -
amaretto *m* [ama'ret-to]	süßer Mandellikör
amaro *m* [a'ma:ro]	Magenbitter
grappa *f* ['grap-pa]	Branntwein aus Weintrester
liquore *m* [liku'o:re]	Likör
marsala *m* [marsa:la]	süßer oder herber Likörwein aus Sizilien
sambuca *f* [sam'bu:ka]	Likör mit Anisgeschmack
stravecchio *m* [stra'vek-kio]	uralter Cognac
vin *m* **santo** [vin 'santo]	süßer oder herber Likörwein aus der Toskana

Bevande analcoliche – Alkoholfreie Getränke

acqua *f* **minerale**   Mineralwasser
['ak-kua mine'ra:le]
- gassata [gas-'sa:ta]   - mit Kohlensäure
- naturale [natu'ra:le]   - ohne Kohlensäure
aranciata *f* [aran'tʃa:ta]   Orangeade
frappé *m* [frap-'pe]   Milchmixgetränk
limonata *f* [limo'na:ta]   Limonade
orzata *f* [or'dza:ta]   süßer Mandelsirup
spremuta *f* **di arancia**   frisch gepresster Orangensaft
[spre'mu:ta di a'rantʃa]
succo *m* **di frutta**   Fruchtsaft
['suk-ko di 'frut-ta]
- d'arancia [da'rantʃa]   Orangensaft
- di mele [di 'me:le]   Apfelsaft

Bevande calde – Warme Getränke

caffè *m* **(espresso)**   Espresso
[kaf-'fɛ (es'pres-so)]
- corretto [kor'rɛt-to]   - mit einem Schuss Schnaps
- lungo ['luŋgo]   - mit etwas Wasser verdünnt
- macchiato [mak-ki'a:to]   - mit etwas Milch
- ristretto [ris'trɛt-to]   - besonders starker Kaffee
cappuccino *m*   Espresso mit schaumiger Milch
[kap-put-'tʃi:no]
camomilla *f* [kamo'mil-la]   Kamillentee
cioccolata *f* [tʃok-ko'la:ta]   Trinkschokolade
latte *m* ['lat-te]   Milch
- macchiato [mak-ki'a:to]   - mit etwas Kaffee
tè *m* [tɛ]   Tee
- al latte [al 'lat-te]   - mit Milch
- al limone [al li'mo:ne]   - mit Zitrone
tisana *f* [ti'za:na]   Kräutertee

Buchstabe		Seite
A	. . . .	237–265
B	. . . .	265–288
C	. . . .	288–290
D	. . . .	290–299
E	. . . .	299–317
F	. . . .	317–329
G	. . . .	329–348
H	. . . .	348–362
I	. . . .	363–366
J	. . . .	366–367
K	. . . .	368–379
L	. . . .	380–387
M	. . . .	388–396
N	. . . .	396–402
O	. . . .	402–404
P	. . . .	404–411
Q	. . . .	411–412
R	. . . .	412–420
S	. . . .	420–444
T	. . . .	444–451
U	. . . .	451–459
V	. . . .	459–471
W	. . . .	471–480
X	. . . .	480
Y	. . . .	480
Z	. . . .	480–488